Die verwaltete Hochschulwelt

Hochschul- und Wissenschaftsforschung Halle-Wittenberg

Herausgegeben für das Institut für Hochschulforschung (HoF) von
Peer Pasternack

Peer Pasternack | Sebastian Schneider
Peggy Trautwein | Steffen Zierold

DIE VERWALTETE HOCHSCHULWELT

Reformen, Organisation, Digitalisierung und das wissenschaftliche Personal

Berliner
Wissenschafts-Verlag

Bibliografische Information der Deutschen Nationalbibliothek

Die Deutsche Nationalbibliothek verzeichnet diese Publikation in der Deutschen Nationalbibliografie; detaillierte bibliografische Angaben sind im Internet über http://dnb.d-nb.de abrufbar.

ISBN 978-3-8305-3898-1

Die Publikation basiert in ihren wesentlichen Teilen auf Ergebnissen, die im Projekt „Organisatorische Kontextoptimierung zur Qualitätssteigerung der Lehre – Mobilisierung finanzierungsneutraler Ressourcen" (KoopL) erarbeitet wurden. KoopL wurde im Rahmen der Begleitforschung zum Qualitätspakt Lehre aus Mitteln des Bundesministeriums für Bildung und Forschung unter dem För-
derkennzeichen 01PB14001 gefördert. Die Verantwortung
für den Inhalt liegt bei den Autor.innen.

GEFÖRDERT VOM

Bundesministerium
für Bildung
und Forschung

Reihe „Hochschul- und Wissenschaftsforschung Halle-Wittenberg"
© Institut für Hochschulforschung an der Universität Halle-Wittenberg (HoF)
Collegienstraße 62, 06886 Lutherstadt-Wittenberg,
institut@hof.uni-halle.de, http://www.hof.uni-halle.de

Druck: docupoint, Magdeburg
Gedruckt auf holzfreiem, chlor- und säurefreiem, alterungsbeständigem Papier.
Printed in Germany.

2018 BWV | BERLINER WISSENSCHAFTS-VERLAG GmbH,
Markgrafenstraße 12–14, 10969 Berlin
eMail: bwv@bwv-verlag.de, Internet: http://www.bwv-verlag.de

Inhaltsübersicht

Inhaltsverzeichnis

Abkürzungsverzeichnis

APA	American Psychological Association	HVW	administrativ Angestellte der Hochschule
APIs	application programming interface	HWP	Hochschul- und Wissenschaftsprogramm
ARV	Auslandsreisekostenverordnung Bund	IfD	Instituts für Demoskopie Allensbach
BAuA	Bundesanstalt für Arbeitsschutz und Arbeitsmedizin	IKT	Informations- und Kommunikationstechnologie
BBSR	Bundesamt für Bauwesen und Raumordnung	INCHER	Internationale Zentrum für Hochschulforschung Kassel
Beob	Beobachtung	KapVO	Kapazitätsverordnung
BLK	Bund-Länder-Kommission für Bildungsplanung und Forschungsförderung	KLR	Kosten-Leistungs-Rechnung
		KMK	Kultusministerkonferenz
BMBF	Bundesministerium für Bildung und Forschung	KVP	Kontinuierliche Verbesserungsprozesse
BRKG	Bundesreisekostengesetz	LESSI	Lebensqualität und soziale Situation
BStMWi	Bayerisches Staatsministerium für Wirtschaft, Energie und Technologie	LHG	Landeshochschulgesetz
		LHG M-V	Gesetz über die Hochschulen des Landes Mecklenburg-Vorpommern
BVerfG	Bundesverfassungsgericht		
CaMS	Campus-Management-System(e)		
CAP	The Changing Academic Profession	LLM	Lehr- und Lernmanagement
CExp	Experte für Campus-Management-Systeme	LMS	Learning Management System
		LOM	Leistungsorientierte Mittelverteilung
CIO	Chief Information Officer		
DFG	Deutsche Forschungsgemeinschaft	LRH	Landesrechnungshof
DFN	Deutsches Forschungsnetz	LRKG	Reisekostengesetze der Länder
DHV	Deutscher Hochschullehrerverband	LSA	Land Sachsen-Anhalt
		LVVO	Lehrverpflichtungsverordnung
DLR	Deutsches Zentrum für Luft- und Raumfahrt	MiLoG	*Mi*ndestlohngesetz
		MINT	Mathematik, Informatik, Naturwissenschaft und Technik
DQR	Deutsche Qualifikationsrahmen		
E&Y	Ernst & Young	MOOCs	Massive Open Online Courses
EAI	Enterprise Application Integration	MWFK-BW	Ministerium für Wissenschaft, Forschung und Kunst Baden-Württemberg
ECDL	International Computer Driving Licence		
		NGO	Nichtregierungsorganisation
ECTS	European Credit Transfer System	NPM	New Public Management
F.A.Z.	Frankfurter Allgemeine Zeitung	NRW	Nordrhein-Westfalen
FuE	Forschung und Entwicklung	QdL	Qualität der Lehre
FuL	Forschung und Lehre	QE	Qualitätsentwicklung
GG	Grundgesetz	QM	Qualitätsmanagement
GI	Gesellschaft für Informatik	QPL	Qualitätspakt Lehre
GSW	Geistes- und Sozialwissenschaften	QPLBefr	Qualitäts-Pakt-Lehre-Befragung
HAW	Hochschule für Angewandte Wissenschaften	QS	Qualitätssicherung
		QSM	Qualitätssicherungsmittel
HFD	Hochschulforum Digitalisierung	RFII	Rat für Informationsinfrastrukturen
HFT	Hochschule für Technik		
HQR	Qualifikationsrahmen für deutsche Hochschulabschlüsse	SGB	Sozialgesetzbuch
		SHK	studentische Hilfskraft
HRÄG	Hochschulrechtsänderungsgesetz	SLC	Student Life Circle
HRK	Hochschulrektorenkonferenz	SOA	Service-Oriented Architecture
HSL	Hochschullehrender	SoSe	Sommersemester
HU	Humboldt-Universität zu Berlin		

StatBA	Statistisches Bundesamt	ZEVA	Zentrale Evaluations- und Akkreditierungsagentur Hannover
ToR	Transcript of Records		
UG	Universitätsgesetz	ZKI	Zentren für Kommunikation und Informationsverarbeitung e.V.
WHK	wissenschaftliche Hilfskraft		
WsExp	Workshop-Experte(n)	ZLV	Ziel- und Leistungsvereinbarung
WZB	Wissenschaftszentrum Berlin für Sozialforschung		

Zentrale Ergebnisse

Seit den 90er Jahren ist praktisch kein Aspekt des Hochschulalltags unberührt von reformierenden Aktivitäten geblieben, ob Organisation und Entscheidungsstrukturen, Hochschulfinanzierung, Ressourcensteuerung und Finanzbewirtschaftung, Personal(struktur) oder Studienreform. All das hat sich zur **Hochschuldauerreform** verdichtet. Für den hochschulischen Arbeitsalltag ist dabei wesentlich, dass die zahlreichen **Parallelreformen** auf die jeweils gleichen Fachbereiche trafen und treffen. Die Reformbewältigungskapazitäten sind regelmäßig bereits weitgehend absorbiert, während schon das nächste Reformansinnen naht.

Für die Hochschulorganisation im engeren Sinne waren in den vergangenen 20 Jahren zwei politisch induzierte Reformen prägend: die New-Public-Management-inspirierten Governance-Reformen und der Bologna-Prozess. Hinzu trat verschärfend die Expansion der Hochschulbildungsbeteiligung seit den 2000er Jahren. Die Reformen waren mit **zwei zentralen Versprechen** verbunden:

- Die Governance-Reform versprach, Entstaatlichung werde mit Entbürokratisierung verbunden sein.
- Die Studienstruktur-Reform versprach, die Strukturierung erbringe eine Entlastung von den bisher nötigen fortwährenden Improvisationsanstrengungen.

Dem stehen **gegenteilige Wahrnehmungen** des wissenschaftlichen Personals gegenüber: Die Entstaatlichung habe neue Bürokratieanforderungen gebracht, und die Verwaltung der strukturierten Studiengänge ginge mit neuen Belastungen einher.

Vor diesen Hintergründen werden zwischen Wissenschaftler.innen und den Akteuren der Hochschulorganisation wechselseitig Klagen formuliert: einerseits über ungerechtfertigte Eingriffe in funktionsnotwendig ungebundenes Handeln der Wissenschaft, andererseits über die geringe Steuerbarkeit des wissenschaftlichen Personals und eine zu breite Qualitätsstreuung. Gleichwohl können solche Klagen über eines nicht hinwegtäuschen: Wissenschaft und Organisation sind ebenso untrennbar miteinander verbunden, wie sie voneinander unterschieden werden müssen. Kurz gesagt: **Lehre und Forschung erfordern Organisation**, und die Kopplung beider erfordert Gestaltung.

Organisationslasten der Wissenschaft

Betrachtet man die Ergebnisse der einschlägigen Untersuchungen über die Zeitbudgetverwendungen des wissenschaftlichen Personals im Zeitverlauf, so zeigt sich: **Der Anteil der für Forschung aufgewendeten Zeit sinkt.** Der für die Lehre betriebene Zeitaufwand ist im Vergleich zu vor 40 Jahren erheblich gesunken, bleibt aber seit Bologna relativ stabil, wobei nunmehr vermehrter Freizeiteinsatz zu beobachten ist.

Der zeitliche Aufwand für Verwaltung incl. akademischer Selbstverwaltung und für weitere Aktivitäten (u.a. Beratung, Doktorandenbetreuung, aber auch das Schreiben von Gutachten und Anträgen) steigt kontinuierlich. Etwa ein Viertel der Gesamtarbeitszeit der Professor.innen wird von **organisierenden Tätigkeiten** in Anspruch genommen. Ein Drittel der für den Leistungsbereich „Lehre" aufgewendeten Arbeitszeitanteile lässt sich der Handhabung organisatorischer Lehrkontexte zuordnen.

Nimmt man in den Blick, welche neuen Anforderungen z.B. die Bologna-Reform mit sich gebracht hat – Modularisierung und Leistungspunkte, Kompetenzorientierung, Evaluation, Akkreditierung, Monitoring qua Lehrberichten, Neugestaltung des Prüfungswesens –, dann wird schnell eines plausibel: Die **Transaktionskosten** für die Gestaltung der Kopplung von Lehre und Organisation sind in der Tat deutlich gestiegen.

Obwohl Hochschulen durchaus Initiativen ergreifen, die zur Entlastung von Verwaltungs- und Organisationsaufgaben beitragen sollen, wird von den Lehrenden das Gegenteil beschrieben. Hier ist eine **widersprüchliche Entwicklung** zu beobachten:

- Einerseits werden die wissenschaftsunterstützenden Bereiche intern ausdifferenziert – sowohl durch Spezialisierungen innerhalb der Hochschulverwaltung als auch durch den Aufbau eines Hochschulmanagements neben der Hochschulverwaltung.
- Andererseits erfahren die Rollen des wissenschaftlichen Personals eine **Entdifferenzierung**, indem organisatorische Aufgaben dorthin verschoben werden.

Der allgemein einigungsfähige Begriff ist hier „**Bürokratisierung**". Deren subjektive Wahrnehmung zeichnet sich durch einige Charakteristika aus:

■ Zum ersten ist Bürokratisierung gleichsam abstrakt allgegenwärtig, d.h. sie wird fortwährend und umstandslos konstatiert. Es gilt als eine Art soziales Gesetz, dass Bürokratie zunehme.

■ Zum zweiten handelt es sich nicht zwingend immer um tatsächlich unnötige Bürokratie, sondern mitunter nur um organisatorische Erfordernisse, die als unnötige Bürokratie *wahrgenommen* werden. Auch wird mit Neuerungen deshalb höherer Aufwand assoziiert, weil bekannte Routinen verlassen werden müssen, während tatsächlich nur temporär Ressourcen aufzubringen sind, um sich an das Neue zu ‚gewöhnen'. Schließlich lässt sich auch eine generelle Empörungsbereitschaft identifizieren, die dazu neigt, jede Neuerung als bürokratisierend zu skandalisieren.

■ Zum dritten nehmen Lehrende organisatorische und bürokratische Anforderungen nicht getrennt danach wahr, ob diese im Kontext der Lehre, der Forschung oder wovon auch immer zu erbringen sind. Individuell werden Belastungswahrnehmungen vielmehr nach dem alltagstheoretischen Schema „eigentliche Aufgaben (Lehre und Forschung) vs. uneigentliche Aufgaben (Verwaltung und Organisation)" sortiert.

Eine Gruppierung der individuellen Wahrnehmungen und **Erfahrungen gesteigerter Administrationslasten** bei den Hochschullehrenden macht deutlich, wie sich hierbei unterschiedliche Entwicklungen unvorteilhaft verbinden. Konstatiert werden

- ein erhöhter Aufwand für die akademische Selbstverwaltung,
- eine Kumulation von Funktionsämtern und Engagement hinsichtlich institutsinterner Aufgaben auf wenige Personen,
- die Verlagerung bislang administrativer Aufgaben hin zur wissenschaftlichen Leistungsebene,
- zunehmende regulative Zugriffe durch das Hochschulmanagement,
- der Einsatz mängelbehafteter und unzureichend komfortabler Informationstechnologie sowie
- eine Komplexitätszunahme der Prüfungsverwaltung.

Bei all dem ist es auch immer wieder die schlichte **Unverständlichkeit** von hochschulinternen Ordnungen und Verwaltungsschreiben, die für Verdruss sorgt.

Die **entscheidende Knappheit**, die für Wissenschaftler.innen besteht, betrifft die zur Verfügung stehende **Zeit**. Sie kann im Hochschubetrieb nur durch Prioritätensetzungen bewirtschaftet werden, und diese fallen je nach Perspektive auf die Strukturen und Prozesse – aus Sicht des wissenschaftlichen und des nichtwissenschaftlichen Personals – unterschiedlich aus. Bei den Wissenschaftler.innen werden zeitverbrauchende Anforderungen, die in keinem unmittelbaren Zusammenhang mit den Aufgabenwahrnehmungen in Lehre und Forschung stehen, als leistungshemmend und demotivierend wirksam.

Solche zeitverbrauchenden Anforderungen ergeben sich einerseits aus **suboptimal organisierten Rahmenbedingungen** der Lehre und der Forschung. Andererseits ist neben dem zeitlichen Aspekt zentral, dass organisatorische Aufgaben von den Wissenschaftler.innen häufig als fehlplatziert, da rollenfremd wahrgenommen werden – und es nicht selten auch sind.

Vier Strategien, unter diesen Bedingungen mit steigenden administrativen und organisatorischen Anforderungen umzugehen, lassen sich identifizieren:

- *korrekt in der vorgeschriebenen Weise erledigen:* Dies wird entweder durch Mehrarbeit aufgefangen, d.h. der absolute Zeiteinsatz findet sich durch Freizeitarbeit gesteigert, oder es wird dadurch kompensiert, dass weniger Zeit für Lehre und Forschung aufgewendet wird.
- *kreativ qua Aufwandsminimierung erledigen:* Als störend empfundene Anforderungen werden durch Strategien der Aufwandsminimierung pariert, d.h. indem sie auf dem jeweils niedrigstmöglichen Level erledigt werden;
- *delegieren:* Diese Option steht nur zur Wahl, wenn jemand vorhanden ist, an den/die delegiert werden kann;
- *ignorieren, liegenlassen oder/und vergessen:* Hier steht meist Resignation am Anfang, etwa weil aufgrund der Masse an Handbüchern und Formblättern der Überblick verloren gegangen ist.

Diese Handlungsstrategien werden seitens der Organisation Hochschule als entweder intendierter oder faktischer subtiler Widerstand wahrgenommen. Die **Formen der Obstruktion** können dabei unterschiedlich ausfallen:

- Die traditionelle Variante ist: In den Bereichen, in denen Zusatzanstrengungen zu erbringen wären, begnügt sich das wissenschaftliche Personal mit Dienst nach Vorschrift.
- Häufig zu beobachten ist die Verzögerung durch Entscheidungsverschleppung oder das formale Bedienen von Anforderungen ohne substanzielle inhaltliche Umsetzung.
- Eine etwas verschlagen wirkende Variante ist das affirmative Unterlaufen eines Veränderungsanliegens durch dessen rhetorische Übererfüllung: Es wird Fassadenmanagement betrieben.

Solche Unterlaufensstrategien dienen zumindest z.T. dazu, die **Funktionsfähigkeit der Hochschule** aufrechtzuerhalten: Sie schützen vor individuellen und institutionellen Überforderungen. Kritisiert wird aber auch, dass ein Zustand, in dem man zu kreativen Auslegungen bestehender Vorgaben greifen müsse, um den Hochschulbetrieb zu sichern, keineswegs erstrebenswert sei.

Soweit die Motive für unterlaufendes Handeln oder Handlungsvermeidung nicht unlauter sind, ist eine Moralisierung solchen Verhaltens fehl am Platze – und im übrigen auch in der Regel wirkungslos. Wichtiger ist, ein **Umsetzungsdilemma** in Rechnung zu stellen, das bei jedem Hochschulentwicklungsansinnen wirksam wird und klug prozessiert werden muss: Einerseits besteht bei Nichteinbeziehung derjenigen, auf deren Mitarbeit jede Veränderung angewiesen ist, die Gefahr der Ausbildung zielignoranten Verhaltens. Andererseits verfügt das Hochschulpersonal über Obstruktionsmöglichkeiten, die potenziell umso größer sind, je mehr es einbezogen wird.

Die hochschulpolitische Agenda jedoch wird weniger von der Idee bestimmt, die **Organisation der Hochschule** zu optimieren, sondern davon, die **Hochschule zur Organisation** umgestalten zu wollen und zu können, d.h. zu zielgebunden handelnden und steuerungsfähigen Einrichtungen, deren Mitglieder auf Mitwirkung verpflichtet werden können. Die akademische Selbstverwaltung funktioniert so indes nicht. Das hat in manchen Hinsichten auch Vorteile, doch zum Modell für effektives Organisieren taugt sie damit jedenfalls nicht.

Allerdings muss die Frage „Die Organisation der Hochschule optimieren oder die Hochschule zur Organisation umgestalten?" heute noch gar nicht entschieden werden. Sie lässt sich aufschieben, da sie **keine tatsächliche Alternative** formuliert, sondern das erste als Voraussetzung des zweiten: Selbst wenn Hochschulen zu vollständigen Organisationen werden könnten, gelänge dies nur, wenn die Organisation der Hochschule adäquate Rahmenbedingungen für Lehre und Forschung bereitstellt. Denn eine Hochschule kann keine Rationalitätserwartungen, wie sie an Organisationen gerichtet werden, erfüllen, solange sie unzulänglich organisiert ist.

Insofern liegt es nahe, sich einstweilen auf die **Optimierung der organisatorischen Kontexte** zu konzentrieren. Wenn dies dereinst gelungen ist, mag die Frage nach der Organisationswerdung der Hochschulen sich entweder von selbst erledigt haben – insofern sich herausgestellt hat, dass es der Sache nach lediglich um die Optimierung der schon vorhandenen Organisation gegangen war –, oder sie kann neu aufgeworfen werden.

Die Begründung für eine größere Zahl der neuen Prozesse an den Hochschulen ist, dass damit Leistung und Qualität gesteigert werden sollen. Zugleich aber mindert der Zeitverbrauch für organisatorischen Aufwand, der dabei auf Seiten des wissenschaftlichen Personals entsteht, die Zeitressourcen, die für qualitativ hochwertige Leistungserbringung aufgewendet werden können. Zusammen mit daraus folgenden Motivationseinschränkungen und Aufwandsausweichstrategien verdichtet sich dies zu einem **Risikosyndrom** für die Qualität der wissenschaftlichen Leistungsprozesse: Es entstehen Risiken für die Qualität von Lehre und Forschung, die ihre Ursache gerade in Bemühungen um die Entwicklung der Qualität von Lehre und Forschung haben.

Die Entwicklungen bringen erweiterte Dokumentationsanforderungen mit sich, führen zur Etablierung elektronischer Systeme, die vielfach als wenig nutzeradäquat bewertet werden, und erzeugen zusätzliche, für Wissenschaftler.innen zudem häufig rollenfremde Aufgaben. Dabei mangele es an Kommunikation und Koordination innerhalb der sowie zwischen den verschiedenen Hochschulebenen, so die eine Kritik. Ihr gegenüber steht die andere Kritik, an der Hochschule werde man mit organisationsbezogenen Informationen über-

erhäuft, die in Gänze kaum verarbeitbar seien.

Beide Kritiken gehen nicht umstandslos überein, sprechen aber gleichermaßen an, dass die Lehrenden auch zu **fragwürdigem Zeitverbrauch** genötigt werden. Das wiederum ist nicht zuletzt deshalb keineswegs trivial, weil sich die Hochschulen in einer Situation der strukturell verfestigten Unterfinanzierung befinden: Immer dann, wenn Hochschullehrende rollenfremde Aufgaben erledigen, sind sie in der dafür aufgewandten Zeit deutlich **überbezahlt**, denn das Personal mit der eigentlichen Expertise für solche Aufgaben ist grundsätzlich in niedrigeren Gehalts- oder Besoldungsstufen eingruppiert.

Sämtliche Erklärungen als problematisch empfundener Organisationsentwicklungen sind vom **Topos der 'Zunahme'** getragen: Die äußere Komplexität nehme zu, also auch die innere Komplexität des Verwaltens, die organisatorische Aufgabenlast, Regelungsdichte, Spezialisierung und Arbeitsteilung, die Interdependenzen und Koordinationserfordernisse. Infolgedessen binden Veränderungen häufig mehr Kräfte, als sie freisetzen.

Die Hochschulen haben darauf vor allem auf zwei Wegen reagiert: durch die Einführung von Hochschulmanagementstrukturen und die Weiterentwicklung digitaler Assistenzsysteme.

Hochschulmanagementstrukturen

Herkömmlich hatte den infrastrukturellen Rahmen für die Leistungsprozesse in Lehre und Forschung die Hochschulverwaltung zu organisieren. Durchgesetzt hat sich mittlerweile die Ansicht, dass es hier bestimmter **Funktionserweiterungen** bedarf, diese aber durch die traditionellen Verwaltungsstrukturen nicht hinreichend wahrgenommen werden können. Die als nötig erachteten Veränderungen sollen nicht allein davon abhängen, welche Transformationsgeschwindigkeiten die herkömmliche Verwaltung auszubilden vermag, und insbesondere einige der neuen

Tätigkeitsfelder sollten möglichst schnell erschlossen werden.

Deshalb wurden und werden neue Schnittstelleneinheiten zwischen Verwaltung und akademischem Bereich geschaffen. Sie bilden das neue **Hochschulmanagement**. Sogenannte **Hochschulprofessionelle** sind die Rollenträger in diesen Supportstrukturen. Das Hochschulmanagement soll nach Managementprinzipien arbeiten, in der Hochschulorganisation die lose gekoppelten Subsysteme koordinieren und sie mit der Umwelt in Beziehung setzen, also zwischen externen Ansprüchen und dem internen Funktionieren vermitteln.

In herkömmlichem Verständnis ist **Management** (a) zielgebundenes (b) Steuerungshandeln unter (c) Nutzung von In- und Outputdaten. Im Falle des Hochschulmanagements sind aber alle drei Elemente prekär:

- Die Zielbindung kann sich nur auf unspezifische Intentionen wie Erkenntnisgewinn (Forschung) oder Kompetenz- und Persönlichkeitsentwicklung (Lehre) beziehen.
- Steuerung als punktgenaue Intervention ist im Falle von Forschung und Lehre überwiegend heikel und muss sich stattdessen auf Verbesserungen der FuL-Kontexte beziehen.
- Die Nutzung von Daten für Steuerungsaktivitäten, die solcherart Beschränkungen unterliegen, ist notgedrungen unzuverlässig, da eindeutige kausale Zurechenbarkeiten fehlen.

Allerdings: So wenig, wie eine Musikmanagerin den kreativen Prozess der Musikentstehung – komponieren, arrangieren, proben – steuert, so wenig steuern Hochschulmanager die Forschung oder die Lehre. Was sie managen, sind deren **Bedingungen**.

Die traditionelle Verwaltung zielt *als Struktur* zuallererst auf Regelvollzug, während ein funktionierendes Hochschulmanagement auf Zielerreichung orientiert ist. Die Verwaltung folgt der Leitunterscheidung „machbar/nicht machbar", orientiert sich also an Regelkonformität und Ressourcenverfügbarkeit. Sie sorgt sowohl für Stabilität als auch für Stagnation. Dagegen soll das Hochschulmanagement für **Stabilität und Dynamik** sorgen – und die Herausforderung besteht darin, dass am Ende nicht Instabilität und Stagnation herauskommen.

Will das Hochschulmanagement von sich eine Wahrnehmung erzeugen, die sich positiv von der der herkömmlichen Verwaltung absetzt, kann es sich als **Ermöglichungsmanagement** aufstellen: als ein Management, das Lehre und Forschung spürbar besser ermöglicht, als dies von einer traditionell arbeitenden Verwaltung geleistet wurde.

Statt bürokratisch zu administrieren, sollen dessen Mitarbeiter.innen unterstützende Kooperationspartner und aktive Mitgestalter – also **Dienstleister** – für Lehrende und Forschende sein. Dies erfordert sowohl administrative als auch wissenschaftliche Qualifikationen. Das Hochschulmanagement wird zwar *auch* Verwaltungshandeln sein müssen, das sich an Rechtsnormen und Programmen orientiert. Es wird sich aber dort vom traditionellen Verwaltungshandeln *unterscheiden* müssen, wo es dem besonders gelagerten Einzelfall und neuen, unerwarteten Situationen gerecht werden will.

Gerade bei den Initiativen zur Verbesserung der wissenschaftlichen Qualität zeigen sich problematische Implikationen, die sich häufig – und kontraintentional – ergeben, wenn dafür neue Strukturen geschaffen werden. Diese sollen eigentlich Unterstützungsleistungen erbringen, um neue Anforderungen an die Wissenschaft organisatorisch abzufedern. Doch werden sie häufig von den Lehrenden vor allem als **Agenten dieser** neuen, also zusätzlichen und damit nicht selten **als hinderlich empfundenen Anforderungen** wahrgenommen. So wohnt Qualitätssicherungsmaßnahmen etwa ein gründlicher Dokumentationsaspekt inne, da nur auf diese Weise Soll-Ist-Abweichungen sichtbar werden und Vorher-Nachher-Vergleiche möglich sind. Das erzeugt die mindestens latente

Gefahr, dass diese Maßnahmen in eine Qualitätsbürokratie ausarten.

Das wissenschaftliche Personal steht deshalb dem Ausbau derartiger Strukturen außerhalb der hochschulischen Kernleistungsbereiche z.T. **skeptisch bis latent feindselig** gegenüber:

■ Zum einen werden sie häufig als Nutznießer finanzieller Ressourcen wahrgenommen, die der wissenschaftlichen Leistungsebene selbst entzogen werden oder vorenthalten bleiben.

■ Zum anderen, so der verbreitete Vorwurf, beschäftigten sie – etwa durch fortwährende Dokumentationsanforderungen – die Wissenschaftler.innen mehr damit, Ziele und Zielverfehlungen zu dokumentieren, statt sie durch Entlastung darin zu unterstützen, an der Verfolgung ihrer Ziele arbeiten zu können.

Zugleich offenbart sich ein **Dilemma der neuen Hochschulmanagementstrukturen**, dem diese kaum entrinnen können. Denn selbst wenn sie ein hohes Maß an Entlastungswirkung für die Lehrenden realisieren, bleibt es doch dabei, dass sich insgesamt die Anforderungen auch an die Wissenschaftler.innen erhöht haben. Die Stellen der Hochschulprofessionellen sind wegen neuer Anforderungen, die es zuvor nicht gab, geschaffen worden. Diese benötigen zu ihrer Umsetzung praktisch immer die Mitwirkung auch der Lehrenden. Daher lässt sich selbst dann, wenn die Hochschulprofessionellen erfolgreich Entlastungswirkungen für die Lehrenden erzeugen, doch nicht der Zustand des Nullaufwands für die zuvor nicht bestehende Anforderung wiederherstellen. Hinzu tritt, dass die Wissenschaftler.innen neben der Verwaltung nun mit einer weiteren Personengruppe kommunizieren müssen.

Auch dann, wenn man in Rechnung stellt, dass die subjektive Wahrnehmung von Bürokratie unter Wissenschaftler.innen einer gewissen Übertreibungsbereitschaft unterliegen mag: Das Hochschulmanagement wird sich wohl erst dann als erfolgreiche strukturelle Innovation feiern dürfen, wenn es sich **von zentralen Bürokratisierungsmechanismen**, wie sie die herkömmliche Hochschulverwaltung repräsentiert, **emanzipiert** hat.

An Hochschulen jedoch, an denen die Hochschulprofessionellen Entlastungserfahrungen beim wissenschaftlichen Personal zu erzeugen vermögen, dort kann eine wissenschaftsfreundliche Entwicklung eintreten. Sie beinhaltet, dass es sich beim Hochschulmanagement *als Strukturelement* der Aufbauorganisation der Hochschule um ein **transitorisches Phänomen** handelt: Indem das Hochschulmanagement neue Wege wissenschaftsorganisierenden Handelns erprobt, überbrückt es zugleich die Zeit bis zum vollzogenen Generationswechsel in der gegenwärtigen Hochschulverwaltung, wie es sich auf deren Komplettübernahme vorbereitet und dieser Übernahme durch sukzessives Einsickern in die Verwaltungsstrukturen (inklusive, so die verbreitete Hoffnung, eines Kulturwandels) den Boden bereitet.

In einer solchen Perspektive erscheint das **Hochschulmanagement als** eine gleichsam **Brückentechnologie** in eine (beabsichtigte) Zukunft, die durch wissenschaftsnah operierende und dienstleistungsorientierte Hochschuladministratoren auf allen Ebenen gekennzeichnet sein soll. Hier dürfte es sinnvoll sein, die Übergangsphase des vornehmlich projektförmig organisierten Hochschulmanagements möglichst kurz zu halten: Indem die Hochschulprofessionellen schrittweise die Verwaltung übernehmen, kann einerseits der beabsichtigte Kulturwandel beschleunigt werden. Andererseits entsteht erst durch entfristete Stellen und die Einbettung in ein Aufstiegssystem Kalkulierbarkeit für individuelle Karrieren, was die Fluktuation im Hochschulmanagement spürbar mindern dürfte.

Digitale Assistenz

Der zweite Weg, mit dem Hochschulen auf gestiegene organisatorische Anforderungen reagieren, sind **Campus-Management-Systeme** (CaMS), also elektronische Anwendungssysteme, die zur (eigentlich) umfassenden Unterstützung vornehmlich administrativer Prozesse an Hochschulen eingesetzt werden. Es sind Assistenzsysteme, die Repräsentationen der analogen Welt enthalten, um bislang analog bewältigte Vorgänge digital be- und verarbeiten zu können.

Weitergehende Optionen – etwa im Rahmen onlinegestützter Forschung und Forschungskollaborationen, der Digital Humanities und anderer massendatenbasierter Untersuchungen oder onlinegestützter wissenschaftlicher Kommunikationen über Portale, Blogs, Wikis und elektronische Journale sind dagegen bislang nur in Ausnahmefällen in Campus-Management-Systeme integriert, z.B. in Gestalt von Forschungsdatenbanken. Die ambitionierte sprachliche Steigerungsform „integrierte CaMS" stellt daher einstweilen einen Euphemismus dar. In der Praxis sind die existierenden CaMS von einer Integriertheit im Sinne von Systemlösungen derzeit weit entfernt.

Stattdessen bestehen die elektronischen Hochschulökosysteme für Lehrende und Studierende – über die CaMS hinausgehend – aus zahlreichen auf Einzelaufgaben spezialisierten Insellösungen: angefangen beim eMail-System und Online-Hochschulportal über eine Lernplattform, ein Studienleistungsverwaltungsportal und die Webpräsenz des Studentenwerks mit diversen studienunterstützenden Funktionalitäten bis hin zu einer oder mehreren eCards für räumliche Zugänge und Bezahlungen, dem Bibliotheks-OPAC, diverse Datenbanken zu Forschungsprojekten oder dem Universitätsarchivs sowie verschiedensten Campus-, Fakultäts- und Institutsdiensten.

Die Hochschulangehörigen müssen typischerweise mehrere parallel bestehende Systeme bzw. Portale anlaufen, um z.B. Lehrbelange zu organisieren, wobei jedes dieser Systeme separat und häufig schnittstellenfrei funktioniert. Schwer rezipierbare Bedienungsleitfäden und Handbücher korrespondieren mit häufig schwach ausgeprägter Usability der Portale.

Als **Ursachen der geringen Integriertheit** der elektronischen Assistenzsysteme lassen sich identifizieren:

- Die Systeme sind historisch gewachsen. Ist ein CaMS erst einmal eingeführt, sind dessen Strukturen nicht ohne weiteres veränderbar (Lock-in-Effekt).

- Die vorhandenen Campus-Management-Systeme lassen sehr häufig den kognitiven Hintergrund eines ingenieursystemischen oder bürokratischen Denkens erkennen.

- Die Justierung zusätzlicher Funktionalitäten und geeigneter Schnittstellen stellen Hochschulen und Anbieter vor enorme Herausforderungen. Das führt oftmals zu Bastellösungen.

- Änderungen hochschulorganisatorischer Abläufe und Strukturen sowie der IT-Dienstleistungen bedingen wiederkehrend die Reorganisation der hochschulweiten Systemstruktur, und in der Folge sind einzelne Systeme bzw. Systemkomponenten zueinander inkompatibel.

- Kennzeichen eines integrierten CaMS ist ein zentraler Datenbestand, doch die an den Hochschulen parallel laufenden Systeme basieren häufig auf je spezifischen Systemarchitekturen bzw. Datenbankstrukturen.

- Die Anpassung an neue Möglichkeiten der elektronischen Integration wird gehemmt durch die Differenz zwischen dynamischer Softwareentwicklung und den langwierigen Implementationsgeschwindigkeiten an Hochschulen.

- Auch wenn ein weiträumiger Ersatz durch neue Software erfolgt, verbleiben häufig einzelne Funktionen und Schnittstellen, die zwar im alten System vorhanden waren, es aber im neuen System nicht mehr sind, so dass in der Konsequenz dann (weitere) Systeme parallel bzw. als Insellösungen laufen.

- Fachbereiche sind strukturell voneinander getrennte und weitgehend eigenständig funktionierende Organisationseinheiten, was sich im Einsatz solcher Softwarelösungen widerspiegelt, die parallel zu hochschulweiten Systemen bzw. Systemen anderer Fachbereiche eingesetzt werden.

◼ Es besteht eine beträchtliche Heterogenität der Usergroups und in deren Nutzungsverhalten, woraus sich die Notwendigkeit ergibt, die Systeme spezifisch zu gestalten.

◼ Werden alle Stakeholder in Digitalisierungsprojekte einbezogen, so treffen auch kulturelle Unterschiede – etwa zwischen Wissenschaft und Verwaltung – aufeinander, was das Risiko erhöht, dass sachfremde Konflikte ausgetragen werden, deren Lösung nicht Aufgabe von Digitalisierungsprojekten sein kann.

Faktisch ist auf diese Weise bislang eine Situation der **Semi-Digitalisierung** erzeugt worden.

Handlungsoptionen

Insgesamt lassen sich die **empirischen Ergebnisse** in drei Aussagen verdichten:

◼ Das Governancereform-Versprechen war, Entstaatlichung gehe mit Entbürokratisierung einher. Tatsächlich ergeben sich neue Bürokratieanforderungen für das wissenschaftliche Personal.

◼ Das Studienstrukturreform-Versprechen war, die Strukturierung der Studiengänge bringe Entlastung von den bislang nötigen Improvisationsanstrengungen. Tatsächlich entstanden neue Belastungen bei der Verwaltung des Strukturierten.

◼ Das Digitalisierungs-Versprechen ist, Verwaltungs- und Organisationsaufgaben würden einfacher handhabbar. Tatsächlich kommt es zu einer Zunahme organisatorischer Kontextaufgaben.

Gemäß ihren **Ursachen** lassen sich Insuffizienzen der Hochschulorganisation in drei Gruppen sortieren: (a) unauflösliche Widersprüche, (b) Abmilderungen zugänglich, ohne zu einer finalen Lösung gelangen zu können, und (c) durch konsequente Bearbeitung erfolgreich lösbar. Wird die Gruppe (a) angegangen, ist das Scheitern programmiert. Folglich ist es angeraten, sich auf die Gruppen (b) und (c) zu konzentrieren.

Qualität an Hochschulen wird nicht derart hergestellt, dass lediglich ein übersichtliches Handlungsprogramm in Gang zu setzen ist, welches die Ursachen erzeugt, als deren Wirkungen dann zwangsläufig Qualität entsteht. Vielmehr *kann* Qualität dadurch entstehen, dass die *Bedingungen* so gestaltet werden, dass Qualitätserzeugung *nicht verhindert* wird. Eine Entstehensgarantie ist dies nicht, doch können immerhin förderliche Bedingungen hergestellt werden.

Wenn also von Qualitätsmanagement an Hochschulen gesprochen wird, dann muss dies als **Qualitäts*bedingungs*management** verstanden werden: als zielgebundenes kontextgestaltendes Organisieren, das dem Gegenstand seiner Bemühungen Möglichkeiten schafft. Qualitätsmanagement kann dann z.B. leisten, die Lehrenden und Studierenden davon zu befreien, ihre kreativen Ressourcen in der fantasievollen Bewältigung von Alltagsärgernissen und unzulänglich organisierten, obwohl routinisierbaren, Prozesse zu vergeuden. **Fünf Vorgehensweisen** können dabei behilflich sein:

◼ Da niemals alle bearbeitungsbedürftigen Probleme zugleich angegangen werden können, sind ohnehin **Prioritätensetzungen** vonnöten. Diese sollten nicht willkürlich oder anhand individueller Vorlieben, sondern kriteriengeleitet vorgenommen werden. Dafür ist es erstens sinnvoll, an der Hochschule bzw. bei den Lehrenden vorhandenen Leidensdruck zu identifizieren und die Priorisierung der Arbeit danach vorzunehmen, mit welchen Maßnahmen dieser Leidensdruck spürbar gemindert werden kann. Zweitens kann dies damit verbunden werden, zunächst die größten Missstände zu bearbeiten.

◼ Die Angebote des Hochschulmanagements sollten grundsätzlich **aufwandsrealistisch** sein, d.h. in Rechnung stellen, dass die Lehrenden eine komplexe Berufsrolle auszufüllen und praktisch permanent mit Zeitproblemen zu kämpfen haben. Die Kunst der Angebote muss daher darin bestehen, für real gegebene – statt ideal gedachte – Bedingungen Lösungen zu offerieren. Deren Anwendung soll für die Lehrenden die Anzahl ihrer Probleme nicht vergrößern, sondern minimieren. Angebote stoßen am ehesten dann auf Zustimmung, wenn die (prognostizierten) Transaktionskosten für die Lehrenden nicht höher sind als die sich einstellenden (prognostizierten) Effekte.

■ **Transparenz** ist eine zentrale Einflussgröße, um Akzeptanz für neue Strukturen und Prozesse herzustellen. Nötig ist es, den Bekanntheitsgrad offerierter Unterstützungsleistungen und ihrer intendierten Wirkung – Entlastung des wissenschaftlichen Personals – zu erhöhen.

■ Hilfreich ist eine **realistische Einschätzung**, welches **Unterstützerpotenzial** für Veränderungsprozesse zu gewinnen ist. Institutionelle Autonomie und individuelle Wissenschaftsfreiheit – beides hohe Güter – bewirken, dass man sich hier wird bescheiden müssen. Am Ende entsteht flächendeckende Akzeptanz von Veränderungen im Hochschulbetrieb immer erst dann, wenn sie kulturell verankert sind. Daher stellt sie sich im allgemeinen über einen Wechsel der akademischen Generationen ein. Vor diesem Hintergrund sind kurzfristig in den Hochschulen selbst typischerweise *keine Mehrheiten für* eine Veränderung zu erobern. Aber immer kann dafür gesorgt werden, dass die Hochschulangehörigen *nicht mehrheitlich gegen* das konkrete Veränderungsanliegen sind.

■ Alle durch neue Anforderungen sich ergebenen **Belastungen müssen** an anderer Stelle wieder **ausgeglichen werden**, wenn es nicht unablässig zu Mehrbelastungen der Wissenschaftler.innen kommen soll. Letztere gehen typischerweise zu Lasten jener Zeitressourcen, die in Lehre und Forschung und damit auch in Lehr- und Forschungsqualität investiert werden (könnten).

Um **vier konkrete Beispiele** zu nennen, wie sich für eng definierbare Unzulänglichkeiten Lösungen organisieren ließen:

- Die hermetische **Verwaltungssprache** als Dauerärgernis im Hochschulalltag kann in Verständlichkeit transformiert werden. Ob das Ziel verständlicher Sprache erreicht wird, lässt sich durch Pretests mit wissenschaftlichem Personal prüfen.

- Es kann die Anforderung definiert werden, dass beliebige **Formulare** grundsätzlich nur noch **eine Seite** umfassen, also eine Konzentration auf das unabdingbar Nötige vorgenommen. Offensiv kommuniziert, ließe sich damit die Akzeptanz solcher Formulare deutlich steigern.

- Ein **Verbesserungsvorschlagswesen** zu etablieren, ist kein revolutionärer Vorschlag, dennoch kommt es an Hochschulen selten vor. Im Intranet wäre über die Eingänge und den weiteren Umgang damit zu informieren, ebenso über das Ergebnis der Auswertung bzw. Verarbeitung des jeweiligen Vorschlags.

- Hochschulinterne **Analysen der Nutzerzufriedenheit** mit Verwaltungsprozessen können ein systematisiertes Feedback erzeugen.

Ein **Be- und Entlastungsmonitoring** kann für all das ein zielführendes Instrument sein, und zwar dann, wenn es nicht als zusätzliches Bürokratieelement, sondern als Handlungsgrundlage eingesetzt wird. Dies bedeutet, dass im Zuge (ohnehin) stattfindender Änderungen bzw. Neuerungen systematisch geprüft wird, welche Aufgaben für Hochschullehrende hinzukommen und welche entfallen. Kommt es zur Mehrbelastung an einer Stelle, ist zu fragen, an welcher anderen Stelle entlastet werden kann. Im Idealfall würde für jede neue administrative Aufgabe eine andere Aufgabe (mit vergleichbarem Aufwand) wegfallen.

Wenngleich in der Praxis ein Ideal nur ausnahmsweise erreicht wird, so ermöglicht die regulative Idee des Idealzustands kontrolliertes Abweichen dort, wo sonst mit Unbekannten gearbeitet wird – z.B. um auf Umwegen zum Erfolg zu gelangen.

Für ein Be- und Entlastungsmonitoring können **vorhandene Ressourcen** genutzt werden: **Das wissenschaftliche Personal** nimmt unentwegt Belastungen, Suboptimales, Fehlzuordnungen, Konflikte etc. wahr und sammelt dadurch (unbewusst) unentwegt organisationsrelevantes Wissen. Insofern können die Wissenschaftler.innen als lebendige Monitoring-Akteure verstanden werden, deren Wissen für die Organisationsentwicklung abschöpfbar ist. Das erfordert niedrigschwellige Kommunikationskanäle.

Erfasst werden müssen vom Be- und Entlastungsmonitorings auch **nichtintendierte Effekte**, da diese zwar unbekannt sind, aber auf jeden Fall eintreten. Nicht das Erwartete, sondern das Unerwartete muss in den Status des Normalen gerückt werden. Dies reduziert zum einen Überraschungseffekte, z.B. hinsichtlich dessen, warum die besten Reformpläne scheitern. Es erleichtert zum anderen die systematische Vorausschau, um solche Nebeneffekte erahnen oder voraussehen zu können. Damit steigen die Chancen, dass sich diese Effekte umpolen bzw. neutralisieren lassen.

Eine nutzerorientierte und damit **nutzerfreundliche Gestaltung digitaler Unterstützungssysteme** wird im allgemeinen mit dreierlei assoziiert: niedrigschwellig im Einstieg, komfortabel und flexibel in der Nutzung. Das klingt zunächst trivial. Doch benötigt die Bearbeitung der so formulierten Problemsituation einen Wechsel im organisationalen Handeln: von der vorrangig angebots- zu einer strikt nutzerorientierten Systemgestaltung und -bereitstellung. Die Gestaltung von Campus-Management-Angeboten muss **vom Nutzer**, dessen jeweiligen Bedürfnissen, Fertigkeiten, Funktionserfordernissen und Gewohnheiten **her gedacht** werden.

Da sich die Gegenwartsgesellschaft im **Zeitalter des Frühdigitalismus** befindet, empfiehlt es sich, einvernehmlich Standards zu definieren, denen mit einer umzusetzenden Digitalisierungspolicy fortwährend Geltung verschafft werden soll, und zwar (a) zwei **Orientierungsstandards**:

- Digitale Instrumente sind für Wissenschaftler.innen und Studierende nicht Zwecke, sondern Mittel (für anderes);
- Jegliche digitale Neuerungen sollen mehr Kräfte freisetzen als binden.

(b) **Standards für die technischen Umsetzungen**:

- intuitive Nutzerführung: niedrigschwellig im Einstieg, komfortabel in der Usability;
- aufwandsrealistische Lösungen, welche die Probleme der Nutzer nicht vergrößern, sondern minimieren;
- grundsätzlich Durchführung von Pretests unter Einbeziehung künftiger Nutzer;
- plattformübergreifende Suchfunktion;
- keine Einführung eines neuen Systems oder Tools ohne Schnittstellenprogrammierung und automatisierte Export/Importroutinen, um die Datenverfügbarkeiten unter verschiedenen Oberflächen zu sichern;
- Personalisierungs- und Individualisierungsoptionen;
- Bereitstellung und permanente Anpassung einer IT-Landkarte der Hochschule;

(c) **organisatorische Standards**:

- spürbare Entlastungswirkungen: der jeweils prognostizierbare (zeitliche) Nutzen muss die (zeitlichen) Kosten übersteigen;
- keine Unter-der-Hand-Verschiebungen klassischer Verwaltungsaufgaben hin zur wissenschaftlichen Leistungsebene;
- Kürze, Verständlichkeit und Rezipierbarkeit von Anleitungen;
- offene und wertschätzende Kommunikation gegenüber Bedenkenträgern, denn diese wirken auch als Risikoanzeiger;
- Bedienungsfehler werden immer zuerst als Systemproblem betrachtet und erst nach Prüfung ggf. als nutzerverursachtes Problem.

Gleichzeitig ist die nicht aufhebbare Herausforderung zu bearbeiten, dass das digitale Gesamtsystem einer Hochschule flexibel hinsichtlich der Reaktion auf künftige – heute und fortdauernd unabschätzbare – Veränderungen im Digitalisierungszeitalter bleiben muss. Eine strategische Option dafür ist der Einsatz mehrerer auf Einzelaufgaben **spezialisierter Systeme**, die zu einem **integrierten Gesamtsystem** verknüpft werden. Konzepte wie Enterprise Application Integration (EAI) oder Service-Oriented Architecture (SOA) gehen von dem Verständnis aus, dass Integration weder mit der Verschmelzung noch mit der Vereinheitlichung einzelner Teilsysteme einhergehen muss. Integration bedeutet dann vielmehr die Beibehaltung unterschiedlicher Teilsysteme innerhalb einer Gesamtstruktur – wobei jedoch die Beziehungen zwischen den Systemen explizit zu definieren und zu koppeln sind.

Ein solches **nichtmonolithisches CaMS** setzt auf interne Differenzierung bei gleichzeitiger Integration der Teilsysteme über eine Metastruktur. Campus-Management-Systeme wären dann als Knoten(punkte) im elektronischen Hochschulökosystem zu verstehen – als eine Art Konnektor. Eine solche Orientierung könnte die Richtung weisen, in der die bisherigen Erfahrungen mit Campus-Management-Systemen produktiv verarbeitet werden und die nötige zukunftsoffene Flexibilität hergestellt wird. Diese Flexibilität benötigt intelligente Systeme: Solche müssen anpassungsfähig an qualitativ veränderte Situationen sein, die zum Zeitpunkt der Systementwicklung noch nicht vorhersehbar sein konnten. Darin besteht im übrigen auch das Wesen intelligenter Systeme im Unterschied zu nichtintelligenten.

A

Grundlegung

1.   Problem und Vorgehen

1.1.   Problemstellung: Die Gestaltung der Hochschul-organisation als Leistungsressource oder Behinderungsinstrument der Wissenschaft

Hochschulqualität setzt sich, werden die beiden zentralen Leistungsdimensionen der Hochschulen zugrundegelegt, aus Lehrqualität und Forschungsqualität zusammen.

Die Qualität der akademischen Lehre wiederum wird in drei Dimensionen entfaltet: (a) den curricularen Inhalten, (b) der didaktischen Vermittlung und (c) der Gestaltung der organisatorischen Kontexte. Die beiden erstgenannten befassen sich mit inhaltlichen Aspekten der Lehre. Letztere betrifft die ‚Bedingungen der Inhalte'. Diese sind selbst keine Lehre, wirken für die Gestaltung von Lehr-Lern-Prozesse aber entweder förderlich oder hinderlich. Damit nehmen sie auch Einfluss auf die Qualität der Lehre (Übersicht 1).

Übersicht 1: Drei Handlungsfelder der Lehrqualitätsentwicklung

Vergleichbar ist dies bei der Forschung: Deren Qualität ist abhängig von (a) den Fragestellungen und den Methoden der Erkenntnisproduktion, (b) den apparativen, infrastrukturellen usw. Ausstattungen sowie (c) den organisatorischen Kontexten.

Manche der organisatorischen Aufgaben sind dem wissenschaftlichen Personal zugewiesen. Solche Begleitprozesse verbrauchen Zeit, die nicht in Lehre und Forschung selbst investiert werden kann. Sofern es hier Fehlzuordnungen und Ineffizienzen gibt, liegt eine Annahme nahe: Jede durch eine verbesserte Organisation der Abläufe frei werdende Ressource kann der Qualität der Lehre und der Forschung zugute kommen.

Dass es Fehlzuordnungen und Ineffizienzen gibt, ist eine verbreitete Klage. Generell wird an den Hochschulen häufig eine Zunahme wissenschaftsbegleitender Anforderungen konstatiert.[1] Besonders zahlreich sind dabei die Stimmen, die im Zuge der Governance- und Studienstruktur-Reformen eine zunehmende Bürokratisierung erkennen. Dieser Eindruck erhärtet sich immer dann, wenn

---

[1] vgl. Jacob/Teichler (2011: 25, 27ff.); Schomburg et al. (2012: 38ff.); Würtenberger (2003, 2007)

neue Anforderungen zu zusätzlichen Aufgaben führen, die das Alltagsgeschäft des wissenschaftlichen Personals nicht erleichtern, sondern durch Zeitverbrauch erschweren:

■ Die hochschulbezogenen Governance-Reformen an Hochschulen ab den 1990er Jahren gingen mit einer Reorganisation der Binnenstruktur einher. Es kam zur Implementierung einer ganzen Reihe neuer Steuerungsinstrumente, die sich am Leitbild des New Public Management (NPM) orientieren. Im Zuge des staatlichen Rückzugs aus der Detailsteuerung und der Beschränkung auf administrative Zielmarken haben Wissenschaftler.innen Zeit z.B. in aufwendige Evaluierungs- und Akkreditierungsverfahren zu investieren und müssen infolge der Stärkung der Hochschulleitungen einen Bedeutungsverlust der akademischen Selbstorganisation in Kauf nehmen.

■ Die Studienstrukturreform hat zu einer Erweiterung von Anforderungen geführt, die dem organisatorischen Rahmenbereich der Lehre zuzuordnen sind. Oblag die Qualitätsherstellung früher einzig den Lehrenden, so ist sie inzwischen ein Teilbereich institutioneller Gesamtverantwortung geworden. Im Vergleich zu den alten Diplom- und Magisterstudiengängen, so eine verbreitete Problemanzeige, sei dadurch ein erhöhter Zeiteinsatz nötig, um administrative Aufgaben zu erfüllen. Die größten Aufwandssteigerungen hätten sich im Bereich des Prüfungswesens durch das modulbegleitende Prüfen an jedem Semesterende ergeben. Aufwändiger geworden sei auch die Curricula-Entwicklung, da sich die Inhalte an europäischen Kompetenzkonzepten orientieren müssen, in Workload und Lernziele zu übersetzen sind.

Als vorläufige Ergebnisse dieser Reformen sind, soweit es die Organisation des Hochschulbetriebs betrifft, widersprüchliche Entwicklungen und Bewertungen zu beobachten:

• Obwohl Hochschulen Initiativen ergreifen, die zur Entlastung von Verwaltungs- und Organisationsaufgaben beitragen sollen, wird eine allgemeine Zunahme eben dieser wahrgenommen und beklagt. Es handelt sich um Tätigkeiten, die zur Durchführung von Lehre und Forschung erledigt werden müssen, aber nicht diese Leistungsprozesse selbst, sondern deren Kontexte sind.

• Das Governancereform-Versprechen, Entstaatlichung ginge einher mit Entbürokratisierung, werde tatsächlich durch neue Bürokratieanforderungen dementiert.

• Dem Studienstrukturreform-Versprechen, die Strukturierung erbringe eine Entlastung von fortwährenden Improvisationsanstrengungen, stünden tatsächlich neue Belastungen bei der Verwaltung des Strukturierten gegenüber. (Vgl. z.B. Kühl 2011b: 3)

Nun konfligiert Verwaltungstätigkeit, so schon Max Weber (1980 [1921/22]: 565), grundsätzlich mit dem Individuellen: „Das ‚Ethos' ... stößt mit seinen am konkreten Fall und der konkreten Person orientierten Postulaten nach materieller ‚Gerechtigkeit' mit dem Formalismus und der regelgebundenen kühlen ‚Sachlichkeit' der bürokratischen Verwaltung unvermeidlich zusammen". Die Verwaltungstätigkeit ist wesentlich ein Instrument zur Herstellung von regelgeleiteter Gleichheit, kurz: der Feind des besonderen Einzelfalls. Hochschulverwaltende Tätigkeiten stellen zwar auf systematisch vergleichbare Leistungserbringung ab, da sie individuelle Karrierechancen verteilen. Aber die Lehre z.B. – insbesondere gute Lehre – ist einzelfallsensibel und hat es, als Teil des professionellen Handelns, durchgehend mit Einzelfällen zu tun.

Das wissenschaftliche Personal ist in der Forschung und den jeweiligen Forschungscommunities verankert und vermittelt in seiner Lehre idiosynkratisches, Außenstehenden fremd anmutendes Spezialwissen an heterogene Studierende, die je individueller Hilfestellungen bzw. Ermunterungen bedürfen. Eindeutige Technologien, also die Verbindung von spezifischen Anreizen zur Erzeugung erwünschter Wirkungen, stehen angesichts des weitgehenden Technologiedefizits der Lehre nicht zur Verfügung (vgl. Luhmann 2002: 142–167).

Vor diesen Hintergründen werden zwischen wissenschaftlichem Personal und den Akteuren der Hochschulorganisation wechselseitig Klagen formuliert: einerseits über ungerechtfertigte Eingriffe in funktionsnotwendig ungebundenes Handeln der Wissenschaftler.innen, andererseits über deren geringe Steuerbarkeit und eine zu breite Qualitätsstreuung. Gleichwohl können solche Klagen nicht darüber hinwegtäuschen, dass Wissenschaft und Organisation untrennbar miteinander verbunden sind (Kuper 2004). Kurz gesagt: Wissenschaft erfordert Organisation, und die Kopplung beider erfordert Gestaltung.

Zugleich ist die Grenze von Wissenschaft und Organisation nicht nur stetig zu überbrücken, sondern auch zu erhalten. Denn die gegebene Differenzierung steigert durch teilsystemspezifische Leistungserbringungen die Möglichkeiten, wachsende Komplexitäten zu verarbeiten. Dies sollte nicht dadurch untergraben werden, dass die Wissenschaft ihre ‚Fertigungstiefe' in Bereiche ausweitet, die in anderen Teilsystemen, etwa der Verwaltung, effektiver bearbeitet werden können.

Die daran anschließenden Fragen lauten: Wie wird sowohl die Überbrückung als auch der Erhalt der Grenze zwischen Wissenschaft und Organisation im Hinblick auf die Gestaltung organisatorischer Kontexte an den Hochschulen praktisch vollzogen? Welche Implikationen hat dies für die Qualität von Lehre und Forschung? Hat dabei der administrative Aufwand für die Wissenschaftler.innen tatsächlich zugenommen, oder handelt es sich lediglich um ein Wahrnehmungsproblem?

Die Grundannahme der hier zu unternehmenden Untersuchung lautet: Würden die organisatorischen Kontexte als qualitätsprägende Einflussgröße systematisch und erfolgreich bearbeitet, dann ließen sich Potenziale freisetzen, die (a) innerhalb der hochschulischen Organisationsprozesse und -strukturen bestehen, (b) zu Zeitbudget-Entlastungen der Wissenschaftler.innen beitragen können sowie (c) Arbeitszufriedenheit und -motivation verbessern.

1.2. Untersuchungsablauf

Sollen Strukturen und Prozesse in der Hochschulorganisation optimiert werden, so müssen zunächst deren Mängel sichtbar gemacht und in ihren Gründen aufgeklärt werden, um sie einer nicht allein intuitiv gesteuerten Bearbeitung zugänglich machen zu können. Hierfür nimmt die Untersuchung die Mikro-, Meso- und die Makroebene der Hochschulen in den Blick, wobei Mikro- und Mesoebene die analytischen Schwerpunkte bildeten. Die Beachtung der Interdependenzen zwischen den drei Ebenen verspricht dreierlei: (1) Organisatorische Kontexte, da auf allen drei Ebenen angesiedelt, werden nicht entkoppelt betrachtet. (2) Optimierungspotenziale können dort identifiziert und implementiert werden, wo sie strukturell verortet sind. (3) Damit kann ein Beitrag zu erfolgreichen Verbesserungsmaßnahmen in den Bereichen Hochschulorganisation und -steuerung geleistet werden.

Die analytische Bearbeitung der Problemstellung erfolgt in drei Schritten: Exploration, Erhebungen im Feld und abschließende Auswertung.

1.2.1. Exploration

Eingangs ist zu identifizieren, welche organisatorischen Gestaltungen die akademischen Tätigkeiten unabweisbar erfordern und auf welche Tätigkeitsrollen diese innerhalb der Hochschulen verteilt sind:

- Zu den relevanten organisatorischen Kontexten zählen zum einen herkömmliche Prozesse bzw. Aufgaben der Lehr- und Forschungsorganisation, der Studierendenverwaltung incl. Studienleistungsverwaltung, der Prüfungsabwicklung oder Raumplanung, jeweils mit einhergehenden Dokumentationsanforderungen und Datenlieferungen, aber auch die Mitwirkung an der Gremienarbeit (zu letzterem Jacob/Teichler 2011: 22).
- Zum anderen zählen dazu neue Prozesse bzw. Aufgaben, die sich aus jüngeren Hochschulreformen ergeben, etwa in Bezug auf die Lehre: Modulhandbucherstellung und -pflege, Credit-Point-basierte Anerkennungsverfahren für auswärtige Studienleistungen, Anerkennungsverfahren für nichthochschulische Vorqualifikationen oder Praxisintegration in das Studium.

Um die organisatorischen Kontexte von Forschung Lehre systematisch identifizieren zu können, wurde zunächst eine Literatur- und Dokumentenanalyse durchgeführt.

Literatur- und Dokumentenauswertungen

Hinsichtlich der Gestaltung von Lehre und Forschung kann zwischen einer inhaltlichen (wissenschaftlichen) und organisatorischen (administrativen) Ebene unterschieden werden. Beide Ebenen folgen differenten Funktionslogiken – professionell-autonom vs. rational-bürokratisch – und sind daher nicht ineinander überführbar. Für die Qualität der wissenschaftlichen Arbeit ist entscheidend, wie gut diese Prozesse und Strukturen aufeinander abgestimmt sind. Um eine systematisch-strukturierte Analyse zu gewährleisten, war zunächst ein sensibles, auf mehrere Ebenen bezogenes Dokumenten-Screening notwendig. Folgende wissenschaftspolitischen und wissenschaftsrechtlichen Dokumente wurden dazu ausgewertet:

- Hinsichtlich der Implikationen der New-Public-Management-inspirierten Governance-Reformen und des Bologna-Prozess für die Anforderungen und die Reaktionen der wissenschaftlichen Leistungsebene wurden Hochschulgesetze und Zielvereinbarungen, Hochschulorganigramme und -grundordnungen ausgewertet, dies auch auf Strukturveränderungen im Laufe der letzten beiden Dekaden hin.

- Für die Aufklärung suboptimal gestalteter Rahmenbedingungen an Hochschulen und organisatorischer Begleitprozesse von Forschung und Lehre wurden Studien- und Prüfungsordnungen, Leitfäden zur Lehrgestaltung, Lehrverpflichtungsverordnungen (LVVO), interne Zielvereinbarungen, Evaluationssatzungen der Hochschulen und Durchführungsverordnungen der Fachbereiche bzw. Fakultäten ausgewertet.

- Für die Identifizierung struktureller und prozessualer Hemmnisse bei der Kopplung von organisierenden und erkenntnisproduzierenden/-vermittelnden Bereichen der Hochschulen wurden hochschulische Verwaltungsvorschriften, Fachbereichs- oder Fakultätsordnungen, weitere Satzungen bzw. Ordnungen innerhalb der akademischen Selbstverwaltung, Instrumente zur Einordnung von Qualifikationen im deutschen Bildungssystem (z.B. Deutsche Qualifikationsrahmen DQR) sowie Rechtsvorschriften des Bundes und der Länder (z.B. Bundesreisekostengesetz, Reisekostengesetze der Länder, Auslandsreisekostenverordnung des Bundes oder Verwaltungsvorschriften zur Annahme und Verwendung von Mitteln Dritter an Hochschulen) ausgewertet.

Die Auswertung der thematisch einschlägigen Forschungsliteratur konzentrierte sich auf im zurückliegenden Jahrzehnt erschienene Titel. Inhaltlich wurden die zentralen Dimensionen erschlossen, die für eine Untersuchung der organisatorischen Kontexte wissenschaftlicher Arbeit relevant sind. Daneben fahndete die Recherche nach Systematiken und Typologien, empirischen Befunden, Problemanzeigen und Problemerklärungen. Um Veränderungen angemessen beurteilen zu können, wurden zudem die einschlägigen Hochschullehrerbefragungen der letzten 40 Jahre hinsichtlich ihrer Ergebnisse zur Arbeitszeitverwendung ausgewertet und die darin enthaltenen Zeitbudgetdaten zusammengeführt.[2]

Struktur-Funktions-Analyse

Aufbauend auf den Ergebnissen der Literatur- und Dokumentenanalyse war sodann in einer Struktur-Funktions-Analyse zu ermitteln, inwiefern Struktur und Funktion der Hochschulorganisation übereinstimmen bzw. wo sie divergieren: Strukturen sollen ihren Funktionen entsprechen. Dies bedeutet nicht, dass eine bestimmte Funktion allein in einer bestimmten Struktur angemessen erfüllt

---

[2] dazu genauer unten 1.2.2. Untersuchungen im Feld

werden kann. Doch sollen zum einen Strukturen nicht sachwidrig zu ihren Funktionen gestaltet sein. Zum anderen müssen Strukturen von ihren Funktionen her gedacht, entwickelt und ggf. – etwa bei Funktionsänderungen – angepasst werden. Ebenso war die Frage zu beantworten, welche organisierenden Tätigkeiten notwendigerweise bestimmten Rollenträgern – Wissenschaftler.innen, Verwaltung, Hochschulmanagement und Servicebereichen – zugewiesen sind und wo Fehlzuordnungen bestehen.

Daraus ließ sich in erster Näherung ableiten, ob und wo Ineffektivitäten und Ineffizienzen der Hochschulorganisation bestehen und wo solche durch die Einführung neuer Anforderungen in den Hochschulalltag ggf. neu produziert werden. Dieser Analyseschritt ermöglicht einen grundlegenden Einblick in die Hochschule als Organisation lose gekoppelter Teilsysteme.

Je nach Organisationsbereich bzw. Thema sind die daraus gewonnenen Erkenntnisse insbesondere dazu, wo und wie Struktur und Funktion divergieren bzw. sich besondere Reibungspunkte identifizieren lassen, in den Kapiteln 3 bis 7 verarbeitet.

1.2.2. *Untersuchungen im Feld*

Zu den Sachverhalten und Dimensionen, zu denen die Forschungsliteratur und das Faktenwissen aus der Dokumentenanalyse eine nur geringe Informationsdichte und Erklärungstiefe ergab, wurden primäre empirische Zugriffe mobilisiert.

Experteninterviews

Primäres Ziel der Experteninterviews war die Erfassung von Interessen und Konflikten, die organisatorische Lehrkontexte betreffen bzw. beeinflussen. Gleichzeitig ermöglichten sie eine Tiefensondierung hinsichtlich der bei den Akteuren bestehenden Problemwahrnehmungen und Reaktionen auf diese im Hochschulalltag (z.B. Vermeidungsstrategien) und ggf. bestehender Fehlzuordnungen organisierender Tätigkeiten. Hieraus ließ sich Wissen generieren, das dann auf Verallgemeinerbarkeit hin geprüft wurde.

Der Erhebungszeitraum erstreckte sich von August bis November 2015. Insgesamt wurde 17 Experteninterviews durchgeführt. Die Auswahl der Interviewpartner.innen zielte darauf, dass (a) Vertreter verschiedener Hochschularten, (b) weibliche und männliche Akteure, (c) Vertreter der verschiedenen Fächergruppen sowie (d) Hochschulen in wohlhabenden und weniger wohlhabenden Bundesländern vertreten sind (Übersicht 2).

Die Gespräche wurden als offene leitfadengestützte Interviews geführt. Mit Hilfe des Leitfadens konnte die Gesprächsführung durch den Interviewer auf die interessierenden Untersuchungsaspekte und Sachverhalte gelenkt werden.[3] Zugleich ließ die offene Interviewform Freiraum für narrative Elemente, so dass

---

[3] Leitfaden siehe Anhang Nr. 1 und 2

Kategorie	Hochschulart		Geschlecht		Fächergruppe		Wohlstand Bundesland***			Summe
	Uni	HAW	w	m	MINT	GSW	unter	∅	über	
Hochschullehrer.in-nen (HSL 1-7)	4	3	1	6	2	5	3	1	3	7
QPL-Hochschul-professionelle (Gruppeninterview)	3		2	1		3	3			3
administrative Angestellte (HVW 1-8)*	5	3	4	4	8		2	1	5	8
CaMS-Experte** (CExp)	1			1	1			1		1
Summe	11,5	7,5	7	12	6,5	12,5	8	3	8	19

* Die Befragten gehörten verschiedenen Organisationseinheiten an: Leitung der Hochschulverwaltung, Dezernatsleitung, Referatsleitung und Stabstellenleitung.

** CaMs = Campus-Management-System

*** gemessen anhand Bruttowertschöpfung im Verhältnis des Landes zum Median des Bundes 2011 (BBSR 2013)

auch auf jeden Interviewpartner individuell eingegangen werden konnte. Darüber hinaus wurde durch den Leitfaden die Vergleichbarkeit der einzelnen Interviews gewährleistet. (Vgl. Nohl 2006: 19ff.)

Schriftliche Befragung

Zu organisatorischen Kontextproblemen wurde eine schriftliche Befragung der bundesweit im Rahmen des Qualitätspakts Lehre (QPL) geförderten Projekte durchgeführt (im folgenden QPLBefr).[4] Mit dem QPL stand eine bundesweit verteilte Struktur an Projekten zur Verfügung, die alle Bundesländer, Hochschularten und Hochschulgrößen einschließt. Diese Projekte befassen sich mit den Kontexten der akademischen Lehre und ihrer Qualitätsentwicklung unter Expansionsbedingungen. Sie bearbeiten also für einen der beiden hochschulischen Kernleistungsbereiche genau die Fragen, die in unserer Untersuchung interessieren. Deshalb wurde die Gesamtheit der QPL-Projekte als (Teil-)Untersuchungsfeld definiert, ohne jedoch ein ‚Beforschen' der QPL-Projekte im Sinne einer Wirksamkeitsanalyse ihrer Aktivitäten zu unternehmen. Vielmehr ging es um dreierlei:

- Zum einen konnte mit dem QPL eine gegebene bundesweite Auswahl an Entwicklungsprojekten zur Qualität der Lehre (QdL), die zudem zeitlichen Gleichlauf aufweisen, als Quelle – nicht als Gegenstand – erschlossen werden. Die Gesamtheit der Projekte diente als Informationspool für organisatorische Kontextprobleme, die nicht selbst Gegenstand der Entwicklungsprojekte sind, aber auf ihr Gelingen Einfluss haben.

---

[4] siehe dazu http://www.qualitaetspakt-lehre.de/

- Zum anderen sind die OPL-Projekte durch ihre Aktivitäten besonders fokussiert auf Umsetzungsprobleme und ließen daher einen vergleichsweise hohen Reflexionsgrad erwarten, so dass dort ein bereits in Ansätzen systematisiertes Wissen abgefragt werden konnte.
- Darüber hinaus konnten die Mitarbeiter.innen in den QPL-Projekten stellvertretend zur Einschätzung des zeitlichen Aufwands der Lehrenden für lehrbezogene Organisationtätigkeiten befragt werden (Stellvertreterbefragung).

Die Befragung wurde online durchgeführt. Der Fragebogen richtete sich an das hauptamtliche Fachpersonal aller bundesweiten QPL-Projekte. Die Einladung zur Befragung wurde via eMail den jeweiligen QPL-Projektleitungen zugestellt. Neben Informationen zum Anliegen der Befragung enthielt die eMail die Bitte, den Online-Link zum Fragebogen an die hauptamtlichen Mitarbeiter.innen der Projekte weiter zu leiten. Zugleich wurden die Projektleitungen selbst eingeladen, sich an der Befragung zu beteiligen.

Diese fand von März bis April 2016 als Vollerhebung statt. Insgesamt haben 271 Personen teilgenommen.[5] Ausgehend von der Grundgesamtheit (N=2.772) des hauptamtlichen Fachpersonals aller QPL-Projekte, d.h. Professor.innen und wissenschaftliche Mitarbeiter.innen, die in QPL-Projekten tätig sind, lag die Rücklaufquote bei 10 Prozent.[6]

Für die Fragebogenentwicklung konnte bereits erhobenes Wissen der sachsen-anhaltischen Transferstelle „Qualität der Lehre", die innerhalb des QPL-Verbundes „HET LSA" eine koordinierende Rolle wahrnimmt,[7] nutzbar gemacht und so der Blick auf bedeutsame Aspekte gelenkt werden: konkrete Maßnahmen, die auf Entlastung von Lehrenden zielen, organisatorische Probleme und Hindernisse, Einschätzungen zu deren Ursachen sowie Bearbeitungs- und Umgangsweisen mit solchen Problemen.[8]

---

[5] Den Fragebogen abgeschlossen, das heißt den kompletten Fragebogen durchlaufen, haben 205 Personen. Um das Risiko des Befragungsabbruchs zu minimieren, war das Durchlaufen des Fragebogens möglichst niedrigschwellig gestaltet worden. Daher konnten die Befragten einzelne Items oder Fragen offenlassen bzw. ganz auslassen. Entsprechend kann die Anzahl der Antwortsummen bei einzelnen Fragen von N=271 abweichen.

[6] Die Daten der Grundgesamtheit stützen sich auf den Stand der QPL-Projekte und Stellenbewilligungen 2012 (vgl. Deutscher Bundestag 2016: 25–26). Spätere Änderungen sowie Verschiebungen in den Projekten konnten nicht berücksichtigt werden, da es dazu keine bundesweite Übersicht gibt. Aufgrund unserer Feldkenntnis müssen wir davon ausgehen, dass die Angaben der genutzten Quelle nicht vollständig zuverlässig sind. Angesichts dieses Unschärfeproblems ist die Rücklaufquote von 10 Prozent als annähernd zu betrachten.

[7] Die Transferstelle „Qualität der Lehre" (http://www.het-lsa.de/), die am Institut für Hochschulforschung Halle-Wittenberg (HoF) angesiedelt ist, kooperierte mit dem Projekt „Organisatorische Kontextoptimierung zur Qualitätssteigerung der Lehre – Mobilisierung finanzierungsneutraler Ressourcen", das im Rahmen der Begleitforschung zum Qualitätspakt Lehre durchgeführt wurde und aus dessen Ergebnissen der hier vorgelegte Report wesentlich schöpft.

[8] Fragebogen siehe Anhang Nr. 3

Beobachtungsstudie und Terminkalenderauswertung

Von April bis Juni 2016 wurden elf Beobachtungen durchgeführt. Hochschullehrende wurden jeweils über zwei bis drei Wochentage begleitet und beobachtet sowie ihr Tagesablauf dokumentiert. Insgesamt ergaben sich 24 Tage bzw. 576 Stunden teilnehmende Beobachtung. Es wurde darauf geachtet, dass die Beobachtungstage nicht von Urlaub oder anderen Sondersituationen (bspw. Prüfungszeiträumen) durchzogen sind, aber ansonsten zufällig ausgewählt.

Übersicht 3: Zusammensetzung der Terminkalender-Analysen

Hochschullehrer.innen	Hochschulart		Geschlecht		Fächergruppe		Wohlstand Bundesland*			Senat(skommission)**	
	Uni	HAW	w	m	MINT	SGW	unter	∅	über	Ja	Nein
Anzahl (N=12)	7	5	3	9	2	10	5	3	4	5	7

* gemessen anhand Bruttowertschöpfung, im Verhältnis des Landes zum Median des Bundes 2011 (Median) am Bund 2011 (BBSR 2013)

** Mitgliedschaft im Senat, im Erweiterten Senat oder in Senatskommissionen

Die Beobachtungsstudie vorbereitend war eine Terminkalenderanalyse durchgeführt worden. Dabei ging es darum, eine Intuition für im Verlauf einer zufällig gewählten Semesterwoche anfallende Hochschullehrertätigkeiten zu gewinnen. Die Probanden wurden gebeten, für die Kalenderwochen 22 und 23 des Jahres 2016 ihre Terminkalender zur anonymisierten Analyse zur Verfügung zu stellen.[9] Je nachdem, ob ein papierbasierter oder elektronischer Kalender geführt wird, konnten die Terminkalender als Kopie, Scan, Screenshot, Foto oder als digitale Daten übergeben bzw. zugesandt werden. Insgesamt wurden 84 Hochschullehrende angefragt. Davon reagierten zwölf (14 %) positiv.[10] Anhand der ausgewerteten Kalender konnte ein exemplarischer Einblick in die Heterogenität der Termine, Aufgaben und Tätigkeiten von Hochschullehrer.innen gewonnen werden. Dadurch ließ sich eine Erwartungsstruktur für die anschließenden Beobachtungen aufbauen, die den Blick für bestätigende und korrigierende Wahrnehmungen schärfte.

Professor.innen haben als Mitglieder einer Hochschule sowohl das Recht als auch die Pflicht, an der Selbstverwaltung und der Erfüllung der Hochschulaufgaben in Organen, beratenden Gremien und Kommissionen mitzuwirken. Entsprechend besetzen Hochschullehrende auch leitene Funktionen in Gremien auf zentraler und dezentraler Organisationsebene oder sind Mitglieder in Organen und Gremien, die maßgeblich zur Leitung der Hochschule beitragen. Die Mitwir-

---

[9] Dem Anschreiben mit Erläuterungen zum Projekt und Anliegen war ein Datenschutzblatt zur Zusicherung eines vertraulichen und dem Datenschutz entsprechenden Umgangs mit den Dokumenten beigefügt. Konkrete Inhalte oder personenbezogene Informationen waren nicht Gegenstand der Untersuchung.

[10] Absagegründe waren zum ersten objektiver Art: Forschungsfreisemester, Zeitmangel, Urlaub, Krankheit o.ä. in den angefragten beiden Kalenderwochen. Zum zweiten gab ein Großteil der Angefragten an, keinen regelmäßigen Kalender zu führen oder in diesem nicht alle administrativen und organisatorischen Termine einzutragen. Zum dritten waren Absagegründe fehlendes Interesse an der Erhebung oder die Ablehnung der Herausgabe vertraulicher Daten.

kung in den Organen, Gremien und Kommissionen ist meist mit zusätzlichem Arbeitsaufwand verbunden.

Laut einer Untersuchung zur akademischen Selberverwaltung an den niedersächsischen Hochschulen (LNHF 2017: 23; 35–37) haben ca. 75 Prozent der befragten Professor.innen schon einmal eine dezentrale und fast 30 Prozent eine zentrale Leitungsfunktion wahrgenommen oder nehmen diese derzeit wahr. Angesichts des weitgefassten Funktionsverständnisses bzw. der Fülle einbezogener Funktionen – die Studie unterscheidet 16 dezentral und 14 zentral leitende Funktionen – verwundert es eher, dass sich die positiven Antworten nicht nahe der 100 Prozent bewegten. Aufgrund der Vielfalt und hohen Zahl zu besetzender Funktionen und Mitgliedschaften verwundert es jedenfalls nicht, dass unsere Probanden durchweg eine Hochschulfunktion auf zentraler oder dezentraler Ebene innehatten. Herausgestellt werden in unserer Studie daher lediglich vergleichsweise zeitintensive Funktionswahrnehmungen: Mitgliedschaften im Senat, im Erweiterten Senat oder in Senatskommissionen.

Die Auswahlkriterien der in die Beobachtungsstudien einbezogen Hochschullehrenden zielte auf eine Abbildung des Feldes (Übersicht 4): Vertreten waren (a) die Hochschularten HAW und Universität, (b) die Fächergruppen MINT und GSW, (c) weibliche und männliche Hochschullehrende, (d) Angehörige von Hochschulen in wohlhabenden und weniger wohlhabenden Bundesländern, (e) Personen, die vor der Bologna-Reform ihre akademische Sozialisation durchlaufen haben, und solche, deren Lehrerfahrungen sich allein auf bolognareformierte Studiengänge beziehen, (f) Akteure mit und ohne Leitungspositionen sowie (g) Hochschullehrende, welche in Senats- und Kommissionsarbeiten an ihrer Hochschule eingebunden bzw. nicht eingebunden sind.

Übersicht 4: Struktur des Samples der Beobachtungsstudie

Hochschul-lehrer.innen (Beob_1-11)	Hoch-schulart		Ge-schlecht		Fächer-gruppe		Wohlstand Bundesland**			Lehr-erfahrung*		Senat(skom-mission)***	
	Uni	HAW	w	m	MINT	GSW	unter	∅	über	nach	vor	Ja	Nein
Anzahl (N=11)	6	5	5	6	3	8	5	5	1	8	3	4	7

* Unterscheidung nach Personen, deren Lehrerfahrungen sich allein auf bolognareformierte Studiengänge beziehen („nach") und Personen die vor der Bologna-Reform ihre akademische Sozialisation durchlaufen haben („vor").

** gemessen anhand Bruttowertschöpfung, im Verhältnis des Landes zum Median des Bundes 2011 (BBSR 2013)

*** Mitgliedschaft im Senat, im Erweiterten Senat oder in Senatskommissionen

In einem Vorgespräch mit den beteiligten Hochschullehrer.innen wurde der inhaltliche und organisatorische Ablauf der Beobachtung näher spezifiziert: (kommunikatives) Regelsystem zwischen Beobachter und beobachteter Person, Zuwiesung einer akzeptierten Beobachterrolle und das Auftreten gegenüber Dritten, feldspezifische Regeln und Zusammenhänge sowie das Auftreten im Feld. Im allgemeinen wurde durch die Hochschullehrenden entschieden, inwieweit die Teilnahme an den Aktivitäten bzw. die Teilhabe an der Praxis möglich oder die Beobachtung situativ eher deplatziert ist. Gegebenenfalls erfolgte ein zeitweiser Rückzug der Beobachtungsperson aus dem Feld.

Die Kontakte zu den Akteuren in der Beobachtungsstudie zeichneten sich durch einen permanenten Wechsel von teilnehmender Beobachtung und beobachtender Teilnahme aus – ein notwendigerweise diffiziler Balanceakt. Angesichts des explorativ-interpretativ angelegten Charakters des Forschungsprozesses war es notwendig, erkenntnisoptimierend zwischen existenzieller Nähe und analytischer Distanz zu wechseln. (Vgl. Flick 1995: 153; Hitzler 2007: 213; Honer 1989: 301).

Das Vorgehen implizierte, dass bestimmte (prinzipiell unerwünschte) Einflüsse auf die beobachteten Personen in Kauf zu nehmen waren. Allein die Tatsache der Protokollierung kann zu einem bestimmten – im Vergleich zur unbeobachteten Situation veränderten – Verhalten der Akteure führen, was Auswirkungen auf die ausgeübten und damit erfassten Tätigkeiten haben kann. Auch Verzerrungen durch nicht beeinflussbare biologische oder psychische Vorgänge spielten dabei eine Rolle. (Vgl. Blass 1980: 131–155)

Um mögliche äußere Einflüsse auf das Verhalten bzw. die Tätigkeiten der Beobachteten bei der Auswertung zu berücksichtigen, wurden die gesammelten Daten nicht losgelöst von der Tatsache der Beobachtung selbst und den Beobachtungsbedingungen interpretiert. Bei Feldausstieg wurden derartige (Kontext-)Informationen auch in einem Abschlussgespräch aufgezeichnet und der Beobachtungszeitraum gemeinsam reflektiert. Dazu gehörte einerseits die Erfassung von Aspekten wie Empfindungen und Beeinflussungen durch die Beobachtungssituation selbst, andererseits die Selbsteinschätzung zu zeitlichem Aufwand für administrative und organisatorische Aufgaben innerhalb des Beobachtungszeitraumes.

Während der Feldphase wurde folgendes sequenzielles Verfahren der Felddokumentation, nach Vorbild des enthnografischen Schreibens, angewendet:

- dokumentarische Speicherung – stichwortartige Feldnotizen während des Feldkontaktes
- kommunikative Darstellung bzw. Versprachlichung – beschreibendes Protokoll nach Feldkontakt am gleichen Tag
- analytische Explikation – analytisches Protokoll unmittelbar nach Feldausstieg

Die Felddokumentation erfolgte in offener, also unstandardisierter Form, d.h. sie war nicht an die Beachtung eines starren Klassifizierungsschemas gebunden. Nach der inhaltlichen Auseinandersetzung mit Vor- und Nachteilsbewertungen unterschiedlicher Arten von Felddokumentation sowie einer ausführlichen Testphase wurde von einer (Teil-)Standardisierung abgesehen. Um aber impressionistisches und unkontrolliertes Beobachter- bzw. Dokumentationsverhalten zu vermeiden, wurde zur Orientierung ein Leitfaden der Beobachtungsfoki entwickelt und formuliert.[11]

Da wissenschaftliches Beobachten kein impressionistisches Herumschauen bedeutet, war vor dem Feldzugang zu beantworten, was beobachtet werden soll. Der Leitfaden diente dem Beobachter zur Fokussierung auf die untersuchungsleitenden Fragestellungen sowie als Grundlage für die Erstellung der Beobach-

---

[11] Beobachtungsleitfaden siehe Anhang Nr. 4

tungsprotokolle. (Vgl. Schöne 2003: 10f.) Die empirischen Erfassungen betrafen zwei Dimensionen, um anschließend die ermittelten Daten einer zweistufigen Analyse unterziehen zu können: Zeitbudget- und Tätigkeitsanalysen. Daneben ermöglichten die Beobachtungsstudien, in einem dritten Schritt den Umgang mit den hochschulischen Organisationskontexten individualisiert zu analysieren. Das heißt: Im Zentrum der verstehenden und interpretativen Neugierde der teilnehmenden Beobachtung standen auch Fragen nach latenten Sinnstrukturen und Regeln oder individuellen Sichtweisen, die das Handeln der Akteure beeinflussen. (Vgl. Atteslander 1991)

Zeitbudgetanalysen: Die teilnehmende Beobachtung wurden dazu genutzt, die Zeitverwendung Hochschullehrender zu erfassen. Die mehrtägigen Beobachtungen ermöglichten durch minutiöse Aufnahme der Aktivitäten Hochschullehrender eine sowohl qualitative als auch quantitative Zeitbudgetanalyse. Eine Zeitbudget-Beobachtung gilt allgemein als die geeignetste Methode zur Erfassung der Zeitverwendung, denn der tatsächliche Tagesablauf kann unabhängig von einschätzenden Aussagen der Befragten festgehalten werden. Im Gegensatz zu retrospektiven Selbsteinschätzungen oder Yesterday-Tagebüchern gibt es durch eine direkte Beobachtung keine Erinnerungsprobleme, und Aktivitäten können vollständig erhoben werden.

Während unserer teilnehmenden Beobachtungen wurden Zeit-Tagebücher angefertigt. Um die vielen darin beschriebenen Aktivitäten vergleichbar mit bisherigen Zeitbudgetdaten von Hochschullehrenden zu machen, wurde eine taxonomische Zuordnung der Aktivitäten entwickelt, die sich sowohl an den bisherigen Zeitbudgetuntersuchungen[12] orientiert als auch erweiternd darüber hinaus geht. Es wurden vier Hauptkategorien verwendet:

- Lehre
- Forschung
- Verwaltung und akademische Selbstverwaltung
- weitere Aktivitäten und Dienstaufgaben

Diese Hauptkategorien wurden im Analyseprozess in weitere Ebenen zerlegt.[13] Im Ergebnis ließen sich Zeitbudgetanteile sowohl für die Hauptkategorien als auch für uns interessierende spezifischere Aspekte, etwa lehrorganisatorische Aktivitäten, benennen. Diese konnten dann ins Verhältnis zu anderen Aktivitäten gesetzt werden.

Tätigkeitsanalysen: Zugleich wurde die teilnehmende Beobachtung dazu genutzt, weitere Einblicke in den Tagesablauf eines Hochschullehrenden zu erhalten und zu verstehen, wie diese praktisch erzeugt werden. So ließen sich z.B. individuelle Strategien identifizieren, mithilfe derer die organisatorischen Anforderungen des wissenschaftlichen Arbeitsalltags bewältigt werden, um sie anschließend kategorisieren und überindividuell vergleichen zu können:

---

[12] vgl. Schimank (1992, 1995); Enders/Teichler (1995); Jacob/Teichler (2011); Schomburg/Flöther/Wolf (2012); Leischner/Rüthemann (2015); IfD (2016); Petersen (2017)

[13] zur Systematik inhaltlicher Aufgabenbereiche Hochschullehrender und exemplarischer Aktivitäten siehe Anhang Nr. 5

- Hier war es möglich, Interaktions- und Verhaltensmuster, Bruchstellen des Arbeitsalltages, informelle Prozesse, Aktionsorte und nonverbal übermittelte Informationen zu ermitteln und zu analysieren.
- Ebenso interessierten Techniken der Aufwandsminimierung, des Unterlaufens von Anforderungen oder Reaktionen auf das Hochschulmanagement.
- Durch die Erfassung von Aktionen, Interaktionen und Reaktionen konnten zudem Hinweise auf Folgen identifizierter Fehlzuordnungen organisatorischer Tätigkeiten und damit einhergehender Ineffektivitäten sowie Ineffizienzen für die Lehrorganisation gesammelt werden.

Die Kategorisierung der Tätigkeiten die in den Feldprotokollen dokumentiert waren, orientierte sich an einem festgelegten Schema, den sogenannten Ablaufarten, die in der Managementforschung eine lange Tradition besitzen (vgl. Mintzberg 1973).[14] Obwohl Mintzbergs Arbeiten in einer Zeit entstanden, in der die aktuellen Entwicklungen der elektronischen Datenverarbeitung und Digitalisierung so noch nicht absehbar waren, eignet sich sein Kategoriensystem nach wie vor als Erfassungsstruktur. Neuere Arbeiten modifizieren deshalb auch seine Kategorien nur geringfügig mit Blick auf digitalisierungsbedingte Änderungen (vgl. Hinrichsen et al. 2009, Beuscher-Mackay et al. 2009). Für die Durchführung unserer Beobachtungsstudien wurden die Ablaufarten in Anlehnung an Mitzberg in fünf Hauptkategorien unterteilt: interpersonelle Kommunikation, Telekommunikation, praktische Schreibtisch- und Bürotätigkeiten, passive und regenerative Tätigkeiten sowie das Zurücklegen von Wegen. Diese Hauptkategorien wurden im Analyseprozess in weitere Ebenen zerlegt.[15]

Prozessanalysen

Qualitätsentwicklung ist auf die Gestaltung von Prozessen angewiesen, und Qualitätsziele können nur in Kombination mit einem entsprechenden Prozessmanagement erreicht werden (Hanel/Töpfer 2011: 199). Eine Grundvoraussetzung, dass Prozesse mit hoher Effektivität und Effizienz ablaufen, ist die regelmäßige Ermittlung und Beurteilung der Prozessleistung und -potenziale. Da Effizienz und Effektivität einander ergänzen, müssen bei der Prozessoptimierung Effektivitäts- und Effizienzziele gleichermaßen verfolgt werden:

- *Effektivität* beschreibt das Maß der Zielerreichung oder das Ausmaß, in dem der Prozessoutput die Bedürfnisse und Erwartungen seiner Adressaten bzw. Beteiligten befriedigt.
- *Effizienz* beschreibt das Verhältnis von Input und Output eines Prozesses. Besonders effizient ist ein Prozess, wenn ein maximaler Output mit minimalem Aufwand erreicht wird.

Um eventuelle Konfliktpotenziale und Schwachstellen organisatorischer Lehrbegleitprozesse systematisieren zu können, wurden Prozessanalysen durchgeführt. Dazu wurden Kontextprozesse aus dem hochschulischen Alltag auf admi-

---

[14] von Mintzberg (1973) entwickelte Hauptkategorien zur Analyse der Tätigkeiten von Managern: Scheduled Meetings, Unscheduled Meetings, Telephone Calls, Desk Work und Tours
[15] zur Erfassungsstruktur der Tätigkeiten siehe Anhang Nr. 6

nistrative bzw. organisatorische Be- oder Entlastungen sowie Belastungswahrnehmungen hin geprüft. An Fallhochschulen wurden Prozesse vertieft betrachtet, d.h. in ihre Prozessschritte zerlegt – u.a. deren Rollenzuordnungen, Terminierungen, Zeit- und Koordinationsaufwand erfasst – und hinsichtlich Effektivität und Effizienz bewertet.

Um ein praxisnahes Verständnis zu ermöglichen, wurden die einzelprozessbezogenen Betrachtungen mit Erfahrungen und Wahrnehmungen durch die davon Betroffenen gekoppelt und zusammengeführt. Diese ließen sich aus den Beobachtungsstudien, den Interviews mit Hochschullehrenden und hochschulischen Verwaltungsmitarbeiter.innen extrahieren sowie durch sekundäranalytisch erschlossene Beispiele untersetzen.

In der wissenschaftlichen Prozessbewertung gibt es dafür kein einheitliches Vorgehen. Im Grundsatz lassen sich zwei Arten von Methoden unterscheiden: qualitative und quantitative (vgl. Becker 2005: 149, 188). Quantitative Verfahren bestehen im Kern aus einem umfassenden Input-Output-Datenvergleich mit dem Ziel, die Prozessleistung zu messen und kennzahlenbasierte Auffälligkeiten im Vergleich festzustellen. Qualitative Verfahren hingegen bewerten die Prozessfähigkeiten und das Vorhandensein bestimmter Merkmale. (Vgl. ebd.: 149; Stratmann 2005: 5–11)

Unabhängig vom Bewertungsverfahren kann jeder Prozess hinsichtlich verschiedener Merkmale und Indikatoren analysiert und bewertet werden. Zur ersten Detaillierung von Prozesseffizienz und -effektivität werden in der Forschung oftmals die klassischen Zeit-, Kosten- und Qualitätskriterien herangezogen (Stratmann 2007: 14). Darüber hinaus existieren weitere Bewertungskriterien, wie z.B. Kapazitäts-, Flexibilitäts-, Integrations- und Komplexitätskriterien (zusammenfassend Ley et al. 2012: 1039–1045).

Für die vorliegende Untersuchung wurden sowohl die klassischen als auch die weiteren Bewertungskriterien während des Forschungsprozesses entsprechend unseres Erkenntnisinteresses adaptiert. Im Einzelfall war zu erörtern, welche Kriterien organisationspezifisch sind, d.h. bei welchen Prozessen oder Prozesstypen die einzelnen Kriterien angewendet werden konnten. Unseren Prozessanalysen ist ein qualitatives Verständnis zugrundegelegt. Das heißt, die einzelnen Tätigkeiten und ihre Verknüpfungen sowie Schnittstellen wurden von Prozessanfang bis -ende betrachtet. Im Fokus standen insbesondere die Kriterien, die uns darüber Auskunft geben, was den Prozessdurchlauf zeitlich beeinflusst – sogenannte kritische Prozessstellen.

Desktop Research

Um die prozess- und strukturbezogenen Untersuchungen hinsichtlich der Softwareunterstützungen zu arrondieren, wurde die Ist-Situation der an deutschen Hochschulen eingesetzten Softwarelösungen systematisch für 20 deutsche Hochschulen erhoben. Dies geschah via Desktop-Research zuzüglich sich daran anschließender telefonischer Nachfragen bei Hochschulrechenzentren, CaMS-Projektkoordinatoren und QM-Akteuren.

Diese Daten dienten der Prüfung empirischer Evidenz oder aber der Unangemessenheit von Wahrnehmungen gesteigerter Administrationslasten durch Digitalisierung. Die in vielen Bereichen eingeführten digitalen Plattformen, die vormals papierbasierte Verfahren ergänzt oder ersetzt haben, können generell dazu führen, dass Bearbeitungsaufwand, benötigte Zeiten und zurückzulegende Wege für Studierende und Lehrende deutlich reduziert werden. Im Widerspruch dazu wird im Zusammenhang mit Digitalisierungsprozessen an Hochschulen aber häufig eine Zunahme wissenschaftsbegleitender Anforderungen konstatiert.

Expertenworkshop

Schließlich wurde ein Expertenworkshop zum Thema „Digitalisierung von Hochschulprozessen" durchgeführt und ausgewertet. Das Thema erwies sich – angesichts des unterdessen verbreiteten Einsatzes digitaler Assistenz an Hochschulen und damit verbundener neuer Anforderungen für alle Beteiligten – im Hinblick auf die Projektfragestellungen als erschließungsbedürftig. Gestützt wurde diese Annahme durch die Ergebnisse vorhergehender Erhebungsschritte.

Ziel war es daher, die Funktionsweise und Dysfunktionalitäten digitaler Unterstützung von Prozessen und Strukturen an Hochschulen zu ermitteln. Thematisch standen die Abbildung hochschulischer Prozesse und Strukturen in digitalen Anwendungssystemen wie Campus-Management-Systemen, Rückmeldungsschleifen hinsichtlich Nutzerfahrungen, Problemlagen und Problemursacheneinschätzungen im Mittelpunkt.

Am Workshop nahmen 25 Personen teil, die in solcher Konstellation sonst selten zusammenkommen: Akteure der wissenschaftlichen Leistungsebene und der administrativen Hochschulpraxis sowie hochschulische Digitalisierungsakteure und externe Digitalisierungsexperten.[16]

1.2.3. Untersuchungsmodell

Zusammengefasst leisteten die Untersuchungsschritte in folgender Weise Beiträge zur Bearbeitung der Untersuchungszielsetzungen:

---

[16] Der Workshop fand am 6. Oktober 2016 an der Martin-Luther-Universität in Halle (Saale) statt. Siehe Bericht und die Dokumentation der Hauptreferate unter http://www.hof.uni-halle.de/veranstaltungen/workshop-mehr-digitalisierte-hochschulprozesse/. Aussagen, die ein konsensuales Ergebnis der Diskussion waren und keiner Einzelperson klar zuzuordnen sind, werden im Text des vorliegenden Reports mit dem Kürzel *WsExp* für Workshop-Experten nachgewiesen.

Übersicht 5: Untersuchungsmethoden und -themen im Überblick

Thema \\ Methode	Lit.-/ Dokumentenanalyse	Struktur-Funktionsanalyse	Experteninterviews	schriftliche Befragung	Zeitbudget-/ Tätigkeitsanalysen	Prozessanalysen	Desktop Research	Expertenworkshop
Governance-Reformen und Neue Steuerung	Programmierung und Gestaltung; Veränderung der organisationalen Kontexte							
Studienstruktur-reform	Programmierung und Gestaltung; Veränderung der Lehrkontexte							
Selbstverwaltung, Verwaltung und Hochschulmanagement	Gestaltung neuer Organisationseinheiten; Veränderung der organisationalen Kontexte und begleitender Strukturen							
Hochschulprofessionelle: Rollencharakteristika, Aufgaben, Wahrnehmung	Sekundäranalysen einschlägiger Studien; Wahrnehmung und Akzeptanz von QPL-Projektvertreter.innen; Erfahrungen Hochschullehrender und Verwaltungsangestellter							
Neue Prozesse: Qualitätssicherung und Qualitätsmanagement	Explikation und Gestaltung von Qualitätskontexten; Einschätzung neuer Prozesse von QPL-Projektvertreter.innen; Expansionsbewältigung der Hochschulbildungsbeteiligung; Erfahrungen Hochschullehrender und Verwaltungsangestellter							
wissenschaftliches Personal: Belastung, Belastungswahrnehmung, Reaktionen	Sekundäranalyse von Hochschullehrerbefragungen der letzten 40 Jahre; Erfahrungen und Einschätzungen von QPL-Projektvertreter.innen; Erfahrungen Hochschullehrender und Verwaltungsangestellter; Erfahrungen und Einschätzungen von Organisationsexperten							
Kopplung von Wissenschaft und Organisation	Identifizierung von informellen Kommunikationsstrukturen, ungeschriebene Regeln und Normen, informellen Machtbeziehungen und Konfliktarenen; Struktur-, Aufgaben- und Habituskonkurrenzen an Hochschulen; Grenzerfahrungen Hochschullehrender und Verwaltungsangestellter							
Bürokratie an Hochschulen	Identifikation von Dysfunktionalitäten; Problem- und Problemlösungspotenziale in administrativen Prozessbewältigungen; Prinzipien und Mechanismen des regelgebundenen Hochschulhandelns sowie des Verwaltungshandelns; Auswertung der Rechtsvorschriften für und an Hochschulen; Hochschulreformentwicklungen und Entbürokratisierungserwartungen							
wissenschaftliches Personal: Arbeitszeitverwendung und Arbeitszeitverhalten	Sekundäranalyse von Hochschullehrerbefragungen der letzten 40 Jahre; individualisierte Zeitbudgetanalysen durch Beobachtungsstudien; exemplifizierung der Heterogenität im Alltag auftretender Tätigkeiten durch Terminkalenderanalysen; subjektive Wahrnehmung Hochschullehrender und Verwaltungsangestellter; Ableitung von Maßnahmen zur Belastungsreduzierung durch Identifikation der Einflussgrößen							
Digitalisierte Hochschulprozesse und das elektronische Hochschulökosystem	Erschließung einschlägiger Studien und Erfahrungsberichte; Experten für Campus-Managemt-Systeme; eingesetzte Softwarelösungen an 20 deutschen Hochschulen; Nutzererfahrung, Problemlagen und Ursacheneinschätzungen des wiss. Personals sowie von Digitalisierungsexperten; Aufdecken sozialer Reaktionen und vernachlässigter Folgen; Problem- und Problemlösungspotenziale digitaler Assistenzstrukturen							

Um analytisch in die Tiefe gehen zu können, wurden nicht nur verschiedene Feldzugänge und Methoden eingesetzt, sondern auch Akteure aus unterschiedlichen Funktionsgruppen in verschiedenen Organisations- und Handlungsbereichen sowie externe Stakeholder berücksichtigt. Erreicht wurde dies durch intensive Bewegungen im Untersuchungsfeld. Übersicht 6 fasst kategorial diejenigen Personen zusammen, die durch aktives Engagement, als Untersuchungsobjekte bzw. Respondenten und/oder Qualified Experts an der Studie beteiligt waren.

Übersicht 6: Points of Contacts im Untersuchungsfeld

Institutionen / Rollen	Universitäten	HAWs	Künstl. Hochschulen	priv. Hochschulen	Forschungsinstitute	Unternehmen	Vereine/ Interessensvertr.	Sonstige	Summe
Hochschullehrende	16	13	1	1					31
Verwaltungsangestellte	5	3	1						9
wissenschaftliches Personal	2								2
QPL-Beschäftigte		205			3				208
Wissenschaftsmanagement	5			1					6
Hochschulleitung	1								1
CaMS-Projektleitungen	3								3
Hochschulforscher.innen					4				4
externe Stakeholder						7	2	2	11
Summe		255		2	7	7	2	2	275

2.   Herausforderungen der Hochschul-organisation: Die prägenden Veränderungen seit den 90er Jahren

Seit Beginn der 90er Jahre sind die Hochschulen einer Dauerbeanspruchung durch immer neue Hochschulreformen ausgesetzt. Die Taktung weiterer Reformansinnen wurde dabei beständig kürzer, so dass sich seit Ende der 90er Jahre die Reformvorhaben nur mühsam auf der Zeitachse unterbringen lassen. Es besteht eine Situation der vielfachen Überlappung von einzelnen Hochschulreformen: Während eine Reform noch nicht umgesetzt oder abgeschlossen ist, werden die Hochschulen bereits von einer oder mehreren weiteren Reformen ereilt.

Betrachtet man die einzelnen Hochschulbereiche und -prozesse, so dürfte seit den 90er Jahren kein Aspekt des Hochschulalltags unberührt von reformierenden Aktivitäten geblieben sein. In Stichworten:

- *Organisation und Entscheidungsstrukturen:* Stärkung der Hochschulautonomie, Abschaffung der Fachaufsicht der Ministerien, neue Gremien- und Entscheidungsstrukturen, insbesondere Stärkung der Funktionsträger (Rektorat/Präsidium, Dekane), Neues Steuerungsmodell, Strategiebildung und Zielvereinbarungen, Profilbildung und Leitbildentwicklung, Hochschulräte mit Aufsichtsratscharakter, Stiftungshochschulen;
- *Hochschulfinanzierung, Ressourcensteuerung und Finanzbewirtschaftung:* Globalhaushalt und Kosten-Leistungs-Rechnung, Outputorientierung, formelgebundene Mittelverteilung, Steuerung über vertragsförmige Vereinbarungen, Public-Private-Partnerships, Ausstieg des Bundes aus dem Hochschulbau, Möglichkeit der Bildung von Körperschaftsvermögen der Hochschulen;
- *Personal(struktur):* Übertragung der Dienstherreneigenschaft an die Hochschulen, befristete Professuren, Professuren im Angestelltenverhältnis, W-Besoldung, Dienstrechtsreform, Einführung der Juniorprofessur, Gleichstellungsförderung;
- *Forschung:* Verwettbewerblichung der Mittelströme durch Dauerausschreibungen von Förderprogrammen, Strukturierungen der Promotionsphase qua Doktorandenprogramme und Graduiertenschulen;
- *Studienreform:* Qualität der Lehre, Lehrevaluation und Lehrberichte, gestufte Abschlüsse, Modularisierung, Workload- und Kompetenzorientierung, Credit Points, Akkreditierung, Auswahlverfahren für Studienbewerber.innen, Internationalisierung, e- bzw. Blended Learning, interdisziplinäre Studiengänge, Studienzeitverkürzung, Öffnung für Berufserfahrene ohne formale Hochschulzugangsberechtigung, Teilzeitstudiengänge;
- *Querschnittsbereiche:* Qualitätsentwicklung, Weiterbildungsinitiativen, Stärkung der regionalen Bezüge. (Ausführlich vgl. Pasternack 2014)

All das hat sich zur Hochschuldauerreform verdichtet. Michael Huber (2005: 391) erklärt diese mit zwei möglichen Situationen, von denen eine immer gegeben sei: Würden die Universitäten die politischen Erwartungen nicht erfüllen, werfe man ihnen gern Reformunfähigkeit vor, „was dann der Politik Anlass zu weiteren reformierenden Eingriffen bietet". Erfüllten sich dagegen die Erwartungen, dann solle der Erfolg wiederholt werden. Also mache sich die Politik auf die Suche nach neuen Reformmöglichkeiten.

Für den hochschulischen Arbeitsalltag ist indes wesentlich, dass die zahlreichen Parallelreformen auf die jeweils gleichen Fachbereiche trafen und treffen. Diese waren und sind dadurch einem „Overkill durch Parallelaktionen" ausgesetzt und werden „durch diesen ‚Gesamtangriff' in ihrem Funktionieren beeinträchtigt" (Pellert 2002: 25f.). Die Reformbewältigungskapazitäten der Hochschulen sind regelmäßig schon weitgehend absorbiert, während bereits das nächste Reformansinnen im Anmarsch ist.

Für die Hochschulorganisation im engeren Sinne waren in den vergangenen 20 Jahren zum einen zwei politisch induzierte Reformen prägend: die New-Public-Management-inspirierten Governance-Reformen (nachfolgend 2.1.) und der Bologna-Prozess (2.2.), zum anderen die massive Expansion der Hochschulbildungsbeteiligung (2.3.).

2.1. Governance-Reformen: Neue Steuerung

Über Jahrzehnte hin war in der Bundesrepublik im wesentlichen akzeptiert, dass die Wissenschaft ihr eigenes Habitat selbst organisiert. Die Politik erwartete zwar durchaus auch, dass Nützlichkeitserwartungen bedient werden. Sie baute aber im wesentlichen darauf, dass die Erträge umso effektiver ausfallen, je restriktionsfreier sie zustande kommen. Zugleich fanden (und finden) fortwährend Auseinandersetzungen zwischen Steuerungsoptimisten und Steuerungspessimisten statt – die nie eindeutig entschieden wurden und wechselnde Sieger sahen und sehen. In den 90er Jahren gewannen die Steuerungsoptimisten die Oberhand, als mit dem New Public Management und dem Governance-Konzept konzeptionelle Angebote bereitstanden, die als hochschulpolitisch adaptionsfähig erschienen.

2.1.1. Governance der „Hochschule im Wettbewerb"

Die Hochschulreformen seit den 90er Jahren zielten wesentlich darauf, mehr Wettbewerblichkeit zu erzeugen. Wettbewerb bezeichnet ganz allgemein das konkurrierende Streben von mindestens zwei Akteuren nach einem gemeinsamen Ziel. Damit einhergehen oftmals Steigerungen des Leistungsniveaus. Das ist für Hochschulen nichts prinzipiell Neues: Der Wettbewerb um individuelle fachliche Reputation und institutionelles Renommee kennzeichnet das akademische System seit alters her. Wissenschaftlicher Wettbewerb zielt dabei auf die Durchsetzung von Geltungsansprüchen wissenschaftlicher Erklärungen und Deutungen.

Neu am Konzept der „Hochschule im Wettbewerb" ist hingegen das Ziel, einen grundlegend geänderten Modus durchzusetzen:

- Im traditionellen Wettbewerb um Anerkennung und Reputationsmaximierung „gibt es keine Gewinner und keine Verlierer, weil jeder Erkenntnisfortschritt ... letztlich der gesamten wissenschaftlichen Gemeinschaft zugute kommt ... Auch der am wenigsten erfolgreiche Forscher bekommt etwas von dem aus vielen Einzelleistungen zusammengesetzten Glanz einer ganzen Disziplin ab".
- Im neuen Wettbewerb hingegen konkurrieren Hochschulen um Marktanteile.[17] Dabei muss es aus systematischen Gründen Sieger und Besiegte geben. (Münch 2009: 10)

Zu diesem Zweck sollten mit außerwissenschaftlichen Instrumenten wissenschaftliche Leistungen angereizt werden: Die Instrumente wurden dem ökonomischen Sektor entnommen und in das Hochschulsystem transferiert. War der bisherige bürokratische Steuerungsmodus inputorientiert, so ist das neue Modell outputorientiert. Häufig wurde hier das Modell des New Public Management herangezogen, das ökonomische Denkweisen und Instrumentarien für den öffentlichen Bereich adaptiert:

- Gegenstände des so verstandenen Wettbewerbs sind einerseits verschiedene Konkurrenzen: um Personal („beste Köpfe"), Studierende („die besten Studierenden") sowie Mittelausstattung (Grundfinanzierung, Drittmittel, Public Private Partnerships, Sponsoring, Fundraising).
- Andererseits geht es um die Platzierung mit guten „Produkten" – Lehre und Forschung – auf einem simulierten (Forschungs- und Bildungs-)Markt.
- Nicht nur die Hochschulen als ganze, sondern auch ihre einzelnen Teilbereiche sollen sich als quasi-ökonomische Wettbewerber verstehen, deren Handlungsarena dem Referenzmodell von Güter- und Dienstleistungsmärkten nachgebildet wird.
- Damit müssen sich die Fachbereiche und Institute wirtschaftlichen Rationalitätskalkülen wie Effizienz oder Produktivität öffnen und innerhalb von Tauschverhältnissen und Konkurrenz operieren.

Verändert wird dabei das klassische Modell bürokratischer Organisation, wie es auch an Hochschulen wirksam war. Funktional stellt die neue Steuerung einen Versuch dar, die Kopplung von wissenschaftlichen Leistungsprozessen und Verwaltung effizienter und effektiver als zuvor zu gestalten. Es ersetze das Steuerungsleitbild „Bürokratie durch Regelanwendung" durch das Leitbild „Verwaltung als Dienstleistung". Mit Managementbausteinen wird ein Gesamtziel verfolgt, dass etwa von Max Webers Bürokratiemodell grundverschieden ist und auf eine ökonomisch-marktliche Rationalität abstellt: bürgerorientiert, dezentral mit hoher Eigenverantwortung (statt bürokratischer Zentralismus), Wettbe-

---

[17] Präzisierend könnte hier gesagt werden: Die heutige Form des Wettbewerbs zielt auf Positionsgüter, d.h. Güter, die nur für einen Konkurrenten zu erreichen sind (Nullsummenspiel). Demgegenüber lässt sich die alte Form des Wettbewerbs als Konkurrenz um Nicht-Positionsgüter beschreiben, die im Gegensatz zum agonalen Charakter des neuen Wettbewerbs Differenzierung hervorbringt.

werb mit staatlichen und nicht-staatlichen Leistungsanbietern (Schuppert 2000: 951f.).

Im Ergebnis kam es zu umfangreichen Änderungen an den Hochschulen. Traditionell waren die Hochschulen in Deutschland durch staatliche Regulierung einerseits und akademische Selbstorganisation andererseits gesteuert worden. Nunmehr sind an den Hochschulen hybride Steuerungsansätze – mit managerialen, staatlichen, marktlichen und Selbstverwaltungsanteilen – etabliert. Der Staat zog sich zum Teil aus der Verantwortung zurück und beschränkt sich weitgehend auf Finanzierung und Kontextsteuerung, während externe Stakeholder (etwa die Wirtschaft als Abnehmer der Absolventen) eine Stärkung erfahren.

Der Staat bleibt zwar über Hochschulräte und Zielvereinbarungen, vor allem aber über die Grundfinanzierung der Hochschulen weiterhin ein vergleichsweise einflussreicher Akteur. Doch nichtstaatliche Akteure sind über Hochschulratsmitgliedschaften und Akkreditierungsagenturen in die Steuerung eingebunden. Neue Aufgabe der Hochschulleitungen ist es in dieser Situation, die Freiheit der Wissenschaft mit den Interessen gesellschaftlicher Stakeholder in Einklang zu bringen. Theoretisch ist der Vorgang als Übergang von staatlicher Kontrolle zu staatlicher Aufsicht gefasst worden – weg vom *state control model* und hin zum *state supervisory model* mit Einführung von Accountability und Evaluation als Quasi-Ersatz für die ehemalige *state control* (Neave 1998).

Die Veränderungen der Konstellation bewirken, dass sich die zentralen Steuerungsfunktionen vom Staat zu den Hochschulleitungen verschieben, denn Hochschulräte sind nicht operativ handlungsfähig, und die wissenschaftliche Leistungsebene in den Hochschulen ist nicht strategiefähig. Die apostrophierte Stärkung der Hochschulautonomie erweist sich so weithin als eine Stärkung der Hochschul*leitungs*autonomie.

Um den Umgang mit diesen Veränderungen zu bezeichnen, hat sich mittlerweile der Governance-Begriff durchgesetzt. Zu unterscheiden sind dabei dreierlei Sachverhalte: (a) Governance-Prozesse als praktische Vorgänge, (b) die Governance-Perspektive als analytisches Konzept und (c) Good-Governance-Leitbilder als normative Konzepte. Die analytische Governance-Perspektive (b) befasst sich empirisch mit den praktischen Governance-Prozessen (a), die sie systematisiert und deren Voraussetzungen und Wirkungen sie aufklärt, woraus sie dann wünschbare Good-Governance-Leitbilder (c) entwickeln kann. Die analytische Governance-Perspektive ist insoweit zwischen den praktischen Governance-Prozessen und den normativen Good-Governance-Leitbildern angesiedelt.

Dabei setzt sich die analytische Governance-Perspektive inhaltlich von der traditionellen Steuerungsperspektive ab: Die Beziehungen zwischen Akteuren werden nicht als quasi-mechanisch wirkende direktionale Interventionsverhältnisse zwischen Steuerungssubjekt und Steuerungsobjekten gefasst; politische Steuerung wird nicht im Sinne punktgenauen Eingriffshandelns begriffen. Vielmehr geht es um ein „Management von Interdependenzen" (Benz 2006: 17). Governance lässt sich so als Koordination von und Kontrolle zwischen voneinander unabhängigen, aber aufeinander angewiesenen Akteuren begreifen. Beide finden in einem Regelsystem statt, in dem die unterschiedlichen Handlungsrationalitäten der Akteure zu einer gemeinsamen Arena für kollektives Handeln verknüpft werden. (Benz 2007: 3) Operativ geht es dabei um die Erzeugung von kollektiv bindenden Entscheidungen und deren Implementation.

Während das traditionelle Steuerungsmodell typischerweise (auch) Steuerungsfiktionen erzeugt, wird in der Governance-Perspektive zweierlei analysier- und damit begreifbar: zum einen die Planungsresistenz sozialer, also nichtlinearer Prozesse; zum anderen Interessenkonflikte, die häufig durch die jeweilige Berechtigung der im Widerstreit stehenden Interessen gekennzeichnet sind. Dazu rückt die Governance-Perspektive vier Aspekte in den Mittelpunkt (vgl. Schimank 2007):

- die Regelungsstrukturen, deren Zustandekommen, Wirksamwerden und Wirkungen: Hierbei zielt sie auf akzeptierendes Nebeneinander der unterschiedlichen Regelungsmodi: hierarchische und kooperative, befehlsförmige und vertragliche, wettbewerbliche und verhandlungsorientierte, formelle und informelle;
- die Selbstregulierungspotenziale gesellschaftlicher Akteure: Diese werden unter Inkaufnahme von suboptimalen Entscheidungsprozessen hingenommen, da sie den Vorzug aufweisen, geringere Widerstände zu erzeugen, als dies bei externen Vorgaben der Fall ist. Letztere können sich auf Rahmensetzungen beschränken;
- die Vielfalt der beteiligten Akteure, ihrer unterschiedlichen Handlungsrationalitäten[18] und damit die Einbeziehung von Interessengegensätzen oder -unterschieden, so dass Widerstände kein Überraschungspotenzial mehr bergen;
- die Mehr-Ebenen-Betrachtung, d.h. den Umstand, dass Entscheidungsprozesse fast immer auf mehr als einer oder zwei Ebenen ablaufen, sondern jeweils auf Makro-, Meso- und Mikroebene.

Die derart analysierte Handlungsarena lässt sich als Einheit von Differenzen betrachten. Demgemäß muss die Analyse zum einen die immanenten Differenzen herausarbeiten, zum anderen die Modi der Integration – fallweise auch Desintegration – dieser Differenzen identifizieren. Die Differenzen in einer Handlungsarena beziehen sich auf: Interessen, Ressourcenverfügung, Funktionslogiken, Werthaltungen, Kommunikationsweisen, Relevanzen, Grad an Involviertheit und Informationslage, Legitimität sowie Autorität. Diese Differenzen müssen verarbeitet werden, will man zu Entscheidungen gelangen und diese dann implementieren. Die nötige Verarbeitung der Differenzen kann hinsichtlich einzelner Interessen, Werthaltungen usw. berücksichtigend und kompromissbereit oder marginalisierend bzw. aktiv ignorierend geschehen.

Im Zuge der NPM-inspirierten Governancereformen kam es an den deutschen Hochschulen zur Implementierung einer ganzen Reihe neuer Steuerungsinstrumente. Die Länder wurden hier in fünf großen Handlungsfeldern aktiv:

---

[18] Handlungsrationalitäten sind z.B. in der Wissenschaft die Wahrheitsorientierung, Methodenbindung oder intersubjektive Nachvollziehbarkeit, in der Politik Machterwerb und -sicherung, in der Verwaltung überzeitliche Anschlussfähigkeit an frühere und künftige Entscheidungen.

■ *Rückzug des Staates aus der Detailsteuerung und Einführung neuer Steuerungsinstrumente:* Im Sinne einer an den Ergebnissen hochschulischer Aktivitäten orientierten staatlichen Steuerung handeln die Länder heute mit ihren Hochschulen Zielvereinbarungen aus (Kontraktmanagement).[19] Öffentliche Mittel werden in Teilen leistungsorientiert zugewiesen (indikatorbasierte Finanzierung). Außerdem werden nichtstaatliche Akteure in die Steuerung der Hochschulen eingebunden (Akkreditierungsagenturen, Hochschulräte – letztere z.T. mit den Aufgaben, den Hochschulhaushalt zu bestätigen und die Hochschulleiterin zu wählen).

■ *Erweiterung der institutionellen Autonomie der Hochschulen:* Die Zuständigkeiten von Hochschulleitungen und Dekanen sind gesetzlich erweitert worden. Bürokratische Verfahrensvorschriften vor allem in Fragen von Haushalt und Personal (Kosten-Leistungs-Rechnung, Flexibilisierung von Stellenplänen) sind gelockert, Fachaufsichtsgegenstände reduziert (z.B. Übertragung der Berufung von Professor.innen durch die Hochschulleitungen) worden. Darüber hinaus wurden neue hochschulische Rechtsformen ermöglicht (vor allem Stiftungshochschulen statt Körperschaften öffentlichen Rechts). Daneben sind häufig Experimentierklauseln eingeführt wurden, um Innovationen in der Hochschulorganisation zu stimulieren.

■ *Neugestaltungen im Dienstrecht:* Es wurden neue Personalkategorien eingeführt (Juniorprofessur, Stellen mit Schwerpunkt Lehre). Die Hochschulen können zum Teil die Dienstherreneigenschaft für ihr Personal übertragen bekommen. Professoren werden nicht mehr notwendigerweise verbeamtet. Die Professorenbesoldung wurde flexibilisiert. Befristungen bei Erstberufungen sind möglich.

■ *Erschließung neuer Finanzierungsquellen:* Die Einführung von Studiengebühren war für einige Jahre ein wichtiges landespolitisches Handlungsfeld – wie dann auch ihre Wiederabschaffung. Mit der Exzellenzinitiative haben Bund und Länder einen Wettbewerb unter den Universitäten initiiert, mit dem – für deutsche Verhältnisse – beträchtliche Mittel in das System gespeist wurden.

■ *Kennziffern- und indikatorengestützte Accountability:* Es wurden Verfahren zur Messung der Ergebnisse hochschulischer Aktivitäten eingeführt, und Kennziffern-Systeme sind zum Instrument einer Marktsimulation geworden. Anwendung finden Kennziffern und Indikatoren in vielerlei Hinsicht: Evaluation der Lehre, Forschungsevaluation, Akkreditierung, Zertifizierung, Globalhaushalt, Leistungsorientierte Besoldung, Zielvereinbarungen oder Leistungsorientierte Mittelverteilung. Der Datenerfassungs- und Berichterstattungsaufwand ist entsprechend gestiegen.

Im Hinblick auf die Sicherung von Effektivität und Verantwortung habe sich, so Wolfgang Seibel (2016: 160) resümierend, die NPM-Bewegung als ambivalent erwiesen: New Public Management fördere die Responsivität und Bürgerfreundlichkeit. Auf der anderen Seite erzeuge die „Kundenorientierung" einen Erwartungsdruck des Publikums, der zu Lasten professioneller Standards und

---

[19] s.u. 2.1.2. Hochschulverträge und Zielvereinbarungen

des gesetzlichen Auftrags gehen kann. „Professorinnen und Professoren im Beamtenstatus haben allein wissenschaftliche Gütekriterien zu beachten, deren Anwendung mit den Bedürfnissen von Studierenden in Konflikt geraten kann."

2.1.2. Hochschulverträge und Zielvereinbarungen

Management by objectives war eine Reformidee, aus der sich im Laufe der Jahre ein zentrales Instrument der Governancereformen entwickelt hat. Seit der Ersteinführung von Hochschulverträgen in Berlin 1997 hatte sich dieses Instrument binnen neun Jahren in allen Ländern durchgesetzt. Damit ist bundesweit ein recht einheitlicher neuer Steuerungsmodus für die Hochschulen implementiert worden. In einem föderalen System erscheint dies für sich genommen als eine erstaunliche Entwicklung. Allerdings erfüllt das Instrument keineswegs die euphorischen Anfangserwartungen an diese Form der Neuen Steuerung. Gleichwohl plädieren Politik wie die Hochschulen übereinstimmend für eine Fortsetzung der vertraglichen Steuerung.

Instrumentell handelt es sich dabei um Kontraktmanagement, das auf verschiedenen Ebenen zum Einsatz kommt bzw. kommen kann. Unterscheiden lassen sich drei Kontraktvarianten: *Zielvereinbarungen* als hochschulinterne Vertragsformen zwischen jeweils einer über- und einer untergeordneten Ebene – etwa zwischen Rektorat und Fachbereich – und *Hochschulverträge*, mitunter gleichfalls Zielvereinbarungen genannt, zwischen Land und einzelnen oder allen Hochschulen des Landes. Beide regeln vertikale Beziehungen. Begrifflich davon abzusetzen sind horizontale Kooperationen: Eine vertragsförmige Zusicherung von Leistungen zwischen zwei Hochschulen oder zwei Fachbereichen ist der Sache nach eine *Leistungsvereinbarung*.

Bei allen drei Varianten sind zwar auch vertragliche Formen möglich, doch gehen diese nicht zwingend mit materiellem Vertragscharakter einher – gekennzeichnet etwa durch Einklagbarkeit der Inhalte. Daher ließe sich angemessener von „vertragsförmigen Vereinbarungen" sprechen. (Übersicht 7)

Anfangs waren die Vereinbarungen mit der Hoffnung verbunden, wesentliche Insuffizienzen bisheriger Steuerungsmodi im Hochschulsektor ausgleichen zu können. Sie galten als Chance, Verbindlichkeit bei der Erfüllung anzustrebender Ziele herzustellen, ohne Steuerung im Sinne von Befehl und Eingriff betreiben zu müssen. Stattdessen werden Aufträge, Anweisungen und Vorgaben durch Vereinbarungen ersetzt. Diese entwickelten das Image eines gleichsam Königsausweges: einerseits um Leistungsbewertungsprozessen die hohe Konfliktbelastung zu nehmen, andererseits um den besonderen Stellenwert der Autonomie im Hochschulbereich berücksichtigen zu können.

Verhandlung statt Anweisung, Entstaatlichung, wo subsidiäres Handeln zielführender ist, Abkehr von der staatlichen Detailsteuerung und Konzentration auf Kontextsteuerung, Zweckprogrammierung statt Konditionalprogrammierung, Autonomiesteigerung: So lauten die Stichworte zur konzeptionellen Begründung der vertragsförmigen Vereinbarungen zwischen Hochschulen und ihren Ländern.

Übersicht 7: Systematisierung vertragsförmiger Vereinbarungen

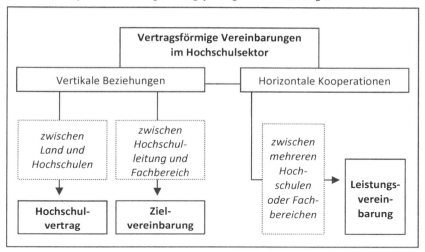

Allerdings sind Verhandlungssysteme auch besonders schwerfällig und ineffizient. Ihre Transaktionskosten können erheblich sein: Informations-, Anbahnungs-, Vereinbarungs- und Kontrollkosten sind in einem Vorgang, welcher der Koordinierung mehrerer Akteure mit voneinander abweichenden bis gegensätzlichen Interessen, Informationslagen und Machtressourcen dient, naturgemäß hoch. Das sog. Verhandlungsdilemma zeigt sich in den Hochschulvertragsaushandlungen in lehrbuchhafter Reinheit:

> „Auf der einen Seite geht es in Verhandlungen ... um die Suche nach Lösungen, welche den Gesamt-Vorteil maximieren. Dieses gemeinsame Interesse wird gefördert durch Teamarbeit und vertrauensvollen Informationsaustausch – kurz einen auf ‚Problemlösung‘ gerichteten Verhandlungsstil. Auf der anderen Seite geht es immer auch um die Verteilung von Vorteilen und Kosten. Die Beteiligten verfolgen insoweit gegensätzliche Interessen“,

so Fritz W. Scharpf im Jahre 1991. Mitunter scheint es, als wären seine Ausführungen als Handlungsanweisungen für die Vertragsverhandlungen missverstanden worden: Die Interessengegensätze „werden gefördert durch strategisches und taktisches Konfliktverhalten bis zum Einsatz von Bluff und Drohungen – kurz einen auf ‚Bargaining‘ oder sogar auf ‚Konfrontation‘ gerichteten Verhaltensstil“. (Scharpf 1991: 626) Acht Landeshochschulgesetze haben jedoch vorgesorgt: Danach kann das jeweilige Land, sollten die Verhandlungen scheitern, Zielvorgaben erlassen (vgl. König 2009: 38). Die ebenfalls denkbare Variante, ein Schlichtungsgremium einzusetzen (wie es in Österreich vorgesehen ist, § 13 Abs. 8 UG), ist in deutschen Hochschulgesetzen nicht anzutreffen.

Inhaltlich unterliegen die Vereinbarungen manchem Zweifel: Einerseits werden häufig keine Ziele, sondern Maßnahmen vereinbart, womit die Grundidee, dass die Wege zur Zielerreichung ins Belieben der Hochschule gestellt werden, unterlaufen wird. Andererseits verbleiben die Inhalte mitunter auf einer allgemeinen Ebene, die Operationalisier- und Prüfbarkeit ausschließt. Unzulänglich gere-

Übersicht 8: Zielvereinbarungen zwischen Hochschulen und Landesregierung in Thüringen: Landesrechnungshof vs. Wissenschaftsministerium

LRH-Jahresbericht 2015	Stellungnahme Ministerium	LRH-Jahresbericht 2016
Grundkritik: ZLV entfalten kaum Wirkungen und setzen nur vernachlässigbare gestalterische Anreize für Hochschulen. Zudem sind sie teils nicht kompatibel mit anderen Steuerungs-instrumenten.	**Grundreaktion:** Teils überzo-gene Kritik des LRH; es sei nichts zu beanstanden. Struk-tur- und Entwicklungsplanung der Hochschulen sei ein fortlaufender Prozess und keine starre Festlegung von Steuerungsinstrumenten.	**Fazit:** Die zuvor nur wenig Wirkung entfaltenden und teilweise Fehlanreize setzenden Steuerungs-instrumente wurden vom Ministerium weiterentwickelt und deutlich verschlankt.
Einzelkritikpunkte:	**Zielstellungen:**	**Fazit:**
(1) allgemeine Zielformulier-ungen und Wiederholung von bloßen Aussagen zu strukturellen Besonderheiten und Schwerpunkten der Hochschulen	**(1)** neu abzuschließende ZLV sind verstärkt struktur- und profilbildend, qualitäts-orientiert sowie hochschul-spezifisch ausgestaltet	**(1)** ZLV enthalten nunmehr mess- und überprüfbare Ziele, welche mit monetären Anreizen untersetzt sind
(2) keine Bezifferung der Grundbudgets, und einzelne Ziele sind nicht monetär un-terlegt	**(2)** Mittelverteilung künftig nicht mehr über einheitliches Mittelverteilungsmodell, sondern ab 2016 über die hochschulspezifischen ZLV	**(2)** In den für 2016 bis 2019 geltenden ZLV wird das individuelle Budget für jede Hochschule konkret beziffert und hierdurch eine flexiblere und planbarere Wirtschaftsführung gewährleistet
(3) Zielerreichung nicht mess- und überprüfbar: Angaben ohne Ist/Soll-Stand, Messgrö-ßen oder Teilzielformulieren	**(3)** individuelle ZLV mit Regelungen zur Mittel-bemessung und Entwicklungszielen für jede Hochschule	
(4) keine praktische Relevanz von Sanktionsmöglichkeiten bei Nichterfüllung, da als bloße Floskeln formuliert	**(4)** Die Hinweise des Rechnungshofs sollen Berücksichtigung finden	
Aufforderungen:	**Reaktion:** Top-Down-Steuerung ist nicht möglich; weiterhin Steuerung im Dialogverfahren und individuelle ZLV mit Hochschulen	**Fazit:** Der LRH sieht in allen ergriffenen Maßnahmen das deutliche Bemühen des Ministeriums, seine ihm hochschulrechtlich zugewie-sene Steuerungsrolle künftig aktiver wahrzunehmen. Die ZLV wurden vom Ministerium weiterentwickelt und deutlich verschlankt.
(1) ZLV weiterentwickeln und verschlanken		
(2) aktivere Wahrnehmung der hochschulrechtlich zugewiesenen Steuerungsrolle des Ministeriums		
(3) Top-Down-Steuerung der Hochschulen		

Quellen: LRH Thüringen (2015: 128–138); ders. (2016: 133–134)

gelt sind zumeist auch die Sanktionen und Gratifikationen: Die Verbindung von Mittelzuweisungen und Zielerfüllung ist nach wie vor unausgereift. Daraus kön-nen dann Konflikte resultieren, wie etwa zwischen dem Landesrechnungshof (LRH) und dem Wissenschaftsministerium in Thüringen, die Übersicht 8 zusam-menfasst.

Doch gleichgültig, wie mit erreichten und nicht erreichten Zielen (oder Maßnah-men) umgegangen wird: In jedem Falle muss über sie berichtet werden. Die Erfüllungsberichterstattung ist ein Dauerärgernis des Vertragsgeschehens. Sie steigere ihre Bürokratielasten, klagen die Hochschulen. Sie sei rezeptionsunfreundlich, klagen die Parlamentarier. Missverständnisse sind derart programmiert. Die Abgeordneten sehen sich mit den zahlengespickten und in üblicher Erfolgsrhetorik verfassten Berichten überfordert, die eigentlichen, d.h. entscheidungsrelevanten Informationen herauszufiltern. Das macht sie ungehalten, denn immerhin haben sie sich mit ihrer Zustimmung zum Hochschulvertragssystem als Haushaltsgesetzgeber teilsuspendiert. Die Hochschulen hingegen monieren, „dass sie Ergebnisberichte an die Ministerien schicken und darauf keinerlei Reaktionen erhalten" (König 2009: 39).

Gleichwohl wird von den Vereinbarungen zwischen Staat und Hochschulen allenthalben als einem Erfolg der Reform der Hochschulsteuerung gesprochen, und weder Politik noch Hochschulleitungen möchten auf dieses Instrument verzichten. Die Diskrepanzen zwischen Anspruch und Realität der Vereinbarungen einerseits und die gleichzeitig artikulierten Fortsetzungsbedürfnisse hinsichtlich der Vertragssteuerung andererseits sind erklärungsbedürftig: Die Verträge müssen etwas leisten, das nicht offensichtlich ist und jenseits ihrer behaupteten Leistungen liegt, ihnen aber eine Wirkung verleiht, die sie als unverzichtbar erscheinen lässt.

Hier ist die Leistungsspezifik der Hochschulen informativ: Für Forschung und Lehre lassen sich keine verlässlichen Erfolgsprognosen stellen. Weder Lehre noch Forschung verfügen über eine in dem Maße rationale Technologie, dass man „denen, die in diesem Funktionsbereich tätig sind, ... Fehler nachweisen noch Ressourcen in dem Maße zuteilen kann, wie dies für das Erreichen von Erfolgen oder das Vermeiden von Mißerfolgen notwendig ist" (Luhmann 1992: 76). Überdies ist das Korrelat der extremen Erfolgsunsicherheit von Forschung ihre notwendige „eklatante Ineffizienz", da eine zielgenaue Forschung nicht möglich ist. Wissenschaft entwickle sich deshalb in Gestalt „verschwenderischer Produktion von Forschungsergebnissen". (Schimank 2007: 236)

Das wirkt für die Akzeptanz der hochschulischen Ausstattungsbedürfnisse hinderlich, was wiederum die Anliegen der Hochschulen innerhalb der Politikfeld- und der daraus folgenden Ressortkonkurrenz schwächt. Diese Konkurrenz ist, jedenfalls prinzipiell, unaufhebbar: Aus der fortwährend gegebenen Begrenztheit der zu verausgabenden Haushaltmittel resultieren Verteilungskonflikte zwischen den einzelnen Politikfeldern. So erscheinen bspw. Infrastrukturausgaben mit ihren mittelbaren regionalen Beschäftigungswirkungen, Wirtschaftsförderung oder Investitionen in die Videoüberwachung öffentlicher Plätze immer ein wenig handfester und in ihren Effekten (vermeintlich) vorhersagbarer als hochschulische Anliegen. Für diejenigen politischen Akteure, die sich nicht unmittelbar mit Hochschulpolitik befassen, ist Hochschulfinanzierung deshalb vor allem eine Unsicherheitsfinanzierung. Erschwerend wirkt hierbei, dass die Ergebnisse von Forschung und Lehre nur in vergleichsweise langen Wellen zustande kommen. Deren für das hiesige Problem misslichste Eigenschaft ist, die zeitlichen Horizonte einzelner Legislaturperioden zu überschreiten.

Sodann sind Hochschulen keine im engeren Sinne staatliche Pflichtaufgabe: Ein Bundesland hat keine Pflicht zur Unterhaltung seiner Hochschulen *in einem be-*

stimmten Umfang. Zwar ist es durch Hochschulverträge, Beschäftigungsverhältnisse und Pflichten zur Gegenfinanzierung von Bundesprogrammen gebunden. Doch im übrigen kann ein Land die Hochschulfinanzierung relativ frei mittel- und langfristig gestalten. Es gibt eine Schulpflicht, die zur Unterhaltung öffentlicher Schulen in angemessenem Umfange nötigt, aber es gibt keine Hochschulpflicht. Die staatliche Verpflichtung, die Hochschulen zu unterhalten, erwächst allein aus der Nennung der Hochschulen eines Landes im jeweiligen Landeshochschulgesetz. Doch ein Gesetz kann geändert werden, und der Umfang, in dem die Hochschulen unterhalten werden, ergibt sich auch nicht aus den geltenden Gesetzen.

Vor diesem Hintergrund sind im Verhältnis von Staat und Hochschulen unterschiedliche Funktionslogiken zu vermitteln: einerseits zwischen Politik und Wissenschaft, also zwischen machtgestützter Intervention und funktional notwendiger Autonomie; andererseits zwischen Politik und Verwaltung, d.h. zwischen politischen Projekten und administrativen Vorgängen – Projekte müssen in Vorgänge transformiert werden, um sie abarbeitbar und anschlussfähig an früheres und nachfolgendes exekutives Handeln zu machen. All dies nun können in der Tat die Hochschulverträge leisten:

▪ Die Verträge definieren pragmatisch über Ressourcenzuweisungen einen fiktiven gesellschaftlichen Sättigungsgrad für Forschungs- und akademische Bildungskapazitäten. Die Unmöglichkeit verlässlicher Erfolgsprognosen für Forschung und Hochschulbildung wird in pragmatische Zieldefinitionen für einen überschaubaren Zeithorizont aufgelöst.

▪ Die Ressortkonkurrenz suspendieren die Verträge temporär, indem die Hochschulfinanzierung durch mehrjährige Zuschusszusagen dem alljährlichen Hickhack der Haushaltsaufstellung entzogen wird. Die Hochschulen werden für den Kontraktzeitraum zur nichtwiderruflichen staatlichen Pflichtaufgabe erhoben.

▪ Die verschiedenen Funktionslogiken werden gleichfalls miteinander vermittelt: Die Hochschulverträge bedienen sowohl, über die Zieldefinition, das staatliche Interventionsbedürfnis als auch, über die Zielrealisierung, das hochschulische Autonomieerfordernis. Die Transformation von Projekten in Vorgänge können die Kontrakte über die der Vertragsförmigkeit innewohnende Regelbindung leisten. Damit lässt sich eine Kopplung an die innerwissenschaftliche Methodenbindung herstellen, und die kontraktuell auferlegten Pflichten vermögen intersubjektive Nachvollziehbarkeit zu erlangen. Es ergibt sich derart eine Anschlussfähigkeit an die Logik wissenschaftlichen Erkenntnisgewinns, so dass die Verträge in die Prozesslogik des autonomiefixierten Wissenschaftssystems integrationsfähig werden.

Indem die Hochschulverträge all dies leisten, ermöglichen sie zugleich zweierlei Bündnisse, die wiederum die funktionale Leistungsfähigkeit der Kontrakte verbürgen. Diese Bündnisse erklären die allgemeine Akzeptanz des Instruments bei Wissenschaftsministerien und Hochschulleitungen:

▪ Einerseits schmieden die Verträge ein Bündnis zwischen dem zuständigen Ministerium und den Hochschulen gegen alle anderen Ressorts und insbesondere das Finanzministerium. Indem die Unterhaltung der Hochschulen qua Vertrag temporär als staatliche Pflichtaufgabe simuliert wird, findet eine Rückverlagerung der Hochschulpolitik von den Finanz- auf die Wissenschaftsministerien statt (Trute 2000: 140). Die Ausstattung der Hochschulen steht nun wenigstens für den vereinbarten Zeitraum nicht fortwährend zur Disposition.

■ Andererseits konstituieren die Kontrakte ein Bündnis zwischen der jeweiligen Hochschulleitung und dem zuständigen Ministerium gegen veränderungsunwillige Hochschulangehörige bzw. Subebenen der Hochschule. Durch Verweis auf Auflagen, die in den Verträgen enthalten (und ggf. von den Hochschulleitungen beim Wissenschaftsministerium verdeckt bestellt worden) sind, kann das bei Wissenschaftler.innen erprobte Unterlaufen von Außenanforderungen, die als Zumutungen oder Störungen empfunden werden, seinerseits unterlaufen werden. Damit erweisen sich die Hochschulverträge als Gestaltungsinstrument in einem partiell gestaltungsresistenten Sektor.

Da sich die Hochschulleitungen dabei in einer Sandwich-Position zwischen den Hochschulmitgliedern und den Ministerien befinden, bedienen sie sich einer Technik, die als Double Talk beschrieben worden ist (Übersicht 9).

Übersicht 9: Double Talk an Hochschulen

Nach Niklas Luhmann (1964) hat z.B. die Leitung einer Hochschule mindestens zwei Kommunikationsnetze – das hochschulinterne Netz und zumindest das staatliche im Umfeld – zu bedienen und dazwischen zur Unsicherheitsabsorption und zur Verminderung der Informationslasten zu vermitteln. Das Rektorat verdichtet wechselseitig die Information des einen Netzes so, dass die im jeweils anderen Netz überhaupt brauchbar sind. Das führt zu Verhaltensschwierigkeiten, für die von den Teilnehmern beider Netzwerke Verständnis aufgebracht werden müssen. Die Position der Leitung sei in dieser Hinsicht zwar strukturell unklar angelegt, was nicht vermieden werden könne. Das aber böte überhaupt erst die Möglichkeit, zu verhandeln und zu vermitteln.

Uwe Schimank (2017) hat unter Berücksichtigung dessen, dass Hochschulen hinsichtlich Forschung/Lehre, Wissenschaft/Bürokratie, Freiheit der Forschung/Verwertung spannungsgeladene Organisation seien, die Kommunikation zugespitzter beschrieben. Demnach habe die Hochschulleitung in zwei verschiedene Richtungen, zum Ministerium und in die Hochschule, zu sprechen. Sie sei auf die Unterstützung beider Seiten angewiesen (Sandwich), die meist unterschiedliche Interessen haben. Sie würde von beiden mit Informationen versorgt, vor allem aber unter Druck gesetzt, Botschaften an die jeweils andere Seite zu überbringen.

Die Empfehlungen an eine Hochschulleitung, wie damit umzugehen sei, laufen auf Folgendes hinaus: Zunächst habe die Hochschulleitung jeder Seite deutlich zu machen, dass sie die jeweilige Interessenlage verstehe, für akzeptabel halte und sie weitergeben werde. In dieser per se konfliktbeladenen Loyalitätsbekundung vermeidet sie, dem Ministerium vollständigen Einblick in die Absichten der Wissenschaftler zu geben und umgekehrt. So würden wechselseitige Aufgeregtheiten vermieden. Zugleich handle sie so, wie es schon Luhmann für Inhaber solcher Sandwich-Positionen beschrieben hatte: Die Hochschulleitung muss bei jeder Seite den Eindruck einer Vorzugsbehandlung erwecken: Sie werde auf Kosten der anderen Seite bevorzugt informiert und gegen peinliche Einblicke abgeschirmt. Indem die Leitung derart makelt, versucht sie, dem näher zu kommen, was sie für überhaupt umsetzbar hält. Neben erheblichem Geschick setzt das eine „komplexe Moral" (Luhmann) voraus. Nicht im mindesten zynisch gemeint, sondern schlicht realistisch ist die daraus resultierende Kommunikationstechnik in drei Schritten anzulegen:

1. Bestätigung. Um auf beiden Seiten eine Bereitschaft zum Reden miteinander – anstelle eines Schlecht-Redens übereinander – zu erzeugen, müssten Hochschulleitungen „zur Besänftigung der Gemüter" zunächst die Positionen beider Seiten bestätigen. Man gebe so zu verstehen, dass beider Anliegen erkannt, verstanden und auf Verständnis gestoßen seien. Weil dieser Double Talk nicht lange verborgen bliebe, müsse von Anfang an klar zu erkennen gegeben werden, dass Bestätigung nicht völliges Einverständnis heiße. Die Hochschulleitung solle jeder der beiden Seiten explizit kommunizieren, dass sie die Berechtigung ihrer jeweiligen Anliegen anerkennt. Beide Seiten werden bei den Verhandlungen langsam realisieren, dass man die Hochschulleitung nicht voll und ganz auf der eigenen Seite haben könne. Aber man wisse die Hochschulleitung zumindest zum Teil auf der eigenen Seite und verstehe, dass dies bei der komplexen Verhandlungssituation nicht nur Beschwichtigung, sondern ernst gemeint ist.

2. Überleitung. Wenn sowohl Professor.innen als auch Ministerium erkennen, die Belange beider Seiten berücksichtigen zu müssen, relativiere das die Positionen. Das müsse durch Zwar-aber-Argumentationen explizit gemacht werden. Dies dürfe nicht zu früh erfolgen. und es müsse für beide erkennbar sein, dass sich die jeweils andere Seite „vernünftig" und „aufgeschlossen" zeige. Die Dogmatisierung der je eigenen Position würde dadurch beendet, man zeigt sich den Argumenten gegenüber offen. Beispiel für eine solche Zwar-aber-Argumentation: gegenüber dem Ministerium: „Zwar sollte heutzutage sicherlich ‚Employability' die primäre Zielausrichtung der Lehre mit Blick auf die allermeisten Studierenden sein; doch recht besehen impliziert das weiterhin eine ausgedehnte Vermittlung der Grundlagen"; an die Professoren: „Zwar sollten wir nach wie vor Vermittlung der Grundlagen hochhalten; doch das muss eine Orientierung des Studiums auf außerwissenschaftliche Beschäftigungsfelder überhaupt nicht ausschließen".

3. Mahnung. Durch die Selbstrelativierungen könnten im dritten Schritt die umgekehrten Botschaften dessen mitgeteilt werden, was zunächst kommuniziert wurde. Die Hochschulleitung könne gleichsam die Adressaten der ursprünglichen Botschaften vertauschen. Sie beharrt, in Fortführung des o.g. Beispiels, gegenüber dem Ministerium auf der Grundlagenausbildung, insistiert zugleich gegenüber den Professoren auf den zur vermittelnden Qualifikationen für die künftigen Berufsfelder der Absolventen. Zu einem bestimmten Zeitpunkt wird die Zwar-aber-Argumentation der Überleitungsphase aufgegeben und werden beide Seiten nur noch mit dem Aber konfrontiert. Wäre das die ganze Botschaft, würde sie abprallen, aber durch die vorangegangenen Schritte „Bestätigung" und „Überleitung" wird sie akzeptabel gemacht. Indem die jeweils andere Seite mit dem Aber konfrontiert wird, ist ein Tauschhandel möglich, der ein Verhandlungsergebnis ermöglicht, das letztendlich beide Seiten akzeptieren können.

Als entscheidende funktionale Vorteile, welche die Hochschulverträge unverzichtbar machen, lassen sich also zweierlei festhalten:

- Zum einen kann mit ihnen der Anschein einer Rationalisierung der Hochschulfinanzierung und damit eines rationalen Verhältnisses von Hochschulen und Politik erzeugt werden. Die Hochschulen erscheinen – zeitweise – nicht mehr als faktische freiwillige Aufgabe des Staates, und die Ausstattung der Hochschulen wird temporär der fortwährenden Begründungsbedürftigkeit entzogen.

- Zum anderen leisten die Verträge eine Integration politischer Absichten in wissenschaftliches Handeln, indem sie über Regelbindung und damit Berechenbarkeit den (potenziell störenden) hochschulpolitischen Gestaltungswillen und den (potenziell störungsanfälligen) Wissenschaftsprozess koppeln.

Damit organisieren die Verträge eine zweiseitige Legitimationsbeschaffung: nach außen, indem Politik und Gesellschaft die Finanzierungsbedürftigkeit der Hochschulen nicht nur allgemein, sondern auch ihrer Höhe nach akzeptieren; nach innen, indem in den Hochschulen die Verträge und ihre Anforderungen als hinnehmbares Übel gelten, da sie zugleich die Planbarkeit der Ausstattung mit sich bringen.

Die beiden neuen Bündnisoptionen, die mit den vertragsförmigen Vereinbarungen möglich sind, müssen kaschiert werden, um Wirksamkeit erlangen zu können. Das leistet die elegante soziale Kooperationsästhetik der Vertragskonstruktion. Das Bündnis zwischen Hochschulministerium und Hochschulen dient der Erzeugung des Anscheins einer Rationalisierung der Hochschulfinanzierung: Es wird eine (zeitweilige) Simulation der Hochschulen als Pflichtaufgabe des Landes erzeugt. Adressaten dieses Fassadenmanagements sind die anderen Ressorts in der jeweiligen Landesregierung, insbesondere das Finanzministerium. Das Bündnis zwischen jeweiliger Hochschulleitung und Hochschulministerium zielt auf die Integration politischer Gestaltungsabsichten in wissenschaftliches Handeln. Adressaten dieser Anstrengung sind veränderungsunwillige Hochschulangehörige und Subeinheiten.

Diese Deutung der erstaunlichen Karriere der vertragsförmigen Hochschulsteuerung löst sich von der vorherrschenden immanenten Betrachtung des Kontraktmanagements. Es wird zwischen Behauptetem und Realisiertem so unterschieden, dass sich nicht lediglich Abweichungen von einem (theoretisch konstruierten) Ideal konstatieren lassen, sondern zwischen offiziellen und inoffiziellen Funktionen der Hochschulverträge unterschieden werden kann.

Dann bekommt z.B. die in acht Bundesländern bestehende Regelung, dass das Ministerium ggf. Zielvorgaben erlassen kann, wenn keine Einigung mit den Hochschulen gelingt, eine andere als die landläufig zugeschriebene Bedeutung: Das Ministerium handelt dann nicht moralisch verwerflich, wie das die Hochschulakteure im konkreten Fall üblicherweise skandalisieren. Vielmehr sichert es das Vertragssystem und damit die Hochschulfinanzierung über einen definierten Zeitraum – eine Sonderstellung der Hochschulen, von der etwa Kommunen, aber auch die meisten Museen oder Konzerthäuser nur träumen können.

2.1.3. Organisationale Auswirkungen: Transaktionskosten-steigerungen

Die Instrumentierung der beschriebenen Governance-Neuerungen hat beträchtliche Auswirkungen auf die Gestaltung der Hochschulorganisation entfaltet. Für das wissenschaftliche Personal war damit das Versprechen einer Entlastung von administrativen Aufgaben – „Entbürokratisierung" – verbunden. Doch ist es zunächst zu einer immensen Steigerung der Transaktionskosten – also der Kosten für Anbahnung, Verhandlung und Kontrolle der Hochschulprozesse – gekommen:

■ *Globalbudgets:* Mit der Deregulierung des Haushaltsrechts kam es zur Einführung sogenannter Globalbudgets. Die Landesmittel werden als Gesamtsumme überwiesen und stellten Hochschulen damit vor umfassend veränderte Herausforderungen interner Haushaltsführung. Zu den neuen Instrumenten an Hochschulen zählen seither die Kosten-Leistungs-Rechnung (KLR), die kaufmännische Buchführung bzw. Elemente dieser sowie ein internes Controlling.

▪ *Zielvereinbarungen:* Diese werden als Hochschulverträge zwischen dem Land, vertreten durch das Wissenschaftsministerium, und seinen Hochschulen geschlossen, daneben auch als hochschulinterne Zielvereinbarungen zwischen Hochschulleitungen und hochschulischen Struktureinheiten oder einzelnen Wissenschaftler.innen, z.B. als Berufungszielvereinbarungen. Dem Abschluss der Hochschulverträge gehen aufwändige Verhandlungen voraus, in denen die zu vereinbarenden Ziele – bzw. häufig Maßnahmen – ausgehandelt werden.

▪ *Leistungsorientierte Mittelverteilung (LOM):* Vom Prinzip des Globalbudgets wird mit der LOM in Teilen abgewichen, um das Erreichen bestimmter Ziele auch explizit mit finanziellen Gratifikationen zu versehen. Anhand bestimmter Leistungsindikatoren – Absolventenzahlen, Drittmitteleinwerbung, Promotionszahlen, Erfolge in der Geschlechtergleichstellung usw. – werden Anteile der Grundausstattung vergeben. Für die Umsetzung der LOM sind in den Hochschulen entsprechende Dokumentationssysteme aufzubauen. Zum Teil wird diese Form der Mittelzuteilung nicht nur für die Hochschulen insgesamt, sondern auch innerhalb der Hochschulen, d.h. fachbereichsbezogen, angewandt.

▪ *Kennziffern und Indikatoren:* Diese finden in zahlreichen der neu eingeführten Instrumente Anwendung: Leistungsorientierter Mittelverteilung, Zielvereinbarungen, Evaluation der Lehre, Akkreditierung, Forschungsevaluation. Die Indikatorisierung ist mit Dokumentationsanforderungen verbunden und wird mit dem Argument kritisiert, dass leistungsorientierte Indikatoren indikatorenorientierte Leistungen erzeugten. Darüber hinaus werde Kennziffernsteuerung nicht der hochschulischen Leistungsspezifik gerecht.

▪ *Hochschulräte:* Als eine Art Aufsichtsrat aus hochschulinternen und -externen Mitgliedern sollen Hochschulräte einerseits die Lücke schließen, die der Staat mit seinem Rückzug aus der Detailsteuerung hinterlassen hat. Andererseits nehmen sie auf Entscheidungen Einfluss, die vormals den Gremien der akademischen Selbstverwaltung vorbehalten waren. Berichtet wird, dass die vergleichsweise hohe Entscheidungsmacht der Hochschulräte noch kaum zum Tragen käme, da dort Vertreter aus dem Wissenschaftsbereich dominierten, Hochschulräte aufgrund ihres externen Status keinen administrativen Unterbau besäßen und sie wenig Zugang zu Informationen hätten (Lange 2009: 92; Bogumil et al. 2013: 225). Daneben gibt es aber auch immer wieder Fälle, in denen Konflikte zwischen akademischer Selbstverwaltung und entscheidungsfreudigen Hochschulräten über Haushaltsfragen, Studiengänge oder Rektor-Wahlentscheidungen auszutragen sind.

▪ *Stärkung der Hochschulleitung und Schwächung der akademischen Selbstverwaltung:* Um zielgebundenes Entscheidungshandeln wahrscheinlicher zu machen, wurde die Verantwortung der Hochschulleitungen gestärkt, während die Zuständigkeiten der akademischen Selbstverwaltung zurückgedrängt wurden. Der Hintergrund ist die Einschätzung, dass die Selbstverwaltung zur Arena von Blockadekartellen geworden sei: Wenn man sich inhaltlich auf nichts mehr einigen konnte, dann immer noch darauf, die Entscheidung zu vertagen. Daher erfahren die Hochschulleitungen eine Aufwertung, während die Kollegialorgane geschwächt werden.

■ *Profil- bzw. Schwerpunktbildung:* Hochschulen und ihre Untereinheiten werden zunehmend darauf verpflichtet, Schwerpunkte auszubilden, die dann ein institutionelles Profil bestimmen sollen. Dahinter stehen einerseits Ressourcenerwägungen, die z.B. die Beseitigung von Doppelangeboten in der Studienlandschaft eines Landes motivieren. Andererseits sind Schwerpunktbildungen von der Hoffnung getragen, damit ließen sich schlagkräftigere Einheiten formen. Häufig gehen derartige Bemühungen mit der Bildung hochschulinterner Zentren, fachübergreifender Verbünde und Kooperationen einher.

■ *Akkreditierung:* Sie ersetzt die frühere ministerielle Genehmigung von neuen Studiengängen. Durchgeführt werden die Akkreditierungen von externen Agenturen. Es handelt sich um eine Peer-Review-basierte Bewertung des zur Akkreditierung vorgelegten Studienprogramms. Aufgabe der Akkreditierung ist die Sicherstellung fachlich-inhaltlicher (Mindest-)Standards. Dazu wird das jeweilige Studiengangskonzept auf Studierbarkeit, Qualität der Lehre sowie Berufsrelevanz und die Förderung der Geschlechtergerechtigkeit geprüft (vgl. Lange 2009: 91). In Reaktion auf den immensen bürokratischen Aufwand, den die Akkreditierung einzelner Studiengänge verursacht, wurde 2007 die alternative Möglichkeit der Systemakkreditierung eingeführt. Deren Gegenstand ist das interne Qualitätssicherungssystem einer Hochschule. Eine positive Systemakkreditierung bescheinigt der Hochschule, dass ihr Qualitätssicherungssystem im Bereich von Studium und Lehre geeignet sei, eine hinreichende Qualität aller angebotenen Studiengänge zu gewährleisten.[20]

■ *Evaluationen, Rankings, Ratings und Monitorings:* Da die neuen Steuerungsinstrumente nur informationsbasiert angewandt werden können, die nötigen Informationen im Bereich von Forschung und Lehre aber häufig nicht unmittelbar verfügbar sind, werden Evaluationen, Rankings, Ratings und Monitorings durchgeführt. Im Unterschied zur Akkreditierung – die danach fragt, ob etwas ‚gut genug' ist – fragt eine Evaluation, ‚wie gut' der Betrachtungsgegenstand ist. Ein Ranking prüft, ob etwas besser oder schlechter im Vergleich zu anderem ist. Ein Rating ist ein Ranking, das Individualplatzierungen durch Ranggruppen ersetzt. Monitorings – im Kontext der Hochschullehre: Lehrberichte – wenden unterschiedliche Verfahren der Beobachtung an, dokumentieren also messend und protokollierend Zielerreichungsgrade bzw. Zielverfehlungen, müssen dabei aber nicht zwingend mit Bewertungen verbunden sein. Der Aufwand ist bei allen Beteiligten beträchtlich: Es müssen Daten erhoben, Selbstreports erstellt, Begehungen durchgeführt, Berichte geschrieben und vergleichende Einordnungen vorgenommen werden.

Die Wissenschaftler.innen konstatieren hier vor allem eine Zunahme an Kontrolle und prophezeien soziale Kosten, die der Hochschule wenig zuträglich seien. Eine von zahllosen Artikulationen dieser Art:

> „galt in der Vergangenheit: Hatte sich jemand die nötigen Qualifikationen erworben und seine fachliche und persönliche Eignung nachgewiesen, wurde ihm Vertrauen

---

[20] s.a. unten 6.1.5. Akkreditierungsverfahren

geschenkt – solange er es nicht offensichtlich missbrauchte. Dies war nicht ein Privileg, sondern eben die Conditio sine qua non für gute Arbeit. Ausserdem ersparte sich die Gesellschaft Kontrollaufwand. Werden solche Personen nun aber zu Objekten ständiger Eingriffe und Kontrollen, wird ihnen dauernd ins Handwerk gepfuscht, verlässt man sich nicht mehr auf ihr Urteilsvermögen, führt dies zu Frustrationen, zu Resignation, zu Dienst nach Vorschrift, zu Krankheit und oft zum Rückzug aus dem Beruf. Dabei erwischt es die Fähigsten zuerst. Es überleben diejenigen, die sich problemlos mit dem höheren Anstaltspersonal arrangieren". (Freiburghaus 2013: 912)

Hochschulpolitisch läuft der Einsatz all der genannten Instrumente dagegen überwiegend unter dem Signum „Qualitätssicherung". Die Landeshochschulgesetze regeln, dass Hochschulen Systeme zur Qualitätssicherung ihrer Arbeit einzurichten haben. Neun der 16 Hochschulgesetze verweisen auch explizit auf eine Mitwirkungspflicht der Lehrenden an Qualitätssicherungsverfahren.[21] Die Hochschulen tragen selbst die Verantwortung, geeignete Verfahren zur Qualitätssicherung über Satzungen oder Ordnungen festzulegen.

Der Kanzler der Universität Jena, Klaus Bartholmé, fasste die Auswirkungen in dem Satz zusammen: „Die wachsende Hochschulautonomie ist ganz klar mit einem Zuwachs an Bürokratie verbunden." Doch seien sich alle Universitätkanzler, so deren damaliger Sprecher Götz Scholz bereits vor zehn Jahren, darin einig, „dass der bürokratische Aufwand keinesfalls die Wissenschaftler an den Hochschulen belasten darf".[22]

2.2.   Studienstrukturreform: Bologna-Prozess

Nun müsse man noch „von der Studienreform zur Studienqualität" gelangen, lautete das Resümee des Wissenschaftsrates nach über einem Jahrzehnt Bologna-Reform in Deutschland (Wissenschaftsrat 2012). Diese Einschätzung war insofern bemerkenswert, als in der Rhetorik des Bologna-Prozesses Studienreform und Studienqualität faktisch als Synonyme verstanden worden waren. Doch lässt sich zeigen, wie es dazu kommen konnte, dass beide dann real doch auseinanderfielen.

2.2.1. Programmierung

Im Laufe der 1990er Jahre kam es zu Bestrebungen der europäischen Länder, einen gemeinsamen Hochschulraum zu gestalten, die sich 1999 in der Bologna-Erklärung manifestierten. In nur zehn Jahren sollten vergleichbare Studienstrukturen nach „angelsächsischem Vorbild" – das es so freilich nicht gibt – geschaffen werden. Als Wege dahin wurden im wesentlichen zwei verabredet: die Einführung gestufter Studiengänge und die innereuropäische Anerkennung von Studienleistungen auf Basis einheitlicher Qualitätsnormen.

---

[21] http://www.bildungsserver.de/Hochschulgesetze-der-Laender-226.html (12.4.2017)
[22] beide zit. in Knoke (2008)

Zugleich kam es zu einer Zielvervielfältigung, indem auf den diversen Bologna-Nachfolgekonferenzen die Kernpunkte der Reform durch weitere Vereinbarungen ergänzt wurden. Das Prager Kommuniqué (2001) erweiterte den Zielkatalog um drei Anliegen: die Förderung des lebenslangen Lernens, der Beteiligung der Studierenden an der Gestaltung des europäischen Hochschulraums sowie die Verbesserung von dessen Attraktivität. Das Berliner Kommuniqué (2003) formulierte als weitere Ansprüche die Verbesserung der Beziehungen zwischen Hochschul- und Forschungssystemen sowie die Integration der Doktorandenausbildung in den Bologna-Prozess.

Auf der Konferenz von Bergen (2005) wurde eine stärkere Berücksichtigung der sozialen Belange von Studierenden, insbesondere bei solchen aus sozial benachteiligten Gruppen, angemahnt. Fokussierte die Ministerkonferenz in London (2007) vornehmlich auf die Konsolidierung bestehender Aktionslinien, so einigte man sich auf der Konferenz in Leuven (2009) darauf, dass jedes Land quantifizierbare Ziele für die Teilnahme an der Hochschulbildung und eine stärkere Teilhabe bislang unterrepräsentierter Gruppen erarbeitet. 2012 wurde in Bukarest die „Mobilitätsstrategie 2020" verabredet, womit eines der Anfangsziele neu aufgenommen und mit Maßnahmen unterlegt wurde.[23]

Die multinational vereinbarten Ziele sollten jeweils einzelstaatlich präzisiert werden, um Eigenheiten der Hochschulsysteme wahren zu können. In Deutschland wurden die Bologna-Ziele nicht adaptiert, sondern umfassend ergänzt. Die deutsche Hochschulpolitik wollte den Bologna-Prozess für eine Komplettreform des Studiensystems nutzen. Er wurde als Gelegenheit definiert, um sämtliche sonstigen Probleme des akademischen Studiums mit zu erledigen: die langen Studienzeiten, die Vielzahl der Studienabbrüche, die im OECD-Vergleich unterdurchschnittliche Hochschulbildungsbeteiligung, die unzulängliche soziale Ausgewogenheit bei der Zusammensetzung der Studierendenschaft, die Praxisferne, die geringe Auslandsmobilität und die mangelnde Attraktivität der deutschen Hochschulen für ausländische Studierende.

Infolgedessen dominierten alsbald folgende Prinzipien das Bild der deutschen Bologna-Hochschule: Employability-Orientierung, Strukturierung der Studiengänge einschließlich studienbegleitender Prüfungen, Orientierung der Curricula an der studentischen Arbeitsbelastung incl. Selbststudien (Student Workload), Akkreditierung als externe Qualitätssicherung, Intensivierung der Studierendenbetreuung, Perspektivenwechsel vom Lehren zum Lernen, Orientierung auf Kompetenzerwerb statt bloßer Wissensvermittlung, Fixierung auf dreijährige Bachelor-Programme (vgl. HRK 2004a; HRK 2008).

Dahinter indes steckt etwas Grundsätzlicheres: Bologna ist programmatisch doppeldeutig, insofern es gegensätzliche Lesarten und Umsetzungsvarianten ermöglicht. Das ist zunächst dem Charakter eines multinationalen Kompromisspapiers geschuldet. Ohne die Formelkompromisse wäre das Hauptziel – der Europäische Hochschulraum – nicht einigungsfähig gewesen. Aus dieser program-

---

[23] Deutsche Fassungen der Hauptdokumente im „Bologna-Reader" der HRK (2004: 243–304). Weitere im Umsetzungsprozess erzeugte Dokumente enthält der Bologna-Reader II (HRK 2007). Zu den Dokumenten der Bologna-Konferenzen 2009–2018 gelangt man über http://www.ehea.info/pid34247/how-does-the-bologna-process-work.html (17.3.2018).

matischen Doppeldeutigkeit ergab sich aber zugleich, dass unterschiedlichste Akteursgruppen mit höchst unterschiedlichen Motiven den Bologna-Prozess für notwendig oder unterstützenswert halten konnten. So kam es, dass die Bologna-Studienreform in Deutschland durch drei zentrale Ziel- und Umsetzungskonflikte gekennzeichnet ist:

■ *Flexibilisierung vs. Standardisierung:* Bei der Umsetzung der Studienreform müssen zwei Logiken ausbalanciert werden. Einerseits sollen Optionen erweitert und Strukturen flexibilisiert werden. Andererseits ist die Qualität neuer Optionen strukturell zu sichern und deren Vergleichbarkeit zu gewährleisten. Von qualitätssichernden Maßnahmen aber wird wegen des ihnen innewohnenden Standardisierungsmoments befürchtet, dass sie eher nivellierend als innovationsfördernd wirken.

■ *Differenzierung vs. Vereinheitlichung der Studieninhalte:* Steht bei der Studienstrukturreform die Verkürzung der Studiendauer im Zentrum, so kann dies (muss aber nicht) dann zu einer Standardisierung von Studieninhalten führen – ‚Verschulung' im Sinne kanonisierter Wissensvermittlung –, wenn kein Raum für innovative Studienangebote, individuelle Kombinationen und differenzierte Studiengeschwindigkeiten bleibt.

■ *Expansion vs. Selektion:* Soweit die Expansion der Hochschulbildung auf die Bachelorstufe beschränkt und der Zugang zur Masterstufe restriktiv geregelt wird, führt dies zu einer faktischen Einschränkung der Bildungspartizipationsmöglichkeiten, obwohl diese erweitert werden sollen.

Für die deutsche Bologna-Umsetzung entstand so eine widersprüchliche Hidden Agenda. Unter Berufung auf das (vermeintlich) gemeinsame Programm wurden von den zahlreichen involvierten Akteuren subkutan höchst unterschiedliche Ziele angestrebt. In der politischen Programmierung des Prozesses in Deutschland sahen alle Akteure ihre jeweiligen Motive als potenziell durchsetzungsfähig an – Bundes- wie Landespolitik, Beschäftiger ebenso wie Gewerkschaften, hochschulpolitische Interessenvertretungen unterschiedlichster Orientierung. Dem verdankte sich zum beträchtlichen Teil die Durchschlagskraft des Bologna-Prozesses in Deutschland.

Programmtechnisch ergab sich daraus aber ein ungewöhnliches Zielsystem: Zum einen wurden nahezu alle Ziele der Reform als prioritär, d.h. vordringlich umzusetzen, definiert. Zum anderen fanden sich Zielkonkurrenzen und -konflikte durch Formelkompromisse integriert, statt ausdiskutiert oder zumindest offengelegt zu werden. Das war die Voraussetzung dafür, dass Landesregierungen jeglicher Couleur, alle relevanten Parteien, die meisten hochschulpolitischen Vereinigungen sowie Arbeitgeberverbände und Gewerkschaften die Studienreform unterstützen konnten und unterstützten.

2.2.2. Implementation

Im Zuge der Einführung gestufter Studienstrukturen kam es zu Strukturänderungen bei der Studien-, Prüfungs- und Lehrgestaltung, die sich auch in neuen Anforderungen an und Aufgaben für die Hochschullehrenden niederschlagen:[24]

■ *Perspektivwechsel:* Mit der Reform war ein Perspektivwechsel von der Lehr- zur Lernperspektive angestrebt, was auch ein geändertes Selbstverständnis der Lehrenden voraussetzt: In den Fokus rückt die Fähigkeit Lehrender, durch geeignete Lehrangebote Studierende bei der Herausbildung bestimmter Qualifikationen zu unterstützen (Webler 2000: 233). Dies umfasst die Etablierung einer studierendenzentrierten Lehr-/Lernkultur, verbunden mit geeigneten Lehr-/Lernkonzepten und einem reflektierten Rollenverständnis von Hochschullehrenden hin zu Lernberatern (vgl. Ceylan et al. 2011: 114–117). Im Rahmen der Qualitätssicherung sind Lehrende aufgefordert, regelmäßig ihre Lehrveranstaltungen dokumentiert evaluieren zu lassen sowie sich didaktisch weiterzubilden. Dies soll insgesamt einhergehen mit einem veränderten Rollenverständnis der Hochschullehrer.innen als Lehrende, d.h. nicht allein als Forschende, die Lehre lediglich als Nebenfunktion betreiben.

■ *Employability:* Verstärkt soll auf die (unmittelbare) Beschäftigungsfähigkeit der Absolvent.innen hingearbeitet und dies z.B. durch eine größere Praxisnähe und -relevanz des Studiums erreicht werden.

■ *Modularisierung:* Studieninhalte wurden in Module übersetzt. Ein Studiengang setzt sich nun aus einem System von teilweise untereinander austauschbaren Modulen zusammen. Ein Modul bezeichnet dabei je eine Lerneinheit und besteht aus mehreren Lehrveranstaltungen, die sich einem bestimmten inhaltlichen Schwerpunkt widmen. Modulhandbücher und Modulkataloge lösten das klassische Vorlesungsverzeichnis ab und beschreiben nach einer standardisierten Vorgabe alle Module eines Studiengangs.

■ *Definition von Kompetenzen und Lernzielen:* Die Modulbeschreibung kann verstanden werden als Operationalisierung von Kompetenzen und Lernzielen, die in einer Lerneinheit zu erreichen sind. Lernziele sollen über Kompetenzbegriffe beschrieben werden und umfassen zu erlangende Fähigkeiten, Fertigkeiten und Kenntnisse. Die Europäische Union empfiehlt dazu die beiden Kompetenzdimensionen „subjectrelated competencies" (Fachkompetenzen) und „generic competencies" (fachunabhängige Kompetenzen, z.B. Medienkompetenz; Schlüsselqualifikationen). (Zaugg 2011: 2–8)

■ *Kreditpunktesystem und Workload:* Der Gesamtarbeitsaufwand (Kontakt- und Selbststudium) eines Moduls wird in Credits ausgedrückt. Ein Credit steht für 25–30 Stunden studentischer Arbeitszeit (Workload). Zuvor konnte über die Semesterwochenstunden bzw. die Präsenzzeit hinaus nicht berücksichtigt werden, wie viel Lern-, Vor- und Nachbereitungs-Aufwand durchschnittlich mit einer Veranstaltung verbunden ist. Dies wird durch das Leistungspunktesystem möglich, da es den gesamten Arbeitsaufwand dokumentiert. Die Leistungspunkte für ein komplettes Modul berechnen sich als die Summe des Aufwandes für

---

[24] s.a. unten 6.1. Bologna-Reform-Folgen

die einzelnen Modulteile. Lehrende müssen ausgehend vom angestrebten Lernergebnis/-ziel immer die Zeit mitdenken. Inhaltliche Kriterien zur Erlangung von Credits werden über die in einem Modul ausgewiesenen Kompetenzen definiert. Dies erfolgt über eine Modulprüfung jeweils zum Ende eines Semesters.

■ *European Credit Transfer System (ECTS):* Das ECTS ist ein System zur Akkumulation und zum Transfer von Studienleistungen im europäischen Hochschulraum, das ermöglichen soll, die an Hochschulen in verschiedenen europäischen Ländern erzielten Studienleistungen miteinander zu vergleichen und im Ausland erbrachte Studienleistungen an der Heimathochschule anerkennen zu lassen.

■ *Prüfungswesen:* Im Rahmen der Studienstrukturreformen waren die Prüfungs- und Studienordnungen neu zu regeln. Sie legen fest, unter welchen Bedingungen die Studierenden ihr Studienprogramm zusammenstellen und den Abschluss erreichen können. Neu implementiert wurden dabei auch Dokumente zur Transparenzherstellung.

■ *Diploma supplement:* Ein Diploma Supplement beschreibt Eigenschaften, Stufe, Zusammenhang, Inhalte sowie Art des Abschlusses eines Studiums, das von der jeweiligen Person erfolgreich abgeschlossenen wurde. Es soll hinreichende Daten zur Verfügung stellen, um einerseits die internationale Transparenz im Bildungsbereich zu verbessern. Andererseits soll es erleichtern, Qualifikationen aus anderen Ländern anzuerkennen, die durch Urkunden, Zeugnisse, Abschlüsse bzw. Zertifikate belegt sind.

■ *Transcript of Records (ToR):* Ein ToR dokumentiert sämtliche individuell bis zum Ausstellungszeitpunkt erbrachten Studien- und Prüfungsleistungen: besuchte Lehrveranstaltungen und absolvierte Module, dazugehörige ECTS-Punkte und Noten. Es wird inzwischen regelhaft ausgestellt und erleichtert die Organisation von Auslandsaufenthalten während des Studiums.

Die Studienstrukturreform hat damit eine Reihe neuer Anforderungen an die Gestaltung der Lehre mit sich gebracht, die mit einem beträchtlichen instrumentellen und prozessualen Aufwand einhergehen. Zwar waren Studiengangsentwicklung und Lehre schon immer unweigerlich auch mit administrativen Aufgaben verbunden, doch gehen die neuen Instrumente sämtlich mit gesteigerten Dokumentations- und Berichtspflichten sowie Zeitverbrauch einher. Einige Anforderungen, die im Zuge der Einführung gestufter Studiengänge entstanden sind, modifizieren bisherige Aufgaben, andere ersetzen oder erweitern diese.

Diese formalen und inhaltlichen Veränderungen werden aus sehr unterschiedlichen Interessenperspektiven kritisiert:[25]

■ Der Bologna-Prozess führe zu einer Überlastung der Lehrenden. Insbesondere die Akkreditierung erzeuge eine Bürokratisierung, die den Aufwand für die frühere staatliche Anerkennung der Studiengänge bei weitem übersteige. Dies verschärfe sich noch dadurch, dass ein Qualitätsgewinn durch die (obendrein kostenpflichtige) Akkreditierung nicht erkennbar werde und Qualitätsmängel

---

[25] vgl. z.B. Pasternack (2001), Briedis (2007), Winter (2007; 2009); Hechler/Pasternack (2009), Kühl (2011; 2012)

der Akkreditierungsagenturen bzw. -verfahren durch die Hochschulen nur unzulänglich sanktionierbar seien.

▨ An manchen Universitäten sei der Lehrstoff neunsemestriger Diplom-Studiengänge in sechssemestrige Bachelorprogramme komprimiert worden, woraus sich Arbeitsüberlastungen und Frustrationen bei den Studierenden ergäben.

▨ Die auf drei Jahre festgelegten Bachelor-Studiengänge führten zu einem geringeren Qualifikationsniveau und zu einem weniger berufsqualifizierenden Abschluss als die früheren Studiengänge, z.B. durch den Wegfall von Praxissemestern und Auslandsaufenthalten. Wenn der Bachelor zum Regelabschluss werden solle, bedeute dies zwangsläufig ein Absinken des durchschnittlichen Bildungsniveaus der künftigen Akademikerkohorten.

▨ Den Studierenden werde durch die gestraffte Ausbildungsform und geringe Wahlmöglichkeiten die Chance genommen, eigene Interessenschwerpunkte in ihrem Studium zu setzen.

▨ Ein ungewollter Nebeneffekt der Modularisierung sei, dass die inhaltliche Gestaltung von Studiengängen einer Art Zahlenarithmetik geopfert wird. Die als Leistungspunkte ausgedrückten zeitlichen Arbeitsumfänge einer Lerneinheit müssen so auf Module, Veranstaltungen, Prüfungen, Vor- und Nachbereitungen usw. verteilt werden, dass am Ende eines Bachelorstudium 180 oder 120 Credits für ein Masterstudium erbracht wurden. Diese Zurechnung sei eine logistische und vor allem bürokratisierende Herausforderung, die Stefan Kühl mit „Sudoku" assoziiert. Bei diesem Logikrätsel komme es darauf an, Zahlen in Spalten, Zeilen und Blöcken nach einem bestimmten System zu verteilen, was zum Ende hin immer schwieriger wird. Nach Kühl produziert das Modul- und Leistungspunktesystem in seiner Komplexität einen „Sudoku-Effekt", da bei der Studiengangsgestaltung häufig nur noch darauf geachtet werde, dass am Ende alles zahlenmäßig irgendwie aufgehe. (Kühl 2011)

▨ Damit einhergehend müssten auch permanent Vorgaben und Regeln modifiziert und ausdifferenziert werden, damit sie die Berechnungen plausibel machen („bürokratischer Teufelskreislauf á la Bologna"). Das Versprechen von Wahlmöglichkeiten für Studierende sei mit diesem Vorgehen aber nicht einzulösen. (Vgl. ebd.)

▨ Die Forderung nach Employability führe dazu, dass die Bachelor-Programme zu stark berufsbezogen seien. Statt allgemeiner Bildung stünden nur noch die Arbeitsmarktqualifikation und die Interessen des Marktes im Vordergrund. Auch erzeuge das Berufsbefähigungspostulat für den Bachelor bei bestimmten Studiengängen – insbesondere Jura, Ingenieurwissenschaften, Lehramt und Theologie – unüberwindbare Hürden.

▨ Das proklamierte Anliegen, durch die gestufte Studienstruktur, die Modularisierung und das Leistungspunktsystem die internationale Mobilität zu erleichtern und zu verbreitern, werde nicht erreicht. Die versprochene Erleichterung der überregionalen und -nationalen Anerkennung von Studienteilleistungen werde bislang keineswegs eingelöst. Was ursprünglich bessere internationale Vergleichbarkeit sichern sollte, habe zu überspezialisierten Studiengängen geführt, die nicht einmal interregional vergleichbar sind.

- Ein Problem der gedrängten Studienprogramme und der Unmöglichkeit, bestimmte Module in jedem Semester anzubieten, bestehe darin, dass die hohe Zahl an faktischen Teilzeitstudierenden – also Studierenden, die für ihren Lebensunterhalt jobben müssen – unberücksichtigt bleibe.
- Die sozialen Auswirkungen der Reform würden zu wenig berücksichtigt.

Wie sehr die einzelnen Kritikpunkte auch im Detail berechtigt sein mögen, festhalten lässt sich: Unter dem äußeren Druck bei gleichzeitig fehlenden Umsetzungsressourcen haben die Hochschulen und ihre Fachbereiche vor allem der Form Genüge getan – Zweistufigkeit, Modularisierung, Leistungspunktsystem, Akkreditierung, studienbegleitende Leistungsnachweise – und dieser neuen Form, soweit es ging, die alten Inhalte eingepasst.[26] Übersicht 10 listet positive und negative Wirkungen der Bologna-Reform.

Übersicht 10: Positive und negative Wirkungen der Bologna-Reform

Studiengangs-elemente/-charakteristika	(Mögliche) Wirkungen	
	positive	negative
Zweistufigkeit	individuelle Überschaubarkeit der Studienabschnitte → Erhöhung der Studierneigung	Zugangshürden zum Master => durchschnittlich geringer qualifizierte Altersjahrgänge als vorher
Modularisierung	Strukturierung	Einengung
	Flexibilisierung durch Kombinationsmöglichkeiten	Deflexibilisierung durch nur seltenes Angebot bestimmter Module
Modul-beschreibung mit Lehr-veranstaltungs-zielen	erfolgreiche Bearbeitung des Stoffmengenproblems	unter Überlast- bzw. Unterfinanzierungsbedingungen Überbeanspruchung der Lehrenden
	Überprüfbarkeit des Zusammenhangs von Zielen und Durchführung der Lehrveranstaltung	
Berechnung Student Workload/ Credit Points	Einbeziehung der Vor- und Nachbereitungszeit neben der Lehrveranstaltungszeit selbst = Wechsel von Lehr- zu Lernorientierung	(notgedrungene) Abbildung nicht der je individuellen Studienbelastungen, sondern der eines real nicht existierenden Durchschnittsstudenten
	Realismus in der Frage, welche Studienanforderungen in welchem Zeitbudget zu bewältigen sind → Sicherstellung der Studierbarkeit	
	Mobilitätserleichterung durch einfache Anrechenbarkeit bisheriger Studienleistungen	unterschiedliche Leistungspunktvergabe für qualitativ gleiche Leistungen bzw. gleiche Leistungspunktvergabe für qualitativ unterschiedliche Leistungen => weiterhin Prüfungsvorbehalt der Fachbereiche hinsichtlich der Anerkennung auswärtiger Studienleistungen
aktive Betreuung der Studierenden	Steigerung der Studienerfolgsquoten	unter Überlast- bzw. Unterfinanzierungsbedingungen Überbeanspruchung der Lehrenden

---

[26] Es gibt selbstredend Ausnahmen; vgl. etwa vglw. frühzeitig zur Universität Lüneburg Spoun (2007).

Studiengangs-elemente/-charakteristika	(Mögliche) Wirkungen	
	positive	negative
studien-begleitende Prüfungen	Vermeidung großer Abschluss-prüfungen mit unüberschauba-rem potenziellen Prüfungswissen	sofern die Prüfungen nicht als lehrver-anstaltungsbegleitende Leistungsnach-weise: Überbeanspruchung von Studie-renden und Lehrenden, da statt zwei großen Prüfungsphasen für Zwischen- und Hauptprüfung (Gesamtaufwand ca. drei Monate) sechs bzw. zehn kleinere Prüfungsphasen mit kumuliertem Aufwand von sechs bzw. zehn Monaten
Diploma Supplement	Transparenz	Leitbildlyrik
Akkreditierung	Entstaatlichung	Bürokratisierung
		hoher Personalaufwand
	Verfahrensbeschleunigung ge-genüber früheren staatlichen Genehmigungsverfahren	Kosten ohne staatlichen Finanzierungsausgleich
		Qualitätsmängel der Agenturen durch Hochschulen nur unzulänglich sanktionierbar
inhaltliche Differenzierung: (a) forschungs-/ praxisorientiert, (b) disziplinär/ interdisziplinär	Eröffnung differenzierter Angebote für differenzierte Studiennachfrage	Illusion einer bestimmten Berufsbild-Bindung des Studiengangs
		Mobilitätshemmnis durch Unvergleichbarkeit der Curricula
		Hyperspezialisierung
		Hyperinterdisziplinarisierung
Employability	Aufhebung der traditionellen Lebenslüge der Universität, sie bilde vornehmlich für die Wissenschaft aus	angesichts zu prognostizierender kurvenreicher Berufsbiografien geht es nicht um verengte Berufs-, sondern Berufs*feld*befähigung
Internationali-sierung	sofern bolognaraumweite gegenseitige Anerkennung: Erleichterung von Auslandsaufenthalten	Mobilitätshemmnis durch Unvergleichbarkeit der Curricula
		faktische Einschränkung des Mobilitäts-fensters auf den Bachelor-Master-Übergang

Wollte man die Zurechenbarkeit der Wirkungen verbessern und so auch Anrei-ze schaffen, die positiven Wirkungen zu maximieren und die negativen zu mi-nimieren, ließe sich ein Vorschlag von Stefan Kühl (2015) aufgreifen. Die Bolog-na-Vorgaben seien demnach auf einen einzigen Satz zu beschränken: „Das Stu-dium an einer europäischen Hochschule ist grundsätzlich zweistufig mit einem ersten Abschluss nach frühestens drei Jahren zu gliedern, alles andere ist den einzelnen Hochschulen zu überlassen."

2.3. Bildungsexpansion: Zunahme der Studierendenzahlen und die Ressourcenentwicklung

Weltweit ist ein – nicht nur auf wirtschaftlich fortgeschrittene Gesellschaften begrenzter – Trend zur Erhöhung des Anteils Hochqualifizierter zu beobachten. Veränderungen in der Beschäftigungsstruktur, steigende Bildungsbeteiligungserwartungen in der Bevölkerung und die Akademisierung von Berufsfeldern fördern die Hochschulexpansion. Spätestens seit Mitte der 1990er Jahre hat sich daher die Ansicht durchgesetzt, dass nicht weniger, sondern mehr Menschen Hochschulbildung in Anspruch nehmen sollen (Teichler 2000). Partizipationsraten von über 50 Prozent des Altersjahrganges am tertiären Bereich, wie sie seit geraumer Zeit schon im OECD-Durchschnitt gegeben sind, wurden für alle europäischen Länder zum Maßstab.

Deutschland bzw. die deutschsprachigen Länder lagen dabei lange Zeit deutlich unter dem internationalen Durchschnitt (Übersicht 11) – wobei allerdings die Besonderheit eines ausdifferenzierten beruflichen Bildungssystems, das so in vielen anderen Ländern nicht besteht, in Rechnung zu stellen ist.

Übersicht 11: Studienanfängerquoten 2003 im internationalen Vergleich (in %)

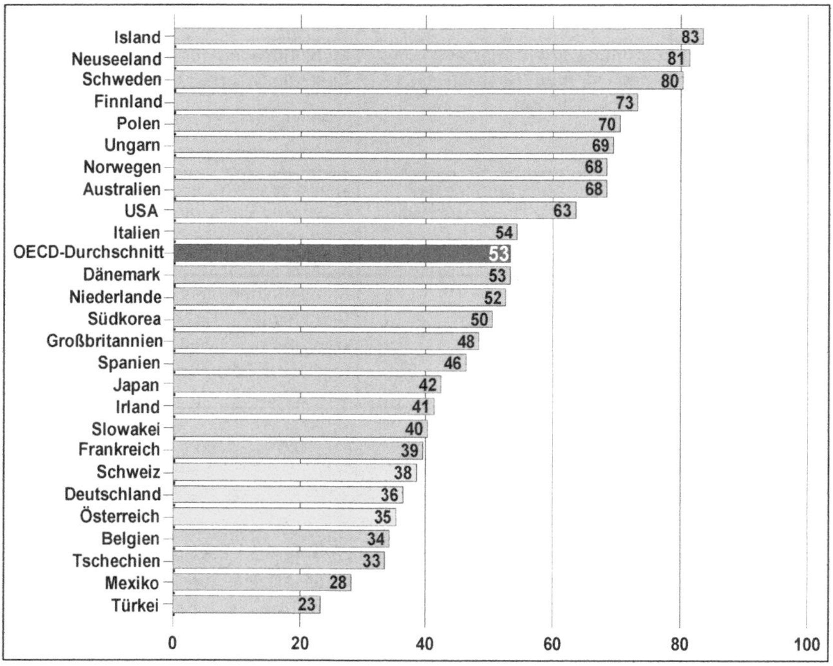

Quelle: OECD (2005)

Übersicht 12: Kennziffern zur Entwicklung der Studierendenzahlen in Deutschland 2000–2015

	2000	2010	2015	2016
Studienanfänger.innen (Deutsche)[1]	233.342	341.655	383.327	378.402
Studienanfänger.innen (Deutsche und Ausländer)[1]	284.343	417.218	491.956	491.054
Anteil Studienanfänger.innen an der altersspezifischen Bevölkerung (Deutsche, in %)[1]	29,1	38,9	50,3	49,8
Anteil Studienanfänger.innen an der altersspezifischen Bevölkerung (Deutsche und Ausländer, in %)[1]	30,2	42,3	55,7	53,9
Anteil Absolvent.innen eines Erststudiums an der altersspezifischen Bevölkerung (in %)[2]	16,9	31,3	32,3	30,8
Erfolgsquote: Studierende in Deutschland (Jahr = Jahr der Einschreibung, in %)[3]	**2000**	**2004**	**2007**	**2008**
	75,0	76,7	79,2	81,0

Datenquellen: [1] StatBA (2018: 16); [2] StatBA (2012: 12; 2018b: 16); [3] StatBA (2013: 9; 2018a: 9)

Doch haben sich in Deutschland in den letzten anderthalb Jahrzehnt deutliche Veränderungen bei der Hochschulbildungsbeteiligung ergeben. So stiegen von 2000 bis 2016 die Studierendenzahlen von 1.798.863 auf 2.767.797,[27] d.h. um 54 Prozentpunkte (StatBA 2003: o.S.; 2018: 278). Der Anteil der Studienanfänger.innen an den altersspezifischen Jahrgängen hatte im Jahre 2015 die 50-Prozent-Marke geknackt, ist im Folgejahr allerdings wieder knapp darunter gerutscht. (Übersicht 12)

Übersicht 13: Laufende Grundmittel pro Student: Länderwerte im Vergleich zum Länderdurchschnitt 2004–2013[1]

Land	Jahr	Lfd. Grundmittel: € pro Student.in		Entwicklung des Realwerts der lfd. Grundmittel pro Student.in 2004–2013 in €[3]	Prozentuale Abweichung des Realwerts 2013 vom Länderdurchschnitt
		Nominalwert	Realwert[2]		
Länder-∅	2004	7.268		−907	
	2013	7.323	6.361		
Baden-Württemb.	2004	7.693		−1.208	1,9
	2013	7.457	6.485		
Bayern	2004	6.828		−489	−0,3
	2013	7.334	6.339		
Berlin	2004	7.816		−1.939	−7,6
	2013	6.682	5.877		
Brandenburg	2004	5.494		5	−13,5
	2013	6.321	5.499		

---

[27] ohne Studierende an Verwaltungshochschulen

Land	Jahr	Lfd. Grundmittel: € pro Student.in		Entwicklung des Realwerts der lfd. Grundmittel pro Student.in 2004–2013 in €[3]	Prozentuale Abweichung des Realwerts 2013 vom Länderdurchschnitt
		Nominalwert	Realwert[2]		
Länder-∅	2004	7.268		−907	
	2013	7.323	6.361		
Bremen	2004	5.421		507	−6,8
	2013	6.767	5.928		
Hamburg	2004	5.182		2.172	15,6
	2013	8.468	7.354		
Hessen	2004	6.554		−274	−1,3
	2013	7.200	6.280		
Mecklenburg-Vorp.	2004	7.374		−429	9,2
	2013	8.050	6.945		
Niedersachsen	2004	8.711		−143	34,7
	2013	9.875	8.568		
Nordrhein-Westfalen	2004	7.811		−2.085	−10,0
	2013	6.604	5.726		
Rheinland-Pfalz	2004	5.654		371	−5,3
	2013	6.929	6.025		
Saarland	2004	8.792		−1.497	14,7
	2013	8.403	7.295		
Sachsen	2004	6.708		−807	−7,2
	2013	6.831	5.901		
Sachsen-Anhalt	2004	7.437		−35	16,5
	2013	8.525	7.402		
Schleswig-Holstein	2004	7.422		−1.055	0,1
	2013	7.332	6.367		
Thüringen	2004	7.559		−205	15,6
	2013	8.435	7.354		

[1] Bezugsgrößen: laufende Grundmittel und Studierende (ohne private Hochschulen). [2] Realentwicklung 2004 bis 2013 auf Basis der landesspezifischen Inflation und Personalkostensteigerungen (Bundesdurchschnitt: 15,1 %). [3] Differenz des Realwerts von 2013 und des (Nominal-)Werts von 2004

Datenquellen: Statistisches Bundesamt: Daten zu Grundmitteln, Sonderauswertung 5./9.10.2015; Studierendenzahlen: StatBA (2014a) Studierende an Hochschulen, dass.: Daten zu Grundmitteln, Studierendenzahlen und Hochschulpersonal, Sonderauswertung 5./9.10.2015; Inflation gemessen am Verbraucherpreisindex (StatBA 2015: Interaktiver Werteabruf „Verbraucherpreisindex: Bundesländer, Jahre" am 10.9.2015); Vergütungszuwachs für Angestellte im Öffentlichen Dienst VG.III TO.A. bzw. BAT, ab 1.11.2006 TV-L, im Zeitraum 1.1.2004 bis 31.12.2013 ohne Sonderzahlungen (Daten des StatBA auf Anfrage des HoF am 16.9.2015); eigene Berechnungen

Wird die Inanspruchnahme der Hochschulen in so kurzer Zeit so massiv gesteigert, stellt das eine finanzielle und organisationale Herausforderung dar. Die finanzielle Herausforderung ist seitens des Bundes angenommen worden, indem der Hochschulpakt 2020 aufgelegt wurde. Die komplementären Eigenleistungen der Länder fallen sehr unterschiedlich aus (Übersichten 13 und 14).

Übersicht 14: Realentwicklung der laufenden Grundmittel pro Student.in 2004–2013 nach Bundesländern*

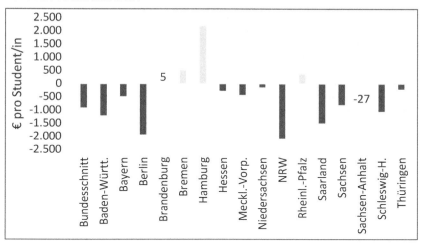

* Die Werte geben die Veränderung des Ausgangswertes (2004) der laufenden Grundmittel pro Student/in an und berücksichtigen die bis 2013 erfolgten Kostensteigerungen, also Geldentwertungen. Datenquellen: wie Übersicht 13

Die organisationalen Herausforderungen, die sich aus den gewachsenen Studierendenzahlen ergeben, hatten und haben die Hochschulen dann mit diesen sehr unterschiedlichen Ausstattungen intern zu bewältigen.

B

Reaktionen der Hochschulorganisation auf gesteigerte Anforderungen: Neue Strukturen und Prozesse

Die beschriebenen Herausforderungen sind wesentlich solche der herkömmlichen Organisations- und Verwaltungsstrukturen. Die Hochschulen reagierten und reagieren darauf mit

- neuen Prozessen und Prozessgestaltungen, hier vor allem im Bereich der Qualitätssicherung und -entwicklung (nachfolgend 3.);
- der Etablierung neuer Strukturen, wobei auch externe Veranlassungen handlungsauslösend waren und wozu auch die Entstehung einer neuen Personalkategorie – der sog. Hochschulprofessionellen – gehört (4.);
- der Dynamisierung von digitalen Entwicklungen, die gleichermaßen sowohl bisherige Prozesse als auch Strukturen verändern (5.).

Diese drei Themen werden entsprechend der Gesamtorientierung unseres Reports vor allem im Blick auf Ent- und Belastungen der Lehrenden durch Organisationsentwicklungen behandelt. Um dies einordnen zu können, schließen dann Erkundungen und die Auswertung empirischer Untersuchungen zu Belastungen und Belastungswahrnehmungen des wissenschaftlichen Personals an (C Effekte geänderter Hochschulprozesse und -strukturen).

3. Qualitätssicherung unter Expansions-bedingungen

In den 90er Jahren begann die Qualität von Lehre und Forschung nicht mehr allein Thema von Experten zu sein, sondern in die allgemeine Hochschulreformdebatte Eingang zu finden. Im weiteren entwickelte sich dies von der – statischen – Qualitätssicherung (QS) über die – potenziell dynamische – Qualitätsentwicklung (QE) hin zu Vorstellungen eines systematischen Qualitätsmanagements (QM). Manches, was auf diesem Wege an Ideen entwickelt oder aus anderen Funktionssystemen transferiert worden war, ist unterwegs auf der Strecke geblieben. Anderes wurde in die Prozesse und Strukturen integriert.

3.1. Die Explikation von Qualität

Am Beginn des neuen Qualitätsdiskurses stand die Explikation eines Phänomens, dem man sich an den Hochschulen und in der Wissenschaft bis dahin gern dadurch entzogen hatte, dass Robert M. Pirsigs philosophischer Roman „Zen und die Kunst ein Motorrad zu warten" zitiert wurde:

> „manche Dinge *sind* nun mal besser als andere, das heißt, sie haben mehr Qualität. Will man aber definieren, was Qualität an sich ist, abgesehen von den Dingen, die sie besitzen, dann löst sich alles in Wohlgefallen auf. Es bleibt nichts übrig, worüber man sprechen könnte. [...] Wenn keiner weiß, was sie ist, dann sagt einem der gesunde Menschenverstand, daß es sie gar nicht gibt. Aber der gesunde Menschenverstand sagt einem auch, *daß* es sie gibt. Worauf gründet sich sonst die Benotung? Warum würden die Leute sonst für manche Dinge Unsummen bezahlen und andere in die Mülltonne werfen? Offensichtlich sind manche Dinge besser als andere ... aber worin besteht dieses ‚Bessersein'? ... So dreht man sich endlos im Kreise und findet nirgends einen Anhaltspunkt. Was zum Teufel ist Qualität? Was *ist* sie?" (Pirsig 1998: 193)

So wurde implizit gehalten, was nun explizit gemacht werden sollte: die Qualität von Lehre und Forschung und deren Bewertung. Das setzte aber Pirsigs Fragen nicht außer Kraft.

Gänzlich neu ist nun allerdings an Hochschulen weder Qualitätssicherung noch das, was heute Qualitätsmanagement heißt. Methodenbindung, fachkulturelle Standards oder Prüfungsverfahren dienen seit alters her der Qualitätssicherung in der Wissenschaft und wissenschaftlichen Ausbildung oder suchen zumindest diesen Eindruck zu erwecken. Deshalb erscheint es sinnvoll, systematisch drei Gruppen von Qualitätsentwicklungsinstrumenten zu unterscheiden:

▪ *traditionelle QE-Instrumente:* Darunter fällt all das, was an Hochschulen schon immer unternommen wurde, um Qualität zu sichern, ohne dass es jemand explizit Qualitätssicherung oder gar Qualitätsmanagement genannt hätte: Methodenbindung, fachkulturelle Standards, Forschungskommunikation, wissenschaftliche Kritik, Reputationsverteilung, Hodegetik bzw. Hochschuldidaktik,

Curriculumsgestaltung, Prüfungs- und Qualifikationsverfahren als frühe Formen der Zertifizierung sowie die damit zusammenhängende akademische Symbolverwaltung;

▨ *mittlerweile kulturell integrierte QE-Instrumente:* Das sind diejenigen Maßnahmen zur Qualitätsbewertung, die zwar nicht traditionell hochschulisch sind, aber seit dem 20. Jahrhundert – zuerst im angloamerikanischen Raum, inzwischen auch im deutschsprachigen – an den Hochschulen weitgehend akzeptiert werden, also in die akademische Kultur integriert sind, wenn auch häufig begeisterungslos. Deren wichtigste sind die Evaluation, die Akkreditierung, das Ranking und das Monitoring. Sie sind messend, protokollierend und/oder Zielerreichungsgrade bzw. Zielverfehlungen dokumentierend angelegt, wobei das Monitoring nicht zwingend mit Bewertungen verbunden sein muss.

▨ *bislang kulturfremde QE-Instrumente:* Dabei handelt es sich um Instrumente, die aus anderen, meist ökonomischen Kontexten in den Hochschulbereich transferiert werden. Sie sind auf sehr unterschiedlichen Handlungsebenen angesiedelt: Leitbildformulierung, Qualitätszirkel, Benchmarking, Zielvereinbarungen, Leistungsanreizmodelle, Qualitätscontrolling, Schwachstellenanalyse, Stärken-Schwächen-Analyse, Wissensmanagement und Lernende Organisation, Balanced Scorecard.

Die in den letzten Jahren erfolgten Neuaufnahmen in den Werkzeugkasten der hochschulischen Qualitätsorientierung spiegeln Wandlungen des Qualitätsverständnisses. Diese lassen sich mit Ulrich Teichler (2005: 132) als Übergang von einem vor-evaluativen zu einem evaluativen Qualitätsverständnis kennzeichnen. Vor-evaluativ galt als Qualität das Gute und Exzellente, was man nicht definieren könne, worüber aber alle übereinstimmten. Im evaluativen Sinne gilt als Qualität, was sich messen, vergleichen und klassifizieren lasse und dabei möglichst überdurchschnittlich abschneide. Blieb also das traditionelle Qualitätsverständnis implizit, so will das evaluative explizit sein.

Nachteile weisen sowohl das vor-evaluative als auch das evaluative Qualitätsverständnis auf. Das erstere verfehlt systematisch die Akzeptanz für hochschulische Angelegenheiten in Öffentlichkeit und Politik, denn dort vermag man die implizit bleibenden Qualitätswahrnehmungen der Wissenschaft nicht intuitiv nachzuvollziehen. Das evaluative Qualitätsverständnis hingegen verfehlt zu einem beträchtlichen Teil die Leistungstypik von Hochschulen, nämlich dort, wo deren Ergebnisse sich nicht allein oder nicht angemessen durch Messung, Vergleich und Klassifikation erschließen lassen. Die Lösung des Problems kann die kluge Kombination der einzusetzenden Instrumente sein. Sie müsste darauf zielen, dass sich die jeweiligen Nachteile traditioneller und nichttraditioneller Instrumente der Qualitätsentwicklung so weit als möglich gegenseitig neutralisieren.

Leistungsbewertung an Hochschulen muss jedenfalls wesentlich Qualitätsbewertung sein, und für Qualitätsbewertungen ist dreierlei typisch:

• Erstens ist, ob überhaupt bewertet wird, nicht ins Belieben der Beteiligten gestellt. Vielmehr finden solche Bewertungen permanent statt, ggf. auch ohne dass sich die Beteiligten dessen bewusst sind: in Berufungsverfahren,

Abschlussprüfungen oder bei Entscheidungen über Mittelaufteilungen zwischen Fachbereichen.

- Zweitens finden die Bewertungen oft nach nicht explizierten und damit intransparenten Kriterien statt. Insoweit ermöglicht die Bestimmung dessen, wonach Hochschulqualität bewertet werden soll, die Kriterien explizit zu machen, die implizit ohnehin angewandt werden.

- Drittens finden Qualitätsbewertungen häufig auf der Grundlage von Kriterien statt, die gar keine Qualität bewerten (sondern meist Quantitäten), oder unter Verwendung von „Symptomen der Qualität", nämlich der Reputation von Institutionen und Forscher.innen (Weingart 1995: 48).

Insofern lässt sich die traditionell unzureichende Formulierung der Maßstäbe für Hochschulqualität durchaus als Problem festhalten: Ein nicht oder nur vage rationalitätsgebundenes Instrument – nämlich Bewertungen nach implizit bleibenden Kriterien – wird verteilungsrelevant für Mittelallokation und individuelle Chancen. Ließe sich aber Qualitätsbewertung transparent gestalten, dann könnte damit Hochschulentwicklung rationalisiert werden. Sie ließe sich auf diese Weise nicht nur funktional qualifizieren, sondern zugleich auch demokratisieren: indem mit der entstehenden Transparenz eine wesentliche Voraussetzung für Aushandlungsprozesse geschaffen wird.

Die Qualitätsorientierung lässt sich in dieser Perspektive als Ergebnis eines Erkenntnisprozesses deuten, der zu der allgemein geteilten Einschätzung führte, quantitative Kenngrößen allein seien unzulängliche Beurteilungsgrößen für Hochschulleistungen. Andererseits wird die Qualitätsorientierung in den strukturell unterfinanzierten Hochschulen selbst als Ersatz für angemessene Mittelausstattung wahrgenommen, verdichtet in dem Slogan „Qualität statt Kosten!".

Bei all dem kann Qualität an Hochschulen nicht derart hergestellt werden, dass lediglich ein übersichtliches Handlungsprogramm in Gang zu setzen ist, welches die Ursachen erzeugt, als deren Wirkungen dann zwangsläufig Qualität entsteht. Das unterscheidet hochschulische Prozesse von z.B. industriellen Fertigungsprozessen. Vielmehr kann Qualität dadurch entstehen, dass die Bedingungen so gestaltet werden, dass Qualitätserzeugung nicht verhindert wird. Eine Entstehensgarantie ist dies nicht, doch können immerhin förderliche Bedingungen hergestellt werden.

3.2. Gestaltung von Qualitätskontexten

Einen Ausweg aus verschiedenen Dilemmata, die sich mit der Explikation von Qualität ergaben, stellt die Konzentration auf Qualitäts*kontexte* dar. Qualitätsförderlich gestaltete Organisationskontexte führen zumindest tendenziell zu höheren Qualitäten als solche Kontexte, die gegenüber Qualitätsfragen unsensibel sind.

Wenn also von Qualitätsmanagement an Hochschulen gesprochen wird, dann muss dies als Qualitäts*bedingungs*management verstanden werden: als zielgebundenes kontextgestaltendes Organisieren, das dem Gegenstand seiner Bemühungen Möglichkeiten schafft, ohne ihn einer aussichtslosen Diktatur des Determinismus zu unterwerfen. Qualitätsmanagement kann dann z.B. leisten, die Lehrenden und Studierenden davon zu befreien, ihre kreativen Ressourcen in der fantasievollen Bewältigung von Alltagsärgernissen und unzulänglich organisierten, obwohl routinisierbaren Prozesse zu vergeuden.

Ist Qualitätsmanagement im akademischen Betrieb als Organisationsentwicklung zur Gestaltung qualitätsförderlicher Kontexte begreifbar, so betrifft es zwei Bereiche: zum einen organisatorische Rahmenbedingungen, zum anderen die Prozesse der Lehre und Forschung selbst.

Mit Blick auf die *organisatorischen Rahmenbedingungen* herrscht kein Mangel an Negativbeispielen. Um nur einige mehr oder weniger triviale Alltagsärgernisse zu nennen: Schließzeiten der Hochschulverwaltungsbereiche mit studentischem Publikumsverkehr an jedem Tag der Woche pünktlich um 15.30 Uhr, statt wenigstens einen Tag bis 20.00 Uhr zu öffnen, wie das unterdessen jedes kommunale Bürgerbüro realisiert bekommt; Onlineplattformen, die eigentlich die Lehre unterstützen sollen, aber so kompliziert sind, dass sie von niemandem außer ihrem jeweiligen Entwickler angemessen bestückt und genutzt werden können; Mensen, in denen (z.B. internationale) Gäste der Hochschule nicht essen können, weil nur mit Chipkarte bezahlt werden kann; Drittmittelverwaltungen durch die Hochschuladministration, die mehr bürokratischen Aufwand bei der drittmitteleinwerbenden Person verursachen, als wenn sie die Verwaltung selbst übernommen hätte; Reisekostenabrechnungen, deren Gegenwert des Arbeitszeitaufwands beim abrechnenden Hochschulmitarbeiter den Rückerstattungsbetrag übersteigt, usw. usf.

All das sollten Fälle für steuernde Eingriffe im Rahmen eines Qualitätsmanagements sein. Sie zwingen der Hochschule keine sachfremden Entwicklungsinstrumente und -prozesse auf, sondern befreien sie von Hemmnissen zur Entfaltung ihrer eigentlichen Leistungsreserven. Überall jedenfalls, wo die traditionelle bürokratische Steuerung versagt, kann ein Blick auf Managementinstrumente sinnvoll sein. Management umfasst Aktivitäten in drei Dimensionen: Struktur- und Prozessentwicklung, Personalentwicklung sowie Organisationskulturentwicklung. In allen drei Bereichen haben auch Hochschulen Entwicklungsziele. An Hochschulen sollte es dann allerdings um ein umcodiertes Management gehen: Das Instrumentarium wird anderen, nämlich hochschulgemäßen Zielbestimmungen unterworfen; im Dienste dieser Zielbestimmungen aber werden die operativen Vorteile des Managementinstrumentariums genutzt.

Ebenso entlastend kann es wirken, wenn die *Leistungsprozesse in Lehre und Forschung* selbst über ein strukturiertes Qualitätsmanagement erleichtert werden. Um auch hier einige mehr oder weniger triviale Alltagsärgernisse zu nennen: monatelanges Warten auf die Abschlussarbeitskorrektur, Probleme bei der Literaturbereitstellung, mehrere Entscheidungsschleifen bei der Einstellung von Projektmitarbeiter.innen oder dem Abschluss eines Werkvertrages.

Insbesondere repetitive Prozesse stehen einer Standardisierung grundsätzlich offen. Auch hier geht es darum, solche Bedingungen herzustellen, von denen – z.B. auf Grund konsolidierter Erfahrungen – angenommen werden kann, dass sie der Erzeugung möglichst hoher Qualität besonders förderlich seien. Wenn etwa ein QM-Handbuch für die Lehre Hinweise dazu enthält, welche Formen Präsentationsfolien aufweisen sollen, dann ist dies eine Auswertung der doppelten Erfahrung, dass (a) strukturierende Folien das Verständnis der vermittelten Stoffes fördern können, indem z.B. grafisch aufbereitete Visualisierung die akustische Aufnahme der Inhalte verstärken kann, und dass (b) unstrukturierte und textüberfrachtete Folien die Aufmerksamkeit vom mündlichen Vortrag abziehen, statt dessen Verständnis zu unterstützen.

Um hier zu Änderungen zu gelangen, werden den Hochschulen neben bereits bestehenden Prozessen neue Prozesse entweder (reformbedingt) aufgenötigt, oder sie halten solche neuen Prozesse für erforderlich, um den Erwartungen zu begegnen, die so vorher nicht bestanden hatten. Dabei bleibt die (Um-)Gestaltung von Prozessabläufen an Hochschulen nicht ohne Spannungen.

Bei Evaluation und Akkreditierung leuchtet noch unmittelbar ein, dass damit qualitätsbezogene Informationen generiert und Prozesse der Qualitätsentwicklung angestoßen werden können. Ziele, Methoden und Instrumente aus dem Bereich der betriebswirtschaftlichen Unternehmensorganisation aber können im akademischen Milieu nicht mit spontaner Zustimmung rechnen. Sie müssen sich deshalb umso stärker durch Erfolgsnachweise legitimieren.

Zahlreiche Versuche, hochschulische Verwaltungs- und Leitungsprozesse durch unternehmerische Zugriffe zu modernisieren, haben sich in den zurückliegenden zwei Jahrzehnten als nicht wirklich zielführend erwiesen – etwa Zertifizierungen nach DIN ISO 9000ff., Total Quality Management, Kontinuierliche Verbesserungsprozesse (KVP) oder Business Process Engineering. Andere können als ‚erfolgreiches Scheitern' verbucht werden, insofern sie ausprobiert und angepasst wurden und in Schwundstufen auch heute noch anzutreffen sind. Das betrifft etwa Leitbilder (ohne damit hier etwas über deren praktische Wirksamkeit sagen zu wollen), QM-Handbücher, Qualitätszirkel, Benchmarking, Zielvereinbarungen, Qualitätscontrolling, Balanced Scorecard oder die Wissensbilanz.

Einige Techniken haben es zu einer vergleichsweise weiten Verbreitung gebracht, weil sie Modernisierungen herkömmlicher Verwaltungsprozesse darstellen und insoweit Kopplungen zwischen traditionellem Verwaltungshandeln und neuen Anforderungen herstellen konnten. Auch sie entstammen zwar dem Managementrepertoire, konnten jedoch entökonomisiert werden, indem ihre betriebswirtschaftliche Konnotation weitgehend eliminiert wurde.[1] Ein derart entökonomisiertes Management an Hochschulen ist dann ein zielgebundenes Steuerungshandeln, das Instrumente nutzt, mit denen die hochschulische Organisationsentwicklung so gestaltet werden kann, dass sie der Erfüllung der Organisationsziele – gute Lehre und Forschung – optimal dienlich ist. Zu managen sind auch in diesem Verständnis die Kontexte von Lehre und Forschung, nicht diese selbst.

---

[1] Das ist weniger ungewöhnlich als gemeinhin angenommen. Managementansätze sind generell dadurch charakterisiert, niemals in voller Reinheit umgesetzt werden zu können. Selbst in ihrem Heimatsektor, der Wirtschaft, gelten sie nur in eingehegten Varianten als sozialverträglich: Regelungen zur Mitbestimmung und Personalvertretung, das Arbeitsrecht, Wettbewerbs- und Kartellrecht usw. suchen die negativen Auswirkungen der reinen Wirtschaftlichkeitskalküle zu neutralisieren.

Wo die Problemwahrnehmungen der Hochschulen selbst liegen, wenn es um die Gestaltung der Qualitätskontexte geht, lässt sich exemplarisch dem Zukunftskonzept der Humboldt-Universität zu Berlin (HU) für die Exzellenzinitiative 2011 entnehmen. Bestandteil der Anträge musste auch eine Darstellung sein, wie die Hochschulgovernance entwickelt werden solle. Die HU erfasste daraufhin interne Problemlagen und entwickelte Ideen, wie diese bearbeitet werden könnten. Abschlussberichte, denen etwaige Erfolge bei der Umsetzung hätten entnommen werden können, waren zum Ende der Exzellenzinitiative (31.10.2017) den Hochschulen nicht abgefordert worden. Über den Erfolg der annoncierten Veränderungen kann hier also nichts gesagt werden. (Übersicht 15)

Übersicht 15: Wissenschaftsadäquate Governance – Kultur der Ermöglichung. Eine von drei „Zielperspektiven" im Zukunftskonzept der Humboldt-Universität zu Berlin für die Exzellenzinitiative 2011

Das Fundament der Governance-Reform „liegt in der aktiven Gestaltung einer *Kultur der Ermöglichung*, die durch eine Stärkung der Serviceorientierung auf allen Ebenen der Universität entstehen soll. [...]

Als Fundament für die Verwirklichung der zentralen Governance-Ziele wird die HU die Universitätsverwaltung durch ein Servicenetzwerk effektiver gestalten, das für alle Belange von Forschung, Lehre und Selbstverwaltung der Universität eine Kultur der Ermöglichung entwickelt. [...]

Die Erweiterung der Verwaltungsleistungen und ihre Anpassung an aktuelle Anforderungen haben das Ziel, die Serviceorientierung an der HU auszubauen, Wissenschaftlerinnen und Wissenschaftler von Nebenaufgaben zu entlasten und Freiräume zu eröffnen. Insgesamt vier Abteilungen sollen reorganisiert und **zu einem** *Servicenetzwerk* verknüpft werden: das Servicezentrum Forschung, das Studierenden-Service-Center sowie die Bereiche Personal und Internationales. Die Entwicklung der Forschungsabteilung der HU zu einem *Servicezentrum Forschung* steht hierbei im Mittelpunkt.

Die Aufgabenschwerpunkte dieses Servicezentrums umfassen:

- Beratung und Information für alle nationalen und internationalen Programme der Forschungsförderung,
- administrative Beratung und Management für Projekte der Exzellenzinitiative,
- Projektadministration und Bewirtschaftung von Drittmitteln,
- Wissenstransfer und Patente und
- Statistik und Dokumentation aller Forschungsaktivitäten an der HU.

[...] Allen Bereichen des Servicezentrums wird eine zentrale Anlaufstelle für die Mitglieder der HU und externe Partner vorgeschaltet. Diese Anlaufstelle arbeitet nach dem Prinzip des *one-stop-shop*. Zusätzlich wird ein Online-Portal für Projektleiterinnen und Projektleiter eingerichtet, das den selbstständigen Zugriff auf relevante, benutzerfreundlich aufbereitete Daten der Projektadministration erlaubt. Um die Prozesse innerhalb des neuen Servicezentrums Forschung im Sinne der Wissenschaftlerinnen und Wissenschaftler an der HU zu optimieren, werden typische Servicerouten für verschiedene interne Nutzergruppen (*user profiles*) definiert. [...]

Der Visa-Service des Internationalen Büros wird ausgebaut, um Mitgliedern der Universität und ihren internationalen Gästen aufwendige Behördengänge abzunehmen.

Mit dem Ausbau der *Personalentwicklung* reagiert die HU auf die zunehmenden Aufgaben von Wissenschaftlerinnen und Wissenschaftlern in der Personalführung, im Forschungsmanagement und in der Drittmittelakquise sowie auf neue Qualifikationsprofile in der Verwaltung. [...] insbesondere für die Juniorprofessorinnen und -professoren sowie für die Erstberufenen werden künftig Angebote zur Ausgestaltung ihrer Arbeitsbereiche, aber auch zu ihrer Rolle an der Universität entwickelt (allgemeine Managementkompetenz, Personalführung, Drittmittelakquise und Management sowie Angebote zur akademischen Lehre). Zusätzlich werden in größerem Umfang Coaching, Mentoring und Führungsfeedback genutzt und ein Leadership-Programm für Professorinnen in Führungspositionen angeboten. Das Präsidium erfragt in den Berufungsverhandlungen die Weiterbildungswünsche, unterbreitet Angebote und installiert Plattformen zum Erfahrungsaustausch. Spezielle Weiterbildungsangebote richten sich an die Dekaninnen und Dekane sowie deren Mitarbeiterinnen und Mitarbeiter."

Quelle: HU (2011: 58–62)

3.3. Expansionsbewältigung

Die jüngste Expansion der Hochschulbildungsbeteiligung zu bewältigen, stellt eine Herausforderung für die Qualitätssicherung dar, die eine quantitative und eine qualitative Dimension hat. Quantitativ wurde mit dem Bund-Länder-Hochschulpakt 2020 ein Weg gewählt, mit vor allem Bundesmitteln Kapazitätserweiterungen zu finanzieren.

Die qualitative Dimension ergibt sich daher, dass aus demografisch reduzierten Studienanfängerjahrgängen mehr junge Menschen für ein Hochschulstudium motiviert werden, d.h. auch solche, die für ihre individuelle Qualifizierung bisher eher nichtakademische Optionen präferiert hätten. Die Folge dessen ist, dass die Heterogenität der Studierenden deutlich zunimmt. Dies betrifft nicht allein differenzierte kognitive Anfangsausstattungen der Studierenden, sondern auch unterschiedliche (berufs)biografische Erfahrungshintergründe, kulturelle Herkünfte (sozial oder/und ethnisch), Lebensalter sowie Erwartungen und Intentionen, die sich individuell mit einem Hochschulstudium verbinden.

Heterogenität generell umfasst Persönlichkeitsmerkmale und individuelle Erfahrungshintergründe (individuelle Faktoren), Wohn- und Lebenssituationen (soziale Faktoren) sowie situationsspezifische Differenzierungsmerkmale (Lernervariablen). Speziell im Blick auf die Studierenden als Lernende bezeichnet Heterogenität deren Unterschiedlichkeit hinsichtlich der Merkmale, die als lernrelevant eingeschätzt werden. Das sind beispielsweise das Lernverhalten und die Lernmotivation. Relevant für die Heterogenität der Studierenden sind dabei immer auch Merkmale, die im Einflussbereich weder der Einzelnen noch der Institution liegen, die sich aber auf Lernerfolg (z.B. Erfahrungshintergrund), Studierendenleben (z.B. Sozialverhalten) oder den Zugang zu Ressourcen (z.B. Gesundheitszustand) auswirken.

Normativ lässt sich sagen: Diese heterogener werdende Studierendenschaft sollte nicht als Träger von Begabungsmängeln, sondern grundsätzlich als erfolgreich qualifizierungsfähige Klientel betrachtet werden. Empirisch wird Heterogenität von Studierendenkohorten – besonders von Studierendengruppen innerhalb einer Lehrveranstaltung – von den Lehrenden in der Regel als Problem wahrgenommen. Im Kontrast dazu findet sich in der Didaktik auch eine optimistische Position: Aus der Heterogenität von Lerngruppen könnten sich didaktische Funken schlagen lassen. Soll das gelingen, bedarf es allerdings spezifischer, nämlich heterogenitätssensibler Fertigkeiten der Lehrenden.

Entsprechende Unterstützungsangebote stoßen dann auf Zustimmung, wenn deren Transaktionskosten für die Lehrenden nicht höher sind als die sich einstellenden Effekte – bzw. positiv formuliert: Die individuelle Neigung, sich didaktische und Lehrorganisationskompetenzen anzueignen, ist umso höher, je deutlicher die daraus resultierenden Lehr-Lern-Effekte den deshalb zu betreibenden Aufwand überschreiten.

Daher bedarf es aufwandsrealistischer hochschuldidaktischer Angebote. Diese müssen in Rechnung stellen, dass die Lehrenden eine komplexe Berufsrolle auszufüllen haben und praktisch permanent mit Zeitproblemen kämpfen. Mit anderen Worten: Auch bei bestem Willen sind sie häufig nicht in der Lage, komplizierte und aufwendige Handlungsalgorithmen für die Bewältigung von Lehr-Lern-Situationen zunächst zu studieren und sie dann mit entsprechendem Vor- und Nachbereitungsaufwand anzuwenden. Die Kunst der hochschuldidaktischen Angebote muss daher darin bestehen, für real gegebene – statt ideal gedachte – Bedingungen Lösungen zu offerieren. Deren Anwendung soll für die Lehrenden die Anzahl ihrer Probleme nicht vergrößern, sondern minimieren.

Hochschulorganisatorisch bedarf es solcher Rahmenbedingungen, die zur Öffnung der Hochschulen für nichttraditionelle Studierendengruppen beitragen und die Nutzung der Diversity-Potenziale ermöglichen. Dafür sind entsprechende Einstellungen und Kenntnisse bei den lehrunterstützenden Bereichen in Verwaltung, Studienfachberatung und Studentenwerken nötig. Dies erfordert ggf. Qualifizierungen und Informationsangebote etwa in Gestalt von Leitfäden. Eine Reihe von hier einschlägigen Maßnahmen sind in den letzten Jahren an vielen Hochschulen bereits gängige Routinen geworden:

- Angebot von Brückenkursen, um Wissen aufzufrischen;
- Tutoren-/Mentoren-Systeme;
- Orientierungsjahr;
- flexible Fächerverknüpfungsmöglichkeiten;
- interdisziplinäre Studienanteile;
- Vermeidung strikter Fachbereichsgrenzen, stattdessen explizite Förderung der Begegnung von Studierenden unterschiedlicher Fächer und Fachkulturen im Studienalltag;
- nichttraditionelle didaktische Konzepte (Lehrforschungsprojekte, begleitetes Selbststudium, Kleingruppenarbeit usw.);
- stärkere Berücksichtigung des Lehrengagements in der leistungsorientierten Besoldung;
- Zusammenarbeit mit Unternehmen, freien Trägern und öffentlichen Einrichtungen der Region für Praktika, studienbegleitende Jobmöglichkeiten und Studienabschlussarbeiten.

Heterogenitätskriterien / Akteure, Instrumente	Individuelle Faktoren					Soziale Faktoren				
	Alter	Geschlecht	Sexuelle Orientierung	Körperliche bzw. geistige Beeinträchtigung	Ethnizität	Soziale Herkunft	Bildungshintergrund	Familiäre Lebenssituation	Einkommen	Wohnort/Lebensform
Ausländerbeauftragte.r					■					
Altersgrenzen für Stipendien									■	
Barrierefreie Zugänge				■						
Barrierefreie Software				■						
Behindertenbeauftragte.r				■						
Begabtenförderung							■			
Beratungsstelle für ausländische Studierende					■					
psychologische Beratungsstelle				■						
Brückenkurse							■			
Fernstudium										
Gleichstellungsbeauftragte.r		■								
Hochschulsport										
Interkultur. Kommunikationsmöglichkeiten					■					
Integration in die Hochschule					■					
Projekttutorien							■			
Kinderbetreuung								■		
Leistungsstipendien									■	
Mentoring-Programme										
Schreibwerkstätten										
Sprechzeiten für fachliche Beratungen										
Stipendien										
Studenteninitiativen										
Studentische Vertretungen										
Tandem-Programme					■					
Teilzeitstudium								■		
Variable Öffnungszeiten studentischer Service								■		
Variable Öffnungszeiten Bibliothek										
Wohnmöglichkeiten am Hochschulort										■
Hochschulzugang							■			

Die Verarbeitung der gesteigerten Heterogenität der Studierendenschaft erfordert aber auch entsprechende Strukturen etwa in der Kinderbetreuung in Randzeiten, angepasste und flexible Studienangebote, die Teilzeitstudieren ermöglichen, neue Studienfinanzierungsmodalitäten usw. Mittlerweile gibt es aber ein umfängliches Set an Instrumenten, deren Anwendung auf der Organisationsebene einen produktiven Umgang mit Heterogenität ermöglicht. Diese Instrumente haben entweder die Einzelnen oder spezielle Gruppen im Blick. (Übersicht 16)

4.   Neue Organisationseinheiten und Rollen

Häufig wurde (und wird) es für sinnvoll oder notwendig gehalten, den neu gestalteten Prozessen Entfaltungsräume im Rahmen neuer Strukturen zu verschaffen oder aber gegebene Strukturen dafür anzupassen. Daraus haben sich zum einen Veränderungen in der akademischen Selbstverwaltung und den Hochschulverwaltungen ergeben (nachfolgend 4.1.). Zum anderen gibt es heute an den Hochschulen eine Vielzahl von professionellen Rollen, die es vor den Reformen nicht gegeben hatte oder die zuvor in traditionellerem Zuschnitt innerhalb der Hochschulverwaltung wahrgenommen worden waren. Für die Träger dieser Rollen ist die Bezeichnung „Hochschulprofessionelle" vorgeschlagen worden; für ihre Gesamtheit verwenden wir den Begriff „Hochschulmanagement" (4.2.) – damit zugleich unserer Skepsis Ausdruck verleihend, ob sich die wenig intuitive und daher fortwährend erklärungsbedürftige Bezeichnung „Hochschulprofessionelle" auf Dauer durchsetzen wird.

4.1.   Strukturen

Hochschulen verfügen in wissenschaftlichen Angelegenheiten über Autonomie. Im Rahmen ihrer akademischen Selbstverwaltung führen sie neue Studiengänge ein, nehmen akademische Prüfungen ab, erarbeiten Hochschulentwicklungspläne, wählen ihre Rektoren oder Präsidentinnen und führen Berufungsverfahren durch. Die Selbstverwaltung ist durch eine verfestigte Gremienstruktur unmittelbar Teil der Organisation der Hochschulen und der hochschulinternen Mitbestimmungs- und Steuerungsmechanismen. In ihrem Rahmen werden die wesentlichen Entscheidungen zur Fächerstruktur der Hochschule und zur inneren Organisation durch die Mitglieder der Hochschule getroffen. Die Rechte und Pflichten bei der Mitwirkung an der Selbstverwaltung regeln die Landeshochschulgesetze sowie die jeweilige Grundordnung der Hochschule genauer.

In jedem Fall zählt die Beteiligung an der akademischen Selbstverwaltung zu den grundlegenden Anforderungen, die an das Hochschulpersonal gestellt werden. Zwar fühlen sich Wissenschaftler.innen weniger ihrer Hochschule als ihrem Fach und ihrer Profession verpflichtet,[2] doch ist die Hochschule Voraussetzung und Basis für ihre wissenschaftliche Tätigkeit. Entsprechend sind Selbstverwaltungsaktivitäten wesentlicher Bestandteil des Aufgabenspektrums von Wissenschaftlern.

Auch wenn die Mitwirkung in Gremien unter Hochschullehrenden nicht immer beliebt sein mag, ist sie doch weitgehend als hochschulisches Funktionserfordernis akzeptiert. Gleiches kann für die Übernahme einer Institutsleitung oder eines Dekansamtes gesagt werden. Dies gilt trotz des Umstandes, dass solche

---

[2] was nicht exklusiv nur für Professor.innen gilt: Wie diese sich eher als Wissenschaftler begreifen, so Forstbeamte eher als Forstleute, Ingenieure der Bauverwaltung eher als Techniker oder Amtsärzte eher als Mediziner statt als Angehörige ihrer Organisation (Seibel 2016: 166).

Funktionswahrnehmungen im Wissenschaftssystem mit wenig bis keiner Reputation verknüpft sind, für die betreffenden Wissenschaftler.innen aber erhebliche Mehrarbeit, besonders hinsichtlich administrativer und organisierender Tätigkeiten, bedeuten.

Entfaltet wird die akademische Selbstverwaltung in gewählten Gremien, Kommissionen und Ausschüssen, d.h. über die Wahrnehmung von Wahlämtern und Funktionen in ebendiesen. Zu den herkömmlichen Strukturen zählen als Dauereinrichtungen der Akademische Senat, die Fakultätsräte, die Kommission für Studium und Lehre sowie die für Forschung und wissenschaftlichen Nachwuchs, Prüfungsausschüsse, Bibliothekskommission, die Ethikkommission und Promotionsausschüsse der Fakultäten. Dazu kommen die fallweise eingerichteten Berufungskommissionen, letztere durch die Einführung der Juniorprofessur häufiger als früher. Hinzugetreten sind in den letzten Jahren die Kommissionen zum wissenschaftlichen Fehlverhalten. Die Vielzahl solcher Gremien hat dazu geführt, dass die Bezeichnung „Gremienhochschule" fest im Sprachschatz verankert ist.

Das administrative Gegenüber der Akademischen Selbstverwaltung war herkömmlich die Hochschulverwaltung, die vor den Governance-Reformen als staatliche Auftragsverwaltung agierte. Inzwischen ist in Gestalt des Hochschulmanagements eine neue Zwischenstruktur entstanden (nachfolgend 4.1.1.). Ebenso sind in den letzten Jahren reformbedingt neue Gremien und Beauftragte hinzugetreten (unten 4.1.2.).

4.1.1. Die Hochschulverwaltung und das Hochschulmanagement

Den angemessenen infrastrukturellen Rahmen für die Leistungsprozesse in Forschung und Lehre hatte herkömmlich die Hochschulverwaltung zu organisieren. Durchgesetzt hat sich mittlerweile die Ansicht, dass es hier bestimmter Funktionserweiterungen bedürfe, diese aber durch die traditionellen Verwaltungsstrukturen nicht hinreichend wahrgenommen werden könnten. Infolgedessen wurden bundesweit Parallelstrukturen zur herkömmlichen Verwaltung etabliert: das Hochschulmanagement.

Hochschulverwaltung

Als Körperschaften des Öffentlichen Rechts unterliegen Hochschulen entsprechenden Rechtsordnungen, zu denen allgemeine und besondere verwaltungs-, verfahrens- und prozessrechtliche Ordnungen des Bundes und der Länder zählen. Von uns befragten hochschulischen Verwaltungsmitarbeiter.innen zufolge hätten, neben einer zunehmenden ‚Serviceorientierung' für Studierende, zahlreiche Veränderungen innerhalb dieser Rechtsvorschriften der letzten Jahre den größten Einfluss auf die Verwaltungsarbeit genommen.

Dieser Umstand lässt es wenig überraschend erscheinen, dass diejenigen, die auf diese Verwaltungen angewiesen sind, die Hochschulverwaltungen nach wie vor als eher vorschriftenorientiert und weniger dienstleistungsorientiert wahrnehmen – wie etwa Leo Hellemacher (2015: 20) in einer Befragung an NRW-

Fachhochschulen feststellte: *Verwaltung agiert vorschriftenorientiert*: 82 Prozent Zustimmung – *nimmt sich selbst zu wichtig*: 58 Prozent Zustimmung – *ist dienstleistungsorientiert*: 22 Prozent Zustimmung – *beherrscht Spagat zwischen Verwaltung und Dienstleistung*: 21 Prozent Zustimmung.

Banscherus et al. (2017: 114f.) stellen in ihrer Studie zum Wandel der Arbeit in den wissenschaftsunterstützenden Hochschulbereichen heraus, dass in den letzten 15 Jahren – neben der Bewältigung der Hochschulexpansion und der neuen Anforderungen an das hochschulische Leistungsspektrum – die Einführung technischer Neuerungen die grundlegendsten Veränderungen der Arbeitssituationen erzeugt haben. Eine deutlich gestiegene Arbeitsbelastung von Verwaltungsbeschäftigten wird zudem infolge von Komplexitätssteigerungen und der Zunahme von Verwaltungsvorgängen konstatiert.

Unter dem Einfluss permanenter Veränderungen bzw. Anpassungen gesetzlicher Regelungen und da Hochschulen bei Veränderungen generell eher träge agieren, sind Hochschulverwaltungen häufig zur Improvisation gezwungen – sind dafür aber aufgrund ihrer normativen Orientierung an der Regelbindung gar nicht konditioniert. Der Improvisationsaufwand wird als unnötig und ineffizient beschrieben und erzeuge „Nachhaltigkeitsruinen" (HVW2). So koste das Durchlaufen von oft mehreren Gremien, um Rechtsvorschriften in hochschulische Regelungen, Prozesse oder Entscheidungen zu übersetzen, Zeit, in der dann improvisiert werden müsse:

> *Dass es Verzögerungen in Prozessen gebe, „bezieht sich ... nicht auf die Geschäftsordnungen, sondern eher auf die Entscheidungsstrukturen über Gremien, über Ausschüsse usw. ... oder eine gewisse Trägheit, die man so gut wie möglich nutzen muss. Nur wenn man die Prozesse kennt, kann man die notwendigen Verzögerungen ... möglichst klein halten." (HVW2) Dass es rechtliche Vorgaben gebe, die einzuhalten seien, „ist kaum in Frage zu stellen. Natürlich sind die ganzen Vorgaben des öffentlichen Dienstes nicht gerade so, dass sie das tägliche Arbeiten erleichtern, zumal sie bisweilen Wissenschaftlern nur schwer zu vermitteln sind." (HVW7)*

Hochschulinterne Verwaltungsregelungen (z.B. Geschäftsordnung der Hochschulverwaltung) und Rahmenordnungen (z.B. Fakultätsordnungen, Grundsätze und Verfahren zu Lehre, Studium und Prüfungen) hingegen werden von den befragten Verwaltungsmitarbeiter.innen als sehr flexibel wahrgenommen und die Ermessenspielräume für Entscheidungen als hoch empfunden.

Das findet seine praktische Bestätigung in zumindest einem Umstand: Die verschiedenen Ebenen der Hochschulverwaltung handeln insbesondere bei nichtstandardisierten Aufgaben, die einer individuellen Bearbeitung obliegen, sehr unterschiedlich. Jede Fakultät bearbeite Aufgaben unterschiedlich und habe gleichsam eigene bzw. angepasste Abläufe für sich festgelegt und entwickelt. Deutlich wird das z.B. dann, wenn versucht wird, bisher wenig standardisierte Prozesse mittels digitaler Assistenzsysteme abzubilden:

> *„Da gibt es eben nicht sechs oder sieben verschiedene Varianten [der Organisation eines bestimmten Prozesses], da gibt es eine oder eben zwei, die das System vorgibt. Sie wissen, wie stark die Fakultäten und die Institute auf ihre alten Logiken beharren können ..., die sind so mächtig, dass man da nicht ohne weiteres herankommt. Aber hier gibt es bei uns zehn verschiedene Varianten, das Ganze zu machen, oder es gibt überhaupt keine oder es gibt einfach nur die Tradition." (HVW3)*

Verwaltungswissen beruhe häufig auf akkumulierten Erfahrungen. Prozessabläufe in der Verwaltung würden permanent bedarfsorientiert angepasst, wobei sie stark personengebunden und häufig nicht verschriftlicht seien. Bei Personalausfall oder -wechsel gehe somit auch Wissen über die Prozessgestaltungen und -bearbeitungen verloren:

> *„In dem Moment, wo Verwaltungsprozesse extrem personen-, instituts- oder wissenschaftsspezifisch ablaufen, sind die auch schwer dokumentierbar, und es gibt auch überhaupt nicht die Ressourcen, um aufzuschreiben, was man macht. Also liegt das ganze Wissen in den Köpfen von einzelnen Personen, und wenn die weg sind, war es das. Das heißt, es ist kein Problem, solange es unbefristetes Verwaltungspersonal ist."* (HVW3)

Während der Einarbeitung neuer Mitarbeiter.innen seien dann zumindest zeitweilig vom bisherigen Verfahren abweichende bzw. vergleichsweise unflexible Bearbeitungen die Folge. Darüber hinaus beklagte eine befragte Verwaltungsmitarbeiterin, dass sie wenig Unterstützung in ihrer Arbeit erhalte und damit keine Chance habe, ihre Arbeit effektiver und effizienter zu gestalten:

> *„Ich würde mir manchmal wünschen, dass von außen vielleicht auch mal jemand meine Arbeit betrachtet, weil ich eigentlich nun schon seit – wirklich seit langer Zeit das ganz alleine mache. Ich weiß nicht, ob ich es richtig mache. Ich weiß nicht, was ich vielleicht verbessern könnte."* (HVW8)

Schließlich beklagen Hochschulen eine hohe Personalfluktuation in den Verwaltungen. Sie würden als Arbeitsplatz für Verwaltungsfachangestellte als unattraktiv gelten und zahlten im Vergleich zur freien Wirtschaft geringere Löhne. Die Stellenbesetzung in den Verwaltungen der Hochschulen seien daher „Dauerbastellösungen". Unter diesen Fluktuationen Routinen zu entwickeln gestalte sich als äußerst schwierig. (Beob_6)

Der Hintergrund bestimmten Hochschulverwaltungshandelns wird nicht immer angemessen reflektiert: Die Hochschulverwaltung muss sich funktionsgemäß an Regelkonformität und Ressourcenverfügbarkeit orientieren. Sie ist mithin an die Leitunterscheidung „machbar/nicht machbar" gebunden. Sie muss immer das Ziel verfolgen, bürokratische Anschlussfähigkeit zu früherem Verwaltungshandeln herzustellen und zu künftigem Verwaltungshandeln zu ermöglichen, also: Risiken zu vermeiden.[3] Damit aber ist sie nicht umstandslos in der Lage, Veränderungen auszulösen und administrativ angemessen zu begleiten.

Daher, so die Schlussfolgerung, werde nun für die erweiterten Funktionen auch eine spezifische Erweiterung der wissenschaftsunterstützenden Einheiten benötigt: ein Hochschulmanagement, das Prozeduren jenseits traditionellen Verwaltungshandelns entwickle.

Hochschulmanagement

Die Prozeduren, die jenseits traditionellen Verwaltungshandelns durch die Hochschulreformen nötig geworden sind, beziehen sich auf

---

[3] Im Anschluss an Luhmann (2010: 126): „Die Verwaltung befaßt sich ... mit der Ausführung des politisch Möglichen und Notwendigen durch Ausarbeitung verbindlicher Entscheidungen nach Maßgabe schon festliegender ... Entscheidungsprämissen."

- die professionelle Aufbereitung von Entscheidungsoptionen für die strategischen Entscheider in der akademischen Selbstverwaltung und der Hochschulleitung,
- die Koordination von Veränderungsprozessen incl. der Organisation von Verhandlungsvorgängen und dem Management allfälliger Krisen,
- die Unterstützung und Professionalisierung der Lehrenden und Forschenden sowie
- Funktionen, die früher an Hochschulen nicht wahrzunehmen waren.

Dafür werde eine spezifische Erweiterung der wissenschaftsunterstützenden Einheiten benötigt, für die sich der Begriff „Hochschulmanagement" durchgesetzt hat. Das heißt zunächst vor allem eines: neue Stellen. Die Einrichtung neuer Stellen kann als typische Reaktion von Organisationen auf neue Anforderungen und die damit einhergehenden Zielkonflikte betrachtet werden. Im konkreten Falle wurden organisationale Support-Strukturen etabliert. Seit den 90er Jahren sind neu entstanden:

- Transferstellen
- Career Center
- QM-Stabstellen
- Evaluationsbüros
- Weiterbildungsstabstellen oder -referate
- Fundraisingstellen
- eLearning-Center
- Gründerzentren
- Anlaufstellen für Praktikavermittlung
- Welcome Center,
- Fakultätsgeschäftsführungen
- Alumni-Betreuungsstellen
- das Controlling als neue Verwaltungseinheit insbesondere für die Kostenüberwachung

Zum Teil gibt es aber Überlappungen der Strukturen von Hochschulverwaltung und -management bis hin zu Doppelstrukturen, indem sich bestimmte Bereiche etwa des Qualitätsmanagements auf verschiedene Einheiten mit differenzierten Zuständigkeiten verteilen. Die Folgen sind Aufgabenüberschneidungen und hohe Informations- und Koordinationskosten. (Kloke/Krüken 2012: 22f.)

Auch dann, wenn die Hochschulmanager.innen formal in die Verwaltungsstruktur eingeordnet sind, sollen sie eine Kultur des Entrepreneurship pflegen. Ähnlichen Anforderungen unterliegen Einheiten, die es schon seit längerem an Hochschulen gab, die aber in den letzten zwei Jahrzehnten deutliche funktionale und personelle Erweiterungen erfahren haben. Das betrifft insbesondere Pressestellen bzw. Öffentlichkeitsarbeitsreferate und die zu International Offices transformierten Akademischen Auslandsämter.

Das derart etablierte Hochschulmanagement soll nach Managementprinzipien arbeiten, in der Hochschulorganisation die lose gekoppelten Subsysteme koordinieren und mit der Umwelt in eine Beziehung setzen, also zwischen externen Ansprüchen und dem internen Funktionieren vermitteln (vgl. Pellert 1999). Ein Patentrezept für die Arbeit dieses Hochschulmanagements lässt sich zwar nicht ausmachen. Doch immerhin lassen sich folgende Punkte festhalten:

▪ Management ist zielgebundenes Steuerungshandeln. Hochschulmanagement versucht also, durch steuernde Einflussnahme Hochschulen oder deren Untereinheiten zur Umsetzung definierter Ziele zu bewegen bzw. die Einrichtungen dabei zu unterstützen. Meist kommt es nicht zu vollständigen Zielerreichungen, was aus Sicht des Hochschulmanagements häufig die Quelle von Enttäuschungen ist. Hier benötigt es Frustrationstoleranz, also eine gewisse soziale Robustheit.

▪ Ein verbreitetes Missverständnis resultiert aus der Benennung „Hochschulmanagement" und besteht in der Annahme, die *Leistungs*prozesse der Hochschule sollten gemanaget werden. Doch so wenig, wie eine Musikmanagerin den kreativen Prozess der Musikentstehung – komponieren, arrangieren, proben – steuert, so wenig steuern Hochschulmanager die Forschung oder die Lehre. Was sie managen, sind deren Bedingungen. Forschung und Lehre benötigen funktionierende Rahmenstrukturen und -prozesse, und um diese kümmert sich ein funktionierendes Hochschulmanagement. Es betreibt mithin das Bedingungsmanagement, damit Hochschule funktionieren kann. Ein aufgeklärtes Hochschulmanagement versucht, die Bedingungen und Folgen der Leistungsprozesse zu optimieren, hält sich aber von Forschung und Lehre als inhaltlichen Prozessen fern – und wenn nicht, dann fällt den Forschenden und Lehrenden in der Regel etwas ein, um das übergriffige Management ins Leere laufen zu lassen.

▪ Ratsam ist eine Entökonomisierung des Managementbegriffs: Seine betriebswirtschaftliche Konnotation sollte, wenn es um Hochschulen geht, eliminiert werden. Ein entökonomisiertes Management stellt dann Instrumente bereit, die einer Hochschulverträglichkeitsprüfung unterzogen werden können und mit denen sich die hochschulische Organisationsentwicklung so gestalten lässt, dass es der Erreichung der Organisationsziele – gute Forschung und Lehre – optimal dienlich ist.

▪ Für die konkrete Arbeit des Hochschulmanagements spielt neben gewachsenen Bedingungen einer Hochschule deren strategische Ausrichtung eine Rolle, und die Komplexität der Organisation Hochschule zu managen verlangt neben Koordinierungs- und Führungskompetenzen vor allem Fingerspitzengefühl (Berthold 2011: 38).

Anhand des Personals, das die neuen Rollen ausfüllt, werden wir unten darauf noch einmal zurückkommen.[4] An dieser Stelle sei jedoch schon die These formuliert, dass es sich bei der funktionalen und personellen Trennung von Hochschulverwaltung und -management vermutlich um ein transitorisches Phänomen handelt: Indem das Hochschulmanagement neue Wege wissenschaftsorganisierenden und -unterstützenden Handelns erprobt, überbrückt es zugleich die Zeit bis zum vollzogenen Generationswechsel in den gegenwärtigen Hochschulverwaltungen, wobei es sich auf deren Komplettübernahme vorbereitet und dieser Übernahme durch sukzessives Einsickern in die Verwaltungsstrukturen (inklusive, so die verbreitete Hoffnung, eines Kulturwandels) den Boden bereitet. Trifft diese These zu, so ist das Hochschulmanagement gleichsam eine Brückentechnologie in eine (beabsichtigte) Zukunft, die durch wissenschaftsnah operierende und dienstleistungsorientierte Hochschuladministratoren auf allen Ebenen gekennzeichnet sein soll.

---

[4] 4.2. Die Hochschulprofessionellen

4.1.2. Zunahme begleitender Strukturen

Nicht in jedem Falle eindeutig der akademischen Selbstverwaltung, der Hochschulverwaltung oder dem Hochschulmanagement zuzuordnen ist eine Reihe von Strukturen – Gremien, Organe, Beiräte, Beauftragte usw. –, die sich allesamt durch eines auszeichnen: Sie nehmen zu. Soweit sie durch wissenschaftliches Personal zu besetzen bzw. wahrzunehmen sind, zeichnen sie sich zudem dadurch aus, dass sie die wichtigste und individuell nicht aufstockbare Ressource des Wissenschaftsbetriebes in Anspruch nehmen: Die zunehmenden begleitenden Strukturen verbrauchen Zeit, die den Leistungsprozessen, also vor allem Lehre und Forschung, verloren geht.

Die in dieser Hinsicht bedeutsamsten Veränderungen ergaben sich aus der flächendeckenden Einführung von Hochschulräten, der Zunahme von Beiräten und des Beauftragtenwesens. Wie steht es bei diesen um das Verhältnis von Aufwand und Ertrag bzw. was ist der Wissensstand zu diesem Verhältnis?

Hochschulräte

Seit den 90er Jahren war es in Mode gekommen, dass sich Hochschulen ein Kuratorium zulegten. Hatte es in Berlin schon frühzeitig eine Kuratorialverfassung mit entscheidungsbefugten Kuratorien gegeben, so berieten in den anderen Ländern diese Gremien unverbindlich. Im übrigen waren sie vor allem schmückend für die jeweilige Hochschule, soweit das die Prominenz ihrer Mitglieder hergab. In den 2000er Jahren änderte sich die Unverbindlichkeit, indem in nahezu allen Ländern aus Beratungsgremien Beschlussorgane wurden. Dies geschah allerdings weniger in Anlehnung an die schon vorhandenen Kuratorien, sondern viel stärker im Blick auf die Board of Trustees im US-amerikanischen Hochschulsystem.

Die nun Hochschulräte genannten Einrichtungen sollten als Pufferinstanz zwischen Staat und Hochschulen wirken, indem sie Entscheidungen treffen, die früher auf einer der beiden Seiten getroffen worden waren: Haushaltsbeschluss, Einrichtung von Studiengängen und sonstige strukturell zu untersetzende Profilentscheidungen, Rektor.innen- bzw. Präsidentenwahl.

Dabei sind die Regelungen und Zuständigkeiten in den Ländern nicht einheitlich, wie eine Auswertung der Hochschulgesetze ergibt. Teilweise haben mehrere Hochschulen einen gemeinsamen Hochschulrat, doch in der Regel ist für jede Hochschule ein eigenes derartiges Organ eingesetzt worden, verfasst als mehr oder weniger starkes Aufsichtsgremium. Letzteres findet seinen Ausdruck in unterschiedlichen Zusammensetzungen und Kompetenzen. In zehn Ländern sind die Hochschulräte ausschließlich oder mehrheitlich mit hochschulexternen Mitgliedern besetzt, überwiegend mit hochschulpolitischen Laien:

- Ausschließlich extern besetzte Hochschulräte haben weniger Kompetenzen als solche, in denen auch Hochschulmitglieder vertreten sind. Sie wirken in der Regel lediglich an Beschlüssen mit (Zustimmung) oder verbleiben im Status eines Beratungsgremiums (Stellungnahmen und Empfehlungen).

- Bei einer gemischten Besetzung aus hochschulexternen und -internen Mitgliedern übernehmen Hochschulräte aber auch direkte Steuerungsfunktionen (Beschlussfassung).

Starke Hochschulräte gehen zwangsläufig mit einer Schwächung der Akademischen Senate einher. Parallel sind großteils die Hochschulkonzile abgeschafft worden.

In einigen Bundesländern bestätigen die Hochschulräte den Haushalt und wählen die Hochschulleitung. Für letzteres ist der Hochschulrat in sechs Ländern zuständig (im Saarland gemeinsam mit dem Senat). Diese Entscheidung muss allerdings – außer in Bayern, wo der Senat Teil des Hochschulrats ist – durch den Senat bestätigt werden. In den verbleibenden zehn Ländern blieben zwar weiterhin der Senat, der Erweiterte Senat bzw. das Konzil für die Wahl der Hochschulleitung zuständig. Doch erfolgt die Wahl in einem Land auf der Grundlage eines gemeinsamen Vorschlags von Hochschulrat und Land und in sieben Ländern auf der Basis von Vorschlägen von Findungskommissionen, in denen Mitglieder des Hochschulrats oder von ihm bestellte Persönlichkeiten vertreten sind.

Die Frage, in welcher Weise Hochschulräte an der Bestellung der Hochschulleitung mitwirken – vorschlagend, wählend, Stellung nehmend oder zur Kenntnis nehmend – steht für den Übergang eines bisherigen Kernbereichs der akademischen Selbstverwaltung in die Zuständigkeit eines nicht von den Hochschulmitgliedern gewählten Gremiums.

Die Wahrnehmung der Hochschulräte ist widersprüchlich. Zunächst wird sich sagen lassen, dass die Hochschulen und ihre Angehörigen ebenso wie Politik und Verwaltungen mittlerweile an die Hochschulräte gewöhnt sind: Man stellt sie jedenfalls nicht mehr infrage. Das ist insofern keine Selbstverständlichkeit, als anfangs kritisch auf den Mangel an Persönlichkeiten mit der erforderlichen hochschulbezogenen Sachkompetenz hingewiesen worden war und dieser Mangel nach wie vor besteht. Auch rechtliche Bedenken werden kaum noch vorgetragen, obgleich sich nach wie vor argumentieren ließe, dass ein Hochschulrat als außerhalb der Hochschule stehende Einrichtung in deren Selbstverwaltung eingreife.

Bogumil et al. (2007: 55) und Hüther (2009: 50) lieferten die ersten Erkenntnisse über die Funktion und Wirksamkeit von Hochschulräten im Kontext der deutschen Hochschulreformen. Beide Untersuchungen kamen zu dem Schluss, dass Hochschulräte in ihrer rechtlichen Konstruktion und Verankerung weder als Steuerungsakteure konzipiert seien, noch dass es sich um eine wirkliche Steuerung von außen handele. Aufgrund erheblich divergierender Landesgesetzgebungen lasse sich kein einheitliches deutsches Modell eines Hochschulrates konstruieren. (Bogumil et al. 2007: 55; Hüther 2009: 50) Doch werden dem Hochschulrat in unterschiedlicher Ausprägung drei Grundfunktionen zugedacht: Aufsicht, Kontrolle und Beratung (Meyer-Guckel/Winde/Ziegele 2010: 7).

Die Einführung der Hochschulräte wurde in vielen Bundesländern durch eine deutliche Stärkung der Hochschulleitungen und eine Begrenzung der Akademischen Senate auf (enger definierte) akademische Angelegenheiten flankiert. Nach Müller (2013: 10) sollte ein Hochschulrat mit einer nicht vereinnahmenden, nicht dominierenden, aber konstruktiv-kritisch Impulse setzenden Grundhaltung agieren.

Zahlreiche als problematisch bewertet Gestaltungsfragen nahmen Bogumil et al. (2013) zum Anlass, den Umsetzungsstand erneut zu untersuchen. Auf der Grundlage einer umfangreichen empirischen Erhebung analysierten sie auch den durch Hochschulräte ausgeübten Einfluss von Wirtschaft und Gesellschaft auf die Universitäten. Eines der Ergebnisse: Die Hochschulräte hätten die hierarchisch-administrative Selbststeuerung der Hochschulen gestärkt. Die zielbezogene Außensteuerung durch die Hochschulräte sei dagegen eher von untergeordneter Bedeutung. (Ebd.: 47ff.)

Auch mehr als zehn Jahre nach der Einführung von Hochschulräten stellt es im Hinblick auf Hochschulratszuständigkeiten eine zentrale Herausforderung dar, bei allen Beteiligten Selbstverständnisse im Blick auf die eigene Rolle zu entwickeln sowie Handlungsmöglichkeiten zu prüfen. Inzwischen hat die typologische Vielfalt der Hochschulräte im föderalen System weiter zugenommen. Ihre Aufgaben und Befugnisse wurden dadurch teilweise erheblich modifiziert.[5] Auf Grundlage der Untersuchung von drei Gesetzesnovellen mit Blick auf Hochschulräte in Baden-Württemberg, Hamburg und Nordrhein-Westfalen konstatiert Schütz (2014: 111) auch eine „regelrechte ‚Wiederbelebung' des Senats als leitende Kraft". Demnach würden diesem wieder stärkere Entscheidungskompetenzen zugesprochen, etwa bei den Hochschulleitungswahlen.

Betrachtet man die aktuellen Debatten um die neuen Organe, stehen insbesondere zwei Aspekte in der Diskussion: die politische Rolle der Hochschulräte – also die Möglichkeiten und Grenzen der Hochschulratsbeteiligung in der strategischen (Landes-)Hochschulplanung – und die Aufgaben von Hochschulratsvorsitzenden.

In der Regel weisen die Länder den Hochschulräten das Engagement für eine spezifische Hochschule als Aufgabe zu. Ob Hochschulräte zusätzlich auch ein relevanter Akteur hinsichtlich übergreifender hochschulpolitischer Rahmenbedingungen auf Landesebene sein können oder sollen, ist nicht abschließend diskutiert. Die Länder regeln die Möglichkeit, als Hochschulrat politisch zu agieren, in unterschiedlicher Weise. Die Mehrzahl der Landeshochschulgesetze sieht aber, was die formale Aufgabenbeschreibung betrifft, ausschließlich rein hochschulbezogene Funktionen vor.

Sieht man vom Landeshochschulrat Brandenburg als Sonderfall ab – er verfügt über eine explizite Doppelfunktion –, so ergänzen lediglich Baden-Württemberg und das Saarland die auf eine Einzelhochschule bezogene Funktion um eine Öffnungsklausel: Diese ermöglicht es den Hochschulräten, bei weitreichenden, bspw. strategischen Angelegenheiten der Hochschule gegenüber dem zuständigen Ministerium Stellung zu nehmen, oder das Ministerium kann Stellungnahmen der Hochschulräte einholen. (Müller/Ziegele 2015: 5)

---

[5] Einen umfassenden Überblick zur Entwicklung der Regelungen zu Hochschulräten in den LHG liefert der Stifterverband für die Deutsche Wissenschaft in seinem Infodienst „Forum Hochschulräte – update" (z.B. 2013, 2014, 2015).

In der Diskussion um die politische Rolle von Hochschulräten stellt sich die Frauge, inwiefern ein Hochschulrat direkter Dialogpartner des Staates für Strategie und Planung sein kann, ohne dabei die Hochschulleitung zu übergehen. Allerdings könne ein Hochschulrat als Übersetzer fungieren oder als Vermittler zwischen Hochschule und Landespolitik – letzteres, indem die Hochschulratsmitglieder über die eigene Hochschulperspektive hinausdenken und z.B. das regionale Umfeld mit in den Blick nehmen (Ziegele 2013: 14). Unter Berücksichtigung der politischen Entwicklungen der vergangenen Jahre zeigt sich aber eine klare Tendenz zu einer hochschulbezogenen Aufgabendefinition von Hochschulräten. Festgehalten werden kann, dass eine politische Rolle von Hochschulräten gesetzlich meist nicht vorgesehen, aber auch nicht ausgeschlossen ist. (Müller/Ziegele 2015: 5)

Die gesetzlichen Grundlagen, auf denen Hochschulratsvorsitzende agieren, und die faktische Aufgabenwahrnehmung letzterer werden ebenfalls kritisch betrachtet. Die Rahmenbedingungen für die Rolle des Hochschulratsvorsitzes werden im wesentlichen durch die Landeshochschulgesetze und durch Festlegungen in den jeweiligen Grund- oder Geschäftsordnungen bestimmt. Müllers (2014) Gesetzesanalyse und empirische Hinweise aus einer Umfrage zur Rollenwahrnehmung von Hochschulratsvorsitzenden (ders. 2014a) verdeutlichen, welche großen Gestaltungsspielräume für hochschulspezifische Regelungen und die individuelle Praxis bestehen. Man könne sogar konstatieren, dass das Wesentliche der Arbeit eines Hochschulratsvorsitzenden nicht gesetzlich geregelt wird (Müller 2014: 4).

Der entscheidende Erfolgsfaktor für Hochschulratsvorsitzende sei, eine vertrauensvoll vermittelnde Funktion zu den verschiedenen hochschulischen Akteuren wahrzunehmen. Wie die Arbeit tatsächlich ausgefüllt wird, hänge sehr stark von Interessen und Führungsstil der Amtsinhaber ab – was nicht gerade untypisch für Funktionen dieser Art sei. (Weder 2014: 8)

Beiräte

Parallel zu der Etablierung von Hochschulräten zog eine Welle von Beiratsgründungen durch die Hochschulen der Republik. Es gibt heute nur wenige Struktureinheiten, die nicht als potenziell beiratsbedürftig, sprich beratungsbedürftig gelten:

- Institute, wissenschaftliche Zentren, Studiengänge, Forschungsverbünde, Graduiertenkollegs, einzelne Forschungsprojekte oder institutionelle Reformvorhaben – zwar hat nicht etwa jedes Institut oder jedes Forschungsprojekt einen Beirat, aber es gibt für all dieses zahlreiche Beispiele.
- Hinzu treten außerhalb der Hochschulen angesiedelte, doch auch aus diesen heraus personell zu besetzende Beiräte von außeruniversitären Forschungsinstituten, Förderprogrammen, Studienförderwerken, Fachzeitschriften usw.
- Diese wiederum werden ergänzt durch Wissenschaftliche Beiräte nichtwissenschaftlicher Struktureinheiten, etwa Bundesministerien, NGOs oder poli-

tischen Stiftungen, die gleichfalls wesentlich aus den Hochschulen zu besetzen sind.

- Nicht zu vergessen sind schließlich temporäre Expertengremien wie Hoch-
schulstrukturkommissionen, Förderprogrammjurys usw.

All diese zu besetzen und arbeitend auszufüllen, aber auch ihre Tätigkeit zu organisieren und ihre Ergebnisse zu verarbeiten, ist mittlerweile eine kostenin-
tensive Funktion des Hochschulsystems insgesamt geworden.

Übersicht 17: Beirätetypologie

Gremientyp Beratene Einheit	dominant wissenschaftsintern	dominant wissenschaftsextern
Permanent		
Hochschule		QM-Beirat
Universitätsklinikum	QM-Beirat	
Hochschulinstitut/-zentrum	Wissenschaftlicher Beirat	Praxisbeirat
Studiengang	Wissenschaftlicher Beirat	Praxisbeirat
Außeruniversitäres Institut	Wissenschaftlicher Beirat	Kuratorium
Zeitschrift	Hrsg.-Kollegium, Wissenschaftlicher Beirat	
Temporär		
Förderprogramm	Auswahlgremium, ggf. zugleich Wissensch. Beirat	
Forschungsprojekt	Wissenschaftlicher Beirat	Stakeholder-Gremium
Forschungsverbund	Wissenschaftlicher Beirat	
Preisjury	Auswahlgremium	
Hochschulentwicklungs- projekt	Fachbeirat	Stakeholder-Gremium
Permanent oder temporär		
Ministerium, Stiftung, Verband u.ä.	Wissenschaftlicher Beirat	Stakeholder-Gremium

Generell wird Beratung die Funktion zugeschrieben, zur Veränderung kognitiver
Schemata auf seiten der Beratenen zu führen und damit deren Fähigkeit zur
Problemlösung zu verbessern (Weingart/Lentsch 2008: 23). Inhaltlich wird den
Beiräten zugeschrieben, zu Qualitätssteigerungen in der beratenen Einrichtung
beizutragen, indem sie kompetent Entwicklungen einordnen, auf dieser Basis
die Richtungen strategischer Weichenstellungen beeinflussen und, wo nötig, an
Problemlösungen mitwirken.

Wo die Beratenen selbst Wissenschaftler.innen sind, handelt es sich bei der
Ausweitung der Strukturen um eine Explosion von Metakommunikation – Wissenschaft berät Wissenschaft wissenschaftlich. In dieser Selbstberatung der
Wissenschaft wird die Form der Peer Review aufgenommen – die Beratenden
sind Peers, denen Beratene gegenüber stehen, wobei in anderer Konstellation
jederzeit die Rollen vertauscht sein können – und damit verbunden, dass durch
die Beiratssituation als Kommunikation unter Anwesenden der Norm der Kolle-
gialität besondere Geltung verschafft wird.

Ungeprüft ist bislang das Verhältnis von Erwartungen und deren Einlösung. Daher ist auch unbekannt, in welchem Maße Beiräte inhaltliche Entwicklungen beeinflussen und inwieweit solche Beeinflussungen ggf. positive Wirkungen ent-

falten. Aufschlussreich dagegen wäre es, die Leistungsergebnisse einer Einrichtung zum Zeitpunkt vor der Bildung ihres Beirats und zu einem Zeitpunkt nach angemessener Tätigkeitszeit des Beirats zu vergleichen. Auch wenn das im Falle einer positiven Entwicklung keine Kausalzurechnung von Erfolg und Beiratstätigkeit zuließe, könnte im Falle gleichgebliebenen Leistungsniveaus doch immerhin festgestellt werden, dass die Beiratstätigkeit ohne positive Wirkung geblieben ist (alternative Option: immerhin einen Leistungsabfall verhindert habe).

Die diesbezüglich bislang bestehende Unkenntnis ist angesichts der Kosten, die die Beiräte verursachen, einerseits unbefriedigend. Immerhin fallen explizite Kosten an – insbesondere Reiseaufwendungen –, vor allem aber implizite Kosten in Gestalt von Zeitbrauch bei Beiratsmitgliedern und Angehörigen der beratenen Struktureinheiten. Diese Opportunitätskosten sind zeitliche Ressourcen, die dann nicht für alternative – zumeist wissenschaftliche – Zwecke eingesetzt werden können. Die bislang bestehende Unkenntnis hinsichtlich der Trias aus Expansion der Beiräte, ungewisser Zielerreichung und Kosten wird man als in hohem Maße unbefriedigend kennzeichnen dürfen. Immerhin möglich erscheint dabei durchaus auch, dass die Steigerung des wissenschaftlichen Outputs einer beiratsunterstützten Einheit die Reduzierung des wissenschaftlichen Outputs der Beiratsmitglieder, die durch die zeitlichen Kosten der Beiratstätigkeit entsteht, überwiegt. Es kann jedenfalls nicht ausgeschlossen werden, dass Beiräte die Entwicklungen der beratenen Einheit positiv beeinflussen, d.h. Qualitätssteigerungen im Bereich der Forschung oder der Lehre erzeugen:

▨   In diesem Falle ließen sich Wirkungen entweder auf beratende Aktivitäten des Beirats zurückführen, die im Einklang mit der formalisierten Selbstbeschreibung stehen. Das heißt, es lässt sich eine erfolgreiche Verknüpfung von Intention, Handlung und Ergebnis feststellen. Ein Beispiel wäre etwa die Wahrnehmung einer Frühwarnfunktion durch den Beirat, der die beratene Einrichtung mit hinreichender Sensitivität im Hinblick auf kommende Entwicklungen versieht und mit entsprechendem Agendasetting bei Themen, Methoden, Theorien oder Moden stützt.

▨   Oder Wirkungen ließen sich auf Aktivitäten des Beirats zurückführen, die jenseits des formal definierten Aufgabenbereichs initiiert oder vollzogen werden. Ein Beispiel einer solchen Zielverschiebung wäre etwa die erfolgreiche Befassung mit Organisationsfragen oder der Öffnung für Fragen gesellschaftlicher Relevanz. Dies kann etwa das Ergebnis mangelnder Ressourcen für die wissenschaftliche Beratung oder der Konfliktvermeidung sein (fehlende Vorbereitungszeit, fehlender wissenschaftlicher Konsens) oder sich der Dringlichkeit bestimmter Herausforderungen verdanken (organisationelle Krisen, bspw. gefährdete Finanzierung).

Andererseits gibt es eine zentrale Funktion von Beiräten, die auch unabhängig von konkreten Beratungswirkungen oder -nichtwirkungen in den wissenschaftlichen Leistungsprozessen erfüllt wird: Allein, dass ein beratender Beirat existiert, ist bereits legitimitätsspendend. Der Rat verpflichtet nicht zwingend zur Tat, aber was man tut, lässt sich überzeugender vertreten, wenn es als Resultat des Klugberatenseins darstellbar ist. Indem Beiräte zumindest als Bestandteil eines geschickten institutionellen Fassadenmanagements funktionieren, bedienen sie Rationalitätserwartungen der innerhochschulischen und politischen Umwelt und statten so die mit dem Beirat versehene Einrichtung mit Legitimität aus.

Es mag also sein, dass Beiräte zwar nicht die Entwicklungen der beratenen Einheit durch unmittelbar qualitätssteigernde Wirkungen in Forschung oder Lehre beeinflussen, dass sie aber mit ihrer fachlichen Autorität andere Funktionen erfüllen:

■ So könnten Beiräte wissenschaftspolitisch motivierte Maßnahmen (etwa das Aufsetzen von Förderprogrammen) mit wissenschaftlichen Inhalten versorgen. Wissenschaftlichen Beiräten käme hier die Funktion zu, für eine – symbolische oder reale – Wiedereinbettung wissenschaftsexterner Entscheidungen in die Wissenschaft zu sorgen. Getragen werden dann diese zusammenhängenden Entwicklungen – Wachstum wissenschaftsexterner Eingriffe und wissenschaftlicher Beiräte – von der Hoffnung, die zunehmende Komplexität und Legitimationsbedürftigkeit funktional differenzierter Systeme real oder symbolisch einfangen zu können, ohne die Leistungsfähigkeit der Systeme zu gefährden.

■ Auch könnten Beiräte Instrumente sein, um externe Eingriffe zu minimieren und die Entkopplung von Formal- und Aktivitätsstruktur abzusichern, indem sie der Erzeugung von formaler Vergleichbarkeit dienen. Dann wären wissenschaftliche Beiräte Ausdruck eines Organisationswandels, der mit dem Verlust des Institutionen- zugunsten des Organisationsstatus einhergeht.

Die Zuschreibungen, denen Beiräte unterliegen, werden isomorph wirksam: Die zunehmende Verbreitung von Beiräten ergibt sich wesentlich daraus, dass sie als erfolgreiches QE-Instrument *gelten*. Für die Gleichförmigkeit der Nutzung solcher Instrumente werden drei Gründe vermutet: Zwang, Unsicherheitsabsorbierung und veränderte professionelle Normen (DiMaggio/Powell 1983, Krücken/Röbken 2009). Gerade die Bearbeitung von Unsicherheit legt es nahe, dass es sich bei der Einrichtung von Beiräten um präventive Krisenkommunikation handelt, die je nach beratener Einheit – Institut, Zeitschrift, Förderprogramm oder Forschungsprojekt – variieren und stark situationsgebunden sind (gefährdete Institute oder Studiengänge, massiv ausgestattete Programme etc.).

Doch während zu praktisch allen Instrumenten der Qualitätsentwicklung in der Wissenschaft Untersuchungen, Problematisierungen, Wirkungsanalysen und Optimierungsvorschläge vorliegen, stellen die Wissenschaftlichen Beiräte eine unaufgeklärte Blackbox dar. Es dominieren zwar die Annahmen, dass solche Beiräte zum einen funktionieren und zum anderen nützlich sind, doch sind diese Annahmen nicht empirisch durch Wirkungsanalysen substantiiert.

Beauftragtenwesen

Beauftragte für spezielle Anliegen haben eine gewisse Tradition an den Hochschulen. Frauen- bzw. Gleichstellungsbeauftragte, Ausländer- oder Behindertenbeauftragte sichern seit langem spezifische Mitbestimmungsansprüche und Beratungserfordernisse ab (und heißen heute z.T. Inklusions- bzw. Diversity-Beauftragte). Mit den Hochschulreformen der letzten zwanzig Jahre ließ sich jedoch ein erheblicher Ausbau des Beauftragtenwesens beobachten:

- Es kam zur Bildung verschiedenster Arbeitsgruppen und Benennung zahlreicher spezifischer Verantwortlicher (vgl. Gehmlich 2004: 3–8). Dies kann als organisationale Reaktion auf die neuen Anforderungen interpretiert werden – erkennbar etwa an der Ernennung von Modul-, Akkreditierungs-, ECTS- oder Qualitätsbeauftragten.
- Gründungsbeauftragte, Nachhaltigkeits- oder Internationalisierungsbeauftragte dienen der hochschulischen Profilschärfung.
- Daneben ist diese Entwicklung eine Reaktion der Hochschulen auf gewandelte gesellschaftliche Ansprüche an sie – denen etwa durch die Berufung von Ombudsleuten für Fragen wissenschaftlichen Fehlverhaltens Rechnung getragen wird.
- Auf Fachbereichs- und Institutsebene fungieren Wissenschaftler.innen als Alumni-, Erasmus- oder Bibliotheksbeauftragte.

Ferner lässt sich die Ausdifferenzierung des Beauftragtenwesens als Reaktion auf Erwartungen interpretieren, die an Hochschulen adressiert werden und über die Kernaufgaben Lehre und Forschung hinausgehen (z.B. Beauftragte für diverse Aspekte der Hochschule-Umwelt-Beziehungen, etwa Stadtjubiläen des Sitzortes, oder Flüchtlingsbeauftrage). Einer unserer befragten Hochschullehrenden kommentiert das Beauftragtenwesen an Hochschulen so:

„Ich würde es mal mit einem Wort … beschreiben: das sind für mich alles Simulakren. Das heißt, das sind Welten, die keinen Realitätsbezug haben, und wir erschaffen die uns, weil wir glauben, wir hätten den Realitätsbezug nicht, sondern wir bräuchten ihn, schaffen ihn dadurch aber auch nicht, aber wir tun so, als würden wir ihn schaffen. Wir signalisieren ihn, ohne wirklich zu wissen, ob wir ihn haben. Das sind Beauftragte." (HSL6)

Diese neuen Aufgabenfelder sind neben den herkömmlichen Selbstverwaltungsfunktionen zu besetzen. Damit kann eine starke Ausdehnung organisationsstützender Tätigkeiten einhergehen. Teilweise entspringt dies einer (noch) fehlenden organisationalen Verankerung neuer Anforderungen an den Hochschulen. Wird beispielsweise das Qualitätsmanagement einer Hochschule als Beauftragtentätigkeit im Nebenamt betreut, dann könnte fraglich bleiben, wie Qualität entstehen kann, wenn das Management, das die Bedingungen der Qualitätserzeugung gestalten soll, bereits unter seinen eigenen Umsetzungsbedingungen – Nebenamtlichkeit, Zeitkonkurrenzen – leidet (HVW6).

Um die Veränderungen im Beauftragtenwesen angemessen bewerten zu können, ist es nötig, sie einzelfallsensibel zu betrachten. Es stellt sich zum Beispiel die Frage, ob solche Aufgaben verstärkt durch Hochschulprofessionelle übernommen werden können, um dadurch die wissenschaftliche Arbeitsebene zu entlasten.

4.2. Die Hochschulprofessionellen

Mit der Zunahme hochschulischer Autonomie und den veränderten Governancemechanismen sind die Qualifikationsanforderungen an die Hochschulverwaltungen stark gestiegen. Auch die Berührungspunkte von Verwaltung und Wissenschaft haben zugenommen. Damit einher geht eine Veränderung des Verhältnisses zwischen den akademischen und den administrativen Rollen. Verwaltungsmitarbeiter.innen sollen wissenschaftsorientierter arbeiten, und Wissenschaftler.innen müssen sich vermehrt mit administrativen Tätigkeiten beschäftigen. Es entstehen einander überlappende Verantwortlichkeiten und diffuse Autoritätsbeziehungen, die Anlass für Konflikte sein können. (Pellert 1999: 223; Nickel 2012: 288)

Die Schnittstellen von Wissenschaft und Verwaltung nehmen offenbar in dem Maße zu, wie die Neukonzipierung von Hochschulen als organisationale Akteure – also als zielgebunden handelnd und in der Lage, ihre Mitglieder auf die Zielverfolgung verpflichten zu können – weiter voranschreitet. Während die ‚new professionals' im Hochschulmanagement dabei ihre Schnittstellenposition in der Regel als Chance und Aufwertung ihrer Tätigkeit wahrnähmen, bewerten die ‚manager-academics' die Zunahme an Organisationstätigkeiten in der Regel als Belastung, welche sie von ihren eigentlichen Aufgaben in Forschung und Lehre abhalte. Diese Veränderung der Arbeitssituation berge ein erhebliches Potenzial für Fehlentwicklungen. So könne der Trend zur Zunahme von Managementtätigkeiten auf allen Ebenen leicht in einer Überbürokratisierung enden. (Nickel 2012: 287f.)

Nun sollten die als nötig erachteten Veränderungen nicht allein davon abhängen, welche Transformationsgeschwindigkeiten die traditionelle Verwaltung auszubilden vermag, und insbesondere einige der neuen Tätigkeitsfelder sollten möglichst schnell erschlossen werden. Deshalb wurden und werden neue Schnittstelleneinheiten zwischen Verwaltung und akademischem Bereich geschaffen. Sie bilden im engeren Sinne das, was Hochschulmanagement genannt wird.[6] Sogenannte Hochschulprofessionelle sind die Rollenträger in diesen neuen Supportstrukturen.[7]

---

[6] vgl. oben 4.1.1. Die Hochschulverwaltung und das Hochschulmanagement

[7] Deren Benennung differiert: In der angelsächsischen Literatur wird von „new professionals" gesprochen. Das hat wohl den Begriff „Hochschulprofessionelle" inspiriert, die „Hochschulprofessionen" ausüben: ein „Sammelbegriff für alle hochqualifizierten Personen …, die weder Wissenschaftler sind oder leitende Hochschulmanager noch Routine-Verwalter". Das seien z.B. Studiengangsmanager, Qualitätsmanager oder Fakultätsmanager. (Kloke 2014: 76ff.) Frank Nullmeier (2001: 363–368) merkte an, dass in der hochschulpolitischen Debatte der Begriff Professionalisierung weit gefasst sei. Er reiche von Qualifizierung und Weiterbildung von Dekanen und Rektoren, die hauptamtliche Ausübung von Leitungsämtern bis zur Ausbildung der Berufsgruppe der Hochschulmanager.innen. Dies erweitere den soziologischen Professionalisierungsbegriff. Die Rollenträger selbst nennen sich vorzugsweise „Wissenschaftsmanager" und haben sich dementsprechend in einem Netzwerk Wissenschaftsmanagement (das auch vergleichbare Funktionsträger.innen in der außeruniversitären Forschung umfasst) zusammengeschlossen (vgl. https://www.netzwerk-wissenschaftsmanagement.de/).

4.2.1. Rollencharakteristika und Aufgaben

In einer neo-institutionalistischen Perspektive, so Krücken/Wild (2010: 59f.), müsse man die Support-Funktionen als Teil der organisationalen Formalstruktur verstehen, mit der sich die Hochschulen vor allem gegenüber ihren Umwelten legitimieren. Die Integration der neu eingeführten Supportfunktionen in den Arbeitsalltag der Wissenschaftler.innen entscheide darüber, ob diese von den Lehrenden als *entkoppelte* Formalstrukturen der Organisation wahrgenommen werden oder ob ihre Anbindung an die interne Aktivitätsstruktur gelingt. In einer anderen Perspektive wird vermerkt, dass die Zwitterstellung zwischen wissenschaftlicher Leistungsebene und Verwaltung die Inhaber.innen dieser neuen Rollen zu Vermittlern zwischen Formalstruktur und Aktivitätsstruktur der Hochschulen werden lasse (Kloke/Krücken 2012; Krücken/Wild 2010).

Statt bürokratisch zu administrieren, sollen die „new professionals" nun unterstützende Kooperationspartner und aktive Mitgestalter – also Dienstleister – für Lehrende und Forschende sein. Dies erfordert sowohl administrative als auch wissenschaftliche Qualifikationen. Allerdings müssen sich auch Professor.innen oder sonstige Wissenschaftler im Zuge der Veränderungen im erheblichen Umfang mit Organisations- und Finanzierungsfragen auseinandersetzen (etwa im Rahmen der akademischen Selbstverwaltung). Daher ist hier eine zweite Entwicklung zu verzeichnen: die zunehmende administrative Professionalisierung der Wissenschaftler.innen hin zu „manager-academics". (Vgl. Nickel 2012: 287)

Diese parallelen Entwicklungen lassen Kloke zweierlei unterscheiden: den Ausbau des administrativen Hochschulmanagements und den Ausbau des akademischen Hochschulmanagements (Übersicht 18). Während Positionen im akademischen Management zumeist nur temporär eingenommen würden und ihre Inhaber dann in Forschung und Lehre zurückkehrten, eröffneten die Positionen im administrativen Hochschulmanagement eine Verwaltungskarriere, die auf dauerhaftem Verbleib beruht. Wesentliches Merkmal der Beschäftigten im administrativen Hochschulmanagement sei, dass sie im Regelfall ausschließlich Verwaltungstätigkeiten nachgehen und nicht wissenschaftlich arbeiten. (Kloke 2014: 73f.) Erkennbar werde in diesem Kontext eine Veränderung der Stellen-

Übersicht 18: Administratives und Akademisches Hochschulmanagement

Position	Administratives Hochschulmanagement	Akademisches Hochschulmanagement
Top-Management	Kanzlerinnen, hauptamtliche Vizepräsidenten, Leitung von Zentralen Einrichtungen (IT, Bibliotheken)	Rektorinnen, Präsidenten, Prorektor.innen
Mittleres Management	Referats-, Dezernats- und Abteilungsleitungen in der traditionellen Hochschulverwaltung sowie Leitung neuer Funktionalbereiche (Hochschulprofessionelle)	Dekane, Leitung von Graduate Schools, Studienprogrammleitung
Einstiegspositionen	Mitarbeit in der traditionellen Hochschulverwaltung sowie in neuen Funktionalbereichen	Management von Graduate Schools oder Forschungsverbünden

Quellen: Kloke (2014: 74) und Nickel/Ziegele (2010: 12) zzgl. eigener Ergänzungen

struktur innerhalb der Verwaltung, wo Stellen im gehobenen und höheren Dienst zunähmen (Nickel 2012: 287).[8]

Hochschulprofessionelle übernehmen im administrativen Hochschulmanagement Schnittstellenfunktionen zwischen Verwaltung und Wissenschaft und überbrücken die verschiedenen Handlungsmodi von Hochschuladministration (bürokratisch) und Wissenschaftler.innen (professionell). Sie nehmen Einfluss auf hochschulische Kernprozesse, indem sie anspruchsvolle dienstleistende und wenig standardisierte und routinisierbare Aufgaben bearbeiten oder Entscheidungen vorbereiten. (Vgl. Nöbauer 2012; Schneijderberg/Teichler 2013: 402ff.)

Die Aufgabenbereiche der Hochschulprofessionellen umfassten dabei Recherchen, Konzeptausarbeitungen, Projektierungen und laufende professionelle Dienstleistungen sowie Vor- und Nachbereitungen von Entscheidungen der Hochschulleitung. Voraussetzung für die Bewältigung der Anforderungen an Hochschulprofessionelle sei eine hohe Affinität zum Wissenschafts- und Bildungsbereich. Um Management- und Dienstleistungsfunktionen verknüpfen zu können, müssten sie Experten des Hochschulsystems sein. (Klumpp/Teichler 2008: 170)

Kottmann und Enders (2013: 367) halten fest, dass Hochschulprofessionelle Aufgaben wahrnähmen, die entweder auch in der Vergangenheit nicht zum Aufgabenportfolio von Wissenschaftler.innen gehört haben oder aber im Zuge der Reformen neu entstanden sind. So vollzögen Hochschulprofessionelle Managementaufgaben im Bereich Studium und Lehre, die sich hinsichtlich ihres Ausmaßes und Charakters verändert haben und Schnittstellen zwischen zentralen Akteuren und dezentralen Einheiten nötig machen.[9] Hintergrund sei, dass der Aufwand für Studiengangsplanungen, Kontakt und Koordination mit Akkreditierungsagenturen, für Beratungen oder Lehrplanung innerhalb der verkürzten Regelstudienzeiten, für Prüfungsverwaltung usw. durch die Bologna-Reform gestiegen sind. Außerdem sei eine „Professionalisierung" im Bereich der Aufgaben, die bisher unter „Sonstiges" deklariert worden waren, festzustellen (Moes/Stender 2010).

Die Entwicklung neuer Aufgabenbereiche lege sich „wie eine Klammer um die zentralen Arbeitsbereiche der Wissenschaftler(innen)". Sie veränderten zwar nicht deren Aufgabengebiete an sich, aber den Charakter ihrer Tätigkeit. Hochschulprofessionelle nähmen indirekt Einfluss auf Lehrprozesse, indem sie auf die Form der Inhaltsvermittlung, etwa über die Lehrevaluation oder verpflichtende didaktische Qualifizierungen Lehrender, einwirken. Kennziffern wie Absolventen- oder Studienabbrecherzahlen und Bewertungen Studierender von

---

[8] Banscherus et al. (2017: 95) zeigen, dass der höhere Dienst in der Stellenprofilgruppe des Wissenschaftsmanagements und der Hochschulprofessionen um ein vielfaches stärker vertreten ist, als es der höhere Dienst bei den Verwaltungsbeschäftigten ist.

[9] Ein Beispiel für eine Schnittstelle zwischen Verwaltung und Wissenschaft sowie zentraler und dezentraler Ebene sind die vielerorts neu geschaffenen Positionen der Fachbereichs- bzw. Fakultätsgeschäftsführer. Das Aufgabenprofil dieser Funktionen ist breit und reicht von Gremienarbeitsunterstützung über Finanz- und Studiengangsmanagement bis hin zu Öffentlichkeitsarbeit. Im Zuge der Studiengangsumstellung auf das Bachelor/Mastersystem waren sie damit betraut, die Arbeit von Profil- und Modularbeitsgruppen zu koordinieren und ggf. divergierende Interessen auszugleichen (Gehmlich 2004: 4f.).

Lehrveranstaltungen seien Größen, mit denen Hochschulprofessionelle die Leistung von Lehrprozessen mess- und kontrollierbar machen können. (Kottmann/Enders 2013: 367)

Die neuen Hochschulprofessionellen fänden sich dabei nicht nur in neuen, sondern auch in altbekannten Aufgabenbereichen wieder (Kloke 2014: 77):

- in Tätigkeitsbereichen der traditionellen Hochschulverwaltung, die einen deutlichen Wandel hinsichtlich der Qualifikationsanforderungen erfahren haben (z.B. Prüfungsverwaltung);
- in bisher kaum ausdifferenzierten Bereichen, die zunehmend professioneller Ansprüche und Kompetenzen bedürfen (z.B. Studienberatung, Organisation der Weiterbildung, hochschuldidaktische Qualifizierung);
- bei bisherigen Nebenaufgaben, die sich zu neuen Berufsrollen entwickeln (Fakultätsmanagement, Studiengangsentwicklung und -planung, Forschungsmanagement und internationale Beziehungen);
- hinzu treten gänzlich neue Aufgabenbereiche: Fundraising, Technologietransfer, Digitalisierung, Third Mission, Qualitätsmanagement, Akkreditierung, Koordination der Evaluation, Career Services.

Im Statussystem der Hochschulen existieren für Hochschulprofessionelle noch keine eindeutigen Platzierungen. Sie würden sich nahezu gleichmäßig auf die Statusgruppe der wissenschaftlichen Mitarbeiter.innen und die der technisch-administrativen Mitarbeiter.innen verteilen. Während erstere in der Regel über eine höhere wissenschaftliche Qualifikation verfügten, befänden sich unter den technisch-administrativen Mitarbeiter.innen eher Personen mit einem Bachelor- oder Fachhochschulabschluss. Drei Viertel der Hochschulprofessionellen seien in Vollzeit beschäftigt, darunter häufiger das technisch-administrative Personal. Die Teilzeitbeschäftigten gingen vergleichsweise häufiger einer zusätzlichen Tätigkeit an der eigenen Hochschule nach (z.B. Lehrauftrag). (Merkator/Schneijderberg/Teichler 2013: 94ff.)

Nach Selbsteinschätzung befragter Hochschulprofessioneller sehen

- 23 Prozent ihre Primärfunktion im Rahmen von Studienberatung und -service sowie im Prüfungswesen und
- 19 Prozent im Management bzw. Geschäftsführung und der klassischen Verwaltung.
- 11 Prozent seien mit in diesen Hinsichten nicht klar abgrenzbaren Tätigkeiten beschäftigt und
- 7 Prozent ordneten ihre Tätigkeit der Lehre zu.

Zu den weiteren Primärfunktionen wird eine Vielzahl an Tätigkeiten aufgelistet, zu denen beispielsweise die Qualitätssicherung und -entwicklung, Internationales, E-Learning und Öffentlichkeitsarbeit zählen. (Ebd.: 101)

Als Ressourcen Hochschulprofessioneller, um bei Wissenschaftler.innen Akzeptanz und das Anwenden neuer Standards zu erreichen, haben Kottmann/Enders (2013: 368) und Kloke (2014: 160) das Expertenwissen bzw. ihre wissenschaftliche Ausbildung und die Unterstützung durch die Hochschulleitung identifiziert. Ihr Agieren sei hierarchie- und weisungsgebunden. Direkte Konflikte zwischen

Hochschulprofessionellen und Wissenschaftler.innen konnten die Autoren nicht nachweisen. Deren Beziehung sei weniger durch Kontrolle als durch gestaltene Einflussnahme Hochschulprofessioneller auf das wissenschaftliche Pesonal geprägt.

Es kann davon ausgegangen werden, dass Hochschulleitungen durch Hochschulprofessionelle eine gewisse Kontroll- und Gestaltungsmacht über die Arbeit der Wissenschaftler.innen gewinnen. Werden sie als Unterstützung oder Eingriff in die Freiheit verstanden? Ein Blick auf die Wahrnehmung und Akzeptanz der neuen Rollen innerhalb der Organisation kann Aufschluss über das Verhältnis zwischen Wissenschaftlern und Hochschulprofessionellen geben.

4.2.2. *Innerorganisationale Selbst- und Fremdwahrnehmung*

Mitarbeiter.innen in den neuen Tätigkeitsrollen befinden sich in einem permanenten Prozess von Veränderungen und Aushandlungen (Nöbauer 2012). Daraus können sich entweder die angestrebten Entlastungswirkungen für die Lehrenden oder aber neue Belastungen für diese ergeben. Letzteres kann dann zu Konflikten und Widerständen führen. Diese sind insofern wenig überraschend, als jede (Organisations-)Reform zwar bestimmte anstehende Probleme löst, gleichzeitig aber auch neue schafft, ohne dass man diese von vornherein kennt (Pellert 1999: 10). So wohnt etwa Qualitätssicherungsmaßnahmen prinzipiell ein gründlicher Dokumentationsaspekt inne, was die mindestens latente Gefahr erzeugt, dass diese Maßnahmen in eine Qualitätsbürokratie ausarten. Potenziale für Fehlentwicklungen bergen sowohl Veränderungen der Arbeitssituation als auch die unkritische Beibehaltung herkömmlicher Arbeitssituationen.[10]

Ada Pellert (1999: 170) wies darauf hin, dass Expertenorganisationen einerseits traditionell von der Verwaltung zusammengehalten werden, was aber nicht durchgehend Anerkennung erzeuge. Denn andererseits repräsentiert die Verwaltung für die Experten auch „die Einschränkungen durch die Gesamtorganisation" und wird daher „als ständige Quelle der Störung der fachlichen Arbeit erlebt". Ähnliches lässt sich nun zum Teil auch bei der hochschulinternen Wahrnehmung der Hochschulprofessionellen beobachten.

Banscherus et al. (2017: 125) machen darauf aufmerksam, dass von Hochschulprofessionellen, ihrer eigenen Wahrnehmung zufolge, erwartet wird, Veränderungsprozesse in den Hochschulen anzustoßen und zu begleiten. Letztere werden seitens der Wissenschaftler.innen häufig als störend für ihre inhaltliche Arbeit wahrgenommen. Entsprechend begrenzt ist die Akzeptanz für die Neuerungen. Doch sind Hochschulprofessionelle in besonderer Weise auf Akzeptanz angewiesen. Da weder in den Gremien der akademischen Selbstverwaltung noch der Verwaltungshierarchie eigenständig verankert, sondern häufig in Stabstellen organisiert, haben sie gegenüber sowohl der Verwaltung als auch den

---

[10] Dabei konstatieren Mitarbeiter.innen des Hochschulmanagements in den letzten Jahren ebenfalls steigende Dokumentations- und Berichtspflichten in ihrer Arbeit, hervorgerufen durch eine höhere Regulierungsdichte und -vielfalt, bspw. strengere Auflagen beim Datenschutz (Banscherus et al. 2017: 126).

Wissenschaftler.innen keine Weisungsbefugnis. Um Änderungsprozesse anzustoßen, müssen daher Lösungen mit der Kraft des besseren Arguments, des überzeugenden Vorschlags, häufig auch abseits des Dienstweges bzw. formeller Regelungen durchgesetzt werden.

Erschwerend wird wirksam, dass die Stabstellen von seiten der Wissenschaftler.innen und Verwaltung als Konkurrenten bei der Ressourcenverteilung angesehen werden. Die Verwaltung befürchtet den Abbau von Stellen zugunsten neuer Stäbe. Wissenschaftler.innen sehen die Gelder besser in Forschung investiert – häufig unabhängig davon bzw. in Unkenntnis darüber, aus welchen (Programm-)Töpfen entsprechende Stellen tatsächlich finanziert werden und ob diese Gelder überhaupt für Wissenschaft hätten ausgegeben werden können.

Christian Schneijderberg und Ulrich Teichler sind in einer ihrer Untersuchungen zu den neuen Tätigkeitsrollen auch der Frage nachgegangen, ob und in welchem Maße Professor.innen eine Be- bzw. Entlastung durch die Tätigkeit der Hochschulprofessionellen wahrnehmen und wie das die Hochschulprofessionellen selbst beurteilen. Ihre Ergebnisse:

- Ein Drittel der befragten Professor.innen an den untersuchten elf Universitäten gab an, dass sie sich durch die Tätigkeit von Hochschulprofessionellen von Sekundäraufgaben entlastet fühlten.

- 59 Prozent der Professor.innen sind der Meinung, dass durch die Tätigkeiten der Hochschulprofessionellen für sie neue Pflichten entstünden. Dies liege allerdings nicht an den Professionellen selbst, sondern daran, dass sie Teil eines Systems seien, in dem Management- und Evaluationsaufgaben sowie ergänzende Aufgaben zunehmen

- Über die Hälfte der Hochschulprofessionellen gab an, die Professor.innen von Sekundäraufgaben zu entlasten und ihnen damit mehr Raum für deren Lehre und Forschung zu eröffnen.

- Hinsichtlich der Wirkungen ihren Handlungen sind die Hochschulprofessionellen überwiegend davon überzeugt, positiv auf Effektivität, Einfachheit und Transparenz der Arbeitsabläufe zu wirken. Professor.innen sehen hier weder positive noch negative Wirkungen (Schneijderberg/Teichler 2013: 393f.).

In diesen Ergebnissen ist weniger überraschend, dass die Hochschulprofessionellen ihre Tätigkeit und deren Wirkungen tendenziell positiver sehen, als dies die Hochschullehrer.innen tun, die sie entlasten sollen. Bedeutsam ist vielmehr, dass ein Drittel der befragten Professor.innen Entlastungswirkungen sieht, während fast zwei Drittel Belastungen durch neue Aufgaben angeben.

In unserer „Qualitätspakt Lehre"-Befragung[11] hatten wir deshalb die QPL-Mitarbeiter und Projektleiterinnen nach ihren Einschätzungen und Erfahrungen gefragt, inwiefern Lehrende die neuen Funktions- bzw. Personalgruppen an Hochschulen akzeptieren:

---

[11] vgl. oben 1.2. Untersuchungsablauf und unten 6.3.3. Prägung organisatorischer Kontexte durch den Qualitätspakt Lehre

- Die große Mehrheit der befragten QPL-Mitarbeiter.innen schätzt die Akzeptanz unter den Lehrenden als mindestens teilweise gegeben ein (75 %) – fast ein Drittel der Befragten (32 %) als hoch bis sehr hoch.
- Eine eher skeptische bis ablehnende Haltung Lehrender gegenüber den neuen Funktionen bzw. Personalgruppen geben 11,5 Prozent der befragten QPL-Mitarbeiter.innen an.

Die Ergebnisse bestätigen das tendenziell positive Selbstbild der Hochschulprofessionellen, wie es von Schneijderberg/Teichler (2013) ermittelt worden war – wobei zu berücksichtigen ist, dass die von uns Befragten nicht die gesamte Gruppe der Hochschulprofessionellen, sondern speziell lehrunterstützende Akteure umfassen. Die Akzeptanz von Hochschulprofessionellen seitens der Hochschullehrenden wird der Erfahrung der von uns Befragten nach von organisatorischen, personenbezogenen und institutionellen Parametern geprägt:

■ Zu den wichtigsten Einflussgrößen der Akzeptanz Hochschulprofessioneller zählen demnach Transparenz und Zeit. Zunächst bedürfe es einer Transparenz über Aufgaben und Funktionen der Hochschulprofessionellen. Nötig sei, den Bekanntheitsgrad der offerierten Unterstützungsleistungen und ihrer intendierten Wirkung – Entlastung der Lehrenden – zu erhöhen. Dies lasse sich nicht ad hoc organisieren, sondern müsse als Entwicklungsprozess aufgefasst werden. Dieser wiederum benötige Zeit, d.h. man müsse sich an der Hochschule diese nötige Zeit auch geben. Um die Lehrenden auf die Unterstützungsangebote der neuen Kollegen aufmerksam zu machen, benötige es einerseits transparenter, niedrigschwellig erfahrbarer Informationen über angebotene Leistungen. Andererseits seien Möglichkeiten der Vernetzung und des Austausches nötig. Ansonsten würden die Bemühungen dieser Mitarbeiter.innen nur wenige Lehrende erreichen.

> *„Zu Projektbeginn war die Akzeptanz niedrig bis sehr gering. Im Laufe der letzten vier Jahre hat sich dies geändert – die Akzeptanz ist deutlich gestiegen." (QPLBefr)* Ein Abbau des Widerstands sei nur durch Beziehungsarbeit möglich: *„Sobald Vertrauen in die neuen Personalgruppen entstanden ist und Lehrende merken, dass eine wertschätzende und unterstützenwollende Haltung vorhanden ist, wird der Boden kultiviert, auf dem eine Aufklärung auf Sachebene erfolgen kann." (QPLBefr)*

■ Die Akzeptanz hänge aber auch stark davon ab, was das eigene Rollenverständnis der Personen ist, welche Kompetenzen und Qualifikationen und welches Engagement sie einbringen (können). Da Hochschulprofessionelle häufig auf befristeten (Projekt-)Stellen beschäftigt sind (vgl. Banscherus et al. 2017: 102–107), werden die Ausprägung eben dieser Faktoren (eigenes Rollenverständnisses, Ausbau vorhandener Kompetenzen und Qualifikationen sowie ein auf langfristige Ziele ausgerichtetes Engagement) gehemmt. Viele dieser Mitarbeiter würden in ihrem Rollenverständnis zur ‚Academia' tendieren, da dies einerseits mehr Wertschätzung und Anerkennung als die Verortung auf der Verwaltungsebene verspreche und andererseits so verlässlichere Zukunftschancen erwartet würden. Ein in um eine Richtung tendierendes Rollenverständnis kann konfliktbehaftet sein, insbesondere wenn die Aufgabe der neuen Mitarbeiter.innen eben in der Vermittlung zwischen Verwaltungsebene und Wissenschaftlern liegt. (QPLBefr)

■ Die Akzeptanz sei zudem von einer spürbaren Entlastungswirkung auf Seiten der Lehrenden abhängig. Arbeiten die genannten Personalgruppen an den Bedürfnissen der wissenschaftlichen Leistungsebene vorbei, führt das zu einer eher skeptischen Haltung: *„Akzeptanz nur dann, wenn der Mehrwert klar ist und keine Mehrarbeit entsteht."* (QPLBefr)

■ Auch die institutionelle Angliederung der Funktionsstellen habe Auswirkungen auf die Akzeptanz. Wenn die neuen Mitarbeiter.innen den Eindruck erwecken, der „verlängerte Arm der Hochschulleitung" oder nur um eines politischen Willens eingerichtet worden zu sein – also keinen Bezug zu den regulären Strukturen und Abläufen haben –, gestalte es sich schwierig, Akzeptanz herzustellen. *„Die Akzeptanz ist dann groß, wenn die entsprechenden Personen sich unterstützend verhalten, als Service-Einrichtungen fungieren und kompetent als Dienstleister verhalten. Das ist aber leider nicht immer gegeben."* (QPLBefr)

■ Weiter würden Verteilungs- und/oder Neiddebatten die Akzeptanz der neuen Mitarbeiter.innen beeinflussen. Das betrifft etwa die Fälle, in denen Strukturen bzw. Funktionsstellen verstetigt werden (sollen). Es komme zu einer Konkurrenzsituation hinsichtlich der Mittelausstattung zwischen den hochschulischen Kernleistungsbereichen und den Hochschulprofessionellen – interpretiert als Vernachlässigung der Personalausstattung auf der Leistungsebene: *„Manche Lehrende sind der Auffassung, das Geld für die QPL-Projekte flösse besser in Professuren."* (QPLBefr)

■ Schließlich sei auch über die Fachrichtungen hinweg ein Akzeptanzgefälle gegenüber den neuen Mitarbeiter.innen erkennbar. Innerhalb der Sozialwissenschaften lasse sich schneller und eine größere Akzeptanz herstellen, als das bei den Naturwissenschaften der Fall sei.

Zwar verbindet sich mit den neuen Tätigkeitsrollen die Hoffnung auf Arbeitsentlastungen in den Bereichen, in denen seit Jahren eine Zunahme an Administration beobachtet wird (bspw. Akkreditierungen, Drittmittelbearbeitung, Lehrentwicklung), aber es überwiegen enttäuschte Erwartungen. Aus Sicht der interviewten Hochschullehrenden lasse die Schaffung neuer (Stab-)Stellen oftmals Sinn und Zweck vermissen bzw. seien diese nicht erkennbar. Für Hochschulleitungen würden die neuen Mitarbeiter in erster Linie eine begehrte Ressource darstellen. Teils würden diese für fachfremde Aufgaben eingesetzt, die gerade vorrangig zu erledigen seien, aber nicht unbedingt ihrem Stellen- oder Funktionsprofil entsprechen. So seien deren Aufgaben oftmals nicht transparent, was sich in Misstrauen gegenüber diesen Beschäftigten ausdrückt.

Jedenfalls werde der Verwaltungsapparat so künstlich aufgebläht, während Forschung und Lehre immer mehr Ressourcenzwängen unterlägen. Es stelle sich die Frage, ob das Motiv für die Etablierung Hochschulprofessioneller nicht eher darin begründet liegt, dass die Hochschulleitungsebene eine institutionelle Position bzw. Struktur brauche, um Entscheidungen oder Programme zu legitimieren. Denn die Verhältnismäßigkeit von Input und Output fehle oftmals: *„Man findet sich damit ab, dass es sowas dann gibt."* (HSL2)

Kritisiert wird insbesondere eine vermeintliche Loslösung Hochschulprofessioneller von der Praxis. Das führe dazu, dass diese eher ihre eigenen Interessen und Vorstellungen verfolgten. Einer effektiven Vermittlung sowie Schnittstellenarbeit zwischen Administration und Wissenschaft stehe dies entgegen. Zu beobachten sei, dass die Mitarbeiter.innen ihr Aufgabenspektrum über den je ursprünglichen Ansatz hinaus erweitern, wohl einer Art Selbsterhaltungstrieb folgend, um ihre Beschäftigungsbedingungen sowie weiterführende Beschäftigungsaussichten zu verbessern. Das führe zu einer inhaltlich nicht bedarfsgerechten Organisation dieser (Stab-)Stellen.

Der Kontakt zu den Mitarbeiter.innen der neu geschaffenen Stellen gehe über eine punktuelle Zusammenarbeit nicht hinaus, so die Befragten. Dennoch wird Hochschulprofessionellen eine höhere Sichtbarkeit zugeschrieben als der Hochschulverwaltung, wodurch der persönliche Kontakt vergleichsweise eher gegeben sei. Bezüglich dieser Einschätzung lassen sich keine Unterschiede zwischen den Hochschularten feststellen.

Eine entlastende Wirkung der Schnittstellenarbeit wird insbesondere dann gesehen, wenn die Mitarbeiter.innen spürbar engagiert und problemlösungsorientiert agieren. Doch auch, wenn Entlastungswirkungen wahrgenommen werden, wird angegeben, dass durch notwendige koordinative Absprachen neue Belastungselemente entstünden. Zu einer ähnlichen Einschätzung kommen befragte Verwaltungsmitarbeiter.innen über die Zusammenarbeit von wissenschaftlicher Leistungsebene und Hochschulprofessionellen:

> *„Das sind eben diese ganzen E13er, die aus der Wissenschaft kommen und sowieso nicht wissen, wie Verwaltung läuft, und irgendwelche komischen Dinge machen, die kein Mensch braucht: Thema Exzellenzinitiative, Benchmarkings, mit denen die Fakultäten dann konfrontiert werden, die sie machen müssen und einfach nur unangenehm sind." (HVW2)*

Die Anforderungen, die Hochschulprofessionelle im Rahmen ihrer Tätigkeiten an Wissenschaftler formulieren, werden von letzteren als mehraufwandsproduzierend empfunden. Es gebe eine Fülle an Anforderungen und Verpflichtungen vonseiten der neu geschaffenen Stellen. Zugleich seien Aktivitäten, Ergebnisse und Informationen bei den Lehrenden nur begrenzt bekannt bzw. würden kaum bekannt gemacht – es fehle an Transparenz. Insgesamt bleibe die Entlastungswirkung subjektiv gering. Kritisiert werden vor allem nicht bedarfsgerechte und zielgruppenorientierte thematische Aufbereitungen in Form unzähliger Papers, Broschüren und Handbüchern:

> *„Dann haben die [Hochschulprofessionellen] monate-, jahrelang Qualitätsmanagement gemacht, haben so Handbücher gemacht, die niemand liest. Also ich lese ja schon zehnseitige Blätter mit Qualitätssachen nicht, aber das waren ja richtige Handbücher." (HSL4)*

Die eigentliche Herausforderung ist wohl, die Hochschulprofessionellen als vermittelndes Element in den Hochschulalltag zu integrieren und dies entsprechend kommunizieren zu können. Bislang werden sie eher nicht als Schnittstelle zwischen wissenschaftlicher Leistungsebene und Verwaltung wahrgenommen, da sie die spezifischen Interessen der Hochschulleitung und des Hochschulmanagements verträten, die häufig nicht den Interessen der Lehrenden entsprächen. Teilweise wird gerade auch die Rolle der Hochschulprofessionellen als Vermittler alshinderlich empfunden, um in einen direkten und kollegialen Austausch etwa mit dem Rektorat treten zu können: *„Die vermitteln nicht zwischen uns. Die haben eigene Interessen, und die haben eigene Vorstellungen."* (HSL4)

Nach Einschätzung der befragten Wissenschaftler.innen bedürfe es eines weniger komplexen Systems von Hochschulprofessionellen. Kurze Dienstwege, bspw. der direkte Kontakt zum Dekan per eMail, Telefon oder face to face, werden als unaufwendiger eingeschätzt. Was beim Einsatz von Hochschulprofessionellen zunächst nach Einsparung von Koordinationskosten aussehe, verkehre sich schließlich ins Gegenteil – durch in der Folge verstärkte vertikale und horizontale Koordinierungsnotwendigkeiten. Es sei zwar zunächst zeitlich aufwendiger, die Dinge selbst zu erledigen, aber letztlich produktiver als über die Vermittlungsleistung Hochschulprofessioneller.

Übersicht 19: Der Zusammenhang von Transparenz und Effizienz der Hochschulprofessionellen

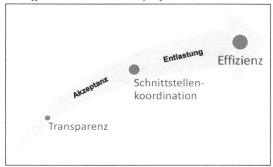

So betrachtet, wird es nachvollziehbarer, wenn aus Sicht vieler Wissenschaftler die neuen Hochschulprofessionellen als „Feinde der Wissenschaftler" erscheinen. Die Schaffung ihrer Stellen impliziert entweder eine finanzielle Kürzung in den Kernleistungsbereichen der Wissenschaft oder wird als eine solche auch dann wahrgenommen, wenn die Mittel aus Sondertöpfen kommen. Der subjektiv empfundene bürokratische Aufwand für Hochschullehrende verringere sich dadurch aber nicht, sondern wird als gestiegen wahrgenommen.

Empirisch ist das leicht zu erklären: Zum einen müssen die Wissenschaftler.innen nun mit einer weiteren Personengruppe neben der Verwaltung kommunizieren. Zum anderen sind die Stellen der Hochschulprofessionellen wegen neuer Anforderungen, die es zuvor nicht gab, geschaffen worden. Diese benötigen zu ihrer Umsetzung praktisch immer die Mitwirkung auch des wissenschaftlichen Pesonals. Daher lässt sich selbst dann, wenn die Hochschulprofessionellen erfolgreich Entlastungswirkungen für die Lehrenden erzeugen, doch nicht der Zustand des Nullaufwands für die zuvor nicht bestehende jeweilige Anforderung wiederherstellen.

5. Digitale Assistenzsysteme

5.1. Digitalisierung

Digitalisierung bezeichnet die zunehmende Erstellung oder Umwandlung, Speicherung und Verbreitung von symbolisch codiertem Sinn – mithin Text im weitesten Sinne – in binärem Code. Dies erfolgt mittels digitaler Medientechnologien, also Computern mit Programmen und Anwendungen, zeit-, orts- und personenunabhängig. Dabei werden Informationen qua Vernetzung zugleich zentralisiert wie dezentralisiert und unter Einsatz digitaler Kommunikationstechnologien, also Diensten und Internet, gespeichert. (Vgl. Donk 2012: 5)

Auf der Basis von Computerisierung und elektronisch gestützter Vernetzung hat sich derart ein virtueller Raum als neues Produktions- und Verbreitungsmedium gebildet. Dieses Medium durchdringt in Auseinandersetzung wie im Zusammenspiel mit anderen Medien – seien es Schrift-, Druck-, Bild- oder Klangmedien – sämtliche Lebensbereiche. In einem weiteren Begriffsverständnis werden dann häufig alle Veränderungen, die sich daraus ergeben, unter dem Titel „Digitalisierung" gefasst.

Gesellschaftsbeschreibungen, die in der zunehmenden Verbreitung digitaler Kommunikations- und Medientechnologien das Signum der Gegenwart identifizieren, korrelieren deutlich mit einer anderen gesellschaftlichen Selbstbeschreibung: der Diagnose einer entstehenden (oder bereits entstandenen) Wissensgesellschaft. Die Bedeutungssteigerungen sowohl wissenschaftlichen Wissens als auch digitaler Medien bedingen einander. In Gestalt dynamischer Inhalt-Form-Beziehungen treiben sie sich wechselseitig voran. Entsprechend relevant ist daher die Frage, welchen Herausforderungen sich das Wissenschaftssystem angesichts dieser Entwicklungen zu stellen hat:

■ Eine erste Unterscheidung lässt erkennen, dass die digitalen Technologien sowohl auf Seiten der Erkenntnisgenerierung (*digital science*) als auch der Kommunikation (*digitised science*) wirksam werden: Rechner und digitale Speicher erlauben Forschungsfortschritte durch die Erzeugung und Auswertung komplexer Datenbestände. Neue Technologien erleichtern die innerwissenschaftliche Kommunikation. Über soziale Medien wird die Vermittlung der Forschungsergebnisse an ein erweitertes Publikum möglich.

■ Eine zweite Unterscheidung zeigt, dass die Digitalisierung im Bereich der Wissenschaft wenigstens vier Handlungsfelder betrifft: die Wissensproduktion von der Informationsbeschaffung bis zur Datenverwaltung und -analyse; die Kommunikation von Wissen in Kooperationen, Diskurs und interaktiven Publikationsformen; die Wissensdistribution in Lehre und Ausbildung; schließlich die Wissenschaftsorganisation, also die Institutionalisierungsformen der Wissenschaft und ihre technische Ausstattung (Nentwich 1999). Unter den wissenschaftlichen Einrichtungen wiederum spielen hierbei vor allem die Hochschulen eine entscheidende Rolle, da wesentlich durch ihre Absolventen der Zusammenhang von Wissensgesellschaft und Digitalisierung in die Gesellschaft diffundiert.

Wie immer bei grundstürzenden Innovationen ergeben sich sowohl neue Möglichkeiten als auch eine ganze Reihe von Folgeproblemen. Von letzteren werden zahlreiche bereits intensiv bearbeitet. Das betrifft etwa die Finanzierung und Qualitätskontrolle von Texten, die jenseits traditioneller Medien allgemein zugänglich publiziert werden (*open access*), Fragen des Urheberrechts, die wissenschaftliche Informationsinfrastruktur incl. Datenbanksystemen und Big Data, Fragen der Flüchtigkeit digitaler Formate und das Problem angemessener Speicherformen, das sich in der Frage nach einer Gefährdung des kulturellen Gedächtnisses bis hin zum kollektiven Gedächtnisverlust zuspitzt, vor allem aber die Integration digital vorgehaltener Lehrinhalte in die Hochschulausbildung.[12]

All diese Fragen thematisieren implizit das Problem der Grenzüberschreitungen durch Digitalisierung, und zwar in einem doppelten Sinne:

■ Es werden Grenzüberschreitungen *produziert*, die neue bzw. modifizierte regulative Zugriffe und veränderte Umgangsformen notwendig machen, teils aber auch als nicht tolerierbar bewertet werden: im Bereich des Urheberrechts, der Speicherungssicherheit und des Datenschutzes oder Entwicklungen wie *information overload*, Verwahrlosung der Publikationssitten, Autonomieverluste, Beschleunigung des (auch) auf Entschleunigung angewiesenen wissenschaftlichen Arbeitsmodus, hinterfragbare Ansprüche Dritter an Messung und Messbarkeit wissenschaftlicher Tätigkeit, digitale Hochschullehre als Kommunikation unter Abwesenden usw.

■ Es werden Grenzüberschreitungen *ermöglicht*, mit denen die Wissenschaft ihre Produktions- und Wirkungschancen exponentiell erweitert: aufwandsarmer Zugriff auf Datenbestände, Big Data, neue bzw. erleichterte Quellenzugänge, Aufhebung medialer Grenzen durch Kombination von Medienpotenzialen, neue Kommunikations- und Publikationschancen, erleichterte Kooperationen über räumliche und Disziplingrenzen hinweg, Erreichbarkeit neuer Adressatenkreise, erhöhte Transparenz und damit Gewinn höherer Legitimität im Sinne sozialer Akzeptanz, Hybride zwischen gesellschaftlichem Engagement und Wissenschaft, Entstehung völlig neuer Forschungsfelder und Teildisziplinen usw.

Die Grenzüberschreitungen betreffen Außen- und Binnengrenzen, die sich wiederum überschneiden:

■ *Außengrenzen und -grenzüberschreitungen:* Digitalisierung wird als Medium der (erleichterten) Kopplung von Wissenschaft und Gesellschaft begriffen, womit sich ebenso eine Verwissenschaftlichung der Gesellschaft wie eine Vergesellschaftung der Wissenschaft vorantreiben lasse. So finden Forschung und Lehre zunehmend unter Bedingungen digital bestimmter Anwendungskontexte statt. Die Digitalisierung fordert das Wissenschaftssystem heraus, anderen Organisationen ähnlicher zu werden, da sich die Prozesse des Wissenschaftsbetriebs durch Nutzung vergleichbarer Technologien denen anderer Bereiche stär-

---

[12] zu letzteren vgl. etwa die Papiere des Hochschulforum Digitalisierung (HFD): http://www.hochschulforumdigitalisierung.de (30.3.2017)

ker angleichen. Damit kann sich schleichend die Exklusivität des wissenschaftlichen Handelns verlieren. Parallel verändern sich aufmerksamkeitsökonomische Mechanismen, was die außerwissenschaftliche Akzeptanz und Reputation wissenschaftlichen Wissens zum Teil infrage stellt, etwa durch zurückgehende gesellschaftliche Komplexitätstoleranz.

■ *Binnengrenzen und -grenzüberschreitungen:* Digitalisierung erzeugt neue Erreichbarkeiten. So werden die Entfernungswiderstände für Kooperationen über räumliche Distanzen hinweg reduziert, Quellenzugänge erweitert, Daten verfügbarer gemacht, Forschungsergebnisse schneller rezipierbar. Daneben lässt Digitalisierung die bisherigen Grenzen zwischen Forschung, Lehre und Organisation durchlässiger werden. Die problemorientierte Formulierung dieser Aussage lautet: Digitalisierung erzeugt auch Übergriffigkeiten der Organisation auf die wissenschaftlichen Kernleistungsprozesse. Insbesondere bewirkt die Digitalisierung im Rahmen der herkömmlichen Organisationsmuster der Wissenschaft nicht nur (wünschenswerte) Entlastungen, sondern auch (dysfunktionale) Belastungen für die Träger der wissenschaftlichen Leistungsprozesse. Dies wiederum hat, neben internen Leistungseinschränkungen, Auswirkungen auf die Überbrückung der Außengrenzen: Die Chancen einer neuen, digital gestützten Wissenschaft-Gesellschaft-Kopplung können dann mangels Ressourcen nicht angemessen genutzt werden.

5.2. Digitalisierung und Entbürokratisierungserwartungen

Die Digitalisierung an Hochschulen *im allgemeinen* wird mit zahlreichen Erwartungen verknüpft:

- Die Lehre werde durch neue Formate, Didaktiken und Kommunikationsplattformen verbessert.
- Die Forschung profitiere durch das Forschungsdatenmanagement, neue Kollaborationsinstrumente und weitreichende elektronische Verbreitungskanäle. Dies fördere den inner- sowie interdisziplinären Austausch und ermögliche breit angelegten (auch außerwissenschaftlichen) Ergebnistransfer.
- Die Verwaltung könne durch elektronische Kommunikationswege und synchrone Datenbestände effizienter arbeiten.

Im besonderen verspricht man sich von der Digitalisierung hochschulischer Prozesse eine Kompensation jener Aufwandssteigerungen, die durch die jüngsten Hochschulreformen entstanden sind. Das betrifft insbesondere Datenerhebungen, -zugriffe, -analysen und -weitermeldungen. Diese sind Basis für zahlreiche Instrumente, die sowohl im Zuge des neuen Steuerungsmodells (Governance-Reform) als auch des Bologna-Prozesses (Studienstrukturreform) eingeführt wurden. So werden etwa leistungsorientierte Mittelverteilung (LOM), Lehrevaluationen, Akkreditierungsverfahren, Forschungsevaluationen, Rankings, Monitorings usw. erst durch ein umfängliches digital gestütztes Datenmanagement möglich.

Mit den Digitalisierungsprozessen an Hochschulen ist einerseits die Erwartung verbunden, dass Aufwandssteigerungen für das wissenschaftliche Personal durch effizienzoptimierte elektronische Systeme weitgehend neutralisiert werden können. Andererseits keimte die Hoffnung auf, dass daneben Entlastungen erzeugt werden können, die verbleibende Aufwandssteigerungen sogar überkompensieren. Immerhin sollte die mit dem sog. Neuen Steuerungsmodell verbundene Abkehr vom klassischen Modell bürokratischer Organisation Entbürokratisierungen – also Entlastungen von administrativen Aufgaben – bewirken, statt Mehrbelastungen zu produzieren.

Erfahrungen, die artikuliert werden, sehen dagegen anders aus. Folgt man den Aussagen der von uns befragten Hochschulangehörigen, so mangele es in der Praxis insbesondere an Kommunikation und Koordination innerhalb der sowie zwischen den verschiedenen Hochschulebenen (HVW1, HVW2, HVW5). Dieser Klassiker der hochschulinternen Kritik steht auch beim Thema Digitalisierung gleichberechtigt neben dem anderen Klassiker, an der Hochschule werde man mit Informationen überhäuft, die in Gänze kaum verarbeitbar seien.

„Also viele Rundschreiben schmeiß ich weg oder gebe sie sofort meiner Sekretärin." (HSL3)

„Ich lese sie nicht alle. Ja, Gott, freilich könnte man das noch verbessern, dass man es eingrenzt. Wir haben so Standards, fertige Verteilerlisten und kommt auch sehr viel Müll rein …, aber Herrgott, Papierkorb." (HSL7)

Soll aber zur Vermeidung von Konflikten partizipativ vorgegangen werden, indem man alle Usergroups bei der Hochschuldigitalisierung berücksichtigt und einbezieht, droht zum einen die Infektion des Prozesses mit sachfremden Fragen, zum anderen die Gefahr einer Überfrachtung des Systems mit Erwartungen.

Werden alle Stakeholder in Digitalisierungsprojekte einbezogen, so treffen auch kulturelle Unterschiede – zentral dabei jene zwischen Wissenschaft und Verwaltung – aufeinander. Dies erhöht das Risiko, dass sachfremde Grundsatzfragen aufkeimen und/oder Konflikte ausgetragen werden, die (teils seit langem) unabhängig von elektronischen Systemen existieren, deren Lösung aber nicht Aufgabe eines Digitalisierungsprojekts sein kann:

„Doch leider auch immer wieder sehr klassisch sind Konflikte … zwischen Wissenschaft und Verwaltung. Das ist vielleicht auch nicht lösbar, dass bestimmte Dinge einfach als unsinnig, zu aufwendig usw. betrachtet werden, und vermutlich, wenn sie die Frage nach den Hemmnissen einem Wissenschaftler stellen, werden da sofort Verwaltungsprozesse aufgeführt." (HVW7)

Solche Probleme sind oftmals innerhalb des grundlegenden Wertgefüges der Organisationsmitglieder und der expliziten Werte und Normen der Organisation(seinheiten) zu finden (Haude/Toschläger 2017: 60, 66). Sie sind nicht (zwingend) durch Digitalisierungsbemühungen entstanden, begegnen den Akteuren allerdings im Zuge der Digitalisierung verstärkt. Daher wird die Digitalisierung oft als ‚Schuldiger' identifiziert oder als ‚Bühne' genutzt, um diese Probleme zu adressieren:

„Sie wissen, wie stark die Fakultäten und die Institute auf ihren alten Logiken beharren können… Also sie sind so mächtig, so dass man da nicht ohne weiteres heran-

kommt, sodass sozusagen die Erwartungshaltung eines Hochschullehrers, eines Instituts oder auch einer Fakultät immer die ist, dass sich die Software bitte an die Prozesse der jeweiligen Fakultät oder des Instituts anpassen soll und nicht umgekehrt. Das ist natürlich eine Lebenslüge." (HVW3)

Diesem Umstand wird häufig nur bedingt Rechnung getragen bzw. er wird unterschätzt. Einhergehende Spannungen können sehr schnell mit erhöhtem zeitlichen Aufwand bei der Einführung neuer oder Anpassung bestehender IT-Systeme einhergehen. Im Worst Case werden vorhandene Spannungen sogar noch verschärft.

Verknüpft man vor dem Hintergrund reformbedingt veränderter Hochschulsteuerungsmodalitäten die ‚neue' Digitalisierung mit dem ‚alten' Dauerthema Bürokratisierung, so stellen sich zwei Fragen:

- Inwieweit wird die an Digitalisierungsprozesse geknüpfte Erwartung einer Entlastung der wissenschaftlichen Leistungsebene von organisatorischen – gemeinhin als Bürokratie wahrgenommenen – Aufgaben erfüllt?
- Kann die Mehrbelastung der Wissenschaftler.innen, wie sie häufig im Zusammenhang mit den NPM- und Bologna-Reformen beklagt wird, durch Digitalisierung neutralisiert werden?

Als zentrales Problem lässt sich identifizieren, dass an Hochschulen Ressourcenverluste insbesondere dort auftreten, wo Entbürokratisierungsziele und Digitalisierung aufeinandertreffen – beim elektronischen Hochschulökosystem. Dort, wo digitalisierungsgestützte Entlastungen annonciert werden und damit die reformbedingten Aufgabenaufwüchse zumindest teilweise kompensiert werden sollen, kommt es zu stetigen Reibungen.

5.3. Das elektronische Hochschulökosystem

Die elektronischen Hochschulökosysteme für Lehrende und Studierende bestehen meist aus zahlreichen Insellösungen (Übersicht 20): angefangen beim eMail-System und Online-Hochschulportal über eine Lernplattform, ein Studienleistungsverwaltungsportal, die Webpräsenz des Studentenwerks mit diversen Funktionen und mitunter einem hochschulischen Prozessmanagementsystem bis hin zu einer oder mehreren eCards für räumliche Zugänge und Bezahlungen, dem Bibliotheks-OPAC, diversen Datenbanken zu Forschungsprojekten oder des Universitätsarchivs sowie allerlei Campus-, Fakultäts- und Institutsdiensten.

So gibt es z.B. an der Universität Düsseldorf allein fünf Webportale, mit denen die Studierenden ihr Studium organisieren: das HISLSF, in dem der Stundenplan zusammengestellt wird; ILIAS, in dem Kursinhalte (Texte, Präsentationen etc.) organisiert sind; im Identity Management System werden persönliche Daten gespeichert, doch ändern, etwa bei einem Umzug, könne man sie dort nicht; den Bibliotheksaccount und das Studierendenportal, „das alles ein bisschen zusammenführt – aber eben nur ein bisschen". (Gamillscheg 2015)

Übersicht 20: Das elektronische Hochschulökosystem

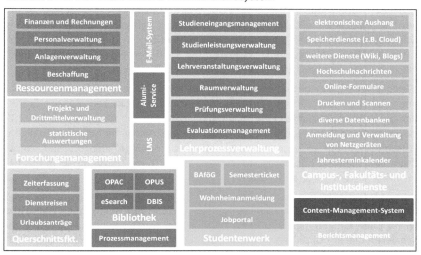

Zugleich werden sogenannte integrierte Campus-Management-Systeme implementiert, die in der Praxis allerdings von einer integrierten Systemlösung derzeit weit entfernt sind (vgl. Schilbach/Schönbrunn/Strahringer 2009: 251).

Viele der einzelnen elektronischen Angebote sind entstanden, weil ihre Betreiber die Funktionen der hochschulzentral angebotenen Lösungen als für ihre Zwecke unzulänglich erachten. Die gesonderte Lösung realisiert dann einen Mehrwert, der den Nutzern durchaus zugutekommt. Doch zugleich geht damit einher, dass jedes der Systeme separat und sehr häufig schnittstellenfrei funktioniert (vgl. Leyh/Hennig 2012). Letzteres wird insbesondere daran erkennbar, dass es keine systemübergreifende Suchfunktion gibt.

Dementsprechend muss das wissenschaftliche Personal, um Lehr- und Forschungsbelange zu organisieren, typischerweise mehrere parallel bestehende Systeme bzw. Portale anlaufen. Jeder dieser Anlaufpunkte präsentiert sich in der Regel mit eigener Nutzeroberfläche, Usability und unterschiedlichen Zugangsdaten. Inkonsistenzen und die Notwendigkeit von Doppeleintragungen sind die technische Folge. Wenn Lehrende unter diesen Vorzeichen die komplexen elektronischen Systeme bedienen sollen, erhöht das die Fehleranfälligkeit. Sind an einer Hochschule verschiedene elektronische Systeme in Anwendung, können sich Anwendungsfehler und Synchronisationsproblematiken überlagern.

So gibt es durch verschiedene Systemumgebungen hervorgerufene differente, aber homogenisierungsbedürftige Datenstrukturen, die eine medienbruchfreie Nutzung bzw. den durchgängigen Datenfluss behindern. Medienbrüche – Daten werden in einer anderen Form weitergereicht als der, in der sie empfangen wurden – stellen typische Fehlerquellen dar.

Zwar können Prozessdurchläufe nur selten durchgängig elektronisch/digital unterstützt werden, weswegen Medienbrüche nicht gänzlich zu vermeiden sind.

Doch umso wichtiger ist es, Brüche dort, wo sie vermeidbar sind, auch auszuschließen. Denn jede (aufwendige) Übertragung in ein elektronisches System erhöht prinzipiell die Fehleranfälligkeit und kann dadurch zu einer Steigerung von Transaktionskosten führen, bspw. durch nötig werdende Koordinations- und/oder Kontrollleistungen. Im Extremfall kann der Prozessdurchlauf durch das Erreichen von Kapazitätsgrenzen zeitweilig stillstehen.

Gelegenheiten, um betroffene Prozesse zu identifizieren, bieten sich im Rahmen der Implementierung neuer digitaler Assistenzstrukturen. Bei der Entfernung von Medienbrüchen geht es letztlich nicht nur um Aktionen der Art, z.B. papierbasierte Dokumente in einem Dokumentenmanagementsystem zu digitalisieren. Vielmehr sollen durch automatisierte Vorgänge auch die herkömmlichen Verarbeitungsbeschränkungen eliminiert, d.h. die Daten direkt in das betroffene System übertragen werden.

Wissenschaftler.innen sind Angehörige ihrer jeweiligen Profession, also einer Fachgemeinschaft, und ihrer Organisation, also z.B. der Hochschule. Die Arbeit in digitalen Umgebungen erschwert das bereits traditionell schwierige Ausbalancieren dieser doppelten Orientierung an der Organisation Hochschule einerseits und der Profession andererseits, lässt es doch diese Zugehörigkeitsunterscheidung weiter verschwimmen: Die Kommunikation, soweit sie sich digital vollzieht, kennt keine Organisationsgrenzen – es sei denn künstlich errichtete –, und die professionelle Tätigkeit folgt in erster Linie kognitiven, nicht organisatorisch bestimmten Absichten. Wird Organisation unter digitalen Kommunikationsbedingungen wahrgenommen, dann als Struktur, die Kommunikationsinstrumente bereitstellt oder aber dies nicht leistet, in letzterem Falle also ein Ärgernis ist.

Im Grundsatz aber unterscheidet der wissenschaftliche Nutzer von elektronischen Netzwerken, Datenbanken, Informationsportalen, Bibliothekskatalogen usw. nicht danach, ob diese hochschulintern oder -extern offeriert werden. In gleicher Weise ist es für Studierende wenig relevant, dass sie ihr BAFöG oder den Wohnheimplatz bei einer hochschulexternen Einrichtung – dem Studentenwerk – beantragen müssen. Für sie gehört das zu ihrem Studium, und alles, was dabei digital unterstützt, folglich zum elektronischen Hochschulökosystem.

Die Grenzen des elektronischen Hochschulökosystems werden mithin vom Nutzer definiert. Dies geschieht im Rückgriff auf Anforderungen, die sich aus der jewieligen Rolle – Studierende, Lehrender oder Verwaltungsangehörige – ergeben. Deutlich wird mit dieser Grenzziehung zunächst nur, was nicht als zum elektronischen Ökosystem der Hochschule gehörend wahrgenommen, mithin dessen Umwelt zugeordnet wird: digitale Angebote, die keinen genuinen Bezug zu einer hochschulischen Rolle aufweisen. Als deutlich schwieriger erweist sich die Frage, wie innerhalb des elektronischen Hochschulökosystem die Organisation Hochschule zu platzieren ist.

Relevant wird hier der Umstand, dass die Grenzen der Organisation nicht identisch mit den Rollenanforderungen und -voraussetzungen ihrer Angehörigen, sondern meist enger gezogen sind. Die Orientierung an den Organisationsgrenzen definiert im digitalen Bereich eine Trennung von internem und externem Hochschulökosystem, die aber seine Nutzer nicht oder nur als Störung kennen.

Zum internen Hochschulökosystem gehören – als Minimaldefinition – zunächst jene Prozesse, die zentral für die Fortsetzung des Organisationshandelns sind. Die damit verbundene Priorisierung deckt sich nur bedingt mit den zentralen Interessen der wissenschaftlichen oder studierenden Organisationsangehörigen.

Dieser Umstand entspricht Erfahrungen aus der analogen Praxis. Doch während im analogen Alltag Brüche, die entlang der Unterscheidungen von Forschung, Lehre und Verwaltung oder von Kernleistungsbereichen, sekundären und peripheren Leistungsbereichen vertraut sind, zu routinierten pragmatischen Arrangements führen, werden diese im digitalen Bereich von Nutzern weniger toleriert. Mit anderen Worten: Während von der Hochschule in der alltäglichen Praxis nur selten die Funktionsweise klassischer Organisationen erwartet und nicht zuletzt aufgrund der Spezifika von Forschung und Lehre zumeist auch zurückgewiesen wird, bestehen hinsichtlich des elektronischen Hochschulökosystems andere Erwartungshaltungen. Digitalisierung soll hier ermöglichen, die Brüche, Grenzen und Übergänge der Organisation unterhalb einer einheitlichen Oberfläche für die Nutzer unsichtbar zu machen.

Eine solche Invisibilisierung der Spezifika der Organisation Hochschule kann jedoch kaum en passant, d.h. ohne organisationale Veränderungen erfolgen. Bislang überfordern entsprechende Hoffnungen die Potenziale des digitalisierungsbezogenen Organisationswandels. Doch verschwinden die Hoffnungen nicht mit dem Verweis der Hochschulen auf die Trennung von internem und externem Hochschulökosystem. So unterscheiden nur die Bereitsteller, nicht die Nutzer digitaler Angebote. Die Digitalisierung lässt genau diese Grenze porös werden.

Hinzu kommt: Die Erwartungshaltungen der Nutzer werden auch außerhalb des Hochschulbetriebs geprägt – weniger was die Inhalte als vielmehr die Formen digitaler Angebote betrifft. Indem der Nutzer immer auch Nutzer verschiedenster digitaler Angebote ist, verfügt er über Kenntnisse oder Intuitionen, welcher digitale Komfort möglich ist, und bemerkt folglich, wo diese Möglichkeiten unterschritten werden. Ebenso verfügt er eigentlich nicht über die Zeitressourcen, sich fortwährend in wenig komfortable Portalsystematiken einzuarbeiten, meidet solche Angebote oder delegiert ihre Nutzung. Anspruchsvolle Systemarchitekten mögen die vermeintliche Verwahrlosung etwa des Informationssuchverhaltens durch Google bedauern, doch werden sie die Nutzer kaum durch kompliziert zu bedienende Portalarchitekturen umziehen können.

Die Lösungen müssen wohl jenseits davon liegen, Digitalisierung vor allem als Bereitstellungsproblem zu behandeln. Sie hat sich zum Kommunikationsproblem gewandelt. Was die Bereitstellung betrifft, so gab es im Hochschulbereich seit den 90er Jahren drei große systemische Innovationen im Bereich der digitalen Vernetzung, die auch sehr erfolgreich waren:

- die flächendeckende Expansion des seit 1989 aufgebauten Deutschen Forschungsnetzes (DFN), das sich auch auf die Hochschulen erstreckt;
- Mitte der 90er Jahre die Entscheidung und technische Absicherung, dass jede Studienanfängerin und jeder Studienanfänger mit der Immatrikulation eine eigene eMail-Adresse erhält, womit die Internetnutzung zu Kommunikationszwecken einen Schub in Richtung ihrer Veralltäglichung erhielt;

- in den 2010er Jahren die Einführung von Eduroam an deutschen Hochschulen, so dass in allen beteiligten Einrichtungen der automatische Log-in über den Zugangspunkt der Herkunftsinstitution möglich ist.

Diese drei Innovationen waren alle durch niedrige Einstiegsbarrieren gekennzeichnet, was sich nicht von sämtlichen Versuchen, die Hochschulen digital zu ertüchtigen, sagen lässt. Den gelungenen systemischen Innovationen gegenüber stehen andere verfolgte, aber bislang gescheiterte Projekte.

Hier ist z.B. der Social-Media-Bereich zu nennen. Obgleich die Hochschulen als wichtige Innovationstreiber der Gesellschaft gelten, erfolgten nicht nur alle Social-Media-Innovationen wie Facebook, Youtube, Wikipedia, Twitter, Google+ usw. außerhalb dieses Bereichs. Vielmehr gelang es den Hochschulen bislang auch nicht, für ihre spezifischen Bedarfe Social-Media-Anwendungen vergleichbarer Niedrigschwelligkeit zu entwickeln.

Die verbreiteten Studienportale wie stud.IP oder Moodle etwa basieren auf Lösungen, die nicht nur nebenhochschulisch entwickelt wurden. Sie atmen auch den Geist ingenieurialen Denkens, das eine Verbindung mit der funktionalen Überfrachtung und Buntheit früher, also mittlerweile überholter Start-up-Produkte eingegangen ist. Ebenso sind hier die integrierten Campus-Management-Systeme zu nennen. Es gibt zwar CaMS, doch sie integriert zu nennen, wäre euphemistisch, wie eine nähere Inaugenscheinnahme ergibt.[13]

Nicht zu ignorieren sind aber auch die technischen Probleme im Hardware-Bereich. Das betrifft zum Beispiel die Signalwege und die Verarbeitung von Bild- und Tonsignalen, wie sie Uwe Pirr (2017) in einem Praxisbericht schildert (Übersicht 21).

Übersicht 21: Hardware-Probleme an Hochschulen: Beispiele Signalwege und Signalverarbeitung

---

■ Indem die Bildauflösung von Projektoren immer höher wird, gilt dies auch für die zu übertragende Datenmenge: „FullHD, also 1920 x 1080 Pixel, bedeutet gegenüber XGA, was mit 1024 x 768 Pixel lange Zeit der Standard für Beamer war, bereits eine Vergrößerung des Datenvolumens um den Faktor 2,6. Doch auch 4K-UHD-Projektoren mit 3840 x 2160 Pixel finden bereits Verwendung, was nochmals eine Vervierfachung des Datenvolumens gegenüber FullHD bedeutet."

■ Die Signalintegrität, d.h. die Qualität des Signals, gewinnt an Bedeutung: „Ein analoges Bildsignal wird mit zunehmender Kabellänge sukzessive schlechter, liefert aber noch lange ein akzeptables Bild; ein digitales Signal liefert beim Unterschreiten eines Grenzwertes kein Bild mehr, es kommt zu Totalausfällen. Verstärker und andere Komponenten zur Signalverbesserung verkomplizieren die Anlage und machen sie wiederum fehleranfälliger. Beschränkungen in den höchstzulässigen Kabellängen von digitalen Signalwegen werden zu einem Problem bei Umbauten und Nachrüstungen vorhandener Lehrräume mit digitaler Technik."

■ Verfahren wie etwa EDID (Extended Display Identification Data, beschreibt die technischen Fähigkeiten der Anzeigegeräte und soll für eine korrekte Anzeige sorgen) und HDCP (High-bandwidth Digital Content Protection, Verschlüsselungssystem für digitale Schnittstellen zur geschützten Übertragung von Audio- und Videosignalen) müs-

---

[13] s.u. 5.4. Campus-Management-Systeme

sen bei digitaler Signalverarbeitung beachtet werden: „Leider werden diese Daten nicht von allen Komponenten korrekt weitergeleitet, und so werden mit EDID-Mindern, die die korrekte Übertragung der EDID-Daten managen, weitere Geräte notwendig. […] Hiermit kann auch die Anzahl der zulässigen Ausgabegeräte beschränkt werden, was beispielsweise dazu führen kann, dass ein Bildsignal zwar auf dem Vorschaumonitor und dem Projektor korrekt angezeigt wird, aber nicht als Eingangssignal in einer Videokonferenz verwendet werden kann."

■ Der Wunsch der Nutzer nach drahtloser Bild- und Tonübertragung ist im universitären Umfeld nicht immer einfach zu realisieren. Im Unterschied zum heimischen WLAN ist dies in der Hochschule wesentlich komplexer aufgebaut. Zu Hause hat man in der Regel nur einen Access-Point und es mit wenigen Geräten mit vielleicht ein oder zwei unterschiedlichen Betriebssystemen zu tun. „An der Humboldt-Universität zu Berlin spannen ca. 1.260 Access Points in 103 Gebäuden Netzwerke für ca. 11.500 aktive WLAN-Clients auf. In Hörsaalbereichen ist die Dichte unterschiedlicher Geräte natürlich besonders hoch. Bei einem Versuch, mit einfacher Consumer-Technik – die zuhause problemlos funktioniert – die gängigen Betriebssysteme für drahtlose Bild- und Tonübertragung abzudecken, wurde der Einsatz von drei verschiedenen Übertragungssystemen notwendig. Dann aber können die Geräte der Nutzer oftmals keine gleichzeitige WLAN-Verbindung ins Internet aufbauen. Also entweder Drahtlosübertragung oder Internet. Natürlich gibt es auch Lösungen, die beides können. Diese haben aber meist andere Beschränkungen, man muss etwa einen Sender an den USB- oder einen digitalen Videoausgang anschließen, benötigt unter Umständen zusätzliche Adapter, und sie kosten ein Vielfaches."

Quelle: Pirr (2017: 51–58)

5.4. Campus-Management-Systeme

Ein Instrument, das mit hohen Erwartungen an Effektivierung und Effizienzsteigerung organisatorischer Prozesse befrachtet ist, sind Campus-Management-Systeme (CaMS). Als sogenannte Hochschulinformationssysteme entstanden diese bereits in den 1990er Jahren. Sie waren für eine zentral organisierte Studienadministration entwickelt worden und wurden nur von einer vergleichsweise geringen Zahl an Akteuren genutzt (Auth 2016: 115). Inzwischen hat sich für diese Systeme im deutschsprachigen Raum, sowohl in der wissenschaftlichen Diskussion als auch in der Hochschulpraxis, die Bezeichnung Campus-Management-System durchgesetzt.[14] Der Begriffswechsel markiert zugleich eine deutliche Steigerung der Anforderungen und Erwartungen.

5.4.1. Funktionen und Merkmale

Unter CaMS werden elektronische Anwendungssysteme verstanden, die zur umfassenden Unterstützung vornehmlich administrativer Prozesse an Hoch-

---

[14] Im englischsprachigen Raum lassen sich insbesondere Bezeichnungen wie „Student Management System" oder „University Information System" finden. Siehe dazu z.B. http://sfas.yale. edu/sis oder http://www.lsu. edu/it_servi ces/uis/ (9.11.2016).

schulen eingesetzt werden.[15] Es sind digitale Assistenzsysteme, die Repräsentationen der analogen Welt enthalten, um bislang analog bewältigte Vorgänge digital be- und verarbeiten zu können. Der Begriff CaMS wird recht inflationär gebraucht, um sehr verschiedene Sachverhalte zu beschreiben:[16]

- So finden sich CaMS ebenso als Hochschulverwaltungsprozesse unterstützende Systeme definiert (vgl. Kleinschmidt 2015: 702) wie als Anwendungssysteme zur Unterstützung der Kernprozesse von Forschung und Lehre (vgl. Carolla 2015: 9), aber auch konkreter als Systeme zur Optimierung der Studien- und Lehrorganisation (vgl. Brune et al. 2009: 483).

- Gleichzeitig werden CaMS oftmals auch im Sinne des Enterprise Ressource Planning (ERP) als Funktionssysteme einer klassischen Ressourcenverwaltung und des Kontaktmanagements verstanden.

- Darüber hinaus werden allgemeine Hochschulportale bzw. -plattformen sowie Apps und Tools aus dem Bereich Learning Management (LMS) oftmals ebenfalls als CaMS ausgegeben bzw. als solche wahrgenommen. Zur Verwirrung trägt bei, dass Anbieter solcher Systeme popagieren, „Campus-Management-Funktionen" mit anzubieten. Learning-Management-Systeme sind keine CaMS als solche, können aber darin integriert sein – sind es in der Praxis aber nicht.

Derart bestehen zunächst systematische Unklarheiten. Ein gefestigtes Begriffsverständnis von CaMS steht daher bisher noch aus, so dass man sich einstweilen mit Merkmalskatalogen behelfen muss. Von den älteren Hochschulinformationssystemen unterscheiden sich heutige CaMS idealtypisch insbesondere durch vier Hauptmerkmale (Alt/Auth 2010: 186; Auth 2015: 447; Auth 2017: 42):

- die Realisierung der Prinzipien integrierter Anwendungssysteme (u.a. zentrale, konsistente Datenverwaltung, einheitliche Benutzerschnittstelle sowie funktionsübergreifende Abläufe);

- die gezielte Konzeption als Standardsoftware, die modular aufgebaut und individuell anpassbar ist;

- die Abdeckung sämtlicher operativer Funktionalitäten (horizontale Integration) sowie Abbildung aller Planungs- und Kontrollfunktionalitäten der Kernprozesse einer Hochschule (vertikale Integration);

- als wichtigste Nutzergruppe zielen CaMS, neben Verwaltungsmitarbeiter.innen und wissenschaftlichem Personal, auf Studierende, die bei der Organisation ihres Studiums unterstützt werden.

Systematische Unklarheiten bestehen auch hinsichtlich der ambitionierten sprachlichen Steigerungsform „integrierte CaMS". Bezeichnet werden damit sehr verschiedene Ausgestaltungen – eine klare bzw. umfassende Definition fehlt auch hier. Dies geht einher mit Begriffsaufweichungen bzw. -zusätzen:

---

[15] vgl. Bensberg (2009), Brune et al. (2009), Sprenger/Klages/Breitner (2010), Stender et al. (2007)

[16] Eine Umfrage auf der Tagung des Arbeitskreises Campus-Management der Zentren für Kommunikation und Informationsverarbeitung (ZKI) im September 2013 bestätigte diese Wahrnehmung (ZKI 2016: 8).

„voll integrierte CMS" (Kleinschmidt 2015: 702), „hochintegriertes System" (Radenbach 2009: 503) sowie „mehr oder weniger integrierte IT-Systeme" (Brune et al. 2009: 483).

Die weitgehende Begrenzung auf administrative Prozessassistenz steht der Integriertheit deutlich entgegen. Immerhin gibt es weitergehende Nutzungsanforderungen im Wissenschaftsbetrieb etwa im Rahmen onlinegestützter Forschung und Forschungskollaborationen, der Digital Humanities und anderer massendatenbasierter Untersuchungen oder digitaler wissenschaftlicher Kommunikationen über Portale, Blogs, Wikis und elektronische Journale. Doch all dies ist nur in Ausnahmefällen – etwa in Gestalt von Forschungsdatenbanken – in Campus-Management-Systeme integriert.

Unklar bleibt bisher: Ab wann darf ein System integriert genannt werden? Ist ein System schon integriert, wenn es den kompletten *Student-Life-Circle (SLC)* abbildet oder erst dann, wenn es eine Komplettlösung für das gesamte elektronische Hochschulökosystem liefert? Ist ein System immer noch integriert, wenn einzelne Module nicht mit implementiert werden, sondern gesondert laufen? Spielt die Anzahl der abgedeckten Funktionsbereiche eine Rolle? Reicht es aus, wenn das System in der Lage dazu ist, alle Prozesse lediglich abzubilden, aber keine oder nur teilweise Interaktionsfunktionen bereitstellt?

Aus funktionaler Sicht deckt ein CaMS idealerweise sämtliche operativen Funktionalitäten sowie alle Planungs- und Kontrollfunktionalitäten einer Hochschule ab. Bezüglich der Funktionalitäten finden sich in der Literatur und Praxis insbesondere zwei Auffassungen (vgl. Alt/Auth 2010: 185f.; Bensberg 2009: 493; Übersicht 22):

Übersicht 22: Studienzentrierte und hochschulweite CaMS

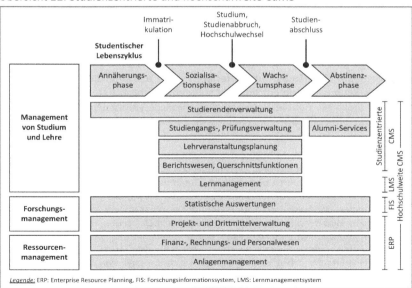

Quelle: http://www.enzyklopaedie-der-wirtschaftsinformatik.de/lexikon/informationssysteme/Sektor spezifische-Anwendungssysteme/campus-management-system (2.11.2015)

- In einer engeren studienzentrierten Funktionsweise dient ein CaMS der Administration von Lehre und Studium. Dazu zählen sämtliche Aufgabenfelder, die es im akademischen Zyklus abzuwickeln gilt: von der Bewerbung und Zulassung über die Studierenden- und Prüfungsverwaltung, das Studium selbst bis hin zur Alumni-Verwaltung.
- Neben der Lehr- und Studienverwaltung ermöglichen CaMS die Unterstützung operativer und strategischer Führungsaufgaben sowie die Implementierung eines leistungsfähigen Berichtswesens für das Hochschulmanagement. Eine solche umfassendere hochschulweite Funktionsweise geht also über den studentischen Lebenszyklus hinaus – schließt das Forschungs- und Ressourcenmanagement sowie die Lehre selbst (Lernmanagement und E-Learning) mit ein.

Im deutschsprachigen Raum lassen sich einige einschlägige Anbieter für CaMS-Produkte, insbesondere aufgrund ihrer Referenzen, herausstellen (vgl. Auth 2017: 45; Bick/Grechenig/Spitta 2010: 10): siehe dazu Übersicht 23.

Übersicht 23: Einschlägige Anbieter für CaMS-Produkte

Produktname (Hersteller/Anbieter)	Referenzen (Auswahl)
CampusNet (Datenlotsen Informationssysteme GmbH)	Universität Hamburg, FH Osnabrück, Universität Leipzig
CAS Campus (CAS Software AG)	Hochschule für Musik Würzburg, FH Aachen, Universität Bochum
CAMPUSonline (TU Graz)	TU München, Universität zu Köln, Universität Bayreuth
HISinOne (HIS eG)	Universität Konstanz, Hochschule Niederrhein, FAU Erlangen-Nürnberg
SAP SLCM (SAP)	FU Berlin, FH Frankfurt a.M., Leibnitz-Universität Hannover

Während diese CaMS-Anbieter dominieren, drängen seit einigen Jahren in rascher Folge auch neue Produktanbieter auf den Markt, die vor allem auf Einzelaufgaben spezialisierte Systeme offerieren – wie etwa für die Prüfungsverwaltung, das Raummanagement oder Ressourcenplanung (vgl. Auth 2017: 45). Das verstärkt noch einmal die Notwendigkeiten an den Hochschulen, sich mit der Frauge der Integriertheit von Campus-Management-Systemen auseinanderzusetzen:

> *„Was in den Hochschulen momentan umgesetzt wird, ist eine stärkere Nutzerorientierung, und die geht nicht mit einer Entlastung einher. Die ganzen Campus-Management-Systeme etc. führen nach meinem Dafürhalten nicht zu einer Entlastung, sondern führen eben einfach nur zu mehr Servicequalität [...] Die Materie ist einfach viel zu komplex. Wir haben sechzehn Bundesländer mit sechzehn unterschiedlichen Regelungen. Was dann die Hochschulen sozusagen noch intern machen, steht noch auf einem ganz anderen Blatt, d.h. es ist eine hohe Komplexität. Die Reduktion bekommen sie mit einer Software nicht hin. [...] Ich gehe nicht davon aus, dass es zu einer Verminderung der Arbeit kommt, jedenfalls nicht bis jetzt, egal, welches System wir eingeführt haben, egal in welchem Bereich." (HVW6)*

Der Anspruch, alle wissenschaftsunterstützenden Funktionen in einem System abzubilden, formuliert das Höchstmaß der denkbaren Komplexität. Statt von Teil- oder Vollintegration sprechen Informatiker daher eher von lose oder eng gekoppelten Systemen. Zunächst muss genau festgelegt bzw. differenziert werden, was integriert werden soll, mit welchem Ziel und zu welchem Zweck. Eine Interoperabilität von Informationssystemen verlangt eine Integration auf verschiedenen Ebenen. So lassen sich drei zentrale Integrationsebenen unterscheiden (vgl. Alt/Auth 2010: 186; Hahn 2012):

- *Datenintegration:* Dabei werden Informationen aus verschiedenen Datenbeständen (Datenquellen), in der Regel mit unterschiedlichen Datenstrukturen, in eine gemeinsame einheitliche Datenstruktur bzw. Datenbank überführt (zentrale und konsistente Datenverwaltung).
- *Funktionale Integration:* Auf der funktionstechnischen Integrationsebene erfolgt die Abstimmung der verschiedenen Funktionen der Anwendungssysteme. In diesem Verständnis werden Komponenten und/oder Systeme mit der Absicht kombiniert, eine einheitliche Basisfunktionalität (einheitliche Benutzerschnittstelle) bereitzustellen.
- *Prozessintegration:* Auf dieser Ebene erfolgt die notwendige Abstimmung der Ablaufreihenfolge des Informationsaustausches. Idealerweise werden hierbei Applikationen und Services aus verschiedenen Systemen zu einem komplexen Gesamtprozess zusammengesetzt (funktionsübergreifende Abläufe).

Jede Integrationsart schafft verschiedene Probleme, die unterschiedlich zu bearbeiten und zu lösen sind. So muss die Sinnhaftigkeit der digitalen Abbildung von Prozessen und Anforderungen stets hinterfragt werden. Nicht alle Prozesse in einer Hochschule sind gleichgewichtig – Prozesse müssen entsprechend priorisiert werden.

Schnittstellen beispielsweise zwischen Buchhaltungs- und E-Learning-Prozessen bzw. -anwendungen zu schaffen würde nur wenig Sinn machen. Nicht alles müsse integriert sein – entscheidend sei vor allem die Datenqualität. Denn die allen Integrationszielen vorausgehende zentrale Bedingung sei die Datenintegration, d.h. die Schaffung einer gemeinsamen Datenbasis. So würden auf operativer Ebene Doppeleintragungen und somit Redundanzen vermieden. Solch ein Integrationsverständnis müsse aber auch bedeuten, die Daten in jeweils anderen Kontexten nutzbar zu machen – Stichwort: intelligente Datenbanken.

Doch genau darin liege die Schwierigkeit: Daten bedürften häufig der Interpretation. Eine automatische Bereitstellung sei insofern nur bedingt möglich. Darin liege auch der Unterschied zwischen Hochschulen und Behörden. Letztere seien klar über Vorschriften und Gesetze geregelt. So sei eine hochschulweite zentrale Datenbank bisher Illusion, aber auch die Verknüpfung von Datenbanken gestalte sich schwierig. Daten müssten jeweils in ihrem Kontext verstanden werden. Aufgrund dieses Umstandes funktioniere ‚Single Sign-on' häufig nicht. (WsExp)

Brune et al. (2014: 5f.) weisen darauf hin, dass eine Datenintegration mit einheitlicher Datenbasis einer evolutionären und modularisierten Entwicklung eigentlich zuwiderlaufe: Die Komponenten würden dann wegen gemeinsamer

Daten schnell voneinander abhängig, was die Flexibilität für künftige – aktuelle jeweils unbekannte – Entwicklungen einschränkt. So müsse auch hier eine Priorisierung stattfinden, um dann stufenweise vorgehen zu können: Welche Komponenten müssen zwingend zusammengeschaltet werden?

5.4.2. Studienzentrierte Campus-Management-Systeme

Gezeigt wurde, dass der CaMS-Begriff je nach Sichtweise alle Hochschulprozesse oder nur bestimmte Prozessgruppen betreffen kann. Zu den Benutzern eines CaMS können im Grundsatz alle am Hochschulgeschehen beteiligten Personen – Studierende, Lehrende und nichtwissenschaftliche Mitarbeiter.innen in den Verwaltungen – gehören. Je größer der Kreis derjenigen ist, deren Arbeit von CaMS abgebildet wird, desto unterschiedlicher sind die Auffassungen darüber, welche Aufgaben dem elektronischen Campus-Management letztlich zugerechnet werden (sollen). Sowohl in der Literatur als auch bei den Anbietern von CaMS finden sich vielfache Auflistungen solcher Funktionen. Bei der Implementation von CaMS seien zudem typischerweise Differenzen von Erwartungen und Möglichkeiten zu beobachten. (Vgl. Carolla 2014: 9ff.)

Bezogen auf die Hochschullehre und das Studium rücken insbesondere studienzentrierte CaMS in den Vordergrund. Solche studienzentrierten CaMS stehen mittlerweile in standardisierter Form mit unterschiedlichsten anpassbaren Funktionalitäten zur Verfügung. Neben studienzentrierten CaMS kommen sogenannte lehruntersützende Plattformen[17] zum Einsatz. Während studienzentrierte CaMS den Gesamtprozess der Lehre von der Anmeldung bis zur abschließenden Bewertung hauptsächlich administrativ unterstützen, ermöglichen lehrunterstützende Plattformen den Lehrenden eine autonome und flexible Gestaltung ihrer Lehrveranstaltung (Brune et al. 2014: 9).

Der Großteil der heutigen CaMS ist studienzentriert – nur wenige beziehen weitere Bereiche im Sinne einer umfassenderen hochschulweiten Funktionsweise, etwa das Ressourcen- oder Forschungsmanagement, mit ein. Der Funktionsumfang studienzentrierter CaMS orientiert sich grundlegend am sogenannten Student Life Cycle. Deckt das System den gesamten Zyklus ab, dann umfasst es die Verwaltung von Studienbewerbern, das Studierenden- und Lehrendenmanagement, die Administration von Veranstaltungen, das Prüfungs- und Leistungsmanagement sowie Zusatzleistungen wie das Alumni-Management.[18] Im allgemeinen können die in Übersicht 24 benannten Prozesse unterschieden werden, an denen sich studienzentrierte CaMS-Produkte mehrheitlich orientieren.

Derartige Auflistungen können aber die tatsächlichen Bedürfnisse an einer bestimmten Hochschule auch verfehlen (Carolla 2014: 9). Die Praxis zeigt, dass die einzelnen Prozesse nicht immer klar voneinander getrennt sind. Zunehmend wird die Angebotspalette zudem sowohl bei den Produktanbietern als auch an

---

[17] auch Lernplattformen, Learning Management System (LMS), E-Learning-Systeme oder Lehr- und Lernmanagementsysteme (LLM)

[18] vgl. Alt/Auth (2010: 186f.), Bensberg (2009: 493), Bick/Grechenig/Spitta (2010: 64), Brune et al. (2009: 485ff.)

Übersicht 24: Prozesse des Student Life Cycle

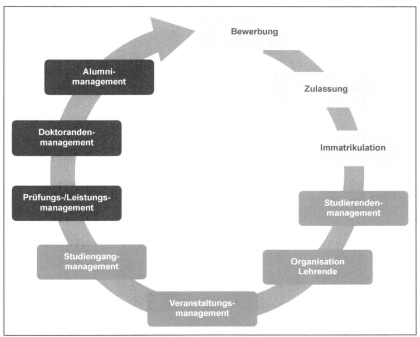

Quelle: http://www2.uv.ruhr-uni-bochum.de/it-services/ecampus (2.11.2015)

den Hochschulen selbst um Funktionen bspw. im Alumni-Service erweitert – diese können dann dem Studierendenmanagement zugeordnet oder auch als eigenständiger Funktionsdienst angedockt werden. Zugleich wird die Studiengangsverwaltung oftmals in anderen Systemen mitverhandelt.

Begrifflichkeiten, Abgrenzungen und Nutzungen unterscheiden sich oftmals stark voneinander, da die organisatorischen Voraussetzungen und Bedingungen differieren. So lassen sich Prozessbereiche innerhalb eines CaMS nur schwer für eine Hochschule insgesamt oder gar allgemeingültig formulieren. Diesen Umstand nahm der Arbeitskreis Campus-Management des ZKI zum Anlass, eine Prozesslandkarte auf einem Abstraktionsniveau zu erarbeiten, das für eine in sich heterogene Hochschullandschaft geeignet sein kann. Im Fokus dieser Map stehen die Themen und Inhalte der Umsetzung des Bereichs „Studium und Lehre" einschließlich der begleitenden Verwaltungsaufgaben auf einer allgemein beschriebenen Prozessebene. Unterhalb derer haben die einzelnen Hochschulen die Möglichkeit, ihre Prozesse zu konkretisieren. (ZKI 2016: 8f.) Die Prozesslandkarte umfasst 19 Hauptprozesse, unter denen sich jeweilige Teilprozesse subsumieren lassen (ebd.: 18ff.) (Übersicht 25):

- *Interessenten:* Verwaltung, Information, Beratung und Betreuung verschiedener hochschulexterner Personen und Interessentengruppen
- *Bewerbung:* Einrichtung von Bewerbungsverfahren für Studiengänge, Entgegennahme von Bewerbungen sowie deren Prüfung und ggf. Bewertung

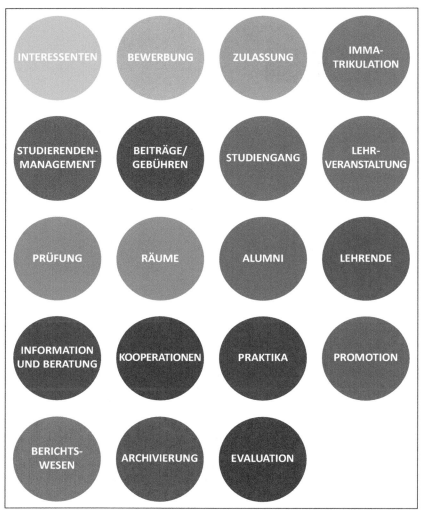

Quelle: ZKI (2016: 17)

- *Zulassung:* Zulassung von Bewerber.innen und ggf. Bewerbergruppen zu Studiengängen sowie Annahmeverfahren
- *Immatrikulation:* Einschreibung zugelassener Bewerber.innen sowie Erzeugung, Bereitstellung und Versand der dazugehörigen Bescheide
- *Studierendenmanagement:* Verwaltung aller eingeschriebenen Personen, von Änderung der Stammdaten, Vertiefungswahlen über Rückmeldungen und Beurlaubungen bis hin zur Exmatrikulation

- *Beiträge und Gebühren:* Verwaltung von Zahlungen im Zusammenhang mit Bewerbungen, Einschreibung, Rückmeldung, ggf. zahlungspflichtige Leistungen und gebührenpflichtige Studiengänge sowie Beiträge und Gebühren bei Fort- und Weiterbildung, Schulungen oder Gasthörerschaften
- *Studiengang:* Studiengangsentwicklung mit Unterstützung, Strukturierung, Planung, Entwicklung und Einstellung des Studienangebotes sowie Akkreditierungsverfahren und Studiengangsmanagement mit Erstellung, Fortschreibung und Umsetzung der Studien- und Prüfungsordnungen sowie Modulhandbüchern
- *Lehrveranstaltung:* Erarbeitung der semesterbezogenen Veranstaltungsplanung, deren Veröffentlichung und Belegung sowie ggf. Aufnahme und Einteilung von Studierenden sowie Vorbereitung und Durchführung von Lehrveranstaltungen
- *Prüfung:* Zulassungsvoraussetzungen, Prüfungsplanung, Veröffentlichung, Bescheinigung sowie Anmeldung, Zulassung, Abmeldung und Prüfungsdurchführung
- *Räume:* Zuordnung von Räumen für Lehrveranstaltungen, Prüfungen und andere Veranstaltungen sowie Pflege und Verwaltung von Raumdaten
- *Alumni:* Verwaltung und Information sowie Einbindung, Förderung und Weiterentwicklung der Alumni
- *Lehrende:* Administration von Lehrenden sowie Erfassung und Verwaltung von Lehrdeputaten
- *Information und Beratung:* Information und Beratung von Studierenden im Rahmen von Studium und Lehre
- *Kooperationen:* Gestaltung von Kooperationen zwischen Hochschulen zu gemeinsamen Angeboten in Studium und Lehre, die Bereitstellung und Übertragung von Studiendaten und -verläufen sowie Abläufe im Zusammenhang mit Auslandsaufenthalten Studierender und internationalen Studierenden sowie Kooperation mit Stiftungen und Stipendiengebern
- *Praktika:* Bereitstellung von praktikumsbezogenen Informationen, Unterstützung bei Praktikumssuche, Auswertung und Verwaltung von Unterlagen sowie Kommunikation mit Praktikumsbetrieben
- *Promotion:* Verwaltung aller an der Hochschule promovierenden Personen, von Stammdaten bis zur Eröffnung und Durchführung des Promotionsverfahrens
- *Berichtswesen:* Erstellung, Aufbereitung und Bereitstellung von Daten sowie Berichtsvorlagen, eingegliedert in das Gesamtberichtswesen der Hochschule
- *Archivierung:* Aufbewahrung von Daten und Dokumenten, verknüpft mit dem Berichtswesen
- *Evaluation:* Darstellung der Abläufe von Evaluationsprozessen in verschiedenen Bereichen des Student Life Circle als Bestandteil der Qualitätssicherung von Studium und Lehre

Neben der allgemeinen Korrespondenz mit und Beratung von Studierenden besteht heute eine besondere Anforderung der Lehrbegleitung bzw. -organisation in der Pflege von und Kommunikation über digitale lehrunterstützende Studien-

Die Hochschule: Die FOM Hochschule ist eine private Einrichtung. Sie ist allerdings mit mehr als 46.000 Studierenden in über 35 Bachelor- und Masterstudiengängen in den Bereichen Wirtschaft, Ingenieurwesen und Gesundheit/Soziales (https://www.fom.de/ studiengaenge.html, 24.9.2018) größer und mit 29 Standorten im gesamten Bundesgebiet in mancher Hinsicht komplexer als zahlreiche staatliche Hochschulen.

Der Online-Campus: Der „Online-Campus" ist eine Eigenentwicklung der Hochschule. Es handelt sich dabei um ein Campus-Management-System, das sämtliche Prozesse aus Studium, Lehre, Bibliothek, Prüfung, Kommunikation, Qualitätssicherung, Forschung und Verwaltung im Rahmen einer digitalen Nutzeroberfläche integrativ zusammenfügt. Vernetzt sind dergestalt sämtliche 29 Standorte der Hochschule. Studierenden und Lehrenden wird eine Vielzahl an Diensten – auch mobil über eine App – geboten, und die Lehrenden werden gleichzeitig von Verwaltungstätigkeiten entlastet:

■ Die Studierenden finden im Online-Campus ihre Semesterpläne und erhalten Informationen rund um ihr Studium – neben Lernmaterialien, die die Lehrenden vor den Veranstaltungen hochladen (s.u.), auch organisatorische Angaben wie Raumhinweise und dergleichen. Die Studierenden können Prüfungsan- und -abmeldungen vornehmen, Prüfungsleistungen in Gestalt von Hausarbeiten oder Präsentationen direkt hochladen und ihre Prüfungsergebnisse einsehen. Außerdem erhalten sie termingerechte Erinnerungen, sollten sie bspw. noch eine Bescheinigung einreichen müssen.

■ Die Lehr- und Lernumgebung „Präsenzlehreplus" bietet Unterstützungen für Studium und Lehre. Sie ist speziell auf die Bedürfnisse berufstätiger Studierender abgestimmt. Passend zum jeweiligen Vorlesungstermin stellen Lehrende ihren Studierenden multimediale Lernmittel zur Verfügung: Skripte, Lehrvideos, Fallstudien, Planspiele, Podcasts, Übungen zur Klausurvorbereitung, Checklisten, weiterführende Links, Literaturempfehlungen und weiteres. Die Lernmittel sind sowohl als Download verfügbar als auch über die App in vollem Umfange nutzbar. Studierende, die aus beruflichen oder persönlichen Gründen eine Vorlesung verpassen, können so zeit- und ortsunabhängig auf aktuelle Lernunterlagen zugreifen, um das Verpasste nachzubearbeiten. Dank unterschiedlicher multimedialer Lehr- und Lerninhalte können Studierende neues Wissen leichter verinnerlichen, da sie es über mehrere Sinne aufnehmen und der individuelle Lernprozess insgesamt schneller erfolgt.

■ Die Lehrenden nutzen den Online-Campus für die Organisation des Lehrbetriebs (Räume, Veranstaltungstermine etc.), können Rahmenvorgaben wie die Modulbeschreibungen incl. Curricula und Orientierungsunterlagen, Musterskripte sowie Anregungen zu innovativen Lehrmedien abrufen, in ihren Kursen Lehr-und Lernmedien bereitstellen und nahezu alle Verwaltungstätigkeiten rund um Prüfungen digital abwickeln. Sie können Prüfungen bereitstellen und Prüfungsleistungen, z.B. Haus- oder Abschlussarbeiten, downloaden sowie Benotungen uploaden. Außerdem bietet der Online-Campus eine Plattform für die Kommunikation mit Studierenden und anderen Lehrenden.

■ Ebenso stehen über den Online-Campus viele Millionen Bücher und Artikel online zur Verfügung. Hinterlegt sind zahlreiche Datenbanken wie z.B. EBSCO und Springer-Link. Es besteht die Möglichkeit, in zahlreichen Datenbanken gleichzeitig nach Inhalten aus Büchern, e-Books, wissenschaftlichen Zeitschriften und Rezensionen zu suchen. Daneben finden die Studierenden eine Auswahl an Softwareprogrammen, die das wissenschaftliche Arbeiten und Schreiben unterstützen.

■ Kernprozesse des Qualitätsmanagementsystems, z.B. die studentischen Evaluationen, werden unterstützt und dokumentiert. Jede Lehrperson kann ihre Evaluationsergebnisse einsehen und vergleichen. Der Online-Campus generiert damit Informationen für Qualitätsweiterentwicklungen in Studium und Lehre. Er schafft eine Datenbasis, um den besonderen Dokumentations- und Berichtspflichten eines Qualitätsmanagementsystems gerecht werden zu können, und ist so eine wichtige Grundlage für die Systemakkreditierung.

Bewertung: Usability, insbesondere Übersichtlichkeit und intuitive Nutzerführung, sind sehr gut gelöst. Der Komplexitätsgrad der abzubildenden Strukturen und Prozesse ist mit dem mittelgroßer staatlicher Hochschulen vergleichbar. Für das Geschäftsmodell der Hochschule ist der „Online-Campus" essentiell – und insofern mag dieses Campus-Management-System über den konkreten Fall hinaus Hinweise darauf geben, was möglich ist, wenn eine Hochschule ihr CaMS als essentiell bewertet (bzw. bewerten muss).

Quelle der Sachinformationen: Pietzonka (2018: 14–16). Der FOM-Online-Campus ist nicht öffentlich, sondern nur für die Hochschulangehörigen zugänglich (https://campus.bildungscent rum.de/nfcampus/pages/login.jsp?i=fom). Die Angaben aus dem hier referierten Artikel sind von uns an einem FOM-Standort verifiziert worden.

portale bzw. Plattformen. Zu den verbreitetsten Angeboten in diesem Bereich zählen ILIAS (Integriertes Lern-, Informations- und Arbeitskooperations-System), Moodle (Modular Object-Oriented Dynamic Learning Environment) und Stud.IP (Studienbegleitender Internetsupport von Präsenzlehre).

Die Grenzen zwischen studienzentrierten CaMS und lehrunterstützenden Plattformen sind zum Teil fließend, wobei die Systeme nicht zwangsläufig miteinander verknüpft sind. Die lehrunterstützenden Plattformen laufen häufig neben den neu implementierten studienzentrierten CaMS weiter. Eine Reihe von Informationen und Funktionen der lehrunterstützenden Plattformen werden auch in den studienzentrierten CaMS benötigt bzw. vorgehalten (bspw. Informationen zu Lehrveranstaltungen, Räumen und Teilnehmern).

Zudem ist es an Hochschulen häufig Realität, dass verschiedene lehrunterstützende Plattformen parallel laufen. Beispielsweise nutzen einzelne Fachbereiche, Professuren oder Studierendenkohorten zusätzlich zu den hochschulzentral offerierten Angeboten eigene Softwarelösungen. So entstehen nicht selten nebeneinander vorgehaltene redundante Grunddaten. Daraus ergeben sich für Studierende wie für Lehrende prozessbezogene Widersprüchlichkeiten: Alle an der Lehre Beteiligten stehen stets vor der Frage, in welchem Portal die gesuchte Veranstaltung, Aufgabe oder Datei zu finden ist bzw. welche Doppeleintragungen und (In-)Konsistenzen zu beachten sind.

Die Arbeit über lehrunterstützende Plattformen ist teils als traditionelle, teils als neue Anforderung fassbar:

▪ Traditionell waren Aufgaben wie das Bereitstellen von Vorlesungsmaterialien, Teilnehmerlisten oder Terminierungen schon immer durch die Lehrenden (oder deren Mitarbeiter.innen) zu erledigen. Dies findet nun lediglich statt papierbasiert auf den digitalen Plattformen statt. Inwieweit es dadurch zu Aufwandssteigerungen oder -verringerungen kommt, welcher Mehrwert geschaffen und inwiefern die Qualität der Lehre beeinflusst wird, hängt von mehreren Faktoren ab und wird individuell variierend eingeschätzt.

■ Neu ist, dass der Umgang mit den Plattformen deutliche Unterschiede zu den traditionellen, analogen Verfahrensweisen aufweist. Das kann Einarbeitungen bzw. Schulungen erfordern, die zunächst Ressourcen binden, diese ggf. aber durch anschließende Effizienzsteigerungen kompensieren können.

C

Effekte geänderter
Hochschulstrukturen und -prozesse

Vielfach wird, nicht zuletzt in der Forschungsliteratur, eingeschätzt, dass nach der Einführung neuer Steuerungselemente ein nach wie vor starker Staat neben einer nun gestärkten Hochschulleitung stehe (etwa Bogumil et al. 2013: 225). Die durch Anreizsteuerung ersetzte traditionelle bürokratische Detailsteuerung reduziere dabei aber nicht den Aufwand, sondern ginge umgekehrt mit deutlich vermehrtem bürokratischen Aufwand einher (Friedrichsmeier 2012a: 185). Hochschullehrende bemängeln die zunehmende Komplexität und kumulative Folgen der vielen unterschiedlichen anreizgesteuerten Regulierungsvorstöße.

Gleichwohl muss sehr sorgfältig differenziert werden, um zu einer angemessenen Antwort auf die Frage zu gelangen, ob die Reformen der letzten Jahre tatsächlich zu einer generellen Mehrbelastung der Lehrenden geführt haben. Wichtig ist es daher zu unterscheiden, ob sich aus den neuen Verfahrensregelungen subjektive Belastungswahrnehmungen ergeben oder ob es sich um objektiv nachweisbare Mehrbelastungen handelt. Hierzu liefern sowohl vorhandene Studien als auch unsere eigenen empirischen Untersuchungen Hinweise.

6. Belastungen und Belastungswahrnehmungen des wissenschaftlichen Personals

Die neuen Prozesse an den Hochschulen setzen sich aus zweierlei zusammen: zum einen den Verarbeitungen extern auferlegter Anforderungen, die aus Governance- und Studienstrukturreform resultieren;[1] zum anderen den Prozessgestaltungen, die in Reaktion darauf von den Hochschulen eigeninitiativ neu eingeführt wurden.[2] Sie werden mindestens zum Teil an die Lehrenden weitergereicht, insofern sie ohne deren Mitwirkung auch nicht organisational verarbeitbar wären. Sollen Motivation und Engagement der Lehrenden dadurch nicht untergraben werden, müssen zusätzliche Belastungen mindestens hinsichtlich ihrer Funktion nachvollziehbar sein, möglichst einen erkennbaren Nutzen generieren und idealerweise mit Entlastungen an anderer Stelle verbunden sein.

Werden diese Ansprüche eingelöst? Das soll im folgenden anhand konkreter Prozesse aus dem hochschulischen Alltag geprüft werden.

Vorweggenommen werden kann, dass Wissenschaftler.innen individuelle Belastungswahrnehmungen typischerweise nicht nach Funktionsbereichen trennen, sondern eher nach dem alltagstheoretischen Schema „eigentliche Aufgaben (Lehre und Forschung) vs. uneigentliche Aufgaben (Verwaltung und Organisation)" sortieren. Daher dürfen bei der Betrachtung von Belastungen und Belastungswahrnehmungen keine Kontextprozesse ausgeblendet werden – etwa Ressourcensicherung, Dokumentation, Beantragungen oder Abrechnungen. Nur so lässt sich dem Bild nahekommen, das das wissenschaftliche Personal von sich hat, wenn es sich – unter anderem – als Getriebene innerhalb von Organisationsprozessen wahrnimmt, die es selbst kaum beeinflussen kann.

Diesem Ziel entsprechend werden die nun zu behandelnden Prozesse im Blick auf administrative bzw. organisatorische Be- oder Entlastungen sowie Belastungswahrnehmungen in Augenschein genommen. Sie stellen keine vollständige Abbildung aller einschlägig relevanten Prozesse dar, sondern sind eine Auswahl. Das Zustandekommen dieser Auswahl beruht darauf, dass im Rahmen unserer Untersuchungszugänge relevante Informationen zu erlangen waren. Hierbei ist zu berücksichtigen, dass die Prozessgestaltungen ein wesentlicher Bereich sind, in dem die Hochschulen und ihre Institute auch eigene Gestaltungsmöglichkeiten haben und bewahren möchten. Daher werden dort – nachvollziehbarerweise – beträchtliche Verschleierungsenergien investiert, um Abläufe in ihren Details nicht offenkundig werden zu lassen. Entsprechend sind für manche Prozesse, deren Funktionsweise hier zu behandeln wünschenswert gewesen wäre, nicht genügend Informationen zu ermitteln gewesen. Zugleich be-

[1] vgl. oben 2. Herausforderungen der Hochschulorganisation: Die prägenden Veränderungen seit den 90er Jahren

[2] vgl. oben B Reaktionen der Hochschulorganisation auf gesteigerte Anforderungen: Neue Strukturen und Prozesse

gründen sich daraus auch die deutlichen Umfangsunterschiede der nachfolgenden Darstellungen exemplarischer Prozesse.

6.1. Bologna-Reform-Folgen

Die Studienstrukturreform hat beim Lehrpersonal Steigerungen des individuellen wie des kollektiven Aufwands für die Organisation der Lehre bewirkt. Am deutlichsten wird dies bei der Gestaltung der nötigen Abstimmungsprozesse, was praktisch vor allem heißt: Sitzungen und Sitzungszeiten. Die Anzahl der Sitzungen hat zugenommen, weil es mehr Abstimmungsrunden gibt und inhaltliche Entscheidungen in kleineren Fachgruppen für die eigentlichen Entscheidungsgremien vorbereitet werden müssen. Durch die größere Vielfalt der Themen dauern Sitzungen zudem oft länger. „Durch die Tendenz, sowohl immer mehr Verfahren dokumentieren als auch immer mehr gesonderte Anträge stellen zu müssen, um notwendige Mittel für die Arbeit zu erhalten, wird … immer mehr zusätzliche Arbeit erforderlich." (HFT Stuttgart 2009: 10)

6.1.1. Modularisierung und Leistungspunkte

Seit der Modularisierung des Studiums setzen sich Studienprogramm aus einzelnen Modulen zusammen. Diese können aus verschiedenen Lern-/Lehrformen – also z.B. Vorlesung, Übung, Praktikum –, ggf. auch unterschiedlicher Disziplinen, bestehen, aber sie müssen vollständig unabhängig voneinander sein. Dies soll die Wahlmöglichkeiten Studierender erhöhen. Ein Modul erstreckt sich i.d.R. über ein Semester. Abgeschlossen wird es mit einer studienbegleitenden Prüfung. Der Vorteil des studienbegleitenden Prüfens liegt darin begründet, dass eine verstetigte Leistungsrückmeldung über das gesamte Studium hinweg erfolgt und das sog. Bulimie-Lernen am Studienende zum Stoff von mehreren Studienjahren vermieden wird.[3]

Im Zuge der Modularisierung lösten Credits (Leistungspunkte) die traditionellen Leistungsnachweise durch Scheine ab. Credits drücken den zeitlichen Arbeitsaufwand (Workload) im Studium incl. Vor- und Nachbereitungen aus. So ist festgelegt, dass von den Studierenden für ein Bachelorstudium 5.200 Arbeitsstunden und für ein Masterstudium 3.600 Arbeitsstunden zu investieren sind. Credits rechnerisch so passgenau zu vergeben, ist sehr komplex und stellt eine bürokratische Herausforderung dar.

Eine verbreitete Kritik gilt daher bürokratischen Auswüchsen der Strukturreform, die sich in den Vorgaben der Studien- und Prüfungsordnungen, den fächerspezifischen Bestimmungen und der Notwendigkeit von Modulhandbüchern widerspiegelten. Das Versprechen der Wahlmöglichkeiten Studierender im Zuge der Modularisierung sei damit nicht zu erfüllen. Vielmehr handele es sich um eine „Fiktion der Vergleichbarkeit von Studienleistungen" und eine

---

[3] vgl. unten 6.1.6. Neugestaltung des Prüfungswesens

„Dauer-Reform von durch den Sudoku-Effekt produzierten Studiengängen", damit diese den alltäglichen Anforderungen eines Studiums gerecht werden könnten (Kühl 2011: 31, 33).

Zur Bewältigung der Veränderungen wurden zahlreiche Arbeitsgruppen gebildet und Beauftragte benannt. So existier(t)en hochschulweite ECTS-Arbeitsgruppen bzw. ECTS-Beauftragte sowie Profil- und Modularbeitsgruppen bzw. Profil- und Modulbeauftragte[4] (vgl. Gehmlich 2004: 3–8). Bei der Planung der Lehrabdeckung sowie der Erstellung und Abstimmung der Stundenpläne sind demnach verschiedene Personen bzw. Organisationseinheiten einzubeziehen, wodurch sich insgesamt der Aufwand für Abstimmungen erhöht.

Ungeachtet oder trotz der Unterstützungsmaßnahmen durch Beauftragte und Verantwortliche haben die Änderungen der Studienstruktur und die damit einhergehenden Folgen in der Lehre breite Kritik erfahren (vgl. Kühl 2011, 2012; Stahr 2009). Gründe dafür waren und sind nicht zuletzt darin zu suchen, dass die mit den Neuerungen verbundenen Aufgaben vom wissenschaftlichen Personal nur bedingt den hochschulischen Kernbereichen (Forschung und Lehre) zugerechnet werden und die zugehörigen Tätigkeiten deshalb kaum als rollenkonform wahrgenommen werden.

6.1.2. Umsetzung der Kompetenzorientierung

Hinter der Kompetenzorientierung steckt eine sowohl bildungspolitische als auch -theoretische Neuausrichtung: Nicht mehr Kenntniszuwachs soll zentrales Erfolgskriterium eines Studiengangs sein, sondern das, was die oder der Lernende am Ende an Handlungsfertigkeiten ausgebildet hat. Dazu sollen Bildungsprozesse von ihren Wirkungen und Ergebnissen her gedacht werden: „weg von der Stoffzentrierung der Lehre hin zur Kompetenzorientierung des Studiums" (Webler 2003: 68).

Was heißt das konkret? Der Deutsche Qualifikationsrahmen (DQR; vgl. Bund-Länder-Koordinierungsstelle 2013) z.B. sortiert Kompetenzen nach „Fachkompetenz" und „Personaler Kompetenz". Die Fachkompetenzen wiederum werden nach Wissen und Fertigkeiten unterschieden, die Personalen Kompetenzen nach Sozialkompetenz und Selbstständigkeit. All dies ist dann erneut untergliedert. So umfasst etwa die Sozialkompetenz dreierlei: Team-/Führungsfähigkeit, Mitgestaltung und Kommunikation. Damit sind zugleich Bildungsziele definiert.

Sodann werden acht Kompetenzniveaus definiert, denen sich einzelne Ausbildungen bzw. Studiengänge zuordnen lassen. Dies endet bei Niveau 8, das der Promotion entspricht. Deren Inhaber.innen sollen über „Kompetenzen zur Gewinnung von Forschungserkenntnissen in einem wissenschaftlichen Fach oder zur Entwicklung innovativer Lösungen und Verfahren in einem beruflichen Tätigkeitsfeld verfügen. Die Anforderungsstruktur ist durch neuartige und unklare Problemlagen gekennzeichnet" (ebd.: 22). Eine Bachelor-Absolventin (Niveau 6) verfüge demnach über „Kompetenzen zur Planung, Bearbeitung und Auswertung von umfassenden fachlichen Aufgaben- und Problemstellungen sowie zur

---

[4] vgl. oben 4.1.2. Zunahme begleitender Strukturen >> Beauftragtenwesen

eigenverantwortlichen Steuerung von Prozessen in Teilbereichen eines wissenschaftlichen Faches oder in einem beruflichen Tätigkeitsfeld". Und die Anforderungsstruktur, auf die sie durch Ausbildung oder Studium vorbereitet ist, sei „durch Komplexität und häufige Veränderungen gekennzeichnet". (Ebd.: 7)

Die so operationalisierte Kompetenzorientierung ist nicht unwidersprochen geblieben und nach wie vor umstritten. Die Diskussion fragt nach den spezifischen Funktionen des Kompetenzbegriffs, die er im Unterschied zu Begriffen wie Bildung oder Persönlichkeitsentwicklung habe. So würden die Kompetenzen landläufig „nicht aus einem fundierten und begründeten Verständnis der ‚Person' entwickelt, sondern ... ‚vom System her' als notwendig normativ den Personen zugeschrieben". Ausgeblendet würden dabei vor allem die Widersprüche und Dysfunktionalitäten, die biografisch in jedem Subjekt selbst schon immer angelegt seien. (Grigat 2010) „Funktionalität für gesellschaftliche Zwecke und Subjektivität werden nicht mehr in gut pädagogischer Manier entgegengesetzt, sondern verschmelzen vielmehr zu einem neuen Typ *(multi)funktionaler bzw. polykontexturaler Subjektivität*" (Höhne 2007: 37).

Es fehle der Überschuss, den „Bildung" an Gehalt, Erklärungs- und Kritikreichweite hat. Die Intentionalität des Subjekts, seine Freiheit, werde ausgeblendet, während der Bildungsbegriff stets Rezeptivität und Spontanität zusammendenke. Kernelemente des Bildungsbegriffs wie seine anthropologische Fundierung in einem Konzept der Freiheit, sein kritisches Potenzial sowie die Betonung der Bedeutung von Sprache und Tradition könnten aber nur zum Schaden des Individuums, der Gesellschaft und der Bildungsinstitutionen aufgegeben werden. Letztlich ginge es bei der Kompetenzorientierung nicht „um Persönlichkeitsentwicklung. Es geht um Personalentwicklung". Die subjektiven Potenziale würden als Kompetenzen „entfaltet und gleichzeitig entstellt. Sie werden auf ihre verwertbaren Anteile hin reduziert". (Grigat 2010)

Eine gewisse Chance auf Einigungsfähigkeit zwischen den konkurrierenden Positionen mag es aber geben, wenn Kompetenzen begriffen werden als personale Qualitäten, in denen Wissen, Fähigkeiten/Fertigkeiten und professionelle Haltung zusammenfließen. „Kompetenzen sind kein bloßes bzw. ‚leeres' Wissen, sondern *praktizierbares und praktiziertes Wissen*". Zum einen könne auf dieses Wissen dauerhaft zurückgegriffen werden. Zum anderen passe sich dieses Wissen flexibel an wechselnde Kontexte an. (Sander 2010: 5)

Ein soziologisches Kompetenzverständnis fasst Kompetenzen als Vermögen, iterativ Problemlösungen zu begreifen (Pfadenhauer 2010: 155). Dabei umfasse kompetentes Handeln drei Dimensionen: Können, Wollen und Dürfen. Für die Dimension des Könnens bzw. der Befähigung wählt Pfadenhauer eine breite Definition, denn Befähigung umfasse sowohl die kognitive Dimension als auch Erfahrungen und erlernte Routinen zur Lösung von Problemen (ebd.: 153). Allerdings gelte die Befähigung nur als Voraussetzung, da ohne die Bereitschaft, ein Problem zu bewältigen, die Befähigung nicht auf das Problem gerichtet werden könne. Problemlösungen wiederum basierten auf „einem Konglomerat von Wissenselementen, Relevanzen, Motiven, Techniken, Strategien, Reflexionen, das in mannigfaltige Einzelaspekte zerlegbar ist, von denen ein Gutteil bewusst (gemacht) werden kann" (ebd.: 165).

Zusammengefasst: Kompetenzen stellen die Einheit der Differenz von Wissen, Fähigkeiten und Fertigkeiten sowie professioneller Haltung dar. Wissen und Fähigkeiten/Fertigkeiten sind notwendige Voraussetzungen, und wo es gelingt, beide zusammenzuführen und mit einer professionellen Haltung zu verbinden, dort entstehen Kompetenzen. In so verstandenen Kompetenzen verschmilzt also das individuelle Können und Wollen (Sander 2010: 5).

In Studienprogrammen soll diese Kompetenzorientierung umgesetzt werden, indem die Frage nach den Handlungsfertigkeiten, die am Ende des Studiums ausgebildet sein sollen, die Curriculumsgestaltung anleitet. Dazu genügt es nicht, diese Orientierung im Grundsatz als sinnvoll zu akzeptieren, sondern sie muss operationalisiert werden. Dem dienen konkrete Benennungen von Kompetenzzielen in den Modulhandbüchern und die Definition von Lernzielen in den Modulbeschreibungen. Damit sollen zu entwickelnde Fähigkeiten, zu erlangende Fertigkeiten und zu erwerbende Kenntnisse beschrieben werden.

Die Europäische Union empfiehlt, Lernziele über Kompetenzbegriffe zu beschreiben und dazu die beiden Kompetenzdimensionen „subjectrelated competencies" (Fachkompetenzen) und „generic competencies" (fachunabhängige Kompetenzen, z.B. Medienkompetenz; Schlüsselqualifikationen) zu nutzen. (Zaugg 2011: 2–8) Hier wird berichtet, dass bezüglich der Formulierung von Lernzielen in den Hochschulverwaltungen und Studienbüros Irritation herrsche, da verschiedene Ansätze (HQR, DQR, Bloomsche Taxonomie) gleichzeitig Verwendung fänden.

Darüber hinaus hätten die Lehrenden zu wenig Kenntnis über theoretische Begründungen komplizierter Lernzieltaxonomien. Da aber Lernziele im DQR und im Qualifikationsrahmen für Deutsche Hochschulabschlüsse (HQR) bereits implizit enthalten sind, sei es an sich auch überflüssig, zusätzlich Inhalte zu formulieren:

> „Ich habe behauptet, wenn ich die Lernziele formuliere in der Weise, wie das der DQR vorsieht oder der HQR, dann brauche ich keine Inhalte mehr zu geben, weil die implizit in den Lernzielen ja enthalten sind. Aber wurde nicht akzeptiert. Ich muss da noch irgendwelche Inhalte formulieren, und das finde ich dann überflüssig." (HSL6)

Dabei, so wird aber auch angemerkt, seien die Lernziele nicht unberechtigt. Wer keine Lehrziele kennt, könne auch keine qualitativ hochwertige Lehre organisieren. Die Dokumentation dessen verhelfe zu mehr Transparenz. Der an dieser Stelle empfundene Mehraufwand entstehe nur dadurch, dass es bisher flächendeckend kaum gemacht worden war bzw. man es nicht für nötig gehalten habe. (HSL6)

Unterm Strich aber bleibe: Was zuvor implizit (mehr oder weniger erfolgreich) angestrebt wurde, muss nun expliziert werden – und erzeugt damit bei den Lehrenden die Anmutung, einer weiteren formalen Anforderung zu unterliegen, die vor allem eines sei: zeitverbrauchend. Allerdings lässt der Unterschied, ob ein kommentiertes Vorlesungsverzeichnis oder aber ein Modulhandbuch erstellt werden muss, per se noch keinen Rückschluss auf Mehrbelastungen zu. Zwar hatten die Lehrenden für ein Vorlesungsverzeichnis nichts weiter als die Veranstaltungstitel und Lehrveranstaltungsbeschreibungen zu melden, während ein Modulhandbuch bedeutet, Lernziele zu definieren und ca. zehn Rubriken in der Modulbeschreibung auszufüllen. Doch ist die Modulbeschreibung dann auch mehrere Jahre gültig, während die Zuarbeiten für das Vorlesungsverzeichnis in jedem Semester zu erbringen waren.

6.1.3. Lehrevaluationen

Grundsätzlich stellt eine Evaluation die Frage, *wie gut* der Betrachtungsgegenstand ist (während eine Akkreditierung danach fragt, ob etwas *gut genug* ist, also bestimmte Standards einhält). Unter Evaluation wird die systematische Analyse von Projekten, Konzepten, Institutionen oder Organisationen verstanden, mit dem Ziel, diese zu bewerten und damit die Möglichkeit zu schaffen, sie zu modifizieren. Allen ihren Varianten ist gemeinsam, „dass über einen Gegenstandbereich der Praxis durch methodisches Vorgehen relevante Informationen für die Gestaltung dieser Praxis ermittelt werden sollen". Evaluation ist insofern als ein Bestandteil von Problemlösungsstrategien zu verstehen, der „für Entscheidungen zuverlässige empirische Datengrundlagen liefert sowie Entscheidungen mittels Klärung von Zielen und Dekompositionen von komplexen Problemen rational gestalten möchte". (Rindermann 2003: 7f.)

Das Resultat von Evaluationen sollen dann Empfehlungen sein, die Grundlage für Maßnahmen sind, welche „Akteure aufgrund von Evaluationsberichten und deren Kontext ergreifen" (Oelkers 2005: 18). An Hochschulen lassen sich drei Bereiche unterscheiden, in denen sie Anwendung finden bzw. finden können: Lehre, Forschung und Verwaltung. Hier interessiert die erstere.

Evaluation der Lehre ist die systematische Beurteilung und Bewertung der Lehr- und Lernprozesse, der Rahmenbedingungen und Organisation des Lehrbetriebs. Indem Defizite und Problembereiche erkannt werden und eine Verständigung über die Kriterien guter Lehre stattfindet, so die Erwartung, könne die Lehre optimiert werden. Insofern zwei unterschiedliche Gegenstände evaluiert werden können, lässt sie sich wiederum untergliedern in Studiengangs- und Lehrveranstaltungsevaluationen.

Erstere werden nur noch fallweise beauftragt, etwa zur Klärung der Zukunftsperspektive eines Studienfaches oder zur Bewertung einer Studiengangsgruppe, etwa der Lehrerbildung. Im übrigen haben sie aber an Bedeutung verloren, da sie im Zuge der Studienstrukturreform von der Programmakkreditierung abgelöst wurden und, anders als anfangs, auch nicht mehr als Akkreditierungskriterium verlangt werden (Winter 2008: 98).

Wo sie stattfinden, können sie als interne oder externe Evaluation durchgeführt werden. Üblich ist aber weithin ein zweistufiges Evaluationsverfahren, das beide miteinander kombiniert. Die interne Evaluation besteht „aus einer systematischen Bestandsaufnahme und Analyse der Lehre und des Studiums unter Berücksichtigung der Forschung durch den Fachbereich oder die Fakultät und endet mit einem schriftlichen Bericht". Auf Basis des Berichts findet eine Begutachtung durch Externe statt, die ihre Erkenntnisse und Empfehlungen ebenfalls in einem Abschlussbericht verschriftlichen. (KMK 2014: 231)

Lehrveranstaltungsevaluationen galten seit Ende der 90er Jahre als zentrales Element der Lehrqualitätsentwicklung. Konkurrierend dazu wurden sie als lediglich studentische Zufriedenheitsmessungen kritisiert. Das Verfahren lasse nicht zu, die Qualität der Lehre ermitteln – auch sagten sie nicht unbedingt etwas über Wissenszuwächse oder die Entwicklung individueller Fertigkeiten wie Erhöhung der Problemlösungskompetenz aus (vgl. HSL2, HSL3, HSL6, HSL7):

> *„Zehn Minuten länger diskutieren ist nicht gleich bessere Qualität. Mehr von den Studierenden gemocht zu werden, ist nicht gleich bessere Qualität. Das Gefühl Studierender, besser vorbereitet zu sein, ist nicht gleich bessere Qualität. Für mich ist die Qualität dann realisiert, wenn die Studenten in die Lage versetzt werden, sich eigene Meinungen zu bilden, die sie überzeugend vortragen können, und wenn sie ihr Talent gefunden haben. Dann haben wir was Tolles geschafft."* (HSL6)

Gleichwohl hat es einiges für sich, die Studierenden als Experten für die Lehrbeurteilung zu akzeptieren. Denn zum ersten sind sie Experten ihrer Situation als zu ‚Belehrende'. Zum zweiten können Lehr-Lern-Prozesse – aufgefasst als zweiseitige Kommunikationsvorgänge – schlechterdings nicht durch allein eine beteiligte Seite, nämlich die der Lehrenden, umfassend eingeschätzt werden.

Allerdings ist zu berücksichtigen, dass die Ergebnisse von Lehrevaluationen immer auch durch Affekte gekennzeichnet sind, d.h. sie sind auch Ausdruck von Gemütsbewegungen Studierender. So sei es gewissermaßen Teil der Fachkultur, dass in den MINT-Fächern ein hoher Anteil Studierender nach den ersten beiden Semestern im Studium scheitere. Dann sei es wenig verwunderlich, wenn gerade Erstsemester die Lehrenden in den Evaluationen schlecht bewerten würden. Das führe in der Folge dazu, dass kaum ein Lehrender mehr Studierende im Erstsemester unterrichten möchte – insbesondere dann nicht, wenn die Bewertungen Auswirkungen auf Zusatzvereinbarungen, etwa als Gegenstand von Zielvereinbarungen, hätten. (Beob_1)

Beobachten lässt sich ein Ungleichgewicht zwischen der Menge erhobener und tatsächlich verwendeter Evaluationsdaten. Entsprechend werden Kritiken hinsichtlich der Evaluationseffizienz formuliert. Zudem seien Lehrevaluationen häufig nicht valide und könnten als Baustein der Hochschulsteuerung Effekte nach sich ziehen, die dem Qualitätsanspruch teils entgegenstünden (Becker et al. 2012; Brand 2015).

Letzteres komme dadurch zustande, dass die Evaluierten ein Interesse an guter Bewertung ihrer Lehrleistungen hätten. Eine Option, um möglichst gut abzuschneiden, also von den Studierenden positiv bewertet zu werden, sei es, die Anforderungen herunterzuschrauben. Studierende, die eine Veranstaltung mit vergleichsweise wenig Aufwand und guter Benotung abschließen, neigten zu besserer Bewertung, so die dahinterliegende Vermutung. Installiert würde somit ein Mechanismus, der Leistungsanforderungen und Studienqualität eher absenke als erhöhe. (Vgl. Ehrmann 2015)

Inzwischen sind die Hochschullehrer.innen in den meisten Bundesländern verpflichtet, ihre Lehrveranstaltungen evaluieren zu lassen, und zugleich haben sich die Erwartungen an Lehrveranstaltungsevaluationen auf das reduziert, was diese realistischerweise leisten können: Feedback geben und ggf. das Gespräch über die Gestaltung von Lehrveranstaltungen fördern. Mit dieser Funktion sind sie Hochschulalltag geworden, ohne noch mit überfordernden Erwartungen beladen zu sein. Es hat also eine Pragmatisierung der Ansprüche stattgefunden.

Aufwand erzeugen die Lehrveranstaltungsevaluationen gleichwohl. Kritiker monieren folglich die zeitliche Mehrbelastung, die für die Lehrenden entstünde. Diesem Einwand wurde durch die Etablierung von Evaluationsbeauftragten oder -büros entgegengetreten. In der Praxis lassen sich dafür verschiedene Modelle finden: eigenständige Evaluationsbüros, Projektformate innerhalb des Dekanats bzw. Fachbereichs, Stabstellen des Qualitätsmanagements, einzelne hauptamtliche Wissenschaftler.innen und Verwaltungsangestellte mit oder ohne Leitungsfunktion, Evaluationsbeauftragte sowie Modelle, in denen der Studiendekan oder die Studiendekanin selbst die Zuständigkeit direkt übernimmt. Letzteres ist eher an kleinen Hochschulen der Fall.

Die Evaluationsbeauftragten oder -büros unterstützen Lehrende bei der Durchführung von Lehrevaluationen, indem sie die Befragungsbögen bereitstellen und die Auswertungen vornehmen:

„Da sage ich: absolut vernünftig und zwingend, weil der wissenschaftliche Anteil gerade in der Evaluationsforschung etc., der ist ja doch erheblich, und das kann man eben nicht im Nebenbei, im Tagesgeschäft lösen." (HVW6)

Die Lehrevaluation „ist ein Prozess, der ständig begleitet werden muss und wo die notwendigen Konsequenzen aus den Evaluationsergebnissen gezogen werden müssen, und da wäre der Studiendekan alleine überfordert bzw. soweit gehen die Kompetenzen auch nicht, sondern das muss dann jemand sein, der das in die Hochschulleitung mit hineinträgt und dann auch die Umsetzung begleitet." (HVW5)

Verbreitet ist die artikulierte Wahrnehmung bei Hochschullehrenden, dass ein Missverhältnis zwischen Aufwand und Nutzen bestehe, denn häufig erreichten die Evaluationsergebnisse den Lehrenden nicht oder es seien keine Auswirkungen auf die Lehre spürbar:

„Es ist ja hier so eine Qualitätsmanagementstelle eingerichtet worden, und diese ganzen Evaluationsbögen werden von denen auch ausgewertet, aber darüber hinaus höre ich nichts. Es ist jetzt nicht so, dass ich informiert werde. Wir kriegen ja nicht mal mehr eine Information, wie das Qualitätsmanagement oder wie die Qualität innerhalb des Kollegiums ist." (HSL5)

„Da muss ich sagen, dass ich das eigentlich so erlebe, dass es relativ wurscht ist, was ich hier in meinen Seminaren mache. Sicherlich gibt es alle zwei Semester so eine Lehrevaluation, die dann Pflicht ist, die auch veröffentlicht wird, aber sobald das durchgeführt ist, interessiert keinen, was damit gemacht wird." (HSL2)

„Mit der Evaluation allein ist es nicht getan, sondern man muss daraus auch die Lehren ziehen und die Hochschullehre dahingehend weiterentwickeln." (HSL1)

Erschließt sich der Nutzen der Evaluationen für den einzelnen Hochschullehrenden nicht, kann dies demotivierend und damit auch negativ auf die Qualitätsentwicklung der Lehre wirken – der sogenannte Sackgasseneffekt (Schuh 2006: 66).

Die Durchführung der Lehrevaluationen, von der Planung bis zur Veröffentlichung der Ergebnisse, wird als klassischer Supportprozess für Studium und Lehre verstanden. An einer untersuchten Fallhochschule – stellvertretend für zahlreiche Hochschulen, an denen der Prozess ähnlich aufgebaut ist – sind an der

Durchführung von Lehrevaluationen (Übersicht 27) fünf Organisationseinheiten bzw. Funktionsträger beteiligt: Studiendekanat, Studierende, Hochschullehrende und deren verantwortliche Sekretariatseinheiten (Sekretariat der Professur oder Institutssekretariat) sowie die Serviceeinheit der Hochschul-IT. Durchgeführt wird sie in Regie und Verantwortung der Fachbereiche. Für die praktische Umsetzung ist das jeweilige Studiendekanat verantwortlich. Diesem obliegt die Koordination aller Aktivitäten der Lehrevaluation am Fachbereich, und es ist zugleich Ansprechpartner für alle Fragen, welche die Lehrevaluation betreffen.

Übersicht 27: Prozessprofil „Durchführung von Lehrevaluationen"

Prozessname	Lehrevaluation durchführen
Prozessziel	Durchführung der Lehrevaluation von der Planung bis zur Veröffentlichung der Ergebnisse
Prozessart	Supportprozess
Prozessbeteiligte	Hochschullehrende, Studierende, Sekretariat, Hochschul-IT, Studiendekanat
Prozessverantwortung	Studiendekanat
Schnittstellen zu anderen Prozessen	keine
auszulösende Ereignisse	nein
digitale Assistenz	Evaluationssoftware (möglich), Online-Dokumentenmanagement
Durchlaufhäufigkeit für Hochschullehrende	in regelmäßigen Abständen
Rechtsgrundlagen	Evaluationssatzung der Hochschule und Durchführungsverordnungen der Fachbereiche/ Fakultäten

Quellen: von der (hier anonymisierten) Hochschule zur Verfügung gestellte Materialien.

Die prozessuale Gestaltung der Interaktionsschnittstellen zwischen den verschiedenen Organisationsebenen ist nicht trivial. Je mehr Schnittstellen und Interaktionspunkte ein Prozess besitzt, desto mehr Problem- und Fehlerpotenziale sind vorhanden. Der hier dargestellte exemplarische Prozess ist durch eine Vielzahl von Interaktionspunkten zwischen internen Organisationseinheiten und Funktionsträgern im Prozessverlauf charakterisiert. Angesichts des hohen Interaktionsgrades wäre für die betrachtete Fallhochschule eine vollautomatisierte Durchführung des Lehrevaluationsprozesses in Betracht zu ziehen. Dadurch könnten sich sowohl Transfer-, Warte- und Liegezeiten reduzieren als auch, trotz großer Datenmengen, die Evaluationseffizienz steigern lassen.

Die derzeitige Durchführungspraxis[5] an der Fallhochschule wird durch einen doppelten Medienbruch erschwert: Das Erarbeiten und Anlegen der Benutzer-

---

[5] siehe Anhang Nr. 7: Prozesskette „Lehrevaluation"

profile geschieht digital, das Zusammenstellen der Fragebögen und die Durchführung der Lehrevaluation selbst über papierbasierte Bögen. Letzteres macht es für die Auswertung innerhalb der IT-Abteilung notwendig, die analogen Informationen der Fragebögen zu digitalisieren. Dieser (aufwendige) Transfer in ein elektronisches System erhöht die Fehleranfälligkeit; Fehler bzw. deren Korrekturaufwand steigern die Transaktionskosten.

Hier könnte die Nutzung elektronischer Evaluations- und Umfragesoftware Abhilfe schaffen, aber auch ihre eigenen Widrigkeiten mit sich bringen. So entspräche die Software oft nicht den gewünschten Anforderungen oder die Systeme müssten ständig nachjustiert werden:

> *„Zum Beispiel wollten wir auch, dass dieses System die Evaluation von Lehrveranstaltungen zulässt. Kann es nicht. Also es kann etwas, das der Anbieter so genannt hat, aber als wir das gesehen haben, haben wir gesagt, das entspricht nicht unseren Anforderungen, nicht unserem Komplexitätsniveau. Das ist das Problem gewesen."* (HVW3)

6.1.4. Lehrberichte

Interne Lehrberichte sind methodisch eine weitgehend standardisierte Form der Qualitätsberichterstattung. Der Form nach sind sie eine Form der Selbstevaluation per Anweisung, da sie in der Regel auf der Grundlage gesetzlicher Verpflichtungen (Landeshochschulgesetze) erstellt werden. Lehrberichte stellen die je aktuelle Situation von Lehre und Studium sowie die Organisation der Lehre dar. Im Gegensatz zu Lehrveranstaltungsbeurteilungen verknüpfen sie die einzelnen Lehrveranstaltungen, betrachten also den gesamten Studiengang und seine Rahmenbedingungen. Der Begriff Lehrbericht tauchte schon zu Beginn der 90er Jahre in der Diskussion als politisch motivierte Idee auf und erhielt durch die Gesetzgebung in den folgenden Jahren normativen Charakter. (Barz/Carstensen/Reissert 1997: 18f.; Höhne 2001: 10)

Anfang der 2000er Jahre waren Lehrberichte in den meisten Bundesländern gesetzlich vorgeschrieben. Bis heute sind die formalen Ausgestaltungen und Regelungen der einzelnen Bundesländer allerdings sehr heterogen:[6]

- In einigen Ländern sind Lehr- und Studienberichte im Gesetz nur erwähnt oder aber ausschließlich Gegenstand von Zielvereinbarungen zwischen Ministerium und Hochschulen.
- In anderen Ländern werden Lehrberichte nur fach- oder fachbereichsweise erstellt,
- während in weiteren Bundesländern zusätzlich oder ausschließlich Gesamtlehrberichte der Hochschulen gesetzlich vorgeschrieben sind.

---

[6] Eine Übersicht zur Handhabung bzw. zur gesetzlichen Regelung von Lehrberichten in den einzelnen Bundeländern Anfang der 2000er Jahre findet sich bei Sandfuchs/Stewart (2002). Vertiefend zu hochschulgesetzlichen Regelungen zur Qualitätssicherung an Hochschulen siehe auch Höhne (2001). Zur Einschätzung aktueller Regelungen hinsichtlich der Lehrberichterstattung wurden für die vorliegende Untersuchung die Landeshochschulgesetze systematisch ausgewertet.

- Teilweise sind die Lehrberichte zu veröffentlichen und teilweise lediglich an die zuständigen Landesministerien weiterzuleiten.
- Für die Erstellung der Lehrberichte lässt sich je nach Bundesland ein Turnus von „jährlich" bis hin zu „in angemessenen Zeitabständen" identifizieren.
- Für die Erstellung der Lehrberichte sind i.d.R. die Studiendekane verantwortlich. Wer darüber hinaus unmittelbar an der Vorbereitung, Erstellung und Verbesserung beteiligt bzw. verpflichtet wird mitzuwirken, ist über die meisten Hochschulgesetze hinweg nicht einheitlich geregelt – genannt werden Fachbereiche, Fachausschüsse für Studium und Lehre, Studienkommissionen und/oder die Studierendenschaft.
- Der Detaillierungsgrad der rechtlichen Vorgaben zur Lehrberichtserstellung ist ebenfalls unterschiedlich – von einer allgemeinen Vorschrift bis hin zu ins Detail gehenden inhaltlichen Vorgaben.

Über die letzten 15 Jahre hin wurde in manchen Bundesländern die gesetzliche Verpflichtung, Lehrberichte zu erstellen, wieder ganz abgeschafft.

Die Ergebnisse der HRK-Umfragen zum Stand der Qualitätssicherung an deutschen Hochschulen (HRK 2003; 2007a; 2008a; 2010a) zeigten, dass Lehrberichte QS-bezogen als eher unwichtig betrachtet und lediglich als nicht vermeidende Pflichtaufgabe wahrgenommen wurden. Die Einschätzungen seitens der Fakultäten und Fachbereiche, also derjenigen, die diese in der Regel anfertigen, fallen dabei im Vergleich zu den Hochschulleitungen erheblich schlechter aus. Auch bleibe insbesondere in jenen Bundesländern, in denen neben Lehrberichten noch andere Verfahren eingesetzt werden, „ihr spezifischer Zweck häufig unklar, so dass sie von den Hochschulen zuweilen auch als bürokratische Last empfunden werden, während ihr Stellenwert für die Qualitätsverbesserung in diesen Fällen eher gering veranschlagt wird" (HRK 2003: 14).

Insgesamt werden die Lehrberichte einerseits als bürokratisches Instrument kritisiert, mit dem die Hochschulen Fassaden der Lehrqualitätsentwicklung bewirtschafteten. Andererseits werden sie unterdessen routiniert durch die Hochschulverwaltungen erstellt. Ihr Umfang – nicht selten mehrere hundert Seiten – verhindert typischerweise ihre Kenntnisnahme, also die Voraussetzung einer etwaigen Wirksamkeit. Nicht auszuschließen ist zwar, dass es im Erstellungsprozess zu geschärften Problemwahrnehmungen bei den unmittelbar Beteiligten, etwa Prorektorat für Lehre und Studium, kommt, und dies dann Folgeaktivitäten auslöst. Wie zahlreiche andere Hochschulreformelemente ist aber auch dieses Instrument bislang nicht auf seine Wirksamkeit hin geprüft worden.

6.1.5. Akkreditierungsverfahren

Die Akkreditierung wurde eingeführt, um bei der Studiengangsentwicklung Qualitätsstandards für die Bachelor- und Masterstudiengänge zu sichern, und ersetzt die frühere ministerielle Genehmigung von neuen Studiengängen. Ihre hochschulpolitische Funktion besteht in der Minderung des staatlichen Einflusses auf die Studiengangsentwicklung bzw. der Entlastung der Ministerien von entsprechenden Prüfaufgaben. Im Sinne einer Konzentration auf hoheitliche

Kernaufgaben beschränkt der Staat sich nun darauf, das Akkreditierungserfordernis gesetzlich zu regeln.

Ursprünglich war erwartet worden, dass die Ersetzung staatlicher Genehmigungen von Studien- und Prüfungsordnungen durch ein normiertes Akkreditierungserfordernis zu Entbürokratisierung führe. Realisiert sehen viele indes die Befürchtungen, dass sich eine Akkreditierungsbürokratie entwickle, die eine erneute Bürokratisierung – nun die der Akkreditierungsverfahren – vorantreibt.

Grundsätzlich stellt eine Akkreditierung die Frage, ob etwas *gut genug* ist, also bestimmte Standards einhält (während eine Evaluation danach fragt, *wie gut* der Betrachtungsgegenstand ist[7]). Konkret handelt es sich um ein Verfahren zur formellen Anerkennung der Kompetenz einer Organisation, spezifische Leistungen auszuführen. Im Unterschied zur Evaluation, die (hochschul-)systemintern betrieben wird, beruht die Akkreditierung auf extern formulierten Qualitätsanforderungen. Indem die Akkreditierung die Einhaltung von Mindeststandards prüft, sind Veränderungs- oder Entwicklungsaspekte tendenziell weniger bedeutsam als Harmonisierung. Außerhalb des Hochschulbereichs wird Akkreditierung daher auch als Konformitätsbewertung bezeichnet.[8]

Die Akkreditierungsarten sind

- die Programmakkreditierung, also diejenige einzelner Studiengänge,
- die Clusterakkreditierung, bei der mehrere Studiengänge im Paket geprüft werden,
- die sog. Systemakkreditierung – gemeint: eine Qualitätssystemakkreditierung –,
- daneben auch die institutionelle Akkreditierung von privaten Hochschulen, die der Wissenschaftsrat verantwortet.

Die Systemakkreditierung stellt den Nachweis dar, dass eine Hochschule über ein hinreichendes Qualitätssicherungssystem verfügt, um erfolgreich anforderungsgerechte Studienprogramme entwickeln zu können. Ist eine Hochschule systemakkreditiert, muss sie ihre künftigen Studienprogramme nicht mehr einzeln akkreditieren lassen. Übersicht 28 gibt Auskunft über die vom Akkreditierungsrat formulierten Bewertungsaspekte für die Akkreditierung von Studiengängen.

Am Ende des Verfahrens können drei Ergebnisse stehen: die Akkreditierung, deren Versagung oder die Akkreditierung mit Auflagen. Positive Akkreditierungsentscheidungen bzw. solche mit Auflagen sind zeitlich befristet. Nach Ablauf der Frist muss eine Re-Akkreditierung stattfinden. Die erfolgreiche bzw. nicht erfolgreiche Akkreditierung ist in der Regel unmittelbar mit gewichtigen, z.B. finanziellen oder institutionellen Konsequenzen verbunden.

Die reale Umsetzung der Akkreditierung, die grundsätzlich als Erfordernis definiert ist, hält sich bislang in Grenzen: 2015 waren im Bundesdurchschnitt 49 Prozent aller Studienprogramme akkreditiert (Studis Online 2016). 2017 waren es zwei von drei Bachelor- und sechs von zehn Master-Studiengängen (DHV 2017).

---

[7] s.o. 6.1.3. Lehrevaluationen
[8] http://www.dakks.de/content/was-ist-akkreditierung (4.9.2016)

Übersicht 28: Akkreditierungsrat: Bewertungsaspekte für die Akkreditierung von Studiengängen

Kategorie	Details
Qualifikationsziele	• Hat der Studiengang eine wissenschaftliche oder künstlerische Ausrichtung? • Befähigt er zur Aufnahme einer qualifizierten Erwerbstätigkeit, zum gesellschaftlichen Engagement und zur Persönlichkeitsentwicklung?
konzeptionelle Einordnung	Der Studiengang muss den Anforderungen • des Qualifikationsrahmens für deutsche Hochschulabschlüsse, • der Ländergemeinsamen Strukturvorgaben für die Akkreditierung von Bachelor- und Masterstudiengängen sowie • den landesspezifischen Strukturvorgaben für die Akkreditierung entsprechen.
Studiengangs-konzeption	• Ist die Kombination der einzelnen Module stimmig im Hinblick auf die Qualifikationsziele aufgebaut? • Sind angemessene Lehr-/Lernformen vorgesehen? • Wie sind die Zugangsvoraussetzungen zu dem Studiengang geregelt? • Gibt es einen Nachteilsausgleich für Menschen mit Behinderung?
Studierbarkeit	• Ist die Studienplangestaltung geeignet? • Wie hoch ist die studentische Arbeitsbelastung? • Welche Betreuungs- und Beratungsangebote gibt es?
Prüfungssystem	• Sind die Prüfungen modulbezogen, wissens- und kompetenzorientiert? • Wurde die Prüfungsordnung einer Rechtsprüfung unterzogen?
Studiengangs-bezogene Kooperation	• Sind andere Organisationen mit Teilen des Studiengangs beauftragt? • Umfang und Art der Kooperation mit anderen Hochschulen oder Unternehmen?
Ausstattung	• Besteht eine ausreichende personelle, sächliche und räumliche Ausstattung? • Gibt es Maßnahmen zur Personalentwicklung und -qualifizierung?
Transparenz und Dokumentation	Sind • Studiengang, • Studienverlauf, • Prüfungsanforderungen und • Zugangsvoraussetzungen einschließlich der • Nachteilsausgleichsregelungen für Studierende mit Behinderung dokumentiert und veröffentlicht?
Qualitätssicherung und Weiterentwicklung	• Werden Ergebnisse des hochschulinternen Qualitätsmanagements bei der Weiterentwicklung von Studiengängen berücksichtigt?
Chancengleichheit	• Gibt es Konzepte zur Förderung von Geschlechtergerechtigkeit und Chancengleichheit?

Quelle: Akkreditierungsrat (2013); eigene Darstellung

Angesichts der gleichzeitig zur Akkreditierungseinführung deutlich gestiegenen Studierendenzahlen erschien die Akkreditierung nachrangig gegenüber der Überlastbewältigung.

Lehrende sind in den Akkreditierungsprozess in verschiedener Weise involviert, d.h. zeitlich beansprucht:

- In den Rollen als Dekan.in, Programmverantwortliche.r bzw. Studiengangsleiter.in sind sie Beauftragte oder Verantwortliche.

- Als Lehrende eines Studienprogramms müssen sie an der Vorbereitung der Unterlagen mitwirken und im Rahmen der Vor-Ort-Begehung die Akkreditierungskommission begleiten. Zudem sind Lehrende im Falle der Nichtakkreditierung daran beteiligt, die Auflagen und Nacharbeiten zu erledigen.

- Auch positiv und auflagenfrei akkreditierte Studiengänge müssen nach fünf Jahren reakkreditiert werden.

- Mindestens drei Lehrende aus jeweils anderen Hochschulen werden als Fachgutachter.innen für einen Akkreditierungsvorgang benötigt. Eine Überschlagsrechnung verdeutlicht den dadurch verursachten Aufwand:

> „Es gibt ... derzeit gut 18 000 Studiengänge, die regelmäßig akkreditiert werden müssen. Rechnet man drei Gutachter aus der Professorengruppe je Verfahren, ergibt sich ein Bedarf von 54 000 Personen alle fünf Jahre, die qua Aktenstudium, Ortstermin und Endbericht etwa drei Arbeitstage damit verbringen. Jährlich macht das 250 000 Stunden und also bei einer normalen Jahresarbeitszeit rechnerisch 150 deutsche Professoren, die überhaupt gar nichts anderes machen als zu akkreditieren." (kau 2016)

Neben dem damit verbundenen, wiederkehrenden und häufig kritisierten Mehraufwand für Lehrende werden Akkreditierungen auch im übrigen kritisch beurteilt. Sie konterkarierten die Bemühungen der Hochschulen zu einer eigenständigen Qualitätssicherung. Sie dienten vielmehr der Qualitätskontrolle und weniger der Qualitätsverbesserung. Insbesondere die Regelungsdichte im Akkreditierungsverfahren wirke bürokratisierend. (Vgl. Reuke 2007: 167f.)

Eine entsprechende Selbstreflexion hat es auch bei den Akkreditierungsagenturen gegeben, wie erkennbar wurde, als die Zentrale Evaluations- und Akkreditierungsagentur Hannover (ZEVA) Seminare zum Thema „Tipps und Tricks zur Antragsstellung in der Programmakkreditierung" anbot. Allerdings hat auch dies Kritik erfahren, so dass die Seminare nicht mehr stattfinden:

> „die Tricks, zu denen hier verholfen werden soll, können nur Tricks gegenüber denen sein, die hier zu ihnen gegen Gebühr verhelfen. Es ist ein wenig so, als böten Landgerichte Kurse unter dem Titel ‚Tipps und Tricks im Strafverfahren' an. [...] Wem es gelingt, die Opfer eines Verfahrens noch zur Belegung kostenpflichtiger Kurse bei den Tätern zu motivieren, die ihnen beibringen, durch welche Tricks man es übersteht, erst der hat die ganze Wahrheit gesprochen." (Kaube 2013)

In unseren Interviews zeigt sich eine insgesamt skeptische bis ablehnende Haltung der wissenschaftlichen Leistungsebene gegenüber Akkreditierungsverfahren – sie werden als unflexibel, irritierend und unzweckmäßig beschrieben:

> *„Da werden neue Studiengänge akkreditiert, dann hat man nur fünf Studenten, kostet fünftausend Euro und der Personalaufwand, das ist was, wo ich sage, liebe Leute, ihr tickt da oben nicht mehr ganz richtig. Akkreditierung: Riesenaufwand." (HSL7)*

Auch mehrere Hochschullehrende innerhalb der Beobachtungsstudie standen mit Akkreditierungsverfahren in Verbindung, woraus sich organisatorische Kontextarbeiten ableiteten. Diese wurden als unliebsame sowie dem Prinzip der

Freiheit von Forschung und Lehre entgegenstehende Aufgaben charakterisiert (Beob_1, Beob_9, Beob_10).

Auch Untersuchungen haben bestätigt, „dass die Programmakkreditierungsverfahren kein geeignetes Instrument ist, die Einhaltung der Vorgaben zur hochschulinternen Qualitätssicherung zu überprüfen und die Wirksamkeit der hochschulinternen Qualitätssicherungsinstrumente sicherzustellen". Sie seien lediglich in der Lage, das Vorhandensein von geforderten qualitätssichernden Elementen formal festzustellen. So stellten Programmakkreditierungen etwa sicher, dass Absolventenverbleibsstudien durchgeführt werden. Doch werde nicht hinreichend geprüft, ob die erhobenen Daten auch einen Einfluss auf die Weiterentwicklung der Studiengänge Berücksichtigung finden. (Pietzonka 2014: 71)

Im Laufe der Jahre hat sich bundesweit eine breite Front der Ablehnung der Akkreditierungsprozedur gebildet. Sie führte zunächst dazu, dass alternativ zur Studienprogrammakkreditierung die Möglichkeit der oben erwähnten Systemakkreditierung geschaffen wurde. Die Voraussetzung für die Systemakkreditierung ist, dass bereits ein oder mehrere Studiengänge an der Hochschule erfolgreich durch die Programmakkreditierung gelaufen sind. Eine positive Systemakkreditierung bescheinigt der Hochschule, dass ihr Qualitätssicherungssystem im Bereich von Studium und Lehre geeignet ist, eine hinreichende Qualität der Studiengänge zu gewährleisten.

Gleichwohl erfährt die Akkreditierung auch weiterhin deutliche Kritik. Diese betrifft insbesondere folgende Punkte:

- Das Verfahren erzeuge eine Bürokratisierung, die den Aufwand für die frühere staatliche Anerkennung der Studiengänge bei weitem übersteige.
- Dies verschärfe sich noch dadurch, dass ein Qualitätsgewinn durch die (obendrein kostenpflichtige) Akkreditierung nicht erkennbar werde und Qualitätsmängel der Akkreditierungsagenturen bzw. -verfahren durch die Hochschulen nur unzulänglich sanktionierbar seien. Hierzu gibt es bislang keine systematischen Informationen, sondern nur solche anekdotischer Evidenz:

  „Der fehlende Sachverstand in manchen Akkreditierungsagenturen hat schon manche Fakultät in die Verzweiflung getrieben. In einem Akkreditierungsverfahren fragte einer der leitenden Mitarbeiter einer Akkreditierungsagentur bei der Begehung einer juristischen Fakultät nach dem Labor. [...] Der leitende Mitarbeiter ... entpuppte sich als gewesener Ingenieur beim TÜV." (Schmoll 2016)

- Es sei (zu) aufwendig, langwierig und teuer. An Kosten fallen 10.000 bis 15.000 Euro pro Akkreditierungsvorgang an:

  „Auf das alte System der ministeriellen Genehmigung zurückprojiziert, hätte für diese Summe damals ein Beamter zwei Monate lang ausschließlich mit der Prüfung einer einzigen Studienordnung verbringen können" (kau 2016).

Auch ist darauf hingewiesen worden, dass die Agenturkosten von 10.000 bis 15.000 Euro pro Akkreditierungsvorgang unvollständig seien:

„Pro Studiengang waren ... rund 38.000 Euro an Akkreditierungskosten entstanden. Weil es sich dabei vorwiegend um hochschulinterne Personalkosten handelte (... 81

Prozent), machte es kostenmäßig keinen Unterschied, ob eine Programm- oder Systemakkreditierung durchgeführt wurde".[9]

- Schließlich würden mit den Akkreditierungsagenturen nichtstaatliche Akteure in die Steuerung der Hochschulen eingebunden. Daher seien auch Ablehnungen selten: „Schließlich wollen die Agenturen ihre gut zahlenden Kunden nicht vergraulen" (Schmoll 2016).

In Teilen, nämlich auf die inhaltlichen Aspekte bezogen, schloss sich dem auch das Bundesverfassungsgericht an, als es die Akkreditierungspraxis als grundgesetzwidrig einstufte. Hierbei ging es zwar um die Akkreditierung von privaten Hochschulen in NRW, doch die Gerichtsentscheidung nahm das Verfahren grundsätzlich in den Blick. In der gegebenen Form wurde die Akkreditierung vom BVerfG als nicht vereinbar mit dem Grundgesetz bewertet:

> „Das Grundrecht der Wissenschaftsfreiheit aus Art. 5 Abs. 3 Satz 1 GG steht zwar Vorgaben zur Qualitätssicherung von Studienangeboten grundsätzlich nicht entgegen. Wesentliche Entscheidungen zur Akkreditierung darf der Gesetzgeber jedoch nicht weitgehend anderen Akteuren überlassen, sondern muss sie unter Beachtung der Eigenrationalität der Wissenschaft selbst treffen" (1 BvL 8/10 – Rn. (1-88)).

Da die Agenturen Vorgaben zur Zusammensetzung der Lehrplaninhalte, Studien- und Prüfungsordnungen sowie zu Modulschwerpunkten machten, sei durch die Akkreditierung unmittelbar der Inhalt der wissenschaftlichen Lehre erfasst, so das BVerfG weiter. Dies jedoch sei nicht gerechtfertigt, da es im Widerspruch zur Wissenschaftsfreiheit stehe. Es müsse daher eine Neuregelung durch den Gesetzgeber erfolgen, die mit dem Grundgesetz konform ist. Das heißt: Die Akkreditierung muss so gestaltet werden, dass der Gesetzgeber selbst die wesentlichen Entscheidungen zur Akkreditierung selbst trifft. (BVerfG 2016)

Die Problemanzeigen und Kritiken haben durch einen Umstand eine vergleichsweise hohe Überzeugungskraft: Bislang sind die Wirkungen der Akkreditierung nicht untersucht worden. Ob eines oder mehrere der Akkreditierungsziele erreicht worden sind und, falls ja, in welchem Verhältnis das zu den finanziellen, zeitlichen und emotionalen Kosten der Akkreditierung steht, muss daher an dieser Stelle offen bleiben.

6.1.6. Neugestaltung des Prüfungswesens

Die Prüfungsorganisation ist unmittelbarer Bestandteil der Hochschullehre. Sie lässt sich in drei Phasen unterteilen: Planung, Durchführung und Bewertung. Im einzelnen fallen unter die Prüfungsorganisation das Erstellen von Prüfungsplänen, die Terminierung der Prüfungen, bei mündlichen Prüfungen in Abstimmung mit den Studierenden, die Organisation (Raum, Aufsichtsführende, Beisitzer), die Bearbeitung von Anträgen auf Prüfungsverlegung, die Durchführung und die Meldung der Ergebnisse an das Prüfungsamt bzw. das Einpflegen in elektronische Verwaltungsportale.

---

[9] Schreiben des Präsidenten des Thüringer Rechnungshofes vom 3. Juni 2016, zit. in Detmer/ Böcker (2016: 1072)

In den vergangenen Jahren stellte die Prüfungsorganisation Verwaltung und Wissenschaftler.innen vor neue Herausforderungen. Dies lag in den stark gestiegenen Studierendenzahlen, neuen Prüfungsmodalitäten und Digitalisierungsbestrebungen – sowohl der Prüfungen selbst als auch deren Verwaltung – begründet. Zahlreiche Autoren kritisieren, dass mit der Umstellung auf Bachelor- und Masterabschlüsse ein gegenüber den alten Studiengängen signifikant höherer Aufwand der Prüfungsorganisation verbunden sei.[10] Als Ursachen werden angesehen:

- die Häufigkeit der Prüfungen (Modulprüfungen am Ende jedes Semesters);
- die Orientierung am Modulhandbuch bzw. den darin festgeschriebenen Regelungen des ECTS-Systems;
- neue Dokumentationspflichten und -anforderungen, auch unter der Bezeichnung „Dokumente zur Transparenzherstellung" (Transcript of Record, Diploma Supplement).

Zur Entlastung der wissenschaftlichen Leistungsebene innerhalb des Prüfungswesens haben Hochschulen vielerorts durchaus bereits Initiativen ergriffen, z.B. die Einrichtung sogenannter Studienreferate. Diese sollen das wissenschaftliche Personal bei der Prüfungsverwaltung und -organisation unterstützen. Angesichts 50 zu betreuender Seminararbeiten und 50 Abschlussarbeiten in einem Semester, so ein Proband aus unserer Beobachtungsstudie, werde diese Unterstützung dankend angenommen (Beob_9). Andere Hochschullehrende beklagen den hohen Prüfungs- und Betreuungsaufwand: Teils seien bis zu 60 Hausarbeiten in einem Semester zu kontrollieren, in einem Semester seien es sogar 90 Hausarbeiten gewesen. Für eine fristgerechte Korrektur aller Arbeiten habe man dann im Schnitt ca. zwölf Minuten pro Hausarbeit. Für Klausuren betrage die Korrekturdauer in etwa acht bis neun Minuten, bei Multiple Choice ca. vier bis fünf Minuten. (Beob_6; Beob_10)

Zur Prüfungshäufigkeit: Problematisch gestaltet sich – wie es insbesondere während der ersten Jahre nach Beginn der Studienstrukturreform zu beobachten war –, wenn einzelne Lehrveranstaltungen schlicht in Module umbenannt werden. Die Modularisierung fand häufig nur auf dem Papier statt, was für die Lehrplanung zwar zunächst ressourcenschonend war, aber zu Aufwandsaufwüchsen im Prüfungswesen führte. Sowohl von Seiten der Verwaltung als auch der Studierenden wurde eine Prüfungsflut beklagt, die dadurch zustande kam, dass die eigentlich für ein Modul zu erbringenden Prüfungsleistungen nun für einzelne Veranstaltungen zu erbringen waren.

Die an vielen Hochschulen zu kleine Modulgröße und/oder die nur bedingt umgesetzte inhaltliche Modularisierung führten dazu, dass von der Kultusministerkonferenz (KMK) ein Modulmindestumfang von fünf Leistungspunkten festgeschrieben wurde. Doch auch dies verhinderte nicht, dass sich infolge des studienbegleitenden Prüfens – ergänzt durch den kontinuierlichen Anstieg der Studierendenzahlen – die Zahl der Prüfungen erhöht hat, was insgesamt mit erheblichen Mehrbelastungen für Lehrende verbunden ist.

---

[10] vgl. statt vieler Bloch et al. (2014: 199), Kühl (2011; 2012), Hartmer (2008)

In Mecklenburg-Vorpommern ist versucht worden, die Prüfungshäufigkeit zu reduzieren. Jedes Fach könne seit einer Änderung des Hochschulgesetzes 2015 selbst entscheiden, wie viele Module des Studiums es benoten will und wie diese in die Endnote eingehen (vgl. §§ 36-38 LHG M-V). Hätten sich viele Professor.innen und Studierende über die Prüfungsbulimie beklagt, so könnten sie seither „alles so machen wie früher auch". Aber: „wir erreichen Rekordwerte bei der Zahl der benoteten Module". (Brodkorb 2015)

Fragt man nach der Erklärung für dieses kontraintuitive Verhalten, so sei es darauf zurückzuführen, dass Professoren sagten: „Mein Modul ist das wichtigste, also muss es auch geprüft werden, weil sonst wird ja aus dem Studenten kein richtiger Mensch. Die Praxis ist also offenbar dem Machtkampf in den Instituten geschuldet." (Ebd.)

Hinzu trat eine sich kontinuierlich verschlechternde Betreuungsrelation in der grundständigen Lehre – 2014 im Durchschnitt 66 Studierende auf einen Hochschullehrenden, 2010 waren es noch 60 gewesen (StatBA 2014). Es wird vermutet, dass die häufig kritisierte „Verschulung"[11] der Studiengänge und die Normierung der Prüfungsformate dazu beitragen, dass Studierende einen erhöhten Bedarf an Beratung und Anleitung bei der Bewältigung von Abschlussarbeiten haben, auf die Betreuer reagieren müssen.[12] Als Antwort auf die Mehrbelastung durch Prüfungshäufigkeit bei gleichzeitig gestiegenen Studierendenzahlen hat sich z.T. die Art der Prüfungsabnahme verändert.

Neue Prüfungsformen: Vermehrt wird die Prüfungsleistung über Multiple-Choice-Klausuren bzw. Prüfungen im Antwort-Wahl-Verfahren abgefragt. Bei dieser formalisierten Prüfungsabnahme kann eine Erleichterung darin gesehen werden, dass sich die studentischen Lösungen mehr oder weniger per Schablone korrigieren lassen, was grundsätzlich Zeit spart. Kritiker weisen hier darauf hin, dass die Vielfalt unterschiedlicher Leistungsanforderungen mit Ankreuzfragen nicht mehr abgebildet werden könne. Das führe zwangsläufig zu einer Niveauabsenkung. Vor der Studienstrukturreform seien Prüfungen traditionell je nach den sachlichen Erfordernissen mündlich oder schriftlich und mit unvermeidlich unterschiedlichen Schwierigkeitsgraden abgehalten worden. In diesen sei etwa auch die sprachliche Form, Verständlichkeit, Argumentation, Kreativität und Selbständigkeit beurteilt worden. Doch erlaube dies der Rahmen von Multiple-Choice-Prüfungen nicht mehr. (Bayer 2013: 36, vgl. auch Kühl 2011a: 8)

Waren die Studierenden bis Bologna wohl mehr an einer inhaltlichen Rückmeldung ihrer Prüfungsergebnisse interessiert gewesen – da sie etwa erworbene Vornoten häufig durch die Note des damals noch selbstverständlichen Abschlussexamens korrigieren konnten –, so seien sie unter Bologna-Bedingungen auf die vom ersten Semester an für die Abschlussnote mitentscheidenden Noten fixiert. Das führe dazu, dass Studierende auf einheitliche Schwierigkeitsgrade pochten und inhaltliche Rückmeldungen nunmehr eine vergleichsweise ge-

---

[11] „fixe Stundenpläne", „klassenorientierte Lehr- und Lernorganisation", „Anleitung statt selbstorganisiertes Lernen", „permanente Anwesenheitspflichten einhergehend mit einer hohen Kontrolldichte und Prüfungsinflation", „wenig Wahlfreiheiten" und „Vermittlung von kanonisiertem ‚Schul'-Wissen" (Winter 2009: 49)

[12] vgl. etwa Winter (2009), Webler (2009), Kühl (2011)

ringere Rolle spielten. Hochschullehrende reagierten zunehmend mit Verständnis für die hohe Prüfungsbelastung und Vereinheitlichungsforderungen der Studierenden, nicht zuletzt, da sie selber durch Prüfungen und deren Verwaltung sehr belastet seien. Die Vielzahl der Prüfungen und der allgegenwärtige Notendruck erzwängen Einheitlichkeit und Rationalisierung dort, wo eigentlich „Vielfalt und Langsamkeit" angebracht wären. (Bayer 2013: 38)

Bei aller Kritik sind die positiven Aspekte der Modulprüfungen nicht zu vernachlässigen. Das studienbegleitende Prüfen ermöglicht es, sich zeitnah mit den Inhalten der Lerneinheiten bzw. Module auseinanderzusetzen. Dadurch entfällt das geballte Abprüfen des Stoffs von mehreren Studienjahren am Studienende. Im Unterschied zum traditionellen Prüfungssystem wird den Studierenden nunmehr über das gesamte Studium eine verstetigte Leistungsrückmeldung ermöglicht.

Zur Verwaltung von Prüfungsergebnissen: An Hochschulen werden seit jeher Prüfungsleistungen bewertet, dokumentiert und archiviert bzw. gespeichert. Das gehört zu den Routinetätigkeiten des wissenschaftlichen Personals und beteiligter Verwaltungsebenen. Verbreitet ist allerdings die artikulierte Wahrnehmung, dass der Aufwand dafür insbesondere durch die zweistufige Studienstruktur und das studienbegleitende Prüfen beständig steige.

So muss der Verwaltungsablauf in der Prüfungsadministration stärker als früher mit Fristen in der Studierendenverwaltung synchronisiert werden (Berbuir 2010: 80). Neben Prüfungsamt, Prüfungsplanern, Lehrenden und Studierenden sind Institutssekretariate und zunehmend Fakultätsverwaltungen involviert, daneben diverse Beauftragte, Koordinatoren und IT-Personal (Degenhardt 2010: 83ff.). Daher ist die Prüfungsverwaltung an Hochschulen heute deutlich komplexer und weniger flexibel als vor 15 Jahren; Abstimmungsbedarfe und Harmonisierungsanforderungen sind gestiegen (Stender 2010: 97; HSL2).

Für die Praxis der Prüfungsverwaltung sind damit neue Herausforderungen markiert. Die genannten Rollenträger, die am Durchlaufen eines Prüfungsvorgangs beteiligt sind, gehören in der Regel unterschiedlichen Hochschuleinheiten an, haben jeweils andere Vorgesetzte und arbeiten zum Teil an verschiedenen Standorten. Dies steigert die Koordinationskosten und erhöht prinzipiell die Fehleranfälligkeit. Innerhalb der Prozesslandkarte der Hochschulen ist die Verwaltung von Prüfungsergebnissen als Kernprozess definiert. Zielstellung ist die Erfassung, Dokumentation und Speicherung von Prüfungsleistungen. Am Durchlauf an einer exemplarisch ausgewählten Fallhochschule (Übersicht 29) sind drei Organisationseinheiten bzw. Funktionsträger beteiligt: Hochschullehrende, Studierende und das Prüfungsamt. Die zentrale Prozessverantwortung hat das letztere. Ihm obliegt die Gesamtkoordination und -verantwortung, die Pflege der elektronischen Prüfungsakten, und es fungiert als zentraler Ansprechpartner für Prüfungsbelange.

Zur Unterstützung der Ergebnisverwaltung kommt eine Prüfungsverwaltungssoftware zum Einsatz – wie an vielen Hochschulen mittlerweile auch; eine ausschließlich papierbasierte Ergebnisverwaltung ist in der Regel nur noch an kleinen, vornehmlich künstlerischen Hochschulen übliche Praxis. Über eine Selbstbedingungsfunktion sollen Studierende, Mitglieder des Lehrkörpers, Mitarbei-

Übersicht 29: Prozessprofil „Verwaltung von Prüfungsergebnissen"

Prozessname	Verwaltung von Prüfungsergebnissen
Prozessziel	Erfassung, Dokumentation und Speicherung aller Prüfungsleistungen
Prozessart	Kernprozess
Prozessbeteiligte	Prüfungsamt, Hochschullehrende, Studierende
Prozessverantwortung	Prüfungsamt
Schnittstellen zu anderen Prozessen	Widerspruch im Prüfungsausschuss bearbeiten; Exmatrikulationsgründe im Prüfungsamt prüfen
auszulösende Ereignisse	ja
digitale Assistenz	Prüfungsverwaltungssoftware
Durchlaufhäufigkeit für Hochschullehrende	regelmäßig, mehrmals jährlich
Rechtsgrundlagen	Rahmenstudien- und Prüfungsordnung

Quellen: von der (hier anonymisierten) Hochschule zur Verfügung gestellte Materialien

ter.innen des Prüfungsamtes die Daten (online) verbuchen, bearbeiten und einsehen können. Eine komplette Prozessautomatisierung wie hier im Beispielprozess ist allerdings selten. Trotz eingesetzter Prüfungsverwaltungssoftware ist es für Hochschullehrende teils noch nötig, die Prüfungsergebnisse zwar elektronisch einzutragen, sie aber anschließend auszudrucken, zu unterschreiben und dann an das Prüfungsamt weiterzureichen:

> *„Das ist so ein bisschen ein Widerspruch ... Also auf der einen Seite: Für die studentische Verwaltung wird alles eben im Netz abgewickelt ..., aber hier [auf wissenschaftlicher Leistungsebene] müssen sie verwaltungstechnisch alles im Original ... unterschreiben." (HSL5)*

Darüber hinaus lässt sich empirisch belegen, dass die IT-gestützte Bearbeitung der Prüfungsverwaltung durch den Einsatz von Selbstbedienungsfunktionen nicht zur Reduzierung des Aufwandes der Hochschullehrenden geführt hat. Stattdessen kommt es zu einer Verschiebung von klassischen Verwaltungsaufgaben auf die wissenschaftliche Leistungsebene.[13]

Mehr Studierende, mehr Prüfungen und dazu eine Vielzahl an Verwaltungsaufgaben – das steigert unabhängig davon, ob papierbasiert oder automatisiert, die Koordinationskosten, erhöht prinzipiell die Fehleranfälligkeit und belastet Hochschullehrende und Verwaltung gleichermaßen:

> *„... was mich sehr aufgeregt hat, war etwa die Organisation der Prüfungsverwaltung bzw. Noteneingabe: Wir haben hier noch ein System, wo man Prüfungsleistungslisten ausfüllen muss, d.h. jede Note wird eingetragen. ... Wir haben zwar die Studierenden elektronisch [erfasst], können aber die Noten nicht elektronisch eingeben, d.h. wir ha-*

---

[13] s.u. 6.2.2. Verschiebung von Verwaltungsaufgaben: Beispiel Prüfungsverwaltung

ben mehrere Fehlerquellen, und wenn sie eine Massenveranstaltung haben, ... mit zweihundertvierzig Teilnehmern über einhundertsechzig Klausuren mit ungefähr zwanzig, fünfundzwanzig Studiengängen, die da unterschiedlich bedient werden, dann ist es sehr komplex für die Sekretärin und für die Verwaltung, ... das auszufüllen und das zu behandeln, weil das unglaublich viel Arbeitskraft absorbiert". (HSL3)

Im Regelfall sind mehrere auf unterschiedliche Abschlüsse zielende Studiengänge parallel zu verwalten. Nicht selten existieren studienreformbedingt mehrere Prüfungsordnungen mit unterschiedlicher Geltungsdauer innerhalb eines Studienganges (Degenhardt/Stender 2010: 94). Hinzu kommt, dass die Studien- und Prüfungsordnungen heute wesentlich komplexer sind als noch Diplom- oder Magisterordnungen. Das wird z.B. an der Notwendigkeit einer präzisen Beschreibung von Prüfungsleistungen deutlich:

„Wir hatten z.B. Multiple-Choice, da gibt es, glaube ich, eine bundesweite Verwaltungsgerichtssprechung, dass in den Prüfungsordnungen gekennzeichnet sein muss, dass eine Klausur nach Multiple-Choice abgelegt wird. Das hatten wir z.b. systematisch nicht drin, und da haben Leute geklagt, wenn sie da durch die Klausur gerasselt waren. Folge ist, dass jetzt überall, wo Multiple-Choice steht, die Klausur in einer bestimmten Weise gekennzeichnet ist, so dass man das sehen kann." (HVW3)

Überdies treten bei der Verwaltung von Prüfungsleistungen regelmäßig Probleme auf, da die Realität nicht vollkommen in den Studien- und Prüfungsordnungen und den digitalen Systemen abgebildet werden kann. So sind real existierende Leistungskombinationen oft nicht in digitalen Systemen abbildbar, bspw. wenn Prüfungsleistungen nicht innerhalb der Prüfungszeiträume erbracht wurden oder dort, wo mit der Flexibilisierung innerhalb der Studiengänge vielfältige Fächerkombinationen aus unterschiedlichen Fachbereichen möglich sind. In letzteren Fällen seien mehrere Prüfungsordnungen gleichzeitig zu berücksichtigen, wobei nicht selten Missverständnisse entstünden (Beob_11).

Die Standardisierung scheitert dann am besonderen Einzelfall. Bisherige Verfahren erlaubten es vergleichsweise aufwandsarm, klärungsbedürftige Sonderfälle über den kurzen Dienstweg zu klären. Dies sei einerseits durch das hohe Standardisierungsmaß der elektronischen Systeme und andererseits durch die hohe Präzisierungsneigung in Studien- und Prüfungsordnungen nur noch eingeschränkt möglich (HVW2).

Ebenso ist im Zusammenhang mit Prüfungen unter den Bedingungen des Bologna-Prozesses die Entwicklung zu erwähnen, dass Studierende heute mehr Angriffspunkte für Widerspruchsverfahren finden. Zugleich ist die Hemmschwelle zur Nutzung rechtlicher Möglichkeiten deutlich gesunken. Statistisch belegen lässt sich das nur bedingt, doch zumindest können diesbezügliche Wahrnehmungen und Problembeschreibungen verdichtet werden (Übersicht 30).

Übersicht 30: Verwaltungspraktische und -rechtliche Problembeschreibungen zu Prüfungen unter den Bedingungen des Bolognaprozesses

---

Verwaltungsgerichtliche Auseinandersetzungen

„Als Anwalt bearbeite ich viel mehr Fälle seit der Umstellung auf Bachelor und Master. Die Probleme sind inhaltlich komplizierter, weil die Anliegen viel individueller sind [...] Ich beobachte, dass meine Mandanten heute besser organisiert und besser informiert

---

auftreten als vor 15 Jahren." (Rechtsanwalt und Hochschulrechtler Matthias Trenczek, zit. in Muriel 2014)

Beschwerde- und Widerspruchsverfahren

Studierende nehmen nicht mehr alles so hin, wie es ihre Professor.innen vorgeben: „Noch vor einigen Jahren haben sich die Studierenden im Grunde nie beschwert. Und sie haben sich schon gar nicht organisiert, um sich zu beschweren", sagt Thomas Stelzer-Rothe, Präsident des Hochschullehrerbundes Nordrhein-Westfalen. „Das lag zum einen daran, dass es weniger Anlass zur Beschwerde gab, zum anderen daran, dass Studenten sich nicht getraut hätten, sich bei ihrem Professor zu beschweren. Wie weit dieser neue Mut gehen kann, zeigt ein Fall aus Köln: Im Februar 2012 legten dort 305 Lehramtsstudenten im ersten Semester eine Matheprüfung ab. Nur 22 bestanden die Klausur. Die Studenten wollten das nicht hinnehmen und beschwerten sich: Bei der zuständigen Dozentin, beim Lehrstuhl, bei Eltern, die sich wiederum an das nordrhein-westfälische Wissenschaftsministerium wandten. Sie starteten eine Unterschriftenaktion und schalteten den Asta ein. Ihre Proteste waren schließlich erfolgreich." (Papst 2015: 1)

Komplexitätszunahme innerhalb der Prüfungsverwaltung

„Die Prüfungen haben sich seit der Umstellung versiebenfacht, im Schnitt haben wir im Semester bis zu 170.000 Einzelprüfungen! Die Studenten brauchen außerdem mehr Beratung, meistens geht es um Anrechnungsfragen. Und dann die Zeugnisse: Früher haben wir zwei Dokumente ausgestellt, eine Urkunde und ein Zeugnis. Heute schreiben wir eine Urkunde, ein Zeugnis, ein Diploma of Supplements, ein Transcript of Records und das alles zweisprachig, deutsch und englisch. Das sind acht Dokumente pro Student!" (Ludwig Ciesielski, Leiter des Prüfungsamtes der Uni Duisburg-Essen, zit. in Muriel 2014)

Verwaltungspraktische und rechtliche Fallstricke

„immer, wenn ich als Hochschullehrer sage, die Prüfungsleistung im letzten Jahr hat sich eigentlich nicht bewährt, ich mache statt einer Klausur doch lieber eine Hausarbeit, geht das natürlich, aber es ist eine Prüfungsordnungsänderung, und dann geht es los: Studienkommission, Fakultätsratsbeschluss, im schlimmsten Falle muss es noch in den Senat, Rektoratsbeschluss, Rektoratskommissionsbefassung usw. Da sind wir, denke ich, wie andere Hochschulen auch in der verzwickten Situation, dass das ja bis zu einem Jahr dauert, bis so eine Prüfungsordnungsänderung mal in Kraft tritt. [...] Aber es steigt natürlich überall so die Furcht vor dem Verwaltungsgerichtsprozess. Die Studierenden klagen häufiger, d.h. auch da ... muss stärker auf die Rechtmäßigkeit von bestimmten Situationen geachtet werden. [...] Und wenn dann vielleicht für dieses Pflichtmodul keine gültige Prüfungsordnung besteht, dann lacht uns das Verwaltungsgericht natürlich aus. [...] Ich habe schon den Eindruck, dass da ein bisschen die Klagefreudigkeit gestiegen ist." (HVW3 [2015])

„Die schönste Prüfung ist wertlos, wenn die Prüfungsordnung, die ihre Basis darstellt, rechtswidrig ist. Der versierte Anwalt im Prüfungsrecht, dessen Aufgabe in der Regel die Vertretung des Prüflings ist, der eine Prüfung im letzten Prüfungsversuch nicht bestanden hat, wird immer (auch) die Prüfungsordnung unter die Lupe nehmen. Da gibt es ein paar ‚klassische' Fehler – fehlende Beschlussfassung, Veröffentlichungsmängel –, die die Hochschulverwaltung vermeiden muss. Es gibt aber auch ein paar mögliche Formulierungsschwächen in Prüfungsordnungen, die man ohne Kenntnis der einschlägigen prüfungsrechtlichen Rechtsprechung niemals findet, weil sie auf den ersten Blick völlig unverdächtig erscheinen." (Birnbaum 2011: 9)

Ein Blick auf die Prozesskette unserer exemplarisch ausgewählten Fallhochschule zeigt:[14] Widerspruchsverfahren (z.b. „Widerspruch im Prüfungsausschuss bearbeiten") werden im Durchlaufschema incl. zugehöriger Prozessschnittstellen berücksichtigt. Längere Durchlaufzeiten durch Koordinationskosten sowie Nachweispflichten sind demnach einkalkuliert.

Noten-Transfer: Um die unterschiedlichen Benotungsansätze der europäischen Bildungssysteme und Hochschulen transparent und die in verschiedenen europäischen Ländern erzielten Studienleistungen miteinander vergleichbar zu machen, werden sie in ein standardisiertes Leistungspunktesystem übersetzt. Die hierfür europaweit eingeführte Benotungsskala wurde in den letzten Jahren stetig weiterentwickelt. Bis 2009 war es üblich, lokale Noten – in Deutschland die Noten 1 bis 5 – mittels einer prozentbasierten fünfstufigen ECTS-Benotungsskala in ECTS-Noten zu transferieren. Die Übersetzung der fünfstufigen *ECTS-Benotungsskala* auf die Notengruppen erwies sich allerdings als aufwändig und fehleranfällig, weshalb sie von europäischen Institutionen relativ wenig genutzt wurde. (Europäische Gemeinschaften 2009: 43–46) Auch die KMK und HRK empfielt deren Anwendung in Deutschland nicht mehr.

Um die europäischen Notensysteme transparenter zu gestalten, empfiehlt der ECTS-Leitfaden von 2009 sowie der ECTS Users' Guide von 2015 die *ECTS-Einstufungstabelle* – nicht zu verwechseln mit der bis 2009 empfohlenen ECTS-Benotungsskala. Sie gibt Auskunft über die tatsächliche Leistungsprozentzahl der Studierenden pro lokaler Note. Auf Basis dieser statistischen Verteilungstabellen sei Notenumrechnung möglich, indem die eigenen Prozentsätze mit denen anderer Hochschulen oder Institutionen verglichen werden. Die Einstufungstabellen können dann z.B. auf den Leistungsübersichten (Transcript of Records) abgebildet werden. Bislang verwenden jedoch nur sehr wenige Hochschulen ECTS-Einstufungstabellen. (Ebd.; European Union 2015: 39–41)

Neue Dokumentationspflichten: Ein mit der Studienstrukturreform neu eingeführtes Format ist das Transcript of Records (auch: ECTS-Datenabschrift). In diesem werden die Studien- und Prüfungsleistungen der Studierenden durch eine standardisierte Aufstellung der absolvierten Lehrveranstaltungen und Module, der jeweils erzielten Leistungspunkte und Noten dokumentiert. Das Transcript of Records wird grundsätzlich zum Studienabschluss oder bei einem Hochschulwechsel durch das Studien- oder Prüfungsamt ausgestellt. Die Datenabschrift wurde in erster Linie für Austauschstudierende entwickelt, um die erbrachte Studienleistung dokumentieren zu können. In der Regel stehen an den Fakultäten oder Fachbereichen Vordrucke zur Verfügung. Sie sind vom Studierenden weitgehend selbst auszufüllen und werden von den zuständigen Ämtern überprüft, ggf. ergänzt und unterschrieben. Das Transcript of Records enthält Informationen zu absolvierten Modulen und Modulprüfungen, den erreichten ECTS-Punkten, nationale Prüfungsnoten sowie ECTS-Noten.

Ein weiteres Dokumentationsformat stellt das Diploma Supplement (auch: Diplomzusatz, Anhang zum Prüfungszeugnis, Studiengangserläuterung) dar. Als Anhang zum Abschlusszeugnis hat es die Funktion, die Transparenz in der Hoch-

---

[14] siehe Anhang Nr. 7: Prozesskette „Verwaltung von Prüfungsergebnissen"

schulbildung zu fördern, die akademische und berufliche Anerkennung in anderen europäischen Staaten zu erleichtern und die Beurteilung von berufsbezogenen Qualifikationen zu unterstützen. Im Diploma Supplement wird dazu der abgeschlossene Studiengang detailliert erläutert (Zugangsvoraussetzungen, Studieninhalte, Kompetenzziele, berufliche Qualifikation). Es wird mit dem Prüfungszeugnis oder auf Antrag des Studierenden von der zuständigen akademischen Dienststelle (i.d.R. Prüfungsamt, Studierendensekretariat o.ä.) ausgestellt. Eine englische Fassung ist neben der landessprachlichen üblich. Das Diploma Supplement ist Teil des Portfolios des europäischen Bildungspasses. (Vgl. Hofmann 2005: 17)

6.2. Digitalisierungsinduzierte Prozesse

Sobald man die Digitalisierung wissenschaftsunterstützender Prozesse im Lichte der neueren Anforderungen, die im Zuge des neuen Steuerungsmodells und des Bologna-Prozesses entstanden sind, betrachtet, stellt man zweierlei fest: Zum einen gilt die Gestaltung der Digitalisierung wissenschaftsunterstützender Prozesse in den Hochschulen als weithin suboptimal, und zwar bei Nutzern wie bei Administratoren. Zum anderen ist das Wissen über die Möglichkeiten optimaler Gestaltung eingeschränkter, als es der *state of the art* in anderen Anwendungsfeldern vermuten lässt.

Insbesondere mit der Einführung von CaMS verknüpfen Hochschulen hohe Erwartungen an die Effektivierung und Effizienzsteigerungen organisatorischer Prozesse. Dem Betrieb solcher Systeme sind bestimmte Reibungen und daran geknüpfte Ressourcenverluste zwar in gewissem Maße inhärent, und sie sind daher nie vollständig zu eliminieren. Die empirischen Befunde verweisen allerdings auch auf Entwicklungen und Determinanten, deren Gestaltung bzw. Nutzung beträchtliche Optimierungspotenziale bergen.

So lässt sich als ein häufiger Nebeneffekt der Implementation von CaMS die Verschiebung klassischer Verwaltungsaufgaben hin zur wissenschaftlichen Leistungsebene beobachten. Neue technische Möglichkeiten müssen nicht zwangsläufig dazu führen, doch vielerorts ist das gelebte Praxis.

6.2.1. Verwaltung von Studium und Lehre

Eine gängige Wahrnehmung ist: Der administrative Aufwand für die Verwaltung von Studium und Lehre habe, allein schon aufgrund der Zunahme der Studierendenzahlen, zugenommen, denn man habe jetzt im Vergleich zur Zeit vor Bologna gefühlt doppelt so viele Abschlussarbeiten zu betreuen und Prüfungen durchzuführen (HSL2; HSL5). Hinzu kämen die vielfältigen Studienmöglichkeiten, die der Studienstruktur Bachelor/Master innewohnten und zu komplexen administrativen Handhabungen sowohl für die Verwaltungen als auch für die Hochschullehrenden führen. Fragt man nach den Folgen dessen, legen die von uns befragten Hochschullehrer.innen den Fokus insbesondere auf den Einsatz elektronischer Systeme:

"Wir versuchen seit Jahren, im Haushalt neue Stellen auszubringen, was uns aber nicht gelingt [...] Also wir müssen mit dem vorhandenen Stellen-Pool auskommen. Sowas ist also nur möglich, indem wir mit EDV-technischer Unterstützung dann diese Belastung abfangen." (HSL1)

In den vergangenen zehn Jahren ist die EDV-basierte Organisation und Verwaltung des Hochschulbetriebs im allgemeinen und des Lehrbetriebs im besonderen weit vorangeschritten. In vielen Bereichen sind Plattformen entstanden, die vormals papierbasierte Verfahren ergänzt oder ersetzt haben. Welche Folgen diese prozessualen Eingriffe zu Anfang noch hatten, beschrieb eine befragte Verwaltungsmitarbeiterin folgendermaßen:

"wenn sie da prozessual eingreifen, indem sie eine Software einführen, ... dann ist das eine Herausforderung, die Prozesse zu stabilisieren, und das hat natürlich auch so eine Geschwindigkeit, die nicht sehr hoch ist. Da redet man dann immer von zwei bis drei Jahren, bis ein Prozess aufgebaut und stabilisiert worden ist. Gerade die Modul- und Veranstaltungseinschreibungen – da haben wir zwei bis drei Jahre gebraucht, bis wir da ein einigermaßen annehmbares Verfahren hatten." (HVW3)

Aber auch jenseits von Erstimplementierungen führen Umstellungen aufgrund bzw. innerhalb von Digitalisierungsprozessen zu neuem administrativen Aufwand. Die zwei folgenden Beispiele aus unseren Untersuchungen verdeutlichen das anhand vermeintlicher Trivialitäten:

▪ So habe man die Homepage der Hochschule überarbeitet und in eine neue Plattform („typo3-Backend") integriert. Die Folge dessen sei gewesen, dass online zur Verfügung gestellte Inhalte für Studierende seitens der Hochschullehrenden komplett neu hochgeladen werden mussten. Da die bis dato verwendeten Dokumentenformate nicht mit den neuen kompatibel gewesen seien, ließen sich diese nicht durch einfache Operationen portieren. Es habe Zeit investiert und Dinge delegiert werden müssen, die dann wieder von Entscheidungen abhängig waren, die wiederum Zeit kosteten. (HSL1)

▪ In mehreren Bundesländern gibt es keine Anwesenheitslisten mehr für Studierende; andernorts obliegt es den Hochschulen, ob sie die Anwesenheit der Studierenden kontrollieren.[15] Das heißt: Wenn Hochschullehrende nicht mehr verpflichtet sind, Anwesenheitslisten zu führen, kann das potenziell entlastend wirken. Mit dem Einsatz von Studienverwaltungssystemen ist es allerdings vielerorts notwendig geworden, dass sich Studierende digital bspw. zu Seminaren anmelden. Daraus wiederum ergebe sich für das Lehrpersonal die Notwendigkeit, diese Anmeldungen im System einzeln zu bestätigen. Das nivelliert die potenzielle Entlastungswirkung. Die Folgen sind Unterlaufensstrategien: *„Ich habe die Anwesenheitsliste dann da hinten hingelegt und habe denen gesagt, tragen Sie sich ein und gehen sie wieder, wenn es Sie nicht interessiert. Das ist mir egal, wer in dieser Liste steht. Ich mach das jetzt, weil mir gesagt wurde, ich muss das machen."* (HVW1)

Mit der Einführung neuer Softwarelösungen geht meist die Absicht einher, Vorgänge zu optimieren bzw. aufwandsärmer bearbeiten zu können. Besonders in

---

[15] Siehe dazu unter https://www.bigkarriere.de/karrierewelt/karrierewelt-studium/neues-urteil-der-uni, 11.7.2018

der Anfangsphase neuer Anwendungssysteme zeigen sich allerdings auch neue Herausforderungen und Konfliktpotenziale. Inwiefern digitale Unterstützungen zusätzlichen Aufwand erzeugen oder entlastend wirken, hängt nicht zuletzt von der Gestaltung des digitalen Hochschulökosystems als Ganzes bzw. der Integration einzelner Softwarelösungen in dieses ab.

Generell ist digitale Assistenz vorteilhaft, wenn damit Bearbeitungsaufwand, benötigte Zeiten und zurückzulegende Wege für Studierende und Lehrende reduziert werden können. In der Praxis jedoch ist es alles andere als praktikabel, wenn Studierende und Lehrende gleich mehrere Portale anlaufen müssen, um ihre Studien- bzw. Lehrbelange zu organisieren – das elektronische Vorlesungsverzeichnis und/oder Modulplattform, Lehr- und Lernmanagementsysteme (LLM), ein Service-Tool für Prüfungsangelegenheiten, Bibliotheksaccount, der klassische eMail-Client etc.:[16]

> *„Jetzt sind da zwei Sachen. Das eine ist das ... System, das wir für die Verwaltung benutzen, weil die da Noten eintragen sollen usw., und gleichzeitig gehört zu diesem Paket eben das Vorlesungsverzeichnis. Das soll ja irgendwie ineinandergreifen ..., so dass sich irgendwann mal dann auch die Studierenden online eintragen können für Kurse, was sie bei uns noch nicht können."* (HSL1)

> *„Es braucht Zeit. Dann ist es überlastet, bricht zusammen, wenn ich meine Sachen einstellen möchte, weil am Semesteranfang alle irgendwie im Netz sind. Ist irgendwie nicht gut."* (HSL3)

Jeder der Anlaufpunkte im elektronischen Hochschulökosystem präsentiert sich mit eigener Nutzeroberfläche und Usability – allerdings erst, wenn man sich an die je korrekten Zugangsdaten erinnert hat, die zumindest teilweise unterschiedlich sind (allerdings meist auch änderbar). Studierende und Lehrende stehen stets vor die Frage, in welchem Portal die gesuchte Veranstaltung, Aufgabe oder Datei nun nochmal zu finden war bzw. welche Doppeleintragungen und (In-)Konsistenzen zu beachten sind.

Sind die Routinen intuitiv, also selbsterklärend gestaltet, bedarf es nur wenig technischen und digitalen Vorwissens, solche Systeme aufwandsarm zu nutzen. Ist dies nicht der Fall, ergibt sich ein problematischer Umstand: Es entstehen Anwendungskonflikte, so bspw. in der Prüfungsverwaltung bei der Kontrolle der richtigen Anmeldung, der Prüfungszuordnung, dem Anlegen von Prüfungen, der Raumverwaltung und bei Angabe von Prüfungszeiten:

> *„Früher war es so: ich habe einfach im Sekretariat Bescheid gesagt, Studentin Müller hat an meinem Seminar teilgenommen, und sie hat eine Hausarbeit mit der Note 2,3 geschrieben, stell doch mal den Schein aus. Das kann ich jetzt nicht machen, weil ich das in eigener Person in diesem elektronischen System einpflegen muss, da brauche ich meine Bediensteten-Chipkarte für. Da muss ich sehen, dass ich die Studierenden im System finde, dass die sich richtig angemeldet haben, dass ich dann die Prüfung angelegt habe usw., und dieses System ist jetzt auch nicht das übersichtlichste. Da muss man jeweils dann die Prüfungen anlegen. Da muss man einen Raum zu angeben. Da muss man eine Prüfungszeit zu anlegen, was natürlich zu Hausarbeiten nicht passt, aber ohne diese angelegte Prüfungszeit wird die Prüfung nicht akzeptiert im*

---

[16] vgl. oben 5.3. Das elektronische Hochschulökosystem

System. Also das ist einfach ein bisschen – es ist oft nervig und frisst auch einfach ein bisschen Zeit." (HSL2)

Auch für Studierende sei es nicht immer einfach, das elektronische Prüfungsverwaltungssystem zu durchschauen bzw. zu verstehen – so würden bspw. bei der verbindlichen Seminaranmeldung über das elektronische System regelmäßig Konflikte entstehen (HVW3).

Verbreitet ist die Hoffnung, dass sich ein Teil der Anwenderprobleme im Zeitverlauf von selbst erledigen werde, da unter den Hochschulangehörigen sukzessive die *digital natives* dominieren und diese dann Systeminsuffizienzen durch einen gleichsam spielerischen Umgang mit den Systemen absorbieren würden. Das bedarf allerdings einer realistischen Betrachtung. Diese führt zu einer Relativierung, was die digitalen Kompetenzen der *digital natives* betrifft.

Eine Vergleichsstudie der ECDL-Foundation[17] (2018) zur digitalen Kompetenz in sieben Ländern zeigt, dass junge Menschen ebenso oft wie fälschlicherweise als *digital natives* betrachtet werden. Die Daten widerlegen den weit verbreiteten Glauben, dass junge Menschen, weil sie jung sind, auch automatisch *digital natives* seien. Der Umstand, digitalen Technologien täglich zu begegnen und von ihnen umgeben zu sein, ist demnach nicht gleichbedeutend mit der Fähigkeit, diese auch effektiv nutzen zu können. Die an der Studie beteiligten Länder Dä-

Übersicht 31: Selbsteinschätzung vs. tatsächliche digitale Fähigkeiten von Studierenden im internationalen Vergleich*

Land	Testpersonen		Tabellen-kalkulation	Präsen-tation	Text-verarbeitung
Däne-mark	Studenten 1. und 2. Hochschulsemester	Selbsteinschätzung	89 %	84 %	76 %
		Tatsächlich	57 %	58 %	79 %
Deutsch-land	Studenten 1./2. HS-Semester und Abschlussjahr Sek 2	Selbsteinschätzung	79 %	81 %	84 %
		Tatsächlich	38 %	66 %	60 %
Finnland	Studenten 1. und 2. Hochschulsemester	Selbsteinschätzung	74 %	87 %	83 %
		Tatsächlich	37 %	60 %	63 %
Indien	Hochschulstudenten	Selbsteinschätzung	64 %	86 %	85 %
		Tatsächlich	33 %	60 %	49 %
Singapur	Studenten HS und Fachhochschule	Selbsteinschätzung	60 %	66 %	68 %
		Tatsächlich	35 %	57 %	45 %

* Die in den Spalten 4 bis 6 angegebenen Prozentwerte für die Selbsteinschätzungen bilden den Anteil der Befragten ab, die ihre Fähigkeiten in den Bereichen als „angemessen" bis „ausgezeichnet" einstuften. Die Prozentwerte für die tatsächlichen Leistungen bilden den Anteil der Teilnehmer ab, die im Praxistest eine entsprechend hohe Punktzahl („angemessen" bis „ausgezeichnet") erreicht haben.

Quelle: ECDL Foundation (2018: 10)

---

[17] Das ECDL-Programm ist der weltweit anerkannteste Nachweis für Computerkennnisse und wird in mehr als 140 Ländern akzeptiert. Es wird durch eine Stiftung getragen und international durch die ECDL-Foundation koordiniert. In Deutschland wird der ECDL von der Gesellschaft für Informatik e.V. und der DLGI Dienstleistungsgesellschaft für Informatik mbH betreut und umgesetzt. Siehe dazu https://www.ecdl.de/ (28.6.2018).

nemark, Deutschland, Finnland, Indien und Singapur konzentrierten ihre Befragungen auf Universitätsstudierende oder Schüler der Sekundarstufe.[18] Es zeigte sich zweierlei: Die Selbsteinschätzung der Fähigkeiten übersteigt deutlich die tatsächliche digitale Kompetenz, und die getesteten Fähigkeiten sind überwiegend gering ausgeprägt – allein die dänischen Ergebnisse überschreiten die 50-Prozent-Marke (Übersicht 31).

6.2.2. Verschiebung von Verwaltungsaufgaben: Beispiel Prüfungsverwaltung

Prüfungen müssen organisiert und Prüfungsergebnisse verwaltet werden. Die Zunahme der Studierendenzahlen, der Bologna-Prozess und elektronische Supportsysteme haben hier Veränderungen bewirkt.

Verhältnismäßig neu ist die schon angesprochene Verwaltung von Studien- und Prüfungsleistungen mit elektronischen Systemen. In erster Linie als Service für Studierende und zur Erleichterung administrativer Abläufe gedacht, können sie für Lehrende neue Anforderungen und Zusatzaufgaben bergen. Seien vor der Bologna-Reform Leistungsscheine in einfacher Form über das Sekretariat ausgestellt worden, liege dies nun in Eigenverantwortung bei Hochschullehrenden unter Nutzung elektronischer Systeme (HSL2, HSL3).

Der Umgang mit der Software stellt neue Anforderungen an die Beteiligten. Während deren Bewältigung für das herkömmlich mit Prüfungsbelangen befasste Verwaltungspersonal vorausgesetzt werden kann, sind entsprechende Mehrbelastungen den Lehrenden nur bedingt zumutbar.

Zunächst kann eine Mehrbelastung der Lehrenden durch digitale Assistenz nicht umstandslos unterstellt werden. Die Einführung einer Prüfungsverwaltungssoftware lässt per se noch keinen Rückschluss auf erhöten Aufwand zu:

> *„Der Prozess war … bislang so organisiert, dass ich als Lehrender natürlich auch irgendwo meine Noten aufschreiben musste und die dann aber beim Prüfungsamt abgegeben habe, und dort wurden die Noten verbucht. Jetzt ist dieses Projektteam zu den Lehrenden gegangen und hat gesagt: Sie dürfen jetzt im … Campus-Management-System … ihre Noten selbst erfassen. Da können Sie sich natürlich vorstellen, dass es da sofort eine Spaltung gab in Teilen der Hochschullehrer: die, die gesagt haben, na gut, warum nicht, irgendwo muss ich es eh erfassen, da kann ich es auch gleich direkt eingeben und veröffentlichen, und da geht es schneller. Aber für die andere Seite wurde natürlich fast wieder das Grundgesetz außer Kraft gesetzt, weil jetzt plötzlich die Verwaltung die Hochschullehrer zwingt, die Noten einzugeben."* (HVW3)

Von Seiten der Hochschullehrenden wird aber oftmals ein zeitlicher Mehraufwand und eher ein Flexibilitätsverlust statt eines Zugewinns an Flexibilität be-

---

[18] Die Studien waren zweistufig angelegt: Zunächst sollten die Befragten selbst ihre digitalen Fähigkeiten in fünf Bereichen bewerten: Computer-Grundlagen, Online-Grundlagen, Textverarbeitung, Tabellenkalkulation und Präsentation. Danach wurden die Befragten gebeten, praktische Fragen zu beantworten und Aufgaben in einer simulierten Arbeitsumgebung durchzuführen. Im Ergebnis konnte dann ein Vergleich zwischen der Selbsteinschätzung und den tatsächlichen digitalen Fähigkeiten erzeugt werden. (ECDL Foundation 2018: 6)

klagt. Es zeigt sich ein großes Gefälle zwischen Entlastungswunsch und -wahrnehmung. Woran liegt das?

Bereits die verbreiteten langen, zahlreichen und sprachlich teils schwer rezipierbaren Bedienungsleitfäden, Handbücher sowie Dokumentensammlungen, die bereitgestellt werden, um die elektronischen Verfahren zur Prüfungsverwaltung (richtig) zu nutzen,[19] verweisen auf einen problematischen Umstand: Die Mehrbelastung beginnt damit, dass mindestens „aufwendige Einarbeitungsphasen" (HSL5) nötig sind, was insofern unangemessen erscheint, als sich all dies auch anders gestalten ließe. Was zuvor z.B. über die zentrale Prüfungsverwaltung organisiert wurde, haben nun zum großen Teil die Lehrenden zu erledigen (HVW3, HSL2, HSL6).

Lehrende werden dadurch mit rollenfremder Mehrarbeit belastet. Betrachtet man die Prüfungsverwaltungsprozesse, heißt das für Hochschullehrende je nach Hochschule:

- Annahme, Erfassung und Vollständigkeitskontrolle der Prüfungsanmeldungen,
- Prüfungszuordnungen,
- Information der Studierenden über die Zulassungsentscheidung,
- inhaltliche Zulassungskontrolle,
- Erfassung und Bestätigung von Prüfungsabmeldungen,
- Nachforderung und Erfassung nachgelieferter Unterlagen,
- Erstellung des Prüfungsplans einschließlich Terminabstimmung und Raumplanung,
- Erstellung der Platzlisten und Koordination der Prüfungsaufsichten,
- erneute Information der Studierenden.

Das heißt aber nicht, dass die Prüfungsämter dadurch aufgabenlos würden. Ihnen obliegt etwa die Gesamtkoordination und -verantwortung, die Pflege der elektronischen Prüfungsakten, und sie fungieren als zentrale Ansprechpartner für Prüfungsbelange.

Die Nutzung elektronischer Supportsysteme für die Prüfungsverwaltung bringt darüber hinaus ihre eigenen Widrigkeiten mit sich. Für die Studierenden und die Verwaltung halten solche Systeme in der Regel hohe Komfortgewinne bzw. aufwandsreduzierende Funktionen bereit, etwa durch Aufgabenbündelungen zur Optimierung von Verfahrensabläufen. Auf Seiten der Lehrenden ist dies nicht oder nur bedingt der Fall. Die erhoffte Arbeitsentlastung, eine Verminderung der Administration oder eine Reduktion von Komplexität stelle sich auf der wissenschaftlichen Leistungsebene nicht ein – Studierende sind durch die Serviceorientierung die primären Profiteure der Systeme (HVW6, HVW8, HSL1, HSL2).

Insbesondere, wenn Lehrende verschiedene Bastellösungen mit ständigen Systemmodifizierungen nutzen müssen, birgt das vielfältige Fehlerquellen. Die notwendigen zahlreichen Testläufe der Programme seien mühsam:

---

[19] vgl. exemplarisch FH Fulda (2005), HS Niederrhein (2008), MLU (2009), HTW Berlin (2016), HS Regensburg (2007)

„Das Problem ist halt, die Universität hat das in einer bestimmten Art und Weise an-geschafft, und Modifizierungen an diesem System sind halt immer zu programmieren [...] Sodass die nach und nach kommen. Dann gibt es darum immer Bastellösungen, wie man was zusammenstückelt und zusammenfasst." (HSL2)

„Ehrlicherweise muss ich sagen, dass es im Augenblick noch nicht als Erleichterung empfunden wird, weil wir noch in der Implementierungsphase sind [...] Wir sind da-bei, das neue System von den Kinderkrankheiten zu bereinigen, die Studienordnung im neuen System abzubilden. Das muss natürlich auch vom bestehenden Personal er-ledigt werden. Gleichzeitig muss aber das alte System, das wir haben ... noch gepflegt werden, also im Moment ist es eigentlich noch mehr Arbeit und wird erst zu einer Er-leichterung führen, wenn uns der Umstieg gelungen ist und das System fehlerfrei ar-beitet." (HVW5)

Sind die Systeme zudem unübersichtlich und unflexibel gestaltet und/oder mit unterschiedlichen Zugangs- und Bearbeitungsberechtigungen versehen, kumu-lieren die Fehlerquellen. Dies sei etwa der Fall, wenn die eigenen Nutzerrechte für die zu erledigende Aufgabe nicht ausreichen und entsprechende Ab- und Rücksprachen nötig werden (HSL2, HSL3). Aus datenschutzrechtlichen Gründen ist es nicht allen Personen (etwa SHK, WHK oder auch Sekretariatsangestellten) in gleicher Weise und Umfang möglich, die Systeme zu nutzen (Beob_2; Be-ob_11):

„Unsere Lehrstuhlsekretärin kann da natürlich auch einige Eintragungen machen. Da kann man Stellvertreterrechte einräumen und so, und das heißt, für Lehrstuhlinhaber wird das z.T. auch gemacht. Da ist der Aufwand, dann auch jede Note dann erst mal quasi wieder durch zwei Hände zu geben, ein bisschen aufwändiger. Also dann kann man es halt auch selber machen, um die Zeit einfach einzusparen." (HSL2)

Je komplexer die Systemumwelt, desto mehr Sinndimensionen gilt es zu unter-scheiden und mit umso mehr Eigensinnigkeiten der einzelnen Systeme müssen sich die Lehrenden auseinandersetzen (vgl. Wimmer 1998: 120f.). Werden da-bei Fehlerquellen wirksam, gehe das mit erhöhtem Kommunikations- und Koor-dinationsaufwand einher – also mit Mehrarbeit, obgleich die Systeme eigentlich den Aufwand reduzieren sollen (HSL2, HSL3).

Aber nicht nur die elektronische Verwaltung von Prüfungsleistungen, sondern auch elektronische Prüfungen selbst spielen eine zunehmende Rolle. Deren Ein-satz kann als Versuch betrachtet werden, über Standardisierung und Formalisie-rung dem Mehraufwand bei der Prüfungsbewältigung zu begegnen. Zugleich tragen computergestützte Prüfungen zu einem erheblichen Kulturwandel im Bereich des akademischen Prüfens bei.

Bei näherer Betrachtung bringt der Weg von traditionellen und papierbasierten Prüfungen hin zu elektronischen Formen einen nicht unerheblichen finanziellen, technischen, administrativen und datenschutzrechtlichen Aufwand mit sich. Während bei der traditionellen Prüfungsabwicklung die Aufgabenbewältigung bei den Lehrenden und Verwaltungsmitarbeiter.innen lag, sind beim computer-gestützten Prüfen weitere Akteure einzubeziehen: Rechenzentren bzw. IT-Dienstleister; eLearning-Center-Einheiten, Datenschutzbeauftragte, Justiziariat (gegenüber analogen Prüfungen veränderte Rechtsaufsicht), technische Betreuungsperson bei Prüfungen (Prüfungsaufsicht) und ggf. Prüfungseditoren.[20] (Huth/Keller/Spehr 2017)

6.2.3. CaMS: Projekt- und Dauermanagement

Die Einführung von CaMS stellt ein äußerst umfangreiches Unterfangen dar, doch wird diesem Umstand häufig nur bedingt Rechnung getragen. Einerseits werden die aufzuwendenden Ressourcen – Personal, Zeit, Finanzen – nicht selten zu gering kalkuliert; andererseits wird der Komplexitätsgrad einer solchen Implementation vielerorts unterschätzt (E&Y 2012: 44). Das stellt ein hohes Risiko für eine erfolgreiche Einführung dar, denn die Implementierung setzt zunächst aufwändige Prozesserhebungen und das Erstellen detaillierter Anforderungskataloge voraus. Idealtypisch lassen sich hierbei zwei Vorgehen unterscheiden:

- Wird nach dem Prinzip „system-first" verfahren, wählen die Hochschulen zunächst einen Systemanbieter aus. Anschließend werden die Ist-Prozesse analysiert und deren Abbildung entsprechend der Systemgegebenheiten angepasst bzw. Systemmodellierungen vorgenommen.
- Beim Prinzip „process-first" wird in einem Vorprojekt ein systemunabhängiges Organisationskonzept erarbeitet. Basierend darauf erfolgt die Auswahl eines Anbieters, der das Konzept bestmöglich in digitale Systemgestaltung umsetzen kann. (Ebd.: 39)

Studien verweisen darauf, dass sich insbesondere für Hochschulen das Process-first-Verfahren empfiehlt (ebd.: 45; Schreiter/Alt 2013: 330). Nur wenige Prozesse an Hochschulen würden sich für standardisierte Lösungen eignen. Derzeit sind Standardprozesse für die Hochschulgesamtebene lediglich auf einem sehr hohen Abstraktionsniveau erreichbar. Die spezifische Hochschulstruktur mit ihren verschiedenen Kulturen erfordere jedoch die Berücksichtigung organisationsindividueller Prozesse. Die nur lose Kopplung der hochschulischen Einheiten lässt dies auch zu, indem sie Raum für Autonomie gibt und nicht jeder Teilprozess die Gesamtheit der hochschulischen Abläufe beeinflusst.

Während der Einführungsphase, so Degenhardt et al. (2009: 464ff.), soll deshalb das CaMS möglichst optimal auf die hochschulspezifischen Anforderungen abgestimmt werden. Dies schließt die Abbildung von Prozessen und Strukturen ein. Zudem sind Zuständigkeiten und Ressourcenverteilungen vor dem Hintergrund des neuen Systems zu überprüfen. Da das Projektmanagement der Einführungsphase inhaltlich und zeitlich begrenzt ist, muss es Bestandteil des Projekts sein, den anschließenden Dauerbetrieb zu organisieren. Die im Dauerbetrieb anfallenden stetigen und wiederkehrenden, aber auch die sich verändernden Aufgaben erfordern Strukturen, Zuständigkeiten und Ressourcen, die während der Projektphase zu schaffen sind.

---

[20] Prüfungseditoren setzen die Fragenvorlagen in der Editorsoftware um und leiten sie an die Lehrenden weiter.

Übersicht 32: CaMS-Projekt- und Dauermanagement

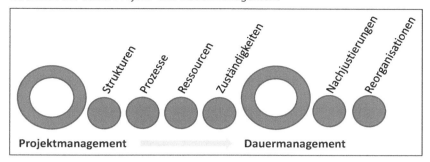

Hochschulen unterliegen Änderungsdynamiken. Dadurch kommt es zu permanenten Reorganisationen. Problematisch wird es, wenn solche stets als Reorganisation ad hoc erstellter Bastellösungen erfolgen, Anpassungsmodi also nicht bereits während der Projektphase in bearbeitbare Vorgänge übersetzt wurden. Dann verlagert sich die Hoffnung, dass sich die beabsichtigte (und versprochene) Effizienzsteigerung mit dem je aktuellen Schritt einstelle, fortlaufend immer noch einen Schritt weiter.

6.3. Exemplarische Hochschulverwaltungs- und -managementprozesse

Beantragt, abgerechnet, organisiert und dokumentiert wurde an Hochschulen schon immer. Verbreitet ist allerdings die Wahrnehmung, dass der Aufwand dafür beständig steige. Um dies zu prüfen, sollen einige Prozesse exemplarisch in Augenschein genommen werden. Kriterien für die Auswahl der nachfolgend ausführlicher behandelten Prozesse waren, dass (a) ihnen im Alltag kaum jemand ausweichen kann; (b) sie im Rahmen unserer empirischen Ermittlungen insofern auffällig wurden, als sie von Hochschullehrer.innen häufig so wahrgenommen werden, dass sie Fehlzuordnungen enthalten, also organisierende Tätigkeiten erfordern, die nicht zwingend in das Rollenprofil eines Hochschullehrers passen; (c) ihre Erledigung als besonders problembehaftet beschrieben wird, da sie mit Ineffektivitäten und Ineffizienzen einhergingen.

6.3.1. Zur Einstimmung

Um zumindest anzudeuten, inwiefern die unten zu schildernden Prozesse nur exemplarisch sind, folgen zunächst einige Kurzdarstellungen weiterer Vorgänge:

Dezemberfieber: Dieses bekannte Phänomen lässt sich in aller Kürze als Schnellverausgabung von Haushaltmitteln kurz vor Jahresende kennzeichnen. Axel Brennicke, Biologieprofessor und in seiner Freizeit Hochschulverwaltungskritiker mit einer entsprechenden Kolumne in der Zeitschrift „Laborjournal", hat es so beschrieben:

> „Und dann geschieht das Oktober-Wunder. Völlig überraschend bricht in diesem Jahr der Herbst herein. Damit konnte niemand rechnen. Und auch dass in wenigen Monaten das Jahr zu Ende geht. Und dass Anfang Dezember die Kassen von Unis und Land schließen. Ganz bald also. Und plötzlich fällt die Reserve auf. Die im Dekanat. Die an der Uni. Die beim Land. Das Problem ist, dass die Prinzipien der Geldwirtschaft nach wie vor kameralistisch behandelt werden. Das Land argumentiert, dass Geld, das wir in diesem Jahr nicht ausgeben, wir auch im nächsten nicht brauchen werden. Die unvorhergesehen übliche Hektik bricht los. Bis vorgestern verfassen die Institute Anträge, bis gestern die Dekanate, bis heute die Uni ..." (Brennicke 2013a: 25)

Zwischenevaluation einer Juniorprofessorin: Juniorprofessor.innen werden auf drei Jahre berufen, im dritten Jahr evaluiert und, wenn positiv evaluiert, um weitere drei Jahre verlängert. Jutta Allmendinger, WZB-Präsidentin, hat ein solches Verfahren geschildert:

> „Eine Kommission trifft sich. Fünf Wissenschaftler sind angereist. Binnen drei Minuten haben sie sich einstimmig entschieden und machen sich auf den Rückweg. Mehrere Stunden investierte Reisezeit ist noch nicht alles. Fünf weitere Forscher haben Gutachten für die Kommissionsmitglieder geliefert. Insgesamt umfasst die Akte 40 Seiten, sorgfältig verfasst, von der Kommission aufmerksam gelesen, eingeordnet, bewertet. Der Kommissionsvorsitzende schätzt den Gesamtwert des Verfahrens auf 10.000 Euro. Wurde eine Universitätsprofessur besetzt? Nein, es ging um die Zwischenevaluation eine Juniorprofessorin, die nach einem sehr aufwendigen Verfahren vor gerade mal drei Jahren berufen wurde. Jetzt lautete die Frage, ob sie drei weitere Jahre lehren und forschen darf, befristet, ohne Aussicht auf eine Dauerstelle. Es gibt über 1.200 Juniorprofessuren in Deutschland. Der Wissenschaftsrat hat gerade seine Empfehlungen zur Bewertung und Steuerung von Forschungsleistung verabschiedet. Evaluation und Rechenschaft seien wichtig, heißt es da, aber Aufwand und Ertrag müssten in einem ‚angemessenen Verhältnis' stehen." (Allmendinger 2011)

Nimmt man die angegebenen Daten und verbindet sie mit der Schätzung, dass sich zwei Drittel der Juniorprofessor.innen in den ersten drei Jahren ihrer Stelle befinden, dann fallen pro Jahr bundesweit durchschnittlich rund 2.700 solcher Evaluierungen für die zweiten drei Jahre an. Dies multipliziert mit den geschätzten 10.000 Euro Verfahrenskosten, ergeben sich jährlich bundesweite Gesamtkosten von 27 Millionen Euro für Evaluationen von Juniorprofessor.innen. Das entspricht etwa den Personalkosten für 200 Universitätsprofessuren.

Internationalisierung: Sie erfordert nicht nur Ideen, sondern auch Gastgeschenke. Deren Organisation und Abrechnung ist kein Problem, soweit es sich nur um einfache Produkte des Hochschulmarketings handelt. Nicht jeder Gast empfindet dies aber als angemessene Würdigung. Muss es daher über Kulis, Mappen oder T-Shirts hinausgehen, so kann sich das aufwendig gestalten. Nicht nur ist der Einkauf in den Instituten selbst zu organisieren, sondern anschließend muss jeder einzelne Kassenzettel der Gastgeschenke separat mit je einem eigenen Formular abgerechnet werden. Eine Sammelabrechnung, da für einen Anlass, ist nicht möglich. (Beob_5)

Studienbewerberauswahl: Solange es die Möglichkeit der Bewerberauswahl (in den meisten Fächern) nicht gab, war sie (von den meisten Fächern) gefordert wurden. Inzwischen dürfen nicht nur, sondern müssen Studienbewerber.innen auch ausgewählt werden, nämlich überall dort, wo die Studienplatznachfrage das Angebot massiv übersteigt. Dies muss rechtssicher geschehen, da andernfalls Klagen vor den Verwaltungsgerichten erfolgreich sind. Für die Betriebswirtschaftslehre an der Universität Münster ist der Vorgang anschaulich geschildert worden:

> „Bewerben sich ... 1800 Bewerber auf die 150 Master-Plätze und brauchen Durchsicht und Bewertung der Unterlagen je mindestens 30 Minuten, so ergibt sich rein rechnerisch ein Arbeitsaufwand von 900 Stunden pro Verfahrensrunde. Bei einer Besetzung der Auswahlkommission mit vier Professoren, deren wöchentliche Arbeitszeit nach NRW-Verordnung je 41 Stunden beträgt, resultieren unter Ausschluss aller anderweitigen universitären ... Verpflichtungen 22 Arbeitswochen beziehungsweise über 5 Wochen Extraaufwand je Kommissionsmitglied, die ‚on top‘ gestemmt werden sollen. Dies alles ist terminiert auf wenige Wochen nach Bewerbungsschluss, so dass den Bewerbern in absehbarer Zeit Planungssicherheit angeboten werden kann. Das Verwaltungsgericht Münster urteilte zudem 2011, dass in dem prüfungsähnlichen Verfahren ... jegliche Übertragung von (Teil-)Aufgaben an nachgeordnete wissenschaftliche Mitarbeiter ... nicht zulässig wäre. Nicht nur die Realitätsferne des vorliegenden ‚Autonomieangebots‘, auch die faktische Undurchführbarkeit ... ist offenkundig." (Ehrmann/Meiseberg 2013)

Dass die Hemmschwelle zur Nutzung rechtlicher Möglichkeiten unter den Studienbewerber.innen deutlich gesunken ist, verdeutlicht die Zahl der Studienplatzklagen:

> „Beispiel Ludwig-Maximilians-Universität München: Etwa 1000 solcher Fälle beschäftigten die Eliteuni im Süden im vergangenen Studienjahr [2010]. Bis zu 800 davon entfielen allein auf die Humanmedizin, sieben Jahre zuvor waren es gerade mal 250. Auch beim Verwaltungsgericht Berlin zeigt der Trend nach oben: In rund 4000 Streitsachen, die die Richter dort 2009 erledigten, ging es um Fragen der Hochschulzulassung. Für das aktuelle Studienjahr zeichnet sich bereits ein Anstieg um weitere 15 Prozent ab. [...]
>
> Nordrhein-Westfalen steht die größte Welle erst in zwei Jahren ins Haus. Hartmut Maier aber hat schon jetzt ein ungutes Gefühl: ‚Ich mag noch gar nicht daran denken‘, sagt der Vorsitzende Richter am Verwaltungsgericht Münster. Allein zu Beginn dieses Wintersemesters [2010/11] hatte er mit 300 Eilverfahren zu tun. In jedem einzelnen solcher Fälle muss das Verwaltungsgericht dabei prüfen, ob eine Hochschule die Zahl ihrer Plätze in einem bestimmten Fach korrekt angegeben und dafür sämtliche Lehrdeputate von Mitarbeitern richtig berechnet hat." (Globert 2011)

Lehrauftragsverwaltung: Die Anträge auf Erteilung eines Lehrauftrages sind regelhaft rechtzeitig vor Beginn des Semesters einzureichen. Hier sei es jahrzehntelang möglich gewesen, einen Antrag für die Gesamtdauer des Auftrages zu stellen. Nun aber müsse der Lehrauftrag für jedes Semester einzeln beantragt werden. Das Bestreben, durch Formalisierung zu steuern, stehe jedoch im Widerspruch zum Anspruch effizienter Bearbeitung der Aufgaben in Lehre und Forschung:

> *„Aber z.B. habe ich letzte Woche einen Lehrauftrag, der geht über fünf Semester, sind fünfzig Stunden in fünf Semestern, also banal auch vom Geld her, den haben wir zu-*

rück gekriegt per Mail, da muss für jedes Semester einzeln ein Lehrauftrag beantragt werden. Also wir müssen es fünfmal machen. Meine Mitarbeiterinnen, die die Mail auch gekriegt haben, schreiben dann ein bisschen ironisch-zynisch, juhu, noch mehr Arbeit oder sowas. Dann unterhalte ich mich mit dem Dezernenten, der ist dann auch ein bisschen gereizt und sagt, ja, wir sind hier nicht auf dem Basar, Sie müssen sich an Regeln halten." (HSL4)

Der letzte Satz ist insofern aufschlussreich, als er auf eine Eigenart von Organisationen verweist: Es gibt immer auch Vorgaben, die eine freie Auslegung erfordern, um im Alltag zu funktionieren, d.h. eine Auslegung, die zwar nicht hundertprozentig der Vorgabe entspricht, diese aber mit den praktischen Erfordernissen versöhnt. Selbst wenn es auch bisher eine Begrenzungsregelung für die

---

Übersicht 33: Alltagstrivialitäten mit Demotativationspotenzial

---

Was als bürokratische Regelung empfunden wird, haben unsere Gesprächspartner und Probanden vielfach anhand von Einzelfällen illustriert, die je für sich genommen trivial wirken, aber als demotivierend gekennzeichnet werden. Die nachfolgenden Beispiele wurden jeweils von einer Hochschule berichtet.

Kosten der Gastfreundschaft

Geschenke als Dankeschön z.B. für Referenten in Ringvorlesungen, etwa Blumen, dürfen nicht als solche, sondern müssen als „Dekoration" abgerechnet werden.

Für eine Fachbereichsveranstaltung mit einer Delegation waren Getränke und Knabbergebäck besorgt worden. Bei der Abrechnung der Kassenzettel musste das Pfand der Getränkeflaschen herausgerechnet werden. Der Wissenschaftler hat die Flaschen dann selbst zum Pfandautomaten bringen müssen.

Das Catering für Veranstaltungen kann nur dann bei der Hochschule abgerechnet werden, wenn nachgewiesen wird, dass die Veranstaltung mindestens drei Stunden dauerte.

Aufwand für die Personalverwaltung

Bei der Verlängerung eines Mitarbeitervertrages müssen sämtliche Unterlagen bei der Personalabteilung erneut eingereicht werden, obgleich diese bereits aus dem aktuellen Angestelltenverhältnis vorliegen.

Werkverträge dürfen maximal über 500 Euro abgeschlossen werde. Für einzelne Auftragsvergaben reicht diese Summe allerdings nicht aus. Daher sind drei Werkverträge zu erstellen, mit dem entsprechenden Mehraufwand bei der Abrechnung.

Und weiteres

Nur im hochschuleigenen Copy-Shop erledigte Kopien können auch abgerechnet werden, was zur Folge hat, dass studentische Hilfskräfte z.T. durch die halbe Stadt fahren.

Es war ein neuer Bürocomputer bestellt worden. Dabei war es nicht möglich, den Bestellprozess so auszulösen, dass der Computer zunächst direkt an das Rechenzentrum geliefert wird, um dort direkt die nötige Softwareeinrichtung vorzunehmen. Dazu habe dann ein neuer Prozess ausgelöst werden müssen. Der Computer sei anschließend hochschulintern in das Rechenzentrum und nach der Softwareeinrichtung wieder zurück gebracht worden. Ebenso war es nicht möglich, ID-Aufkleber für den neuen Computer über die Hauspost zu bestellen: Diese müssen immer persönlich im Rechenzentrum abgeholt werden.

Quellen: Beob_2; Beob_5; Beob_6; Beob_7; HSL2

Genehmigung der Lehraufträge gab, so sei es doch gelebte Praxis gewesen, davon abzuweichen – „Der übliche Weg ist der illegale" (HSL1).

Luhmann (1964: 304ff.) spricht hier von „brauchbarer Illegalität", also Handlungen in einer Organisation, die zwar die formalen Regeln überschreiten oder verletzen, aber den Organisationszielen oder der Organisationsstabilität nützlich sind. Wenn dies nun zunehmend reguliert wird, geht es mit einem gestiegenen Zeitaufwand einher, wird folglich als zusätzliche Belastung wahrgenommen:

> *„Dieser Vertrag [über einen Lehrauftrag] über fünf Semester, der hat bisher immer funktioniert, obwohl es verboten war, aber jetzt hat halt irgendjemand mal nachgeschaut und hat gesagt, das ist gar nicht zulässig, sie dürfen das nur über ein Semester oder über zwei Semester machen. Es funktioniert lange, und dann kommt irgendjemand neu, liest irgendwo mal ein paar Seiten in so einem Ding [QM-Handbuch], sagt, das geht ja gar nicht." (HSL4)*

Wo aus Sicht der Verwaltung lediglich eine Normbefolgung (wieder)hergestellt wird, wäre indes auch immer denkbar, zunächst eine Frage zu stellen: Hat die bisherige Norm-Nichtbefolgung negative Auswirkungen gehabt? Wenn ja, wäre dies zu kommunizieren. Wenn nein, ließe sich auch auf eine Normabschaffung hinwirken, da die Norm in diesem Falle offenkundig überflüssig ist.

Arbeitssicherheit: Die Organisation des Hochschulalltags schließt auch technische Vorgänge ein, die Risiken bergen. Darauf wird mit Ein- und Unterweisungen reagiert, die zu regeln sind. Die entsprechenden Dokumente können eher zeitverbrauchend oder eher zeitsparend verfasst sein. An der Universität Ulm wurde ein Rundschreiben zum Umgang mit Leitern und Tritten verschickt, das unter anderem folgende Hinweise enthält:

> „Mitarbeiter, die unter Einfluss von Alkohol oder Drogen stehen, sind von Arbeiten mit Leitern und Tritten auszunehmen." „Sollte es zu einem Ereignis gekommen sein, wie z.B. zu einem plötzlichen Bewusstseinsverlust, ist eine Information von Vorgesetzten und Ersthelfern angeraten und [sind] ggf. gefahrgeneigte Tätigkeiten zu meiden." „Beauftragte zur Prüfung von Leitern und Tritten erlangen die Befähigung über eine Schulung durch externe Dienstleister oder in universitätsinternen ... Erstunterweisungen. Die Erstunterweisung findet einmal jährlich statt, es folgt danach eine jährliche Wiederholungsunterweisung der Beauftragten ... Unterwiesene ohne technisch-handwerklichen Berufshintergrund dürfen Tritte, Rolltritte und (Steh-)Leitern mit weniger als (5) bzw. 7 Stufen/Sprossen prüfen." (Zit. in Brennicke 2014)

6.3.2. Umgang mit Rechtsvorschriften

Das Thema berührt den Kern der organisatorischen Gestaltung der wissenschaftlichen Prozesse. Die Rechtsbindung des Hochschulhandelns sichert dessen Legalität, und die Nutzung von Ermessensspielräumen sichert Prozesseffektivität und -effizienz. Das Verständnis davon, wie beides miteinander in eine Balance gebracht werden sollte, ist Gegenstand zahlloser Alltagskonflikte.

Hier kann es aber überraschen, dass in unseren Befragungen Hochschullehr.innen von einer Vielzahl an Ausnahmeregelungen und einzelfallbasierten Lösungen, die von den Verwaltungen angewandt wurden bzw. werden, berichtet haben. An Hochschulen herrsche demnach seit jeher eine sehr stark realitätsbezogene Bereitschaft zur Ausnahmeregelung. Es habe immer schon eine sogenannte *„geheime Agenda oder ein geheimes Procedere"* (HSL1) gegeben, die bzw. das jeder kenne – dies seien offene Geheimnisse.

Viele Vorgaben erforderten eine freie Auslegung, die nicht hundertprozentig der ursprünglichen Vorgabe entspreche. Darüber hinaus gebe es kaum Regelungen und Vorgaben, die keine bedarfsorientierte Auslegung erlaubten. Hilfreich für die eigene Verwaltungsarbeit und die Bewältigung der Administration von Studium und Lehre sei es, so ein Verwaltungsmitarbeiter, Regelungen und Ordnungen weniger als Vorschriften oder Anweisungen, sondern mehr als Orientierungshilfen zu verstehen (HVW7).

Der frühere Präsident der Fachhochschule für Verwaltung und Rechtspflege Berlin, Peter Heinrich (2007), formulierte es in dem Satz: „Ich empfehle unbürokratisches Handeln bis zum Rande der Legalität." Auch gebe es einen Unterschied zwischen *law in the books* und *law in action*, weshalb die Inhalte einer rechtlichen Regelung oft ganz anders umgesetzt bzw. praktiziert würden. Gesetzliche Grundlagen hätten eine zentrale Bedeutung, doch letztlich sei entscheidend, was die beteiligten Personen daraus machten. (Gabriele Löschper zit. in Borgwardt 2015: 86–87)

Mit freieren Regelinterpretationen kann zwar individuellen Bedürfnissen von Studierenden und Wissenschaftler.innen entsprochen werden, was sich für den konstanten und reibungsarmen Hochschulbetrieb nicht selten als nötig erweist. Allerdings sei ein solcher Zustand, in dem man zu kreativen Auslegungen bestehender Vorgaben greifen müsse, um den Hochschulbetrieb zu sichern, nicht unbedingt erstrebenswert:

> *„Ich weiß auch, die [Verwaltungsangestellten] machen das [sich strikt regelgebunden zu verhalten] nicht alles aus Bosheit, sondern weil sie vom Finanzministerium oder vom Kultusministerium gezwungen werden. Sie können auch viel tricksen, was eigentlich Beschiss ist. Da werde ich eingeladen, Sachen anders zu formulieren, und dann geht es durch, obwohl es sachlich nicht stimmt und ich mir dann wieder wünschen würde, das könnten wir auch offener oder ehrlicher handhaben." (HSL4)*

Prinzipiell besteht beim wissenschaftlichen Personal Einsicht in den Bedarf regulierten Verwaltungshandelns durch eindeutige Vorgaben, Fristen und Richtlinien. Regelungen würden allerdings häufig auch dann aufrechterhalten, wenn die Ereignisse ihnen faktisch widersprechen:

> *„Ja klar, ist natürlich regelgebundene Politik, solange die verabschiedet ist, dann haben die ihre Gültigkeit. Manchmal haben die ihre Gültigkeit, obwohl sie nicht mehr angewandt werden, weil die Kosten einer Aufhebung zu hoch sind, wissen wir auch aus der Verwaltungswissenschaft. Klar ... dann müsste man die halt ändern, und dann braucht es natürlich seine Zeit". (HSL3)*

Der Umgang mit alten wie neuen Rechtsetzungen hängt stark vom hochschuleigenen Justiziariat und dessen Auslegung der gesetzlichen Vorgaben ab. Es scheint ein Dauerärgernis darzustellen, dass auch bei Verwaltungsjuristen der geflügelte Satz „zwei Juristen – drei Meinungen" gilt. Eine Interviewaussage zur rechtlichen Bewertung einer Studien- und Prüfungsordnung:

„Das ist ziemlich unterhaltsam, wenn man dieselbe Frage mal von verschiedenen juristischen Abteilungen der Universitäten beantworten lässt und ... auf ziemliche Varianzen kommt. Da reicht es manchmal, wenn ich bei irgendeiner Frage den Telefonhörer nehme, in [...] anrufe ... und mir der juristische Kollege das komplette Gegenteil von dem sagt, was mir mein juristischer Kollege gesagt hat." (HVW3)

Für die Lehrenden stellt insbesondere die schiere Fülle an Rechtsvorschriften, denen sie im Alltag begegnen oder auf die sie fallweise aufmerksam gemacht werden, ein Problem dar (Übersicht 34).

Übersicht 34: Rechtsvorschriften für und an Hochschulen

Ebene	Dokumentenarten	
Land	• Verwaltungsverfahrensgesetz • Landeshochschulgesetz • Wirtschaftsführungsverordnung • Landeshaushaltsordnung	• Beamtengesetz • Datenschutzverordnung • Behörden-Dienstordnung • Lehrverpflichtungsverordnung
Hoch-schule	• Grundordnung • Geschäftsordnung • Rahmenordnung für Selbstverwaltungsangelegenheiten • Evaluationsordnung • Immatrikulationsordnung • Leistungsbezügeordnung • Haus- und Nutzungsordnung • Wahlordnung • Rahmenauswahlordnung • Dienst- und Betriebsanweisung	• Berufungsordnung • Berufungsvereinbarung • Arbeitsschutz- und Arbeitssicherheitordnung • Geschäftsverteilungspläne • Rahmenstudienordnung • Rahmenprüfungsordnung • Datenschutzverordnung • Rahmenentgeltordnung • Praxisordnungen • Dienstvereinbarungen
Fach-bereich	• Fakultäts- oder Fachbereichsordnung • Studienordnungen • Promotionsordnung • Zugangs- und Zulassungsordnung	• Prüfungsordnung • Habilitationsordnung • Beiratsordnung • Geschäftsordnung

Die Kenntnisnahme und damit Befolgung der Vielzahl an Rechtsvorschriften kann wirkungsvoll verhindert werden, indem sie in einer Weise zur Kenntnis gegeben werden, die prohibitiv ist: zum Beispiel durch Übersendung einer eMail mit neun Anhängen, wie sie Übersicht 35 anhand einer Rundversendung zur Korruptionsprävention dokumentiert. Werden die Anhänge geöffnet, so stellen sie sich z.T. als englischsprachige Fassungen heraus, die aber als solche nicht im Dateinamen erkennbar sind, findet sich ein kopfüber eingescanntes – also offenbar auch vom Absender nie angesehenes – Dokument und sind inneruniversitäre Schriftstücke bunt mit den zugrundeliegenden landesrechtlichen Vorschriften gemischt.

Daneben ist es auch immer wieder die schlichte sprachliche Unverständlichkeit von hochschulinternen Ordnungen, die für Verdruss sorgt. Ein Beispiel dafür präsentiert Übersicht 36.

Übersicht 35: eMail zur Korruptionsprävention mit neun Anhängen

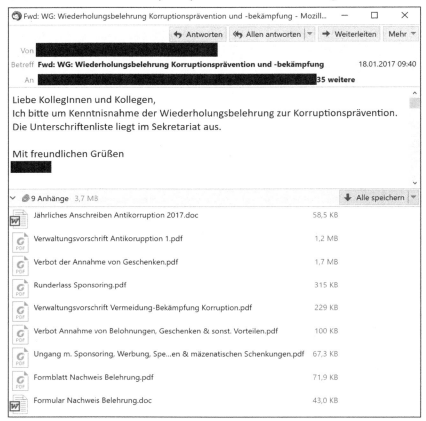

Übersicht 36: Albert-Ludwigs-Universität Freiburg: Prüfungsordnung für den Studiengang Bachelor of Science (B.Sc.) 2017

§ 17a Schriftliche Prüfungen im Antwortwahlverfahren

Für Klausuren gemäß Absatz 1 Satz 1, die aus Mehrfachauswahlaufgaben (eine unbekannte Anzahl x, die zwischen null und n liegt, von insgesamt n Antwortvorschlägen ist zutreffend) bestehen, gelten die Regelungen des Absatzes 2 mit der Maßgabe, dass statt des Verhältnisses der zutreffend beantworteten Prüfungsfragen zur Gesamtzahl der Prüfungsfragen das Verhältnis der vom Prüfling erreichten Summe der Rohpunkte zur erreichbaren Höchstleistung maßgeblich ist. Je Mehrfachauswahlaufgabe wird dabei eine Bewertungszahl festgelegt, die der Anzahl der Antwortvorschläge (n) entspricht und die mit einem Gewichtungsfaktor für die einzelne Mehrfachauswahlaufgabe multipliziert werden kann. Der Prüfling erhält für eine Mehrfachauswahlaufgabe eine Grundwertung, die bei vollständiger Übereinstimmung der vom Prüfling ausgewählten Antwortvorschläge mit den als zutreffend anerkannten Antworten der Bewertungszahl entspricht. Für jede Übereinstimmung zwischen einem vom Prüfling ausgewählten bzw. nicht ausgewählten Antwortvorschlag und einer als zutreffend bzw. als nicht zutreffend anerkannten Antwort wird ein Punkt für die Grundwertung vergeben. Wird ein als zutreffend anerkannter Antwortvorschlag vom Prüfling nicht ausgewählt oder wird ein nicht als zutreffend anerkannter Antwortvorschlag vom Prüfling ausgewählt, wird jeweils ein Minuspunkt für die Grundwertung vergeben; die Grundwertung einer Frage kann null Punkte jedoch nicht unterschreiten. Die Rohpunkte errechnen sich aus der Grundwertung multipliziert mit dem jeweiligen Gewichtungsfaktor der Mehrfachauswahlaufgabe. Die insgesamt erreichbare Höchstleistung errechnet sich aus der Summe der Produkte aller Bewertungszahlen mit dem jeweiligen Gewichtungsfaktor aller Mehrfachauswahlaufgaben.

6.3.3. Prägung organisatorischer Kontexte durch den Qualitätspakt Lehre

Der Qualitätspakt Lehre wurde 2010 in Ergänzung des Hochschulpakts 2020 von Bund und Ländern als gemeinsames Förderprogramm für bessere Studienbedingungen und mehr Qualität in der Hochschullehre vereinbart. In der ersten Förderphase (2011–2016) wurden 178 Einzel- und Verbundprojekte an insgesamt 186 Hochschulen gefördert. Für die zweite Förderphase (2016–2020) wurden 137 Fortsetzungsanträge an insgesamt 156 Hochschulen ausgewählt. Das Gesamtfördervolumen 2011–2020 liegt bei rund 2 Mrd. Euro und wird vollständig vom Bund übernommen.[21]

Die im Qualitätspakt Lehre (QPL) geförderten Projekte entsprechen alle dem Muster, vorrangig inhaltlich bestimmte Themen zu bearbeiten, dabei auch auf die Gestaltung organisatorischer Kontexte angewiesen zu sein, letztere aber nur in geringem Maße gestaltend beeinflussen zu können. Damit ergibt sich für die Projekte ein doppeltes Problem: Sie sind einerseits fortwährend mit Organisationsineffizienzen konfrontiert, die der eigenen Zielerreichung nicht selten hinderlich sind, und werden zugleich vom wissenschaftlichen Personal als Bestandteil einer Struktur wahrgenommen, die mit dem Argument der Lehrqualitätsverbesserung zusätzlichen Aufwand für die Lehrenden produziert.

Durch die QPL-Projekte soll die Qualität der Lehre unter Bedingungen gestiegener Studierendenzahlen gefördert werden. Neben Maßnahmen zur direkten Unterstützung innerhalb der Lehre lassen sich auch Ansätze und Maßnahmen identifizieren, die darauf abzielen (sollen), Lehrende bei der Bewältigung ihrer organisatorischen Aufgaben zu entlasten. In einer Onlinebefragung, die bundesweit QPL-Beschäftigte adressierte, haben wir nach konkreten Maßnahmen zur Unterstützung der Lehre einerseits und Entlastung von organisatorischen bzw. administrativen Aufgaben andererseits gefragt. Als solche Maßnahmen werden folgende genannt (QPLBefr):

- digitale Unterstützung der Lehre im Rahmen des allgemeinen Lehrveranstaltungsmanagements, des Lehr- und Lernmanagements (Illias, Moodle, Stud.IP u.ä.) und e-Learning-Angebote im besonderen

---

[21] https://www.bmbf.de/de/qualitaetspakt-lehre-524.html (1.11.2015) und https://www.gwk-bonn.de/fileadmin/Redaktion/Dokumente/Pressemitteilungen/pm2015-13.pdf (3.7.2018)

- Implementierung von elektronischen Tools, die sich auf organisatorische Aufgaben, etwa die Planung von Auslandssemestern und Praxissemestern oder Arbeitsgruppen, beziehen sowie die Implementierung von Datenbanken und Systemen für das Dokumentenmanagement oder die Projektverwaltung
- Angebote im Rahmen der Studierendenberatung, die sich beispielsweise auf Studienanfänger.innen oder auf Studierende beim Übergang vom Bachelor- zum Masterstudium richten
- gezielte Personaleinstellungen zur Entlastung im Rahmen des Berichtswesens, der Formularabwicklung, der Drittmittelverwaltung oder von Akkreditierungsbelangen (bspw. Qualitätsbeauftragte, Koordinatoren, Evaluationsbeauftragte, Multiplikatoren, technisches Personal für e-Learning oder e-Tutoren)
- Übernahme außerplanmäßiger Lehre, etwa in Vorkursen, Vertiefungskursen oder Übungen sowie Lehrunterstützung durch Tutoren und Mentoren
- unterstützende Maßnahmen im Bereich Studiengangsentwicklung und Lehrplanung, bspw. bei der Festlegung von Lehrinhalten und Lernzielen sowie bei der Stundenplanerstellung oder Erstellung von Lehr- und Lernmaterialien etc.
- Unterstützungsangebote für das Prüfungswesen, wie technischer Support, Serviceleistungen und inhaltliche Unterstützung im Bereich e-Prüfungen
- fach- und persönlichkeitsbezogene Angebote bspw. zum Zeit- und Selbstmanagement, zum Projektmanagement, zur Teamführung, zu didaktischen Angeboten oder Beratungen zu Medienkompetenz
- Maßnahmen zur Weiterbildung, wie Workshop-Angebote und Beratung für Lehrende bspw. in den Bereichen Curriculumsentwicklung, Umgang mit Modulhandbüchern, Online-Plattformen oder Evaluationen
- gezielte Maßnahmen zur Schaffung von Transparenz von Abläufen und Prozessen, bspw. durch das Erstellen von Wissenssammlungen, Arbeitshilfen, Kriterienkataloge, Handbüchern, Checklisten oder Ausfüllhilfen für Vorgaben usw.

Maßnahmen und Ansätze zur Unterstützung der Lehre und ihrer Organisation sind insoweit durch den QPL zahlreich vorhanden. Ob diese zielgerichtet zur organisatorischen und administrativen Entlastung Lehrender eingesetzt werden oder dies erfolgreich ist, kann den Antworten der Online-Befragung nicht entnommen werden und bleibt daher (zunächst) offen. Knapp die Hälfte der befragten QPL-Mitarbeiter.innen (49 %) gibt an, dass sich schon einmal ein Lehrender bei ihnen darüber beklagt habe, dass die QPL-Maßnahmen zusätzlichen organisatorischen Aufwand verursachen. Etwas mehr als ein Drittel (37 %) der Befragten erscheint diese Klage auch gerechtfertigt – knapp der Hälfte (48,5 %) zumindest teilweise.

Klagende Rückmeldungen erreichen die QPL-Mitarbeiter.innen meist dann, wenn von ihnen konkrete Maßnahmen vorgeschlagen wurden bzw. diese unter Beteiligung der Lehrenden umgesetzt werden sollten. Auch engagierte Lehrende wiesen darauf hin, dass der mit QPL-Maßnahmen verbundene Aufwand nicht ignoriert werden solle und bei der Planung zu berücksichtigen sei. Werden in diesem Rahmen konkrete organisatorische Zusatzaufwände benannt, werde insbesondere auf unverhältnismäßige Dokumentationsaufwände abgestellt.

Ein Grund für die „Klagelieder" (QPLBefr) der Lehrenden liege darin, dass der Zusatzaufwand – anders als in der Forschung – nicht honoriert und der langfristige Nutzen nicht unmittelbar erkennbar sei bzw. erkannt werde. Zwar entkräfte die Aufklärung über den Nutzen der Maßnahmen oftmals die Ursache der klagenden Haltung. Jedoch sei man sich bewusst, dass es ganz ohne Aufwand auf Seiten der Lehrenden nicht funktioniere. Auch können auch administrativ-organisatorische Aufgaben durchaus einen innovativen Projektbeitrag leisten, indem sie z.B. an anderer Stelle für Entlastung sorgen, die dann wieder inhaltliche Arbeit ermöglicht.

Als hemmend für die effektive und effiziente Arbeit in den QPL-Projekten würden sich insbesondere bürokratische Anforderungen erweisen. Immerhin ein Drittel der Befragten gibt an, mehr als die Hälfte ihrer Projektarbeitszeit mit administrativ-organisatorischen Aufgaben beschäftigt zu sein – 16 Prozent der Befragten geben ein ausgeglichenes Verhältnis (50/50) an. Dabei ist der Anteil administrativ-organisatorischer Aufgaben an der QPL-Projektarbeitszeit von mehreren Stellgrößen abhängig: Projektcharakter (Einzel- oder Verbundprojekt; Projekt- oder Teilprojekt-Koordinationsstellen), Beschäftigungscharakter der Stelle (administrative oder fachliche Projektarbeit), Hochschulart und Hochschulgröße sowie zeitliche Schwankungen im Semester und Projektfortschritt.

Zu den bürokratischen Anforderungen zählten in erster Linie Vorgaben, welche die Projekte über den Projektträger erreichen. Darunter werden als hinderlich für die eigene Arbeit am häufigsten zwei Punkte benannt: eine wenig flexible und restriktive Mittelverwendung sowie übermäßig komplexe Dokumentations-, Nachweis- und Berichtspflichten. Ersteres beziehe sich vor allem auf Budgetkategorisierungen, die als starr empfunden werden, und auf fehlende Möglichkeiten der Umwidmung zwischen Ausgabearten sowie die Nichtübertragbarkeit von Mitteln zwischen Haushaltsjahren. Als weitere hinderliche Faktoren werden Vorgaben aus den Landeshochschulgesetzen und seitens der Hochschulleitungen bzw. -verwaltungen bezeichnet: z.B. Personalrecht, Datenschutzbestimmungen, Lehrauftrags- und Lehrvergütungsvorschriften, Anforderungen an Beschaffungsvorgänge und Zielvereinbarungen.

Als problematisch für eine langfristige Wirksamkeit der QPL-Maßnahmen erweise sich der Befristungscharakter des QPL. Da zum Projekt(finanzierungs)ende die wichtigste Ressource – die (entlastenden) QPL-Mitarbeiter.innen – i.d.R. nicht mehr oder nicht im gleichen Umfang zur Verfügung stehen, lasse sich eine Verstetigung der Maßnahmen oft nur schwer organisieren. Nicht jede Maßnahme könne so implementiert werden, dass sie zum Selbstläufer wird. Der Maßnahmenerfolg sei aber in aller Regel an die personelle Ausstattung – häufig sogar an konkrete, konstant im Projekt tätige Personen – geknüpft. So verwundert eines nicht: Hinsichtlich der dauerhaften Wirksamkeit ihrer Arbeit zählt zu den häufigsten Forderungen der befragten QPL-Beschäftigten die nach einer Dauerhaftigkeit ihrer Stellen bzw. Entfristung.

Daneben wird der Wunsch nach einer Professionalisierung der Verwaltung deutlich. Zum Wunschkatalog zählt Personal, welches explizit für neue Aufgabenbereiche kompetent und (allein) dafür zuständig ist. Genannt werden technisches Personal zur Unterstützung bei digitalisierungsbedingten Aufgaben (bspw. Mediendidaktiker), professionelle Studiengangsmanager, geschultes Personal für die Qualitätsentwicklung oder mehr hauptamtliches Personal für die Drittmittelverwaltung.

Wünsche und Bedarfe der Lehrenden gegenüber den QPL-Projekten bzw. ihren Mitarbeiter.innen sind vielfältig und gehen oft über die eigentlichen Projektmaßnahmen bzw. Zielsetzungen hinaus. Etwa 40 Prozent der befragten QPL-Mitarbeiter.innen geben an, dass Lehrende mit ihren Bedarfsanmeldungen direkt an die QPL-Projekte herantreten. Dabei handle es sich weniger um konkrete Vorschläge für Maßnahmen als vielmehr um Bedarfsartikulationen für (noch) mehr Service- bzw. Unterstützungsleistungen, Nachfrage von Beratungstätigkeiten oder Bitten um reine Aufgabenübernahme. Thematisch beziehen sich die Wünsche und Maßnahmen der Lehrenden schwerpunktmäßig auf die Entlastung in drei Bereichen: Digitalisierung, Prüfungswesen und Prüfungsverwaltung sowie Öffentlichkeitsarbeit – Bereiche, in denen die Anforderungen in den letzten Jahren gestiegen sind.

6.3.4. Drittmittelvorgänge

Drittmittel einzuwerben und sie zu verwalten ist an den Hochschulen kein neuer Vorgang, aber durch die verschärfte Kompetitivität der „Hochschule im Wettbewerb"[22] mittlerweile zu einem Belastungsfaktor geworden. Dabei gibt es im Grundsatz drei verschiedene Arten von Drittmitteln: zum ersten solche von Forschungsförderern (in der Regel nach *responsive mode*), zum zweiten FuE-Projektmittel von der Wirtschaft oder wirtschaftsnahen Finanziers (typischerweise zur Bearbeitung einer praxisrelevanten Problemstellung) und zum dritten die Beteiligung an Programmausschreibungen, die überwiegend vom BMBF, Landeswissenschaftsministerien und Stiftungen ausgehen (mit Bindung an das jeweilige Ausschreibungsthema). Alle drei haben stark zugenommen, und ihnen wird zugeschrieben, zunehmend die Grundfinanzierung der Hochschulen zu ersetzen.

So sind z.B., seit 1989 das erste Hochschul- und Wissenschaftsprogramm (HWP) gestartet war, Bund-Länder-Förderprogramme zu einer Dauererscheinung geworden. Sie zeichnen sich dadurch aus, dass sich die Hochschulen einer Beteiligung häufig nicht entziehen können. Denn nur so können manche Standardaufgaben einigermaßen ausfinanziert werden, und zudem üben die Landesministerien Druck auf die Hochschulen aus, sich zu beteiligen. Die fortwährenden Ausschreibungen setzen mit einer gewissen Regelmäßigkeit wissenschaftliches und Verwaltungspersonal der Anforderung aus, in kurzer Zeit antragsfähige, also programmkompatible Ideen zu entwickeln, inner- oder außerhochschulisch Kooperationen für die Antragstellung zu initiieren und den jeweiligen Antrag zu schreiben. Der so entstehende Aufwand lässt sich abschätzen, wenn man sich

---

22 vgl. oben 2.1.1. Governance der „Hochschule im Wettbewerb"

die Fülle aktuell laufender Bundes- bzw. Bund-Länder-Programme vor Augen führt (Übersicht 37).

Übersicht 37: Bundes- und Bund-Länder-Förderprogramme 2017

Programm	Themenfokus	Laufzeit	jährliche Ausgaben (in Euro)
Deutschlandstipendium	Lehre		21 Mio
EXIST	Forschung		12 Mio
Exzellenzinitiative	Forschung	2006–2017	450 Mio
Forschung an Fachhochschulen	Forschung		46 Mio
Hochschulpakt 2020	Lehre	2014–2020	3,2 Mrd.
Professorinnenprogramm	Forschung	2008–2022	29 Mio
Qualitätsoffensive Lehrerbildung	Lehre	2016–2023	63 Mio
Qualitätspakt Lehre	Lehre	2011–2020	207 Mio
Tenure-Track-Programm	FuL	2017–2032	67 Mio

Quellen: eigene Recherchen, Einzelnachweise in Baumgart/Henke/Pasternack (2016: 51–55)

Hinzu treten Landesprogramme, an denen sich zu beteiligen noch unabweisbarer ist, da die Finanzierungen daraus z.T. erhebliche Anteile der Gesamt-Hochschulfinanzierung ausmachen (Übersicht 38).

*Übersicht 38: Bedeutung von Landesprogrammen in drei Beispielländern**

	Baden-Württemberg	Hessen	NRW
Anzahl der Landesprogramme	12	4	7
Landesprogrammmittel (Mio €)	495	290	1.080
Anteil an den lfd. Grundmitteln	20 %	19 %	26 %

* Beispieljahr 2013. Programme, die erst nach 2013 aufgelegt wurden, sind hier nicht enthalten.
Quellen: MWFK-BW (2012; 2014); Haushaltsrechnungen der jeweiligen Bundesländer; eigene Recherchen

Vier wesentliche Aspekte lassen sich herausstellen, um zu verdeutlichen, inwiefern dies mittlerweile zu einem Belastungsfaktor geworden ist: (1) die Drittmitteleinwerbung und -beantragung, (2) die Organisation von Projektstarts, (3) die Drittmittelverwaltung sowie (4) die zur Aufrechterhaltung des Drittmittelverteilungsbetriebs nötigen Gutachtertätigkeiten.

(1) Drittmitteleinwerbung und -beantragung: Um die Kernfunktionen Forschung und Lehre erfüllen zu können, wird die Drittmitteleinwerbung – früher eine gelegentliche Zusatzaktivität – zur Normalaufgabe. Das kann auch einigermaßen funktionieren, solange die Chancen auf Bewilligungen so hoch sind, dass der Aufwand gerechtfertigt erscheint. Hier gibt es beachtenswerte Entwicklungen. Die DFG, traditionell als besonders hochschwellig geltend, hat mittlerweile von allen Fördermittelgebern die höchste Förderquote in den Geistes- und Sozialwissenschaften – mit 37,6 Prozent.[23] Das BMBF hatte 2017 eine Förderausschrei-

---

[23] Förderquote = Verhältnis der Zahl der Bewilligungen zur Zahl der Anträge. Angabe für 2017, siehe http://www.dfg.de/dfg_profil/zahlen_fakten/statistik/bearbeitungsdauer/index.html (26. 5.2017). Die dort angegebene Kategorie „Einzelförderung" umfasst mehrere Förderprogramme, welche in der statistischen Berichterstattung gemeinsam dargestellt werden. Neben der klassischen sog. Sachbeihilfe (ein bürokratischer Begriff, der auch und in der Regel vor allem

bung zum Thema „Citizen Science" mit einer Bewilligungsquote von vier Prozent zum Abschluss gebracht.[24] (Übersicht 39)

Übersicht 39: Förderquoten von sozialwissenschaftlich relevanten BMBF-Förderausschreibungen 2013–2018*

Ausschreibung		Ausschrei-bungsjahr	Einreichun-gen gesamt	Bewilli-gungen	Förder-quote
Forschungsförderprogramme					
Leistungsbewertung in der Wissenschaft		2013	49[1]	17[2]	35 %
Begleitforschung Qualitätspakt Lehre[1]		2014	70	16	23 %
Quantitative Wissenschaftsforschung[2]		2017	58	24	41 %
Innovations- und Technikanalyse[1]		2017	118	18	15 %
Qualitätsentwicklungen in der Wissenschaft[2]		2018	79	15	19 %
FuE-Förderprogramme					
Citizen Science[1]		2017	310	13	4 %
Kommunen innovativ	1. Runde	2015	176[1]	30[2]	11 %
	2. Runde	2016	90[1]		
Innovative Hochschule[2]		2017	118	29	25 %
Gesamt-Förderquote			**1.068**	**162**	**15 %**
Ø der Einzelförderquoten					22 %

* Keine Vollständigkeit. Erfasst sind nur die Programme, zu denen sich die hier interessierenden Daten recherchieren ließen.
Quellen: [1] Auskunft des Projektträgers. [2] Veröffentlichung zum Förderprogramm im Internet

Hier wird man wohl sagen müssen: Für aus Steuergeldern finanziertes wissenschaftliches Personal touchiert es die Grenze zur fahrlässigen Verschleuderung öffentlicher Mittel, sich an einer Förderausschreibung zu beteiligen, also in einen entsprechenden Projektantrag die dafür erforderlichen Zeitressourcen zu investieren, wenn dieser mit einer 96prozentigen Vergeblichkeitschance versehen ist.

Es gibt aber auch die Mittel des jeweiligen Sitzlandes, um deren Einwerbung sich Hochschulen bemühen können. Neben allgemeinen Forschungsgeldern, soweit das Land solche ausreicht, sind dies vor allem programmgebundene Gelder. In einigen Ländern zählen dazu auch die Studiengebührenersatzmittel. In

---

Personalkosten umfasst, um ein Einzelprojekt durchführen zu können) sind dies u.a. das Emmy Noether-Programm, die Heisenberg-Förderung und Forschungsstipendien (detaillierte Übersicht unter http://www.dfg.de/dfg_profil/zahlen_fakten/statistik/programmbezogene_statisti ken/index.html#anker66857048). Die Gesamtförderquote der Einzelförderung wird aber wesentlich von den Anträgen auf Sachbeihilfe bestimmt; 2017 entfielen rund 91 Prozent der Antragstellungen in der Einzelförderung auf diesen Antragstyp. Die Förderquote nur für die Sachbeihilfen lag 2017, bezogen auf Neuanträge, bei 36,6 Prozent – also etwa zwei Prozentpunkte unter dem Gesamtwert der Einzelförderung. In anderen in der Einzelförderung enthaltenen Programmen – beispielsweise bei den Forschungsstipendien – war dagegen die Förderquote höher, beim Emmy Noether-Programm etwas niedriger. Insgesamt fallen diese Abweichungen bei der Gesamtquote jedoch kaum ins Gewicht. (Schr. Mittlg. William Dinkel, Informationsmanagement, Statistik und Reporting der DFG, 27.8.2018)

[24] 310 eingereichte Projektskizzen, davon 13 Bewilligungen (schr. Mittlg. Projektträger DLR, 3.5.2017)

Baden-Württemberg werden diese Qualitätssicherungsmittel (QSM) genannt und können für Verwaltungslaien eine Herausforderung darstellen, wie ein Rundschreiben der Universität Heidelberg zeigt (Übersicht 40).

Übersicht 40: Kontierungsobjekte, bebucht: Qualitätssicherungsmittel-Verwaltung

„Die Qualitätssicherungsmittel werden voraussichtlich Anfang April … als Kassenanschlag auf der Grundlage der Studierendenzahlen des WS … der Universität bereit gestellt. Hierfür müssen aus haushaltsrechtlichen Gründen neue Kontierungsobjekte eingerichtet werden … Den Fakultäten und zentralen Einrichtungen geht zeitnah ein Schreiben zu den neuen Kontierungsobjekten und den Anordnungsbefugnissen … auf dem Postweg zu. Die neu eingerichteten Kontierungsobjekte für die Qualitätssicherungsmittel können erst ab dem 2. April … bebucht werden. Da das Sommersemester an der Universität Heidelberg bereits mit dem 1. März beginnt, entsteht für Fakultäten und Institute, die keine oder geringe Ausgabenreste … auf dem Konto haben, ggf. eine Finanzierungslücke im März.

… Kalkulieren Sie Ihren Gesamtfinanzierungsbedarf für bereits beschlossene Maßnahmen … Berechnen Sie, für wie viele Monate … Für Personalaufträge kann dies z.B. bedeuten, dass die Kontierungsobjekte noch während des Semesters gewechselt werden … Beachten Sie bitte unbedingt, dass Ausgaben für März nicht bereits im Vorgriff über die Qualitätssicherungsmittel gebucht werden können … Berechnen Sie daher, ob bei Ihnen bereits im März eine Deckungslücke auftritt. Berücksichtigen Sie dabei unbedingt, dass die Abbuchung der Personalkosten für März zwar erst Anfang April durchgeführt wird, aber für den März zählt, so dass damit rückwirkend noch ein Defizit im März entstehen kann."

Aus einem Rundschreiben der Universität Heidelberg, zitiert in Brennicke (2013a: 24)

(2) Organisation des Projektstarts: Ein Drittmittelprojekt stellt, trotz aller Zunahme der Projektzahlen, nach wie vor eine Kontinuitätsunterbrechung an einer Hochschule dar. Es sind also Sonderanstrengungen erforderlich, da Routinen entweder nicht etabliert oder nicht aufeinander abgestimmt sind. Da immer ein Mittelgeber involviert ist und dieser mitunter einen Projektträger zwischengeschaltet hat, enthält die Prozesskette zudem typischerweise Kommunikations- und Entscheidungsschleifen, welche die innerorganisationale Kontinuitätsunterbrechung verschärfen.

Zur Illustration lässt sich hierfür auf einen ausführlichen Bericht über einen Projektstart zurückgreifen, der in prägnanter Konzentration die möglichen – und im gegebenen Falle wirklich gewordenen – Probleme enthielt. Er stammt von einer (anonym bleibenden) Exzellenz-Universität, also einer Hochschule, die zum gegebenen Zeitpunkt in der Exzellenzinitiative für die Umsetzung ihres Zukunftskonzepts gefördert wurde (Übersicht 41).

Ausgangspunkte: Beantragung eines Forschungsprojekts bei Landesministerium im Rahmen einer Förderausschreibung. Die Antragsteller.innen sind noch nicht an der Universität beschäftigt, sondern in anderen Beschäftigungsverhältnissen. Die erste Auswahlstufe wird positiv absolviert, im weiteren ist die formale Antragstellung und die Integration in den Universitätsbetrieb zu bewältigen.

Bericht: „Im Zusammenhang mit dem formalen Antrag fallen an: Ausschreibungen noch zu besetzender Stellen: Personalauswahl, Verhandlung der Gehaltseinstufungen. Eine Stellenausschreibung zu veröffentlichen ist dabei ein Hürdenlauf. [...] Erste Maßnahme der E-Uni: alle Einstufungen werden nach unten korrigiert. [...] *man kann keine Präzedenzfälle schaffen* [...]

Die künftige Projektleitung ... beginnt zu verhandeln, sich ins Tarifrecht einzuarbeiten ..., kryptische Konkordanztabellen sowie Verwaltungsdeutsch. Bis sich herausstellt, dass alles letzten Endes an den Aufgabenbeschreibungen für die jeweiligen Stellen liegt. Wo kommen die denn her? – *Ja, von uns jedenfalls nicht,* heißt es aus allen angefragten Abteilungen der Hochschule. *Was die Projektmitarbeitenden genau tun sollen, muss die Leitung ja wohl selber wissen.*" Sie weiß es, zumal es im Antrag steht, „aber mit den entsprechenden verwaltungstechnischen und tarifrechtlichen Formulierungen – ‚es werden schwierige Forschungsaufgaben zur selbständigen und eigenverantwortlichen Erledigung übertragen' oder sind es vielmehr ‚besonders schwierige', die ‚die höchstwertige Leistungen erfordern'? –, damit ist man als Wissenschaftler weniger vertraut."

Die Ausschreibung der 50-Prozent-Stelle für die Projektverwaltung führt zu 150 Bewerbungen. „Zusätzlich schickt das Arbeitsamt ... einige zig Briefe hinterher und fordert auf zu begründen, warum dieser oder jener über sie gesandte Bewerber ausgewählt wurde oder nicht. [...] Nach Abschluss der Personalauswahl für die Stellen ... berechnet die Personalabteilung 4 bis 6 Wochen lang die exakten Personalkosten. Klar, es geht um Weihnachtsgeld und solche Dinge. *Entschuldigen Sie die Verzögerungen, es gab eine Umstrukturierung in der Abteilung. Alle, die sich auskannten, sind jetzt weg.*"

Dann beginnen die Detailverhandlungen mit dem Ministerium. „Da sollen Kostenvoranschläge oder prüfbare Angebote für in vier Jahren erscheinende Qualifikationsschriften vorgelegt werden. Es muss begründet werden, warum ein Mikrophon zur Aufzeichnung von Einzelinterviews nicht auch für Gruppeninterviews genutzt werden kann. Die genauen Reisekosten für eine in zwei Jahren stattfindende Tagung müssen angegeben werden. *Was alles unter ‚sonstige Sachkosten' falle?* Aber es hieß doch, man könne dies als Pauschale angeben. Recherchen werden getätigt, um etwaige Kosten fürs Mobiltelefon bei Forschungsaufenthalten im Ausland, Drucken von Plakaten für Tagungen oder Kinderbetreuung während Konferenzen zu erkunden.

Als dem Projektträger alles Nötige vorliegt, die Nachfrage, wie lange es bis zur endgültigen Bewilligung wohl dauere. Die künftigen Mitarbeitenden müssten dringend ihre bisherigen Stellen kündigen. [...] Die laufenden Stellen werden gekündigt. Zwei Wochen vor geplantem Projektstart noch keine Anstellung. [...] Eine weitere Woche vergeht ..., sollen wir am 1. des Monats alle zum Arbeitsamt gehen und uns ‚arbeitssuchend' melden, damit wir wenigstens krankenversichert sind? [...] Wenige Tage vor Projektbeginn liegt immerhin eine ‚kassenmäßige Anordnung' vor ... Der höchste Zuständige für Forschung erbarmt sich, läuft rüber zum Kanzler, und nachdem das Team wochenlang gearbeitet hat, wird in fünf Minuten beschlossen, dass die Universität auf eigenes Risiko die Mitarbeitenden für einen Monat anstellt."

Einen Tag vor Projektbeginn „ein Telefonat mit dem Projektträger – und der Hinweis darauf, dass der Bewilligungsbescheid nicht wie versprochen vorliegt. Man erklärt, dass es in solch großen Verwaltungen ja nicht üblich sei, von Verantwortung zu sprechen. *Betrachten Sie es als Fehler im Betriebsablauf.*

... Nachfrage bei der Raumabteilung ... Die Universität hat, wie in der Ausschreibung des Ministeriums verlangt, dem Projekt Räume und Arbeitsplätze ... garantiert. [...]

eine Woche vor Projektbeginn ... schickt der Zuständige ein Pdf-Dokument mit einem Beschluss der Universitätsleitung, der ... zweieinhalb Monate zurückliegt. Darin sind die dem Projekt zugesprochenen Räume benannt. Der Brief wurde an neun verschiedene Personen und Abteilungen verschickt, jedoch nicht an die Projektleitung und nicht an das Instituts-Sekretariat. Die Räume sind bisher lediglich mit Tischen und Stühlen möbliert. *Wegen gegebenenfalls notwendiger Zusatzausstattung nehmen Sie bitte direkt mit Frau A (Abt. X, Ruf-Nr.111) Kontakt auf. Für Telefonanschlüsse ist Herr B (Ruf-Nr. 222), für die Abrechnung der Fernmeldegebühren Frau C (Ruf-Nr. 333), für die Aktivierung der Datenanschlüsse Herr D (Ruf-Nr. 444), für die Schlüsselausgabe Herr E (Ruf-Nr. 555) und für die Durchführung der Unterhaltsreinigung Frau F (Ruf-Nr. 666) zuständig.*

Panik. Wer soll das alles erledigen in den wenigen verbleibenden Tagen? Es erscheint sinnvoll, zunächst die Schlüssel zu beschaffen. [...] Herr E hat einen netten Anrufbeantworter, *Schlüsselausgabe ist jeweils mittwochs von 9 bis 12* [...] Erster Besuch in den Räumen. Spinnen an der Decke. Hunderte Fliegenleichen auf den Fensterbänken. Herbstlaub in den Ecken. [...]

Was das Mobiliar betrifft, wird das Team von der zentralen Beschaffung zunächst ins Gebrauchtmöbellager der Universität geschickt. [...] Am nächsten Tag erscheint ein anderer Herr von einer Privatfirma, die das Monopol auf den Verkauf von Büromöbeln an der Universität hat, geschickt von ... der zentralen Beschaffung. Er soll mit dem Team ein Angebot erstellen [...] Nach einer Woche bekommt das Team Telefone. Man bittet darum, bis zum Eintreffen der beantragten PCs die Privatlaptops des Teams für den Internetzugang zu konfigurieren. *Nein, es ist überhaupt nicht gestattet, mit Privatgeräten in Uni-Räumen zu arbeiten.*

Im Rechenzentrum erklärt man, es seien die vom Land subventionierten PCs zu bestellen ... Ebenso für die Beschaffung der Laptops ... Auch wenn sie als projektspezifische Ausgaben über den Projekthaushalt finanziert werden und nicht zur universitären Grundausstattung gehören, müssen die vom Land subventionierten Geräte angeschafft werden. Das Hauptproblem liegt woanders. Die Finanzierung der zugesagten Grundausstattung ist nämlich nicht geklärt."

Die Institutsleitung hatte zwar in Gestalt eines ihrer Mitglieder die Grundausstattungszusage für die Antragstellung gegeben, doch darüber nicht die anderen Mitglieder informiert. Die Finanzen aber sind nun „bereits für das Folgejahr komplett ausgeschöpft". [...] In einem Gespräch mit der Institutsleitung weiß sich das Team nicht mehr anders zu helfen, als darauf hinzuweisen, dass wohl oder übel das Ministerium über die Verzögerungen im Projektbeginn zu informieren sei. *Das ist ja jetzt wohl nicht der richtige Ton, in dem Sie da mit uns sprechen."*

Ein Hausmeister taucht auf und „liefert drei PC und zwei Drucker. Ungläubiger Jubel. Dann: Keine Monitore. Pech. Die EDV-Beauftragte des Instituts erfragt die Gerätenummern. [...] Die Drucker sind veraltet, die PCs zu teuer, sie hat Auflage, das Billigste zu beschaffen. Die Projektleitung soll sich darum kümmern, dass die gelieferten Sachen wieder abgeholt werden, erst dann ist die Bestellung möglich. Unsere Wunschliste kann sie unmöglich erfüllen, viel zu teuer, sie kriegt Geräte für die Hälfte, genauso gute Qualität. Was heißt hier Wunschliste, das Rechenzentrum hat doch gesagt, dass es nur eine einzige Option gibt. – *Ja, nein, ich bin als Großkundin mit verschiedenen Finnen in Kontakt und kann es viel günstiger besorgen.*

Auch recht. Aber wie die Geräte, die nun schon mal da sind, wieder loswerden? Anruf in der vermutlich zuständigen Abteilung. Aufschrei, Empörung. *Was fällt Ihnen ein, wir hatten gestern den ganzen Tag damit zu schaffen, unter keinen Umständen holen wir das ganze Zeug wieder ab. [...] Seit drei Wochen ist die ganze Uni am Rennen wegen Ihnen, können Sie nicht einfach mal zufrieden sein mit dem, was Sie kriegen?"*

Fazit der Autor.innen: „Das Team hat viele Abteilungen der Exzellenz kennengelernt, für Aufsehen und Unmut gesorgt. Das tut uns leid, es war nicht unsere Absicht. Wir wollten hier nur ein Forschungsprojekt durchführen."

Quelle: Bericht aus dem Innenleben der Exzellenz, in: F.A.Z., 25.1.2012

(3) Drittmittelverwaltung: Nach Angaben des von uns befragten wissenschaftlichen und administrativen Personals verursachen Drittmittelprojekte einen hohen Verwaltungsaufwand. Dieser bestehe nicht nur darin, die Projekte einzuwerben, was durch komplizierte Antragsprozeduren aufwendig genug sei, und sie zu leiten, sondern diese auch abzurechnen. Erschwerend komme hinzu, dass sich die Abrechnungsverfahren sowohl zwischen Drittmitteln und Haushaltsmitteln als auch zwischen den verschiedenen Mittelgebern unterscheiden. (HSL5) Resignation kann eine Folge sein. Einer der befragten Hochschullehrenden gibt an, aufgrund der komplizierten Verfahren der Drittmittverwaltung seinen extern finanzierten Weiterbildungsstudiengang nicht mehr weiterführen zu wollen. Unterschiedliche Fördermittelgeber aus verschiedenen Bundesländern, welche die Studiengangteilnahmen finanzieren, sowie verschiedene Richtlinien und Anträge führten zu einem erheblichen Verwaltungsaufwand:

> *„Ich hatte allerdings dann doch wieder ein europäisches Projekt beantragt, und ich habe einen Master-Studiengang …, einen Weiterbildungsstudiengang, für den ich verantwortlich bin und der sehr viel Verwaltungsanforderungen hat, und im Moment bin ich total gereizt, weil ich will den auch nicht mehr weiter fortführen. […] Der ganze Master-Studiengang … ist ein Drittmittelprojekt, und der hat halt einen hohen Verwaltungsaufwand und überhaupt einen hohen Aufwand. […] So, und jetzt muss man da tricksen und noch einen anderen Parallelvertrag machen […]. Wir [gemeint: der Interviewte und beteiligte Mitarbeiter bzw. Verwaltung] haben also alle Verträge doppelt ausgefüllt, und wir mussten Teilnahmebescheinigungen und Bescheinigungen bereitstellen, dass sie [die Studierenden des Studiengangs] noch keinen Antrag gestellt haben. Wir waren jetzt wochenlang eigentlich damit beschäftigt …. Bei jedem [gemeint: die Studierenden] war es anders, jeder war irgendwie in einem anderen Förderprogramm."* (HSL4)

Auch die Verwaltung des in der Regel befristet beschäftigten Personals in Drittmittelprojekten wird seitens einer von uns befragten Verwaltungsmitarbeiterin als konfliktbehaftet beschrieben. Durch die zunehmenden Drittmitteleinwerbungen würde insbesondere der Bearbeitungsaufwand zunehmen:

> *„Das Dezernat … und vielleicht noch unser Personaldezernent, also die sind auch bloß zwei Mitarbeiterinnen für die gesamte Hochschule – und dadurch, dass sich das Drittmittelvolumen so immens erhöht hat, werden die ja auch doppelt belastet letztendlich. Die ganzen, immer die befristeten Verträge, also ich weiß, dass das Personal da immer viel zu tun hat […] die ständigen immer nur halbjährlichen oder jährlichen Verträge gerade in dem Drittmittelbereich".* (HVW8)

(4) Gutachtertätigkeiten: Die Begutachtung von Qualifizierungsarbeiten – Bachelor- und Masterarbeiten, Dissertationen, Habilitationsschriften – gehört zu den Aufgaben von Hochschullehrenden. Hier ist evident, dass die Einführung der Bachelorstufe mit einer eigenen Abschussarbeit den Gutachtungsaufwand erhöht hat. Daneben zählt das Erstellen von Gutachten zu den Aufgaben von Wissenschaftlern, die als professionelle Selbstverständlichkeit erwartet werden und daher nicht explizit als Dienstaufgabe definiert sind.[25] Das betrifft im weite-

---

[25] Eine Ausnahme ist das LHG Baden-Württemberg: „Hochschullehrerinnen und Hochschullehrer sind verpflichtet, ohne besondere Vergütung auf Anforderung des Wissenschaftsministeriums oder für ihre Hochschule Gutachten unter Einschluss der hierfür erforderlichen Untersuchungen zu erstatten und als Sachverständige tätig zu werden; dies gilt auch für Gutachten in Berufungsverfahren." (Drittes Hochschulrechtsänderungsgesetz – 3. HRÄG vom 27.3.2014).

ren auch Gutachten für Studierende, die ins Ausland wollen, für Bewerbungen um Stipendien, die Besetzung von Professuren, nationale und internationale Forschungsanträge sowie Artikelmanuskripte.

Für letztere wird auf die „exponentiell wachsende Zahl von Manuskripteinreichungen" verwiesen, die sich aus dem Publikationsdruck ergebe und die quantitativen Peer-Review-Anforderungen entsprechend nach oben schraube, was wiederum das Peer-Review-System zum Zusammenbruch zu bringen drohe (Starck 2018: 39). Da die Wissenschaft Gutachten benötigt, um wissenschaftsgeleitete Auswahlentscheidungen treffen zu können, sehen Kritiker angesichts der Zunahme von Gutachtungsanlässen Handlungsbedarf. Empfohlen wird beispielsweise, gutachterliche Tätigkeiten auch durch Zeit zu kompensieren. So gibt es Universitäten, deren Deputatsvorschriften es erlauben, gutachterliche Tätigkeiten in begrenztem Umfang auf das individuelle Lehrdeputat anzurechnen. (Abele-Brehm 2015: 624–625)

6.3.5. Raumplanung

Die Raumplanung übernimmt an den Hochschulen meist eine zentrale Stelle; aufkommende Anfragen und Abstimmungsbedarfe werden auf Verwaltungsebene bearbeitet. Bei der Bedarfsanzeige, etwaigen Aktualisierungen, z.B. wegen geändertem Platzkapazitätsbedarf oder mangelnder technischer Ausstattung des Raumes, sowie bei Meldungen zu Nutzungsüberschneidungen ist typischerweise auch die wissenschaftliche Ebene involviert.

In der Regel finden Lehrveranstaltungen an Hochschulen nach einem hochschulweit einheitlichen Zeitraster statt. Das ist auch gut so, es ist sogar notwendig. Würden Lehrveranstaltungen frei über den Tag verteilt werden können, käme es unentwegt zu Überschneidungen – die Studierbarkeit eines Studiengangs wäre gefährdet. Insofern ist ein vorgegebenes Raster – etwa um 8 Uhr morgens beginnend, im zweistündigen Takt bis 20 Uhr am Abend – für Veranstaltungszeiträume sinnvoll, und es erscheint in der Regel auch nicht abwegig, die Raumplanung an dieses Raster zu koppeln. Doch gibt es, wo Regeln gelten, immer auch Ausnahmen. Da Unregelmäßigkeiten grundsätzlich zu erwarten sind, müssten sie entsprechend in Planungsprozesse integriert werden. Das aber lassen bspw. die nun für die Raumplanung häufig eingesetzten elektronischen Systeme typischerweise nicht zu.

Flexible Raumplanung ist im Einzelfall nötig, beispielsweise für Blockseminare, Gastreferenten oder Sonderveranstaltungen, die während des normalen Lehrbetriebs stattfinden (für Veranstaltungen am Abend oder Wochenende – häufig keine Lehrveranstaltungen im engeren Sinne – gelten die Zeitraster nicht). Was ist das Resultat dieser Zeitraster-Praxis? Dozenten, die nichtzeitrasterkonforme Lehrveranstaltungen anbieten wollen, haben die Wahl zwischen zwei Optionen: (a) die Veranstaltungszeit an das System anpassen und die damit einhergehenden Nachteile, wie Unflexibilität, Wettbewerb um begrenzte Zeitfenster und (erhebliche) Improvisationsanstrengungen um ggf. Alternativen zu organisieren – welchen zu entgehen der Anlass für die nichtzeitrasterkonforme Planung war –, in Kauf nehmen; (b) den Raum für einen längeren Zeitraum buchen und die

Veranstaltung innerhalb des Zeitfensters flexibel und wie beabsichtigt durchführen.

Letzteres wird dann zuweilen auch von der Hochschulverwaltung empfohlen. Angesichts der meist knappen Raumressourcen müsste allerdings vermieden werden, Räume in Randzeiten der Zeitraster-Fenster ungenutzt zu lassen. Andernfalls – und heute im Regelfall – bleiben so Räume ungenutzt, während an anderer Stelle mit erheblichen Mehraufwand alternative Veranstaltungsräume organisiert werden müssen:

> *„Also das passiert relativ häufig für alle von uns, dass der Raum mit einer Prüfung belegt ist, dann muss man gucken, gibt es einen anderen Raum. [...] Ob die Verwaltung mir das vorher sagen könnte ,Herr ..., heute Nachmittag können Sie nicht den Raum haben?' Das passiert auch, dass der Pförtner das macht. Aber da gibt es wenig feste Routinen dafür. Es gibt nicht irgendwo eine Tafel, an der ich sehen könnte ... oder automatisch generierte eMails, die mir sagen, heute ist Ihr Raum besetzt, Sie müssen ausweichen auf xyz. Das [die doppelte Raumbelegung] stellt man fest, wenn die Studenten vor der Tür stehen." (HSL1)*

Sind die zentralen Ansprechpartner für die Raumbuchung online nicht unmittelbar zu erkennen und bestehen Sondersituationen wie Urlaub oder Elternzeiten, so potenzieren sich oftmals die Probleme bei der Raumplanung. Wie kompliziert sich unter diesen Vorzeichen eine Raumbuchung gestalten kann, zeigt die exemplarische Protokollierung eines entsprechenden Vorganges (Übersicht 42).

Übersicht 42: Eine Raumbuchung (Universität, anonymisiert)

14.8. Suche via Google (Raumbuchung + Hochschulname) zur Feststellung einer Ansprechperson

14.8. Anruf bei Frau Maximilian: Sie sei nicht zuständig für Raumbuchungen und kann Räume nicht einsehen. Ihre Aufgabe sei die Vertragsabwicklung nach der Raumbuchung. Verweis auf zuständige Mitarbeiterin für Raumbuchungen, Frau Mustermann.

14.8. Anruf bei Frau Mustermann: nicht erreichbar

15.8. Anruf bei Frau Mustermann: nicht erreichbar

18.8. telefonische Nachfrage zur Unerreichbarkeit von Frau Mustermann bei Frau Maximilian: Sie habe keine Ahnung, man solle es bei der Sekretärin der Abteilung „Bau, Liegenschaften und Gebäudemanagement", Frau Musterfrau, probieren.

18.8. Anruf bei Frau Musterfrau: nicht erreichbar

19.8. Anruf bei Frau Musterfrau: Auskunft, dass Frau Mustermann letzte Woche Urlaub hatte. Sie hätte gestern ihren ersten Tag gehabt. Es sei zu erwarten, dass sie nun zu tun/ aufzuarbeiten habe, da nehme sie wohl nicht jedes Telefonat an. Sie rät, eine eMail zu schreiben.

19.8. eMail an Frau Mustermann: Schilderung des Anliegens und Bitte um Rückruf.

19.8. Anruf bei Frau Mustermensch (ebenfalls Mitarbeiterin im Sachgebiet „Vergabe zentralverwalteter Lehrflächen"): nicht erreichbar

21.8. Anruf bei Frau Mustermann (9:00 Uhr): nicht erreichbar

21.8. Anruf bei Frau Musterfrau (9:02 Uhr): nicht erreichbar

21.8. Anruf bei Herrn Musterbeispiel (9:04 Uhr) (ebenfalls Mitarbeiter im Sachgebiet „Vergabe zentralverwalteter Lehrflächen"): nicht erreichbar

21.8. Anruf bei Frau Mustermann (10:06 Uhr): erreichbar. Frage nach Maileingang.

Antwort: Sie hätte sie noch nicht gelesen, da sie 200 Mails zu bearbeiten hätte. Anrufer bucht daraufhin direkt telefonisch den Seminarraum [Nummer], welcher 25 Personen fasse für [Datum; Uhrzeit von-bis]. Er erfragt bei Frau Mustermann technische Ausstattung (Beamer, Flipchart). *Antwort*: „Müsste da sein". Erfragt das weitere Prozedere (Antragsformular ausfüllen). *Antwort*: „Als Mitglied der [Einrichtungsname] reiche doch da der Hörsaalantrag." *Frage*: „Wo finde ich den?" *Antwort*: (seufzt) „Na auf der Serviceseite, bei Downloads, unter [Kapitelnummer]." *Frage*: „Und das fülle ich aus und sende es Ihnen einfach zu?" *Antwort*: „Ja." (Gesprächsende)

21.8. Für den Antrag zur Hörsaalanmietung sind auf der Dokumentendownloadseite mehrere Ebene zu durchforsten → gefunden: Die Datei lässt sich nicht öffnen. Darüber hinaus erzählt ein Kollege dem Anrufer, dass der gebuchte Seminarraum ca. 40 Personen fasse und nicht, wie von Frau Mustermann angegeben, 25 Personen.

6.3.6. Dienstreiseadministration

Die Administration von Dienstreisen ist ein Thema für auf den ersten Blick überraschende Kommunikationen. Ulf Banscherus (2018) sieht es als besonders geeignet, um einen authentischen Eindruck vom Stand des Verhältnisses zwischen wissenschaftlichem und Verwaltungspersonal zu erhalten:

> „Die Reaktionen reichen in aller Regel von einem achselzuckenden Seufzen über ein entnervtes Augenrollen bis zu heftigen Wutausbrüchen, in denen die jeweils andere Seite wahlweise als arrogant, verbohrt oder absolut unkooperativ – bis hin zum aktiven Sabotageversuch – beschrieben wird. Sich selbst beschreiben die Gesprächspartnerinnen und Gesprächspartner hingegen als sachorientiert, konstruktiv und kooperativ." (Ebd.: 87)

Nun werden an Hochschulen seit jeher Dienstreisen beantragt, durchgeführt und abgerechnet. Sie gehören zu den Routinetätigkeiten des wissenschaftlichen Personals. Verbreitet ist allerdings die artikulierte Wahrnehmung, dass der Aufwand für die Vor- und Nachbereitung beständig steige. Dabei wird die Abrechnung von Dienstreisen durch die Wissenschaftler.innen selbst von diesen häufig als Fehlzuordnung einer Tätigkeit wahrgenommen (HSL1, HSL4).

Im Unterschied zum sonstigen wissenschaftlichen Personal müssen Professor.innen ihre Dienstreisen i.d.R. lediglich vor Antritt anzeigen, also mit dieser Angelegenheit kein Genehmigungsverfahren durchlaufen. Eine Ausnahme bilden Reisen mit dem privaten Kfz, dessen Nutzung aus versicherungstechnischen Gründen vorab genehmigt werden muss.

Am Durchlauf des Prozesses „Dienstreiseadministration" (Übersicht 43) sind an einer exemplarischen Fallhochschule drei Organisationseinheiten bzw. Funktionsträger zentral beteiligt: die dienstreisende Person, die zuständige Beschäftigungsstelle (Dekanat, Fachbereich oder Bereichsleitung) und die zugehörige Verwaltungseinheit (Reisemanagement). Entlastungschancen haben hier diejenigen, die über ein eigenes Sekretariat oder wissenschaftliche Mitarbeiter.innen verfügen, denen – so lässt sich beobachten – die Administration der Dienstreiseabrechnung gerne übergeben wird:

„Ja, ich habe ja das Glück, ich habe noch eine Sekretärin. Da habe ich nichts mit am Hut [Dienstreiseadministration]. Ich gebe der die ganzen Unterlagen, und dann macht sie das glücklicherweise für mich [...] Also wenn ich das selber machen müsste, würde ich wahrscheinlich gar nicht mehr reisen." (HSL6)

Übersicht 43: Prozessprofil „Dienstreiseadministration"

Prozessname	Dienstreiseadministration
Prozessziel	Dienstreiseadministration von der Dienstreiseanzeige bis zur Kostenabrechnung
Prozessart	Supportprozess
Prozessbeteiligte	Hochschullehrender, Beschäftigungsstelle, zentrales Reisemanagement
Prozessverantwortung	zentrales Reisemanagement
Schnittstellen zu anderen Prozessen	keine
auszulösende Ereignisse	ja
digitale Assistenz	Online-Dokumentenmanagement
Durchlaufhäufigkeit für Hochschullehrende	mehrmals jährlich, bei Bedarf
Rechtsgrundlagen	Bundesreisekostengesetz, Reisekostengesetze der Länder, Verwaltungsvorschriften der Länder, Auslandsreisekostenverordnung des Bundes, Verwaltungsrichtlinien der Hochschule

Quellen: von der Hochschule (hier anonymisierten) zur Verfügung gestellte Materialien

Diesen Umstand bildet die schematische Darstellung[26] des Beispielprozesses nicht ab, sondern lediglich die Formalstruktur. Die Prozessverantwortung liegt in der Regel bei einer zentralen Verwaltungsstelle, welche für die Bearbeitung und Überprüfung der Formulare sowie für die Kostenerstattung zuständig ist. An der betrachteten Fallhochschule wurde dafür ein eigenständiges Referat in der zentralen Hochschulverwaltung, das Dienstreisemanagement, eingerichtet. Dort ist die Dienstreiseanzeige nach Genehmigung durch die Beschäftigungsstelle (z.B. Dekanat oder Fachbereich) vorzulegen. Um Reisekosten erstattet zu bekommen, muss das Personal nach der Reise die entstandenen Aufwendungen ebenfalls beim Dienstreisemanagement abrechnen. Der Vordruck des zweiseitigen Abrechnungsformulars muss handschriftlich ausgefüllt sowie die Originalbelege abgegeben werden.

Generell sind Reisekostenabrechnungen häufig mit dem Ausfüllen zweiseitiger und/oder mehrerer Formulare in analoger Form, dem Kopieren von Nachweisen und bei Abweichungen von Richtlinienvorgaben dem Formulieren von persönlichen Erklärungen verbunden – so muss die Nutzung von Mietwagen, Taxi

---

[26] siehe Anhang Nr. 7: Prozesskette „Dienstreiseadministration"

oder Privatfahrzeugen meist explizit und triftig begründet werden. Die dafür benötigten Dokumente sind in der Regel im Intranet der jeweiligen Hochschule zugänglich – so auch an der Fallhochschule.

Dabei offenbart sich eine Diskrepanz zwischen digitalem und analogen Anspruch, und es kommt zu einem doppelten Medienbruch: Einerseits werden die Prozesse innerhalb der Verwaltung größtenteils digital abgewickelt, und auch die notwendigen Formulare werden online zur Verfügung gestellt (in der Regel als PDF). Andererseits sind die Wissenschaftler.innen meist genötigt, diese Formulare auszudrucken und handschriftlich auszufüllen sowie mit Originalunterschrift analog weiterzureichen. Fehlerhafte Reisekostenabrechnungen und zusätzlicher Zeitaufwand für Nachbearbeitungen sind oft die Folge. Hinzu treten Neuregelungen, die im Betriebsablauf untergehen. Der in Übersicht 44 dokumentierte Kommunikationsverlauf illustriert das exemplarisch. Er zeigt zugleich, unter welchen Restriktionen auch die Verwaltung dabei handelt und dass sich Dinge dann aber durchaus auch regeln lassen, d.h. ein grundsätzlicher verwaltungsseitiger Unwille nicht unterstellt werden muss.

Übersicht 44: eMail-Kommunikation zwischen Wissenschaftler.in und
Verwaltungsmitarbeiter.in zur Reisekostenabrechnung: anonymisiertes Beispiel

Gesendet: Dienstag, ... 2015 12:10
An: [Name Verwaltungsmitarbeiter.in]
Betreff: Anfrage an Ansprechpartner: Reisekostenabrechnung ... 2015

[Anrede],
Ich habe eben meine Reisekostenabrechnung für die o.g. Reise nach [Stadt] erhalten. Auf der fand sich der Vermerk „Anreise am 12.05. nicht dienstlich". Ich bin schon der Ansicht, dass die Anreise dienstlich erforderlich war.
Wir führen Interviews mit Wissenschaftlern durch, die nur ungern Zeit darauf verwenden. Deshalb sind wir gezwungen, den zu Interviewenden die Wahl der Termine zu überlassen. Der Interviewpartner hatte den 13.5., 9.00 Uhr angegeben. Das Interview fand an einem Ort statt, der vom Hauptbahnhof innerhalb von 30 min zu erreichen war. Angesichts der Unsicherheiten bei der deutschen Bahn nehmen wir nie die letztmögliche Zugverbindung vor dem Interview. Das hätte im konkreten Falle bedeutet, ich hätte einen Zug 4.41 Uhr ab Hauptbahnhof nehmen müssen. Einmal ganz abgesehen davon, dass ich nicht der Ansicht bin, dass mein Arbeitgeber das von mir verlangen kann: Das tut man vor Interviews einfach deshalb nicht, weil das Interview schlechter wird, wenn der Interviewer übermüdet ist.
D.h. es gibt einen methodischen Grund dafür, nicht mitten in der Nacht zu einem Interview aufzubrechen – der Reisende ist das Untersuchungsinstrument, und das will pfleglich behandelt werden. Vermutlich hätte ich das einfach irgendwo vermerken müssen. Deshalb wollte ich fragen, wo ich diese Gründe in Antrag oder Abrechnung ausweisen muss. Wenn andererseits gesetzliche Vorschriften zu Dienstreisen erzwingen, dass sowohl meine Rechte als Arbeitnehmer als auch methodische Imperative des Forschungsprozesses geringere Priorität haben, muss ich Teile meiner Dienstreisen auch weiterhin privat finanzieren. Es geht also in keinem der beiden Fälle um eine Kritik an Ihrer Arbeit.
Mit freundlichen Grüßen

Antwort:

[Anrede],
ich habe Sie leider telefonisch nicht erreicht. Dienstreisen im Sinne § 2 Abs. 1 BRKG

(Bundesreisekostengesetz) sind Reisen zur Erledigung von Dienstgeschäften außerhalb der dauernden Dienststätte. Die Dienstreise umfasst das Dienstgeschäft sowie die zu seiner Erledigung notwendigen Fahrten und Gänge zum und am Geschäftsort und zurück. Bei Ihrer Reisekostenabrechnung haben Sie leider die gegebenen Gründe ... für die vorzeitige Anreise ... nicht erklärt. Deshalb wurden die Reisekosten zunächst gemäß Sparsamkeits- und Wirtschaftlichkeitsgrundsatz für eine dienstlich erforderliche Anreise (= unmittelbare, zeitgerechte und zumutbare Anreise zum pünktlichen Erreichen des auswärtigen Dienstgeschäftes) ... anerkannt und eine fiktiv eintägige Dienstreise abgerechnet.

Die von Ihnen nachträglich abgegebene Erklärung ... würden im vorliegenden Fall die vorzeitige Anreise und damit verbundene Überachtung rechtfertigen. Zielt Ihre nachträgliche Erklärung auf die Nachberechnung des Tage- und Übernachtungsgeldes ... ab? Ich bitte um Mitteilung. [...]

Bitte geben Sie zukünftig vorliegende Gründe für vorzeitige oder spätere An- und Abreisen gleich bei der Dienstreisegenehmigung, spätestens bei der Reisekostenabrechnung, an, damit die dienstliche Notwendigkeit gleich ersichtlich wird. Gerade, wenn so enge zeitliche Rahmen bestehen. Wenn Sie noch Fragen haben, können Sie sich auch gern telefonisch an mich wenden.

Mit freundlichen Grüßen

Antwort an Verwaltungsmitarbeiter.in:

[Anrede],
ich bitte um Entschuldigung für meine verspätete Reaktion – ich war abgelenkt, nicht zuletzt durch Dienstreisen. Ich habe inzwischen wieder Dienstreisen beantragt und abgerechnet und nicht so richtig eine Möglichkeit gefunden, die entsprechenden Angaben zu machen. Deshalb würde ich gern noch mal allgemein nachfragen:
1) Wie trage ich die Begründung für eine Anreise am Vortag in den Dienstreiseantrag ein?
2) Ich habe im Internet den Hinweis gefunden, dass ein Reisebeginn ab 6 Uhr zumutbar ist. D.h. die Bemerkung „sonst Reisebeginn vor 6 Uhr" im Antrag müsste ausreichen?
3) Ich hatte bis jetzt das Gefühl, dass die Genehmigung der Reisen immer unter diesem Gesichtspunkt erfolgt ist, auch wenn ich die Begründung nicht angegeben habe. Wenn eine Reise durchgeführt wird wie genehmigt, müsste doch alles gut sein? [...]
Freundliche Grüße

Notiz des/der Wissenschaftler.in zu einem abschließenden Telefongespräch mit Verwaltungsmitarbeiter.in:

Die Genehmigung einer Dienstreise durch die Reisekostenstelle bedeutet nicht, dass die Rechtmäßigkeit des Reiseverlaufs geprüft worden ist. Das kann erst nachträglich anhand des tatsächlichen Reiseverlaufs geschehen. Diese Praxis ist mittlerweile geändert worden. Die Reisekostenstelle nimmt jetzt zu Anträgen nicht mehr Stellung, sondern prüft nur noch die Abrechnungen. Damit liegt das gesamte Risiko finanzieller Einbußen durch nicht vorschriftengerechte Reiseverläufe nun auch offiziell beim Reisenden.

Die alles überschattende Sorge ist eine mögliche Prüfung durch den Bundesrechnungshof. Obwohl der Antrag auf Genehmigung einer Dienstreise dafür kein Feld enthält, müssen die diskutierten Gründe für Abweichungen dort „irgendwo" eingetragen werden.

Auch wenn sich Fehler nicht gänzlich vermeiden lassen, ist empirisch nachgewiesen worden, dass mit automatisierten Lösungen die Fehlerquote deutlich verringert werden kann, sich der jeweilige Prozess beschleunigen und die Mitarbeiterzufriedenheit steigern lässt (vgl. techconsult 2015: 8–10; provantis IT

Solutions 2016: 28). Ein voll- oder zumindest teilautomatisiertes Dienstreisemanagement durch den Einsatz einer entsprechenden Software existiert an der Fallhochschule nicht. Dies gilt bislang für die meisten deutschen Hochschulen. Dabei sind moderne Softwareangebote für ein automatisiertes Reisemanagement und/oder Reiskostenabrechnungen auf dem Markt vorhanden:[27]

> *„Wir haben Dienstreiseanträge, die sind gefühlt von 1930 und vor allem die Abrechnung. Da gibt es jetzt so Vorlagen, die sind nicht gerade optimal. Und da hat man jedes Mal beim Ausfüllen wieder so Gedanken und denkt sich, wieso ist das eigentlich so und nicht anders […] wo man dann sagt, Mann, das hätte man doch schon längst mal anders machen können oder warum muss ich mich jetzt damit beschäftigen. Ja, also Dienstreisen … ist noch Papierform. Das geht auch … mit Computer, das gibt es doch schon lange, aber da muss ich mich halt auf ein Computersystem festlegen […] das sind wir noch Neandertaler mit Papier"*. (HSL7)

Doch auch der Einsatz von Softwareangeboten erleichtert nicht zwingend das Dienstreisemanagement, wie ein Beispiel an einer anderen Hochschule zeigt: Die Universität Duisburg-Essen stellt ihrem Hochschulpersonal einen Leitfaden für die Portalnutzung zum Reisekostenmanagement zur Verfügung.[28] Er umfasst 63 Seiten. Es darf bezweifelt werden, dass eine Anwendungssoftware, die so kompliziert zu sein scheint, dass sie der Rezeption einer solch umfangreichen Anleitung bedarf, den Administrationprozess beschleunigt und die Mitarbeiterzufriedenheit steigert.

Einen weiteren Aspekt, der Aufwand und Ablauf innerhalb der Dienstreiseadministration prägt, bilden die zu berücksichtigenden Rechtsvorschriften. Maßgebend sind zunächst die Reisekostengesetze der Länder (LRKG) in Verbindung mit deren Verwaltungsvorschriften. Darüber hinaus sind hochschulinterne Richtlinien und Hinweise zu berücksichtigen, bspw. zur Erstattungspraxis von Frühstückskosten, Dienstreisen in Verbindung mit privaten Reisen oder bei Nutzung der privaten PKWs. In Drittmittelprojekten ist zudem zu entscheiden, ob die Anwendung des Bundesreisekostengesetzes (BRKG) anstelle des jeweiligen LRKG nötig ist. Die Festlegung, welches Recht im Einzelfall anzuwenden ist, erfolgt hier durch den Projektträger bzw. Drittmittelgeber und deren Verwendungsrichtlinien. Für Auslandsdienstreisen findet die Auslandsreisekostenverordnung des Bundes (ARV) in Verbindung mit dem Bundesreisekostengesetz (BRKG) Anwendung.

Die zahlreichen und sprachlich teils nur schwer rezipierbaren Rechtsvorschriften und Leitfäden, um die Dienstreiseadministration (richtig) durchzuführen, sind dem wissenschaftlichen Personal nur bedingt zumutbar. Solche Leitfäden oder auch Einzelformulare erläutern zum Beispiel den Umgang mit Bestellscheinen für Bahn- und Flugtickets, Nutzung von Bahncards, Reisebeihilfe, Informationen zum Online-Bahnticket, Informationen zum Bahnticket auf Mobilgeräten, Dauerdienstreisegenehmigungen, Antrag auf Abschlagszahlungen, Informationen zu Wegstreckenentschädigung für Fahrten mit dem privaten PKW, Parkge-

---

[27] zu vollautomatisiertem Reisemanagement siehe z.B. bei Schröter (2014)

[28] https://www.uni-due.de/imperia/md/content/aac/reisekostenabrechnung.pdf (25.7.2018)

bühren, Benutzung von Taxen, Mitnahmeentschädigungen, Tage- und Übernachtungsgelder im In- und Ausland sowie zahlreiche andere.[29]

Einem unserer Probanden verdankt sich die Information, dass es bei der Dienstreiseabrechnung an seiner Hochschule nicht nur notwendig sei, sich bei ‚zu hohen‘ Hotelzimmerkosten (innerhalb Deutschlands € 60,-) gegenüber der entsprechenden Verwaltungseinheit zu rechtfertigen, sondern auch wenn die Kosten ‚zu tief‘ ausfallen (Beob_2). Ein anderer berichtet, Taxifahrten könnten nur abgerechnet werden, wenn nachgewiesen werden könne, dass dadurch 90 Minuten Zeitersparnis entstanden seien (Beob_7). Ein drittes Beispiel aus dem Kuriositätenkabinett ist die Anweisung, dass Hotelrechnungen, die den Maximalbetrag nach Bundesreisekostengesetz übersteigen, neben einer Begründung für die Hotelwahl auch drei Vergleichsangebote beizufügen sind (Übersicht 45).

Übersicht 45: Drei Angebote für Hotelübernachtung – Information aus der Reisekostenstelle einer Hochschule

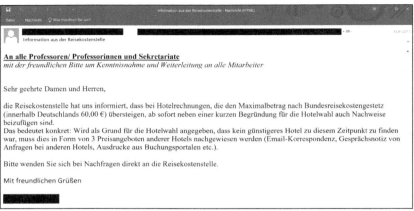

Quellenangabe aus Gründen der Anonymisierung nicht möglich

Ein insgesamt vierseitiges Rundschreiben der Universität Freiburg – hier wiederum nur exemplarisch angeführt – regelt die Umstellung der Dienstreiseabrechnungen infolge veränderter Buchführungsmodalitäten. Übersicht 46 vermittelt einen auszugsweisen Einblick in den erstaunlich komplexen Vorgang.

---

[29] siehe illustrativ dazu z.B. unter https://www.hs-hannover.de/fileadmin/media/doc/dez4/-Leitfaden_Reisekosten_10_2014.pdf (7.8.2018) oder http://www.zuv.uni-freiburg.de/service/-dienstreisen (7.8.2018)

Veränderungen des Reisekostenprozesses im Rahmen der Einführung der kaufmännischen Buchführung/SAP

„... im Rahmen der Einführung der kaufmännischen Buchführung und von SAP sind bei Dienstreisen ab dem 01.01.2015 Änderungen zu beachten. Die Änderungen betreffen die Vergabe einer einheitlichen Reisenummer (Mittelbindungsnummer) und die Anlage einer Mittelbindung durch die Reisekostenstelle im Personaldezernat. Damit wird sichergestellt, dass alle anfallenden Kosten der jeweiligen Reise zugeordnet werden können und die zu erwartende finanzielle Belastung in der Buchführung und auch in SuperX abgebildet werden. Die Genehmigung und die Abrechnung von Dienstreisen bleibt unverändert. Reisen auswärtiger Gäste werden ab dem 01.01.2015 über SAP-SRM abgewickelt. [...]

Genehmigungsprozess

Um die Anlage einer Mittelbindung in SAP durch die Reisekostenstelle zu ermöglichen, muss auf dem überarbeiteten Antragsformular (P 80) ab dem 01.01.2015 eine Kostenschätzung angegeben werden. Mit der Mittelbindung wird die erwartete Belastung des Projektes oder der Kostenstelle in der Buchführung angezeigt und das verfügbare Budget um die Kostenschätzung reduziert. Hierdurch wird eine verlässliche Abbildung des verfügbaren Budgets in SuperX ermöglicht. Des Weiteren dient die Nummer der Mittelbindung als Reisenummer, der alle zur Dienstreise gehörigen Buchungen zugeordnet sind. Die Reisenummer (Mittelbindungsnummer) wird bei der Genehmigung durch die Reisekostenstelle im Kopf des Dienstreiseantrags (P80) eingetragen.

Bei der Kostenschätzung sollen alle voraussichtlich anfallenden Reisekosten berücksichtigt werden. Die Kostenschätzung soll eher zu hoch als zu gering ausfallen. [...]

Auf dem Dienstreiseantrag (P80) muss die jeweilige Finanzierung angegeben werden. Sollen die Reisekosten aus dem Budget einer Kostenstelle finanziert werden, müssen Kostenstelle und Fonds angegeben werden. Soll die Finanzierung aus einem Projekt übernommen werden, muss die Projektnummer mit Kostenstelle und Fonds angegeben werden. Soll die Dienstreise zu Lasten unterschiedlicher Finanzierungen durchgeführt werden, sind diese mit den jeweiligen Kostenschätzungen anzugeben. Über SuperX können Sie unter ‚Finanzrechnung/Haushalt/Projekt Stammblatt' nach den Projekten suchen. Dem Stammblatt kann u.a. der dem Projekt zugeordnete Fonds und die zugeordnete Kostenstelle entnommen werden. [...]

Abrechnungsprozess

Wie bisher, ist das Antragsformular P 80 vollständig mit allen Originalbelegen und allen angefallenen Kosten nach Beendigung der Reise bei der Reisekostenstelle zur Abrechnung einzureichen. Die Abrechnung wird, falls Abschlagszahlungen geleistet worden sind, mit dem Stempel ‚abzüglich Abschläge' versehen, an die/den Reisende/n zurückgesendet. Wenn diese/r nicht widerspricht, wird die Abrechnung mit der Bitte, die Auszahlung zu veranlassen, an das Institut/die Einrichtung weitergeleitet. Die Auszahlung muss durch das Institut/die Einrichtung mit der Abrechnung abzgl. Abschläge angewiesen werden.

Hierzu ist ab dem 01.01.2015 das Kontierungsblatt Kreditoren (UK_A) zu verwenden. Die Reisekostenabrechnung sowie alle Originalbelege sind beizufügen. Auf dem Kontierungsblatt Kreditoren (UK_A) ist in das Feld ‚Mittelbindung' und auf <u>allen</u> Rechnungen die Reisenummer einzutragen. Ohne die Reisenummer kann von der Finanzbuchhaltung keine Auszahlung vorgenommen werden. [...]"

Dienstreisen sind offenbar nicht zuletzt ein weites Feld für hochschulspezifische Sonderregelungen. Die Universität Ulm, erneut exemplarisch, beauftragte mit der Abwicklung ein in Stuttgart, d.h. über 100 km entfernt sitzendes Reisebüro, was einige Neuregelungen erforderte (Übersicht 47).

Übersicht 47: Halbanaloge Reisebuchung im Onlinezeitalter

„Bitte füllen Sie bei Ihrer ersten Buchung das beigefügte Profilformular aus". Das Profilformular enthält u.a. die Frage nach der Abteilung, obgleich es an der Universität Ulm seit Jahren nur noch Institute gibt, und es fragt – 2012 –, ob man bei der Buchung eines Flug- oder Bahntickets Raucher oder Nichtraucher reservieren möchte (Brennicke 2013: 28).

Das Rundschreiben informiert weiter: „Das Reisebüro ... erhebt für seine Leistungen eine Servicegebühr, die bei jeder Buchung unmittelbar in Rechnung gestellt wird. [...] Im Bahnbereich sind Buchungsvorgänge mit Fahrkarten gleichzusetzen, d.h. das Serviceentgelt beträgt 4,70 € je Fahrkarte (mit oder ohne Reservierung) bzw. 4,70 € bei Buchung lediglich einer Reservierung (ohne Fahrkarte). Wird eine Papierfahrkarte angefordert, wird hierfür zusätzlich ein Serviceentgelt von 5,00 € erhoben."

Aber: „Sie sind nicht verpflichtet, über das Reisebüro ... zu buchen. Das Reisebüro hat aber die Buchungsaufträge kostenoptimal abzuwickeln. Bitte beachten Sie daher, dass wir bei Reisen, die bei einem anderen Anbieter gebucht werden, einen Nachweis benötigen, dass das Angebot des Reisebüros ... teurer war." Kommentierende Nachfrage eines Universitätsangehörigen: Ließe es sich nicht einrichten, „dass ich nicht jedes Mal ein Ticketangebot des von Ihnen befohlenen Landesreisebüros parallel zu dem von mir im ‚Internet' ohne Gebühren gekauften Fahrschein mit vorlegen muss?" (Brennicke 2013: 29)

Quelle der Regelungszitate: Rundschreiben 25/2012 vom 19.11.2012 Universität Ulm (2012)

Die Formular- und Dokumentensammlungen, mit den die Einweisungen in die Abrechnungsprozeduren erfolgen, verweisen auf einen problematischen Umstand: Die Mehrbelastung beginnt damit, dass mindestens eine einmalig aufwendige Rezipierphase nötig ist, was bereits unangemessen erscheinen kann. Es ließe sich auch argumentieren, dass eine Reisekostenabrechnung intuitiv, also selbsterklärend gestaltet sein müsste. Desweiteren konstatieren Hochschullehrende eine zunehmende Regulierungsdichte und -vielfalt sowie einen erhöhten Rechtfertigungsdruck (Beob_7; HSL4):

> *„... und dann die Abrechnung hinterher und Anträge schreiben und Dienstreiseanträge, und es gibt viele Vorschriften, die man eben alle bedenken muss. Dann wurde ein Vertragsverfahren geändert und noch eine finanzielle Regel, Banalitäten eigentlich, aber sowas ändert sich halt laufend." (HSL4)*

Ein Beispiel aus der Beobachtungsstudie (Beob_5) illustriert sehr deutlich, wie die Administration von Dienstreisen erhebliche Zeitressourcen binden kann: Die Organisation zweier Dienstreisen (Planung, Buchung, Dienstreiseanzeige und das Ausfüllen weiterer Formulare) hat in diesem Falle eine Stunde und elf Minuten eines Professors und eines wissenschaftlichen Mitarbeiters in Anspruch genommen, trotz Unterstützung durch ein Sekretariat. Übersicht 48 vermittelt einen auszugsweisen Einblick in den beobachteten Vorgang.

10.52 Proband und wissenschaftlicher Mitarbeiter (WMA) beginnen, die Dienstreise ins Ausland am Computer zu planen und zu organisieren (Hotel, Flüge, Zahlungen). Zugleich kommentiert Proband, dass sie dies selber machen müssten, da nur ein begrenztes Budget [...von einem Fördermittelgeber...] zur Verfügung stehe. Zugleich habe der WMA sehr viel Erfahrung mit Mittelbewirtschaftung und Drittmittelabrechnungen, weshalb dieser den Probanden unterstützt. (13 min)

11.05 Unterbrechung der Dienstreisorganisation von Proband durch sachfremden Vorgang, während WMA weiterhin am Computer damit beschäftigt ist, passende Flüge und ein Hotel zu organisieren. (7 min)

11.12 Proband setzt sich wieder an den Schreibtisch zum WMA, welcher augenscheinlich immer noch Hotel und Flüge heraussucht. (1 min)

11.13 Proband wird durch einen weiteren sachfremden Vorgang in der Dienstreiseorganisation unterbrochen. (4 min)

11:17 Proband setzt sich wieder zur WMA. Beide besprechen die ausgewählten Flüge und das Hotel. (5 min)

11.22 Proband steht auf und geht ins anliegende Sekretariat. (1 min)

11.23 Proband kommt wieder und teilt mir mit, dass er und die Sekretärin parallel an der Reiseplanung für eine andere Dienstreise arbeiten. WMA sagt zum Probanden, dass er heute noch ein Gastgeschenk für die anstehende Reise holen möchte. Daraufhin erwidert die Sekretärin, die das wohl durch die offene Tür gehört haben muss, dass sie die Geschenke schon besorgt habe und sie nächste Woche abholen könne. (2 min)

11.25 Proband geht erneut ins Sekretariat, um mit der Sekretärin nach Hotels zu recherchieren. (10 min)

11.35 Proband kommt wieder ins Büro und sagt zu mir, sie hätten jetzt das Hotel gebucht, und geht unmittelbar wieder raus. (4 min)

11.39 Proband kommt erneut ins Büro und setzt sich wieder an den Schreibtisch neben den WMA, um zu schauen, wie weit die Buchung vorangeschritten ist – augenscheinlich ist die Buchung von Hotel und Flügen nun auch abgeschlossen. Proband kommentiert: Sie hätten nur eine Reisekostenpauschale vom [...Fördermittelgeber...] bekommen. Daher können sie die Buchung nicht über ein Reisebüro machen lassen (wie sonst normalerweise), da sie dann das Budget überschreiten würden. Und selber aus eigener Tasche etwas zu bezahlen, sehe er nicht ein. (2 min)

11.41 Proband füllt nun den Dienstreiseantrag direkt am Computer aus und druckt ihn auch gleich. Dabei erzählt er, dass die Fakultät ein neues zusätzliches Formular eingeführt habe, welches er jetzt auch noch ausfüllen müsse. In dem Moment entdeckt er auf dem Ausdruck des Dienstreiseantrages einen Fehler. Er behebt diesen mit dem Kugelschreiber. Kommentar: „Sonst würde der prompt wieder von der Verwaltung zurückkommen". (11 min)

11.52 Proband überprüft nochmal den Antrag. Ihm fällt auf, dass falsche Daten daraufstehen. Er ändert diese handschriftlich und sagt, vielleicht drucke er diesen später doch nochmal richtig aus. (2 min)

11.54 Unterbrechung des Probanden durch einen sachfremden Vorgang. (1 min)

11.55 Proband korrigiert den Dienstreiseantrag direkt am Computer. (1 min)

11.56 Danach füllt er das neue zusätzliche Formular der Fakultät aus. WMA hilft ihm dabei und erklärt, was er wo auszufüllen habe. Er druckt das Formular aus. (2 min)

11.58 Er zeigt mir das Formular. Dabei fällt ihm auf, dass auch hier Daten falsch sind. Er ändert diese mit der Hand und sagt, dass er es gleich wieder neu ausdrucken könne.

Ich frage, was die Intention der Fakultät für dieses neue Formular sei. Angeblich solle dieses eine Kontrollfunktion einnehmen. In der Vergangenheit hätten wohl Kolleg.innen Reisen gebucht, die finanziell nicht gedeckt waren. Die Fakultät blieb daraufhin auf den Kosten sitzen. Er druckt das Formular neu aus. (5 min)

12.03 Die Organisation der beiden Dienstreisen ist fertiggestellt.

7. Zeitbudgetverwendungen des wissenschaftlichen Personals

Nicht jede Belastungswahrnehmung muss durch eine tatsächliche (Mehr-)Belastung gedeckt sein. Daher werden zunächst die Selbstwahrnehmungen von Hochschullehrer.innen behandelt (7.1.) und diese dann anhand von Zeitbudget- und Tätigkeitsanalysen objektiviert (7.2. und 7.3.): Wieweit handelt es sich um tatsächliche Belastungen, wieweit ggf. nur um empirisch nicht gedeckte Fehlwahrnehmungen?

7.1. Subjektive Wahrnehmungen

7.1.1. Ergebnisse bisheriger Studien

Allgemeine Hinweise darauf, dass die Akteure auf der wissenschaftlichen Leistungsebene einen im Zuge der jüngeren Organisationsreformen zunehmenden bürokratischen Aufwand erleben, verdichten sich seit einigen Jahren:[30]

▓ Friedrichsmeier et al. (2013) und Friedrichsmeier (2012a: 183) konnten in ihren Untersuchungen zeigen, dass die Ersetzung bürokratischer Detailsteuerung durch – scheinbar – weniger invasive Verfahren der Kontextsteuerung, und zwar in erster Linie durch Verfahren der Anreizsteuerung, nicht zur erwarteten Senkung des Formalitätenaufwandes bei Hochschullehrenden geführt hat. Eingetreten sei vielmehr der gegenteilige Effekt. Es zeige sich, dass der Eindruck steigenden Formalitätenaufwandes an fast allen Hochschulen stark ausgeprägt ist.[31]

▓ Bogumil et al. (2011: 25) untersuchten, welche Wirkungen neue Steuerungsinstrumente auf die Performanz deutscher Universitäten haben. Dazu wurde u.a. eine bundesweite standardisierte Umfrage, die sich an Rektorinnen/ Präsidenten, Kanzler, Dekaninnen, Professoren, Hochschulräte und Personalratsvorsitzende richtete, durchgeführt. Diese diente u.a. der Erfassung von Einschätzungen der (mutmaßlichen) Wirkungen der neuen Steuerungsinstrumente. Nach Einschätzungen der Akteure ist mit diesen eine Zunahme des Verwaltungsaufwandes verbunden. Dabei steige dieser sowohl auf zentraler Universitätsebene als auch in den Fakultäten an. Etwas mehr als 93 Prozent der De-

---

[30] s.a. unten 7.2. Zeitbudgetverwendungen in Vergangenheit und Gegenwart

[31] Als empirisches Instrument bedienten sich die Autoren einer Variante der Messung von Organisationsführung: Es wurde empirisch überprüft, wie gut abgefragte Steuerungsbeobachtungen hochschulischer Senatoren zur Aufklärung von Wirkungen neuer Steuerung geeignet sind – und das am Beispiel der Wirkung auf den Formalitätenaufwand von Hochschullehrenden. Der Vorteil dieser Herangehensweise ist, dass die Befragten die Steuerung der eigenen Hochschule auch tatsächlich beobachten, aber im wesentlichen nicht selbst repräsentieren. Das heißt, zur professionellen Haltung der Befragten gehört es, die Steuerung ihrer Hochschule nach außen nicht geglättet oder geschönt darzustellen. (Friedrichsmeier 2012a: 177f.)

kan.innen sowie 89 Prozent der Rektor.innen stimmen der Aussage zu, dass sich der Verwaltungsaufwand in den Fakultäten in Folge der Modernisierungsprozesse erhöht habe. Auch die Erhöhung des Verwaltungsaufwandes in der Universitätsleitung bestätigen die befragten Rektor.innen zu knapp 83 Prozent.[32]

Einer jüngeren Hochschullehrerumfrage des Instituts für Demoskopie Allensbach (IfD 2016: 33ff.) zufolge werden die Reformen der letzten eineinhalb Jahrzehnte von den Hochschullehrenden überwiegend negativ beurteilt. Insbesondere die Einschätzung des Bologna-Prozesses fällt nahezu vernichtend aus:

- Demnach stimmen vier Fünftel der befragten Hochschullehrenden (79 %) der Aussage zu, dass Bologna zu mehr Bürokratie an Hochschulen geführt habe.
- Zugleich bestätigen 71 Prozent der Befragten, dass infolge des Bologna-Prozess eine höhere Prüfungsbelastung für Professorinnen und Professoren sowie deren Mitarbeiter.innen zu verzeichnen sei.
- Auf die Frage nach dem Aufwand für Prüfungsbelange (mündliche und schriftliche Prüfungen wie Klausuren, Abschlussarbeiten, Hausarbeiten usw.) gaben 61 Prozent der befragten Hochschullehrenden an, hundert und mehr Prüfungen pro Semester durchführen zu müssen – 1976 seien es noch 33 Prozent gewesen, die dies angaben (Petersen 2017: 974f.).

Auch die Autoren der LESSI-Studie (Schomburg/Flöther/Wolf 2012: 92) hatten ähnliche Wahrnehmungen der Reformfolgen ermittelt. Demnach sind folgende beabsichtige und unbeabsichtigte Folgen der Veränderungen von Lehre und Studium in hohem Maße zutreffend (in Klammern die Zustimmungswerte):

- Durch Bürokratisierung habe sich der Arbeitsaufwand erhöht (82 %).
- Der Beratungs- und Betreuungsaufwand habe sich erhöht (72 %).
- Die Kontrolle der Curricula durch Dritte (Hochschulleitung, Verwaltung, Akkreditierungsagentur) habe zugenommen (66 %).
- Die Notwendigkeit zur Absprache mit Kolleg.innen sowie Verwaltung habe sich vermehrt (65 %).

7.1.2. Eigene Erhebungen

Auch unsere Untersuchungen liefern Hinweise auf die Wahrnehmung seitens der Wissenschaftler.innen, dass sich im Zuge der jüngeren Organisationsreformen gesteigerte Administrationslasten eingestellt haben. Sie bestätigen insofern die früheren Untersuchungen.[33]

Allgemein ist festzuhalten, dass sowohl auf wissenschaftlicher Leistungsebene als auch in den hochschulischen Verwaltungsbereichen ein Mehraufwand an administrativen Aufgaben wahrgenommen wird. Von den befragten Personen wird seit den letzten zehn bis 15 Jahren eine Zunahme an Unsicherheiten an

---

[32] weitere Ergebnisse der Befragungen, u.a. gesplittet nach Zielgruppen, unter https://www.So wi.rub.de/regional politik/forschung/steueruni.html.de (7.6.2017)

[33] s.a. unten 7.2.2. Individualisierte Zeitbudgetanalysen

Hochschulen – im Sinne einer Unberechenbarkeit der Arbeitssituationen – herausgestellt. Insgesamt stehe die im Zuge des Rückzugs des Staates aus der Detailsteuerung gewonnene Eigenständigkeit bzw. Eigenverantwortung der Hochschulen in keinem Verhältnis zur Aufgabenzunahme.

So lasse sich eine zunehmende Verrechtlichung oder auch Überregulierung inform neuer Verwaltungsvorschriften und gesetzlicher Vorgaben beobachten. Diese hätten zu einem organisatorischen Mehraufwand insbesondere für Internationalisierungsinitiativen bzw. -anstrengungen, Öffentlichkeitsarbeit sowie für Personal-, Sachmittel- und Vermögensmanagement geführt. Die dafür zu investierenden Ressourcen und der erzielte Nutzen seien, angesichts der organisatorischen Hürden, unausgeglichen. Das äußere sich u.a. in einem höheren Rechtfertigungsdruck auf der wissenschaftlichen Leistungsebene gegenüber Verwaltungseinheiten an der Hochschule. Die Zahl an abgeforderten Begründungen und Nachweisen, die bspw. bei Sachmittelbeantragungen oder Kostenabrechnungen anfallen, nehme zu. So verliere man schnell den Überblick über verordnete Sachverhalte, was die Fehleranfälligkeit bei der Bearbeitung erhöhe.[34]

Seitens der Verwaltung wird beklagt, dass die durch jüngste Reformentwicklungen hervorgebrachten Folgeerscheinungen, also die Zunahme organisatorischer und administrativer Aufwände auf der wissenschaftlichen Leistungsebene, unberechtigterweise der Verwaltung angelastet würden (HVW4, HVW7). Zahlreiche Flexibilitäten seien durch die jüngsten Reformentwicklungen verloren gegangen. Das wiederum betrifft sowohl klassische Verwaltunsvorgänge, wie die erwähnten Abrechnungen, als auch administrativ zu begleitende Angelegenheiten der Selbstverwaltung, etwa die Änderung des Inhalts der Prüfungsordnung oder von Modulhandbüchern.

Um Strukturen und Prozesse zu ändern bzw. anpassen zu können, seien nun zahlreiche Gremien und zunehmend auch die hochschulischen Rechtsabteilungen zu durchlaufen – was naturgemäß Zeit koste. Vor Bologna sei nicht jeder Schritt bzw. Prozess vordefiniert gewesen, jetzt gebe es kaum noch Raum für flexible Absprachen (Beob_11). Benötigte Anpassungen könne man nicht in kurzer Zeit vornehmen; übergangsweise sei man gezwungen zu improvisieren.

Auch Beschwerden Studierender, die Unstimmigkeiten betreffen, welche Resultat der Improvisationsleistungen sind, hätten zugenommen. Einzelfallsensible Absprachen bspw. bei der Prüfungsorganisation seien kaum noch möglich. Jeder Prozess und einzelne Ablaufschritt seien vordefiniert. Abweichungen verursachten einen hohen Kommunikations- und Koordinationsaufwand. Es habe sich demnach nicht nur der Aufwand für Studiengangskonzeption bzw. -management und Prüfungsbelange erhöht, sondern auch deren Komplexität.[35] Dabei gehe es oftmals weniger um den quantitativen Mehraufwand als darum, dass deren Bearbeitung „psychologisch zermürbend" sei (HSL1).

Zudem wird eine Aufwandssteigerung für die schlichte Durchführung der akademischen Selbstverwaltung konstatiert:

---

[34] Beob_2, Beob_5, Beob_6, Beob_7, Beob_10, Beob_11
[35] Beob_4, Beob_11, HSL1, HSL2, HVW3

- Es wird eine Zunahme der Sitzungstermine und die zunehmende Länge der Sitzungszeiten benannt. Dabei werde selbst von Ausgleichsregelungen zur Deputatsminderung kaum Gebrauch gemacht, weil ansonsten die Lehre nicht abgedeckt werden könne. (Beob_6; Beob_8, Beob_9)
- Ein Grund für den Bedarf an vermehrten Sitzungsterminen sei die Komplexitätszunahme der hochschulischen Strukturen und Prozesse – bspw. durch vermehrte Studiengangsüberarbeitungen oder Prozessanpassungen (Beob_9; Beob_3).
- In mehreren Fällen ließ sich beobachten, dass neben den eigentlichen Gremiensitzungen zusätzlicher Beratungs- bzw. Konsultationsbedarf unter den jeweiligen Mitgliedern entstand. Dieser musste dann sowohl in kurzfristig initiierten Einzelbesprechungen als auch in vorverabredeten Gruppengesprächen befriedet werden.
- Darüber hinaus weisen die Umfänge der Sitzungsunterlagen auf eine Komplexitätszunahme hin: Senatsunterlagen hätten selten einen Umfang von weniger als 75 Seiten (Beob_3; Beob_8).
- Auch die Komplexität von Berufungsprozessen habe zugenommen. So würden Berufungsgutachten mittlerweile aus einer Vielzahl von Bausteinen bzw. Unterlagen bestehen: Einzelgutachten, synoptischem Gesamtgutachten und diversen Gremienprotokollen.
- Für die Einordnung der wahrgenommenen Belastungszunahme ist zu beachten, dass sich nach Aussagen von befragten Personen eine zunehmende Konzentration von Funktionsämtern auf wenige Wissenschaftler.innen beobachten lasse (Beob_9; QPLBefr). Dadurch werde die Belastung einiger weniger Leistungsträger schnell sehr hoch – mit allen damit einhergehenden Gefahren von der Frustration bis hin zum Burnout (QPLBefr).

Letzteres reicht bis zu ernüchternden Einschätzungen wie der eines Interviewpartners, Professor einer HAW:

> *„Ich würde sagen, 90 Prozent Prozent meiner Zeit hier an der Hochschule oder für die Hochschule ist irgendwelche Verwaltung – und inhaltlich, das ist eigentlich gar nicht mehr Thema. Ich mache noch meine Lehre, und am Wochenende sozusagen oder auf Tagungen arbeite ich vielleicht auch nochmal inhaltlich, aber hier an der Hochschule, das geht irgendwie unter." (HSL4)*

Ergänzend haben wir die wissenschaftlichen Mitarbeiter.innen der QPL-Projekte[36] befragt, ob sie aus ihrer Erfahrung der Wahrnehmung von Lehrenden, dass deren organisatorischer und administrativer Aufwand zu hoch sei, zustimmen würden. Mehr als die Hälfte (52,5 %) des befragten QPL-Personals stimmt dieser Wahrnehmung von Lehrenden einschränkungslos zu. Während rund sieben Prozent dazu keine Einschätzung abgeben können, stimmen fünf Prozent der Befragten dem überhaupt nicht zu.

Etwas mehr als ein Drittel (34 %) der Respondenten geben an, im Rahmen ihrer QPL-Arbeit häufig klagende Rückmeldungen von Lehrenden bzgl. eines zu hohen lehrbegleitenden, organisatorischen und administrativen Aufwands zu be-

---

[36] s.o. 1.2.2. Untersuchungen im Feld >> Schriftliche Befragung

kommen. Weitere 53,5 Prozent der Befragten geben an, dass dies zumindest manchmal vorkomme.

Wie die befragten QPL-Mitarbeiter.innen aus ihrer Erfahrung den zeitlichen Aufwand Lehrender für Lehre und Lehrgestaltung beeinflussende Tätigkeiten konkret einschätzen, zeigt Übersicht 49.

Übersicht 49: Stellvertretereinschätzung des zeitlichen Aufwandes Lehrender für Lehrgestaltung beeinflussende Tätigkeiten

Tätigkeiten bzw. Tätigkeitsbereiche	Einschätzung des zeitlichen Aufwandes in %			Gesamt in %
	sehr hoch bis hoch	mittel	niedrig bis nicht vorhanden	
akademische Selbstverwaltung	**41**	40	19	100
Beauftragtentätigkeit	28	36	36	100
Gutachtertätigkeiten	21	39	**40**	100
Studiengangsgestaltung	37	33	30	100
Prüfungsverwaltung	**44**	35	21	100
Sprechzeiten und Anleitung Studierender	**50**	37	13	100
Qualitätsmanagement	26	36	**38**	100
Nutzung von Campus-Management-Systemen	16	34	**50**	100
Arbeit mit Lehr-Lern-Plattformen	29	40	31	100
Drittmitteleinwerbung/-verwaltung und Forschungsanträge	**53**	22	25	100

Den Einschätzungen der Respondenten zufolge gehen die Bereiche Forschung (insbesondere Drittmitteleinwerbung und -verwaltung, Verfassen von Forschungsanträgen) sowie die Studienberatung und -betreuung (insbesondere Sprechzeiten und Anleitung Studierender) mit einem vergleichsweise hohen zeitlichen Aufwand bei den Lehrenden einher. Aber auch die akademische Selbstverwaltung und die Prüfungsverwaltung werden als recht zeitaufwendig eingeschätzt. Dagegen verursachten die Arbeit mit bzw. Nutzung von Campus-Management-Systemen, Gutachtertätigkeiten und Zuarbeiten für das Qualitätsmanagement (z.B. Evaluation, Dokumentation), je für sich genommen, vergleichsweise sehr viel weniger zeitlichen Aufwand.

Diese Stellvertreterbefragung bestätigt also die Wahrnehmungen der Lehrenden selbst.

7.1.3. Relativierungen

Zu den wahrgenommenen Steigerungen zeitlichen Aufwandes werden auch relativierende Aspekte benannt. So komme es, befragten Verwaltungsmitarbeiter.innen zufolge, auch zu unnötigen administrativen Arbeiten von Wissenschaftlern – einerseits aus Unwissenheit und andererseits aufgrund falscher Wahrnehmungen hinsichtlich der an sie gestellten, aber auch ihrer eigenen Ansprüche. Das betreffe etwa das Anfertigen von Anwesenheitslisten, obwohl dies keine Verpflichtung mehr ist, oder die akribische Bearbeitung wiederkehrender und vorstrukturierter Berichte anstelle des Rückgriffs auf vorhandenes Wissen (Copy-and-Paste):

> *„Es gibt für den Lehrbericht ein Frageraster. Das ist wie ein Fragebogen, den die dann bearbeiten können. Manche lösen das, indem sie schreiben, siehe so und so, andere schreiben das gleiche noch mal und sagen dann, das war aber viel. Da gibt es irgendwie unterschiedliche Wege, damit umzugehen." (HVW1)*

Allerdings wird mit Neuerungen häufig nur deshalb höherer Aufwand assoziiert, weil bekannte Routinen verlassen werden müssen. Zum Teil müssen dadurch tatsächlich temporär Ressourcen aufgebracht werden, um sich an das Neue zu ,gewöhnen'. Zum Teil lässt sich aber auch so etwas wie eine generelle Empörungsbereitschaft identifizieren, die dazu neigt, jede Neuerung als bürokratisierend zu skandalisieren. Ein Beispiel aus unseren Interviews – es geht um eine Neuregelung, dass die Arbeitszeitdokumentation wissenschaftlicher Hilfskräfte (WHK) mindestens einmal im Monat vom zuständigen Hochschullehrer abzuzeichnen ist:

> *„Wir haben jetzt hier eine Dokumentationspflicht für Hiwis, d.h. wir müssen jetzt genau von jeder Hilfskraft erfassen, was wieviel gemacht wird – völlig skurril, haben sie jetzt eingeführt hier. Völlig durchgeknallt. Es ist zum Haare ausreißen. Wir müssen jetzt, also meine Sekretärin und ich, abzeichnen, was die wie erledigen, obwohl das völlig klar ist. Man hat wieder eine Aufgabe, eine neue Bürokratisierung eingeführt, was auch wirklich belastend von der Zeit her ist." (HSL3)*

Der Interviewpartner deutet selbst an, dass er eine aufwandsarme Lösung des wahrgenommenen Problems bereits gefunden hat: Die Sekretärin bereitet das Schriftstück vor, und er zeichnet es ab. Die Zeitbelastung dürfte bei kurzer überfliegender Plausibilitätsprüfung 30 Sekunden betragen – im Jahr also, da zwölfmal anfallend, sechs Minuten.

Der Hintergrund des Vorgangs wiederum ist nicht völlig trivial: Die Regelung erfolgte aufgrund der Einführung des Mindestlohngesetzes (MiLoG) zum 1.1. 2015. Das Gesetz regelt u.a. eine Dokumentationspflicht im Zusammenhang mit der Anstellung geringfügig Beschäftigter, was nach § 8 Abs. 1 SGB IV auch studentische und wissenschaftliche Hilfskräfte betrifft. Der direkte Vorgesetzte – im Falle einer Hilfskraft also die Hochschullehrerin – muss gewährleisten, dass die Arbeiten innerhalb des Vertragszeitraums und unter Einhaltung des Arbeitszeitgesetzes erfolgen. Diese Verantwortung kann dabei nicht auf andere Mitarbeiter.innen delegiert werden – was wiederum außerhalb von Hochschulen eine Selbstverständlichkeit darstellt.

Einzelne befragte Wissenschaftler.innen vermuten auch, dass sich der administrative Aufwand in einigen Bereichen real gar nicht verändert habe, sondern man sich nun lediglich mit Sachverhalten auseinandersetzen müsse, mit denen man sich früher nicht habe auseinandersetzen müssen (HSL4, HSL6) – was freilich auch eine Aufwandssteigerung ist. Bisher gebräuchliche Handlungen und Handhabungen erzeugten dadurch nun Konflikte, die wiederum durch Kommunikations- bzw. Koordinationsaufwand subjektiv zu zeitlichem Mehraufwand führen:

„Mein Eindruck ist, dass Bürokratie kritischer geworden ist. Nicht, dass sie unbedingt viel mehr geworden ist, aber dadurch, dass sie kritischer geworden ist, muss man sich eben mit manchen Dingen auseinandersetzen, mit denen man sich in unkritischeren Zeiten nicht auseinandergesetzt hat. Früher hat man Dinge einfach so gemacht, wie es Usus war." (HSL6)

7.2. Zeitbudgetverwendungen in Vergangenheit und Gegenwart

7.2.1. Rückschau auf bisherige Studien

Manche Hochschulen erheben gelegentlich oder regelhaft die Zeitverwendungen ihres wissenschaftlichen Personals. Auch dies kann in einem bürokratischen Modus erfolgen, der die Sinnhaftigkeit solcher Erfassungen fragwürdig erscheinen lässt. Aus der Schweiz, deren Universitäten in dieser Hinsicht vergleichbaren Entwicklungen ausgesetzt sind (vgl. Pasternack/Maue 2016), wurde dies anschaulich berichtet:

> „An unserem Universitätsinstitut mussten wir jährlich einen Fragebogen dazu ausfüllen, worauf wir unsere Zeit verwendeten: Forschung, Lehre, Verwaltung, Mittelbeschaffung, Medienkontakte, Mittelbaubetreuung. [...] einmal kam mein ‚Reporting' mit der Bemerkung zurück, ich hätte 30 Prozent für Forschung eingesetzt, ein Jahr zuvor jedoch 35 Prozent; dies sei zu begründen. Ich antwortete, ich hätte mich leider vertippt, der Prozentsatz sei derselbe geblieben. Damit war man zufrieden." (Freiburghaus 2013: 912)

Zuverlässiger sind überregionale Erhebungen, die seit Jahrzehnten im Rahmen einer Vielzahl von Studien zur Arbeits(zeit)belastung oder zum Workload von Hochschullehrenden stattgefunden haben. Die daraus resultierenden Daten sind weitgehend repräsentativ und eignen sich dazu, die Zeitverwendung von Hochschullehrenden auch mit Blick auf die engere Fragestellung nach erhöhten Administrationslasten zu analysieren. Die älteste dieser Studien reicht bis in das Jahr 1976 zurück, die aktuellste wurde 2016 veröffentlicht:

▣ Die Befunde einer aktuellen Allensbach-Studie (IfD 2016: 6) ergeben, dass der Aufwand für die Lehre in den letzten 40 Jahren abgenommen habe – zumindest im Vergleich zu anderen Tätigkeiten. 1976 entfielen im Durchschnitt noch 49 Prozent der Arbeitszeit auf Lehrtätigkeiten, heute seien es 37 Prozent.[37]

▣ Die CAP-Studie („The Changing Academic Profession")[38] zeigt, dass die Zeitanteile für die Lehre seit 2007 wieder angestiegen sind. Seit 2012 bleiben sie,

---

[37] Um eine studienübergreifende Trendbestimmung zu gewährleisten, wurden die in den Allensbach-Hochschullehrerbefragungen gesondert aufgeführten Aufgabenkategorien „Lehre" und „Prüfungen" zusammengerechnet. Alle anderen hier zitierten Untersuchungen fassen beide Kategorien von vornherein zusammen.

[38] Die CAP-Studie stellte 2007 die zweite international vergleichende Hochschullehrerstudie nach der Carnegie-Studie (Jacob/Teichler 2011) und deren überarbeitete Folgestudie dar. Die deutsche Teilstudie wurde am Internationalen Zentrum für Hochschulforschung (INCHER) der Universität Kassel durchgeführt. In Deutschland beteiligten sich 1.579 Lehrende (Rücklaufquote 32 %). Ausgewertet und publiziert wurden die Ergebnisse in Jacob/Teichler (2011).

folgt man der LESSI-Studie,[39] mehr oder weniger stabil. Durchschnittlich seien in die Lehre 2012 wöchentlich 2,8 Stunden mehr als noch 2007 investiert worden (Schomburg/Flöther/Wolf 2012: 38). Dieser höhere Zeitbudgetanteil für die Lehre sei, so die Autoren, auf die stark angewachsenen Studierendenzahlen und die Umstellung auf das Bachelor/Master-System zurückzuführen.

■ Zu Beginn der 1990er Jahre hatte die Carnegie-Studie[40] trotz steigender Studierendenzahlen noch festgestellt, dass der für Forschung eingesetzte Zeitanteil zunimmt. Die Trendbetrachtung zeige zudem, dass der Anteil der Forschung seit 1976 von 23 Prozent bis auf 31 Prozent in 2007 anstieg. Seitdem sinke deren Zeitanteil kontinuierlich. Der aktuellen Allensbach-Studie (IfD 2016: 6) zufolge ist inzwischen der Ursprungswert von 1976 wieder erreicht.[41]

■ Deutlich zugenommen – und das relativ kontinuierlich über alle Studien hinweg – hat dagegen der Zeitaufwand für die Verwaltung (incl. akademischer Selbstverwaltung) und weitere Dienstaufgaben sowie für Aktivitäten neben der herkömmlichen Leistungserbringung in Forschung und Lehre. Die LESSI-Studie zeigte, dass der durchschnittliche Zeitaufwand für Verwaltung und akademische Selbstverwaltung 2012 um 3,8 Stunden höher als 2007 gelegen habe (Schomburg/Flöther/Wolf 2012: 40). Die Autoren der Studie verwiesen allerdings darauf, dass die Mehrbelastung bei der Verwaltung nicht zu Lasten des Zeitaufwands für die Lehre gehe. Vielmehr werde weniger geforscht bzw. durch erhöhte Wochenarbeitszeit ausgeglichen. (Ebd.: 38, 56)

Trägt man die Ergebnisse der einschlägigen Untersuchungen auf der Zeitachse ab, dann ergibt sich das Bild in Übersicht 50, das als Trendbetrachtung verstanden werden muss.

Der aktuellen Allensbach-Studie (IfD 2016: 6) zufolge nehmen Aktivitäten der Kategorien „Verwaltung" und „Weitere Dienstaufgaben" (neben Forschung und Lehre) zusammen mittlerweile durchschnittlich 40 Prozent der wöchentlichen Arbeitszeit von Hochschullehrenden ein. Danach entfielen 1976 im Durchschnitt nur 28 Prozent der Arbeitszeit auf die akademische Selbstverwaltung (12 %) und

---

[39] Das Projekt nexus der Hochschulrektorenkonferenz und das INCHER Kassel haben die Befragung gemeinsam durchgeführt. Sie wurde als Vollerhebung durchgeführt (SoSe 2012). Insgesamt haben 83 Hochschulen und etwas mehr als 8.100 Personen teilgenommen. Die Absicht der Studie war zu kontrollieren, inwiefern sich die Entwicklung, welche die CAP-Studie von 2007 gezeigt hatte, fortgesetzt hat. Die Ergebnisse wurden publiziert in Schomburg/Flöther/Wolf (2012).

[40] Sie war 1992 die erste international vergleichende Hochschullehrerstudie, die in dreizehn Ländern durchgeführt wurde und sich auf 19.000 Fragebögen stützte. Die deutsche Teilstudie wurde von Jürgen Enders und Ulrich Teichler durchgeführt. Die Ergebnisse wurden u.a. publiziert in Enders/Teichler (1995).

[41] Es gibt keine umfassende Veröffentlichung der Ergebnisse der Allensbacher Hochschullehrerbefragung aus dem Wintersemester 1976/77. Neben einigen auf Vorträge zurückgehenden kurzen Berichten über jeweils nur wenige Teilergebnisse kursieren die Ergebnisse lediglich als „graue Literatur" (Schimank 1992: 6). Die aktuelle Allensbach-Hochschullehrerbefragung (IfD 2016), durchgeführt im Auftrag des Deutschen Hochschulverbandes, knüpft an die Befragung aus dem Jahr 1976 an und ermöglicht damit einen Vergleich über vier Jahrzehnte hinweg. Darüber hinaus bieten Ergebnisse aus einer Befragung von Schimank (1992) im Wintersemester 1990/91, die sich mit Forschungsbedingungen der Professor.innen an den westdeutschen Universitäten befasste, Vergleichsdaten zur Allensbach-Hochschullehrerbefragung 1976.

Übersicht 50: Arbeitszeitanteile von Universitätsprofessor.innen im Zeitverlauf 1976–2016*

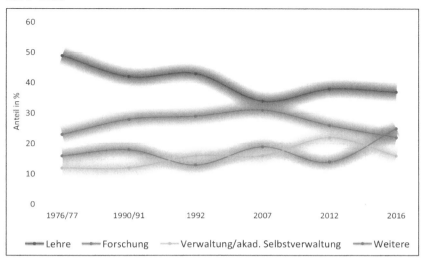

* Grundlage der Darstellung sind verschiedene repräsentative Untersuchungen. Der Grundaufbau der darin enthaltenen Zeitbudgetanalysen ist ähnlich, aber nicht gleich. Das heißt, bei der hier erzeugten Darstellung handelt es sich um eine Trendbetrachtung über 40 Jahre. Da die Respondenten unterschiedlich waren, handelt es sich auch nicht um eine Paneldatenanalyse. So lassen z.B. schon die unterschiedlichen Fragestellungen nach Arbeitszeitanteilen in den Untersuchungen – Prozent im Semester, Prozent an der Arbeitszeit oder Prozent an Wochenarbeitsstunden – bei einem Vergleich Verzerrungen vermuten. Um solche möglichen Verzerrungen abzubilden, sind die Daten in der Darstellung mit einem Streuungsmaß von jeweils 5 Prozentpunkte nach oben und nach unten versehen. Die erhobenen Arbeitszeitanteile beziehen sich jeweils auf Vorlesungszeiträume.

Datenquellen: 1976/77: IfD (2016) und Petersen (2017). 1990/91: Schimank (1992; 1995). 1992: Enders/Teichler (1995). 2007: Jacob/Teichler (2011). 2012: Schomburg/Flöther/Wolf (2012). 2016: IfD (2016) und Petersen (2017). Eigene Darstellung

„Anderes" (16 %). Heute sei der zeitliche Aufwand erheblich gestiegen, darunter größtenteils das Schreiben von Gutachten und Anträgen (Petersen 2017: 974). Bereits Schomburg et al. (2012: 39) unterstrichen, dass der vielfach zu vernehmende Unmut über ansteigenden Verwaltungsaufwand nicht unberechtigt zu sein scheine.

Der große Vorteil der bisherigen Studien – nämlich die hohen Fallzahlen – wird dadurch erkauft, dass sie zu Einzelaktivitäten recht ungenau bleiben müssen. In der Regel gehen die Studien über ein grobes Kategorienraster nach Lehre, Forschung, Verwaltung (incl. akademische Selbstverwaltung) und weitere Dienstaufgaben oder wissenschaftliche Aktivitäten nicht hinaus. Den Befragten bleibt somit viel Raum bei der inhaltlichen Abgrenzung von Aktivitäten. Nur in kleineren problemzentrierten Studien bzw. Befragungen wurden einzelne Teilaktivitäten aus den Hauptaufgabenkategorien herausgelöst und extra aufgeführt (z.B. Bauer/Niemeijer 2014; Hartmer 2008).

Durch die grobe Kategorienbildung kann dann z.B. der Eindruck entstehen, dass in jüngster Zeit der Verwaltungsaufwand abgenommen habe. Doch muss dies in Zusammenhang mit dem gleichzeitig starken Anstieg bei „Weiteren Aufgaben" betrachtet werden, da diese Kategorie auch organisatorische Aktivitäten enthält, die aber subjektiv nicht einem engen Verständnis von Verwaltung zugerechnet werden.

Zugleich basieren die zitierten Untersuchungen auf nachträglichen Selbsteinschätzungen. Damit müssen mögliche Unschärfen in Rechnung gestellt werden: Wie zuverlässig sind Erinnerungen? Werden Aktivitäten bei der Einordnung in die Hauptaufgabenbereiche (unbewusst) nicht berücksichtigt? Mindestens nicht auszuschließen sind Differenzen zwischen den Selbsteinschätzungen der Lehrenden und dem tatsächlichen Workload oder ungenaue Erinnerungen an die tatsächliche individuelle Zeitaufteilung zwischen Lehre, Forschung und verwaltenden Tätigkeiten. Selbsteinschätzungen sind immer auch Ausdruck der (verbreiteten) Stimmungslage – so etwa bei Hochschullehrenden, dass zu viel Zeit für die Verwaltung aufzubringen sei und kaum Zeit für die Forschung bleibe (Jacob/Teichler 2011: 23). Das heißt, die eigene Arbeitszeitbelastung kann subjektiv und aufgabenbereichsspezifisch tendenziell höher eingestuft sein als objektiv gegeben. Retrospektive Erhebungsmethoden werden daher oft aufgrund ihrer variierenden Zuverlässigkeitsgüte kritisiert.[42]

Deshalb sind hier ergänzende Studien, die alternative methodische Zugriffe wählen, wünschenswert. Einen solchen Zugriff wählen z.B. ethnografische Feldstudien. Dem Bedarf an alternativen Zugängen wurde in unserer Untersuchung Rechnung getragen. Die Ergebnisse werden nachfolgend mitgeteilt.

7.2.2. Individualisierte Zeitbudgetanalysen

Im Rahmen von jeweils zwei- bzw. dreitägigen Beobachtungsstudien haben wir die Aktivitäten von Hochschullehrenden minutiös dokumentiert. Die quantifizierte Aufarbeitung dieser Daten ermöglichte es, individuelle Zeitbudgetanalysen durchzuführen. Dieses Vorgehen eröffnete einen tiefergehenden Einblick in die Zeitverwendung Hochschullehrender, als es durch retrospektive Selbsteinschätzungen möglich gewesen wäre. Inhaltlich ließen sich so objektiv konkrete Belastungstatbestände ermitteln, isolieren und in ihrem Umfang bestimmen. Auch waren Differenzen zwischen den diesbezüglichen, explizit erfragten Selbsteinschätzungen der Lehrenden und ihrer empirisch ermittelten tatsächlichen Inanspruchnahme festzustellen.

Selbsteinschätzungen von verbrauchter Arbeitszeit können nicht als akkurate, sondern allenfalls als ungefähre Werte gelten. Denn für Hochschullehrende ist ein entgrenztes Arbeitszeitverhalten typisch. Wochenendarbeit, Heimarbeit oder mobile Arbeit stellen eher die Regel als die Ausnahme dar. Da die Grenzen, wann und wo gearbeitet wird, nicht extern vorgegeben sind, können Hochschullehrende diese selbst gestalten.

Durch das hier nun angewandte Beobachtungsverfahren war es möglich, die tatsächliche Arbeitszeit an einem Tag (Netto) herauszufiltern. Dazu wurde das

---

[42] zu negativen Effekten wie Verfälschung durch die Erinnerung oder soziale Erwünschtheit bei Erhebung von Zeitdaten siehe ausführlich z.B. bei Brint/Cantwell (2008) und Blüthmann/Ficzko/Thiel (2006); zur Güte von retrospektiven Selbsteinschätzungen siehe z.B. Schütte (2007)

jeweils Beobachtete zweimal in seinen Handlungszusammenhang eingeordnet: während der Feldphase und später nochmals in der Auswertung der Felddokumentation. Damit konnten Zeiten den arbeitszeitbestimmenden Tätigkeiten exakt zugeordnet werden. In Abgrenzung zu passiven und regenerativen Tätigkeiten – also privater Zeit oder Freizeit – konnte anschließend die Arbeitszeit minutiös herausgerechnet werden.[43] Sowohl methodisch als auch inhaltlich konnte damit ein Beitrag zur Erweiterung der bisherigen Workload-Studien und Studien zur Arbeits(zeit)belastung Hochschullehrender geleistet werden.

Bevor die kriteriengeleitete Auswertung unserer Beobachtungen dargestellt wird, soll zur Illustration sowohl des Vorgehens als auch einer typischen beobachteten Situation das Protokoll einer Arbeitsstunde eines Universitätsprofessors dokumentiert werden (Übersicht 51).

Übersicht 51: Ablauf einer professoralen Bürostunde

Vorgespräch: Proband sei schon 7:00 Uhr im Büro gewesen gewesen und habe sich insbesondere mit Redaktionsarbeiten für eine seiner Zeitschriften beschäftigt. Er sei jetzt elf Tage auf Dienstreise mit mehreren Vortragsauftritten und nicht im Büro gewesen. So werde er heute den ganzen Tag damit beschäftigt sein, sein eMail-Postfach zu sichten und alle daraus resultierenden Anfragen zu bearbeiten. Zu inhaltlichen Arbeiten werde er wohl nicht kommen.

9:30 Es klopft an der Tür, ein Kollege kommt herein. Proband zeigt ihm ein Gutachten und fragt, ob sie beide nachher Kaffee trinken. Kollege bejaht und geht wieder. (1 min)

9:31 Proband holt sich ein Buch aus dem Regal, setzt sich wieder an den Schreibtisch und beginnt, durchzublättern. Parallel kommentiert er, dass solche Vortragsreisen immer sehr viel Zeit kosten, die Organisation der Reise an sich und die Ausarbeitung der Vorträge. (3 min)

9:34 Proband steht mehrfach auf und geht zu seinem Rucksack, um Dokumente herauszusuchen. Er setzt sich wieder und liest bzw. blättert durch. (2 min)

9:36 Er beginnt die Dienstreiseabrechnungen auszufüllen und meint, dass er dies selbst machen müsse. (3 min)

9:39: Er steht auf und sucht die Fahrscheine aus seinem Rucksack heraus, setzt sich wieder und ordnet diese den Formularen zu. (3 min)

9:42: Er kramt in einer Schublade und geht anschließend wieder zu seinem Rucksack. Augenscheinlich sucht er etwas. (1 min)

9:43 Er setzt sich an den Schreibtisch und kommentiert, dass eine Übernachtungsrechnung fehlt – „mal wie immer". Er ordnet die Formulare dennoch. Mit der Bemerkung, dass er die Unterlagen zur Institutssekretärin bringe, verlässt er das Büro. (1 min)

9:44 Er betritt wieder das Büro und setzt sich an seinen Schreibtisch, beginnt, diesen aufzuräumen, findet einen ausgedruckten eMail-Verlauf und gibt mir diesen mit dem Hinweis, dass er sowas auch zu organisieren habe [Update und Terminfindung für die Forschungsevaluation seines Faches in einem anderen Bundesland]. (2 min)

9:46: Proband geht in das nebenliegende (leere) Sekretariat und legt etwas ab. Kommt

---

[43] Wenn folgend von Arbeitszeit die Rede ist, dann ist damit lediglich der dafür aufgebrachte Zeitanteil an der Gesamtbeobachtungszeit gemeint. Im Durchschnitt entfielen 36 Prozent der Gesamtbeobachtungsdauer auf die Netto-Arbeitszeit, das entspricht der Arbeitszeit von 8,6h pro Tag. Genauer zu den zentralen Aufgabenbereichen des wissenschaftlichen Hochschulpersonals siehe nachfolgend 7.3.1. Einflussgrößen auf das Maß an organisierenden Tätigkeiten

wieder und erklärt, dass er derzeit keine Sekretärin habe. Diese sei seit drei Monaten in Schwangerschaftsurlaub. Seitdem müsse er den Großteil der Arbeit selber erledigen. Er hoffe, in zwei Wochen eine Schwangerschaftsvertretung zu bekommen. Das sei nicht ganz so einfach an der Hochschule. Momentan unterstütze ihn die Institutssekretärin bei den anliegenden Aufgaben. Darüber sei er sehr froh. (2 min)

9:48 Proband kommentiert „Na toll" beim Anblick eines Papiers vom Schreibtisch. Er zeigt eine vergangene E-Mail mit dem Hinweis, dass er so etwas auch noch organisieren müsse. Inhaltlich handelt es sich um die Terminfindung zu einem Treffen unter Senatskollegen im Vorfeld der nächsten Senatssitzung. (2 min)

9:50 Er nimmt das Telefon und ruft jemanden an. Es geht um den Zeitplan für eine zu organisierende Tagung, um eine Veröffentlichung und um die Organisation von Gutachten. (3 min)

9:53 Er erklärt, dass WMA-Drittmittelverträge demnächst auslaufen und er das Projekt dann alleine zu Ende führen müsse – „ganz toll". Er nimmt sich ein Dokument vom Schreibtisch – liest, markiert und korrigiert etwas darauf. (1 min)

9:54 Proband wendet sich seinem PC zu und öffnet das eMail-Postfach. Er klickt sich durch den Posteingang. Einige eMails werden gelöscht, ohne sie genauer zu betrachten. Augenscheinlich wird optisch nach Betriff und Absender gefiltert. Einige eMails liest er genauer. (3 min)

9:57 Daraufhin druckt er sich eine eMail aus (dazu muss er ins Nachbarzimmer gehen, da der Drucker im Sekretariat steht). Er kommentiert die eMail: „ebenfalls ganz toll", geht zu seinem Kalender, schaut hinein und kommentiert: „geht nicht, sind die wahnsinnig". (1 min)

9:58 Proband reicht die ausgedruckte eMail und sagt, dass er das jetzt auch noch zu organisieren habe. Er erläutert das Problem: Er habe einen Doktoranden in Partnerschaft mit der Universität [...] (Italien). Der Sitzungstermin für das Abschlussexamen sei auf [...in drei Wochen...] festgelegt worden. Zusätzlich werde ein Vortrag im anschließenden Workshop erbeten, mit angebotener Veröffentlichung. Das Problem sei, dass er einen Tag später schon wieder einen Termin an der eigenen Hochschule habe. Er ist ungehalten darüber, dass solche Anfragen immer so kurzfristig kämen. Wie solle er einen Vortrag in drei Wochen einfach mal so nebenbei ausarbeiten? (4 min)

10:00 Er wendet sich dem PC zu und kommentiert, dass er das jetzt selber organisiere. Bei solchen Dingen sei er aber sehr schnell. Wenn er die Organisation abgeben würde, würde sie noch mehr Zeit in Anspruch nehmen. Proband geht auf die Website der DB und sucht nach Fahrten. Er kommentiert, dass er mit der Bahn flexibler sei als mit dem Flugzeug. (4 min)

10:04 Proband antwortet auf die benannte eMail mit der Anfrage. (10 min)

10:14 Er geht erneut auf die Website der DB, bucht die Fahrkarte und druckt sie aus. (4 min)

10:18 Nun müsse er erstmal einen Kaffee trinken. Er geht zu seinem Kaffeevollautomaten und stellt diesen an. (2 min)

10:20 Die Institutssekretärin kommt in das nebengelegene (leere) Sekretariat. Sekretärin und Proband unterhalten sich zwischen Tür und Angel über die Dienstreiseabrechnung. (3 min)

10:23 Der Kollege von 9:30 betritt das Büro. Beide trinken Kaffee, unterhalten sich über eine Studienabschlussarbeit – hier ist ein schnelles Gutachten mit Note und Protokoll nötig – und betreiben Small Talk. (9 min)

Basierend auf den Erkenntnissen der Explorationsstudien wurden vier zentrale Aufgaben des wissenschaftlichen Hochschulpersonals definiert: (1) Lehre, (2)

Forschung, (3) Verwaltung/akademische Selbstverwaltung und (4) weitere Aktivitäten und Dienstaufgaben. Grundlage für diese Kategorisierung bildeten die bisherigen Untersuchungen zu Zeitbudgetverwendung von Lehrenden und der Grundaufbau darin enthaltener Zeitbudgetanalysen.[44] Diese grobe Gliederung diente dazu, die Vergleichbarkeit unserer Daten mit denen bisheriger Untersuchungen sicherzustellen. Darauf aufbauend, wurden in unserer Analyse die zentralen Aufgaben des Hochschulpersonal feingliedriger dargestellt (Übersicht 52).[45]

Übersicht 52: Zentrale Aufgaben und Aufgabenbereiche des wissenschaftlichen Hochschulpersonals

Aufgabenbereiche	Aufgaben
Lehre	Studiengangskonzeption, -entwicklung und -management
	mittelbare Lehrangelegenheiten
	unmittelbare Lehrangelegenheiten
	Qualitätssicherung der Lehre und Qualitätsmanagement
	Prüfungswesen und -verwaltung
	Studierendenbetreuung, -beratung und -verwaltung
Forschung	Forschungsadministration und Drittmittelbewirtschaftung
	Forschungs- und Technologietransfer
	aktive Projektarbeit und Projektmanagement
Verwaltung/akad. Selbstverwaltung	zentrale und dezentrale Gremien und Kommissionsarbeit
	zentrales und dezentrales Beauftragtenwesen
	Personalvertretungen
Weitere Aktivitäten und Dienstaufgaben	Betreuung und Förderung des wissenschaftliche Nachwuchses
	Personal- und Sachmittelmanagement
	Organisationsentwicklung
	wissenschaftliche Dienstleistungen
	Wissenstransfer und gesellschaftsbezogenes Engagement neben herkömmlicher Leistungserbringung
	allgemeine Selbst- und Büroorganisation
	Tätigkeiten die keiner anderen Kategorie klar zuzuordnen sind

Der beobachtete individuelle Zeitverbrauch einzelner Hochschullehrender wurde den zentralen Aufgaben und Aufgabenbereichen anteilig zugeordnet. Die zunächst nach zentralen Aufgaben gegliederte Zeitbudgetverteilung zeigt: Im Durchschnitt hatten die beobachteten Hochschullehrenden einen Arbeitszeitverbrauch von 54 Prozent für die Tätigkeiten, die nicht Lehre und Forschung sind. Im einzelnen:

---

[44] s.o. 7.2. Zeitbudgeterhebungen: eine Rückschau

[45] Zur systematischen Übersicht der zentralen Aufgabenbereiche des wissenschaftlichen Hochschulpersonals, weiterer Untergliederungen in Teilaufgaben und exemplarische Aktivitäten siehe im Anhang Nr. 5

- Vergleichsweise wenig Arbeitszeit verwendeten die Probanden für forschungsbezogene Tätigkeiten, im Durchschnitt 14 Prozent (Kategorie „Forschung"). Dieser Umstand lässt sich insbesondere dadurch erklären, dass Hochschullehrende für Forschung wesentlich die Semesterferien vorsehen, unsere Beobachtungen jedoch während des laufenden Semesterbetriebs stattfanden.
- Für lehrbezogene Tätigkeiten nutzen die Probanden durchschnittlich 32 Prozent ihrer Arbeitszeit (Kategorie „Lehre").
- „Weiteren Aktivitäten und Dienstaufgaben" waren durchschnittlich 38 Prozent der Arbeitszeit gewidmet.
- Für Tätigkeiten in der Kategorie „Verwaltung und akademische Selbstverwaltung" verwendeten die Probanden durchschnittlich 16 Prozent ihrer Arbeitszeit.

Der quantitative Vergleich unserer Daten mit den Ergebnissen der Allensbach-Studie von 2016 (IfD 2016) zeigt, dass die Zeitanteile für die Kategorie „Verwaltung und akademische Selbstverwaltung" in beiden Untersuchungen gleich groß sind (16 %). Im Bereich „Weitere Aktivitäten und Dienstaufgaben" ergibt die Allensbach-Studie deutlich niedrigere Arbeitszeitanteile (25 % zu 38 %). Dagegen wurden für „Lehre" (37 %) sowie „Forschung" (22 %) höhere Anteile ermittelt (unsere Untersuchung: 32 % bzw. 14 %).

Trotz der Diskrepanz in drei Kategorien können die Daten der Allensbach-Untersuchung durch unsere Daten als tendenziell bestätigt angesehen werden. Denn vor dem Hintergrund unseres methodischen Ansatzes, Hochschullehrende zwei bis drei Werktage teilnehmend zu beobachten, muss das typische Arbeitszeitverhalten von Hochschullehrenden in Rechnung gestellt werden, das wesentlich durch Wochenendarbeit gekennzeichnet ist. Nach Aussagen der beobachteten Hochschullehrenden werden die Werktage neben der Lehrdurchführung insbesondere dazu genutzt, organisationsbezogene und administrative Aufgaben zu erledigen. Lehrvor- und Nachbereitung sowie Forschungsarbeiten konzentrierten sich in der Regel auf das Wochenende. Das erklärt die unterrepräsentierten Anteile von Lehre und Forschung in unserer Untersuchung und gleichzeitig die vergleichsweise hohen Zeitanteile weiterer Aktivitäten neben Lehre und Forschung.

Werden die Zeitbudgetdaten unserer Probanden nach verschiedenen Personenkategorien aufgeschlüsselt, so ergeben sich folgende Erkenntnisse:

■ *Lehrende verschiedener Hochschularten:* Der Vergleich von HAW- und Universitätsprofessor.innen spiegelt das höhere Lehrdeputat von FH-Professoren wider: Die Hochschullehrenden an HAWs verwendeten an den von uns beobachteten Arbeitstagen vergleichsweise mehr Arbeitszeitanteile auf lehrbezogene Tätigkeiten (HAWs 60 % gegenüber Uni 18 %). Die beobachteten Lehrenden an Universitäten verbrachten demgegenüber mehr Zeit mit forschungsbezogenen Tätigkeiten (Uni 20 % gegenüber HAWs 3 %) und weiteren Aktivitäten sowie Dienstaufgaben neben Lehre und Forschung (Uni 44 % gegenüber HAWs 24 %).

■ *Angehörige verschiedener Fächergruppen:* Der typischerweise forschungsintensive Charakter der MINT-Fachbereiche wird ebenfalls deutlich: Hochschullehrende in diesen Fächergruppen investierten an den beobachteten Arbeitstagen durchschnittlich siebenmal mehr Zeit in forschungsbezogene Tätigkeiten (44 %), als es ihre Kolleg.innen in den Geistes- und Sozialwissenschaften (6 %) taten. MINT-Professor.innen brachten dreimal weniger Zeit für Tätigkeiten in der Kategorie „Weitere Aktivitäten und Dienstaufgaben" auf (MINT 13 % gegenüber GSW 42 %).

▨ *Prägung durch Bologna und Prä-Bologna:* Personen, deren Lehrerfahrungen sich allein auf bolognareformierte Studiengänge beziehen, investierten an den beobachteten Arbeitstagen deutlich mehr Zeit in Lehraufgaben (39 %) als solche, die vor der Bologna-Reform ihre akademische Sozialisation (16 %) durchlaufen haben. Letztgenannte verbrachten dafür durchschnittlich fünfmal mehr Zeit mit Forschungsarbeiten.

▨ *Gremienengagierte vs. Gremienabstinenzler:* Die Arbeitszeitanteile von Hochschullehrenden, die in Senats- und Kommissionsarbeiten ihrer Hochschule eingebunden sind, fielen an den beobachteten Arbeitstagen für lehr- und forschungsbezogene Tätigkeiten niedriger bis deutlich niedriger aus als bei Hochschullehrenden, die keinem solcher Engagements nachgehen: Das Arbeitszeitverhältnis in der Lehre ergibt hier einen Kontrast von 26 gegenüber 35 Prozent und in der Forschung von vier zu 21 Prozent.

Werden die Tätigkeiten innerhalb der Aufgabenbereiche Lehre, Forschung und Weiteres differenziert, so zeigen sich folgende Ergebnisse:

▨ *Lehre:* Im Durchschnitt bezogen sich fast zwei Drittel (64 %) der Arbeitszeitanteile unserer Probanden für den Bereich Lehre auf unmittelbare Lehrangelegenheiten, 15 Prozent auf das Prüfungswesen, 11 Prozent auf Studierendenbetreuung und -beratung. Der restliche Zeitanteil (10 %) verteilt sich auf Studiengangskonzeption, -entwicklung und -management, mittelbare Lehrangelegenheiten und Qualitätsmanagement bzw. Qualitätssicherung der Lehre. Innerhalb der unmittelbaren Lehrangelegenheiten verteilen sich die Zeitanteile wie folgt: Lehrdurchführung (67 %), Vor- und Nachbereitung der Lehre (31 %) und Anleitung sowie Betreuung von Praxisphasen (1,5 %).

▨ *Forschung:* Knapp 76 Prozent der im Bereich Forschung investierten Arbeitszeit unserer Probanden wurden für aktive Projektarbeit und das Projektmanagement, 15 Prozent für Forschungsadministration sowie Drittmittelbewirtschaftung und 9 Prozent für Transferaktivitäten aufgewendet. Mit Forschungsadministration sowie Drittmittelbewirtschaftung waren insbesondere Hochschullehrende aus den Geistes- und Sozialwissenschaften belastet, während MINT-Professor.innen deutlich mehr Zeit in die aktive Projektarbeit investierten.

▨ *Weitere Aktivitäten sowie Dienstaufgaben:* Die meisten Arbeitszeitanteile dieser Rubrik beziehen sich im Durchschnitt auf Wissenstransfer und gesellschaftsbezogenes Engagement, also Third Mission (41 %). Darüber hinaus steht die Betreuung und Förderung des wissenschaftlichen Nachwuchses (19 %) im Fokus. Auf den Bereich Personal- und Sachmittelmanagement vereinen sich 8 Prozent der Arbeitszeitanteile, gefolgt von Organisationsentwicklung (5 %) und allgemeine Selbst- und Büroorganisation (6 %). (Übersicht 53)

Übersicht 53: Anteile der Professorentätigkeiten nach Arbeitsbereichen

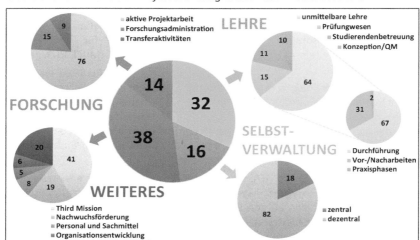

7.3. Tätigkeiten und Arbeitszeitverhalten des wissenschaftlichen Personals

Der wissenschaftliche Beruf zeichnet sich durch ein hohes Maß an Selbstorganisation aus. So sind Phasen der Anspannung und der Entspannung innerhalb des Arbeitsverlaufs typisch und notwendig. Die im Vergleich zu anderen Angestellten bzw. Beamten hohe Autonomie in der Ausübung der Dienstaufgaben ermöglicht Freiräume, die auch im Sinne freiwilliger Engagements flexibel genutzt werden können. Doch habe die Rollenvielfalt und -komplexität zugenommen bzw. werde nicht geringer: *„Hochschullehrende nehmen heutzutage mehrere Rollen neben der des Lehrenden und Forschers ein: Nachwuchsbetreuer, Geldbeschaffer, Organisator für die Institutionen, Selbstverwalter etc."* (Beob_10)

Vor dem Hintergrund einer Zunahme der Arbeitszeitanteile für organisationsbezogene und administrative Aufgaben sowie Aktivitäten neben der herkömmlichen Leistungserbringung in Lehre und Forschung wurde die Zeitbudget- um eine Tätigkeitsanalyse ergänzt.[46] Um Intuitionen für die Beobachtungsstudie zu gewinnen, war zunächst über eine anonymisierte Analyse von professoralen Terminkalendern ein Einblick in die Heterogenität der Termine, Aufgaben und Tätigkeiten von Hochschullehrer.innen gewonnen worden. Dieser enthält nicht sämtliche im Alltag auftretende Tätigkeiten, aber für zwei Semesterwochen diejenigen von zwölf zufällig ausgewählten Professor.innen. (Übersicht 54)

Die Fragestellungen der Tätigkeitsanalyse sind: Zu welchen Zeiten und in welchen Situationen treten Belastungen besonders häufig und vor allem immer wieder auf? Wieviel Zeit wird tatsächlich für einzelne Tätigkeiten verbraucht? Wodurch und wann treten Störungen und Unterbrechungen auf? Was sind die

---

[46] vgl. oben 1.2.2. Untersuchungen im Feld

Übersicht 54: Hochschullehrertätigkeiten in einer typischen Semesterwoche*

Kategorie		Tätigkeiten	
Lehre	Veran-staltun-gen	• Seminar • Vorlesung • Tutorium • Übung	• Praktikabetreuung • Ringvorlesung • Hausarbeitenkorrektur
	Betreu-ungstätig-keiten	• Sprechstunde • eMailverkehr mit Studierenden	• Stipendiatenbetreuung • Betreuung internationale Studierende
	organiso-torischer Kontext	• Kopieren von Lehrmaterialien • Analyse Anwesenheitslisten • Pflege Adresslisten	• Akquisition von Praktikaplätzen für Studierende • Mitarbeiteranleitung
Forschung		• Exkursion • Leitfadeninterview • Lektüre Manuskripte • Call-for-Paper-Beteiligung • Internetrecherchen • Tagung	• Kolloquium • Vortrag halten • Gastvortragsbesuch • Disputationsbesuch • Projektbesprechung
Verwal-tung und Selbst-verwal-tung	Gremien	• Fakultätsrat • Finanzkommission • Direktoriumssitzung • Habilitationskommission • Fachbereichsprofessorium	• Forschungskommission • Institutsrat • Senat • Fachgruppe • Auswahlausschuss Bewerbungen
	sonstiges	• Besorgung Büromaterial • PC-Probleme beheben • eMailverkehr	• Kommunikation mit Verwaltung • Ziel- und Leistungs-vereinbarungsgespräche
Querschnitts-aktivitäten		• Kommunikation mit Kolleg.innen • Bewerbungsgespräche • Geschäftsessen • Tätigkeiten an der Akademie • Besuch Antrittsvorlesung	• Öffentlichkeitsarbeit • Evaluation • Lektüre von Protokollen und Unterlagen

* Quelle: Auswertung der Terminkalender von zwölf Professor.innen, ungewichtet

Zeitfresser? Wodurch wird das Belastungsempfinden Hochschullehrender verstärkt?

Zunächst sollen die Einflussgrößen, die das Maß an organisierenden Tätigkeiten bestimmen, und die Interaktionen des wissenschaftlichen Personals mit der Verwaltung betrachtet werden (7.3.1. und 7.3.2.). Nachfolgend werden dann sieben Ausgangsvermutungen, die sich auf die genannten Fragestellungen beziehen, geprüft (7.3.3. und 7.3.4.).

7.3.1. Einflussgrößen auf das Maß an organisierenden Tätigkeiten

Ob organisierende Tätigkeiten von den Hochschullehrer.innen als belastend wahrgenommen werden, hängt insbesondere davon ab, ob sie diese als rollenfremd bewerten. Tätigkeiten, bei denen das der Fall ist, sind in folgenden Anforderungsbereichen zu finden:

• Lehr- und Studienadministration (z.B. Literatur digitalisieren und auf diverse digitale Plattformen uploaden, Anmeldelisten für Veranstaltungen verwalten, Akquisition von Praktikaplätzen für Studierende, Pflege von eMail-Adresslisten, Verwaltung von Anmelde- und Anwesenheitslisten für Veranstaltungen, Lehrauftragsverwaltung, Raumplanung und -buchung),

- Prüfungsadministration (z.B. Prüfungsan- und -abmeldungen sowie Zulassungsentscheidungen bearbeiten, Annahme, Erfassung und Vollständigkeitskontrolle, Information der Studierenden über die Zulassungsentscheidungen, ggf. Nachforderung und Erfassung nachgelieferter Unterlagen, Erstellung des Prüfungsplanes, Terminabstimmung und Raumplanung, Koordination der Prüfungsaufsichten, Prüfungsnoten in digitale Systeme eintragen, Auseinandersetzung mit Beschwerde- und Widerspruchsverfahren Studierender),

- Forschungsadministration (z.B. Veröffentlichung von Stellenausschreibungen, Verhandlung bzw. Korrespondenz mit Universitäts- und/oder Fakultätsverwaltung zu Aufgabenbeschreibung und möglichen Gehaltseinstufungen, formale Detailverhandlungen mit Fördermittelgebern und Projektträgern, Nachweise erbringen, z.B. Kostenschätzungen für Dienstreisen, Kostenvoranschläge und Einholen mehrerer prüfbarer Angebote bei Sachkosten u.ä.)

- Integration von neuem Forschungspersonal in den Hochschulbetrieb (Organisation der Räumlichkeiten und Arbeitsplätze, z.B. Telefonanschlüsse, Anmeldung, Aktivierung der Datenanschlüsse, Schlüsselausgabe)

- Dienstreiseadministration (z.B. Kostenschätzungen bei Dienstreiseanträgen für Buchführung in der Kostenstelle, Einholen von Kostenvoranschlägen, Unterlagen und Nachweise für Dienstreiseabrechnungsverfahren kopieren, Korrespondenz mit Dienstreisemanagement),

- Ressourcenadministration und Finanzverwaltung (z.B. Büromaterialbestellungen, Bestellung von Hardware und Einrichtung von Software sowie nötige Korrespondenzen mit Rechenzentrum oder Servicezentren, EDV-Probleme beheben, Improvisationsanstrengungen bei Veranstaltungsabrechnungen, Schnellverausgabung von Haushaltsmitteln kurz vor Jahresende incl. der nötigen Korrespondenzen (Dezemberfieber), Kalkulationen von Finanzierungsbedarfen) sowie

- Dokumentations- und Berichtspflichten (z.B. Auslegen von externen Rechtsvorschriften und hochschulinternen Regelwerken, Rezipieren von diversen Leitfäden, Formular- und Dokumentensammlungen).

Bis auf Ausnahmen entstand während unserer Beobachtungen der Eindruck, dass bei solchen Tätigkeiten eine *„Mentalität des frustrierten Akzeptierens dominiert"* (HSL2). Zu verzeichnen war, dass die Hochschullehrenden über den Beobachtungszeitraum hin und durch die Beobachtung dafür sensibilisiert wurden, welche Tätigkeiten zu administrativen und organisatorischen Aufgaben zu zählen sind und wieviel Zeit dafür real aufgebracht wird. Man habe plötzlich auf bestimmte Tätigkeiten bewusster geachtet und sie bewusster wahrgenommen (Beob_5). Entsprechend fielen die Einschätzungen hinsichtlich der Belastung mit solchen Aufgaben zum Beobachtungsende häufig anders aus, als das im Vorgespräch der Fall war.

Unsere Interviews, teilnehmenden Beobachtungen und die Befragung der QPL-Mitarbeiter.innen zeigen, dass der zeitliche Aufwand, den das wissenschaftliche

Personal für organisierende Tätigkeiten aufbringt, von vielen Einflussgrößen abhängt. Identifizieren ließen sich die folgenden:

- Zunächst ist der Aufwand stark davon abhängig, ob Personen Funktionsämter innerhalb der akademischen Selbstverwaltung oder im Beauftragtenwesen innehaben. Gerade diese Personen konstatieren einen sehr hohen Aufwand. Es stelle aber eine Frage des Engagements der Lehrenden dar, sich nicht nur für ihr Fach, sondern auch für die Entwicklung des Fachbereichs oder der Hochschule zu engagieren:

  Der Zeitaufwand für Administration „wächst natürlich mit den Aufgaben. Wenn man Institutsdirektor ist …, dann hat man natürlich noch mehr Aufgaben, ist ja klar. Es variiert von den Aufgaben, die man halt übernimmt. Man kann es sich auch kommod einrichten, vielleicht weniger nach Aufgaben schreien […]. Ist natürlich auch von uns Selbstausbeutung, das damit zu tun hat, dass man die Sachen, den Laden zum Laufen bringt, am Laufen hält. Manche halten sich da eher nonchalant zurück […]. Da gibt es Freiheitsgrade". (HSL3)

- Der Aufwand ist abhängig von den individuellen Zielen der Lehrenden. Prioritär sind hier in der Regel Forschung, Publikationen und Drittmitteleinwerbung. Das sind die Aktivitäten, die innerwissenschaftlich belohnt werden. Auch die Intensität des Engagements für die Lehre stellt eine Einflussgröße dar. So gebe es Lehrende, die bspw. aktiv an der Weiterentwicklung von Lehrformaten mitwirken oder intensiv mit Lern- und Lehrmanagementsystemen arbeiten, und solche, die das nicht tun:

  „Für mich zeigt sich Qualität in vielen Details, die man mitdenkt und mitmachen muss … Es geht um die Qualität des Lernens. Ich muss den Lernprozess organisieren. Das ist mein Job als Lehrender. Wir sind nicht mehr die Inhaltsgurus, wir müssen die Lernprozessbegleiter werden, und das ist eine fundamentale Veränderung unseres Rollenbildes." (HSL6)

- Die Belastungen schwanken auch je nach Fachrichtung und Studiengang stark oder dadurch, dass Lehre an unterschiedlichen Fakultäten oder Instituten zu halten ist. Ebenso hängt der Belastungsgrad von der Hochschulart ab. An HAWs sind bekanntermaßen deutlich mehr Semesterwochenstunden Lehre zu leisten als an Universitäten. Das geht notwendigerweise auch mit einem höheren Umfang an organisatorischen Kontextaufgaben einher. Zudem verfügen Fachhochschullehrende im Gegensatz zu ihren Universitätskolleg.innen nur in den seltensten Fällen über einen wissenschaftlichen Mitarbeiterstab und/oder Zugriff auf Sekretariatsressourcen.

- Daran anschließend: Sekretariate stellen für die Bewältigung organisatorischer Kontextaufgaben eine wichtige Ressource dar. Die Mitarbeiter in den Sekretariaten übernehmen für die Hochschullehrerinnen organisatorische und administrative Aufgaben sowie einen Großteil des Informations- und Kommunikationsmanagements.[47] Die Hochschullehrer.innen, die über keine solchen Res-

---

[47] Banscherus et al. (2017: 120–121) konstatieren in diesem Zusammenhang eine substanzielle Erweiterung von Arbeitsanforderungen und -aufgaben der Sekretariatsbeschäftigten – von der Schreibkraft hin zum Office-Management. Die Sekretariate der Professuren und wissenschaftlichen Arbeitsbereiche bewältigen zunehmend Aufgaben in den Bereichen Raumplanung, Dienstreiseadministration, Budget- oder Personalverwaltung. Zum Teil geschieht dies neben den herkömmlichen Arbeitsaufgaben, z.T. ersetzt es diese aber auch, da inbesondere Schreib-

sourcen verfügen, beklagen dann auch eher eine Zunahme bzw. Belastung durch administrative Aufgaben: *„Ich habe keine Sekretärin. Vielleicht erklärt das alles. Also, ich bin eine One-Man-Show und muss alles selbst machen."* (HSL1) Sekretariate stellen dementsprechend ein begehrtes Gut dar, was unter Umständen auch zu Auseinandersetzungen innerhalb der Hochschule führen könne, wie eine befragte Verwaltungsmitarbeiterin schildert:

> *„Die Professorinnen und Professoren würden sich wehren, wenn man sagt: ihr Sekretariat übrigens nicht mehr. Wir hatten das im Zuge der [Programmname]-Umstellung sehr stark, da wurde es sehr offensichtlich [...] Ob es in einer Fakultät z.B. nur noch eine Person macht, die mit [Programmname] dann die Dienstreisen abrechnet [...] Führt aber ganz oft zu dieser Problematik: wo nimmt man die Ressourcen weg, von wem nimmt man diese weg? Man verliert ja sein Vorzimmer im wahrsten Sinne. Das ist oft eine Statusfrage. So hat man immer das Gefühl, jetzt habe ich meine eigene Ansprechpartnerin direkt vor mir sitzen und kann das mit ihr erledigen. Wenn das dann zentral geregelt ist [Pool-Sekretariate], woher weiß ich, dass die nicht dem einen mehr zuarbeiten als mir. Die weiß doch gar nicht, was ich will. Meine Sekretärin weiß ganz genau, welche Hotels ich mag und welche nicht. Das sind Schwierigkeiten, die uns noch sehr lange begleiten werden [...]."* (HVW2)

▪ Die Einschätzung von zeitlichen Aufwänden hängt schließlich auch vom individuellen Verständnis der Lehrenden ab, welche Tätigkeiten sie der Lehre, Forschung, Administration und weiteren Aufgabenbereichen zuordnen. Das Organisieren von Sprechzeiten für Studierende bspw. gehört im Verständnis der meisten Lehrenden direkt zur Lehre und wird insofern nicht den organisierenden Tätigkeiten zugeordnet: *„Kommt natürlich darauf an, was man denn unter Administration dann auch alles versteht."* (HSL3)

7.3.2. Interaktionen mit der Verwaltung

Den Kontakt der Wissenschaft zur Verwaltung wird man als (meist) kulturelle Unverträglichkeit im allgemeinen bei (häufig) individueller Verträglichkeit im besonderen beschreiben können. Der Unterschied scheint vor allem in der Differenz von Schriftlichkeit und Mündlichkeit hervorzutreten. Die Verwaltung schreibe z.B. „Sie haben den Antrag bis zum oben genannten Datum abzugeben", weil sie untereinander auch so rede, ohne es hart zu meinen, während die Professor.innen eine solche Formulierung als Angriff auf ihre Autonomie empfänden. „Die Professoren empfinden die Verwaltungsmitarbeiter meistens als schulmeisterhaft, während diese die Professoren für arrogant halten." (Heinrich 2007) Sobald beide Seiten *face to face* aufeinander treffen, scheint dies aber deutlich entspannter zu sein:

> *„Konflikte hängen oft mit der Kommunikation zusammen. Sie [die Konflikte] werden nur selten mit uns [der Verwaltung] direkt ausgetragen, finde ich, eher mit der Prorektorin. Es wäre manchmal besser, die Leute [das wissenschaftliche Personal] würden direkter sein. Es löst nicht immer alles, aber es macht vielleicht Prozesse einfacher und kürzer."* (HVW1)

---

arbeiten und Briefe nicht mehr oder weniger anfallen und auch das Terminmanagement häufig von den Professor.innen selbst erledigt wird.

Allgemeinen gesellschaftlichen Konventionen entsprechend und insofern wenig verwunderlich, wird in unseren Erhebungen die Interaktion zwischen Verwaltungsebene und Wissenschaft als zumeist freundlich und höflich beschrieben. Dennoch enthalte das Aufeinandertreffen der unterschiedlichen Kulturen bzw. Funktionslogiken besonderes Konfliktpotenzial, welches teils als unüberbrückbar empfunden wird:

> „Ich denke, dass ... diese Spaltung, die es zwischen dem akademischen Bereich und der Verwaltung gibt, dass die quasi unüberbrückbar ist in einer gewissen Weise. Ich denke, wir haben hier ein ganz gutes Miteinander, aber es gibt einfach Strukturspannungen, die lassen sich nicht ausräumen, so dass ... in Konfliktsituationen sehr schnell bestimmte Standardkonflikte aufbrechen. ‚Die Verwaltung agiert formalistisch und unflexibel‘: Das wäre so ein Standardvorwurf, der von der akademischen Seite kommt. Die administrative Seite wirft dann der akademischen immer Unberechenbarkeit und Willkür vor." (HVW3)

Dabei ist zwischen Verwaltung auf Fakultäts- bzw. Fachbereichsebene und zentraler Hochschulverwaltungsebene zu differenzieren. In unseren Interviews stellen Lehrenden primär auf letztere ab. Dieser fehle oftmals das Bewusstsein dafür, dass die wissenschaftliche Problemwahrnehmung eine andere als die der Verwaltung ist. Auch sei nicht immer ganz klar, welche Person in der Verwaltung für bestimmte Problemstellungen zuständig ist. In Sondersituationen wie Urlaub, Elternzeiten o.ä. potenziere sich diese Zuständigkeitsproblematik, da es in der Regel an Vertretungsressourcen mangele. Insgesamt aber fehle der Dienstleistungsgedanke:

> „bei der allgemeinen Verwaltung, da vermisse ich diesen Dienstleistungsgedanken erheblich. Die wollen natürlich keine Fehler machen, und dann sagen sie immer eher ‚Nein‘ als ‚Ja‘, und das ist, finde ich, oft kontraproduktiv [...] Manchmal renne ich hier durch die ganze Verwaltung, bis ich dann irgendwie zu dem gekommen bin, was ich eigentlich haben möchte." (HSL5)

Tauchen Probleme auf, für die es keine routinierten Verfahrensregeln gibt, müssten, so Sigrid Metz-Göckel (2002: 140), die Lösungen immer schon von den Nachfragenden vorausgedacht und entsprechende Erkundungen andernorts eingeholt werden, damit es im Zusammenwirken mit der Verwaltung tatsächlich zu einer Klärung bzw. Lösung des Problems kommen könne:

> „es gibt manche Sachen, wo die Verwaltung gar kein Problembewusstsein hat, und selbst wenn sie es hat, hat sie gar keine Möglichkeit für Lösungen, weil sie inhaltlich keine Lösungen anbieten kann. Ich denke, wenn alle nur ein bisschen mehr tun würden als nur Dienst nach Vorschrift, dann wären wir eine super Hochschule." (HSL1)

Andere Hochschullehrende wiederum zeichnen ein positives Bild, bspw. sehen sie die Problemlösungskompetenz innerhalb der Hochschulverwaltung als unersetzlich an. So lege die Verwaltung bei Umsetzungsschwierigkeiten in Personalangelegenheiten eine sehr spontane, interaktive Problembearbeitung an den Tag:

> „die [Verwaltungsangestellten] haben halt auch ihr eigenes Problembewusstsein. Ich bin da ambivalent. [...] Wenn es Probleme gibt, dann ich gehe immer hin, also ich laufe hier durch das Haus, ich laufe sehr viel durch das Haus, und bringe die Sachen hin und frage, und wir kriegen das alles irgendwie hin, aber der Aufwand ist eigentlich viel zu groß, und auch für die ist es nicht so toll, denke ich, wenn ich vor der Tür stehe

und klopfe und sage ,hier ich bringe ihnen das, können sie mal drüber schauen' oder ,da gab es ein Problem, können wir das besprechen'. Das ist auch eine Störung in ihren Abläufen." (HSL4)

Seitens der Verwaltung wird darauf verwiesen, dass es auch nicht zu vernachlässigende Konfliktpotenziale innerhalb sowie zwischen den verschiedenen Verwaltungseinheiten und -ebenen gebe:

„Es gibt festes Konfliktpotenzial zwischen Fakultätsverwaltungen und der Zentralverwaltung, das ist, denke ich, genauso stabil wie die grundsätzliche Möglichkeit, dass sich Verwaltung und Hochschullehrerseite zerstreiten, und natürlich können noch innerhalb der Zentralverwaltung, Zentral- und Rektoratsverwaltung Konflikte auftreten über Zuständigkeiten und Einflussbereiche usw. [...] [Es gibt] noch das Problem, dass Konflikte auch entstehen können, weil man nicht weiß, was die andere Abteilung tut. Dass sozusagen eine Prozessunkenntnis herrscht [...], aber ab und zu wäre es doch wichtig zu wissen, wie da bestimmte Sachen ablaufen [...]" (HVW3)

Jedenfalls, so unsere Erhebungen, stellt der Kontakt zwischen wissenschaftlicher Leistungsebene und den unterschiedlichen Ebenen der Hochschulverwaltung einen zentralen Bestandteil des Hochschulalltags dar – *„Irgendwas ist immer"* (HSL7). Die Mehrheit der befragten Verwaltungsmitarbeiter und Hochschullehrerinnen gibt an, in täglichem Kontakt zueinander zu stehen. Das bestätigte sich auch in den teilnehmenden Beobachtungen. Dabei wurden ebenso direkte und indirekte, formelle und informelle Kommunikationswege sichtbar. Mehrheitlich formelle (eher unpersönliche) und indirekte (z.B. schriftliche) Kommunikationswege ließen sich insbesondere an Universitäten feststellen, während sich direkte und informelle Kommunikationswege, d.h. telefonische oder persönliche – mal eben über den Gang zur Kollegin gehen –, vornehmlich bei Probanden an den HAWs und künstlerischen Hochschulen lokalisieren ließen.

Der Rektor der Universität Bielefeld, Gerhard Sagerer, stellt heraus, dass die Kompaktheit seiner Universität die Verwaltungstätigkeit insgesamt erleichtere, denn jede Verwaltungsstelle und Verwaltungsmitarbeiter.in sei auf kurzem Wege in drei Minuten erreichbar und direkt ansprechbar. Es sei auch ein mentaler Unterschied, wo eine Verwaltung angesiedelt ist. Das heißt: Sei sie z.B. abseits in einem eigenen Gebäude untergebracht, werde sie tendenziell als etwas Externes wahrgenommen, mit dem man nichts zu tun habe. (Zit. in Borgwardt 2015: 89) Auch in unseren Beobachtungsstudien ließ sich mehrfach eine Unzufriedenheit mit der räumlichen Lage von Verwaltungseinheiten bei den Probanden feststellen. So sei es nicht zumutbar, jedesmal eine Etage tiefer oder höher gehen zu müssen, um z.B. Sekretariatsangelegenheiten zu klären (Beob_4; Beob_11).

Zugleich ließ sich beobachten: Wenn an den Professuren Sekretariate und wissenschaftliche Mitarbeiter.innen vorhanden sind, laufen die Interaktionen in der Regel primär über diese. Die Hochschullehrer.innen werden nur bei Bedarf in die Kommunikationen einbezogen bzw. Korrespondenzen an sie weitergeleitet. So lässt sich zwischen aktiver Interaktion und eher passiver Rezeption unterscheiden. Daneben zeigt sich: Je mehr Rollen ein Hochschullehrender innerhalb der Hochschule einnimmt – etwa Kommissionsmitgliedschaften, Arbeitsgruppen, Beauftragtentätigkeit etc. –, desto mehr ,connects' gibt es mit den

Verwaltungsebenen. Anlässe der Interaktionsaufnahme vonseiten der wissenschaftlichen Leistungsebene sind insbesondere

- Personalangelegenheiten (bspw. Verträge, Fristen, Einstellungsmöglichkeiten, Erziehungsurlaube, Besetzungssperren, Personalwechsel, Vergütungen),
- Finanzangelegenheiten (bspw. Drittmittel, Abrechnungen von Dienstreisen, Budgetadministration, Beschaffungen, Projektanträge),
- Rechtsangelegenheiten (bspw. Prüfungsrecht, Zulassungsfragen, Studiengangsgestaltung) und
- Aspekte der Lehrorganisation (bspw. Abschlussarbeiten, Bescheinigungen, Raumverwaltung).

7.3.3. Kommunikation

Kommunikation als Stressor

[1] Faktoren, die eine Stressreaktion auslösen, werden als Stressoren bezeichnet. Kommunikation ist nicht nur als rein lineare Abfolge von Aktion und Reaktion zu begreifen, sondern kann auch dynamische Wechselwirkungen entfalten und damit durchaus zu Stress führen. Daraus leitet sich folgende Annahme ab: Je größer das Kommunikationsaufkommen, desto höher das subjektive Belastungsempfinden bzw. die wahrgenommene Arbeitsbelastung.

Der Arbeitsalltag der beobachteten Hochschullehrenden ist durch ein hohes Maß an Kommunikation geprägt. Zwei Drittel ihrer Arbeitszeit haben diese mit kommunikativen Tätigkeiten verbracht. Entsprechend liegt der nichtkommunikative Tätigkeitsanteil bei einem Drittel. Kommunikation umfasste dabei sowohl Face-to-face- als auch Telekommunikation.[48] 86 Prozent waren mündliche und 14 Prozent schriftliche Kommunikationen. Als mündliche Kommunikationsformen wurden Besprechungen und Gespräche, die Teilnahme an formellen Veranstaltungen und das Telefonieren eingestuft. eMails, Faxe und Briefe schreiben wurden als schriftliche Kommunikationsformen erfasst.

Unsere Beobachtungen liefern Hinweise dazu, inwieweit ein größeres Kommunikationsaufkommen tatsächlich zu einem stärkeren Belastungsempfinden der Hochschullehrenden führt. Definitive Aussagen oder Kausalitäten können zwar nicht getroffen bzw. hergestellt werden, da Menschen für einen bestimmten Stressor höchst unterschiedlich anfällig sind und weitere Faktoren wie die Tagesform einer Person darüber entscheiden können, ob eine Kommunikation als stressig oder weniger stressig wahrgenommen wird.[49]

Doch stützen unsere Beobachtungen die folgende Annahme: Je größer der Umfang des ungeplanten mündlichen Kommunikationsaufwandes, desto höher ist die subjektiv wahrgenommene Belastung. Fast jede zweite Kommunikation –

---

[48] genauer zur Kategorisierung von Tätigkeitsarten siehe im Anhang Nr. 6
[49] vgl. das „Transaktionale Stressmodell" von Lazarus (1999)

Übersicht 55: Nur ein Vortrag: eine Kommunikationskaskade

Aktivität/Kommunikationsschritt	früher	heute
briefliche Anfrage der Tagungsveranstalter	1a	1a
parallel eMail-Anfrage der Tagungsveranstalter mit der brieflichen Anfrage als Attachment		1b
briefliche Antwort der angefragten Person mit Mitteilung des Vortragstitels	1b	
eMail-Antwort der angefragten Person mit Zusage		1c
Dank und Bestätigung seitens der Tagungsveranstalter	1c	
eMail-Anfrage der Tagungsveranstalter zum Vortragsinhalt und genauen -titel, ggf. Bitte um Telefonat über Vortragsinhalt und -titel		2a
ggf. Abstimmungskommunikation per eMail über einen Telefontermin		2b
eMail-Antwort oder Telefonat zum Vortragsinhalt und genauen -titel		2c
per eMail Bestätigung oder Korrekturwünsche der Tagungsveranstalter zum Vortragsinhalt und -titel		2d
ggf. eMail-Reaktion der Vortragenden zu den Korrekturwünschen zum Vortragsinhalt und -titel		2e
Übersendung des ersten Entwurfs zum Tagungsprogramm durch die Tagungsveranstalter		2f
Anfrage der Tagungsveranstalter bezüglich Übernachtungswunsch	2a	3a
Sekretariatsantwort bezüglich Übernachtungswunsch	2b	
eMail-Antwort der Vortragenden bezüglich Übernachtungswunsch		3b
Mitteilung des Übernachtungshotels durch die Tagungsveranstalter	2c	3c
Im Falle eines Vortragshonorars: eMail-Anfrage der Tagungsveranstalter, ob das Honorar privat oder an die Einrichtung gezahlt werden soll		4a
eMail-Antwort der Vortragenden: „Honorarzahlung an die Einrichtung"		4b
eMail-Mitteilung der Tagungsveranstalter, dass dann eine Rechnungstellung benötigt wird		4c
eMail-Anfrage der Tagungsveranstalter bezüglich der Tagungsunterlagen: benötigt werde eine Biogramm (das auch online steht und von dort hätte übernommen werden können) und ein Abstract		5a
eMail-Lieferung von Biogramm und Abstract durch die Vortragende		5b
eMail-Anfrage der Tagungsveranstalter: Vorab-Zusendung der Vortragspräsentation möglich?		6a
eMail-Antwort der Vortragenden: die Präsentation sei leider noch nicht vorhanden		6b
eMail der Tagungsveranstalter: es sei der Wunsch entstanden, in den Tagungsunterlagen die Biogramme der Vortragenden auch mit einem Foto zu versehen		7a
per eMail Übersendung eines Fotos durch die Vortragende		7b
ggf. eMail der Tagungsveranstalter, dass ein Referent wegen Terminproblemen im Programm verschoben werden müsse und ob eine zeitliche Verlegung des eigenen Vortrags möglich sei		8a
eMail-Antwort der Vortragenden: zeitliche Verschiebung möglich		8b
Übersendung des zweiten Entwurfs zum Tagungsprogramm durch die Tagungsveranstalter		8c
eMail-Mitteilung der Tagungsveranstalter: die Homepage zur Tagung sei jetzt online		8d

Aktivität/Kommunikationsschritt		früher	heute
Besichtigung der Tagungshomepage durch die Vortragende, ggf. eMail-Mitteilung über etwaige Fehler			8e
eMail-Anfrage der Tagungsveranstalter: gebe es Einverständnis mit Aufzeichnung und Online-Stellung des Vortrags?			9a
eMail-Antwort der Vortragenden: keine Einwände			9b
eMail-Mitteilung der Tagungsveranstalter: aus Datenschutzgründen bedürfe es einer Zustimmung zum Vermerktsein auf der Teilnehmerliste, die bei Nichtwiderspruch als erteilt gelte			9c
eMail des Veranstaltungsmoderators: Wunsch nach einem Telefontermin zur Vorbereitung			10a
eMail-Antwort der Vortragenden: Mitteilung eines Telefontermins			10b
Telefonat der Vortragenden und des Veranstaltungsmoderators			10c
eMail der Tagungsveranstalter: Fragen nach Ankunftszeit und Handynummer „für den Fall der Fälle"			11a
eMail-Antwort der Vortragenden: Mitteilung der Ankunftszeit und Handynummer			11b
Konzipieren des Vortrags und Erstellen einer Vortragspräsentation durch die Vortragende		3	12
Reise zum Tagungsort		4a	13a
Halten des Vortrags		4b	13b
am Rande der Veranstaltung: Unterschriftsleistung unter die Honorarvereinbarung		4c	
Rückreise		4d	13c
Anfrage der Vortragspräsentation für die Online-Dokumentation			14a
Nachbearbeitung der Vortragspräsentation aufgrund der Tagungsdiskussion, PDF-Umwandlung und Sendung an Veranstalter durch die Vortragende			14b
Veranlassung der Rechnungstellung für das Vortragshonorar			15a
Reisekostenabrechnung: Übersendung eines Anschreibens und der Belege durch die Vortragende oder deren Sekretariat		5	
Reisekostenabrechnung: Ausfüllen eines spezifischen Formulars der tagungsdurchführenden Einrichtung und dessen Übersendung incl. Belege durch die Vortragende oder deren Sekretariat			15b
ggf. eMail-Nachfrage seitens der Reisekostenstelle (Begründung für Taxi, warum nur Rückreise abgerechnet?, ...)			15c
eMail-Antwort der Vortragenden an die Reisekostenstelle (Taxi wegen Zugverspätung; Hinreise ohne Kosten, da mit einer anderen Dienstreise verbunden; ...)			15d
Summen	Schritte / Sequenzen	5	15
	Teilschritte	12	44

stets verbunden mit Aufwand – der beobachteten Hochschullehrer.innen geschahen ungeplant, waren also zeitlich nicht steuer- und vorhersehbar. Die durchschnittliche Dauer einer geplanten mündlichen Kommunikationsaktivität betrug 29,5 Minuten, die einer ungeplanten 5,8 Minuten.

Dass sich Kommunikationen tatsächlich aufwendiger als früher gestalten, lässt sich an einem typischen und hier exemplarischen Alltagsbeispiel illustrieren: der Einladung einer Wissenschaftlerin zu einem Vortrag und die weiteren diesbezüglichen Verabredungen. An sich ist das ein trivialer Vorgang, der zu den Arbeitsroutinen gehört. Doch hat sich das durch einerseits die eMail-Kommunikation, die im Vergleich zur früher üblichen brieflichen Kommunikation niedrigschwellig ist, und andererseits die Professionalisierungstendenzen auch im Tagungsmanagement deutlich geändert. Nunmehr sind solche Vorgänge mit einer aufwendigen Kaskade an vor- und nachbereitenden Aktivitäten verbunden. Übersicht 55 stellt dies im Vergleich dar.

Deutlich wird an diesem Beispiel, dass es zum einen eine deutliche Atomisierung innerhalb des Ablaufs, zum anderen eine ebenso deutliche Vervielfältigung der Schritte gegeben hat. Umfassten früher die mit einem Vortrag verbundenen Aktivitäten fünf Schritte bzw. Sequenzen, so sind es heute 15 Schritte bzw. Sequenzen, also das Dreifache. Die Gewissheit, jede Frage ,mal schnell' mit einer eMail erledigen zun können, führt dazu, dass seitens der Tagungsveranstalter jede Frage einzeln und genau dann gestellt wird, wenn sie im stressgeprägten Alltagsbetrieb gerade auftaucht. Zudem vervielfältigen die gewachsenen Ansprüche an den formalen Rahmen einer Tagung die Anzahl der auftretenden Fragen sowie Vor- und Nachbereitungsaktivitäten. Im Ergebnis steigen die Kommunikationsvorgänge um ein Mehrfaches.

[2] Die aus der Digitalisierung erwachsenden Vorteile – den Anwendern schnellere und einfachere Kommunikation zu ermöglichen – können zu einem gegenteiligen Effekt führen. Dieser lässt sich als Rückschlageffekt beschreiben, „als Summierung negativer Nebenkosten von zunächst an sich positiven Vorgängen" (Kuhlen 2004: 33): Durch ein hohes Aufkommen computervermittelter Kommunikation steigt das Risiko größer werdender zeitlicher und kognitiver Belastung bei den Hochschullehrer.innen.

Frey (1999) hat schon recht früh auf ein Paradoxon im Umgang mit dem Kommunikationsmittel der elektronischen Post hingewiesen: Der Kommunikationsaufwand durch den Einsatz von eMails steigt aufgrund ihrer additiven Nutzung – und steht somit dem eigentlichen Ziel, Zeit zu gewinnen, entgegen.

Das eMail-Aufkommen bei den beobachteten Hochschullehrenden ist sehr unterschiedlich ausgeprägt. Während sich der Posteingang in vereinzelten Fällen über den Tag hin nicht leert, da die Bearbeitung immer wieder neu eintreffender eMails die Abarbeitung älterer Nachrichten verhindert, gelingt es der Mehrheit der Hochschullehrenden, die täglich eintreffenden Nachrichten abzuarbeiten. Bei letzteren lässt sich ein tägliches Aufkommen von zehn bis 20 eMails verzeichnen.

Acht der elf beobachteten Hochschullehrenden verbringen durchschnittlich bis zu einer Stunde am Tag mit dem Lesen, Schreiben und Beantworten von eMails, die anderen beobachteten Personen zwischen einer und zwei Stunden. Im Durchschnitt werden 46 Minuten der täglichen Arbeitszeit für die eMail-Kommunikation aufgewendet.[50] Mit der Kommunikation via Telefon und Brief verbringen die Hochschullehrer.innen – bis auf zwei Ausnahmen – sehr viel weniger als eine Stunde täglich. So verwenden die beobachteten Personen durch-

---

[50] Median: 40,5 min; Maximum: 120 min

schnittlich elf Minuten ihrer Arbeitszeit für (berufliche) Telefonate.[51] Der Kommunikationsanteil postalischer Schreiben und Fax ist vernachlässigbar gering.

Donk (2012: 146) kommt in einer Untersuchung zu neuen Kommunikations- und Medientechnologien in der Wissenschaft zu ähnlichen Zeitanteilen.[52] Demnach verbringen mehr als ein Drittel der befragten Wissenschaftler.innen (39 %) weniger als eine Stunde am Tag mit dem Schreiben und Beantworten von eMails, weitere 44 Prozent zwischen einer und zwei Stunden. Mehr als zwei Stunden für die berufliche eMail-Kommunikation wenden 14 Prozent der Befragten auf. An einem durchschnittlichen Arbeitstag verwenden 84,5 Prozent der Befragten weniger als eine Stunde zur telefonischen und 95 Prozent für postalische Kommunikation.

Ein Proband aus unserer Beobachtungsstudie erklärt, dass, unabhängig von der Anzahl der zu bearbeitenden eMails, auch das „freundliche Schreiben" in den eMail-Korrespondenzen Zeit brauche. Da nonverbale (z.B. Gestik oder Mimik) und verbale Signale (z.B. Betonung) in der schriftlichen Kommunikation fehlten, lasse das Geschriebene oft Raum für Interpretation – und Missverständnisse. Dem müsste entsprechend vorgebeugt werden. (Beob_10)

Auch wird durch die bloße Kenntnisnahme von rein informativen eMails, auf die nicht reagiert werden muss, Zeit verbraucht. Das ist im Einzelfall eine Sache von Minuten oder Sekunden, summiert sich aber zeitlich und erzeugt durch den dadurch (immer wieder) gefüllten Posteingang mentalen Stress:

„Da ist häufig das Problem, dass man viele dieser Ankündigungen doppelt bekommt. Oft sind das aber irgendwelche Veranstaltungshinweise, oftmals auch von der internen Fortbildung, Rhetorikkurse oder irgendwelche Angebote zur Mittelakquise oder zur Mitarbeiterführung. Sowas kommt aber schon relativ häufig dann." (HSL2)

„Ja, es gibt z.B. Baumaßnahmen bei den Ingenieuren hier oder sowas, die Kälteversorgung wird abgeschaltet, das lese ich nicht. Nein, ich finde, manchmal ist lächerlich, was kommt, Banalitäten, und dann kommt zu wichtigen Sachen nichts. Manchmal kriegt man es per Papier, manchmal kriegt man es per Mail. Das finde ich jetzt auch nicht so gelungen, wie es ist." (HSL4)

Wenn solche eMails inhaltlich uneindeutig sind, müssen dann auch häufig Anlagen geöffnet werden, die sich nicht selten als irrelevant herausstellen.[53] Ein illustrierendes Beispiel einer Kommunikation zu einem solchen Fall dokumentiert der Vorgang in Übersicht 56.

Dieser Kommunikationsvorgang ist über seinen – etwas abstrus wirkenden – sachlichen Kern hinaus auch in anderer Hinsicht von Interesse: Er zeigt, das Wissenschaftler.innen, hier der Dekan, allein dadurch in eine affirmative Kollaboration mit problematischen Handlungsmustern der Verwaltung rutschen können, dass sie in ein Hochschulamt gelangen. Sie übererfüllen plötzlich vermeintliche

---

[51] Median: 0,5 min; Maximum: 90 min

[52] Befragung von Wissenschaftler.innen hinsichtlich ihrer Nutzung digitaler Kommunikations- und Medientechnologien sowie zu den damit zusammenhängenden wahrgenommenen Veränderungserscheinungen. Durchgeführt wurde die Befragung 2010 unter der Grundgesamtheit aller Wissenschaftler.innen der Universität Münster. Der Rücklauf betrug 18 Prozent (N=463), darunter 79 (17 %) Hochschullehrer.innen. (Donk 2012: 87ff.)

[53] vgl. oben das Beispiel mit neun eMail-Anhängen unter 6.3.2. Umgang mit Rechtsvorschriften

Übersicht 56: Eine eMail-Korrespondenz über die Effektivierung von Rund-eMails*

Rund-eMail aus der Dekanatsverwaltung: Sehr geehrte Damen und Herren, als Anlage erhalten Sie die Information zur Auslagefrist in dem Promotionsverfahren von Herrn ... (...Fach...). Mit freundlichen Grüßen ..., Sachbearbeiter

Antwort-eMail eines Empfängers an die Dekanatsverwaltung: Sehr geehrter Herr ..., kann ich etwas anregen zu diesen Mitteilungsmails (Hintergrund: vermutlich haben alle Empfänger überlaufende E-Mail-Posteingänge): Können Sie nicht immer gleich in die E-Mail das Thema der Arbeit schreiben – das wäre für uns Empfänger wichtiger als die Angabe des Faches. Dann weiß man gleich, ob man jetzt den Anhang öffnen muss oder nicht. Das ist zwar unterm Strich nur eine kleine Zeitersparnis, aber bei rund 50 E-Mails am Tag summieren sich ja die Sekunden auf Minuten und dann Stunden. Beste Grüße ...

Keine Antwort. Fünf Tage später eine **weitere Rund-eMail aus der Dekanatsverwaltung:** Sehr geehrte Damen und Herren, als Anlage erhalten Sie die Information zur Auslagefrist in dem Promotionsverfahren von Herrn ... (...Fach...). Mit freundlichen Grüßen ..., Sachbearbeiter

Erneute eMail des o.g. Empfängers an die Dekanatsverwaltung: „... Können sie nicht immer gleich in die E-Mail das Thema der Arbeit schreiben ...“ usw. – Text identisch mit dem der o.g. eMail an die Dekanatsverwaltung.

Nun Antwort – nicht von der zweimal angeschriebenen Dekanatsverwaltung, sondern vom Dekan: Lieber Herr ..., bitte haben Sie Verständnis dafür, dass wir Ihrer Bitte nicht entsprechen können, das Thema der Dissertation in die Standardmail zur Information über die Auslegung einer Doktorarbeit zu schreiben. Dafür müsste mein Mitarbeiter die – teilweise komplizierten, oft auch fremdsprachige Wörter enthaltenden – Titel abschreiben; und selbst bei gängigen Themen handelt es sich bei ihm, so wie bei Ihnen auch, wohl nur um eine kleine Zeitersparnis pro Vorgang. In der Summe ist dies aber nicht zu unterschätzen. In aller Regel werden Kollegen ohnehin die Ankündigungen sich näher anschauen, die ihr eigenes Fach betreffen, und dabei halten sich die Zahlen ja in erträglichen Grenzen. Mit herzlichen Grüßen ...

Antwort des Empfängers an den Dekan: Lieber Herr ..., Ihre Antwort macht mich etwas ratlos: (a) Ich wäre niemals auf die Idee gekommen, dass jemand auf die Idee kommt, etwas abzuschreiben (hier: die Titel der Dissertationen), das man auch kopieren kann. Also wenn *das* die Probleme in der Fakultätsverwaltung sind, dann will ich um Himmels willen nichts gesagt haben, denn dann ist ja alles viel schlimmer, als ich ahnen konnte. (b) Dass sich die KollegInnen nur ihr jeweils eigenes Fach anschauen – hmm, das mag im Einzelfall so sein, aber: Wenn man dies sozusagen als Standard voraussetzt, unterläuft man dies etwas die Idee der Fakultät, die sich definitionsgemäß aus mehreren Fächern zusammensetzt, und zwar verbunden mit der Absicht, sich füreinander zu interessieren? Und kommt denn heute wirklich noch jemand ohne Kontakte zu Nachbarfächern aus? Ich erwarte keine Antwort auf diese E-Mail. Die Informationen, die ich durch diese Sache jetzt erfahren habe, haben mich ebenso erschreckt, wie ich vermutlich Herrn ... erschreckt habe mit meiner ungewollt anspruchsvollen Anregung, den jeweiligen Dissertationstitel in die Rundmails zu kopieren. Beste Grüße Ihr ...

---

* anonymisiert, deshalb auch durchgehend männliche Personenbezeichnungen

Rollenanforderungen und handeln primär formbestimmt. Die Amtsrollenidentität überlagert die professionelle Identität als Wissenschaftler.in – und gibt damit zugleich Auskunft darüber, wie instabil auch Professionsmuster sein können.

Inwiefern die Menge an eMails wie auch die antizipierte Antwortnotwendigkeit Hochschullehrende belasten und den Arbeitsablauf oder -alltag stören, lässt sich auf Basis der durch die teilnehmende Beobachtung gewonnenen Informationen nicht stichhaltig beantworten. Die Möglichkeit der Korrespondenz mit Studierenden via eMail bspw. habe einerseits eine entlastende Wirkung, denn dadurch seien weniger Studierende in der Sprechstunde zu betreuen. Andererseits ginge die Kommunikation durch ihren Ping-Pong-Charakter häufig mit einem höheren eMail-Aufkommen einher, was zeitaufwändig und belastend sei. (Beob_5; Beob_11) Innerhalb der Sprechstunde könne man schneller Probleme lösen und intensiver mit Studierenden arbeiten, als das die indirekte eMail-Kommunikation zulässt. Wenn man die Kommunikation mit Studierenden verstärkt auf die Sprechstunde legen würde, wäre das zwangsläufig mit mehr Face-to-Face-Interaktionen verbunden. Es stünden dann bis zu 30 Studierende vor der Tür, was kaum zu organisieren sei. (Beob_5)

Medienverhalten

[3] Die Bearbeitung von eMails gewinnt umso mehr an Bedeutung, je mehr e-Mails eintreffen und zu bearbeiten sind. Nutzer öffnen oder verschließen sich ihren eMails gegenüber je nach Zeitdruck und Höhe des eMail-Aufkommens (Heu-eis 2008: 98). So könne nicht immer allen eMails die volle Aufmerksamkeit gewidmet werden. Die Offenheit und Geschlossenheit für einzelne Medien steuere die Aufmerksamkeit und bestimme dadurch deren individuelle Nutzung.

Dies lässt sich auch für die beobachteten Hochschullehrenden bestätigen. Folgende Nutzungsstrategien bzw. -routinen im Umgang mit dem eMail-Aufkommen und der eMail-Verwaltung ließen sich beobachten:

■ *Selektionsstrategien vs. zeitliche Abfolge:* Stehen Hochschullehrende unter Zeitdruck und/oder sehen sich einem hohen eMail-Aufkommen gegenüber, werden eMails vor der Bearbeitung häufig selektiert. Eine Selektionsform besteht im Ignorieren von eMails, die häufigste allerdings im Setzen von Prioritäten. Priorisiert wird durch die Verwendung von automatischen Filtern oder einer strukturierten Ordnerablage, etwa nach einem To-Do-System. Somit könne zumindest der Eindruck einer Leerung des Postfaches erzeugt werden (Beob_3). Die zum Ignorieren und Priorisieren nötigen Informationen werden in der Regel der Betreffzeile und der Absenderadresse entnommen. Lassen die Informationen eine geringe Relevanz oder Dringlichkeit vermuten, wird die Bearbeitung der eMail zurückgestellt oder sogleich durch Löschen abgelehnt. Letzteres lässt sich besonders für hochschulinterne Rundschreiben und Newsletter beobachten. Ist der Zeitdruck nicht so stark und/oder hält sich die Höhe des eMail-Aufkommens in Grenzen, wird das eMail-Postfach eher der Reihe nach abgearbeitet und das Gros der eMails gelesen. Psychologische Untersuchungen (z.B. Lehle/Steinhauer/Hübner 2009) zeigen, dass bei Ignorieren und Zurückstellen von Informationsverarbeitungen eine stärkere subjektive Belastungswahrnehmung auftritt, als wenn diese sofort bearbeitet werden (können).

■ *Feste Zeitfenster vs. Bruchstückhaftigkeit:* Im Umgang mit dem eMail-Postfach lassen sich sowohl die bruchstückhafte Bearbeitung als auch die Bearbeitung in festen Zeitfenstern beobachten. Das heißt: Während einige Hochschullehrer.innen ihr Postfach über den Arbeitstag verteilt immer wieder einsehen und bearbeiten, sehen andere dafür feste Zeitfenster vor – sowohl feste Zeitspannen innerhalb eines Tages als auch das Auslassen der Postfach-Bearbeitung an bestimmten Wochentagen. Werden parallel zur inhaltlichen Arbeit fortwährend eMails gelesen und beantwortet, also die primäre Tätigkeit unterbrochen, äußert sich das in einer sensorisch wahrnehmbaren Unzufriedenheit.

▣ *Weitergabe von Aufgaben:* eMails, die ad hoc nicht zu bearbeiten oder delegierbar sind, werden oftmals an wissenschaftliche Mitarbeiter.innen und/oder das Sekretariat weitergeleitet. Dabei handelt es sich in der Regel um einfache Terminabstimmungen, das Heraussuchen archivierter Unterlagen oder sachneutrale Antwort-Aufforderungen mit entsprechend kurzen Informationen, um sich zeitlich zu entlasten.

▣ *Wechsel des Kommunikationsmediums:* Um Ping-Pong-Effekte zu vermeiden, wechseln Hochschullehrer.innen bei diffizilen Sachverhalten das Kommunikationsmedium. Bevor Sender und Empfänger mehrere eMails hin und her schreiben und womöglich inhaltliche Irritationen entstehen, greifen sie oft zum Telefon, in Einzelfällen initiieren sie auch eine Face-to-face-Kommunikation. Ersteres lässt sich insbesondere bei Aufgaben innerhalb der akademischen Selbstverwaltung beobachten. Die Bearbeitung solcher eMails sei aufwändig, da eine kurze Antwort in der Regel nicht ausreiche (Beob_5). Face-to-face-Gespräche werden bevorzugt, wenn Sachverhalte mit der Verwaltungsebene zu klären sind. Persönlicher Kontakt wird auch strategisch eingesetzt: So könne sich die Verwaltung den Aufgaben schlechter entziehen (Beob_5).

▣ *Re-Analogisierung:* In einem Fallbeispiel aus der Beobachtungsstudie wird seitens des Probanden ein Großteil der eMail-Inhalte ausgedruckt, anschließend bearbeitet, abgelegt und/oder weitergeleitet (Beob_10). Dabei offenbart sich der Wille am Festhalten bisheriger Medienutzungsgewohnheiten: *„Warum soll ich etwas ändern, es hat doch schließlich bisher gut funktioniert?"* In einem weiteren Fall entzieht sich der Hochschullehrer bewusst den digitalen Möglichkeiten zur Sprechstundenabstimmung mit Studierenden (Beob_3). Statt via eMail oder mithilfe einer elektronischen Plattform zu kommunizieren, greift er auf eine analoge Anmeldeliste an der Pinnwand vor seiner Bürotür zurück – nach eigenen Angaben, um eine mehraufwandsproduzierende Ping-Pong-Kommunikation zu vermeiden. Ein anderer Proband gibt aus gleichem Grunde an, sich vorgenommen zu haben, künftig verstärkt auf die analoge Möglichkeit zurückzugreifen (Beob_11).

[4] Sowohl die Verbreitung als auch die Nutzung digitaler Informations- und Kommunikationstechnologien hat in den letzten Jahren nicht nur quantitativ zugenommen, sondern auch einen qualitativen Sprung gemacht. Die Informationsmengen, zu denen die Hochschullehrenden Zugriff und sich mit ihnen auseinanderzusetzen haben, sind erheblich gestiegen. Es stellt sich die Frage nach den menschlichen Verarbeitungskapazitäten und inwiefern die Informationsflut individuell noch effizient zu steuern ist (Hilbert/Lopez 2011).

Das Verhältnis von Desktop- zu (sonstiger) Schreibtischarbeitszeit liegt bei den beobachteten Hochschullehrenden bei 3 : 1. Unsere Erhebungen zeigen: Das wissenschaftliche Personal muss typischerweise mehrere parallel bestehende

Systeme bzw. Portale anlaufen, um z.B. Lehrbelange zu organisieren. Entsprechend gilt es, sich fortwährend mit unterschiedlichen Portalsystematiken auseinanderzusetzen, welche oft wenig komfortabel erscheinen. Dadurch werden Zeitressourcen gebunden, die dann nicht mehr in den Kernleistungsbereichen Forschung und Lehre investiert werden. Digitale Instrumente sind dann zugleich Problemlöser und Problemverstärker.[54]

Während unserer Beobachtungen ließen sich folgende digitale Systeme in ihrer Anwendung beobachten:

▪ *Share Points (Clouds) innerhalb der akademischen Selbstverwaltung:* In der Gremienarbeit ließ sich der Einsatz digitaler Plattformen – in der Regel Internetbasierte Share Points – beobachten. Sie werden genutzt, um die vormals papierbasierten Verfahren zu ergänzen oder zu ersetzen. Benötigte Arbeitsunterlagen werden dadurch online verfügbar. Dies wird von den Lehrenden begrüßt, da Ausdruckaufwand, benötigte Zeiten und ggf. zurückzulegende Wege deutlich reduziert werden. Der Zugang zu diesen ist in der Regel nur über die Verifizierung eines oder mehrerer elektronischer Geräte möglich. Der Zugang sei zwar aufwendig, dafür aber sicher (Beob_8).

▪ *Share Points (Clouds) für Forschung und Lehre:* Vereinzelt ließ sich die Arbeit mit onlinebasierten Cloud-Lösungen beobachten. Diese würden eingesetzt, um jederzeit und überall Zugriff auf die eigenen Daten zu haben, aber auch, um Daten innerhalb des Mitarbeiterstabes zugänglich zu machen. Dabei wurde von Problemen mit der Speicherplatzauslastung und Synchronisierung von Daten berichtet (Beob_3, Beob_5). Demgegenüber gibt es auch Hochschullehrer.innen, die bewusst Wert darauf legen, ihre Daten lediglich lokal zu speichern (Beob_4).

▪ *Lehr- und Lernmanagementsysteme (LLM):* Bei mehr als der Hälfte der Hochschullehrenden konnte der Einsatz von einschlägigen Softwarelösungen im LLM-Segment beobachtet werden oder es wurde zumindest auf deren Nutzung verwiesen. Es lässt sich allerdings eine seltene Nutzung der Systeme durch direkten Zugriff bzw. Bearbeitung Hochschullehrender konstatieren. Aufgrund knapper Zeitressourcen einerseits und des Umstandes, dass subjektiv keine Zeitersparnis dadurch wahrgenommen wird, wird die Bearbeitung und das Einstellen von Inhalten häufig an wissenschaftliche Hilfskräfte, Mitarbeiter.innen oder Sekretariate abgegeben (sofern diese über entsprechende Zugangsrechte verfügen). Nehme man den Servicegedanken für Studierende ernst, so ein Hochschullehrender, sei die Verweigerung der Systemanwendung jedoch keine Option: Werden Präsentationen oder Vorlesungsskripte nicht online und am besten noch vor einer Veranstaltung zur Verfügung gestellt, müsse man mit einer schlechteren Lehrveranstaltungsevaluation rechnen (Beob_5).

▪ *Campus-Management-Systeme und separate Prüfungsverwaltungstools:* Die Verwendung von CaMS durch die Hochschullehrenden konnte nicht beobachtet werden, aber es wurde häufig darauf verwiesen. Dabei fällt auf: Deren Anwendung wird meist spontan mit Prüfungsverwaltungstools bzw. mit der elektronischen Verbuchung von Prüfungsleistungen assoziiert. Die mögliche Zeitersspar-

---

[54] s.o. 5.3. Das elektronische Hochschulökosystem

nis durch die Systemanwendung sei generell begrüßenswert, nur stelle sich dieser häufig nicht ein: Die Systeme funktionierten aufgrund fehlerhafter Programmierung nur bedingt (Beob_3). In Momenten der Normabweichung – bspw. bei speziellen Studiengangskombinationen, Fächerkombinationen, Lehrveranstaltungsbelegungen oder Prüfungsleistungen – verkompliziere sich die Systemanwendung und benötige die Konsultation des Prüfungsamtes bzw. weiterer hochschulischer Stellen (Beob_6). Der Einsatz mehrerer Tools mit unterschiedlich ausgeprägter Nutzerfreundlichkeit, fehlende Datenschnittstellen und zahlreichen Passwörtern (fehlender Single-LogIn) führe zu kognitiver Ermüdung und habe somit letztlich eher demotivierende Effekte – zu letzterem trage dann zusätzlich bei, dass verschiedene hochschulische Struktureinheiten für ein und denselben Prozess verschiedene Tools verwenden: *„Was ich in ein bestimmtes Tool eintrage, überträgt eine andere Person in der Prüfungsverwaltung dann händisch in ein anderes Tool"* (Beob_10).

7.3.4. Fragmentierung

Bruchstückhaftigkeit der Arbeit

[5] Studien der Arbeitsforschung haben gezeigt, dass der ständige Wechsel zwischen verschiedenen Aufgaben im Arbeitsalltag mit erheblichen Reibungsverlusten einhergeht (BAuA 2017: 11). Dies legt die Annahme nahe, dass ein permanenter Wechsel der Aufgaben bzw. Tätigkeiten auch das Belastungsempfinden von Hochschullehrenden erhöht.

Ein ständiger Wechsel von Aufgaben bzw. Tätigkeiten wird auch als Bruchstückhaftigkeit der Arbeit bezeichnet: Innerhalb eines bestimmten Zeitraumes müsse eine hohe Anzahl verschiedener Aktivitäten durchgeführt werden, die zumindest teilweise unabgeschlossen bleiben (Beuscher-Mackay et al. 2009: 224). Dieses Phänomen ist besonders aus der Managementforschung bekannt, wonach die Arbeit von Managern besonders häufig durch Bruchstückhaftigkeit gekennzeichnet sei.[55] Das lässt sich in unserer Beobachtungsstudie auch für die Arbeit von Hochschullehrer.innen feststellen. Die Probanden wechselten oft spontan zwischen verschiedenen Tätigkeiten sowie Aufgabenbearbeitungen und widmeten sich nur selten für längere Zeit einer einzelnen Aktivität.

Studien haben zudem gezeigt, dass bei ständigem Wechsel von Aufgaben bzw. Tätigkeiten sich deren jeweiligen Bearbeitungszeiten deutlich verlängern (vgl. Rubinstein/Meyer/Evans 2001; APA 2006). Da wir über keine Vergleichsdaten verfügen, lässt sich das für die von uns beobachteten Hochschullehrer.innen weder bestätigen noch verneinen. Unsere Beobachtungen zeigen allerdings: Die Probanden zergliederten ihre bestehenden Aufgaben in der Regel in Einzelaktivitäten, die sie diskontinuierlich ausführten. Sie widmeten sich nur selten für längere Zeit einer einzelnen Aufgabe.

Legt man die von Mintzberg (1973: 33) bei seinen Untersuchungen von Managerverhalten genutzte Unterscheidung der Tätigkeitsdauer zugrunde – weniger

---

[55] siehe dazu Hinrichsen et al. (2009); Beuscher-Mackay et al. (2009); Mintzberg (1973; 1998)

als neun Minuten, neun bis sechzig Minuten und mehr als 60 Minuten –, dann ergibt sich aus unseren teilnehmenden Hochschullehrerbeobachtungen:

- Der Anteil von Aktivitäten mit einer Dauer von weniger als neun Minuten beträgt 63 Prozent, der mit einer Dauer von mehr als 60 Minuten neun Prozent. Die durchschnittliche Dauer einer Tätigkeit liegt bei 21,4 Minuten.[56]
- Eine Stunde und länger dauern typischerweise: Durchführung von Lehrveranstaltungen, Teilnahme an Veranstaltungen im Bereich der Gremien- und Kommissionsarbeit sowie des Wissenstransfers und die Teilnahme an sonstigen formellen Besprechungen.
- Dem gegenüber stehen einzelne Aktivitäten, die in der Regel eine sehr kurze Dauer aufweisen, also weniger als neun Minuten andauern: Kommunikation via eMail und Telefon, nicht geplante Besprechungen bzw. Gespräche und klassische Büroarbeit (bspw. Suche, Sortieren und Abheften von Unterlagen, Unterschriftenmappe bearbeiten). Solche Einzelaktivitäten unterscheiden sich von länger andauernden Aktivitäten dadurch, dass sie sehr viel häufiger auftreten.

Unterbrechungen und Multitasking

[7] Die Bruchstückhaftigkeit der Aufgabenbearbeitung durch häufige fremdinitiierte und/oder ungeplante Unterbrechungen und Gespräche ist ein Hinweis auf Belastungsmomente für die Leistungserbringung. Anzunehmen ist: Je mehr fremdinitiierte Arbeitsunterbrechungen erfolgen, desto höher wird die Arbeitsbelastung wahrgenommen.

Die Daten der Erwerbstätigenbefragung der Bundesanstalt für Arbeitsschutz und Arbeitsmedizin sowie des Bundesinstitutes für Berufsbildung (2013: 30) zeigen, dass knapp 60 Prozent der Befragten, die häufig bei der Arbeit gestört werden, dies auch als belastend wahrnehmen. Die Studie macht zudem deutlich, dass Arbeitsunterbrechungen einer der häufigsten Gründe für wahrgenommene Arbeitsbelastungen sind.

Arbeitsunterbrechungen können sowohl selbstinitiiert als auch durch eine externe Quelle verursacht sein. Letzteres ist, anders zu ersteres, i.d.R. zeitlich nicht steuer- und vorhersehbar, was hinsichtlich des damit verbundenen Belastungsempfindens einen erheblichen Unterschied macht. Externe Unterbrechungen erzeugen unvorhergesehene Situationen, in denen es dann kurzfristig mindestens zwei Tätigkeiten (miteinander) zu koordinieren gilt. (BAuA 2017: 5) Ständige, insbesondere fremdinitiierte Unterbrechungen sind vor allem bei der Erledigung konzentrationsintensiver Tätigkeiten hinderlich, und komplexe Aufgaben sind empfindlich gegenüber Störungen. Dennoch kann eine Arbeitsunterbrechung durchaus auch positiv erlebt werden und leistungsförderlich wirken – beispielsweise, wenn eine solche Störung als willkommene Pause wahrgenommen wird (ebd.: 7).

---

[56] Ergebnisse bei Mintzberg (1973: 33) zur Arbeit von Managern: Tätigkeiten weniger als neun Minuten: 49 %; Tätigkeiten mehr als 60 Minuten: 10 %; durchschnittliche Dauer einer Tätigkeit: 22:11 Minuten

Die Mehrheit unserer Beobachtungsprobanden fühlte sich durch Arbeitsunterbrechungen im Regelfall eher gestört. Stetige fremdinitiierte Unterbrechungen von Lehr- und Forschungstätigkeiten verhinderten eine kontinuierliche und konzentrierte Arbeit. Je häufiger die Unterbrechungen stattfinden und/oder je ungünstiger der Zeitpunkt ist, an dem sie erfolgen, umso stärker entwickeln sich negative Emotionen – „nichts wird fertig", „ständig von Neuem anfangen" etc. –, welche sich dann in gefühlt hoher Belastung manifestieren. Sind solche permanenten Unterbrechungen mit Verwaltungsaufwand verbunden, wirke sich das besonders frustrierend sowie ermüdend auf den Arbeitsalltag aus (Beob_11).

Die Daten aus unserer Beobachtungsstudie zeigen: Mehrheitlich unterbrachen die beobachteten Hochschullehrer.innen ihre Tätigkeiten selbst zu Gunsten einer anderen Tätigkeit – (a) um passive und regenerative Aktivitäten zu vollziehen, (b) wenn es sich um längerdauernde Aktivitäten handelte, etwa Textrezeption und -produktion, oder (c) wenn sich aus der Tätigkeit selbst eine unvorhergesehene Notwendigkeit ergab, wie etwa einen Anruf tätigen oder die Sekretärin aufsuchen.

Fremdinitiierte Unterbrechungen waren vergleichsweise seltener. Meist fanden solche in Form informeller Gespräche statt. Durch schriftliche Kommunikation (vorwiegend eMails) lassen sich die Hochschullehrenden weniger in ihren Tätigkeiten unterbrechen. Für fremdinitiierte Unterbrechungen sind größtenteils professorale Kolleg.innen verantwortlich. Unterschiede in der Anzahl von Unterbrechungen durch andere Personengruppen – Studierende, wissenschaftliche Mitarbeiter.innen, administratives Personal und Sonstige – sind marginal, d.h. die Unterbrechungen durch diese sind relativ gleichverteilt. Eine hohe Dichte an fremdinitiierten Unterbrechungen durch Verwaltungspersonal konnte in der Beobachtungsstudie nicht festgestellt werden.

Die Anteile selbstinitiierter (47 %) und fremdinitiierter Besprechungen sowie Gespräche (53 %) sind fast gleich. Letztere dauern im Vergleich durchschnittlich 2,7 Minuten kürzer.[57] Für fremdinitiierte Besprechungen und Gespräche sind mehrheitlich Studierende (29 %) sowie professorale Kolleg.innen (33 %) verantwortlich – eine Gesprächsinitiierung durch administrative Angestellte kam in der Beobachtungsstudie selten vor.

---

[57] Median selbstinitiierte Besprechungen und Gespräche: 11,4 Minuten; Median fremdinitiierte Besprechungen und Gespräche: 10,1 Minuten

D

Auswertung und Schlussfolgerungen

8. Hochschule und ihre Organisation: eine Grenze und ihre Überbrückung

8.1. Untrennbar getrennt

Lehre und Forschung erfordern Organisation, und die Kopplung beider erfordert Gestaltung. Dabei geht es nicht ohne Kollisionen ab:

- Die hochschulischen Kernleistungsprozesse sind auf die Organisation angewiesen, und die Organisation kann nicht vollständig auf Mitarbeit der Leistungsebene verzichten.

- Forschung und Lehre erheben Ansprüche an die Organisation (Ressourcenbereitstellung, etwa Raumplanung oder Materialeinkauf, Personalverwaltung usw.), und die Organisation meldet Bedarfe gegenüber Forschung und Lehre an (Strukturoptimierungen, Termineinhaltungen, Berichterstattungen, Prüfungsdurchführung usw.).

- Die entscheidende Knappheit im Hochschulbetrieb aber besteht bei der zur Verfügung stehenden Zeit. Sie kann nur durch Prioritätensetzungen bewirtschaftet werden, und diese fallen je nach Perspektive auf die Strukturen und Prozesse – also aus Sicht des wissenschaftlichen, des Verwaltungs- und des Hochschulmanagementpersonals – unterschiedlich aus.

Kollisionen sind zudem wahrscheinlicher, wenn nicht allein Routinen zu bewältigen, sondern Änderungsprozesse umzusetzen sind, da dann die Stabilität von Kontakten durch eingespielte Prozesse nicht mehr verlässlich gegeben ist.

Dennoch können die Funktionsebenen der Wissenschaft und der Organisation nicht isoliert voneinander funktionieren, sondern sind aufeinander angewiesen. Hier bedarf es Übersetzungen aus der Wissenschafts- in die Verwaltungslogik und umgekehrt, um dann – wenn es um die Hochschulbildung geht – an die Logik bspw. des Beschäftigungssystems andocken zu können. Damit gilt es, permanent Konflikte auszuhalten, wenn etwa die Lehrenden die Spannung von Bildung als Persönlichkeitsentwicklung mit der Leistungsbewertung als Standardisierungsmechanismus versöhnen müssen (vgl. Luhmann 2002: 62–72). Lehr-Lern- wie auch Forschungsprozesse sind jedenfalls sowohl inhaltlich als auch durch organisatorische Kontexte bestimmt.

Zugleich besteht eine Grenze zwischen Wissenschaft und Organisation, die nicht nur stetig zu überbrücken, sondern auch zu erhalten ist. Die Hochschulverwaltung orientiert sich funktionsgemäß an Regelkonformität und Ressourcenverfügbarkeit, handelt mithin entsprechend der Leitunterscheidung „machbar/nicht machbar". Sie verfolgt dabei wesentlich das Ziel, bürokratische Anschlussfähigkeit zu früherem Verwaltungshandeln herzustellen und zu künftigem Verwaltungshandeln zu ermöglichen, also: Risiken zu vermeiden. Dazu muss sie Informalitäten – ohne selbst von ihnen völlig frei zu sein – reduzieren.

Die Wissenschaft dagegen ist stärker von weichen Faktoren der Prozessgestaltung geprägt: informelle Kommunikationsstrukturen, ungeschriebene Regeln und Normen, informelle Machtbeziehungen und Konfliktarenen. Diese gilt es auch seitens der Verwaltung in Rechnung zu stellen, da ihre Nichtbeachtung erhebliche Transaktionskosten verursachen kann. (Stratmann 2007: 15; 2011: 15–22)

Auf der Beziehungsebene setzt sich das in ein Spannungsverhältnis zwischen Wissenschaftsebene und Verwaltung um, das aus unerfüllten Erwartungen und wechselseitigen (berechtigten und unberechtigten) Vorwürfen gespeist wird. Beide wiederum resultieren aus zwei allgemeinen Wahrnehmungen: Zum einen der, dass Bürokratie zunehme, was der Verwaltung als ‚naheliegender' Rollenträgerin zugeschrieben wird; zum anderen der, dass es Wissenschaftler.innen grundsätzlich am Verständnis für den Zusammenhang von Lehre und Forschung einerseits und der Gestaltung ihrer organisatorischen Bedingungen andererseits mangele.

Den Kontakt der Wissenschaft zur Verwaltung wird man als (meist) kulturelle Unverträglichkeit im allgemeinen bei (häufig) individueller Verträglichkeit im besonderen beschreiben können. Der Unterschied scheint vor allem in der Differenz von Schriftlichkeit und Mündlichkeit hervorzutreten. Schriftlich kommuniziere die Verwaltung bürokratisch, mit hermetischer Sprache und damit für Außenstehende in hohem Maße unverständlich. Die Adressaten müssen sich entscheiden, ob sie die Schreiben qua vermutender Deutungen erschließen und die dabei wahrscheinlichen Missverständnisse inkauf nehmen, oder ob sie die administrativen Hervorbringungen ignorieren, um Zeit für ihre eigentlichen Aufgaben zu sichern. Mündlich dagegen kommuniziere die Verwaltung in der Regel freundlich und höflich. Die Professor.innen werden von der Verwaltung häufig als arrogant empfunden, doch auch hier entspanne sich das im Face-to-face-Kontakt typischerweise sofort.

Übersicht 57: Struktur-, Aufgaben- und Habituskonkurrenzen an Hochschulen

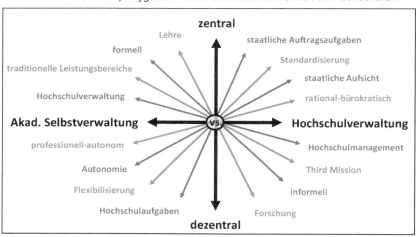

Nun weckt aber das Thema Organisation unter Wissenschaftler.innen grundsätzlich Aversionen und Skepsis. Die organisatorischen Kontexte von Lehre und Forschung werden meist spontan mit Bürokratie assoziiert. Die Antwort auf Organisationsineffizienzen in Gestalt neu etablierter Hochschulmanagementstrukturen hat diese Wahrnehmung bei Wissenschaftler.innen, z.T. auch Studierenden, häufig befestigt, statt sie zu korrigieren – obwohl sich die neu geschaffenen Strukturen gerade solchen Aktivitäten widmen sollen, die neue Anforderungen an den Hochschulen umsetzen, ohne das wissenschaftliche Personal zusätzlich zu belasten.

Modernisierungstheoretisch lassen sich Hochschulen als strukturelle Kopplung von Wissenschafts- und Bildungssystem begreifen, womit unter Hinzuziehung der Administration drei gesellschaftliche Teilsysteme zu vermitteln sind. Deren funktionale Differenzierungen ermöglichen teilsystemspezifische Leistungserbringungen, steigern also die Möglichkeiten, wachsende Komplexitäten zu verarbeiten (vgl. Luhmann 1997: 743ff.). Die Differenzierungen tragen damit dazu bei, die Gesellschaft insgesamt zu integrieren. Diese Modernisierungswirkungen sollten nicht dadurch rückgängig gemacht werden, dass Forschung und Lehre ihre ‚Fertigungstiefe‘ in Bereiche ausweiten, die in anderen Teilsystemen, etwa der Verwaltung, effektiver bearbeitet werden können.

Hinsichtlich ihrer internen Funktionsweise sind Hochschulen als lose gekoppelte Systeme charakterisiert worden (Weick 1976). Der Begriff der losen Kopplung signalisiert – in den Worten der klassischen Definition von Weick (2009 [1976]: 88) –, „dass gekoppelte Ereignisse aufeinander reagieren, aber dass jedes Ereignis auch seine eigene Identität sowie Spuren des physischen und logischen Getrenntseins behält". Lose gekoppelte Elemente sind also „irgendwie miteinander verbunden", aber so, dass jedes ein gewisses Maß an Identität und Eigenständigkeit aufweise und dass sich ihre Verbindung als unregelmäßig, schwach in der gegenseitigen Beeinflussung, unwichtig und/oder langsam in der Reaktion aufeinander beschrieben werden kann. „Lose Kopplung schließt Konnotationen wie Unbeständigkeit, Auflösbarkeit und Impliziertheit mit ein".

Für die Betrachtung der losen Kopplung als interner Modus der hochschulischen Alltagsgestaltung sind folgende Aspekte zentral:

▦ Hochschulen nehmen zwar symmetrisch an den Funktionssystemen Wissenschaft und Erziehung teil. Gegenüber dieser Referenz findet sich auf der funktionalen Ebene jedoch eine deutliche Asymmetrie: Als Organisation beteiligt sich die Hochschule nur indirekt, nämlich vermittelt über ihre Mitglieder, am Wissenschaftssystem. Im Erziehungssystem ist hingegen ihre Wirksamkeit als Organisation weitaus direkter: Hier definieren Hochschulen Curricula und stellen die materielle wie die personelle Infrastruktur bereit. (Stichweh 2002: 2)

▦ Als Teil des Erziehungssystems werden in Hochschulen wissenschaftliche Lehr-Lern-Prozesse gestaltet und durchlaufen. Hinsichtlich der Ausgestaltung dieser Prozesse kann zwischen einer inhaltlichen (wissenschaftlichen) und organisatorischen (administrativen) Ebene unterschieden werden. Beide Ebenen folgen abweichenden Funktionslogiken – professionell-autonom vs. rational-bürokratisch – und sind daher nicht ineinander überführbar (Friedrichsmeier 2012: 142ff.).

▦ Die Funktionsebenen der Forschung und Lehre und der Organisation können aber auch nicht isoliert voneinander funktionieren, sie sind vielmehr aufeinander angewiesen. So entscheidet Lehre als Teil des Bildungssystems über die

Karrierechancen der Klienten, hier also der Studierenden. Das macht rechtsgebundene Gleichbehandlung und folglich Verwaltungshandeln unabdingbar. Die Lehrenden als Angehörige des Wissenschaftssystems stellen dagegen vorrangig auf die Bildung ihrer Klienten ab, nicht oder kaum aber auf Leistungskennziffern (etwa Noten), die (auch) außerhalb des Wissenschaftssystems Geltung haben. Ähnlich in der Forschung: Deren Referenzen sind nahezu ausschließlich wissenschaftsintern.

■ Für die Qualität von Lehre und Forschung ist beides ausschlaggebend. Die organisationale Verbundenheit der Wissenschaftler.innen, also die Passung von persönlichen Zielen – abhängig wiederum von professioneller Identität und Lehrhabitus – und organisationalen Zielen, spielt eine wichtige Rolle (vgl. Viebahn 2004: 181ff.): Gerade weil Hochschulen als organisationsschwache Expertenorganisationen verstanden werden können, ergibt sich eine hohe Bedeutung organisatorischer Kontexte für die Qualitätsentwicklung. Denn die Qualität dieser Kontexte wirkt auf die intrinsische Motivation des wissenschaftlichen Personals und kann sowohl in Entprofessionalisierungs- und/oder Verschulungsmechanismen als auch in Ermöglichungs- und Optimierungsstrategien münden (Stock 2006).

Bürokratische Formen der Koordination mit und innerhalb der Leistungsebene sind in lose gekoppelten Systemen eher ungeeignet, da Anordnung und Zwang Abwehr erzeugen. Das betrifft die Hochschule insgesamt. Geeigneter sind hier politische Modelle der Organisation über Interessenaushandlung und Zielfestlegung. Jede strukturelle Veränderung muss, damit sie funktioniert, zunächst Teil des symbolischen Geflechts werden. Das heißt, Veränderungen auf operativer Ebene funktionieren nur, wenn sie auch normativ akzeptiert werden. (Ebd.: 110ff.)

Anders verhält sich das in den wissenschaftsunterstützenden Bereichen, die eher fest gekoppelt sind. Solche Bereiche werden besser hierarchisch gesteuert (was auch flache Hierarchien sein können): „Bei der Koordination von in allen Himmelsrichtungen fahrenden Zügen möchten wir uns ungern auf dezentrale Abstimmung oder Aushandlungsprozesse zwischen Lokführern verlassen." (Seibel 2016: 144)

Durch die eigentümliche Verschränkung von akademischer Selbstverwaltung und Verwaltung an Hochschulen wird man hier aber ein Dilemma festhalten müssen: Wenn Verwaltungsexperten die Verwaltung organisieren, mag diese verwaltungstechnisch effizient sein, ist aber nicht zwingend effektiv für die verwalteten Leistungsprozesse. Organisieren Verwaltungslaien das Verwalten, kann es u.U. für die Leistungsprozesse effektiv sein, aber nicht hinsichtlich der Effizienzanforderungen korrekten Verwaltens. Beides ist an Hochschulen zu beobachten.

8.2. Ursachen der Dysfunktionen des verwaltenden Organisierens

Organisieren ist verwalten oder managen, zunächst unabhängig davon, wer dies betreibt. Übernehmen Wissenschaftler.innen das Organisieren, sind sie entweder *manager-academics* oder Rollenträger innerhalb einer hierarchischen Organisation, etwa als Dekanin, wenngleich das hierarchische Element in solchen Funktionen der akademischen Selbstverwaltung kollegialistisch sublimiert wird. Doch auch, wenn organisatorische Tätigkeiten auf die wissenschaftliche Ebene verschoben sind oder werden, bleibt die Hochschulverwaltung die Hauptträgerin des Gestaltens von Rahmenbedingungen, also des Organisierens. Um hier suboptimalitäten entgegenzuarbeiten, wird zwar Hochschulmanagement als Lösungsansatz implementiert. Doch kann dieses bislang im besten Falle nur reformbedingte Mehranforderungen absorbieren – im nichtbesten Falle wird es als Verdopplung der Verwaltung wahrgenommen.

Insuffizienzen der Verwaltung sind nicht hochschulspezifisch. Ebensowenig ist es hochschulspezifisch, dass die Insuffizienzen häufig so sehr mit den charakteristischen Leistungs*fähigkeiten* der Verwaltung gepaart sind, dass diese nur zusammen mit jenen zu haben sind. Dysfunktionen und Effizienz, Vorzüge und Mängel bürokratischer Organisation sind zwei Seiten einer Medaille, sie folgen aus den gleichen Strukturprinzipien (Mayntz 1997: 115). Die Leistungsfähigkeit der Verwaltung wird erkauft durch die Akzeptanz gewisser Dysfunktionalitäten wie Kommunikationsmängeln oder Bürokratieaufwuchs. Drei Beispiele für diese Ambivalenz:

- Das Verwaltungshandeln orientiert sich an Rechtsnormen und Programmen, aber: Ebenso ein zu starres Festhalten daran wie deren zu lockere Handhabung kann zu Konflikten führen (Mayntz 1997: 116).
- Hierarchie wird häufig als Funktionshindernis beschrieben und mündet in die Forderung nach flachen Hierarchien, aber: Hierarchien bewirken auch, „dass Organisationen sich auf die spezifischen Anforderungen ihrer Umwelt einstellen können, ohne in jedem Fall Rücksicht auf die Empfindungen ihrer Mitglieder nehmen zu müssen" (Kühl 2011c: 73).
- Die interne Arbeitsteilung von Verwaltungen impliziert die Orientierung an den je eigenen Teilaufgaben. Die „dadurch erzeugte selektive Aufmerksamkeit und Verabsolutierung von Teilzwecken ist im Prinzip eine Voraussetzung der organisatorischen Leistungsfähigkeit", aber: Sie führt auch zur Beschäftigung mit sich selbst und erzeugt so strukturell bedingte Konflikte (Mayntz 1997: 114).

Auch die Merkmale einer funktionierenden Verwaltung, wie sie Max Weber (1980 [1921/22]: 126–128) beschrieben hat, werden mitunter bürokratiekritisch gewendet oder sollen im Rahmen der NPM „überwunden" werden. Hier ist es indes durchaus sinnvoll, die Funktionalität und Wünschbarkeit einer Situation zu bewerten, in der wesentliche dieser Merkmale nicht vorhanden wären: bspw. ausgebildetes hauptamtliches Personal, das nach allgemeinen, berechenbaren Regeln frei von Willkür und unabhängig von persönlichen Beziehungen, Vorteilen oder individuellen Einstellungen agiert.

Allerdings sind Insuffizienzen zwar häufig mit den charakteristischen Leistungs-fähigkeiten der Verwaltung gepaart, doch nicht immer. Zu entscheiden ist das im Einzelfall, der zugleich in seinem verwaltungssystemischen Zusammenhang bewertet werden muss. Wie lassen sich die zahlreichen Beispiele organisationa-ler Dysfunktionen an Hochschulen, die wir oben präsentiert haben, diesbezüg-lich einordnen?

Da eine Hochschulbürokratieforschung im engeren Sinne kaum vorliegt, emp-fiehlt sich ein kurzes Resümee dessen, was Verwaltungswissenschaft und Büro-kratieforschung zu den Ursachen von Dysfunktionen in Verwaltungen generell herausgearbeitet haben.[1] Als Dysfunktion wird dabei verstanden, „wenn die Ab-stimmung der Organisationsstruktur intern und gegenüber den Anforderungen der jeweiligen Umwelt nicht gelingt" (Türk 1976: 202), an Hochschulen also die Abstimmung innerhalb der Verwaltung selbst, mit der wissenschaftlichen Leis-tungsebene und mit externen Interaktionspartnern der Hochschulverwaltung.

Auffällig ist zunächst eines: Sämtliche Erklärungen als problematisch empfunde-ner Verwaltungsentwicklungen sind vom Topos der ‚Zunahme' getragen. Die äußere Komplexität nehme zu, worauf die Verwaltung mit innerer Komplexi-tätssteigerung reagiere. Da sich die Aufgabenlast vermehre und die Aufgaben komplexer würden, müsse mehr geregelt werden. Deshalb steige die Zahl der Normen und Regelungen. Dabei würden die expandierenden extern gesetzten Regeln durch mindestens ebenso viele verwaltungsintern definierte Regeln spe-zifiziert, ausdifferenziert oder erweitert. Sowohl externe als auch interne Re-geln ersetzten die schon vorhandenen Regeln typischerweise nicht, sondern er-gänzten sie, was zur weiteren Zunahme der Regelungsdichte führe. Die steigen-de Aufgabenlast bewirke zudem einerseits zunehmende Spezialisierung und Ar-beitsteilung. Andererseits führe sie zum Anbau neuer Organisationseinheiten, so dass sich institutionelle Aufblähungen ergäben. In der Folge wandle sich die Zentralität von Verwaltungen zur Polyzentrierung der Bereiche und Akteure. Durch all dies würden die Interdependenzen intensiviert, die wiederum die Ko-ordinationserfordernisse vermehrten. Derart nähmen nicht nur die Abstimmun-gen zu, sondern ebenso die versäumten Abstimmungen. Es erhöhe sich folglich auch die Fehlerquote. Deren reparierende Bearbeitung steigere erneut die Komplexität, produziere weitere Koordinationsbedarfe, motiviere zusätzliche Regeln und die Gründung neuer Organisationseinheiten zur Fehlervermeidung, verstärke also wiederum die Spezialisierung und Arbeitsteilung.

Es nimmt also nicht nur allerlei zu, was dann verwaltungsintern Zunahmen er-zeugt, sondern letztere generieren auch selbst weitere Zunahmen. Der durch-gehende Fluchtpunkt zur Erklärung dessen sind Komplexitätssteigerungen. Auch diese sind weder ein verwaltungs- noch ein hochschulspezifisches Phäno-men.

In der Organisationsforschung ist dazu eine „reizvolle Korrespondenzhypothe-se" (Hauschildt 1990: 135) formuliert worden. Sie besagt: Wenn die Komplexi-tät einer Lösung der Komplexität des zu lösenden Problems entspricht, dann

---

[1] Wenngleich einschränkend vermerkt werden muss: Auch für die Bürokratieforschung unab-hängig vom speziellen Fall der Hochschulen wird eingeschätzt, dass es „keine einigermaßen ge-schlossene Bürokratietheorie" gebe (Derlien/Böhme/Heindl 2011: 15).

handeln die Entscheidungsträger effizient und effektiv. Ineffizient und ineffektiv handeln sie hingegen, wenn ein einfaches, wenig komplexes Problem mit einer vergleichsweise hochkomplexen Lösung bzw. ein hochkomplexes Problem mit einer vergleichsweise simplen Lösung bewältigt werden soll (vgl. Witte 1980: 635ff.; Hauschildt et al. 1983: 232). Im ersteren Falle werden unnötige Kosten verursacht; im letzteren ist zweifelhaft, ob es zu einer sachgerechten Lösung kommen kann (Gemünden 1981: 344).

Komplexität entsteht durch Abgrenzung von der Umwelt einerseits und Ausdifferenzierung andererseits: „Komplexität ist die Einheit einer Vielheit" (Luhmann 1997: 135f.). Die Abgrenzung zur Umwelt sichert die Handlungsfähigkeit durch Einheit, die Ausdifferenzierung erhöht die Leistungsfähigkeit durch interne Vielheit. In einfachen Beschreibungen gilt Komplexität als System aus mehreren Elementen und deren Relationen. In ambitionierteren Beschreibungen wird dies ergänzt durch qualitative Verschiedenheiten und die Zeitdimension. Indem die Elemente und ihre Verbindungen Verschiedenheit im Nacheinander produzieren, gelangen instabile Elemente in dieses Bild von Komplexität (ebd.: 137).

Allerdings ist real gar nicht alles mit allem unmittelbar verbunden oder zu verbinden. Daraus ergibt sich die Notwendigkeit von Selektion (ebd.: 46) – und damit ist zugleich bezeichnet, wo genau Komplexität beginnt, sie sich also von nichtkomplexen Zuständen unterscheidet: Von Komplexität lässt sich sprechen, sobald eine Auswahl aus möglichen Verknüpfungen nötig ist, wenn also nicht mehr jedes Element mit jedem anderen verknüpfbar ist. Damit sind kontingente, also auch anders mögliche und dennoch funktionale Zustände beschrieben. (Ebd.) Es gibt mithin innerhalb von Komplexität keine zwangsläufig determinierten Unausweichlichkeiten. Eine Definition, die all dies aufnimmt, lautet: „Komplexität bezeichnet den Grad der Vielschichtigkeit, Vernetzung und Folgelastigkeit eines Entscheidungsfeldes." (Willke 1987: 16) Das heißt im einzelnen:

- *Vielschichtigkeit* bezeichnet den Grad der funktionalen Differenzierung eines Sozialsystems und die Zahl der bedeutsamen Referenzebenen – z.B. Individuum, Gruppe, Organisation;
- *Vernetzung* heißt Art und Grad wechselseitiger Abhängigkeit zwischen Teilen sowie zwischen Teil und Ganzem;
- *Folgelastigkeit* meint Zahl und Gewicht der durch eine bestimmte Entscheidung in Gang gesetzten Kausalketten oder Folgeprozesse;
- der Begriff *Entscheidungsfeld* weist darauf hin, dass es keine Komplexität an sich gibt, sondern nur in Hinsicht auf ein bestimmtes Problem, welches für ein bestimmtes System in einer bestimmten Situation Selektionen erfordert. (Ebd.)

Wo nun traditionelle Erklärungsmuster nach linearen Ursache-Wirkungs-Relationen fragten, muss für komplexe Systeme in Rechnung gestellt werden, dass unterschiedlichste Einflüsse zusammen Effekte hervorbringen. Auch sind solche Systeme außerordentlich sensibel gegenüber Rückwirkungen aus der Umwelt, die von eigenen Interventionen in die Umwelt ausgehen. Desweiteren sind die Zeitpunkte der Wirkungen ungewiss und nicht vorhersehbar, und es gibt eine außerordentliche Empfindlichkeit gegenüber kleinen Unterschieden in den Anfangsbestimmungen, was zu großen Unterschieden in den Gesamtentwicklungen führen kann. (Ahlemeyer/Königswieser 1998: 6f.)

Übersicht 58: Komplexitätssteigerungen und Verwaltung

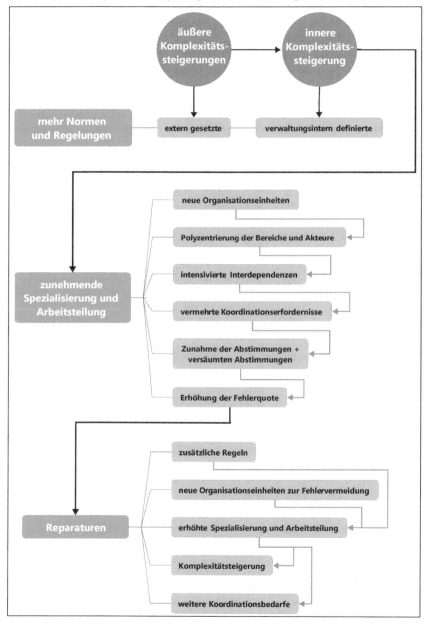

Als Folgen solcher Rahmenbedingungen organisationalen Handelns hat Klaus Türk (1976: 112) drei Grundmuster einer Pathologie der Organisation herausgearbeitet:

- *Überkomplizierung*: Die Komplexität könne nicht mehr verarbeitet werden, da zu viele potenzielle Anschlussmöglichkeiten an Kommunikationen existieren und die ‚richtigen' Reaktions- und Verfahrensweisen nicht zur Verfügung stehen.
- *Übersteuerung*: Vorgaben wirkten auf organisationaler Ebene so einschränkend, dass es zu Konflikten kommt.
- *Überstabilisierung*: Es mangele an Wissen über mögliche Varianten innerhalb der Organisation, sodass die gegebenen Organisationsstrukturen als unveränderlich gegeben wahrgenommen werden, obgleich sie von Personen konstruiert wurden.

Kurz gefasst: Fehlen angemessene Reaktions- und Verfahrensweisen zur Organisation von Kommunikationsanschlüssen, erzeugen einschränkende Vorgaben Konflikte oder fehlt es an Wissen über alternative Optionen, so entstehen Dysfunktionen. Dies nun ergibt sich auch im hier interessierenden Bereich – der Verwaltung –, obgleich dieser weniger durch spontane Selbstorganisation als durch ausgeklügelte Mechanismen gekennzeichnet ist. Die Mechanismen treten mit einer Autorität der Verwaltungsnormalität auf, die deshalb nicht zu hinterfragen sei, weil sie sich bewährt habe. In der Tat „scheitert die Verwaltung nicht täglich an ihrer eigenen Komplexität" (Seibel 2016: 142). Doch hält die Bürokratieforschung auch eine Reihe von Nachteilen bürokratischer Verwaltung fest:

- Formalismus und Inflexibilität als Folge der (erwünschten) Regelgebundenheit;
- Zielverschiebungen, wenn als Folge von Absicherungsverhalten der Zweck von Regelungen aus den Augen verloren und Entscheidungsspielräume restriktiv interpretiert werden;
- mangelnde Anpassungs- und Innovationsfähigkeit bei Organisationen als Folge von Routinen;
- Filterwirkung der Hierarchie bei Anregungen und Fehlermeldungen von unten;
- fehlender politischer Druck und Monopolstellung bei der Leistungsabgabe, aber auch als Folge einer populistisch vielfach unterstellten mangelnden Leistungsmotivation der Bediensteten dank Lebenszeitanstellung und Regelbeförderung;
- folglich auch Langsamkeit des Entscheidens (gesteigert durch die Regelungsflut);
- Koordinationsfehler oder Unwirtschaftlichkeit von Investitionen und Planungen;
- mangelnde Klientennähe und mangelnde Dienstleistungsorientierung (Derlien/Böhme/ Heindl 2011: 35).

Da die Mechanismen des Verwaltens immer aus Zeiten geringerer Komplexität stammen, liegt eines zu fragen nahe: Sind es tatsächlich die Komplexitätssteigerungen, die bürokratisierende Wirkungen haben, oder wirken die herkömmlichen Prozeduren und Orientierungen der Verwaltung bürokratisierend, weil sie ungeeignet sind, die Komplexitätssteigerungen zu verarbeiten?

Dazu lässt sich in Augenschein nehmen, was Verwaltungstätigkeiten übergreifend kennzeichnet, und dies darauf fokussieren, was wir oben vor allem anhand von Beispielen als Dysfunktionen an Hochschulen erzeugend herausarbeiten konnten. In dieser Perspektive fällt der Blick auf (1) Normen, Regelungen und Regelbindung, (2) die Differenz von Fachwissen und Dienstwissen, (3) interne Spezialisierung, Arbeitsteilung und Ausdifferenzierung, (4) die Diskrepanz von Denk- und Arbeitsstil, (5) eine nicht unumschränkte, aber doch gegebene faktische Autonomie der Verwaltung sowie (6) die Zeitlichkeit jeglichen Verwaltungshandelns:[2]

■ *Normen, Regelungen und Regelbindung:* Zu unterscheiden sind politisch gesetzte Normen und Regeln, die von der Verwaltung umzusetzen bzw. anzuwenden sind, und verwaltungsintern definierte Normen und Regeln, für die also die Definitionsmacht bei der Verwaltung selbst liegt. Definitionsmacht wiederum kann auf einer zugewiesenen oder selbst definierten Zuständigkeit basieren. Regeln wirken vom Ansatz her entlastend, da sich so Entscheidungen bündeln und Orientierungen für Handeln geben lassen. Das vermag die Komplexität zu reduzieren. Zugleich benötigt Vielfalt auch Differenzierungen, etwa indem Bereichsspezifiken berücksichtigt und Einzelfalllösungen gefunden werden. Das schafft Verästelungen und Ausnahmeregelungen, baut also wieder zusätzliche Komplexität auf. (Hill 1998: 330) Dysfunktionen mit Einfluss auf die Effizienz der Organisation entstehen durch eine Überbetonung der Regelhaftigkeit in der Aufgabenerfüllung. Dies geschieht, wenn Regeln um ihrer selbst willen befolgt werden, d.h. keine Prüfung auf Zweckmäßigkeit, etwa infolge neuer Einflüsse aus der Umwelt und Problemverlagerungen, stattfindet. (Derlien/Böhme/Heindl 2011: 28). Das ist nicht zuletzt ein Hindernis für die Durchsetzung von Veränderungen:

> „Die Kombination von hochgradiger Regelbindung, hierarchischer Abhängigkeit und genau umrissenen Zuständigkeiten ist für die, oft als zentrale Schwäche bürokratischer Organisation herausgestellte, unzureichende Anpassungsfähigkeit und Innovationsschwäche verantwortlich." (Mayntz 1997: 118)

Zudem wird auf notwendigerweise eintretende Funktionsprobleme vielfach mit neuen Regelungen reagiert. In der Folge könne ein Rigiditätszirkel beobachtet werden, „in dem Organisationen schrittweise verknöchern, weil immer neue Regeln zur Bekämpfung von Abweichungen produziert werden, bis das System in einer Krise kollabiert". Meist komme es erst in solchen schwereren Krisen zu strukturellen und programmatischen Anpassungen der Organisation. (Türk 1976: 204)

---

[2] Während weitere Verwaltungsmerkmale, wie sie z.B. von Max Weber (1980 [1921/22]: 126–128, 552–556, 650f.) angeführt werden, stärker die Funktionalität der (Hochschul-)Verwaltung sichern als Dysfunktionen erzeugen: Hauptberuflichkeit, hierarchische Ordnung, formale soziale Beziehungen und Leistungserbringung jenseits sozialer Verpflichtungen, Schriftlichkeit und Aktenkundigkeit, Formenstrenge, Präzision, Diskretion, Auswahl der Mitarbeiter.innen nach technischer Kompetenz, regelmäßige Bezahlung, Unparteilichkeit und Kontrollierbarkeit des Verwaltungshandelns, Kontrolle durch regelmäßige Karriereschritte aufgrund der Beurteilung von Vorgesetzten, klare Amtszuständigkeiten.

■ *Differenz von Fachwissen und Dienstwissen:* Die strukturelle Eigenmacht der Bürokratie wird auf deren relative Immunität zurückgeführt, die sich aus der Kombination von Fachwissen und Dienstwissen ergebe (Weber 1980: 129; Hettlage 2015: 721) Das Fachwissen ist „im Prinzip generell zugänglich und kann von jedermann studiert und in seiner kodifizierten, materialisierten Form" nachgeschlagen werden (Derlien/Böhme/Heindl 2011: 92). Das Dienstwissen hingegen ist nicht generell verfügbar, da nicht öffentlich. Es

> „umfaßt die Kenntnis der Besonderheiten der konkreten Organisation, der Art ihrer Mitglieder, der Eigenarten der Geschehensabläufe, der offenen und versteckten Widerstände in dem Sozialgefüge, der Stärken und Schwächen der Organisation sowie der einzelnen Positionen und Personen in ihr, des Grades der strukturellen Verankerung der einzelnen Regen und Gewohnheiten, die dem Verhalten der Mitglieder zugrunde liegen" (Landwehrmann 1965: 42).

Dieses Dienstwissen wird über einen vergleichsweise langsamen Erfahrungsschatzaufbau gebildet, was z.B. mit Veränderungsgeschwindigkeiten kollidiert. Die Asymmetrie seiner Verfügbarkeit – es ist und bleibt verwaltungsintern – kann den Abbruch von Kommunikationen etwa zwischen Hochschulverwaltung und wissenschaftlichem Personal bewirken. Für Fach- und Dienstwissen insgesamt besteht eine Generationsproblematik, da es langjährig aufgebaut wird und mit dem Ausscheiden von Mitarbeiter.innen immer wieder neu aufgebaut werden muss. (Beck/Fisch 2003: 335–338)

■ *interne Spezialisierung, Arbeitsteilung und Ausdifferenzierung:* Sinn der Steigerung organisationaler Eigenkomplexität ist das Bearbeitbarmachen von Zielkonflikten im Interesse der Überlebensfähigkeit des größeren Ganzen (Wimmer 1998: 120). Spezialisierung steigert die Leistungsfähigkeit – aber sie hat Nebenfolgen. Komplexitätssteigerungen werden in der Verwaltungsstruktur abgebildet, indem zwei sich gegenseitig verstärkende Prozesse ablaufen: einerseits eine verwaltungsinterne Ausdifferenzierung aufgrund komplexer werdender Funktionen, andererseits eine damit notwendige Zunahme der Verflechtungen zwischen verschiedenen Verwaltungseinheiten. Eine zunehmende Polyzentrierung wird erkauft durch höheren Kooperationsbedarf und Interdependenz (Mastronardi 2003: 374). Aber auch, wenn bei zunehmender Verflechtung der Verwaltung durch Verwaltungswachstum eine entsprechende Koordinierung ausbleibt, reduziert das nicht die dennoch entstehenden Verwaltungsverflechtungen. Daraus folgt eine intensive Beschäftigung der Verwaltung mit sich selbst, um die Folgen interner Ausdifferenzierung abzufangen – Verwaltung der Verwaltung. (Vgl. Ellwein 1994: 108–111) Es kann der Blick aufs Ganze und die Kohärenz des Verwaltungshandelns verloren gehen, so dass Integrationen zu ganzheitlichen Problemlösungen erschwert werden (Mastronardi 2003: 372). Starre Abgrenzungen von Kompetenzen machen eine selektive Wahrnehmung wahrscheinlich. Sie

> „führen oft dazu, daß neue Probleme in der Umwelt der Verwaltung nicht umfassend erkannt und verarbeitet werden, sondern lediglich im Raster der Zuständigkeitsverteilung wahrgenommen werden. Das an der Zuständigkeitsverteilung orientierte Aufmerksamkeitsraster greift auch dann nicht selten zu spät oder überhaupt nicht, wenn neue und unerwartete Situationen auftreten." (Türk 1976: 203)

Verbunden ist das mit einer Überidentifikation des Personals mit Teilaufgaben, „wobei stets die eigenen Aufgaben, für die man sich selbst zuständig zeichnet, allergrößte Priorität erlangen" (ebd.): „Die Aktualität des einen ist nicht die des anderen" (Ellwein 1990: 173). Die Folge sei regelmäßig eine Externalisierung, also Verschiebung, von Problemen (Türk 1976: 203). Doch auch dann, wenn Spezialisierung nicht mit struktureller Ausdifferenzierung und entsprechenden Kompetenzabgrenzungen verbunden wird, lauert ein Problem, das „Problem der institutionellen Aufblähung":

> „Dem Wettbewerb unter den Verwaltungseinheiten mit vergleichbaren Zuständigkeitsfeldern kann aus dem Weg gegangen werden, indem die Verwaltungseinheit derart vergrößert wird, dass sie sozusagen als natürliches Obergefäß des Zuständigkeitsbereichs aufgefasst werden muss. Dies wird unterstützt durch das oft vorhandene Bedürfnis der Mitarbeiter einer Verwaltungseinheit, möglichst viele untergeordnete Mitarbeiter zu haben, weil damit ein gesellschaftlicher Aufstieg verbunden ist." (Christen/Stopp 2003: 243)

■ *Diskrepanz von Denk- und Arbeitsstil:* Systeme verlangen einen hohen Grad an Systematik und Vollständigkeit im Denken und Vorgehen, doch sind Probleme und Problemlösungsaktivitäten im Alltag typischerweise nicht so gestrickt. Wo die Umwelt in regelgebundenen Schemata erfasst wird, kann es dazu kommen, dass außerhalb der Schemata die Umwelt nicht mehr wahrgenommen wird – eine professionelle Deformation. Der Sache nach müssen Denken und Vorgehen, Probleme und Problemlösungsaktivitäten in den Prozessen aufeinander abgestimmt werden und zusammenwirken, doch stößt dies auf charakteristische Hindernisse (Beck/Fisch 2003: 338f.):

> „Wenn die komplexe Aufgabenstellung oder das Problem da ist, sollte man für eine kompetente Bearbeitung vorbereitet sein. Umgekehrt lernen Berufstätige nicht gern etwas im voraus, wenn nicht klar ist, wo, wann und wozu das Gelernte einmal gebraucht wird. [...] Angesichts des Arbeitspensums einer Führungskraft besteht in der Regel wiederum nicht mehr viel Gelegenheit zum Erlernen und Einüben." (Beck/Fisch 2005: 78)

Daraus folgen Unsicherheiten bezüglich zu treffender Entscheidungen. Diese können dann zum Vermeiden linearer Entscheidungsfindung von der Problemdefinition bis zu dessen Lösung (*decision by resolution*) führen. Zwei typische alternative Entscheidungsmuster sind *decision by oversight* (Entscheidung bei Übersehen der Probleme) und *decision by flight* (Entscheidung durch Flucht der Probleme). Sie werden nicht absichtsvoll gewählt, sondern ‚ergeben sich'. Im ersten Fall werden Entscheidungen möglich, weil Probleme an andere Entscheidungskontexte gebunden sind und sie daher keine Berücksichtigung finden müssen. Entscheidungen können daher mit geringem Aufwand erfolgen (*oversight*). Der Entscheidungsmodus *by flight* tritt hingegen dann auf, wenn die relevanten Probleme in attraktivere Entscheidungskontexte ‚geflüchtet' sind – allerdings lösen die Entscheidungen nun kein Problem mehr. (Cohen/March/Olsen 1972: 8) Beides führt dazu, dass die zugrundeliegenden Probleme oder Themen die Verwaltung wiederkehrend beschäftigen.

■ *Autonomie der Verwaltung:* Verwaltungen dienen im Grundsatz der Umsetzung extern gesetzter Zwecke, sie sollen ein gleichsam willfähriges und politisch neutrales Instrument sein. Aber sie können sich der Steuerung und Kontrolle in

Teilen auch entziehen und selber Zwecke setzen, weil sie über Fachwissen, Sachinformationen, Sachmittel und den für die Durchsetzung nötigen Handlungsspielraum verfügen. Ebenso können sie Umsetzungen ablehnen, indem argumentiert wird, bestimmte neue Anforderungen seien verwaltungstechnisch nicht umzusetzen. (Mayntz 1997: 64f.) Nehmen Zielkonflikte zu, erhöht das die Chance der Verwaltung zu eigenen Prioritätensetzungen und bewirkt damit, dass sich die Verselbstständigung der Verwaltung verschärft.

Übersicht 59: Ursachen der Dysfunktionen des verwaltenden Organisierens im Überblick

■ *Zeitlichkeit des Verwaltungshandelns:* Verwaltung ist stets im Zeitverzug: Sie reagiert mit Verzögerung, da sie auf Dauerhaftigkeit und Stabilisierung angelegt ist. Wenn nicht mit Zeitverzug reagiert würde, sondern ad hoc, könnte nicht gewissenhaft und regelgeleitet, somit auch nachvollziehbar und ggf. anfechtbar geprüft und dokumentiert werden. Die Ressource Zeit ist nicht zielkonform steuerbar. Das an Verwaltungsprozessen beteiligte Personal hat eigene Zeitrechnungen. (Mastronardi 2003: 379) Dem entgegen steht, dass bei erhöhten

Veränderungsgeschwindigkeiten der Umwelt sich auch die Anforderungen an die Verwaltung immer schneller verändern.

8.3. Hochschule als Organisation vs. Organisation der Hochschule

Die hochschulpolitische Agenda wird weniger von der Idee bestimmt, die *Organisation der Hochschule* zu optimieren, sondern davon, die *Hochschule zur Organisation* umgestalten zu wollen und zu können, d.h. zu zielgebunden handelnden und steuerungsfähigen Einrichtungen, deren Mitglieder auf Mitwirkung verpflichtet werden können. Organisationen werden in klassischen Definitionen – „Befehls- und Zweckmodell" – beschrieben als

- eigenständige, zweckgebundene, hierarchische Einrichtungen
- mit einem Entscheidungs- und Kontrollzentrum, das
- die Kooperation der Organisationsmitglieder zur idealen Erreichung der Organisationszwecke koordiniert. (Abraham/Büschges 2009: 58f.)

Die akademische Selbstverwaltung funktioniert so indes nicht. Das hat in manchen Hinsichten auch Vorteile, doch zum Modell für effektives Organisieren taugt sie damit jedenfalls nicht. Das Kollegialprinzip bewirkt einen relativ hohen Aufwand, Schwerfälligkeit und Langsamkeit der Entscheidungserzeugung, ist gekennzeichnet durch Konformitätsdruck mit der resultierenden Tendenz zu Kompromissen, verwischt Verantwortung und ist für die Erledigung von Routineangelegenheiten ebenso ungeeignet wie in extremen Notsituationen, wo es eines raschen entschlossenen Handelns bedarf (Franz 2013: 108).

Vor diesem Hintergrund wurde lange darauf verzichtet, Hochschulen als Organisationen zu adressieren. Denn als organisierte Anarchien – die es auch andernorts gebe, deren drei zentralen Aspekte aber an Hochschulen besonders ausgeprägt seien (Cohen/March/Olsen 1972: 2) – produzieren sie systematisch Organisationspathologien. Daher wurden Hochschulen wenn überhaupt als Organisation, dann als ‚schwierige' Organisationen gefasst, häufig unter dem Label der „unvollständigen Organisation":

▨ An Hochschulen seien die Problemlagen und Präferenzen unklar. Diese kristallisierten sich erst im Rahmen von Entscheidungsfindungen heraus. Eine klare Präferenzhierarchie lasse sich angesichts der zahlreichen Aufgaben, die an die Multifunktionseinrichtung Hochschule bereits im Hinblick auf Forschung und Lehre herangetragen werden, kaum etablieren. Dies resultiere nicht zuletzt aus der Teilnahme der Organisation an zwei Funktionssystemen – dem Bildungs- und dem Wissenschaftssystem (Stichweh 2005: 124).

▨ Forschung und Lehre seien durch nur unklare, schwer formalisierbare Technologien gekennzeichnet: Weder Lehre noch Forschung verfügen über eine in dem Maße rationale Technologie, dass man „denen, die in diesem Funktionsbereich tätig sind, ... Fehler nachweisen noch Ressourcen in dem Maße zuteilen kann, wie dies für das Erreichen von Erfolgen oder das Vermeiden von Mißerfolgen notwendig ist" (Luhmann 1992: 76). Darüber bleibe die Verbindung von Tätigkeit und Ergebnis ambivalent (Musselin 2007: 72–74).

▪ Auch der Charakter der wissenschaftsbezogenen Tätigkeiten hebt die Hochschulen aus dem vorherrschenden System der Arbeit heraus: Charakteristisch ist das hohe Maß, in dem individuelle Zwecksetzung und Zweckrealisierung ineinsfallen. Das passt nur sehr bedingt dazu, dass Organisationen Fügsamkeit und Folgebereitschaft ihrer Mitglieder gegenüber ihren Zielsetzungen und Regeln sichern müssen.

▪ Aufgrund der stärkeren Bindung an die Profession könne kein konstantes Engagement der wissenschaftlichen Organisationsmitglieder vorausgesetzt werden. Vielmehr investierten wechselnde Teilnehmer schwankende Mengen an Aufmerksamkeit und Energie in die innerorganisatorischen Entscheidungsfindungen.

Hochschulen sind insoweit nicht einrichtbar als Unternehmen oder Verband, nicht als Kammer, Behörde oder Netzwerk, doch integrieren sie von all diesen einzelne Strukturelemente. Die Hochschule integriert Hierarchie und Leitung, ein ungewöhnliches Maß an Selbstbestimmung, Abhängigkeiten, Nischen, Bürokratie, die Freiwilligkeit des Ein- und Austritts, Wettbewerb, Patronage, Beharrung, Flexibilität, Zentralität, Dezentralität, Produktion von Fragestellungen wie Unterdrückung von Infragestellungen, Vermittlung, Interdependenzunterbrechung: Insofern ist die Hochschule Institution und Organisation, oder: Die Hochschule ist „organisierte Institution" (Luhmann 1992a: 90). Der Begriff der Expertenorganisation sucht auf ähnliche Weise, diese Ambivalenz einzufangen (vgl. Grossmann/Pellert/Gotwald 1997).

Für die deutschen Hochschulen ist dies verschärft durch den Modellkonflikt zwischen Gruppenuniversität und der Hochschule als Organisation. Die Unterschiede lassen sich wie folgt charakterisieren:

> „Während in Gruppen eher die ganze Person im Vordergrund steht, so ist es in Organisationen der funktionale Aspekt – es werden Positionen nach formalen Kriterien, wie z.B. Ausbildung, besetzt. In der Organisation überwiegt die sachliche Dimension gegenüber der emotionalen, was häufig den Bedürfnissen des Individuums widerspricht. Daher ist zur Leistungserbringung und effizienter Arbeit – den für die Organisation wesentlichen Normen – nicht selten Zwang von seiten der Organisation nötig. Während in Gruppen die Ziele oft austauschbar sind, die Gruppenmitglieder aber nicht, besteht die Effizienz der Organisation darin, daß sie ihre eher konstant bleibenden Ziele längerfristig dadurch erreicht, daß sie die Personen funktional reduziert und dadurch austauschbar macht." (Pellert 1999: 79)

Die Spezifitäten der Hochschulen bleiben auch dann bestehen, wenn sie als Organisationen adressiert werden. Die Diagnose der losen Kopplung sowohl bei Entscheidungsfindungsprozessen als auch zwischen Formalstrukturen und tatsächlichen Aktivitäten untergräbt rationalistische Bilder der Organisation. Dennoch wird mit dem Ansatz der losen Kopplung weder eine Defizitdiagnose noch eine Norm formuliert, sondern lediglich eine „Beschreibung funktionierender Realitäten" angestrebt (Stichweh 2005: 125). Um die Spezifitäten genauer zu bestimmen, ist die Unterscheidung von Arbeits- und Interessenorganisationen informativ:

- In einer *Arbeitsorganisation* unterwirft sich das Organisationsmitglied den *top down* gesetzten Normen im Rahmen eines Tausches. Im Gegenzug kann es die Befriedigung individueller Nutzenerwartungen erwarten. Diese rein instrumentelle Bindung des Mitglieds an die Organisation, die dann einem Befehlsmodell gehorcht, findet sich jedoch selten: Zumeist unterfüttern normative Komponenten die Bindung an die Organisation. Das zentrale Kontrollproblem besteht in der Arbeitsorganisation vornehmlich in der Sicherung der Fügsamkeit der Organisationsmitglieder.

- Den Arbeitsorganisationen stehen idealtypisch die *Interessenorganisationen* gegenüber. Hier werden die Organisationsmitglieder nicht für ihr Engagement entlohnt, sondern zahlen oftmals für ihre Mitgliedschaft (Ressourcenzusammenlegung). Das Kontrollproblem liegt auf Grund der *bottom-up*-Konstitution darin, die Fügsamkeit der Organisation bzw. ihrer Führung gegenüber ihren Mitgliedern sicherzustellen: Statt sozialer Kontrolle steht nun das Legitimitätsproblem im Vordergrund. Entsprechend dominiert in diesen Organisationen das Mehrheitsprinzip (Schimank 2007a: 24f.).

An Hochschulen lassen sich Züge sowohl der Arbeits- als auch der Interessenorganisation identifizieren: „Während die akademische Selbstverwaltung Hochschulen zu ‚von unten' konstituierten Interessenorganisationen stilisiert, akzentuiert die hierarchische Selbststeuerung Hochschulen als ‚von oben' konstituierte Arbeitsorganisationen." (Schimank 2007: 242) Daraus resultieren wechselnde Kontrollprobleme. Sie stellen oft Barrieren für Bemühungen dar, Hochschulen in vollständige Organisationen zu transformieren.

So konstatieren Hüther/Krücken (2011: 318), dass zwar auch in Deutschland ein allgemeiner Trend zur vollständigen Organisation an Hochschulen sichtbar sei. Jedoch „ist die Umsetzung in Bezug auf die Stärkung der internen Hierarchie in Organisationen auf spezifische Machtpotenziale angewiesen, die wir für den Fall deutscher Universitäten nicht aufspüren konnten". Es gebe zwei typische Machtquellen in Organisationen, welche die Einflussnahme auf das Verhalten der Mitglieder dominieren: die mit Karrierechancen lockende Personalmacht und die mit dem Ausschluss aus der Organisation drohende Organisationsmacht. Beide seien in deutschen Universitäten in Bezug auf den operativen Kern und die in ihm tätigen Wissenschaftler.innen erheblich eingeschränkt. „Beide Machtquellen sind insbesondere nicht so ausgestaltet, dass ihre Nutzungsmöglichkeit von den Mitgliedern quasi automatisch antizipiert wird und hierdurch ihr Verhalten beeinflusst." (Ebd.)

Kritiker sehen in der Orientierung auf die Hochschule als Organisation vor allem ein Projekt, das die funktionsnotwendigen Spezifika der Hochschule leugne, um Vergleichsmöglichkeiten mit ‚normalen' Organisationen zu erzeugen. Einer solchen Perspektive, die zumeist betriebswirtschaftlich oder verwaltungswissenschaftlich verkürzt sei, wohne jedoch eine destruktive Tendenz zur Entprofessionalisierung von Forschung und Lehre inne (z.B. Schimank 2005, Stock/Wernet 2005).

Abgesehen von hochschulischen Organisationsmerkmalen wie der Unklarheit und Pluralität der Ziele und Funktionen der Einrichtungen sowie der Autonomie der Experten können die Phänomene der losen Kopplung bei Entscheidungsfin-

Übersicht 60: Hochschule als Organisation

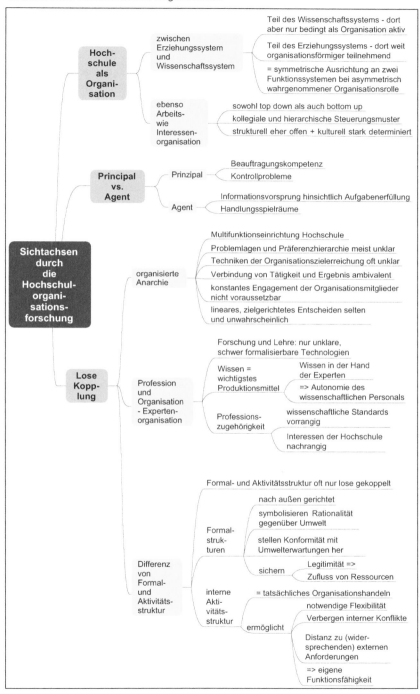

dungen und formalisierten Steuerungsversuchen zu einem wesentlichen Teil erklären, warum eine Hoffnung regelmäßig enttäuscht wird: dass man Hochschule einfach planen kann, der Plan anschließend schlicht als Umsetzungsalgorithmus läuft und die Hochschule sich dann hinsichtlich einer schematischer Zielerreichung kontrollieren lässt.

Wie unsere Untersuchung herausarbeiten konnte, muss aber die Frage „Die Organisation der Hochschule optimieren oder die Hochschule zur Organisation umgestalten?" heute noch gar nicht entschieden werden. Sie lässt sich aufschieben, da sie keine tatsächliche Alternative formuliert, sondern das erste als Voraussetzung des zweiten: Selbst wenn Hochschulen zu vollständigen Organisationen werden könnten, gelänge dies nur, wenn die Organisation der Hochschule adäquate Rahmenbedingungen für Lehre und Forschung bereitstellt. Denn eine Hochschule kann keine Rationalitätserwartungen, wie sie an Organisationen gerichtet werden, erfüllen, solange sie unzulänglich organisiert ist. Also: Angenommen, eine organisationsförmige Lehre und Forschung würde die Leistungsergebnisse steigern können, dann jedenfalls nicht in organisatorischen Kontexten, die in beachtlichen Teilen dysfunktional sind.

Insofern liegt es nahe, sich einstweilen auf die Optimierung der organisatorischen Kontexte zu konzentrieren. Wenn dies dereinst gelungen ist, mag die Frage nach der Organisationswerdung der Hochschulen sich entweder von selbst erledigt haben – insofern sich herausgestellt hat, dass es der Sache nach lediglich um die Optimierung der schon vorhandenen Organisation gegangen war –, oder sie kann neu aufgeworfen werden.

Bis dahin wird mit dem Umstand umzugehen sein, dass infolge von Hochschulreformen und anderen externen Anforderungen die Schnittstellen zwischen Verwaltung und Wissenschaft zunehmen – also zwischen zwei Bereichen, die ihre halbwegs friedliche Koexistenz bislang über den nur losen Charakter ihrer Kopplungen sichergestellt haben. Der Zwang zu mehr strukturellen Kopplungen zwischen dem administrativen und dem akademischen Bereich ist verbunden mit einem Anwachsen von Organisationstätigkeiten und Koordinationserfordernissen. Wo und wie diese absorbiert werden, ist vorerst ein hinreichend ausfüllendes Unterfangen.

Dabei treffen nun seit einiger Zeit nicht mehr nur zwei, sondern drei Akteursgruppen mit jeweils unterschiedlichen Arbeitsweisen und Ressourcen aufeinander: Die Hochschulverwaltung besteht aus langlebigen Organisationseinheiten mit langfristig gebundenem Personal. Die wissenschaftliche Leistungsebene organisiert sich wesentlich in Projekten, Gremien auf Zeit und akademischer Selbstverwaltung, und sie ist durch Personalfluktuation gekennzeichnet. Das dazwischen stehende – neu aufgebaute – Hochschulmanagement ist häufig in Projekten und auf befristeten Stellen tätig, soll aber langfristige Veränderungsprozesse umsetzen.

8.4. Hochschulmanagement statt Hochschulverwaltung: Eine Lösung?

Verwaltung folgt der Leitunterscheidung „machbar/nicht machbar", orientiert sich also an Regelkonformität und Ressourcenverfügbarkeit. Damit ist sie nicht umstandslos in der Lage, Veränderungen auszulösen und administrativ angemessen zu begleiten. Die Verwaltung sorgt, kurz gesagt, für Stabilität und Stagnation. Einige der Umstände, die der verwaltungsseitigen Initiierung von Veränderungen an Hochschulen und ihrer angemessen administrativen Begleitung entgegenstehen, konnten wir herausarbeiten:

- Steht eine Prozessabwicklung in großer Abhängigkeit von einem einzelnen Prozesselement, besteht bei hohen Kapazitätsauslastungen die Gefahr einer drastischen Verzögerung im Prozessdurchlauf (sog. Flaschenhalseffekt). Innerhalb der Prozesskette begrenzt dann das einzelne Element den Durchfluss und definiert dadurch die Kapazitätsgrenze des Gesamtsystems.

- Ist der Prozessdurchlauf stark von Einzelpersonen abhängig, birgt auch das ein hohes Risiko. Bei Ausfall dieser Akteure – etwa durch Urlaub oder Krankheit – ist der reibungslose Ablauf bzw. Durchlauf des Prozesses gefährdet. Das äußert sich bspw. in der Unterversorgung oder nicht pünktlichen Versorgung mit Informationen für bestimmte Prozessfunktionen, der Verlagerung oder Nachbearbeitung eines Arbeitsschrittes (Gierhake 2001: 145–158):

  „Deshalb muss ich dann einfach irgendwo in der Verwaltung anrufen. Ich weiß nie so richtig, wen. Also, das ist bei uns nie so ganz klar, und wir haben wenig Urlaubsvertretungen, d.h. wenn irgendjemand krank ist oder so, ist dieser Platz nicht besetzt. Die Arbeit wird dann nicht übernommen, jedenfalls nicht komplett. Da muss man dann wieder anrufen irgendwo." (HSL1)

- Auch bei Personalwechseln geht Wissen über die Prozessgestaltungen und -bearbeitungen verloren. Während der Einarbeitung neuer Mitarbeiter.innen sind zumindest zeitweilig vom bisherigen Verfahren abweichende bzw. vergleichsweise unflexible Bearbeitungen typisch.

- Um Änderungsprozesse anzustoßen, müssen auch Lösungen abseits des Dienstweges bzw. formeller Regelungen gefunden werden. Hochschulverwaltungen sind dann häufig zur Improvisation gezwungen – dafür aber aufgrund ihrer normativen Orientierung an der Regelbindung gar nicht konditioniert. Zudem komplizieren sich in Momenten der Normabweichung oftmals Prozessbearbeitungen und benötigten dann Prozessumwege, -schleifen oder -rücksprünge.

Hatte nun herkömmlich allein die Hochschulverwaltung den Rahmen für die Leistungsprozesse in Forschung und Lehre zu organisieren, so hat sich mittlerweile eine tendenziell korrigierende Ansicht durchgesetzt: Es bedürfe hierbei bestimmter Funktionserweiterungen, die aber durch die traditionellen Verwaltungsstrukturen nicht hinreichend wahrgenommen werden könnten. Denn bei den für erforderlich gehaltenen Neuerungen handelt es sich um ein grenzüberschreitendes Hereinholen von System- und Institutionsmerkmalen, die dem deutschen Hochschulwesen bislang fremd waren.

Georg Krücken nannte 2006 als solche Importe: Strukturelemente anderer Hochschulsysteme wie Service-, Wettbewerbs- und Kundenorientierung (USA), Studiengebühren (Australien), Zielvereinbarungen (Niederlande), gestufte Studiengänge (anglo-amerikanisch) und Strukturelemente von Organisationen anderer Sektoren wie Hochschulräte (Aufsichtsräte) oder Akkreditierung (Zertifizierung). (Krücken 2006: 269, 271)

Zugleich machte er darauf aufmerksam, dass solche „grenzüberschreitende Diffusion" nicht nur als Kopier- oder Imitationsprozess stattfinde. Vielmehr komme es dabei immer zu kontextuellen Brechungen, die in Rekombinationen, Hybridisierungen und/oder Fehlkopien münden. Das lässt sich zwölf Jahre nach dem Zusammenstellen der genannten Beispiele als empirisch bestätigt festhalten: Studiengebühren sind im deutschen Hochschulsystem nur noch in Spurenelementen vorhanden; Zielvereinbarungen rationalisieren überwiegend, was ohnehin stattfindet; die gestuften Studiengänge, die mehr Strukturierungen bringen sollten, haben vielerorts Aktivitäten ausgelöst, die wieder mehr Studierfreiheit ermöglichen, also die Zwänge der Strukturierung relativieren sollen.

Dies lässt sich, wiederum mit Krücken (ebd.: 271), als Innovationen deuten, die aus Fehlkopien resultieren. Sowohl den importierenden Transfer und die Adaption als auch die Bearbeitung der adaptionsbedingten Überraschungen sind Herausforderungen des Hochschulsystems und seiner Institutionen, die gestaltet werden müssen. Die dafür als nötig erachteten Veränderungen sollen nicht allein davon abhängen, welche Transformationsgeschwindigkeiten die vorhandene Verwaltung auszubilden vermag, und insbesondere einige der neuen Aktionsfelder sollten möglichst schnell erschlossen werden. Die importierten Elemente benötigen ein Anpassungsmanagement, und dieses erfordert entsprechendes Personal und entsprechende Tätigkeitsrollen.

Deshalb wurden und werden neue Schnittstelleneinheiten zwischen Verwaltung und akademischem Bereich geschaffen. Sie bilden das neue Hochschulmanagement. Sogenannte Hochschulprofessionelle sind die Rollenträger in diesen Supportstrukturen. Diese spezifische Erweiterung der wissenschaftsunterstützenden Einheiten soll Prozeduren jenseits traditionellen Verwaltungshandelns entwickeln, wobei verschiedene Varianten bestehen:

- herkömmliche wissenschaftsbezogene Verwaltungsaufgaben werden in einem neuen Modus erledigt, der nicht primär Vorgänge abarbeitet, sondern wissenschaftliches Handeln angemessen organisatorisch rahmt;
- neue Managementaufgaben, die aus Neugestaltungen der Hochschulorganisation und -governance resultieren, werden wahrgenommen;
- herkömmliche wie neue wissenschaftsunterstützende Aufgaben, die weder Wissenschaft noch Administration sind, etwa in den Bereichen Digitalisierung, Hochschuldidaktik oder Öffentlichkeitsarbeit, finden sich bearbeitet.

Als Struktur bewegt sich das Hochschulmanagement in einem Spannungsverhältnis zwischen den Ebenen der Wissenschaft (incl. des Managens von Wissenschaft durch managende Wissenschaftler.innen), der herkömmlichen Verwaltung und den diversen Leitungsebenen. In diesem Spannungsverhältnis muss es seinen Platz finden. Funktional lässt es sich verstehen als das Managen von Kontexten der Lehre und Forschung.

Indem diese Struktur und ihr Personal vor allem zwischen Verwaltung und wissenschaftlicher Leistungsebene platziert werden, sollen sie zwischen deren wechselseitigen Ansprüchen makeln. Sie stellen funktional den Versuch dar, die Überbrückung der Grenze durch die Kopplung von Wissenschaft und Organisation optimaler als zuvor zu gestalten. Es handelt sich also um eine organisationale Reaktion auf (tatsächliche und vermeintliche) Insuffizienzen der Hochschulverwaltung – einerseits.

Andererseits organisieren sich Hochschulen die Legitimität, welche sie benötigen, um Ressourcen zu sichern, typischerweise über Formalstrukturen bzw. über ihre „Schauseite".[3] Diese symbolisieren gegenüber der Umwelt Rationalität, stellen Konformität mit Umwelterwartungen her und sichern so den Erhalt von Ressourcen. Die nach außen gerichteten Formalstrukturen sind jedoch oftmals nur lose mit der internen Aktivitätsstruktur, dem tatsächlichen Organisationshandeln, gekoppelt (Krücken 2004: 298). Hier findet also ein Fassadenmanagement statt, das als um so erfolgreicher gelten kann, je mehr Legitimität es generiert. Und die Legitimität „schützt Organisationen vor unmittelbaren Sanktionen bei Abweichung in der technischen Performanz" (Meyer/Rowan 2009: 42).

So konnten z.B. Organisationseinheiten, die für Transferaktivitäten geschaffen wurden – die Transferstellen – auf formale Weise einen Bedarf bedienen: Der Forderung von Politik und anderen Akteuren, den Wissenstransfer auszubauen, ließ sich so begegnen. Die Transferstellen erfüllten insoweit eine für die Organisation wertvolle Funktion: die Abfederung von externen Anfragen und Eingriffsversuchen (vgl. Meyer/Rowan 1977). Was den Transferstellen jedoch meist nicht gelang, war und ist die kontinuierliche Herstellung neuer Kontakte zu Wirtschaftsunternehmen und Forschungseinrichtungen, aus denen sich ebenso kontinuierliche Kooperationsbeziehungen entwickeln.

Transferstellen ermöglichen stattdessen häufig nur einen kleineren Teil des Transfergeschehens, während die Mehrzahl der Kontakte zu Unternehmen oder anderen Kooperationspartnern durch Hochschulmitarbeiter selbst geschaffen und gepflegt wird (Meier/Krücken 2011: 96; Rosner 2006: 191). Allerdings haben die Transferstellen hochschulintern die Aufmerksamkeit für das Thema Forschungstransfer erhöht, und insofern sind zumindest indirekte Wirkungen erzielt worden.

In herkömmlichem Verständnis ist Management (a) zielgebundenes (b) Steuerungshandeln unter (c) Nutzung von In- und Outputdaten. Im Falle des Hochschulmanagements sind allerdings alle drei genannten Elemente prekär: (a) Die Zielbindung kann sich nur auf unspezifische Intentionen wie Erkenntnisgewinn (Forschung) oder Kompetenz- und Persönlichkeitsentwicklung (Lehre) beziehen. (b) Steuerung als punktgenaue Intervention ist im Falle von Forschung und Lehre überwiegend heikel und muss sich stattdessen auf Verbesserungen der FuL-

---

[3] Stefan Kühl (2010: 11; 2011c: 90f.) unterscheidet formelle, informelle und Schauseite in Organisationen: Durch diese Unterscheidung werde erkennbar, „dass die Formalstruktur manchmal als Schauseite ausgeflaggt wird, dann aber durch informelle Erwartungen unterlaufen wird, oder dass schon die Formalstruktur sich von der Schauseite der Organisation unterscheidet".

Kontexte beziehen. (c) Die Nutzung von Daten für Steuerungsaktivitäten, die solcherart Beschränkungen unterliegen, ist notgedrungen unzuverlässig, da eindeutige kausale Zurechenbarkeiten fehlen.

Gerade bei Initiativen zur Qualitätsverbesserung zeigen sich problematische Implikationen, die sich häufig – und kontraintentional – ergeben, wenn dafür neue Strukturen geschaffen wurden. Diese sollen eigentlich Unterstützungsleistungen erbringen, um neue Anforderungen an die Wissenschaft organisatorisch abzufedern. Doch von den Wissenschaftler.innen werden sie oftmals vor allem als Agenten dieser neuen, also zusätzlichen und damit nicht selten als hinderlich empfundenen Anforderungen wahrgenommen. Das wissenschaftliche Personal steht daher dem Ausbau derartiger Strukturen z.T. skeptisch bis latent feindselig gegenüber:

- Zum einen werden diese als Nutznießer finanzieller Ressourcen wahrgenommen, die der wissenschaftlichen Leistungsebene selbst entzogen werden oder vorenthalten bleiben: „An der Front, dort, wo die eigentliche Leistung erbracht wird, mangelt es an Personal, während es auf höherer Ebene üppig gedeiht, denn irgendjemand muss ja die anschwellende Datenflut verarbeiten" (Freiburghaus 2013a: 912).
- Zum anderen, so der verbreitete Vorwurf, beschäftigten sie etwa durch fortwährende Dokumentationsanforderungen die Wissenschaftler.innen mehr damit, Ziele und Zielverfehlungen zu dokumentieren, statt sie durch Entlastung darin zu unterstützen, an der Verfolgung dieser Ziele arbeiten zu können.

Die Intentionen, die sich mit dem Aufbau der Hochschulmanagementstrukturen verbanden, waren jedoch andere: Stabstellen, Fakultätsgeschäftsführer.innen, Qualitätsmanager.innen, eLearning-Center und dergleichen sollen zur Implementation neuer Anforderungen an die Hochschulen funktional die herkömmliche Verwaltung und die wissenschaftlichen Arbeitsebenen koppeln – und zwar nicht, indem die Wissenschaft sich der Verwaltung anverwandelt, sondern indem die Verwaltenden, die nun z.T. Managende sind, wissenschaftsadäquat(er) operieren und dadurch administrativ-organisatorische Entlastung für die Wissenschaft bewirken. Die neu geschaffenen Strukturen sollen sich Aktivitäten widmen, die neue Anforderungen an den Hochschulen umsetzen, ohne das wissenschaftliche Personal zusätzlich zu belasten:

- So wurde etwa dem Einwand des hohen Lehrevaluationsaufwandes durch die Etablierung von Evaluationsbeauftragten oder -büros entgegengetreten. Diese unterstützen Lehrende bei der Durchführung von Lehrevaluationen, indem sie die Befragungsbögen bereitstellen und die Auswertungen vornehmen. Doch gänzlich ohne Mitwirkung der Lehrenden geht auch das nicht.
- Ähnlich verhält es sich bei didaktischen Qualifizierungen der Lehrenden, die auch vom Hochschulmanagement organisiert werden: Sie können zwar Langzeitwirkungen in Gestalt einer besseren Bewältigung von z.B. kritischen Lehrsituationen entfalten, bewirken aktuell aber immer erst einmal Zeitverbrauch.
- Weitere Beispiele neuer Anforderungen sind die Konzipierung neuer Studiengänge, das Vorbereiten von Akkreditierungsverfahren, die Etablierung

neuer Prüfungsmodi, die Durchführung von Auswahlverfahren, die Beteiligung an Wettbewerben wie der Exzellenzinitiative oder die Zusatzanforderungen durch verstärkte Internationalisierung von Forschung und Lehre.

Hier wird aber ein Dilemma der neuen Hochschulmanagementstrukturen offenbar, dem diese kaum entrinnen können. Auch wenn das Hochschulmanagement 90 Prozent der neuen Anforderungen auffangen würde, blieben zehn Prozent zusätzlicher Arbeit für die Lehrenden, die diese früher nicht erbringen mussten. Der Grund: Die neuen Stellen im Hochschulmanagement sind wegen neuer Anforderungen, die es zuvor nicht gab, geschaffen worden, und ihre Inhaber.innen benötigen zur Umsetzung der Anforderungen praktisch immer die Mitwirkung auch des wissenschaftlichen Personals. Daher lässt sich selbst dann, wenn das Hochschulmanagement erfolgreich Entlastungswirkungen für die Wissenschaftler.innen erzeugt, doch nicht der Zustand des Nullaufwands für jeweilige die zuvor nicht bestehende Anforderung wiederherstellen – und sei es nur deshalb, weil das wissenschaftlichen Personal jetzt neben der Verwaltung noch mit einer weiteren Personengruppe, dem Hochschulmanagement, kommunizieren muss.

Seitens des wissenschaftlichen Personals werden die Träger der neuen Tätigkeitsrollen folglich auch widersprüchlich beschrieben: Zumindest dann, wenn die Ziele klar und Kompetenzen zur Zielerreichung vorhanden seien, diese schließlich auch für das eingesetzt werden, wofür die Stellen gedacht sind, werden sie in Teilen als effektiv beschrieben. Aber: Sie werden nicht als effizient wahrgenommen. Denn die Verhältnismäßigkeit von Input und Output sei oftmals nicht gegeben. Die für die neuen Strukturen eingesetzten finanziellen Ressourcen stehen in keinem Verhältnis zum Entlastungsempfinden.

Erschwerend wird hier wirksam, dass die Stabstellen und sonstigen Einheiten nicht nur seitens der Wissenschaftler.innen, sondern auch von der Verwaltung als Konkurrenten bei der Ressourcenverteilung angesehen werden: Die Verwaltung befürchtet den Abbau von Stellen zugunsten neuer Stäbe. Wissenschaftler.innen sehen die Gelder besser in Forschung investiert – häufig unabhängig davon bzw. in Unkenntnis darüber, aus welchen (Programm-)Töpfen entsprechende Stellen tatsächlich finanziert werden und ob diese Gelder überhaupt für Wissenschaft hätten ausgegeben werden können. Jedenfalls resultiert daraus die erwähnte eher skeptische bis ablehnende Haltung von Wissenschaftler.innen und Verwaltung gegenüber den neuen Funktionen bzw. Personalgruppen im Hochschulmanagement.

Zu den wichtigsten Einflussgrößen der Akzeptanz des Hochschulmanagements und der Hochschulprofessionellen zählen Legitimität, Professionalität, Transparenz sowie Zeitersparnis für die Adressaten seiner Bemühungen:

◼ Es benötigt Legitimität im Sinne sozialer Akzeptanz, die aus der Funktionalität der Prozesse resultiert, d.h. bei den Adressaten seines Handelns den Nachweis von Funktionalität zu führen vermag, also die Wissenschaftler.innen von nichtwissenschaftlichen Aufgaben entlastet und dadurch Freiräume für Forschung und Lehre schafft.

◼ Rollenbezogen muss das Hochschulmanagement dafür in einer Weise professionalisiert werden, die Professionalisierung als anspruchsvollen Vorgang begreift, statt sie lediglich als propagandistische Formel oder als Synonym für

Kompetenzentwicklung zu benutzen. Solche Professionalisierung im Sinne einer reflektierten Praxis heißt vor allem: durch situationsadäquates Handeln Balancierungen bewerkstelligen und nichtstandardisierbare Situationen souverän bewältigen bei gleichzeitig weitgehender Nichtbehelligung der wissenschaftlichen Leistungsebene.

▪ Um Transparenz zu erzeugen, ist es nötig, den Bekanntheitsgrad der offerierten Unterstützungsleistungen und ihrer intendierten Wirkung – Entlastung der Lehrenden – zu erhöhen. Um die Lehrenden auf die Unterstützungsangebote der neuen Kolleg.innen aufmerksam zu machen, braucht es insbesondere transparente, niedrigschwellig erfahrbare Informationen über angebotene Leistungen.

▪ Im Anschluss daran müssen die Wissenschaftler.innen die Erfahrung machen können, dass die Leistungen des Hochschulmanagements tatsächlich nützlich sind, also z.B. Entlastungswirkungen haben. Solche Wirkungen könnten etwa durch überzeugende Dienstleistungen bei Akkreditierungen, Drittmittelabwicklung und Lehrentwicklung erzeugt werden.

Dann besteht die Chance, die aktuelle Situation des Hochschulmanagements umzukehren, die gekennzeichnet ist durch einen vielfach förderprogrammfinanzierten Projektstatus, durchwachsene soziale Akzeptanz beim wissenschaftlichen Personal, funktionale Wahrnehmung als Quelle erhöhter wissenschaftsfremder Anforderungen und strukturelle Wahrnehmung als Aufblähung der Verwaltung. Wo immer aber das Hochschulmanagement bewirkt, dass auf der wissenschaftlichen Leistungsebene Zusatzarbeiten anfallen, verstärkt es die Wahrnehmungen weiterer Bürokratisierung – die es, als Gegenentwurf zur herkömmlichen Verwaltung, gerade gegenstandslos machen sollte.

Das Hochschulmanagement muss hier noch seine Rolle finden. Viele der dort tätigen Mitarbeiter.innen tendieren in ihrem Rollenverständnis zur ‚Academia'. Dies kann konfliktbehaftet sein, insbesondere und auch, wenn deren Aufgabe eben in der Vermittlung zwischen Verwaltungsebene und Wissenschaftler.innen liegt. Will das Hochschulmanagement von sich eine Wahrnehmung erzeugen, die sich positiv von der der herkömmlichen Verwaltung absetzt, sollte es sich als Ermöglichungsmanagement aufstellen: als ein Management, das Lehre und Forschung spürbar besser ermöglicht, als dies von einer traditionell arbeitenden Verwaltung geleistet wurde.

Auch dann, wenn man in Rechnung stellt, dass die subjektive Wahrnehmung von Bürokratie unter Wissenschaftler.innen einer gewissen Übertreibungsbereitschaft unterliegen mag: Das Hochschulmanagement wird sich wohl erst dann als erfolgreiche strukturelle Innovation feiern dürfen, wenn es sich von zentralen Bürokratisierungsmechanismen, wie sie die herkömmliche Hochschulverwaltung repräsentiert, emanzipiert hat. Indem das Hochschulmanagement sich davon absetzt, darf es aber zugleich nicht versäumen, zentrale Leistungen, die herkömmlich der traditionellen Verwaltung oblagen, auch weiterhin zu erbringen.

Zu nennen ist hier insbesondere, dass ein Dilemma unter Kontrolle gehalten werden muss, das Wolfgang Seibel (2016: 24, 26) so beschreibt: „Wenn Verwaltung nicht zweckmäßig wäre, hätte sie keine Existenzberechtigung. Aber wenn sie nicht robust gegenüber dem ständigen Wandel von Zweckrationalitäten wäre, besäße sie keine Eigenstabilität." Verwaltungen sollen daher durchaus „gegenüber sachfremden äußeren Einflüssen robust und insofern mit einer gewissen Trägheit ausgestattet sein".

Diese Trägheit kann entweder den stabilen Rahmen für Improvisationen bilden, wenn an einer Hochschule Veränderungen realisiert werden sollen – oder sie kann als hyperstabiler Rahmen Improvisationen verhindern, und dann laufen Veränderungsansinnen ins Leere. Hier dürfte die Unterscheidung von einerseits Routineaufgaben und andererseits solchen, die nicht standardisiert umgesetzt werden können, sinnvoll sein:

> „Das Bürokratiemodell ist dort besonders effizient, wo Aufgaben und Umwelt der Verwaltung konstant sind, die Komplexität der zu treffenden Entscheidungen gering und ihre Aufgaben daher programmierbar und routinisierbar sind. Hingegen entstehen bei veränderlicher Umwelt, neuartigen, besonders komplexen Sachverhalten und Aufgaben Effizienzlücken, so dass dort andere Organisationsmuster angemessen sein können." (Franz 2013: 111)

Will das Hochschulmanagement Teil dieser Muster sein, wird es zwar *auch* Verwaltungshandeln sein müssen, das sich an Rechtsnormen und Programmen orientiert. Es wird sich aber dort vom traditionellen Verwaltungshandeln *unterscheiden* müssen, wo es dem besonders gelagerten Einzelfall und neuen, unerwarteten Situationen gerecht werden will (vgl. Mayntz 1997: 116): „Bei turbulenter Umwelt ..., neuen Problemen, unstrukturierten Aufgaben, deren Lösung Innovation verlangt, bei gut qualifiziertem, intrinsisch motiviertem Personal mit professionellem Selbstverständnis zeigt sich eine ‚organische' der ‚mechanischen' Organisation überlegen" (Derlien/Böhme/Heindl 2011: 28).

Das kann dann z.B. das Hochschulmanagement sein, jedenfalls wenn es ihm gelingt, sich hinreichend von der Verwaltung zu unterscheiden – etwa durch Vermeidung dessen, was als Regelungswut wahrgenommen wird: „Wenn der Staat das Hochschulrecht ‚entfeinert', dann dürfen die gewonnenen Freiräume ... nicht durch neue Reglementierungen auf dezentraler Ebene wieder aufgefüllt werden." (Smeddinck 2007: 38)

Am deutlichsten wird die Chance zur Berücksichtigung der neuen, unerwarteten Situationen an einer charakteristischen Differenz im Arbeitsmodus von Management und Verwaltung: Wo das Hochschulmanagement zunächst immer beginnt, Entwicklungs*projekte* zu realisieren, denkt und handelt die Verwaltung in administrativen *Vorgängen*. Sollen Projekte, weil sie sich bewährt haben, auf Dauer gestellt werden, dann müssen sie in Vorgänge transformiert werden, um sie damit anschlussfähig an früheres und nachfolgendes Verwaltungshandeln zu machen.

Hier lauert zugleich eine Bürokratiefalle: Projektumsetzungen erlauben Abweichungen von herkömmlichen Routinen und benötigen diese oft auch. Sobald ein Projekt in einen administrativen Vorgang überführt wird, wird es entsprechend formbestimmt, indem der Druck wirkt, herkömmlichen Routinen Geltung zu verschaffen. Dieser Druck erzeugt einen Gegendruck, projektspezifische Innovationen nicht zu verwässern. Beides wiederum absorbiert Energien, untergräbt Motivation und kann zu Abläufen führen, die die Nachteile der Projekt-

und der Vorgangsförmigkeit miteinander verbinden. Schließlich mag es dann dazu führen, dass z.B. ein ursprünglich serviceorientiertes Projekt zu einer administrativen Einheit geworden ist, von deren Leistungen die Adressaten sich möglichst weit fernhalten, weil die Serviceorientierung im Zuge des organisatorischen Verstetigungsvorgangs auf der Strecke geblieben ist.

Projektförmigkeit ist aber auch noch in anderer Hinsicht ein wichtiges Stichwort, wenn es um das neue Hochschulmanagement geht: Die neuen Funktionsstellen sind zu einem großen Teil projektfinanziert, nämlich aus Sonderprogrammen. Hieraus ergibt sich eine Schwäche der innerhochschulischen Position des Personals, das diese Stellen besetzt. Es wird als nur temporär anwesend wahrgenommen, ist daher häufig nicht Teil informeller Kontaktschleifen und Informationskreisläufe, und es ist auch selbst aus begreiflichen Gründen fortwährend damit beschäftigt, anderweitig unbefristete Beschäftigungsperspektiven zu eruieren. Letzteres sorgt im Gelingensfalle für personelle Instabilität und Abbrüche in der Trägerschaft von Erfahrungswissen und aufgebauten Kontakten, was wiederum die institutionelle Position dieser projektförmigen Strukturen schwächt.

An Hochschulen dagegen, an denen einerseits eine institutionelle und personelle Stabilisierung des Hochschulmanagements gelingt, andererseits die Hochschulprofessionellen Entlastungserfahrungen beim wissenschaftlichen Personal zu erzeugen vermögen, dort kann eine wissenschaftsfreundliche Entwicklung eintreten. Sie beinhaltet, dass es sich beim Hochschulmanagement *als Strukturelement der Aufbauorganisation* der Hochschule um ein transitorisches Phänomen handelt: Indem das Hochschulmanagement neue Wege wissenschaftsorganisierenden Handelns erprobt, überbrückt es zugleich die Zeit bis zum vollzogenen Generationswechsel in der gegenwärtigen Hochschulverwaltung, wie es sich auf deren Komplettübernahme vorbereitet und dieser Übernahme durch sukzessives Einsickern in die Verwaltungsstrukturen (inklusive, so die verbreitete Hoffnung, eines Kulturwandels) den Boden bereitet.

In einer solchen Perspektive erscheint das heutige Hochschulmanagement als gleichsam Brückentechnologie in eine (beabsichtigte) Zukunft, die durch wissenschaftsnah operierende und dienstleistungsorientierte Hochschuladministratoren auf allen Ebenen gekennzeichnet ist. Hierfür dürfte es sinnvoll sein, die Übergangsphase des vornehmlich projektförmig organisierten Hochschulmanagements möglichst kurz zu halten: Indem die sog. Hochschulprofessionellen sukzessive die Verwaltung übernehmen, kann zum einen der beabsichtigte Kulturwandel beschleunigt werden. Zum anderen entsteht erst durch entfristete Stellen und die Einbettung in ein Aufstiegssystem Kalkulierbarkeit für individuelle Karrieren, was die Fluktuation im Hochschulmanagement spürbar mindern dürfte.

9.   Digitale Assistenzstrukturen

Wird zunächst ein allgemeines Resümee der oben unternommenen Erkundungen zum Stand der Hochschuldigitalisierung unternommen, so drängen sich zwei zentrale Eindrücke auf: Zum einen wird Digitalisierung als medienrevolutionäre gesellschaftliche Transformation markiert, welche zugleich eine genuine Entwicklungschance der Hochschulen darstelle, die weit über die schlichte Adaption an gesellschaftliche Bedingungen hinausgehe. Zum anderen kann sich Digitalisierung an den Hochschulen nicht lediglich punktuell vollziehen, sondern muss als Querschnittsthema be- und verarbeitet werden.

9.1.   Digitalisierung als Querschnittsthema

Der Begriff Digitalisierung hat in den letzten Jahren eine semantische Umdeutung bzw. Erweiterung erfahren. Entgegen seiner ursprünglichen Bedeutung als Umwandlung von analog gespeicherten Informationen in digitale wird in der aktuellen Diskussion unter Digitalisierung ein gesamtgesellschaftlicher Transformationsprozess verstanden: Der Einsatz einer immer schneller voranschreitenden Informations- und Kommunikationstechnologie (IKT) verändere Arbeits- und Lebensprozesse in allen Bereichen der Gesellschaft grundlegend. Damit unterscheidet sich die neue Digitalisierung durch die Radikalität ihrer Veränderungswirkungen.

Entsprechend ist auch die Digitalisierung der Hochschulen mehr als das, was landläufig unter diesem Stichwort aufgerufen wird: nicht nur IT-Konzepte, nicht allein digital unterstütztes Lehren und Lernen, mehr als digital basierte Kommunikation. Es sind nicht lediglich technische Infrastrukturen aufzubauen, sondern die – immer schon konfliktträchtigen – Schnittstellen zwischen Forschung, Lehre und Verwaltung sowie zwischen Wissenschaft und Gesellschaft zu rekonfigurieren. Das geschieht selbstredend in Stufen:

- Bislang ist die Hochschule 1.0 flächendeckend verwirklicht, d.h. alle haben gut vernetzte Endgeräte und präsentieren in digitalen Schaufenstern analog vorhandene Informationen über sich selbst.

- Hochschule 2.0 gibt es punktuell – so bieten Hochschulen etwa zunehmend Plattformen für den Austausch zwischen ihren Mitgliedern an oder sind verstärkt in den sozialen Medien präsent.

- Hochschule 4.0 ist einstweilen zweckoptimistische Strategierhetorik, „eine eher unreflektierte Anlehnung an den Begriff Industrie 4.0", der wiederum auf die vierte industrielle Revolution in Form der Digitalisierung rekurriert (von der Heyde et al. 2017: 1762) – doch praktisch nirgends an deutschen Hochschulen kommunizieren Rechner mit Rechnern, um Kommunikationsroutinen zu erledigen, für die menschliche Assistenz nicht nötig ist.

Allgemein geteilt wird die Grundannahme, dass sich Hochschulen digitalisierungsbedingt – trotz relativer Konstanz ihrer zentralen Werte – in den drei zentralen Bereichen Forschung, Lehre und Verwaltung und dort auf allen Ebenen zu ändern haben. Digitalisierung könne sich nicht lediglich punktuell vollziehen, sie müsse an der Hochschule als Querschnittsthema verarbeitet werden.

Daher wird vorgeschlagen, für die Leitung der Digitalisierungsgovernance eine Rolle ähnlich der der Kanzlerin oder des Kanzlers zu schaffen: Dieser Chief Information Officer (CIO) hätte die Gesamtverantwortung für den IuK-Einsatz und müsse hauptamtliches Mitglied der Hochschulleitung sein, um in alle notwendigen Entscheidungsstrukturen eingebunden zu sein. Synergiepotenziale könnten dabei gehoben werden, wenn der oder dem CIO zugleich die Leitung des innerhochschulischen IT-Dienstleisters (Rechenzentrum) übertragen, also strategische und operative Verantwortung zusammengeführt würden. (Wimmer 2017: 79f.; G. Schneider 2017: 12) Und die anderen Entscheider müssten ihre fehlende IT-Kompetenz reflektieren: Das Fehlen könne man ihnen nicht vorwerfen, jedoch das Ignorieren dieses Umstandes (G. Schneider 2017: 18).

Nicht selten soll die Digitalisierung unter Verweis auf ihren Querschnittscharakter auch als Hebel zur Bearbeitung überkommener, aber nicht genuin digitalisierungsbezogener Probleme wirksam werden. Analog zu anderen Reformanliegen dient der Verweis auf die Digitalisierung – mithin auf eine zu großen Teilen technische Innovation – dazu, Veränderungsbereitschaft zu erzeugen. Dabei werden unterschiedliche Ansprüche definiert. Das betrifft auch die Frage, wie andere virulente Themen integriert werden, etwa das Verhältnis von Heterogenität und Digitalisierung.

Entsprechende Einordnungen erfolgen nicht zuletzt interessengeleitet, etwa wenn die Hochschuldidaktik dank der Digitalisierung weitgehende Einflussmöglichkeiten auf die konkrete Ausgestaltung der Lehre reklamiert. Unterschieden werden kann auch danach, ob Digitalisierung als Quelle oder als Lösung eines spezifischen Problems erscheint oder als beides. Kennzeichnend für Querschnittsthemen ist ebenso die stete Wiederholung der Formel, dass die in Rede stehende Sache kein Selbstzweck sei. Ursache dafür ist nicht zuletzt, dass sich in einigen Bereichen nicht automatisch eine Einsicht in die Dringlichkeit digitalisierungsbedingter Veränderungen einstellt – sei es, weil abweichende Einschätzungen hinsichtlich der gesellschaftlichen Zwänge und Herausforderungen der Digitalisierung bestehen, sei es, weil Vorteile für die Professionsausübung oder individuelle Gewinne erst langfristig erreichbar erscheinen.

Abstrakter lässt sich im Hinblick auf die Durchsetzung einer Querschnittsaufgabe feststellen, „dass neue Aufgaben und Missionen (Wissens- und Technologietransfer, Geschlechtergerechtigkeit, Internationalisierung etc.) gegenüber den traditionellen Kernaufgaben von Universitäten und den hieraus resultierenden Zielkonflikten in den Hintergrund treten. Die Bewältigung von Zielkonflikten zwischen Forschung und Lehre bindet angesichts der ... Finanzknappheit so viele Ressourcen, dass neue Aufgaben und Missionen, wie sie ... an die Hochschulen herangetragen werden, nur begrenzt umgesetzt werden können" (Kloke/Krücken 2012: 19). Digitalisierung erscheint als eine solche neue Aufgabe, und diese befindet sich in Konkurrenz zu anderen Querschnittsthemen.

9.2.   Digitalisierung und Hochschulorganisation

Mit den oben beschriebenen Herausforderungen und Problemen sind mindestens zwei Perspektiven auf die Hochschule als Organisation verankert: Zum einen werden Aspekte sichtbar, die spezifisch für die Organisation Hochschule sind. Zum anderen treten Veränderungen hervor, die infolge der Digitalisierung sämtliche Organisationen herausfordern. Wie sich beides verbinden kann, zeigt sich insbesondere dann, wenn konkrete Handlungen an Hochschulen entweder das Unbegriffene der Digitalisierung offenbaren oder rechtliche Umsetzungshürden dokumentieren, etwa in folgender Homepage-Mitteilung einer Philosophischen Fakultät (Hervorhebungen nicht im Original):

> „Ab sofort ist die Annahme als Doktorand **nur noch elektronisch** möglich. Bitte benutzen Sie dafür den nachstehenden Link. [Absatzumbruch] **Das ausgedruckte Formular** ist unterschrieben **mit den erforderlichen Unterlagen** im Dekanat der Fakultät einzureichen."[4]

Versteht man Digitalisierung als Medienrevolution, die vertraute Medien rekonfiguriert und wesentliche strukturelle wie kulturelle Anpassungen der Gesellschaft provoziert, so besteht die Aufgabe darin, Formen zu entwickeln, innovativ *und* routiniert mit den neuen Möglichkeiten umzugehen. Als Organisationen bearbeiteten und bearbeiten die Hochschulen interne und externe Grenzen und müssen sich entsprechend mit den neuen Herausforderungen der Digitalisierung auseinandersetzen: Aktiv umgegangen werden muss hier mit der Rekonfiguration der Schnittstellen zwischen Wissenschaft und Gesellschaft sowie zwischen Forschung, Lehre und Verwaltung.

Diese konfliktreiche und zugleich produktive Dreiecksbeziehung muss stets neu ausgehandelt werden – insbesondere dann, wenn es im Zuge der Digitalisierung zu umfassenden Verschiebungen im Bereich der Organisation kommt. Die sich daraus ergebenden Rollenschranken, Informationsgefälle und Kommunikationshürden sind zwar unvermeidbar, aber auch reduzierbar (vgl. Mormann/Willjes 2013). Die Digitalisierung kann auch die Auflösung der Organisationsgrenzen fördern (Baecker 2007), etwa indem sich die Hochschulen zumindest in Teilen ortlos organisieren. So macht die Digitalisierung nicht nur technische, sondern auch Organisationsanpassungen nötig. Diese müssen sowohl auf eine aktuelle Situation passen als auch künftige, heute noch nicht wissbare Digitalisierungsentwicklungen integrieren können.

Digitalisierungsexperten stoßen in Hochschulen fortwährend an Grenzen der Organisationsgestaltung, während Organisationsexperten unablässig Grenzen digitaler Prozessgestaltungen identifizieren. Dabei ist Digitalisierung an Hochschulen deutlich mehr als im vorherrschenden populären Verständnis, das sich auf *Open Education Resources (OER)* oder *Massive Open Online Courses (MOOCs)* konzentriert: Digitalisierung in der Wissenschaft produziert einerseits Grenzüberschreitungen, die neue bzw. modifizierte regulative Zugriffe und veränderte Umgangsformen notwendig machen, teils aber auch als nicht tolerierbar bewertet werden. Andererseits ermöglicht sie Grenzüberschreitungen, mit

---

[4] https://www.philfak1.uni-halle.de/promotion/ (26.8.2018)

denen die Wissenschaft ihre Produktions- und Wirkungschancen exponentiell erweitert.

Im allgemeinen wird die Digitalisierung an Hochschulen mit zahlreichen Erwartungen verknüpft:

- Die Lehre könne durch neue Formate, Didaktiken und Kommunikationsplattformen verbessert werden.
- Die Forschung profitiere durch das Forschungsdatenmanagement, neue Kollaborationsinstrumente und weitreichende elektronische Verbreitungskanäle. Dies fördere den inner- sowie interdisziplinären Austausch und ermögliche breit angelegten (auch außerwissenschaftlichen) Ergebnistransfer.
- Die Verwaltung könne durch elektronische Kommunikationswege und synchrone Datenbestände effizienter arbeiten.

Im besonderen verspricht man sich von der Digitalisierung hochschulischer Prozesse auch eine Kompensation jener Aufwandssteigerungen, die durch die jüngsten Hochschulreformen entstanden sind. So werden leistungsorientierte Mittelverteilung (LOM), Lehrevaluationen, Akkreditierungsverfahren, Forschungsevaluationen, Rankings, Monitorings usw. erst durch ein umfängliches Datenmanagement möglich.

Doch erweisen sich die tradierten Hochschulstrukturen, Abläufe und Zuständigkeiten für die Hochschuldigitalisierung oftmals als Hemmnisse. Bekannt sei mittlerweile, jedenfalls prinzipiell, dass die einseitige Wahrnehmung der Hochschuldigitalisierung als bloßes IT-Projekt erfolgsgefährdend ist (Auth 2017: 47). Dass dies eine reduzierte Sicht ist, wird deutlich, wenn man sich vergegenwärtigt, dass mit der Digitalisierung eindeutige Algorithmen auf mehrdeutiges Verhalten, z.B. bei Entscheidungserzeugungen, treffen.

Hochschuldigitalisierung muss daher als integrierte Organisations- und IT-Gestaltung verstanden werden. Dabei seien mindestens vier Perspektiven zu beachten (ebd.: 48–52):

- als Gestaltung eines Anwendungssystems,
- als Auslöser für eine prozessorientierte Organisationsgestaltung,
- als IT-Projekt und
- als Prozess.

Auf organisatorische Probleme – angefangen bei fehlender Gesamtverantwortung für Digitalisierungsfragen und unzureichender Einbeziehung des Rechenzentrums in Entscheidungsprozesse – verweisen die IT-Akteure vor allem dann, wenn ihnen die Schuld an unbefriedigenden Lösungen zugewiesen werde. Indes widerspreche gerade der Hoffnung auf eine Reorganisation der Entscheidungs- und Organisationsprozesse die Erfahrung, dass man an Hochschulen dazu tendiere, konfliktträchtige Veränderungen gewohnter Positionen zu umgehen. Entsprechend seien an Hochschulen weit eher als in der Privatwirtschaft aufwendige Sonderkonstruktionen die Folge, die sich nicht funktional aus spezifischen Aufgabenstellungen, sondern aus einer machtgestützten Verweigerungshaltung ergäben. (G. Schneider 2017: 12)

Insbesondere, wenn dann die Lehrenden verschiedene Bastellösungen mit ständigen Systemmodifizierungen nutzen müssen, birgt das vielfältige Fehlerquellen. Sind diese zudem unübersichtlich und unflexibel gestaltet und/oder mit unterschiedlichen Zugangs- und Bearbeitungsberechtigungen versehen, kumulieren die Fehlerquellen. Je komplexer die Systemumwelt, desto mehr Sinndimensionen gilt es zu unterscheiden und mit umso mehr Eigensinnigkeiten der einzelnen Systeme müssen sich die Lehrenden auseinandersetzen (vgl. Wimmer 1998: 120f.). Werden diese Fehlerquellen wirksam, gehe das mit erhöhtem Kommunikations- und Koordinationsaufwand einher – also mit Mehrarbeit, obgleich die Systeme eigentlich den Aufwand reduzieren sollen. Dieser Klassiker der hochschulinternen Kritik steht auch beim Thema Digitalisierung gleichberechtigt neben dem anderen Klassiker: An der Hochschule werde man mit Informationen überhäuft, die in Gänze kaum verarbeitbar seien.

Auch in der nicht hochschulspezifischen Digitalisierungsliteratur wird darauf hingewiesen, dass die sozialen und organisationalen Fragen denen der Informationstechnik mindestens gleichzusetzen bzw. gleich zu behandeln seien – eine Forderung, die oft erhoben, aber nur selten eingelöst wird.[5] Die für die Systemeinführung (und den späteren Dauerbetrieb) nötigen Schritte und Problembearbeitungen seien stets aus beiden Perspektiven zu denken – die Ebene der Informationstechnik müsse mit der Organisationsebene gekoppelt werden. Letzteres spiegelt sich im Begriff des ‚Anwendungssystems' wider.

Das Bedenken beider Perspektiven führt gleichwohl nicht zur Lösung aller Probleme, sondern macht sie erst einmal nur sichtbar. Dies wird deutlich, wenn man sich die an Hochschulen anzutreffenden Koordinations- und Kommunikationsmodi und die mit ihnen verbundenen Kommunikationskosten vergegenwärtigt. Das lässt sich anhand (a) der Entgegensetzung von negativer und positiver Koordination sowie (b) der organisationskulturellen Dimension verdeutlichen.

(a) positive und negative Koordination: Die an Hochschulen typischerweise angewandte Problembearbeitungspraxis ist durch eine „negative Koordination" gekennzeichnet (vgl. Bogumil/ Jann 2009: 144).[6] Dabei geht die Initiative zur Problembearbeitung von einer zentralen Einheit aus und bleibt während des gesamten Prozesses auf diese fixiert. Damit die Problemlösungsfähigkeit nicht eingeschränkt bzw. durch andere Akteure ‚gestört' wird, werden letztere so spät wie möglich und/oder nur dann einbezogen, wenn diese von den Folgen der Problembearbeitung negativ betroffen sind oder künftig sein könnten.

Negative Koordination wird durch die interne Differenzierung der Hochschulen begünstigt: Diese führt in der Regel zur Überidentifikation mit den und Priorisierung der Aufgaben im eigenen Zuständigkeitsbereich, der eigenen Abteilung, des eigenen Instituts etc. Um diese Priorisierung sowie favorisierte und routinisierte Lösungswege nicht zu gefährden, wird die Kommunikation mit Dritten auf ein Minimum reduziert (vgl. Türk 1976: 203). Ein solches Vorgehen kann je nach Aufgabenbereich effektiv sein oder effizienzsteigernd wirken. Im Hinblick auf in-

---

[5] vgl. Auth/Künstler (2016: 916); Degenhardt et al. (2009: 465); Janneck et al. (2009: 458–460)

[6] Die Begriffe „positive" und „negative" Koordination gehen auf Fritz W. Scharpf (1973) zurück, der damit Vorgehensweisen zur Optimierung dezentraler Koordinationskapazitäten von Organisationen beschreibt.

tegrierte digitale Systeme, die hohe Anforderungen an hochschulweite Kommunikation stellen, wirkt der Kommunikationsmangel aber dysfunktional. Den vermeintlich geringen Koordinationskosten stehen hohe Folgekosten gegenüber (Bogumil/Jann 2009: 144).

Was bei negativer Koordination zunächst nach Einsparung von Koordinationskosten aussieht, verkehrt sich schließlich ins Gegenteil – durch in der Folge verstärkte vertikale und horizontale Koordinierungsnotwendigkeiten (vgl. Mayntz 1997: 86). Für den Betrieb von integrierten Campus-Management-Systemen ist dagegen zumindest aufgabenfeldbezogen eine fakultäts- und institutsübergreifende Zusammenarbeit im Sinne einer „positiven Koordination" notwendig. Idealerweise werden dabei alle Entscheidungsbereiche des gesamten Problemzusammenhangs von vornherein in die Problemlösung involviert und unterstützen einander.

Werden die höheren Koordinationskosten positiver Koordination den Folgekosten nicht erfolgter Koordination und potenziellen Funktionalitätsgewinnen gegenübergestellt, so zeigt sich: Die Bilanz positiver Koordination kann vergleichsweise günstiger ausfallen (vgl. Bogumil/Jann 2009: 144f.). Dafür wären alle relevanten Hochschulebenen und -akteure einzubeziehen sowie Strukturen und Schnittstellen zu schaffen, um den Mehrwert bzw. die Entlastung für jeden Einzelnen zu kommunizieren und erfahrbar zu machen.

(b) Organisationskultur: Individuelle Autonomie stellt eine funktionale Notwendigkeit der Wissensarbeit dar – einerseits. Andererseits entsteht Konfliktpotenzial dort, wo individuelle Autonomie auf organisationale Steuerungsabsichten stößt (Pellert 1999: 77ff.). Letzteres kann z.B. bei CaMS angenommen werden. An verpflichtenden IT-Prozessen entzünden sich dann Auseinandersetzungen etwa um die akademische Freiheit, obwohl die IT-Systeme selbst nicht Gegenstand der Auseinandersetzung sind, sondern die (vermeintlich) in deren Kontext angestrebten bzw. umgesetzten organisationalen Änderungen.

Hier ist die Partizipationsfrage relevant. Als spontan einigungsfähig gilt zumeist, dass zur Vermeidung von Konflikten und mangelnder Akzeptanz partizipativ vorgegangen werden sollte, indem man alle Usergroups berücksichtigt und einbezieht. Seltener wird in Rechnung gestellt, dass damit aber auch zweierlei droht: die Infektion des Prozesses mit sachfremden Fragen und die Gefahr einer Überfrachtung des Systems mit Erwartungen.

Werden alle Stakeholder in Digitalisierungsprojekte einbezogen, so treffen auch kulturelle Unterschiede – zentral dabei jene zwischen Wissenschaft und Verwaltung – aufeinander. Dies erhöht das Risiko, dass sachfremde Grundsatzfragen aufkeimen und/oder Konflikte ausgetragen werden, die (teils seit langem) unabhängig von den elektronischen Systemen existieren, deren Lösung aber nicht Aufgabe eines Digitalisierungsprojekts sein kann:

■ Hier ist zu beachten, dass die Einführung neuer IT-Systeme allein keine Organisationsprobleme lösen kann, die grundlegend in der Organisation verankert sind. Das jeweilige Digitalisierungsprojekt dient dann nur als „Bühne", um diese Themen zu adressieren. Dies könne schnell dazu führen, dass die eigentliche Aufgabenstellung in den Hintergrund gerate und dadurch nicht nur der zeitliche

Aufwand zunehme, sondern der Prozess von vielen Beteiligten zunehmend als unangenehm und negativ empfunden werde. (Haude/Toschläger 2017: 59, 66)

▨ Die Probleme sind oftmals innerhalb des grundlegenden Wertgefüges der Organisationsmitglieder und der expliziten Werte und Normen der Organisation(seinheiten) zu finden (ebd.: 60, 66). Sie sind zwar nicht durch die Digitalisierungsbemühungen entstanden, begegnen den Akteuren allerdings im Zuge der Digitalisierung verstärkt. Daher wird die Digitalisierung dann als ‚Schuldiger' identifiziert, um diese Probleme zu adressieren.

Die Überfrachtung mit Erwartungen drückt sich in Ansprüchen aus, die technisch oder finanziell nicht alle gleichzeitig realisierbar sind:

▨ Nutzerorientierte Systemgestaltungen bedürfen der Verarbeitung des Erfahrungswissens der Nutzer. Dafür gibt es Beispiele, wenn Nutzergruppen zunehmend in Gestaltung und das Designen (im Sinne eines agilen Gestaltungsprozesses) von Systemen einbezogen werden – bspw. über Design-Thinking-Veranstaltungen oder Test Cases. So nehmen insbesondere Ergonomie und Design der Systeme heute eine ganz andere Rolle ein als etwa noch vor 15 Jahren, doch dauert dieser Anpassungsprozess noch an.

▨ Angesichts der unterschiedlich ausgeprägten Digitalisierungsaffinitäten stellt sich die Frage, wieweit es möglich ist, alle Nutzer und deren individuelle Wünsche einzubeziehen, also konsequent bottom-up vorzugehen. Zumindest im privatwirtschaftlichen Bereich gibt es erfolgreiche Top-Down-Beispiele – inwieweit dies für Hochschulen passend bzw. geeignet ist, bleibt diskutabel. Werden aber alle User auf gleiche Designs, Prozessroutinen und Funktionen verpflichtet, besteht – in Abhängigkeit von der individuellen Digitalisierungsaffinität – die Gefahr von Über- und Unterforderung jeweils einzelner Nutzergruppen. Zugleich wären Flexibilisierung und Individualisierung nur eingeschränkt gegeben.

Vor diesem Hintergrund brauchen Digitalisierungsprojekte klare Zielvorstellungen und Abgrenzungen sowie eine (geschickte) Moderation projektfremder Themen, um dem Risiko des Entflammens sachfremder Probleme entgegenzuwirken. Ein Stakeholder-Management sei hier entscheidend für den Erfolg von IT-Einführungsprojekten.[7]

Veränderungsprozesse dürften daher nicht nur auf Maßnahmen der Digitalisierung fokussieren, sondern müssten gleichzeitig auf allen Ebenen der Organisationskultur ansetzen und wirken. Andernfalls blieben bereits vorhandene Probleme innerhalb der Organisation mindestens bestehen und würden im schlimmsten Fall noch verschärft. Wenn also organisationale Probleme gelöst werden sollen, müsse auf der Ebene der Organisationskultur angesetzt werden, auf der diese Probleme ihre Ursache haben. (Haude/Toschläger 2017: 61)

Der Digitalisierungsgrad bzw. die Anwendung digitalisierter Arbeitsweisen ist in Lehre, Forschung und Administration unterschiedlich ausgeprägt. Überwiegend adressieren Digitalisierungsanstrengungen bislang die Lehrfunktion, während

---

[7] zur Rolle und zu Erfahrungen des Stakeholder-Managements in IT-Projekten an Hochschulen siehe z.B. Auth (2014)

digitale Assistenz für Verwaltungsvorgänge meist als schlichte Übertragung analoger Handlungsroutinen in ein neues Erfassungsmedium daherkommt. Letzteres wird unten gesondert behandelt.[8]

Im Bereich der Lehre wird der Digitalisierung z.B. das Potenzial zugeschrieben, vom konsumierenden hin zum aktiven und kreierenden Lernen zu gelangen. Die Erfahrungen damit fallen einstweilen so aus, dass man nach zu erschließenden Reserven nicht allzu intensiv suchen muss, denn sie liegen auf der Hand:

- Derzeit fehlt es noch weitgehend an aktivierenden digitalen Formaten (Winde 217: 117), die nicht zuletzt deshalb besonders notwendig sind, da die Studierenden „in der Regel keine enthusiastischen Treiber der Digitalisierung" sind und die Lehrenden sich als nicht sonderlich digitalisierungsaffin erweisen (Schmid et al. 2017: 6).

- Für die Lehrenden ist der Nutzen digitalisierter Lehre nicht unmittelbar einsichtig, begünstigen doch die herkömmlichen Reputationsmechanismen im Wissenschaftsbereich kaum die Übernahme von E-Learning-Innovationen.

- Digitale Lehre ist mit zahlreichen didaktischen, technischen, mediengestalterischen und juristischen Fragestellungen verbunden,[9] die von den Lehrenden als Risiken wahrgenommen werden können und ein arbeitsaufwändiges Verlassen eingeübter Routinen demotivieren. Daher bedürfen gerade Lehrende mit einer ausgeprägten Risikowahrnehmung besonderer Angebote.

- Nun halten zwar inzwischen viele Hochschulen derartige Beratungsangebote vor, allerdings bleibt unklar, ob und in welchem Umfang die Serviceeinrichtungen die Lehrenden mit ihren Angeboten erreichen. Nicht immer scheinen diese ausreichend adressatengerecht konzipiert zu sein. Auch müssten sie aufgrund der vielfältigen relevanten Aspekte in verschiedenen Dimensionen hochgradig spezialisiert sein.

- Viele Hochschulen können solche Angebote nicht aus eigener Kraft in der hinreichenden Spezialisierungsbreite bereitstellen. Sie könnten dann zwar von Verbundstrukturen profitieren, doch gerade in diesen führt der hohe Anteil an befristeten, aktuell z.B. qualitätspaktfinanzierten Stellen dazu, dass Unterstützungsangebote nicht nachhaltig und in gleichbleibender Qualität angeboten werden. (Wannemacher 2017: 107)

- Probleme ergeben sich aus der gestiegenen Verbreitung und Nutzung technischer Anlagen. So war fest installierte Medientechnik vor einigen Jahren nur in größeren Lehrräumen vorhanden, heute gibt es kaum noch einen Raum ohne diese. Damit ist jedoch nur selten die Aufstockung des technischen Personals einhergegangen. Verschärft wird dieses Problem durch den Umstand, dass zunehmend auch Lehr- oder andere Veranstaltungen, die einer Betreuung durch technisches Personal bedürfen, an Randzeiten liegen.

- Erschwert wird die Einrichtung digitalisierungskompatibler Räume durch den Umstand, dass die Planung neuer Lehrräume, deren Modernisierung

---

[8] 9.3. Digitales Campus-Management

[9] Vgl. etwa die Auswertung eines Einführungsprojekts zu digital gestützten Prüfungen, wonach die Abstimmung der unterschiedlichen Anforderungen von Infrastruktur (Raumbedarf, Hardware und Software) und Recht (rechtskonform durchführbare E-Prüfungen) die größte Herausforderung dargestellt habe (Huth/Keller/Spehr 2017: 69).

oder gar die Errichtung neuer Hochschulbauten längere Prozesse darstellen, in die die Lehrenden erst bei Inbetriebnahme einbezogen werden. (Pirr 2017: 56)

Diese Erfahrungen korrespondieren mit einer Reihe von Fehlfunktionen, welche die heute typischen Vorgehensweisen bei der Digitalisierung der Hochschulen kennzeichnen:

- systemimmanente Schwächen des Wissenschaftssystems bei der Bewältigung der Digitalisierung – z.B. durch bürokratische Hürden oder konfliktbehaftete Machtkonstellationen, in sowohl der internen als auch externen Governance;
- die Nichtvermeidung von Widerständen der Wissenschaftler.innen gegen Digitalisierungsentwicklungen – illustrativ: MOOCs oder die Delegierung digitalisierungsbedingten administrativen Mehraufwands an die wissenschaftliche Leistungsebene (Zierold/Trauwein 2017: 86);
- Investitionen in dann ungenutzte Instrumente – bspw. regionale Forschungsdatenbanken oder die Beförderung analoger Datenhalden zu digitalen Datenhalden ohne angemessene Recherchefunktionalitäten (vgl. Pasternack 2006);
- die Vielzahl von Systemen, wobei jedes davon weitgehend separat und unvernetzt funktioniert.

Schließlich verfügen Hochschulen auch deshalb über unzureichend gestaltete digitale Infrastrukturen, weil sie als Arbeitsplatz für IT-Fachkräfte als unattraktiv gelten. Einerseits werden im Vergleich zur freien Wirtschaft geringere Löhne gezahlt (vgl. Banscherus et al. 2017: 133f.). Andererseits wird angegeben, dass die Arbeitsumgebung weniger attraktiv sei. Beides stehe der Gewinnung von bestqualifizierten Fachkräften im Wege. In der Folge fehlten diese Spezialisten für die Modernisierung der technischen Infrastruktur ebenso wie für die Entwicklung zeitgemäßer bzw. zukunftsträchtiger Softwarelösungen. (Henke/Pasternack/Schmid 2017: 151)

Übersicht 61: Typische Organisationsprobleme der Hochschuldigitalisierung

Problem	Details
Hochschulorganisation als lose gekoppelte Teilsysteme	
Entwicklungs-dynamiken	dynamische Soft- und Hardware-Entwicklung vs. langwierige Entscheidungs- und Implementationsgeschwindigkeiten an Hochschulen
	Ressourcenausstattung so nötig, dass auf stetige Änderungen reaktionsfähig
	für Digitalisierung grundsätzlich zusätzliches Personal nötig – Ressourcen(verteilungs)problem, sofern dieses gelöst: Problem der Personalrekrutierung in Konkurrenz mit freier Wirtschaft
Förderung parallelen Einsatzes von Softwarelösungen durch Differenzen ...	zwischen Wissenschaft und Verwaltung
	zwischen Fächer(gruppen)kulturen
Konflikt-potenziale	individuelle Autonomie vs. digital vermittelte organisationale Steuerungsabsichten
	Austragen sachfremder Konflikte, die unabhängig von elektronischen Systemen existieren

Problem	Details
individuelle Wahrnehmungen angesichts komplexer Berufsrolle und permanenter Zeitprobleme der Wissenschaftler.innen	Übergriffigkeiten der Organisation auf wissenschaftliche Kernleistungsprozesse
	Verschiebung administrativer Aufgaben auf die Wissenschaftlerebene
	gefühlt schiefes Verhältnis zwischen Be- und Entlastung
	prognostizierter Nutzen häufig niedriger als wahrgenommene (zeitliche) Kosten
soziale Reaktionen	Wissenschaftler.innen verfügen über professionstypische Fähigkeit zu intelligentem obstruktiven Handeln
	Strategien der Aufwandsminimierung qua informeller Praktiken
	hohe Empörungsbereitschaft bei Funktionsstörungen

Nutzeransprüche und -verhalten

Erwartungshaltungen werden außerhalb des Hochschulbetriebs geprägt	Hochschulwebseiten: kommerzielle Angebote als Referenzen der User	
	Systemanforderungen	niedrigschwellig im Einstieg
		komfortabel
		flexibel
Kommunikation	Missverständnis: Digitalisierung führe automatisch zu Aufgabenentlastungen	
	„Es mangelt an Kommunikation innerhalb/zwischen Hochschulebenen" vs. „Man wird mit Informationen überhäuft, die in Gänze kaum verarbeitbar sind"	
	Unverständlichkeit und Nichtrezipierbarkeit von Anleitungen	
	Medienkompetenzunterschiede beachten	

Technische Suboptimalitäten (z.T., nicht generell)

Systemprägungen	ingenieursystemisches oder bürokratisches Denken
	starke Fokussierung auf technische Möglichkeiten und Medienwechsel statt Kopplung von Technik und Organisation
	angebots- statt strikt nutzerorientierte Systemgestaltungen
Medienbrüche	prozessinterne und/oder an Prozessschnittstellen
	mangelnde Integriertheit des elektronischen Hochschulökosystems
	analog + digital + verschiedene Systemumgebungen und Datenstrukturen
	keine plattformübergreifende Suchfunktion
Usability	funktionale Überfrachtung
	schwer zu bedienende Portalarchitekturen
	hohe Einstiegsbarrieren
	unterschiedliche Bearbeitungsoberflächen mit unterschiedlichen Zugangsdaten
	Mangel an Optimierung für mobile Geräte
	Barrierefreiheit häufig nicht gegeben
	unzulängliche Suchmaschinen-Sichtbarkeit (SEO) von Websites
	häufig keine Personalisierbarkeit

Zusammengefasst finden sich die Herausforderungen dann immer wieder unter dem Stichwort der Balancierung formuliert: „Es ist eine Balance zwischen zentralen und dezentralen Verantwortlichkeiten zu finden, die mit einer Harmonisierung der Prozesse über Organisationsgrenzen einhergeht, um die vielfach redundanten Arbeiten synergetisch zusammenzufügen und unter Effizienzaspekten zu minimieren. Eine sachorientierte Prozessoptimierung und übergreifende Lösungen lassen sowohl hochschulintern als auch hochschulübergreifend Verbesserungspotenzial entstehen." (DFG 2016: 9)

Was so schon, etwas lyrisch, die DFG-Kommission für IT-Infrastruktur anmerkte, wird verschiedentlich untersetzt:

- Wissenschaftliche Offenheit, die professionstypische Gewöhnung an freies Arbeiten, Aversionen gegen Überwachungsmöglichkeiten und Sicherheitsanforderungen bei zugleich oftmals naiven Vorstellungen zum Umgang mit sensiblen Daten müssten ausbalanciert werden (G. Schneider 2017: 16).
- Nötig sei, eine Balance zwischen den Kommunikations- und Folgekosten der Digitalisierung herzustellen (Zierold/Trautwein 2017: 90).
- Die Einbettung der digitalen Informationsinfrastruktur in zwei Handlungszusammenhänge sei auszugleichen: einerseits das unterstützte Handlungssystem, für das die digitale Infrastruktur Ressourcen bereitstellt, andererseits ein in Organisationen formiertes Expertentum, das für eine Aufrechterhaltung der Infrastruktur sorgt (Taubert 2017: 27).
- Zu balancieren seien die verschiedenen Aufgaben der IT, um eine Priorisierung termingebundenden Handelns gegenüber längerfristigen Aufgaben zu vermeiden, die meist aus Ressourcenknappheit erfolge (G. Schneider 2017: 14).

Gelingt die Balancierung nicht, wird weiterhin mit Ausweichstrategien reagiert: So finden sich in den nicht für Digitalisierung einschlägigen Fächern digitalisierungsfokussierte Studieninhalte in gesonderte Studiengänge ausgelagert – womit digitale Entwicklung lediglich als neuer Gegenstandsbereich begriffen wird, der sich mittels vertrauter Schemata deuten und bearbeiten lässt (S. Schneider 2017: 120f.). Parallel zu elektronischen Erfassungen werden weiterhin Karteikarten geführt, da man ja nie wissen könne. Hochschulwebseiten werden aller paar Jahre einem Komplett-Relaunch unterzogen, statt sie kontinuierlich zu verbessern, und wirken also regelmäßig veraltet (Schubert 2017: 49). Könne der Aufbau und die Betreuung hochschulweit einheitlicher Anlagen nicht geleistet werden, dann bauten Institute eigene Medientechnik auf und untergrüben damit zugleich Homogenisierungsansätze (Pirr 2017: 57). Das steht dem Streben nach hochschulweit zueinander kompatiblen Strukturen, also integrierten bzw. schnittstellenoptimierten Systemen, entgegen.

9.3. Digitales Campus-Management

Ein Weg, mit dem Hochschulen auf gestiegene organisatorische Anforderungen reagieren, sind Campus-Management-Systeme (CaMS), also elektronische Anwendungssysteme für die umfassende Unterstützung vornehmlich administrativer Prozesse an Hochschulen. Es sind Assistenzsysteme, die digitale Repräsentationen der analogen Welt enthalten, um bislang analog bewältigte Vorgänge elektronisch be- und verarbeiten zu können. Damit sind die CaMS Teil des als Digitalisierung bezeichneten Prozesses, also der zunehmenden Erstellung oder

Umwandlung, Speicherung und Verbreitung von symbolisch codiertem Sinn – mithin Text im weitesten Sinne – in binärem Code.

Digitale Assistenz für Verwaltungsvorgänge sollte aber nicht als schlichte Übertragung analoger Handlungsroutinen in ein neues Erfassungsmedium gedacht werden. Besondere Relevanz erlangt dies, wenn Verwaltungsaufgaben im Zuge der digitalen Optionen auf die wissenschaftliche Arbeitsebene verlagert werden, Wissenschaftler.innen aber typischerweise nicht nach Verwaltungslogik bzw. bürokratischen Regeln agieren – abgesehen davon, dass solche durch die Digitalisierung begünstigten Aufgabenverschiebungen bereits für sich genommen problematisch sind, weshalb sie ebenso hinsichtlich benötigter Digitalisierungsakzeptanz als auch des Risikos beeinträchtigter Arbeitsmotivation der Wissenschaftler.innen reflektiert werden sollten.

Die digitalen Assistenzen, welche unter anderem für die hochschulreformbedingten Neuerungen mobilisiert wurden, haben auf der wissenschaftlichen Leistungsebene bislang vor allem Skepsis erzeugt:

- Die Implementierung entsprechender Systeme, insbesondere von Campus-Management-Systemen, erweist sich als Reaktion auf das Anwachsen von Organisationstätigkeiten und Koordinationserfordernissen noch nicht wirklich als durchschlagend hilfreich.

- Weitergehende Nutzungen im Wissenschaftsbetrieb etwa im Rahmen onlinegestützter Forschung und Forschungskollaborationen, der Digital Humanities und anderer massendatenbasierter Untersuchungen oder onlinegestützter wissenschaftlicher Kommunikationen über Portale, Blogs, Wikis und elektronische Journale sind bislang nur in Ausnahmefällen – etwa in Gestalt von Forschungsdatenbanken – in Campus-Management-Systeme integriert.

- Einerseits würden nach wie vor Papierformate insbesondere für Banalitäten wie Rechnungen, Anträge etc. eingesetzt, obwohl es dafür komfortable digitale Lösungen gebe. Andererseits habe die IT-basierte Reduzierung des Aufwandes in klassischen Aufgabenfeldern, etwa der Prüfungsverwaltung, im Ergebnis zu einer Arbeitsverschiebung von der Verwaltungs- auf die Wissenschaftsebene geführt, mithin zu Mehrbelastungen beim wissenschaftlichen Personal.

Die Prozessintegration auf Ebene des Student-Life-Cycle sei derzeit zwar gut umsetzbar, aber eine Integriertheit im Sinne einer Systemlösung für alle Integrationsebenen gebe es in der Praxis nicht. Dies bleibe bisher eine Illusion. Die ‚Integration‘ bestehe heute darin, Schnittstellen verschiedener Einzel- und Bastellösungen zu managen – einem *„Zoo aus Tools“*. (WsExp) Die ambitionierte sprachliche Steigerungsform „integrierte CaMS" stellt daher einstweilen einen Euphemismus dar. Als Ursachen der geringen Integriertheit der elektronischen Assistenzsysteme lassen sich identifizieren:

- Die Systeme sind historisch gewachsen. Ist ein System erst einmal eingeführt, sind dessen Strukturen nicht ohne weiteres veränderbar. Ein späteres Umschwenken auf eine Alternative wird zunehmend aufwendiger, da sich Rückkopplungen und Hindernisse aufbauen (Lock-in-Effekt).

- Im CaMS-Kontext basieren viele Entscheidungen nicht auf hinreichendem Fachwissen, und zwar in zweierlei Hinsicht: Die Systemanbieter haben zu wenig Einblick in die Fachwelt der Hochschulverwaltung, und die Verwaltung hat zu wenig Fachwissen hinsichtlich der Nutzungsmöglichkeiten von CaMS bzw. der Übersetzung des eigenen Fachwissens in CaMS-Strukturen und -Funktionalitäten.

- Mit den CaMS-Anbietern greifen Akteure in zentrale Strukturen und Prozesse der Hochschulen ein, die nicht Teil der jeweiligen Organisation sind. Der daraus resultierende Bedarf an Informationsfluss und -austausch ist bislang systematisch unterschätzt worden.

- Die vorhandenen Systeme lassen sehr häufig den kognitiven Hintergrund eines ingenieursystemischen oder bürokratischen Denkens erkennen. In der Regel basieren Anwendungssysteme auf komplexen Programmierungen, die in den Denkwelten von Informatik und Verwaltungswissenschaften verankert sind (Schuppan 2011: 270). Eine Übertragung des Problembewusstseins der wissenschaftlichen Leistungsebene in diese Denkwelten und dann entsprechender Programmierungen, indem beide verknüpft werden, fehlt bislang weitgehend.

- Die Justierung zusätzlicher Funktionalitäten und geeigneter Schnittstellen stellt Hochschulen und Anbieter vor enorme Herausforderungen. Das führt oftmals zu Bastellösungen.

- Änderungen hochschulorganisatorischer Abläufe und Strukturen sowie in den IT-Dienstleistungen bedingen wiederkehrend die Reorganisation der hochschulweiten Systemstruktur. Im Zuge dieser werden einzelne Systeme bzw. Systemkomponenten mitunter nicht dynamisch an die Neuerungen angepasst. In der Folge sind dann einzelne Systeme bzw. Systemkomponenten zueinander inkompatibel.

- Kennzeichen eines integrierten CaMS ist ein zentraler Datenbestand. Einen solchen hochschulweit zu erstellen und zu pflegen ist nicht trivial. Unterschiedliche, an den Hochschulen parallel laufende Systeme basieren häufig auf je spezifischen Systemarchitekturen bzw. Datenbankstrukturen. Das heißt, für eine Integration der Daten in einen zentralen Pool ist eine Übersetzung bzw. Konvertierung der unterschiedlichen Semantiken notwendig.

- Die Anpassung an neue Möglichkeiten der elektronischen Integration wird gehemmt durch die Differenz zwischen dynamischer Softwareentwicklung und den langwierigen Implementationsgeschwindigkeiten an Hochschulen. Letztere resultieren aus den Eigenheiten hochschulischer Entscheidungserzeugung: situativ bestimmt, oft wenig rational und deutlich abweichend von der verbreiteten Erwartung einer linearen Abfolge von Problemdefinition, Entscheidung und Problemlösung.

- Auch wenn ein weiträumiger Ersatz durch neue Software erfolgt, verbleiben häufig einzelne Funktionen und Schnittstellen, die zwar im alten System vorhanden waren, es aber im neuen System nicht mehr sind. In der Konsequenz laufen dann (weitere) Systeme parallel bzw. als Insellösungen.

- Zwar lassen sich stark standardisier- und routinisierbare Vorgänge vergleichsweise gut innerhalb eines CaMS abbilden bzw. nutzerfreundlich umsetzen. Doch bei Vorgängen mit Ermessensspielräumen und hochschulspezifischen oder fakultätseigenen Aufgaben ist dies nur bedingt der Fall, so dass dann auf Bastellösungen und Eigenentwicklungen zurückgegriffen wird.

- Der Charakter der Fachbereiche als strukturell voneinander getrennten und weitgehend eigenständig funktionierenden Organisationseinheiten spiegelt sich im Einsatz von Softwarelösungen wider, die parallel zu hochschulweiten Systemen bzw. Systemen anderer Fachbereiche eingesetzt werden. Die Ursache dessen ist, dass die Funktionalitäten der hochschulzentral angebotenen Lösungen als für die eigenen Zwecke unzulänglich erachtet werden.

- Es besteht eine beträchtliche Heterogenität der Usergroups und in deren Nutzungsverhalten. Daraus ergibt sich die Notwendigkeit, die Systeme spezifisch zu gestalten. Im Hinblick auf individuelle Gewohnheiten und Präferenzen lassen sich einerseits starke Differenzen der digitalen Affinität konstatieren. Andererseits verbindet sich dies mit hohen Erwartungshaltungen der Anwender an die Systeme.

- Werden alle Stakeholder in Digitalisierungsprojekte einbezogen, so treffen auch kulturelle Unterschiede – etwa zwischen Wissenschaft und Verwaltung – aufeinander. Dies erhöht das Risiko, dass sachfremde Konflikte ausgetragen werden, die (teils seit langem) unabhängig von elektronischen Systemen existieren, deren Lösung aber nicht Aufgabe eines Digitalisierungsprojekts sein kann (vgl. Haude/Toschläger 2017: 60ff.).

Die allen Integrationszielen vorausgehende zentrale Bedingung ist die Datenintegration, d.h. die Schaffung einer gemeinsamen Datenbasis. Nur so können auf operativer Ebene Doppeleintragungen und damit Redundanzen vermieden werden. Wenn aber z.B. verschiedene lehrunterstützende Plattformen parallel laufen, entstehen häufig nebeneinander vorgehaltene redundante Grunddaten. Daraus ergeben sich dann für Studierende wie für Lehrende prozessbezogene Widersprüchlichkeiten.

Integrierte CaMS erfordern ein Dauermanagement, welches an das Projektnagement für Planung und (Erst-)Implementation anschließt. Dabei stellen das Auftreten von Dysfunktionalitäten und anschließend nötige Reorganisationen den Regelfall dar. Hinzu treten ständige Anpassungsdynamiken, die aus der technischen Entwicklung resultieren. Damit diese nicht in stetigen Belastungswahrnehmungen – empfundener Bürokratisierung – münden, dürfen die Reorganisationen nicht als ad hoc erstellte Bastellösungen erfolgen. Dies setzt tragfähige Strukturen und hinreichende Ressourcen voraus, die während der dem Dauerbetrieb vorgeschalteten Projektphase zu schaffen sind. Dabei gilt es auch, Prozessabbildungen in einem CaMS denen der realen Praxis statt die Praxis dem System anzupassen.

Neben dem Mangel an Integriertheit erweisen sich die mit der Anwendung von CaMS einhergehenden Verschiebungen klassischer Verwaltungsaufgaben auf die wissenschaftliche Ebene als problematisch. Deren Erledigung wird von den Wissenschaftler.innen aufgrund ihres Professionsverständnisses als rollenfremd angesehen.

All das untergräbt eine zentrale Voraussetzung für hochschulische Digitalisierung: Akzeptanz. Erst wo diese besteht, kann auch Aufgeschlossenheit für digital bedingte bzw. elektronisch gestützte Veränderungen von Arbeitsabläufen und Organisationskultur entstehen. Bislang wird die an Digitalisierungsprozesse geknüpfte Erwartung einer Entlastung der wissenschaftlichen Leistungsebene von organisatorischen Aufgaben nicht erfüllt.

10. Die Prozesse in den Strukturen

10.1. Zeitbudgets und Tätigkeiten des wissenschaftlichen Personals

Aus den kontroversen Befunden über gesteigerte Administrationslasten, also einer zunehmenden ‚Verknappung der Zeit', ergab sich für uns die Notwendigkeit, die Zeitbudgets und Tätigkeiten des wissenschaftlichen Personals genauer zu betrachten. Es gibt Daten überregionaler Erhebungen, die seit Jahrzehnten im Rahmen einer Vielzahl von Studien zur Arbeits(zeit)belastung oder zum Workload von Hochschullehrenden stattgefunden haben. Die daraus resultierenden Daten sind weitgehend repräsentativ und eignen sich auch dazu, die Zeitverwendung von Hochschullehrenden mit Blick auf die engere Fragestellung nach erhöhten Administrationslasten zu analysieren.

Betrachtet man die Ergebnisse der einschlägigen Untersuchungen im Zeitverlauf, dann zeigt sich folgendes:

- Der Anteil der für Forschung aufgewendeten Zeit sinkt.
- Der für die Lehre betriebene Zeitaufwand ist im Vergleich zu vor 40 Jahren erheblich gesunken, bleibt aber seit Bologna relativ stabil, wobei nunmehr vermehrter Freizeiteinsatz zu beobachten ist.
- Der zeitliche Aufwand für Verwaltung incl. akademischer Selbstverwaltung und für weitere Aktivitäten sowie Dienstaufgaben (u.a. Beratung, Doktorandenbetreuung, aber auch das Schreiben von Gutachten und Anträgen) steigt kontinuierlich.

Auch unsere Untersuchungen liefern Hinweise, welche die Wahrnehmung seitens der Wissenschaftler.innen bestätigen, dass sich im Zuge der jüngeren Organisationsreformen gesteigerte Administrationslasten für sie ergeben hätten. Insofern werden die bisherigen Untersuchungen durch unsere bestätigt. Die von uns beobachteten Hochschullehrenden hatten im Durchschnitt einen Arbeitszeitverbrauch von 54 Prozent für Tätigkeiten, die nicht unmittelbar Lehre und Forschung sind. Dazu gehört, dass beim wissenschaftlichen Personal in einem nicht geringen Umfang organisierende Tätigkeiten anfallen: Etwa ein Viertel der Gesamtarbeitszeit wurde für solche Tätigkeiten verwendet. Für den Leistungsbereich Lehre lässt sich ein Drittel der aufgewendeten Arbeitszeitanteile organisatorischen Tätigkeiten zuordnen.

Bis auf Ausnahmen entstand während der Beobachtungen der Eindruck, dass administrative und organisierende Tätigkeiten nicht *besonders bewusst* wahrgenommen werden und sich weitgehend eine Mentalität des frustrierten Akzeptierens etabliert hat. Über den jeweiligen Beobachtungszeitraum hin war allerdings – durch die Beobachtung – eine Sensibilisierung der Hochschullehrenden für die eigenen Tätigkeiten festzustellen. Es wurde verstärkt reflektiert, welche Tätigkeiten zu administrativen und organisierenden Aufgaben zu zählen sind und wieviel Zeit dafür real aufgebracht wird. Man habe plötzlich auf bestimmte Tätigkeiten bewusster geachtet und sie bewusster wahrgenommen. Entsprechend fielen die Einschätzungen hinsichtlich der Belastung mit solchen Aufgaben zum Beobachtungsende häufig höher aus, als das im Vorgespräch der Fall war.

Die von uns ausgewerteten früheren Untersuchungen zur Zeitbudgetverwendung basieren auf nachträglichen Selbsteinschätzungen. Bei dieser Methodik müssen mögliche Unschärfen in Rechnung gestellt werden: Wie zuverlässig sind Erinnerungen? Werden Aktivitäten bei der Einordnung in die Hauptaufgabenbereiche (unbewusst) nicht berücksichtigt? Mindestens nicht auszuschließen sind Differenzen zwischen den Selbsteinschätzungen der Lehrenden und dem tatsächlichen Workload oder ungenaue Erinnerungen an die tatsächliche individuelle Zeitaufteilung zwischen Lehre, Forschung und verwaltenden Tätigkeiten. Sie können nach diesen Erhebungen weder ausgeschlossen noch empirisch bestätigt werden.

Selbsteinschätzungen sind immer auch durch individuelle und kollektive (bzw. als solche wahrgenommene) Stimmungslagen beeinflusst – so etwa bei Hochschullehrenden, dass zu viel Zeit für die Verwaltung aufzubringen sei und kaum Zeit für die Forschung bleibe (Jacob/Teichler 2011: 23). Das heißt, die eigene Arbeitszeitbelastung kann subjektiv und aufgabenbereichsspezifisch tendenziell höher eingestuft sein als objektiv gegeben. Retrospektive Erhebungsmethoden werden daher oft aufgrund ihrer variierenden Zuverlässigkeitsgüte kritisiert.

Um die Validität zu erhöhen, sind ergänzende Studien, die alternative methodische Zugriffe wählen, wünschenswert. Unsere Zeitbudgetuntersuchung trug dem durch einen Zugang Rechnung, der u.a. bei ethnografischen Feldstudien angewandt wird: die teilnehmende Beobachtung. Diese Erhebung von Zeitbudgetdaten eröffnete einen tiefergehenderen Einblick in die Zeitverwendung Hochschullehrender, als es durch retrospektive Selbsteinschätzungen möglich ist. Sowohl methodisch als auch inhaltlich konnte damit einerseits ein Beitrag zur Erweiterung der bisherigen Workload-Studien und Studien zur Arbeits(zeit)-belastung Hochschullehrender geleistet werden. Andererseits ließen sich die methodischen Ansätze bisheriger Untersuchungen und damit auch deren Erkenntnisse irritieren:

■ Über alle einschlägigen Zeitbudgetstudien der letzten Jahre hinweg ist festzustellen, dass die Zuordnung des zeitlichen Arbeitsaufwandes lediglich prozentual in groben Hauptaufgabenkategorien erfolgt. Diese sind in der Regel vier: Forschung, Lehre, Verwaltung (incl. akademische Selbstverwaltung) sowie eine Kategorie „Weiteres", unter der je nach Studie recht verschiedenes subsummiert wird. In kleineren aktuellen Studien oder Befragungen wurden einzelne Teilaktivitäten aus den Hauptaufgaben herausgelöst betrachtet, z.B. wurde eine Trennung von Lehre und Prüfungen vorgenommen. Konkrete Tätigkeiten bzw. Aktivitäten sind in den bisherigen Untersuchungen nur zu Zwecken der Veranschaulichung beispielhaft oder gar nicht aufgeführt. Vor dem Hintergrund der eher groben Kategorisierung bisheriger Studien wurde für unsere Untersuchung eine feingliedrigere Systematik entwickelt und angewendet, welche die Aktivitäten der Hochschullehrenden auch nach einzelnen Teilaufgaben möglich macht.[10]

■ In den bisherigen Zeitbudgeterhebungen wurde in der Regel nach der durchschnittlichen wöchentlichen Arbeitszeit oder nach der prozentualen Zuordnung des Arbeitsaufwandes in einer Woche für bestimmte Aufgabenbereiche gefragt. Selbsteinschätzungen von Arbeitszeit können nicht als akkurate, sondern allenfalls als ungefähre Werte gelten. Denn für Hochschullehrende ist ein entgrenztes Arbeitszeitverhalten typisch. Durch das von uns angewandte Beobachtungsverfahren war es möglich, die tatsächliche Arbeitszeit minutiös zu dokumentieren. Daraus ergab sich der Vorteil, dass es möglich war, sowohl zeitliche und räumliche als auch sachliche Entgrenzungsmomente aufzunehmen. In Untersuchungen, die auf Selbsteinschätzungen der Akteure beruhen, sind solche Momente nicht erfassbar.

■ Unberücksichtigt lassen die bisherigen Studien auch das Aufgabenverständnis der Befragten selbst: Das Schreiben von Drittmittelanträgen beispielsweise wird in mehreren Studien als zusätzliche Dienstaufgabe neben Lehre und Forschung deklariert. In der Wahrnehmung von Hochschullehrenden lässt sich diese Tätigkeit jedoch durchaus als forschungsbezogene Tätigkeit verstehen. Die Studiengangsadministration kann ebenso als lehrbezogene Aufgabe wie als Verwaltungstätigkeit verstanden werden. Einer unserer Beobachtungsprobanden reflektierte dazu (Beob_2): Sei ein Kaffeetrinken bei gleichzeitiger informeller Dienstbesprechung bereits Administration? Sei das Tafelwischen, insbesondere am Ende des Seminars, nun Lehre oder Organisieren? Auch unpräzise Formulierungen in den Befragungsbögen der retrospektiven Zeitbudgeterfassungen lassen Verzerrungen vermuten: so zum Beispiel die oft verwendete Begriffsanordnung „Schreiben von Gutachten" – kann es sich doch um Gutachten für Studienabschlussarbeiten, Promotions- und Habilitationsverfahren, Berufungsverfahren oder um eine externe Aufgabenübernahme (Forschungsantrag, Peer Review eines Zeitschriftenartikels usw.) handeln. Entsprechend wären unterschiedliche Zuordnungen zu den Aufgabenbereichen vorzunehmen. So bleibt es dann letztlich der Interpretation der Hochschullehrenden überlassen, welche Tätigkeiten in ihrem Verständnis welcher Aufgabenkategorie zuzuordnen sind. Es ist davon auszugehen, dass Hochschullehrende immer die Interpretationsvariante (unbewusst) wählen, die auf eine kritische Verschiebung hin zu administrativem Aufwand hinweisen: Wenn Wissenschaftler.innen das Gefühl haben, überlastet zu sein, dann sind sie geneigt, auch die kleinsten Aspekte als organisatorischen oder administrativen Mehraufwand wahrzunehmen. Zugleich ändern sich solche Einordnungen in der Selbstbewertung über die Zeit hin.

■ Die herkömmlichen Vergleichsstudien zur Zeitbudgetverwendung von Hochschullehrenden lassen in ihren Vergleichsbetrachtungen technologische Entwicklungen und den zunehmenden Einsatz von digitaler Assistenz unberücksichtigt. Wie die Ergebnisse unserer Untersuchungen zeigen, sind mit zunehmender

---

[10] Unsere taxonomischen Zuordnungen von Tätigkeiten bzw. Aktivitäten Hochschullehrender gründen sowohl auf der einschlägigen Literatur, langjährigen Felderfahrungen als auch auf der eigenen Empirie, wie etwa den Explorationstudien; s.o. 1.2. Untersuchungsablauf.

Digitalisierung Aufgabenverschiebungen und veränderte Input-Output-Relationen festzustellen, die mit den vorherigen Verhältnissen nur bedingt vergleichbar sind. Durch den Einzug des mehrheitlich kommunikationbestimmenden eMail-Verkehrs hat der Aufwand für direkte Studierendenbetreuung face-to-face abgenommen, während der Bearbeitungsaufwand für eMail-Korrespondenzen im Zeitverlauf gestiegen ist. Damit verbunden ist eine Wahrnehmungsverschiebung: Wird die Studierendenbetreuung face-to-face gemeinhin als Lehre interpretiert, so wird das Abarbeiten von Studierenden-eMails eher als organisatorischer Aufwand wahrgenommen und damit nicht als Studierendenbetreuung im Rahmen der Lehre.

Neben der Erhebung von Zeitbudgetdaten wurde die teilnehmende Beobachtung dazu genutzt, Tätigkeitsanalysen durchzuführen. Das ermöglichte weitere Einblicke in den Tagesablauf eines Hochschullehrenden. Darüber ließen sich individuelle Strategien identifizieren, die Lehrende nutzen, um die organisatorischen Anforderungen des Lehralltags zu bewältigen. Zu welchen Zeiten und in welchen Situationen treten Belastungen besonders häufig und vor allem immer wieder auf? Wodurch und wann treten Störungen und Unterbrechungen auf? Was sind die Zeitfresser? Wodurch wird das Belastungsempfinden Hochschullehrender verstärkt?

Die Zusammenführung der Ergebnisse aus unseren Interviews, der Zeitbudget- und Tätigkeitsanalyse durch teilnehmende Beobachtungen sowie die Befragung der QPL-Mitarbeiter.innen zeigt, dass der zeitliche Aufwand, den das wissenschaftliche Personal für organisierende Tätigkeiten aufbringt, von vielen Einflussgrößen abhängt. Benennen lassen sich die folgenden:

■ Zunächst ist der Aufwand stark davon abhängig, ob Personen Funktionsämter innerhalb der akademischen Selbstverwaltung oder im Beauftragtenwesen innehaben. Gerade diese Personen klagen (berechtigterweise) über einen sehr hohen Aufwand. Die Arbeitszeitanteile von Hochschullehrenden, die in Senats- und Kommissionsarbeiten ihrer Hochschule eingebunden sind, fallen für lehr- und forschungsbezogene Tätigkeiten niedriger bis deutlich niedriger aus als bei Hochschullehrenden, die keinem solcher Engagements nachgehen. Es stelle aber eine Frage des Engagements der Lehrenden dar, sich nicht nur für das eigene Fach, sondern auch für die Entwicklung des Fachbereichs oder der Hochschule zu engagieren.

■ Der Aufwand ist abhängig von den individuellen Zielen der Lehrenden. Prioritär sind in der Regel Forschung, Publikationen und Drittmitteleinwerbung. Das sind die Aktivitäten, die innerwissenschaftlich Reputation versprechen und auch außerwissenschaftlich auf Resonanz stoßen können. Ebenso stellt die Intensität des Engagements in der Lehre eine Einflussgröße dar. So gebe es Lehrende, die bspw. aktiv an der Weiterentwicklung von Lehrformaten mitwirken sowie intensiv mit Lern- und Lehrmanagementsystemen arbeiten, und solche, die das nicht tun.

■ Die Belastungen schwanken auch je nach Fachrichtung und Studiengang stark – bspw. durch Lehrtätigkeiten an unterschiedlichen Fakultäten oder Instituten. Unsere Beobachtungen zeigen: Aufgrund des typischerweise forschungsintensiveren Charakters der MINT-Fachbereiche investieren Hochschullehrende in diesen Fächergruppen durchschnittlich mehr Zeit in forschungsbezogene Tätigkeiten, als es ihre Kolleg.innen in den Geistes- und Sozialwissenschaften tun.

■ Der Bologna-Prozess hatte u.a. das Ziel, den Stellenwert und die Wertschätzung der Lehre in den Hochschulen zu stärken. Verfolgt man die öffentlich geführten Debatten der letzten Jahre, lässt sich allerdings ein konkurrierender Tenor ausmachen: Studierende klagen über Massenvorlesungen und verschulte Veranstaltungen. Professor.innen beschweren sich über zu hohen Lehraufwand und zu wenig Zeit für die Forschung. Vor diesem Hintergrund ist ein Ergebnis unserer Untersuchungen besonders auffällig: Personen, deren Lehrerfahrungen sich allein auf bolognareformierte Studiengänge beziehen, investieren deutlich mehr Zeit in Lehraufgaben als solche, die vor der Bologna-Reform ihre akademische Sozialisation durchlaufen haben. Letztgenannte verbringen dafür durchschnittlich mehr Zeit mit Forschungsarbeiten.

■ Der Belastungsgrad hängt auch von der Hochschulart ab. An HAWs sind bekanntermaßen deutlich mehr Semesterwochenstunden Lehre zu leisten als an Universitäten. Das geht notwendigerweise auch mit einem höheren Umfang an organisatorischen Kontextaufgaben für die Lehre einher. Die beobachteten Hochschullehrenden an HAWs verwendeten vergleichsweise mehr Arbeitszeitanteile auf lehrbezogene Tätigkeiten, die an Universitäten verbrachten demgegenüber mehr Zeit mit forschungsbezogenen Tätigkeiten und weiteren Aktivitäten sowie Dienstaufgaben neben der herkömmlichen Leistungserbringung in Lehre und Forschung. Zudem verfügen Fachhochschullehrende im Gegensatz zu ihren Universitätskolleg.innen nur in den seltensten Fällen über einen wissenschaftlichen Mitarbeiterstab und/oder Zugriff auf Sekretariatsressourcen, was die Option der Aufgabendelegation überwiegend ausschließt.

■ Sekretariate stellen für die Bewältigung organisatorischer Kontextaufgaben eine wichtige Ressource dar. Die dortigen Mitarbeiter.innen übernehmen für die Hochschullehrer.innen organisatorische und administrative Aufgaben sowie einen Großteil des Informations- und Kommunikationsmanagements. Dies gilt insbesondere für die Interaktion zwischen wissenschaftlicher Leistungsebene und den unterschiedlichen Ebenen der Hochschulverwaltung. Die Hochschullehrer.innen, die über keine solchen Ressourcen verfügen, beklagen eher eine Zunahme bzw. Belastung durch administrative Aufgaben.

■ Je mehr Rollen ein Hochschullehrer innerhalb der Hochschule einnimmt – etwa Kommissionsmitgliedschaften, Arbeitsgruppen, Beauftragtentätigkeit etc. –, desto mehr ,connects' gibt es mit den Verwaltungsebenen. Vonseiten der wissenschaftlichen Leistungsebene werden in dem Kontext vor allem Personal-, Finanz- und Rechtsangelegenheiten benannt, über die es sich mit den Verwaltungsebenen auseinanderzusetzen gilt.

■ Die Einschätzung von zeitlichem Aufwand hängt auch vom individuellen Verständnis der Lehrenden ab, welche Tätigkeiten sie der Lehre, Forschung, Administration und weiteren Aufgabenbereichen zuordnen. Das Organisieren von Sprechzeiten für Studierende bspw. gehört im Verständnis der meisten Lehrenden direkt zur Lehre und wird insofern nicht den organisierenden Tätigkeiten zugeordnet.

▪ Der Arbeitsalltag von Hochschullehrenden ist durch ein hohes Maß an Kommunikation geprägt. Unsere Probanden haben zwei Drittel ihrer Arbeitszeit mit kommunikativen Tätigkeiten verbracht. Dabei führen die aus der Digitalisierung erwachsenden Vorteile – etwa den Anwendern schnellere und einfachere Kommunikation zu ermöglichen – auch zu einem gegenteiligen Effekt. Die zunächst an sich positiven Effekte haben negative Nebenkosten, die sich summieren und dann die Wahrnehmung der Vorteile überlagern. Allerdings sind diesbezüglich unsere Erhebungen eher entdramatisierend: Für eMail-Kommunikation wurden von den beobachteten Hochschullehrenden im Durchschnitt arbeitstäglich 46 Minuten aufgewendet.[11] Telefonkommunikationen nahmen durchschnittlich elf Minuten in Anspruch.[12] Zwar war unsere Beobachtungsgruppe nicht repräsentativ, doch hinsichtlich der eMail- und Telefonkommunikation konnten die Ergebnisse von Donk (2012) bestätigt werden.

▪ Die Probanden zergliederten ihre bestehenden Aufgaben in der Regel in Einzelaktivitäten, die sie diskontinuierlich ausführten. Sie widmeten sich nur selten für längere Zeit einer einzelnen Aufgabe und wechselten oft spontan zwischen verschiedenen Tätigkeiten sowie Aufgabenbearbeitungen. Solche ständigen Wechsel werden auch als Bruchstückhaftigkeit der Arbeit bezeichnet: Innerhalb eines bestimmten Zeitraumes müsse eine hohe Anzahl verschiedener Aktivitäten durchgeführt werden, die zumindest teilweise unabgeschlossen bleiben (Beuscher-Mackay et al. 2009: 224). Studien haben zudem gezeigt, dass sich dabei die jeweiligen Bearbeitungszeiten deutlich verlängern (vgl. Rubinstein/Meyer/Evans 2001; APA 2006).

Insbesondere die Daten der jüngsten Allensbach-Hochschullehrerumfrage (IfD 2016) können durch unsere alternativen Zugriffe als tendenziell bestätigt angesehen werden. Ihr zufolge nehmen Aktivitäten der Kategorien „Verwaltung" und „Weitere Dienstaufgaben" (neben Forschung und Lehre) zusammen mittlerweile durchschnittlich 40 Prozent der wöchentlichen Arbeitszeit von Hochschullehrenden ein (ebd.: 6).

10.2. Bürokratisierung: auch, aber nicht nur subjektives Deutungsschema

Organisatorische Kontexte der Hochschule sind Strukturen und Prozesse, die den Rahmen für die eigentliche Leistungserbringung in Lehre und Forschung bilden. Sie wirken sich sowohl direkt als auch indirekt auf die Aufgabenerfüllung aus. Sie transportieren spezifische Anforderungen und Erwartungen, denen durch aktives Tun zu genügen ist oder durch passives Unterlassen begegnet wird. Sie können sowohl ermöglichend als auch beschränkend auf die Gestaltung der Leistungsprozesse wirken.

Organisierende Tätigkeiten fallen auch beim wissenschaftlichen Hochschulpersonal an, und dies in einem nicht geringen Umfang, wie ob zu zeigen war. Die

---

[11] Maximum: 120 Minuten
[12] Maximum: 90 Minuten

Urteile über die Effekte der Hochschulreformen hinsichtlich der Belastungen des wissenschaftlichen Personals fallen überwiegend harsch aus. Der Bologna-Prozess etwa institutionalisiere geradezu lehrbuchmäßig Strukturen, die zur Motivationsabschwächung des akademischen Personals führen müssen. Er führe zu bürokratisierten Prozessabläufen, reduziere die Handlungsspielräume, da die Vorgaben restriktiver geworden seien, und binde Ressourcen. Die Autonomie werde der Effizienz geopfert – doch ohne Effizienzgewinne zu erzielen. (Brenner 2009: 101, 94)

Die Organisation, so ließe sich zusammenfassen, versucht, die Inhalte domestizierend in den Griff zu bekommen, scheitert dabei aber. Darauf wird mit mehr Organisation reagiert. Beschrieben worden ist der Mechanismus schon vor Bologna: Es gebe, so Niklas Luhmann (1987: 204), „immer mehr Regeln und immer weniger Ausnahmen. Medium und Form fallen zusammen. Das System kulminiert in der zentralen Paradoxie, daß niemand weiß, ob die Regel ‚Keine Regel ohne Ausnahme‘ nun mit Ausnahme (also ohne Ausnahme) oder ohne Ausnahme (also mit Ausnahme) gilt."

Obwohl Hochschulen durchaus Initiativen ergreifen, die zur Entlastung von Verwaltungs- und Organisationsaufgaben beitragen sollen, die Governancereformen entbürokratisierende Wirkungen entfalten sollten und mit den neuen Studienstrukturen fortwährende Improvisationsanstrengungen durch entlastende Strukturen ersetzt werden sollten, wird von den Lehrenden das Gegenteil beschrieben. Der allgemein einigungsfähige Begriff ist hier „Bürokratisierung":

- *Bürokratie* zeichnet sich durch festgelegte Regeln aus, welche die nachvollziehbare Bearbeitung routinisierbarer Vorgänge erlauben. Weitere Kennzeichen sind hierarchische Organisation, Kompetenzzuweisungen, Unpersönlichkeit und Schriftlichkeit. Mit Bürokratie werden aber auch schwerfällige Entscheidungsprozesse, ineffizienter Ressourcenverbrauch, Vielstufigkeit der Hierarchien, Planungsfixiertheit und Rechtspositivismus bzw. Paragrafenreiterei assoziiert.

- *Bürokratisierung* als Prozessbegriff bezeichnet die Erweiterung und Zuspitzung bürokratischer Regelungen wie hierarchischer Organisation, Kompetenzzuweisungen, Regelgebundenheit, Unpersönlichkeit und Schriftlichkeit über ein sachlich erforderliches Maß hinaus. Bürokratien wandelten sich dabei aus einem gesunden Organisationszustand in einen krankhaften, d.h. werden vom Bürokratismus befallen (Leis 1982: 168).

- *Bürokratismus* liege dann vor, wenn die vorgegebene Hierarchie, die Reglements und Arbeitsteilung von den dort Beschäftigten als Wert an sich betrachtet und nicht mehr auf den gesellschaftlichen Zweck bezogen werden. Das wiederum lassen sich als ein organisationspathologischer Zustand kennzeichnen. (Ebd.)

Bürokratie und Bürokratisierung seien nach Thomas Ellwein (1994: 111) unvermeidbar, „ihr Umfang und ihre Wirkung sind es nicht". Das jeweils sachlich erforderliche Maß der Bürokratie ist allerdings nicht absolut zu fixieren. Es muss vielmehr im Rahmen von Abwägungen durch die Beteiligten ausgehandelt werden. Gegeneinander abzuwägen sind dabei die Sicherstellung einerseits von rechtsgebundenem Handeln, also der Vermeidung von Willkür, und anderererseits von Freiräumen für situationsspezifisches Reagieren und initiatives Handeln.

Die individuelle Wahrnehmung bürokratischer Belastungen steigt aber für gewöhnlich weniger grundsätzlich an, sondern konstatiert schlicht deren Zunahme. Dabei zeichnet sich diese Wahrnehmung durch einige Charakteristika aus:

- Zum ersten ist Bürokratisierung gleichsam abstrakt allgegenwärtig, d.h. sie wird fortwährend und umstandslos konstatiert. Es gilt als eine Art soziales Gesetz, dass Bürokratie zunehme.

- Zum zweiten handelt es sich nicht zwingend immer um tatsächlich unnötige Bürokratie, sondern mitunter nur um organisatorische Erfordernisse, die als unnötige Bürokratie *wahrgenommen* werden.

- Zum dritten nehmen Lehrende organisatorische und bürokratische Anforderungen nicht getrennt danach wahr, ob diese im Kontext der Lehre, der Forschung oder wovon auch immer zu erbringen sind. Individuell werden Belastungswahrnehmungen vielmehr nach dem alltagstheoretischen Schema „eigentliche Aufgaben (Lehre und Forschung) vs. uneigentliche Aufgaben (Verwaltung und Organisation)" sortiert.

- Zum vierten schließlich sind die konkreten Beispiele, die benannt werden, sehr heterogen: Es gibt hochschulübergreifend artikulierte Beispiele (Auseinandersetzungen über Ressourcensicherung, Mittelbewirtschaftungen, Akkreditierung, Dienstreiseabrechnungen z.B.) und offenbar nur lokal vorkommende Belastungen.

Doch muss sehr sorgfältig differenziert werden, um zu einer angemessenen Antwort auf die Frage zu gelangen, ob die Reformen der letzten Jahre tatsächlich zu einer generellen Mehrbelastung der Lehrenden geführt haben. Wichtig ist es zu unterscheiden, ob es sich bei neuen Verfahrensregelungen um eine subjektive Belastungswahrnehmung oder eine objektiv nachweisbare Mehrbelastung handelt.

Die subjektiven Erfahrungen werden häufig überindividuell verallgemeinert, indem Tatbestände verschiedenster Art und Berechtigung unter dem Deutungsmuster der Bürokratisierung zusammengefasst werden. Exemplarisch lässt sich hier eine Stellungnahme der Gesellschaft für Informatik (GI) mit dem Titel „Wissenschaftsbürokratie bedroht Informatikforschung" nennen. In dieser finden sich einerseits heikle Vertragsgestaltungen, überzogene Gremienbefassungen und gravierende Ungeschicklichkeiten der Hochschulen bei der Neugestaltung der Promotionsphase benannt. Andererseits sind zwei Aussagen unvermittelt integriert, die eine genauere Recherche benötigt hätten: Zum einen wird behauptet, dass die Politik die Schwerpunkte der Forschung festlegen wolle (statt, wie es richtiger zu fomulieren gewesen wäre: aus gesellschaftlicher Perspektive nötige Schwerpunkte besonders fördern wolle). Zum anderen wird aus einer Aufforderung, sich aktiv um bessere Geschlechterrepräsentanz zu bemühen, ungedeckt geschlussfolgert, dies führe zu unbesetzten Studienplätzen. (Übersicht 62)

Insgesamt betrachtet, bringen die Reformentwicklungen erweiterte Dokumentationsanforderungen mit sich, führen zur Etablierung elektronischer Systeme, die vielfach als wenig nutzeradäquat bewertet werden, und erzeugen zusätzli-

„Eingriffe in die Wissenschaftsfreiheit und eine galoppierende Wissenschaftsbürokratie bedrohen nach Beobachtungen der Gesellschaft für Informatik die Innovationskraft der deutschen Informatik-Forschung. Eine zunehmende Dichte politischer und bürokratischer Vorgaben zu Forschungsprojekten, zur Nachwuchsförderung, und zur Lehrorganisation bremst die dynamische Entwicklung des Faches aus und schreckt Nachwuchswissenschaftler ab.

- So werden etwa **Zeitverträge für Doktoranden** seit einiger Zeit in vielen Bundesländern sehr restriktiv gehandhabt; dies soll ‚prekäre Beschäftigung' verhindern. Wenn aber ein Doktorand 3 oder 4 Monate länger zum Abschluss braucht als geplant, kann man ihm dafür keinen Arbeitsvertrag mehr geben. Viele Doktoranden müssen ausgerechnet in der Abschlussphase die Uni verlassen.

- An der Berliner Humboldt-Universität wird es ab Herbst 2014 notwendig sein, **für jedes neu konzipierte Lehrmodul die Prüfungsordnung zu ändern** statt – wie überall anderswo – nur das Modulhandbuch. Ein Gastprofessor kann also gar kein neues Modul anbieten, denn bis die geänderte Prüfungsordnung genehmigt ist, ist er schon längst nicht mehr da.

- Die **Landesregierung** in Nordrhein-Westfalen **legt zukünftig selbst fest, was wissenschaftliche Herausforderungen** sind (‚Fortschrittsstrategie'). Das geplante ‚Hochschulzukunftsgesetz' würde dem Ministerium erlauben, entsprechende Forschungsschwerpunkte per Rahmenerlass zu verordnen.

- Das Karlsruher Institut für Technologie verlangt von seiner Informatik, die **Frauenquote bei Erstsemestern** von durchschnittlich 10.7 % auf 15 % zu erhöhen. 40 % Zuwachs bei den Studienanfängerinnen ist aber gänzlich unrealistisch. Die Fakultät müsste jährlich bis zu 150 männliche Bewerber ablehnen und Studienplätze unbesetzt lassen, um die Quote zu erfüllen.

- Viele Universitäten haben detaillierte **Regelungen zum Ablauf von Doktorarbeiten** beschlossen, die die Doktoranden zwingen, große Teile ihrer Forschungszeit für Zwischenberichte und ‚Schlüsselqualifikationen' zu opfern. Diese Gängelung schreckt kreative junge Köpfe ab."

„Die GI fordert … alle Informatik-Wissenschaftler auf, sich aktiv einer Bürokratisierung an Universitäten und Fachhochschulen entgegenzustellen. ‚In jedem Hochschulgremium muss die Wissenschaftsfreiheit verteidigt werden'", so der GI-Präsident.

Quelle: Gesellschaft für Informatik (2014), Form leicht verändert und Fettsetzungen vorgenommen

---

che, für Wissenschaftler.innen zudem häufig rollenfremde Aufgaben. Dabei mangele es sowohl an Kommunikation, wie man aber auch mit organisationsbezogenen Informationen überhäuft werde. Beide Kritiken gehen nicht umstandslos überein, sprechen aber gleichermaßen an, dass die Wissenschaftler.innen (auch) zu fragwürdigem Zeitverbrauch genötigt werden.

Als besonders häufig genanntes Negativbeispiel hat sich in unseren Erhebungen die Abrechnung von Dienstreisen durch die Hochschullehrenden herausgestellt. Sie wird von diesen als Fehlzuordnung wahrgenommen; die Bearbeitung solcher Vorgänge widerspricht dem eigenen Rollenverständnis als Hochschullehrer.in. Ein anderes Beispiel ist das Auslegen von Rechtsvorschriften und Regelwerken incl. entsprechender Rücksprachen und Aushandlungen mit Prozessbeteiligten. Für Verwaltungsmitarbeiter.innen ist das tägliche Routine. Die Nötigung jedoch, sich als Wissenschaftler.in mit sprachlich teils schwer rezipierbaren Gesetze, Leitfäden, Formular- und Dokumentensammlungen befassen zu müssen, widerspricht nicht nur dem eigenen Rollenverständnis, sondern touchiert in der Tat häufig auch die Grenze des Zumutbaren.

Die Rechtsbindung des Hochschulhandelns sichert dessen Legalität, und die Nutzung von Ermessensspielräumen sichert Prozesseffektivität und -effizienz. Das Verständnis davon, wie beides miteinander in eine Balance gebracht werden sollte, ist Gegenstand zahlloser Alltagskonflikte. Zugleich aber ergaben unsere Befragungen, dass Ausnahmeregelungen und einzelfallbasierte Lösungen offenbar durchaus Normalfall des hochschulischen Betriebs sind.

Viele Vorgaben erforderten eine freie Auslegung, die nicht hundertprozentig der ursprünglichen Vorgabe entspreche. Darüber hinaus gebe es kaum Regelungen und Vorgaben, die keine bedarfsorientierte Auslegung erlaubten. Hilfreich für die eigene Verwaltungsarbeit und die Bewältigung der Administration von Studium und Lehre sei es auch, Regelungen und Ordnungen weniger als Vorschriften oder Anweisungen, sondern mehr als Orientierungshilfen zu verstehen. „Ich empfehle unbürokratisches Handeln bis zum Rande der Legalität", so ein langjähriger Hochschulpräsident (Heinrich 2007).

Luhmann (1964: 304ff.) spitzte dies bereits vor längerem zum Begriff „brauchbare Illegalität" zu. Er bezeichnete damit Handlungen in einer Organisation, die zwar die formalen Regeln überschreiten oder verletzen, aber den Organisationszielen oder der Organisationsstabilität nützlich sind. Für die Hochschulen formulierte ein Bildungsminister diesen Sachverhalt mit den Worten, dass vor der Bologna-Reform „die Komplexität des Wissenschaftssystems und seiner Organisation durch Pragmatismus und Flexibilität abgefedert" worden sei (Brodkorb 2015). Nun aber werde zunehmend reguliert – „Jetzt ist das alles ein starres Korsett. [...] Wir haben alles überreguliert" (ebd.). Das geht dann mit einem gestiegenen Zeitaufwand einher und wird folglich als zusätzliche Belastung wahrgenommen. Auch dies bestätigten unsere Befragungen.

Kritisiert wurde von den Befragten, dass ein Zustand, in dem man zu kreativen Auslegungen bestehender Vorgaben greifen müsse, um den Hochschulbetrieb zu sichern, nicht unbedingt erstrebenswert sei. Ebenso wurde kritisiert, dass Regelungen an den Hochschulen häufig auch dann aufrechterhalten würden, wenn die Ereignisse ihnen faktisch widersprechen. Verwaltungshandeln erfolge nicht selten nach Maßgaben, die nicht (mehr) den (inzwischen überholten) Vorgaben entsprechen. Ein Dauerärgernis scheint es zudem darzustellen, dass auch bei Verwaltungsjuristen der geflügelte Satz „zwei Juristen – drei Meinungen" gilt. Daneben ist es immer wieder die schlichte Unverständlichkeit von hochschulinternen Ordnungen und Verwaltungsschreiben, die für Verdruss sorgt.

Mit solchen Entwicklungen werden dann auch fortwährend Anlässe produziert, Bürokratie als beliebtes Feindbild in allen Hochschulreformdebatten zu aktualisieren, etwa als „bürokratische Landnahme" (Freiburghaus 2013: 913). Eine Gruppierung der individuellen Wahrnehmungen und Erfahrungen gesteigerter Administrationslasten bei den Hochschullehrenden macht deutlich, wie sich hierbei unterschiedliche Entwicklungen unvorteilhaft verbinden. Konstatiert werden

- ein erhöhter Aufwand für die akademische Selbstverwaltung,
- eine Kumulation von Funktionsämtern und Engagement hinsichtlich institutsinterner Aufgaben auf wenige Personen,
- die Verlagerung bislang administrativer Aufgaben hin zur wissenschaftlichen Leistungsebene,
- zunehmende regulative Zugriffe durch Hochschulleitung und Hochschulmanagement,
- der Einsatz mängelbehafteter und unzureichend komfortabler Informationstechnologie sowie
- eine Komplexitätszunahme der Prüfungsverwaltung.

Die entscheidende Knappheit, die für Wissenschaftler.innen im Hochschulbetrieb besteht, betrifft die zur Verfügung stehende Zeit. Daher werden zeitverbrauchende Anforderungen, die in keinem unmittelbaren Zusammenhang mit den Aufgabenwahrnehmungen in Lehre und Forschung stehen, als leistungshemmend und demotivierend wirksam. Solche zeitverbrauchenden Anforderungen ergeben sich einerseits aus suboptimal organisierten Rahmenbedingungen der Lehre und der Forschung. Andererseits ist neben dem zeitlichen Aspekt zentral, dass organisatorische Aufgaben häufig als rollenfremd wahrgenommen werden – und es nicht selten auch sind.

Das Bild wäre unvollständig, wenn nicht erwähnt wird, dass mit Neuerungen zum Teil auch deshalb höherer Aufwand assoziiert wird, weil bekannte Routinen verlassen werden müssen, während tatsächlich nur temporär Ressourcen aufzubringen sind, um sich an das Neue zu ,gewöhnen'. Auch kommt es zu unnötigen administrativen Arbeiten von Wissenschaftlern – einerseits aus Unwissenheit und andererseits aufgrund falscher Wahrnehmungen hinsichtlich der an sie gestellten, aber auch ihrer eigenen Ansprüche. Teils lässt sich auch eine generelle Empörungsbereitschaft identifizieren, die dazu neigt, jede Neuerung als bürokratisierend zu skandalisieren.

Doch selbst dann, wenn dies zu einer tendenziellen Überschätzung von nicht unmittelbar lehr- und forschungsbezogenen Aktivitäten führen mag: Dies dementiert nicht grundsätzlich, dass die Akteure der wissenschaftlichen Leistungsebene einen im Zuge der jüngeren Organisationsreformen zunehmenden bürokratischen Aufwand erleben. Insbesondere Verrechtlichung oder Überregulierung, so lassen sich die ermittelten Einschätzungen zusammenfassen, führe dazu, dass

- Gremien und Gremienbefassungen zunähmen,
- der Kommunikations- und Koordinationsaufwand steige,
- funktionsnotwendige Flexibilitäten verloren gingen und einzelfallsensible Absprachen kaum noch möglich seien,
- die Zahl an Begründungen und Nachweisen zunehme,
- der Rechtfertigungsdruck der wissenschaftlichen Leistungsebene gegenüber Verwaltungseinheiten steige,

- die zu investierenden Ressourcen und der erzielte Nutzen unausgeglichen seien,
- Bearbeitungen *„psychologisch zermürbend"* (HSL1) würden und der Überblick verloren gehe,
- derart Frustration produziert werde bis hin zum Burnout und
- sich die Fehleranfälligkeit erhöhe.

Der letztgenannte Punkt verweist darauf, dass eine zunehmende Verrechtlichung sozialer Prozesse immer auch die Gefahr birgt, das zu erzeugen, was damit eigentlich ausgeschlossen werden soll. Wo Anstrengungen zur Fehlervermeidung Fehler wahrscheinlicher machen, werden fortlaufend Dysfunktionalitäten produziert. Dann mag es naheliegen, über alternative Wege der Fehlervermeidung nachzudenken.

Als Zwischenresümee lässt sich formulieren: Den Hochschulen werden neue Prozesse entweder aufgenötigt oder sie halten solche neuen Prozesse für erforderlich, um Erwartungen zu begegnen, die so vorher nicht bestanden hatten. Zugleich reagierten und reagieren Hochschulen darauf mit dem Aufbau von Hochschulmanagementstrukturen und einer Dynamisierung von digitalen Entwicklungen innerhalb der Prozessgestaltungen, die gleichermaßen bisherige Prozesse wie Strukturen verändern. Im Ergebnis der prozess- und strukturbezogenen Reaktionen soll das Hochschulpersonal von nötigen Improvisationsanstrengungen entlastet und Entbürokratisierungswirkungen erzeugt werden. Verdichtet man unsere Ergebnisse, dann zeigt sich:

- Sowohl digitalisierungsinduzierte Prozesse, neue Prozesse infolge der Bologna-Reform und veränderte Hochschulverwaltungs- und -managementprozesse führen in der Wahrnehmung des Hochschulpersonals nicht zu den erwarteten Wirkungen und rufen z.T. neue Belastungen hervor.
- Die Bearbeitung von Prozessen kann tatsächlich problembehaftet sein, also mit Ineffektivitäten und Ineffizienzen einhergehen. Immer dann, wenn sich Problempotenziale an kritischen Prozessstellen verdichten, erhöht sich die Fehlerwahrscheinlichkeit in der Prozessbewältigung und werden Dysfunktionalitäten produziert.
- Schwachstellen sind auch weiche Faktoren, welche die Problempotenziale der Technik, Aufbau- und Ablauforganisation einerseits zur Grundlage haben und andererseits zusätzlich begünstigen.

Übersicht fasst kritische Faktoren für einen erfolgreichen Prozessdurchlauf zusammen.

In einer Hinsicht zumindest lässt sich aber auch der heutigen Hochschulbürokratie Effektivität bescheinigen, wie im Anschluss an eine allgemeine Bürokratiekritik von Diamond/Narr (1985: 224f.) festgehalten werden kann: Indem die Bürokratie Probleme transformiert, diese von ihren Wurzeln und Kontexten separiert, sie verteilt und verschiebt, sie „zurück an die hilflos gemachten Menschen" adressiert, „die ihrerseits wiederum nach bürokratischer Hilfe suchen", gelingt es ihr anhaltend, „soziale Kosten so zu verteilen bzw. umzuverteilen, dass diese zwar individuell auftreffen, ohne aber kollektive Rebellion zu motivieren."

Übersicht 63: Problem- und Problemlösungspotenziale in administrativen Prozessbewältigungen*

Kritierien	Einflüsse auf ...	
	Prozesseffizenz	**Prozesseffektivität**
Kapazität	Mitarbeiterauslastung, Durchsatz, Ressourcenauslastung, Betriebsmittelauslastung, Engpässe	Mitarbeiter-, Ressourcen- und Betriebsmittelverfügbarkeit
Zeit	Antwortzeit, Bearbeitungszeit, Durchlaufzeit, Kontrollzeit, Liegezeit, Pünktlichkeit, Rüstzeit, Transferzeit, Wertschöpfungszeit	Antwortzeit, Durchlaufzeit, Pünktlichkeit, Termintreue, Wertschöpfungszeit
Kosten	Gesamtkosten, Fehlerkosten, Ressourcenverbrauch, Wertschöpfungskosten	Gesamtkosten
Qualität	Output-Qualität	Benutzerfreundlichkeit, Brauchbarkeit, Funktionalität, Greifbarkeit, Konformität, Lebensdauer, Leistung, Fehlerfreiheit, Zuverlässigkeit, Output-Qualität
Integration	Automatisierung, Informationsfluss, Medienbrüche, Granularität von Informationen, Pünktlichkeit, Transparenz, Zugänglichkeit	Informationsfluss, Granularität von Informationen
Komplexität	Interprozesssverflechtung, Interaktionsgrad, Standardisierungsgrad, Strukturierungsgrad, organisatorische Schnittstellen	hierarchische Organisationsstruktur, Kommunikationsmodi
Flexibilität	zeitliche Flexibilität, strukturelle Flexibilität, Typenflexibilität, Volumenflexibilität	zeitliche Flexibilität
Schwachstellen	unrealistische Zeitvorgaben, funktional unangemessene Rollenzuweisungen, Formularzwang, sachunangemessener Standardisierungsgrad, Anwesenheitserfordernis für mobil abzuarbeitende Aufgaben, hohe Kumulation von Einfluss-/Erfolgskriterien, nicht-planbare Prozessdynamiken, konkurrierender Ressourcenzugriff, informelle Machtbeziehungen und Konfliktarenen, vernachlässigte Folgen etc.	

* Zeilen „Kapazität" bis „Flexibilität" angelehnt an Ley et al. (2012: 1040–1045) zzgl. eigener Ergänzungen

10.3. Prozessbewältigungen im Alltag

Potenziale für Fehlentwicklungen bergen grundsätzlich sowohl Veränderungen von Arbeitsabläufen als auch die unkritische Beibehaltung herkömmlicher Arbeitsabläufe. Doch ist hier eine widersprüchliche Entwicklung zu beobachten: Einerseits werden die wissenschaftsunterstützenden Bereiche intern ausdifferenziert – sowohl durch Spezialisierungen innerhalb der Hochschulverwaltung als auch durch den Aufbau eines Hochschulmanagements neben der Hochschulverwaltung. Andererseits erfahren die Rollen des wissenschaftlichen Personals eine Entdifferenzierung, indem organisatorische Aufgaben dorthin verschoben werden. Dies ist dann auch der sachlich berechtigte Kern der Beschwerden des wissenschaftlichen Personals, dass es mit nicht rollenkonformen Aktivitäten beschäftigt werde.

Von der individuellen Bewertung der Hochschullehrer.innen, ob organisierende Tätigkeiten rollenfremd sind, hängt wesentlich ab, ob sie als belastend wahrgenommen werden. Dies gilt nicht grundsätzlich für alle wahrzunehmenden administrativen und organisatorischen Aufgaben. Doch gibt es eine Reihe von Tätigkeiten, die als typische Hilfskraft- und Mitarbeiter- oder klassische Sekretariats- bzw. Verwaltungstätigkeiten klassifiziert werden. Sind solche (selbst) zu erledigen, wird das von der Mehrheit der beobachteten Hochschullehrenden als belastende Fehlzuordnung wahrgenommen.

Immerhin ist der Hochschullehrerberuf generell durch eine anspruchsvolle Rollenkomplexität charakterisiert. Professoren und Professorinnen sollen vieles zugleich sein: gut in der Forschung wie in der Lehre, begeistert in der Selbstverwaltung, erfolgreich im Netzwerkmanagement und bei der Drittmitteleinwerbung, hinreichend fintenreich gegenüber der Hochschulverwaltung, gelassen und kompetent in der Mitarbeiterführung, dazu souveräne Instrumentalisten auf allen alten und neuen Medien, kognitive Innovateure wie auch unablässige Erzeuger öffentlicher Resonanz und nimmermüde Übersetzer wissenschaftlicher Fragestellungen auf gesellschaftliche Relevanzbedürfnisse hin. Wenn diese ohnehin bestehende Rollenkomplexität zusätzlich mit einem Übermaß an rollenfremden Tätigkeiten belastet wird, müssen zwangsläufig Zeit- und Motivationsprobleme entstehen.

Da der Arbeitstag des wissenschaftlichen Personals zur Entgrenzung neigt, wird die Vergeudung von Arbeitszeit für rollenfremden Aufgabenerledigungen von den Hochschulen selbst nicht angemessen wahrgenommen. Die Entgrenzung wiederum hat eine wesentliche Voraussetzung, nämlich die Arbeitsmotivation, und diese rührt vor allem aus der Spezifik wissenschaftlicher Tätigkeit her, dass Zwecksetzung und Zweckrealisierung zu wesentlichen Teilen in einer Person zusammenfallen. Deshalb impliziert die Belastung des wissenschaftlichen Personals mit administrativen Anforderungen – also solchen, bei denen Zwecksetzung und Zweckrealisierung unübersehbar auseinanderfallen – eine Gefahr: Ab einem bestimmten Punkt der Belastung kann die Motivation nicht nur hinsichtlich der administrativen Aufgaben, sondern der Aufgaben insgesamt gegen Null konvergieren. Das vorhandene Motivationsreservoir ist dann vollständig absorbiert durch die Kombination von Zeitverbrauch und Verärgerung über die als rollenfremd empfundenen Aufgaben. Ein Maß, mit dem sich dieser Umschlagpunkt angeben ließe, gibt es nicht, da sowohl Motivation als auch Belastungsempfinden als auch Aufgabenerledigung jeweils individuell verschieden sind.

Vier Strategien, individuell mit steigenden administrativen und organisatorischen Anforderungen umzugehen, lassen sich identifizieren:

▨ korrekt in der vorgeschriebenen Weise erledigen: Dies wird entweder durch Mehrarbeit aufgefangen, d.h. der absolute Zeiteinsatz findet sich durch Freizeitarbeit gesteigert, um auch die eigentlichen Aufgaben in Lehre und Forschung angemessen erledigen zu können. Oder es wird dadurch kompensiert, dass weniger Zeit für Lehre und Forschung aufgewendet wird. Aus Organisationssicht ist hier problematisch, dass eine faktische Überbezahlung stattfindet, denn das Personal mit der eigentlichen Expertise für organisatorische Aufgaben ist grundsätzlich in niedrigeren Gehalts- oder Besoldungsstufen eingruppiert. Sowohl or-

Übersicht 64: Rollenfremde bzw. als rollenfremd wahrgenommene organisierende Tätigkeiten des wissenschaftlichen Personal*

Anforderungs-bereich	rollenfremde organisierende Tätigkeiten	
Lehr- und Studien-administration	Literatur und Lehrmaterialien	Lehrmaterialien digitalisieren, auf digitale Plattformen uploaden
	Akquisition von Praktikaplätzen für Studierende	
	Anmelde- und Anwesenheitslisten für Veranstaltungen verwalten	
	Pflege von eMail-Adresslisten der Studierenden	
	Raumplanung und -buchung für Veranstaltungen	
	Lehrauftragsverwaltung	
Prüfungs-administration	Bearbeitung von Prüfungs-anmeldungen	Annahme, Erfassung und Vollständigkeitskontrolle, Prüfungszuordnungen
	Bearbeitung der Zulassungs-entscheidungen	inhaltliche Zulassungskontrolle, Information der Studierenden über die Zulassungsentscheidungen, ggf. Nachforderung und Erfassung nachgelieferter Unterlagen
	Bearbeitung von Prüfungs-abmeldungen	Erfassung und Bestätigung
	Erstellung des Prüfungsplanes	Terminabstimmung und Raumplanung, Erstellung der Platzlisten und Koordination der Prüfungs-aufsichten
	Prüfungsergebnis-verwaltung	Eintragung der Prüfungsnoten in digitale Systeme
	Auseinandersetzung mit Beschwerde- und Widerspruchs-verfahren Studierender	Zusammenstellung von Nachweisen; Schreiben von Stellungnahmen; ggf. nötige Korrespondenzen mit Studierenden, Erziehungsberechtigten, Studierendenvertretungen und/oder diversen Selbstverwaltungsgremien
	Änderung der Lehr-module und/oder Prüfungsleistungen	Zusammenstellung von Nachweisen; Schreiben von Stellungnahmen; ggf. nötige Korres-pondenz mit Studienkom-mission, Fakultätsrats, Senat, Rektorat und/oder Rektoratskommission
Forschungs-administration	Stellen-ausschreibungen	Verhandlung bzw. Korrespondenz mit Universitäts- und/oder Fakultätsverwaltung zu Aufgaben-beschreibung und möglichen Gehaltseinstufungen
	formale Detailver-handlungen mit Fördermittelgebern und Projektträgern	Nachweise erbringen, z.B. Kostenschätzungen für Dienstreisen, Kostenvoranschläge und Einholen mehrerer prüfbarer Angebote bei Sachkosten u.ä.
	Integration von Forschungspersonal in den Hochschulbe-trieb	Organisation notwendiger Räumlichkeiten und Arbeitsplätze (z.B. Telefonanschlüsse, Anmeldung, Aktivierung der Datenanschlüsse, Schlüsselausgabe)

Anforderungs-bereich	rollenfremde organisierende Tätigkeiten	
Dienstreise-administration	Genehmigungs-prozess	Kostenschätzungen bei Dienstreiseanträgen für Buchführung in der Kostenstelle
		Einholen von Kostenvoranschlägen bzw. mehrerer prüfbarer Angebote diverser Reiseanbieter als Nachweis für kostenoptimale Buchung
	Abrechnungsprozess	Unterlagen und Nachweise für Dienstreise-abrechnungsverfahren kopieren
		Korrespondenz mit Dienstreisemanagement
Ressourcen-administration und Finanz-verwaltung	Büromaterialbestellungen	
	Bestellung von Hardware und Einrichtung von Software sowie nötige Korrespondenzen mit Rechenzentrum oder Servicezentren	
	EDV-Probleme beheben	
	Improvisationsanstrengungen bei Veranstaltungsabrechnungen	
	Kalkulationen von Finanzierungsbedarfen und Berechnungen möglicher Deckungslücken	
	Schnellverausgabung von Haushaltsmitteln kurz vor Jahresende incl. der nötigen Korrespondenzen (Dezemberfieber)	
Personal-verwaltung	Einreichung sämtlicher Unterlagen bei der Personalabteilung bei Verlängerung von Mitarbeiterverträgen oder Werkverträgen, obgleich diese bereits aus dem aktuellen Angestelltenverhältnis dort vorliegen	
Dokumen-tations- und Berichts-pflichten	Auslegen von exter-nen Rechtsvorschrif-ten und hochschulin-ternen Regelwerken	entsprechende Rücksprachen und Aushandlungen mit Prozessbeteiligten (z.B. Rechtsabteilung der Hochschule, Datenschutz)
	Rezipieren von diversen Leitfäden, Formular- und Doku-mentensammlungen	z.B. für Kompetenzorientierung, Lehrevaluation, Lehrberichte, Akkreditierungsverfahren, Modularisierung und Leistungspunktevergabe, Arbeitssicherheit, Lehrvergütung

*Aus unseren Erhebungen. Nicht jede Tätigkeit fällt an jeder Hochschule an.

ganisational als auch individuell problematisch können Folgen wie die Ein-schränkung der Arbeitsmotivation und langfristig ggf. auch der Gesundheit durch Überanspruchung sein. Um dies zu verhindern oder in Reaktion darauf wird, soweit es die individuelle Disposition zulässt, dann häufig zu einer oder mehreren der folgenden Strategien gewechselt.

▪ *kreativ qua Aufwandsminimierung erledigen:* Als störend empfundene An-forderungen werden durch Strategien der Aufwandsminimierung pariert, d.h. indem sie auf dem jeweils niedrigstmöglichen Level erledigt werden. Immerhin ist kein anderer Beruf als der des Hochschullehrers „virtuoser in der Unterwan-derung oder Umgehung von Anforderungen ..., die der Staat, die Gesellschaft, die Hochschule usw. stellen, wenn diese Anforderungen als unvereinbar mit den eigenen Werthaltungen betrachtet werden" (Teichler 1999: 38). So gibt es Problembearbeitungen in Eigenregie, z.B. an den Zuständigkeiten der Verwal-tung vorbei; die Erledigung von Berichtspflichten, indem vorhandenes Material zusammenkopiert wird, ohne sich intensiv damit auseinanderzusetzen; noncha-lantes Verhalten, indem nur das Nötigste unternommen wird; die Vermeidung von Gremienmitgliedschaften; verzögertes Erledigen oder Prokrastinieren, also intelligentes Aufschiebeverhalten.

■ *delegieren*: Diese Option steht nur zur Wahl, wenn jemand vorhanden ist, an den/die delegiert werden kann. Ersatzweise rückt das Streben in den Mittelpunkt, über genau diese Personalressourcen – Wissenschaftliche Hilfskräfte, Sekretariat, wissenschaftliche Assistenten – verfügen zu können, z.B. durch Bewerbungen auf attraktiver ausgestattete Stellen. Es wird also ein strategisches Karrierehandeln gefördert, dass darauf zielt, die Fremdbestimmung durch Außenanforderungen zu reduzieren.

■ *ignorieren, liegenlassen oder/und vergessen:* Hier steht meist Resignation am Anfang, etwa weil aufgrund der Masse an Handbüchern und Formblättern der Überblick verloren gegangen ist: *„… man liest sie nicht mehr, hat keine Lust mehr, rein zu schauen …"* (HSL4). Mindestens ein Teil der Anforderungen erledigt sich in diesem Nichthandlungsmodus auch von selbst, weil die jeweils andere Seite ebenso verfährt oder wegen Überforderung auf Erledigungskontrollen verzichten muss. Die mehrmalige Erfahrung der Selbsterledigung führt zum Wiedergewinn von Gelassenheit, indem sich eine stabilisierte Impulskontrolle einstellt. Diese setzt dem spontanen Antrieb, etwas zu erledigen, nur weil dies gerade hereinkommt, eine Routine des Kann-auch-ignoriert-Werden entgegen. So wird die Neigung zum Ignorieren und Vergessen weiter verstärkt.

Die Handlungsstrategien *kreativ qua Aufwandsminimierung erledigen* sowie *ignorieren, liegenlassen oder/und vergessen* stellen aus Sicht der Organisation ein Ärgernis dar. Sie werden als entweder intendierter oder faktischer subtiler Widerstand wahrgenommen. In der Tat sind – durch die professionstypische Fähigkeit zu intelligentem obstruktiven Handeln – die Hochschullehrenden in der Lage, auf einer formalen Ebene die als ungemessen empfundenen Anforderungen zu bedienen, dies zugleich aber so zeitressourcenschonend zu tun, dass die von außen beabsichtigten Wirkungen nicht eintreten. Die Formen der Obstruktion können dabei unterschiedlich ausfallen:

• Die traditionelle Variante ist: In den Bereichen, in denen Zusatzanstrengungen zu erbringen wären, begnügt sich das wissenschaftliche Personal mit Dienst nach Vorschrift – um so die Zeitressourcen für die Aktivitäten zu sichern, denen individuell das vorrangige Interesse gilt.

• Häufig zu beobachten ist die Verzögerung durch Entscheidungsverschleppung – begründet etwa mit dem Rhythmus von Gremiensitzungen – oder das formale Bedienen von Anforderungen ohne substanzielle inhaltliche Umsetzung.

• Eine etwas verschlagen wirkende, gleichwohl häufige Variante ist das affirmative Unterlaufen eines Veränderungsanliegens durch dessen rhetorische Übererfüllung: Statt in der Substanz Änderungen herbeizuführen, wird Fassadenmanagement betrieben, und die (schon immer vorhandene) Differenz zwischen *talk & action* (Brunsson 1992) vergrößert sich.

Das lässt sich etwa beobachten, wenn sich die Autoren von Modulbeschreibungen in Überanpassung üben und das Erreichen aller nur denkbaren Lernziele versprechen. Im Ergebnis entstehen Studienprogramme, die gern schon einmal zwischen 500 und 800 Lernziele verfolgen (vgl. Keil/Pasternack 2011: 76). Hier dürften dann Zweifel angebracht sein: Ob dort wohl wirklich für jedes einzelne dieser Ziele die Umsetzung realistisch sein mag? Aber das wird auch nicht das Motiv gewesen sein. Wer 800 Lernziele für ein Bachelor-Programm aufschreibt, spart sich die Mühe der Auswahl, indem er/sie einfach alles aufschreibt, was denkbar erscheint. Zumindest der Vorwurf, unabdingbare Lernziele ignoriert zu haben, läuft dann auf jedem Fall ins Leere.

Auch in anderen Hinsichten funktioniert die Umsetzung der Bologna-Reform nur, weil in der alltäglichen Arbeit an den Fakultäten, Fachbereichen und Instituten über vielfältige informelle Praktiken von den offiziellen Vorgaben abgewichen wird. Um eine einigermaßen flexible Studierbarkeit unter Bologna-Vorgaben zu ermöglichen, datieren Dozenten bspw. die in den Modulbeschreibungen festgelegten Abgabetermine für Modulprüfungen vor oder zurück. Prüfungsformen in den Modulhandbüchern werden kurzerhand, damit die benötigten Leistungspunkte erzielt werden können, durch andere ersetzt, usw. (Kühl 2011: 29) Insofern zwängen die Modularisierung und die neuen Studien- und Prüfungsordnungen Lehrende geradezu zu informellen Praktiken und bewusstem Abweichen von der Formalstruktur, um den Hochschulbetrieb am Laufen zu halten (Kühl 2011a: 3f.).

An diesem Beispiel wird deutlich, dass Unterlaufensstrategien auch dazu dienen, die Funktionsfähigkeit der Hochschule aufrechtzuerhalten: Es schützt vor individuellen und institutionellen Überforderungen. Daher mag die Wahrnehmung subtiler Widerstände im Einzelfall korrekt sein, muss jedoch nicht immer dysfunktional sein.

Widerstände und Ängste beziehen sich in Hochschulen aber häufig auch auf den Verlust bzw. die Einschränkung von Autonomie sowie gewohnter Strukturen (Bergsmann 2012: 107). Verhaltensmuster des Unterlaufens und der informellen Flexibilisierung von Regelungen sind daher nicht immer Strategien zur Reduzierung des eigenen Arbeitsaufwandes. Sie können vielmehr auch den Versuch darstellen, sich das Gefühl der eigenen Wahl- und Gestaltungsmöglichkeit, der eigenen Autonomie zu erhalten.

Ebenso kann die Reduzierung von Aktivitäten in einem Bereich auf die Erhaltung der Leistungsfähigkeit in einem anderen Bereich zielen. Ein Beispiel dafür ist die Übertragung der Deputatslehre an Nichthochschullehrer.innen: Im Mittel werden 34,5 Prozent der universitären Lehrveranstaltungen, für die offiziell Professor.innen verantwortlich zeichnen, von wissenschaftlichen Mitarbeiter.innen und 20 Prozent von Lehrbeauftragten durchgeführt (Bloch et al. 2014: 51–60).[13]

Die Motive – Schutz vor Überforderung, Sicherung der Funktionsfähigkeit, Erhaltung von Gestaltungsmöglichkeiten – sind häufig nicht unlauter. Deshalb ist eine Moralisierung solchen Verhaltens oft fehl am Platze – und im übrigen auch in der Regel wirkungslos. Wichtiger ist, ein Umsetzungsdilemma in Rechnung zu stellen, das bei jedem Hochschulentwicklungsansinnen wirksam wird und klug prozessiert werden muss: Einerseits besteht bei Nichteinbeziehung derjenigen,

---

[13] wobei dieser Lehranteil wissenschaftlicher Mitarbeiter.innen und Lehrbeauftragter nach Fachbereichen und Fächergruppen variiert (Bloch et al. 2014: 59)

auf deren Mitarbeit jede Veränderung angewiesen ist, die Gefahr der Ausbildung zielignoranten Verhaltens. Andererseits verfügt das Hochschulpersonal über Obstruktionsmöglichkeiten, die potenziell umso größer sind, je mehr es einbezogen wird. Damit lassen sich Veränderungsvorgänge aktiv oder passiv unterlaufen. Das kann sowohl vorkommen, wenn diese akademischen Normen und Werthaltungen entgegenstehen, als auch dann, wenn sie partikularen Interessen zuwiderlaufen.

Daher wird bei Veränderungsansinnen immer eine realistische Einschätzung nötig sein, welches Unterstützerpotenzial dafür zu gewinnen ist. Die flächendeckende Akzeptanz von Veränderungen im Wissenschaftsbetrieb muss kulturell verankert sein, und daher stellt sie sich im allgemeinen über einen Wechsel der akademischen Generationen ein. Kurzfristig hingegen sind in den Hochschulen typischerweise nicht *Mehrheiten für* eine Veränderung zu erobern; vielmehr ist dafür zu sorgen, dass die Hochschulangehörigen *nicht mehrheitlich gegen* die Veränderung sind. Diese Hinnahmebereitschaft zu gewinnen, ist eine anspruchsvolle Aufgabe. Dazu nun resümierend im abschließenden Kapitel.

11. Fazit: Hochschulermöglichungs-management

Seit den 90er Jahren ist praktisch kein Aspekt des Hochschulalltags unberührt von reformierenden Aktivitäten geblieben, ob Organisation und Entscheidungsstrukturen, Hochschulfinanzierung, Ressourcensteuerung und Finanzbewirtschaftung, Personal(struktur) oder Studienreform. All das hat sich zur Hochschuldauerreform verdichtet. Für den hochschulischen Arbeitsalltag ist dabei wesentlich, dass die zahlreichen Parallelreformen auf die jeweils gleichen Fachbereiche trafen und treffen (Pellert 2002: 25f.). Die Reformbewältigungskapazitäten sind regelmäßig bereits weitestgehend absorbiert, während schon das nächste Reformansinnen naht.

Für die Hochschulorganisation im engeren Sinne waren in den vergangenen 20 Jahren zwei politisch induzierte Reformen prägend: die New-Public-Management-inspirierten Governance-Reformen und der Bologna-Prozess. Hinzu trat verschärfend die deutliche Expansion der Hochschulbildungsbeteiligung seit den 2000er Jahren.

Unsere Eingangsannahmen lauteten: Werden die organisatorischen Kontexte der Wissenschaft als qualitätsprägende Einflussgröße systematisch und erfolgreich bearbeitet, dann lassen sich Potenziale freisetzen, die (a) innerhalb der hochschulischen Organisationsprozesse und -strukturen bestehen, (b) zu Zeitbudget-Entlastungen der Wissenschaftler.innen beitragen können sowie (c) Arbeitszufriedenheit und -motivation verbessern.

Dazu hatten wir drei Fragen formuliert, die im vorliegenden Report beantwortet werden sollten: Wie wird sowohl die Überbrückung als auch der Erhalt der Grenze zwischen Lehre und Organisation im Hinblick auf die Gestaltung organisatorischer Kontexte der Lehre praktisch vollzogen? Welche Implikationen hat dies für die Qualität von Lehre und Forschung? Hat dabei der administrative Aufwand für die Lehrenden tatsächlich zugenommen, oder handelt es sich lediglich um ein Wahrnehmungsproblem?

Zunächst lassen sich die Ergebnisse in drei Aussagen verdichten, die zwei Anfangsannahmen bestätigen und diese um eine gleichgerichtete dritte Aussage ergänzen:

- Das Governancereform-Versprechen war, Entstaatlichung gehe mit Entbürokratisierung einher. Tatsächlich ergeben sich neue Bürokratieanforderungen für die Lehrenden.

- Das Studienstrukturreform-Versprechen war, die Strukturierung der Studiengänge bringe Entlastung von den zuvor nötigen Improvisationsanstrengungen. Tatsächlich entstanden neue Belastungen bei der Verwaltung des Strukturierten.

- Das Digitalisierungs-Versprechen ist, Verwaltungs- und Organisationsaufgaben würden einfacher handhabbar. Tatsächlich kommt es dadurch einstweilen zu einer Zunahme organisatorischer Kontextaufgaben.

Zugrunde liegt dem zweierlei: Den Hochschulen werden neue Prozesse entweder aufgenötigt oder sie halten solche neuen Prozesse für erforderlich, um Erwartungen zu begegnen, die so vorher nicht bestanden hatten. Neue Prozesse bewirken zusätzlichen Aufwand. Um diesen zu bewältigen, entfalten die Hochschulen zwei Strategien: Einerseits installieren sie neue Strukturen und neue Tätigkeitsrollen (in Gestalt von Stabstellen u.ä., zusammenfassend „Hochschulmanagement" genannt und damit begrifflich von der herkömmlichen Hochschulverwaltung abgesetzt). Andererseits versuchen sie, Prozessassistenzen durch Digitalisierung zu organisieren.

Die Motive dafür sind divers, aber eines der Motive ist durchaus die Vermeidung einer zusätzlichen Belastung des wissenschaftlichen Personals. Wahrgenommen jedoch werden beide Versuche von denen, die vor zusätzlichen Belastungen geschützt werden sollen, nicht bzw. nicht nur als Entlastung, sondern (auch) als Quelle weiterer zusätzlicher Belastungen.

Handelt es sich dabei um ein unentrinnbares Dilemma? Um dies zu beantworten, sind die Ursachen genauer in den Blick zu nehmen. Grundsätzlich sind diese danach zu unterscheiden, ob sie auf Hochschulebene bearbeitbar oder auf übergeordneten Ebenen – Land, Bund-Länder, Bund, EU – zu bearbeiten sind. Im folgenden geht es um diejenigen, die innerhalb der Hochschulen bearbeitet werden können.

11.1. Problembeschreibungen: Resümees und Kommentierung

Ein großer Teil der neuen Anforderungen an die Hochschulen ist extern gesetzt, also von ihnen selbst zunächst nicht beeinflussbar. Diese Anforderungen ergeben sich aus den jüngeren Hochschulreformen und der deutlichen Expansion der Hochschulbildungsbeteiligung. Sie müssen im Grundsatz bedient werden, unabhängig davon, für wie sinnvoll sie an den Hochschulen gehalten werden. Die neuen Prozesse werden dann durch die Verarbeitungen der extern auferlegten Anforderungen und aus denjenigen Prozessgestaltungen gebildet, die in Reaktion darauf von den Hochschulen eigeninitiativ neu eingeführt wurden – analoge und digitale.

Die Effekte der neuen organisatorischen Herausforderungen lassen sich zusammenfassend unter dem Aspekt der Belastungsentwicklung in objektive und subjektive gliedern, d.h. in tatsächliche organisatorische Belastungen und in Wahrnehmungen solcher Belastungen. Wie Übersicht 65 verdeutlicht, nehmen die tatsächlichen überwiegend zu; selten hingegen sind Abnahmen oder Beibehaltungen des Umfangs bisheriger Belastungen. Die subjektiven Wahrnehmungen umfassen solche, die überwiegend berechtigt sind, und solche, die zumindest zum Teil unberechtigt sind.

11.1.1. Neue Prozesse und Überbürokratisierung

Bislang hat die Ersetzung bürokratischer Detailsteuerung durch – scheinbar – weniger invasive Verfahren der Kontextsteuerung nicht zur erwarteten Senkung des Formalitätenaufwandes bei den Hochschullehrenden geführt, sondern zum gegenteiligen Effekt (Friedrichsmeier et al. 2013; Friedrichsmeier 2012a: 183). Ebenso hat die Bologna-Reform mehr Verwaltung an den Hochschulen bewirkt, höhere Prüfungsbelastungen erzeugt, die Kontrolle der Curricula durch Dritte – Hochschulleitung, Verwaltung, Akkreditierungsagentur – gesteigert und die Notwendigkeiten zur Absprache mit Kolleg.innen und Verwaltung vermehrt.

Bogumil/Jann (2009: 257) erklären dies mit dem Fehlen einer echten Aufgabenkritik. Dadurch würden die weiterhin oder verstärkt notwendigen vertikalen und horizontalen Koordinierungsnotwendigkeiten bei der Umsetzung von Reformen ebenso wenig berücksichtigt wie die Erträge bisheriger Aufgabenbündelung. So entstünde dann erwartungswidrig administrativer Mehraufwand.

Zum Teil werden die neuen Anforderungen an die Hochschulen an die Wissenschaftler.innen weitergereicht, da sie ohne deren Mitwirkung nicht organisational verarbeitbar wären. Teils wird die wissenschaftliche Seite auch deshalb zum Akteur gemacht, weil deren Interesse an einer Lösung stärker ist als das der Verwaltung (Metz-Göckel 2002: 142). Schließlich sind es Bequemlichkeit, administrative Insuffizenz und Gedankenlosigkeit, die zur Verschiebung von Organisationsaufgaben auf die Ebene des wissenschaftlichen Personals führen.

Was auch immer aber die Ursachen sind: Der Trend zur Zunahme von Organisationstätigkeiten auf allen Ebenen kann leicht in einer Überbürokratisierung enden, wie sich an expandierenden Dokumentationsanforderungen zeigen lässt:

- So wohnt etwa Qualitätssicherungsmaßnahmen prinzipiell ein gründlicher Dokumentationsaspekt inne, da nur auf diese Weise Soll-Ist-Abweichungen sichtbar werden und Vorher-Nachher-Vergleiche möglich sind. Das erzeugt die mindestens latente Gefahr, dass diese Maßnahmen in eine Qualitätsbürokratie ausarten.
- Realisiert sehen viele, dass sich eine Akkreditierungsbürokratie entwickelt habe, die eine erneute Bürokratisierung – nun die der Akkreditierungsverfahren – vorantreibt.
- Auch digitale Dokumentation wird wegen der Vielzahl der Systeme und Portale, deren Routinen zudem häufig nicht intuitiv, also selbsterklärend gestaltet sind, als lästig empfunden.

Dokumentation und Berichterstattung bedeuten dreierlei: Erfassungen benötigter Daten, deren Verarbeitungen zu Informationen und Veröffentlichungen dieser in bestimmten Berichtsformaten. Die heute üblichen Berichtssysteme zeichnen sich meist dadurch aus, dass sie von außen auferlegt, von den Berichtsobjekten aber selbst zu realisieren sind. Neben dem jährlichen Haushaltsabschluss und den Meldungen an die Statistischen Landesämter existiert an den Hochschulen eine Vielzahl inhaltlich orientierter Berichtsformen, mit denen die Erfüllung des hochschulischen Leistungsauftrags dokumentiert werden soll, etwa Forschungsberichte, Lehrberichte, studentische Lehrevaluationen oder Akkredi-

Übersicht 65: Organisatorische Belastungen, Belastungswahrnehmungen und ihre Ursachen im Überblick

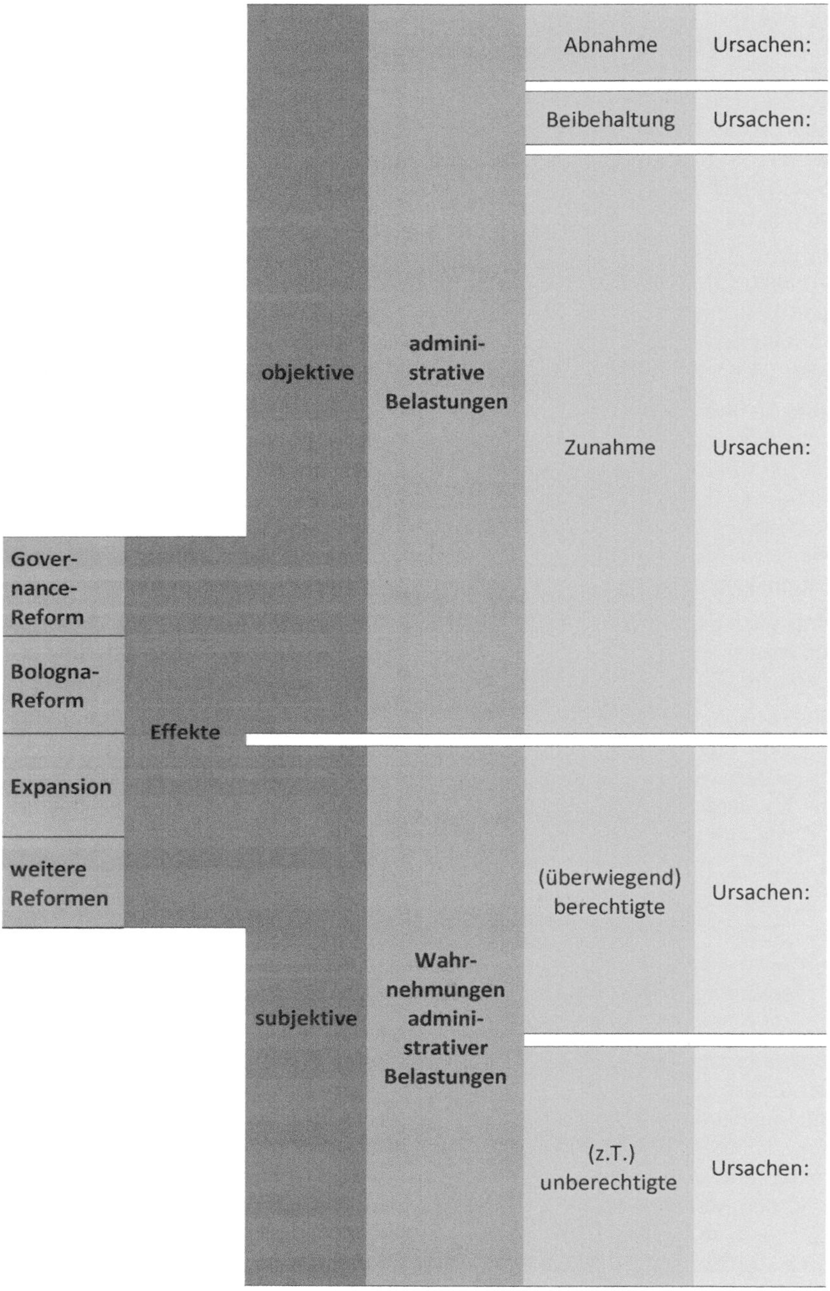

Gover-nance-Reform	Effekte	objektive	admini-strative Belastungen	Abnahme	Ursachen:
Bologna-Reform				Beibehaltung	Ursachen:
Expansion				Zunahme	Ursachen:
weitere Reformen		subjektive	Wahr-nehmungen admini-strativer Belastungen	(überwiegend) berechtigte	Ursachen:
				(z.T.) unberechtigte	Ursachen:

- erleichterte Kommunikation und Koordination durch Digitalisierung
- Prozessoptimierung: verbesserte Prozessbewältigung durch Standardisierung und Automatisierung repetitiver Vorgänge

---

- Gewährleistung von Rechtsförmigkeit und Rechtssicherheit
- Vermeidung von Aufwandszunahmen durch Nutzung von Ermessensspielräumen

---

Bologna-Reform-Folgen:	• Lehrevaluationen • Akkreditierungen	• Modulhandbücher • Prüfungswesen
Governance-Reform-Folgen:	• Dokumentationserfordernisse, Berichterstattungen, Datenerhebungen • zentralisierte Entscheidungszentren in der akademischen Selbstverwaltung infolge Hochschulautonomie-Stärkung: steigende Entscheidungskosten durch Konformitätsdruck	• Leistungsbewertungprozesse der Vertragssteuerung • zusätzliche Kommunikationen und Koordinationen: neben Hochschulverwaltung auch Hochschulmanagement • Zunahme begleitender Strukturen: Beiräte u. dgl.

nötiger Improvisationsaufwand durch Dauerreformbelastung

insuffiziente Digitalisierung:	• Zunahme elektronischer Kommunikationen • Hard- und Softwareprobleme • unzulängliche Usability digitaler Werkzeuge	• begrenzte Integriertheit und fehlende Schnittstellen • Verschiebung von Verwaltungsaufgaben auf wissenschaftliche Leistungsebene
gestiegene Bedeutung von Drittmitteln:	• (Teil-)Ausgleich der Hochschulexpansion durch Förderprogrammmittel und dadurch nötige Programmverwaltung	• vermehrte Projektabwicklungen • gesteigerte Involvierung des wissenschaftlichen Personals in Ressourcenmanagement
Reaktion auf Komplexitätssteigerungen:	• hochschulsystemunabhängige Verrechtlichungen • Standardisierung und Formalisierung von Abläufen	• administrative Arbeiten aufgrund von Intransparenz, überlappender Verantwortlichkeiten und damit Aufgabenüberschneidungen

---

- Kommunikationshürden und Übersetzungsmängel zwischen Wissenschaft und Verwaltung
- rollenfremde, fehlplatzierte Aufgaben
- auch bei Verbindung neuer Anforderungen mit Entlastungsmanagement: keine vollständige Absorption des Zusatzaufwands
- Überbetonung von Formalisierung und Regelhaftigkeit durch Verwaltungen
- uneinheitliche Regelauslegung und -anwendung
- schwere Rezipierbarkeit von Rechtsvorschriften und Leitfäden

- Zunahme der Rollenvielfalt und Rollenkomplexität von Hochschullehrenden
- Zunahme der Berührungspunkte von Verwaltung, Hochschulmanagement und Wissenschaft
- Personalfluktuation in wissenschaftunterstützenden Bereichen: behindert Routinenentwicklung
- Kenntnis über komfortablere digitale Werkzeuge außerhalb des Hochschulbereichs
- elektronische Kommunikationszunahme als Stressor

- Nichtunterscheidung zwischen herkömmlichen und neuen Anforderungen
- generalisierte Empörungsbereitschaft
- Verlassen bekannter Routinen verbraucht temporär Ressourcen bis zur Gewöhnung
- Belastungswahrnehmungen folgen dem alltagstheoretischen Schema „eigentliche Aufgaben (Lehre und Forschung) vs. uneigentliche Aufgaben (Verwaltung und Organisation)"

- Wahrnehmungsverschiebung im Aufgabenverständnis: noch Lehre oder schon Administration?
- übersteigerte Entlastungserwartungen: Nichteinlösung als Quelle von Enttäuschung
- sektorale und fachbereichsspezifische Problemwahrnehmungen und -bearbeitungen
- Belastungswahrnehmung abhängig von Ressourcenverfügbarkeiten (Personal, Finanzen) und damit von Verteilungs- und Neiddebatten

tierungsanträge. Die Kombination von verschiedenen Berichtsformen und -techniken ergibt dann das Berichtssystem der Hochschule.

Wie die Dokumentationsprozesse gestaltet sind, entscheidet wesentlich über die Akzeptanz z.B. von Qualitätssicherungsprozessen. Diesem Umstand wird bislang nicht die angemessene Aufmerksamkeit zuteil. Häufig werden hier seitens der von uns befragten Hochschullehrer.innen Dokumentations- und Berichtspflichten in Zusammenhang mit (internen) Zielvereinbarungen und Leistungsorientierter Mittelvergaben (LOM) thematisiert. Wahrgenommen als autonomieeinschränkendes Steuerungselement, werden diese Pflichten oftmals pauschal abgelehnt und blockiert.

Bleiben der Zweck und das Ergebnis von (neuen) Dokumentationsanforderungen intransparent, so potenzieren sich Belastungswahrnehmungen. Aber nicht nur im Blick auf subjektive Wahrnehmungen, sondern auch hinsichtlich ihrer Faktizität sind solche Vorgänge keineswegs trivial. Immerhin befinden sich die Hochschulen in einer Situation strukturell verfestigter Unterfinanzierung, und das bedeutet für unser Thema: Immer dann, wenn Hochschullehrer.innen rollenfremde Aufgaben erledigen, sind sie in der dafür aufgewandten Zeit deutlich überbezahlt, denn das Personal mit der eigentlichen Expertise für solche Aufgaben ist grundsätzlich in niedrigeren Gehalts- oder Besoldungsstufen eingruppiert.

Die (Neu-)Strukturierung von Organisationsprozessen ist kein einmaliger und endgültig abschließbarer Vorgang. Vielmehr ist ein dauerhaftes Anpassen, ein fortwährendes Reagieren auf stetig stattfindende Änderungen und neue Herausforderungen notwendig. Veränderung ist daher als Konstante aufzufassen, d.h. regelmäßige (ggf. kleinere) Reorganisationen der Prozesse sind laufend nötig. Dazu bedarf es eines Prozessmanagements, das die Erfolgsfaktoren für einen möglichst effektiven und effizienten Prozessdurchlauf kontinuierlich betrachtet, Schwachstellen zeitnah identifiziert und die Prozesse den stetig wandelnden Umweltanforderungen anpasst bzw. weiterentwickelt.

So sind Kern- und Supportprozesse an Hochschulen durch zahlreiche Interdependenzen gekennzeichnet. Durch eine zu starre Prozessarchitektur, z.B. wenn vermeintliche Supportprozesse aus bestehenden Kernprozessen herausgelöst werden, bleiben Wechselwirkungen zwischen den Prozessbereichen oft unberücksichtigt. Derart kann eine zu starke Standardisierung und Formalisierung von Abläufen die Zielerreichung innerhalb der Kernprozesse unterlaufen. Stehen etwa Maßnahmen des Qualitätsmanagements im Widerspruch zum Selbstverständnis der Wissenschaftler.innen als (weitgehend) autonom agierende Akteure, dann lässt sich eine starre Prozessorientierung mikropolitisch kaum durchsetzen. (Altvater/Hamschmidt/Sehl 2010: 46–47)

Mit der Zunahme hochschulischer Autonomie und veränderter Governancemechanismen sind die Anforderungen an die Organisationsprozesse stark gestiegen. Im Zuge dessen haben die Berührungspunkte von Verwaltung und Wissenschaft zugenommen, und das Verhältnis zwischen den akademischen und den administrativen Rollen verändert sich. Verwaltungsmitarbeiter.innen sollen wissenschaftsorientierter arbeiten, und Wissenschaftler.innen müssen sich ver-

Übersicht 66: Gesteigerte organisatorische Anforderungen an das wissenschaftliche Personal im Überblick

Anforderungen		Belastungen
Governance-Reformen: Neue Steuerung	Transaktions-kosten-steigerungen	gesteigerte Involvierung des wissenschaftlichen Personals in Ressourcenmanagement
		nötiger Improvisationsaufwand durch Dauerreformbelastung
		Zunahme von Gremien, Kommissionen und Ausschüssen neben herkömmlichen Strukturen
	Hochschul-verträge	Konfliktbelastung durch Leistungsbewertungsprozesse der Vertragssteuerung
		Dilemma: schwerfällige und ineffiziente Verhandlungssysteme statt Anweisungen
Studien-struktur-reform	Modularisierung und Leistungs-punkte	neue Dokumentationspflichten
		aufwändiges und fehleranfälliges Noten-Transfer-System
		Wahlmöglichkeiten Studierender vs. zahlreiche Ordnungsvorgaben bei Studien- und Prüfungsregulierung
	Kompetenz-orientierung	Komplexität und häufige Veränderungen von Kompetenzdimensionen und Lernzielen
	Lehrevaluationen	Missverhältnis zwischen Dokumentationsanforderungen und Nutzen der Ergebnisse
	Lehrberichte	Fassade der Lehrqualitätsentwicklung; nicht zu vermeidende Pflichtaufgabe bei geringem Stellenwert für die Qualitätsverbesserung
	Akkreditierungs-verfahren	Mehraufwand für wissenschaftliches Personals durch Involvierung in Akkreditierungsprozesse
		hohe Regelungsdichte
		Ungleichgewicht zwischen Aufwand und Qualitätsgewinn
	Neugestaltung Prüfungswesen	Erhöhung der Koordinationskosten durch neue Prüfungsmodalitäten und Digitalisierungsbestrebungen
		zunehmende Angriffspunkte für Widerspruchsverfahren durch Fehleranfälligkeit bei der Prüfungsbewältigung
Studierendenzahlwachstum		Qualitätssicherung der Lehre bei gleichzeitiger Expansionsbewältigung bei nicht Schritt haltender Ressourcenentwicklung
Wissenstransfer und gesellschaftsbezogenes Engagement		Zusatzaufgabe neben herkömmlicher Leistungserbringung
		z.T. neue Dokumentationsanforderungen: Prozessdokumentation und Evaluation
Neue Organisati-onseinheiten und Rollen	Hochschul-management	neue Dokumentationsanforderungen
		Zwang zur Kommunikation mit neuer Gruppe
		neue Berufsrollen durch Ausdifferenzierung bisheriger Tätigkeitsbereiche + neue Aufgabenbereiche
	Hochschul-professionelle	neue Dokumentationsanforderungen
		häufig projektfinanziert = befristet, hohe Fluktuation mit Erfahrungsverlusten
		neue Berufsrollen durch Ausdifferenzierung bisheriger Tätigkeitsbereiche + neue Aufgabenbereiche
		zusätzliche Schnittstellenkommunikationen

Anforderungen		Belastungen
Zunahme begleitender Strukturen	Hochschulräte	zusätzliche Steuerungsinstanz
	Beiräte	Transaktionskostensteigerung: Anbahnung, Verhandlung und Kontrolle der Hochschulprozesse
	Beauftragten- wesen	neue Aufgabenfelder neben herkömmlichen Selbstverwaltungsfunktionen und Ausdehnung organisationsstützender Tätigkeiten
Rechtsvorschriften und Leitfäden		Zunahme der Regelungsdichte
		schwere Rezipierbarkeit
		zunehmende Auslegungs- und Interpretationsbedürftigkeit
		Kommunikations- und Koordinationskostensteigerung durch Zunahme der Interaktionen mit der Verwaltung
Trivial- prozesse	Zunahme der Regelungsdichte	betrifft z.B.: Dezemberfieber, Zwischenevaluationen Juniorprofessor.innen, Studienbewerberauswahl, Arbeitssicherheit, Raumplanung, Dienstreiseadministration, Lehrauftragsmanagement
	Anforderungs- steigerungen durch (Semi-) Digitalisierung	
Drittmittel	verschärfte Kompetitivität	zunehmende Vergeblichkeitschancen durch sinkende Bewilligungsquoten
	Zunahme der Drittmittel- vorgänge	Missverhältnis zwischen Forschung und Forschungsadministration
	Organisation des Projektstarts	Projekt = Sondersituation = innerorganisationale Kontinuitätsunterbrechung → Zunahme der Projektzahlen = Verschärfung
	Drittmittel- verwaltung	Projektfinanzierung bedeutet Befristungen und hohe Fluktuation = hoher Verwaltungsaufwand
		unterschiedliche Fördermittelgeber und Projektträger = unterschiedliche Verfahren
		erhöhte Verantwortung der Projekte selbst bei der Drittmittelbewirtschaftung
	Gutachter- tätigkeiten	Zunahme von Gutachtungsanlässen durch wachsende Zahl von Einreichungsquoten
Fragmentie- rung der Arbeit	Kommunikation als Stressor	Rückschlageffekte = erhöhtes Aufkommen durch computervermittelte Kommunikation
		negative Nebenkosten: schnellere und einfachere Kommunikation ≠ Zeitgewinn
	Bruchstückhaf- tigkeit der Arbeit	zeitliche und räumliche Entgrenzung durch Einsatz elektronischer und digitaler Medien = Reibungsverluste
	Unterbrechungen und Zwang zu Multitasking	zunehmende fremdinitiierte Unterbrechungen und personalisierte Zugriffsmöglichkeiten durch Einsatz digitaler Kommunikationsmittel

mehrt mit administrativen Aufgaben befassen. (Nickel 2012: 288) Damit einher geht die Etablierung einer widersprüchlichen Anordnung:

■ Einerseits werden *Teilprozesse häufig getrennt* voneinander in unterschiedlichen Organisationseinheiten oder in unterschiedlicher Prozessverantwortung

durchgeführt – ohne diese aufeinander abzustimmen, bspw. im Hinblick auf gemeinsame Ziele oder konkurrierende Ressourcenzugriffe (Gierhake 2001: 19). Fehlt eine solche Prozesskoordination oder treten innerhalb dieser Defizite auf, sind Reibungsverluste praktisch programmiert.

■ Andererseits entstehen *einander überlappende Verantwortlichkeiten* und diffuse Autoritätsbeziehungen, die Anlass für Konflikte sein können (Nickel 2012: 288). Aufgabenüberschneidungen entstehen zwischen Verwaltung/Hochschulmanagement und wissenschaftlicher Ebene, indem klassische Verwaltungsaufgaben hin zur wissenschaftlichen Leistungsebene verschoben, von der Verwaltung aber kontrolliert werden. Zum Teil gibt es auch Überlappungen der Strukturen von Verwaltung und dem neuen Hochschulmanagement bis hin zu Doppelstrukturen, indem sich bestimmte Bereiche etwa des Qualitätsmanagements auf verschiedene Einheiten mit differenzierten Zuständigkeiten verteilen. Die Folgen sind Aufgabenüberschneidungen und hohe Informations- und Koordinationskosten. (Kloke/Krüken 2012: 22f.)

Nicht in der Sache, sondern bestenfalls formal entschärft werden hochschulinterne Konflikte durch den allgemeinen Normenaufwuchs. Die Juristengleichung „Problem + Gesetz/Verordnung/Regelung = Lösung" ist in jeglichen Bereichen meist eine romantische Idee. An Hochschulen aber trifft eine solche Weltsicht nicht nur auf die Komplexität und Uneindeutigkeiten der Probleme, die sich aus den Umweltbedingungen ergeben. Vielmehr trifft sie zusätzlich auf die sozialen Realitäten der Institution, die Steuerbarkeiten massiv entgegenstehen.

Das heißt nicht, dass Steuerungseffekte an Hochschulen komplett ausgeschlossen wären. Doch müssen sich die Steuerungsbemühungen fallweise – also immer wieder neu – gegen Unterlaufensstrategien durchsetzen und haben dadurch im Vergleich zu Behörden, Schulen oder Unternehmen deutlich höhere Transaktionskosten. Denn werden den Wissenschaftler.innen Ansinnen angetragen, die ihren Werthaltungen oder Interessen widersprechen, können sie ein reichhaltiges Arsenal an Obstruktionstechniken mobilisieren:

■ Zunächst ist hier mit einem immerwährenden Dilemma umzugehen: Soll sich eine Hochschule entwickeln, ist man auf die Mitarbeit der Wissenschaftler.innen angewiesen, da Hochschulen als Expertenorganisationen einen spezifischen Organisationstyp darstellen. Die Träger des wichtigsten Organisationskapitals – des Wissens – sind die der Hochschule angehörenden Experten. Charakteristisch ist daher eine hohe Autonomie der Wissenschaftler.innen. Diese verfügen hinsichtlich der konkreten Aufgabenerfüllung in Forschung und Lehre über uneinholbare Informationsvorsprünge gegenüber den Leitungen. Die individuelle Autonomie wird dadurch gesteigert, dass Forschung und Lehre durch nur unklare, schwer formalisierbare Technologien gekennzeichnet sind (Luhmann 1992: 76).

■ Da es zudem zur professionellen Grundausstattung des wissenschaftlichen Personals gehört, das Geschäft der Kritik zu beherrschen, ist es im Grundsatz in der Lage, jede empfundene Zumutung einer Daueranfechtung durch rational begründete Infragestellung zu unterwerfen. Solange dies geschieht, muss diskutiert werden, und solange diskutiert wird, wird nicht umgesetzt. Hinzu tritt, dass die Loyalität der Wissenschaftler.innen gegenüber der Hochschule geringer ist als gegenüber ihrer jeweiligen Fachcommunity: Die Fachkolleg.innen verteilen überlokale Reputation, die Hochschule lediglich lokale. Infolgedessen kann auch kein konstantes Engagement der Hochschulmitglieder vorausgesetzt werden. (Vgl. Grossmann/ Pellert/Gotwald 1997)

■ Bilden die Wissenschaftler.innen Strategien der Aufwandsminimierung aus, so kann dies zu suboptimaler Erledigung nicht nur der rollenfremden bzw. als rollenfremd empfundenen, sondern auch – etwa infolge reduzierter Lehrmotivation – der rollenkonformen Aufgaben führen. Manche Unterlaufensstrategie dient aber auch schlicht dazu, die Funktionsweise der Hochschule oder des Instituts, Studiengangs oder der Forschungsarbeit aufrechtzuerhalten. Doch auch solches funktionssicherndes Nicht-Befolgen bindet Ressourcen, die besser eingesetzt werden könnten – wozu ihre Anlässe zu beseitigen wären. Tritt die Hochschule stattdessen den Unterlaufensstrategien durch erhöhte Kontrolldichte entgegen, wird die Unzulänglichkeit des Funktionierens von Regelungen nicht durch Überprüfung ihrer Notwendigkeit resp. Nichtnotwendigkeit bearbeitet, sondern durch die Verfeinerung der Regelungen.

Viele Vorgaben erfordern jedoch eine freie Auslegung, die nicht hundertprozentig der ursprünglichen Vorgabe entspricht, sie aber mit den praktischen Erfordernissen versöhnt. Insbesondere bei nichtstandardisierten Aufgaben, die einer individuellen Bearbeitung obliegen, gibt es Spielräume. Verwaltungsmitarbeiter.innen, die diese nutzen, sehen das als Ausdruck von Flexibilität und daraus folgend auch von Effizienz. Vor allem dann, wenn Änderungsprozesse anzustoßen sind, müssten auch Lösungen abseits des Dienstweges bzw. formeller Regelungen gefunden werden.

An manchen Hochschulen dagegen würden Regelungen häufig auch dann aufrechterhalten, wenn die Ereignisse ihnen faktisch widersprechen. Dort erfolge Verwaltungshandeln nicht selten nach Maßgaben, die inzwischen von der Realität überholt sind. Hier wird auch angegeben, dass zahlreiche Flexibilitäten, über die man früher verfügt habe, durch die jüngsten Reformentwicklungen verloren gegangen seien. Daran kann durchaus überraschen, dass in einer Zeit, die der Flexibilität einen eigenständigen Wert als Erfolgsbedingung zuerkennt, den Hochschulreformen gegenteiliges attestiert wird. Störend an den Flexibilitätseinbußen sei oftmals auch weniger der Mehraufwand, der sich daraus ergebe, sondern der Umstand, dass die Unflexibilität psychologisch zermürbend sei.

Zugleich wird seitens der Verwaltung beklagt, dass die durch jüngere Reformentwicklungen bedingten administrativen Folgeerscheinungen unberechtigterweise der Verwaltung angelastet würden. So werde der Unmut Hochschullehrender etwa über Dokumentations- und Berichtsanforderungen oftmals auf die abverlangende Abteilung projiziert, was – objektiv betrachtet – ungerechtfertigt und in der Zusammenhangswahrnehmung verzerrt sein kann.

Hilfreich für die Bewältigung administrativer Anforderungen sei es, so einer unserer Interviewpartner, Regelungen und Ordnungen weniger als Vorschriften oder Anweisungen, sondern mehr als Orientierungshilfen zu verstehen. Das kann durchaus auch mit Verwaltungshandeln korrespondieren: Wo permanente Veränderungen zu bewältigen sind, sind auch Hochschulverwaltungen häufig zur Improvisation gezwungen. Jedenfalls berichteten Lehrende einzelner Hochschulen in unseren Interviews auch von einer Vielzahl angewandter Ausnahme-regelungen und einzelfallbasierter Lösungen, die von Verwaltungen ‚erfunden‘ würden.

Die Begründung für eine größere Zahl der neuen Prozesse an den Hochschulen ist, dass damit Leistung und Qualität gesteigert werden sollen. Zugleich mindert der Zeitverbrauch für organisatorischen Aufwand, der dabei auf Seiten des wissenschaftlichen Personals entsteht, die Zeitressourcen, die für qualitativ hochwertige Leistungserbringung aufgewendet werden können. Hinzu treten die daraus folgenden Motivationseinschränkungen und die Aufwandsausweichstrategien, die sich zusammen mit den Zeitproblemen zu einem Risikosyndrom für die Qualität der wissenschaftlichen Leistungsprozesse verdichten. Kurz: Es entstehen Risiken für die Qualität von Lehre und Forschung, die ihre Ursache gerade in Bemühungen um die Entwicklung der Qualität von Lehre und Forschung haben.

Sollen in Hochschulen die Leistungsprozesse verbessert werden, sind vor allem deren ermöglichende Bedingungen zu gestalten, da die Leistungsprozesse selbst eine hohe Autonomie ihrer Träger benötigen. Sollen diese Bedingungen möglichst effektiv gestaltet werden, sind die Bereiche zu identifizieren, in denen die effektivsten Ermöglichungsbedingungen geschaffen werden können (oder, umgekehrt, die größten Behinderungen stattfinden). Das sind die Organisationsprozesse – und da diese zunehmend elektronisch unterstützt werden, gehört dazu auch eine funktionierende digitale Assistenz.

11.1.2. Vernachlässigte Folgen der (Semi-)Digitalisierung: die sozialen Reaktionen

Neben dem Aufbau eines Hochschulmanagements reagieren die Hochschulen auf gestiegene organisatorische Anforderungen mit Campus-Management-Systemen (CaMS), die zur Unterstützung vornehmlich organisatorischer Prozesse an Hochschulen eingesetzt werden. Weitergehende Optionen – etwa im Rahmen onlinegestützter Forschung und Forschungskollaborationen oder wissenschaftlicher Kommunikationen über Portale, Blogs, Wikis und elektronischer Journale sind dagegen bislang nur in Ausnahmefällen in CaMS integriert. Die ambitionierte sprachliche Steigerungsform „integrierte CaMS" stellt daher einstweilen einen Euphemismus dar. In der Praxis sind die existierenden Lösungen von einer Integriertheit im Sinne von Systemlösungen derzeit weit entfernt. Vielmehr bestehen die elektronischen Hochschulökosysteme für Lehrende und Studierende an Hochschulen – über Campus-Management-Systeme hinausgehend – aus zahlreichen auf Einzelaufgaben spezialisierten Insellösungen.

Das wissenschaftliche Personal muss typischerweise mehrere parallel bestehende Systeme bzw. Portale anlaufen, um z.B. Lehrbelange zu organisieren, wobei jedes dieser Systeme separat und häufig schnittstellenfrei funktioniert. Inkonsistenzen und die Notwendigkeit von Doppeleintragungen sind die technische Folge. Schwer rezipierbare Bedienungsleitfäden und Handbücher korrespondieren mit häufig schwach ausgeprägter Usability der Portale. Wenn Lehrende unter diesen Vorzeichen die komplexen elektronischen Systeme bedienen sollen, erhöht das die Fehleranfälligkeit. Sind an einer Hochschule verschiedene elektronische Systeme in Anwendung, können sich Anwendungsfehler und Synchronisationsproblematiken überlagern.

Es ist nicht schwer, über die Kluft zu spötteln, die digitalisierungsbezogen an den Hochschulen besteht – die Anlässe, die der Hochschulalltag liefert, sind zu zahlreich: Einerseits bestehen virtuelle Parallelwelten, die aber Verbindungen zueinander am ehesten nicht digital, sondern über die Hauspost oder zufällige Mensagespräche – also in ausgesprochen analogen Formen – aufbauen. Andererseits erschallt unablässig eine Erfolgsrhetorik über vermeintlich „integrierte Systeme", die erstaunlich wenig integrieren. Soll an Lösungen gearbeitet werden, um diese Kluft zu schließen (oder sie zu überbrücken), bedarf es der Kenntnis ihrer Ursachen.

Zur Erklärung findet sich in den einschlägigen Debatten (zusammenfassend Hechler/Pasternack 2017a; 2017b) der besondere Charakter der Organisation Hochschule hervorgehoben – wenn etwa auf ihren Charakter als Multifunktionseinrichtung abgestellt wird, auf ihre flexible Verbindung von Forschung, Lehre und Verwaltung oder auf Kulturwandel, mithin die Ansprache individueller Akteure als Voraussetzung erfolgreicher Steuerungsbemühungen.

Die Digitalisierungsprozesse verändern ebenso die Kommunikation der Hochschulangehörigen untereinander, die Interaktion zwischen Mensch und Maschine wie die Formen der Zusammenarbeit innerhalb der Hochschule und mit externen Partnern (HFD 2016: 11f.). Soziale Interaktionen lassen sich nicht einfach mit formalisierten Regeln und Abläufen in einer Organisation gestalten und erklären. Sie sind viel stärker durch die „heimlichen Spielregeln" geprägt, welche die Organisationskultur bestimmen (Schuh 2006: 2–3, 73–79). Zu berücksichtigen ist folglich, dass das Verhalten der Hochschulangehörigen zum Teil durch unbewusste und unreflektierte Handlungsmuster geprägt und gleichzeitig (re)produziert wird, und dass individuelle Interessen berührt sind. Wo solche Handlungsmuster und Interessen zu widerständigem Verhalten gegenüber Veränderungsansinnen führen, ist es wenig zielführend, da in der Regel ohne Effekt, sie zu moralisieren.

Alternativ zu dem so beschriebenen ‚unvollständigen' Organisationscharakter der Hochschule wird diese als zunehmend normale Organisation apostrophiert. In einer solchen können die Organisationsmitglieder auf Mitwirkung verpflichtet werden. Die Verantwortungszuschreibung für die Digitalisierung adressiert hier vor allem der Hochschulleitung, der die Durchsetzung langfristiger Ziele zugewiesen wird.

Möchte man es konkreter, sind als oben herausgearbeitete Ausgangspunkte zunächst zwei festzuhalten: (1) Viele Campus-Management-Systeme werden von ihren Betreibern oder den Softwareanbietern zwar als „integriert" angepriesen, kombinieren tatsächlich aber nur einige wenige Funktionalitäten. (2) Dies produziert dann notwendigerweise das Erfordernis, verschiedenste Systeme zu nutzen, jeweils mit eigener Nutzeroberfläche, Usability und unterschiedlichen Zugangsdaten.

Die Auswertung der Informationen, die über unsere empirischen Zugänge ermittelbar waren, ergibt hinsichtlich der Ursachen für diese verfestigte Situation folgende Anhaltspunkte:

▦ Die Vielzahl der Systeme, die an Hochschulen im Einsatz befindlich sind, ist historisch gewachsen. Das gründet in der Dynamik der Soft- und Hardware-Entwicklung, der Ressourcenverfügbarkeit im Zeitverlauf, neu entstehenden Nutzeransprüchen und sich veränderndem Nutzerverhalten. Hier ist festzuhalten, dass dies auch für die Zukunft gültig bleiben wird: Verschiedene hochschulische Entwicklungsdynamiken sind ebenso weiterhin zu erwarten wie fortdauernd unabschätzbare Veränderungen der Digitalisierungsprozesse.

▦ Ist ein komplexes System wie CaMS erst einmal eingeführt, lassen sich dessen Strukturen nicht ohne weiteres verändern. Ein späteres Umschwenken auf eine Alternative wird zunehmend aufwendiger, da sich Rückkopplungen und Hindernisse aufbauen (Lock-in-Effekt). Die Justierung zusätzlicher Funktionalitäten und geeigneter Schnittstellen stellt Hochschulen und Anbieter vor enorme Herausforderungen. Das führt oftmals zu den erwähnten Bastellösungen.

▦ Änderungen hochschulorganisatorischer Abläufe und Strukturen sowie der IT-Dienstleistungen bedingen wiederkehrend die Reorganisation der hochschulweiten Systemstruktur. Im Zuge dieser werden einzelne der digitalen Systeme bzw. Systemkomponenten mitunter nicht dynamisch an die Neuerungen angepasst. In der Folge können sie dann – etwa aufgrund unterschiedlicher Datenbankstrukturen – miteinander inkompatibel sein. In der Praxis bedeutet dies, dass zwei oder mehrere Organisationseinheiten ihre Datenbestände nicht mehr synchronisieren können. Bei umfassenden Veränderungsprozessen sind auch vorübergehende Funktionseinschränkungen oder gar temporärer Funktionsverlust einzelner Bereiche zu erwarten.

▦ Die vorhandenen Systeme lassen sehr häufig den kognitiven Hintergrund eines ingenieursystemischen oder bürokratischen Denkens erkennen. In der Regel basieren Anwendungssysteme auf komplexen Programmierungen, die in den Denkwelten von Informatik und Verwaltungswissenschaften verankert sind (Schuppan 2011: 270).

▦ Kennzeichen eines tatsächlich integrierten CaMS ist ein zentraler Datenbestand. Einen solchen hochschulweit zu erstellen und zu pflegen ist nicht trivial. Unterschiedliche, an den Hochschulen parallel laufende Systeme basieren häufig auf je spezifischen Systemarchitekturen bzw. Datenbankstrukturen. Das heißt, für eine Integration der Daten in einem zentralen Pool sind Übersetzungen bzw. Konvertierungen der unterschiedlichen Semantiken notwendig. Der damit verbundene enorme Ressourcenaufwand und ein nur schwer prognostizierbares Kosten-/ Nutzen-Verhältnis – letztlich Fragen der Effizienz – hemmen die Einführung zentralisierter Datenbestände an Hochschulen. Da diese aber Voraussetzung für ein integriertes CaMS ist, bleibt es häufig bei mehreren Einzelsystemen, die als Bastellösungen wahrgenommen werden. (Vogler 2006: 139)

▦ Die Anpassung an neue Möglichkeiten der elektronischen Integration wird gehemmt durch die Differenz zwischen dynamischer Softwareentwicklung und den langwierigen Implementationsgeschwindigkeiten an Hochschulen. Letztere resultieren aus den Eigenheiten hochschulischer Entscheidungserzeugung. Diese sind gekennzeichnet worden als situativ bestimmt, oft wenig rational und deutlich abweichend von der verbreiteten Erwartung einer linearen Abfolge von Problemdefinition, Entscheidung und Problemlösung – zusammengefasst in dem Begriff der „organisierten Anarchie" (Cohen/March/Olsen 1972: 2).

■ Das grundsätzliche Problem bei der Ablösung von Legacy-Systemen[14] (Grieger/Güldali/Sauer 2013) ist der gewachsene Funktionsumfang. Liefen bspw. bereits vor der Implementation eines (vermeintlich) integrierten CaMS einzelne Systeme an Hochschulen, so werden diese im Fortgang der Entwicklung nicht unbedingt ersetzt. Da einzelne Funktionen im neuen System nicht mehr vorhanden sind, bleiben einzelne alte Systeme erhalten, laufen ggf. auch neben der Einführung eines Moduls mit ähnlicher Funktion des neu integrierten Systems weiter (vgl. Vogler 2006: 138).

■ Zwar lassen sich stark standardisierbare und routinisierbare Vorgänge vergleichsweise gut innerhalb eines CaMS abbilden bzw. nutzerfreundlich umsetzen. Doch bei Vorgängen mit Ermessensspielräumen und hochschulspezifischen oder fakultätseigenen Aufgaben ist dies nur bedingt der Fall. (Schreiter/Alt 2013: 322ff.) Für solche nur bedingt standardisierbaren Aufgaben greifen Hochschulen dann auf Bastellösungen und Eigenentwicklungen zurück, auf die sie jederzeit flexibel Einfluss nehmen können. Oft mangelt es diesen Systemen allerdings an Nutzerfreundlichkeit, die sich auch im Fehlen von Schnittstellen bzw. des Ineinandergreifens von Teilsystemen zeigt.

■ Fachbereiche sind strukturell voneinander getrennte und weitgehend eigenständig funktionierende Organisationseinheiten. Dies spiegelt sich im Einsatz von Softwarelösungen wider, die parallel zu hochschulweiten Systemen bzw. Systemen anderer Fachbereiche eingesetzt werden und nicht zwangsläufig mit den unterschiedlichen CaMS-Funktionalitäten verknüpft sind. Die Ursache dessen ist, dass die Funktionalitäten der hochschulzentral angebotenen Lösungen als für die eigenen Zwecke unzulänglich erachtet werden.

■ Es besteht eine beträchtliche Heterogenität der Usergroups digitaler Systeme an Hochschulen und in deren Nutzungsverhalten. Daraus ergibt sich die Notwendigkeit, die Systeme spezifisch zu gestalten. Im Hinblick auf individuelle Gewohnheiten und Präferenzen lassen sich einerseits starke Differenzen der digitalen Affinität konstatieren – z.B. Web-1.0- oder Web-2.0-orientiert und sich z.B. nach Fächern, Hochschultyp, Qualifikationsniveau oder Verwaltungsorganisation unterscheidend. Andererseits verbindet sich dies mit hohen Erwartungshaltungen der Anwender an die Systeme. (WsExp)

Dennoch kann eine Mehrbelastung des wissenschaftlichen Personals mit organisatorischen Tätigkeiten durch digitale Assistenz nicht umstandslos unterstellt werden. Die Einführung z.B. einer Prüfungsverwaltungssoftware lässt per se noch keinen Rückschluss auf veränderten Aufwand zu – aber: Es gibt Regelungen wie unterschiedliche Bearbeitungs- und Zugriffsberechtigungen von Sys-

---

[14] Der Begriff beschreibt in der Informationstechnologie ein in der Organisation historisch gewachsenes etabliertes Altsystem, das hinsichtlich der technischen Entwicklung nicht mehr dem aktuellen Stand entspricht.

temnutzern; es gibt durch verschiedene Systemumgebungen hervorgerufene differente Datenstrukturen, die eine medienbruchfreie Nutzung bzw. den durchgängigen Datenfluss behindern. Derartiges erschwert die Bedienbarkeit und führt dann zu Mehraufwand, den die Systeme eigentlich vermeiden sollten. Erhöhter Zeitverbrauch, Abstimmungsbedarfe und Korrekturen, d.h. der Umgang mit und die Bearbeitung entstehender Hürden, erzeugen erhöhte Belastung der Lehrenden und gehen zu Lasten anderer Aufgaben in Lehre und Forschung.

Übersicht 67: Belastungen durch digitale Assistenzsysteme im Überblick

	Belastungen
Organisations-und Prozess-gestaltung	nötige Organisationsanpassungen durch digitale Auflösung von Organisationsgrenzen
	Verschiebung von Verwaltungsaufgaben auf die wissenschaftliche Ebene
	Austragen sachfremder Konflikte, die unabhängig von elektronischen Systemen existieren, aber durch sie (neu) aktiviert werden
	Kommunikationskostensteigerung durch hochschultypische Modi der Problembearbeitungspraxis: negative Koordination
	Projekt- vs. Dauermanagement
digitales Hochschul-ökosystem	mangelnde Integriertheit → Medienbrüche und technische Suboptimalitäten
	Systemeinheitlichkeit vs. Systemdifferenziertheit
Entwicklungs-dynamiken	nicht Schritt haltende Ressourcenentwicklung
	dynamische Soft- und Hardware-Entwicklung vs. langwierige Entscheidungs- und Implementationsgeschwindigkeiten an Hochschulen
	für Digitalisierung grundsätzlich zusätzliches Personal nötig → Ressourcen(verteilungs)problem und Personalrekrutierungsprobleme
erhöhte Fehlerquoten	mangelnde Usability
	analog + digital + verschiedene Systemumgebungen und Datenstrukturen

Eine nutzerorientierte und damit nutzerfreundliche Gestaltung elektronischer Systeme wird im allgemeinen mit dreierlei assoziiert: niedrigschwellig im Einstieg, komfortabel und flexibel in der Nutzung. Das klingt zunächst trivial und müsste, so die Ausgangsvermutung eines Laien, verbreiteter Standard sein. Stattdessen sind die Nutzung elektronischer Systeme und das Bedienen der durch sie erzeugten Anforderungen häufig durch eine Spannung zwischen potenziellem Komfort und unkomfortablem Zeitaufwand gekennzeichnet.

Um es am Beispiel der Niedrigschwelligkeit zu erläutern: Zwar gibt es dafür keine starre Definition, und die Bedeutung ist kontextabhängig. Aber im Kontext der Hochschule, in die die *digital natives* erst langsam hineinwachsen und wo digitale Instrumente nicht Zwecke, sondern Mittel für anderes sind, wird man niedrigschwelligen Einstieg so kennzeichnen dürfen: Es bedarf nur wenig technischen und digitalen Vorwissens, um die Systeme zu nutzen und mit ihnen leicht umzugehen, indem die Routinen intuitiv, also selbsterklärend gestaltet sind. Wo dies nicht der Fall ist, ergibt sich ein problematischer Umstand: Um ein

System angemessen nutzen zu können, müssen die Nutzer bereits mindestens Semi-Experten mit systemspezifischer Medienkompetenz sein.

Der oben benannte kognitive Hintergrund – ingenieursystemisches oder bürokratisches Denken – mag für den Systemaufbau notwendig sein, doch stellt sich die Frage, ob er den *Nutzern* aufgenötigt werden muss. Aus Sicht von Hochschullehrenden schränken suboptimale Systemgestaltungen ihre Autonomie ein. Gleiches gilt für die Auswirkungen steter Nachjustierungen (auch wenn diese, wie zugleich vermerkt werden muss, häufig dazu dienen, erkannte Suboptimalitäten zu beseitigen).

Wenn dies damit verbunden ist, dass Wissenschaftler.innen zusätzlich Aufgaben übertragen werden, die sie aufgrund ihres Professionsverständnisses als rollenfremd ansehen, kann die Beanspruchung mit solchen Tätigkeiten die Arbeitsmotivation beeinträchtigen. *„Man könnte sich jetzt auch überall Listen hinhängen, woran man alles denken muss, aber das erschöpft sich irgendwann, man hat keine Lust mehr"* (HSL4). Das uneingelöste Versprechen der Entlastung von administrativen Aufgaben durch elektronische Anwendungssysteme erzeugt dann notwendig Enttäuschungen. Beharrungskräfte und Widerstände gegen die Anwendung von Systemen oder einzelner ihrer Funktionen und ggf. die Nutzung alternativer Systeme sind die Folge (HSL1, HSL6).

Als kritisch ist zu bewerten, dass sich durch den Akzeptanzmangel ein Kreislauf stabilisieren kann, der die weitgehende Integration bzw. integrierte Nutzung digitaler Assistenzen in Forschung, Lehre und Verwaltung an Hochschulen hemmt:

- Wird eine Mehrbelastung wahrgenommen und diese mit elektronischen Systemen im allgemeinen bzw. CaMS im speziellen assoziiert, kann dies die Nutzungsbereitschaft mindern oder zu Vermeidungsstrategien führen.

- Wenn die Wissenschaftler.innen in der Folge alternative (ggf. analoge) Verfahren anwenden, werden Parallelstrukturen zu bestehenden Assistenzstrukturen betrieben. Dies steht dem Bestreben nach hochschulweit einheitlichen oder zumindest zueinander kompatiblen Verfahren und damit integrierten bzw. schnittstellenoptimierten Systemen entgegen.

- Solche wären aber für eine nutzerorientierte und damit nutzerfreundliche Gestaltung digitaler Unterstützungssysteme nötig. Eine derartige Gestaltung wiederum ist Voraussetzung, um Aufgabenbearbeitungen effizienter und wahrnehmbare Entlastungen – damit letztlich auch Akzeptanz – zu organisieren.

- Akzeptanz erweist sich – und damit ist man am Beginn des Kreislaufs angelangt – als wesentliche Nutzungsvoraussetzung.

Ersatzweise bilden die Wissenschaftler.innen auch hier Strategien der Aufwandsminimierung aus, die zu suboptimaler Erledigung sowohl der rollenfremden (bzw. als rollenfremd empfundenen) als auch – infolge reduzierter Motivation – der rollenadäquaten Aufgaben führen. Ebenso kommt es zu aufwandssteigerndem Handeln, wenn etwa vorgegeben wird, digitale Systeme zu benutzen, zugleich aber parallel auf alte und vertraute Bearbeitungswege – Arbeit mit Excel-Tabellen oder Karteikarten – gesetzt wird: *„Warum soll ich etwas ändern, es hat doch schließlich bisher gut funktioniert?"* (WsExp) Durch solche Scheinlösungen oder Parallelstrukturen kommt es zu Aufwandssteigerungen durch die Doppelarbeiten selbst und durch die Anstrengungen, diese zu verschleiern.

Über ihr bisheriges Maß hinaus werden dann die tatsächlichen Aktivitätsstrukturen und die Formalstrukturen entkoppelt (vgl. Meyer/Rowan 2009: 49). Durch die professionstypische Fähigkeit zu intelligentem obstruktiven Handeln sind die Hochschullehrenden in der Lage, zwar auf einer formalen Ebene, aber unter Vermeidung der inhaltlichen Ebene die als unangemessen empfundenen Anforderungen zu bedienen. Da dies – nicht zuletzt zur Schonung der eigenen zeitlichen Ressourcen – nur formal geschieht, bleiben auch die von außen beabsichtigten Wirkungen aus.

11.2.   Problemlösung: Qualitätsbedingungsmanagement

Unser Ausgangspunkt bei der Suche nach den Ursachen von organisationalen Dysfunktionen war das Problem der Komplexitätssteigerung. Dieses existiert nicht an sich, sondern ist ein Problem von sozialen Akteuren. Sie identifizieren aufgrund von Anforderungen, Bedürfnissen, sinnhaften Orientierungen u.ä. ein Problem und beobachten im Zusammenhang damit Komplexität. Das heißt: Komplexität ist keine Erfindung, sondern schon real vorhanden; sie ist „die Art und Weise, wie die Welt mit sich selbst umgeht". Doch muss sie, um erkannt zu sein, reflektiert werden: „Nicht an der Welt, sondern an ihrem Beobachter... gibt sich die Komplexität zu erkennen". (Baecker 1999: 169, 173)

Damit gerät ein konstruktivistisches Element in den Betrachtungshorizont. Auf der Beobachterebene ist Komplexität eine Konstruktion. Sie entsteht „je nachdem, in welcher Weise der Beobachter die Einheit einer Vielheit in Elemente und Relationen auflöst" (Luhmann 1997: 138), und „der Beobachter ist definiert durch das Schema, das er seinen Beobachtungen zugrundelegt, also durch die Unterscheidungen, die er verwendet" (ebd.: 144).

Hierbei lassen sich zwei Typen von Modellen der Beschreibung komplexer Phänomene unterscheiden: Die einen interpretieren Komplexität als Unordnung, die anderen als Ordnung. In ersteren ist allerdings die Unordnung nur die Fassade einer tieferliegenden Ordnung (etwa in der Katastrophentheorie, der Chaostheorie oder der Theorie der Fraktale). Im zweiten Typ von Modellen versucht man, „Mechanismen zu finden, die erklären können..., wie es komplexen Phänomenen gelingen kann, ihre eigene Ordnung zu produzieren und zu erhalten". Komplexe Systeme nehmen die Unordnung aus der Umwelt auf und geben sie an die Umwelt wieder ab, wobei sie die Aufnahme und Abgabe so organisieren, dass sie sich dabei selbst erhalten. (Baecker 1999: 30f.)

Veränderungen an Hochschulen, bspw. Hochschulreformen, sind gezielte Interventionen in eine Form komplexer Systeme. Deren Charakteristik zwischen Ordnung und Unordnung „läßt gegenüber der Selbstlähmung perfekter Ordnung und der Willkür perfekter Unordnung eine produktive Dynamik der Systemprozesse zu": Weder könnten vollkommenes Chaos noch vollkommene Ordnung gezielt verändert, also gesteuert werden. Vielmehr beruhe Steuerungsfähigkeit auf einer spezifischen wechselseitigen Infizierung von Chaos und Ordnung, von

Freiheit und Notwendigkeit, von Kontextabhängigkeit und Autonomie. (Willke 1996: 159)

Dies aber ist selbstredend nicht beliebig: Manche Lösungen eignen sich besser als andere. Die Frage stellt sich, ob es so etwas wie optimale Komplexität gibt. Niklas Luhmann (1997: 506–508) macht auf drei für die Antwort zentrale Momente aufmerksam:

- Die Reduktion von Komplexität führe zur Steigerung der Komplexität: Evolutionäre Errungenschaften oder „konsolidierte Gewinne" (etwa das Auge, Geld oder Telekommunikation) reduzieren Komplexität, „um auf der Basis der Restriktion höhere Komplexität organisieren zu können. So reduziert ein Straßennetz die Bewegungsmöglichkeiten, um leichtere und schnellere Bewegung zu ermöglichen und damit die Bewegungschancen zu vergrößern, aus denen man konkret auswählen kann."

- Die Steigerung von Komplexität bedeute Steigerung der kombinatorischen Möglichkeiten, d.h. eine Erweiterung des Möglichkeitsfeldes: „Erst wenn man städtische Ämter schafft, um die Könige loszuwerden, muß man als Konsequenz die Ämterbesetzung politisieren und dazu Bedingungen schaffen, die später als ‚Demokratie' gefeiert werden."

- Neuerungen müssten passfähig zur umgebenden Komplexität sein, denn funktionale Differenzierung gehe mit wachsenden Interdependenzen einher.

Um in einem derart strukturierten Feld Handlungsfähigkeit zu gewinnen, müssen die Akteure sich auf ihre wiederum zum Komplexitätsfeld gehörende Beobachterrolle besinnen. Denn es ist ihre Definitionsmacht bei der Auswahl von Verknüpfungen, die in gegebenen Situationen erst einen Optionenreichtum für das Handeln schafft.

Dabei kann die Autonomie, den Beobachtungen verschiedene Schemata zugrunde zu legen, durchaus verunsichern: Weil zur Struktur eines Problems seine Rahmenbedingungen gehören, ist die Komplexität durch Erweiterung des Betrachtungsrahmens makroskopisch unendlich steigerbar, und da ein Problem auch intern in immer noch eine weitere Tiefendimension hinein ausdifferenziert werden kann, hat die Komplexität mikroskopisch erst dort ihre Grenze, wo die Geduld von Analytikern und Akteuren längst erschöpft ist. Wollte man dann noch eine vollständige Relationierung der makro- oder/und mikroskopisch erfassten Elemente herstellen und daraus Handlungsstrategien entwickeln, würde zwangsläufig eine Erstarrung eintreten: denn die ins Unendliche steigende Zahl notwendiger Verknüpfungen schließt jede Variabilität aus (Willke 1996: 158).

Aber von der Vorstellung immerhin, dass es so etwas wie unentrinnbare Sachzwänge gebe, können sich die Akteure als Beobachter beruhigt verabschieden. Sie treffen die Unterscheidungen, die jeder Beobachtung zugrundegelegt werden, und auf dieser Basis können sie auch Entscheidungen treffen.

11.2.1 Vom bürokratischen Verwalten zum entbürokratisierten Gestalten

Hinsichtlich der Umsetzung von Außenanforderungen haben die Hochschulen Spielräume und entwickeln daher eigene organisationale Antworten auf die neuen Anforderungen. Diese geschieht in Gestalt veränderter Prozessabläufe, der Einführung von Hochschulmanagementstrukturen und zunehmend digitalen Assistenzsystemen. Einzubetten sind solche Neuerungen in eine gegebene akademische Kultur, die vielfältige Organisationsweisen integriert: hierarchische, kollegiale und anarchische. Um die verschiedenen Aufgaben wie Forschung, Lehre, Weiterbildung, Management und Dienstleistung bewältigen zu können, sind die unterschiedlichen Organisationsformen einerseits nötig und machen andererseits die Organisation von Hochschulen so komplex (Pellert 1999: 106f.).

Sind oben die Organisationsprozesse wesentlich als problembehaftet beschrieben worden, so handelt es sich dabei doch zugleich um die zentrale Ressource der Problemlösung – die zentrale vor allem deshalb, weil andere Ressourcen kaum zur Verfügung stehen: Da ein *unmittelbarer* Zugang zur Qualität(sentwicklung) von Lehre und Forschung nicht gegeben ist, lassen sich Entlastungseffekte und damit Freiräume für die Träger der Kernleistungsprozesse nur über die Organisationsprozesse und deren funktionierende digitale Assistenz erzeugen, also über die Gestaltung der Rahmenbedingungen von Lehre und Forschung. Die Gestaltung der Qualitätskontexte ist der wirkungsvollste indirekte Zugang, und dies geschieht über die Organisation.

Wo Veränderungen annonciert werden, treten Bedenkenträger auf den Plan. Das ist wenig verwunderlich, sondern erklärbar. Artikulierte Ängste und Widerstände beziehen sich meist auf den Verlust bzw. die Einschränkung von Autonomie sowie gewohnter Strukturen (Bergsmann 2012: 107). Veränderungsprozesse werden seitens der Wissenschaftler.innen häufig als störend für ihre inhaltliche Arbeit wahrgenommen, seitens des Verwaltungspersonals als störend für die „bewährten Abläufe". Entsprechend begrenzt kann die Akzeptanz für Neuerungen sein.

In der Folge kommt es meist nicht zu vollständigen Zielerreichungen, was aus Sicht von Verwaltung und Hochschulmanagement dann die Quelle von Enttäuschungen ist. Beim Hochschulmanagement ist das besonders ausgeprägt, da dieses in seiner Selbstbeschreibung Sinnstiftung allein aus *gelingenden* Veränderungen bezieht. Hier bedarf es einer gewissen Frustrationstoleranz. Die entsprechende soziale Robustheit lässt sich leichter erlangen, wenn man sich vergegenwärtigt, dass vollständige Zielerreichungen in jeglichen sozialen Zusammenhängen höchst selten sind.

Zufriedenheitssteigerung: die Chance des Hochschulmanagements

Oben hatten wir das Hochschulmanagement als eine organisatorische Brückentechnologie in eine (beabsichtigte) Zukunft gekennzeichnet. Diese Zukunft soll durch wissenschaftsnah operierende und dienstleistungsorientierte Hochschuladministratoren auf allen Ebenen gekennzeichnet sein, also durch einen Kulturwandel. Indem die sog. Hochschulprofessionellen einerseits Träger dieses Kulturwandels werden und andererseits sukzessive die Verwaltung übernehmen, könnte dies wohl bewerkstelligt werden. Denn die herkömmliche Verwaltung stellt dafür nicht den angemessenen Rahmen bereit (und der Hinweis auf den Rahmen soll zugleich markieren, dass hier nicht individuelle Insuffizienzen des Verwaltungspersonals gemeint sind – ohne wiederum damit zu bestreiten, dass es diese auch gibt, ebenso wie im wissenschaftlichen Personal und unter den Hochschulprofessionellen).

In grober Kontrastierung: Als Struktur zielt die Verwaltung zuallererst auf Regelvollzug, während ein funktionierendes Hochschulmanagement auf Zielerreichung orientiert ist. Es besteht eine charakteristische Differenz von Verwalten versus Gestalten. Wie kann das „versus" aufgelöst bzw. in seiner Gegensätzlichkeit reduziert werden und so effektivitäts- und effizienzsteigernd wirken? Wo die Verwaltung antwortet: „Geht nicht", sollte das Hochschulmanagement immer mindestens antworten: „Geht so nicht. Ginge aber wohl so: ...". Während die wissenschaftliche Leistungsebene typischerweise durchaus auch Ideen zur Hochschulorganisation hat, aber keine wirkliche Ahnung davon, hat die Verwaltung davon typischerweise Ahnung, aber keine Ideen – und das Hochschulmanagement nun soll Ideen- und Ahnunghaben miteinander verbinden. Sorgt die Verwaltung für Stabilität und Stagnation, so soll das Hochschulmanagement für Stabilität und Dynamik sorgen – und die Herausforderung besteht darin, dass am Ende nicht Instabilität und Stagnation herauskommen.

Management ist zielgebundenes Steuerungshandeln. Hochschulmanagement versucht also, durch steuernde Einflussnahme die Hochschule bzw. einzelne ihrer Untereinheiten zur Umsetzung definierter Ziele zu bewegen und die Einrichtungen dabei zu unterstützen. Ein verbreitetes Missverständnis, das hier besteht, resultiert aus der Benennung „Hochschulmanagement". Daraus leitet mancher ab, die *Leistungs*prozesse der Hochschule sollten gemanagt werden. Doch so wenig, wie eine Musikmanagerin den kreativen Prozess der Musikentstehung – komponieren, arrangieren, proben – steuert, so wenig steuern Hochschulmanager die Forschung oder die Lehre. Was sie managen, sind deren Bedingungen. Ein funktionierendes Hochschulmanagement betreibt mithin das Bedingungsmanagement, damit Hochschule funktionieren kann.

Ratsam ist hierbei eine Entökonomisierung des Managementbegriffs: Seine betriebswirtschaftliche Konnotation sollte, wenn es um Hochschulen geht, eliminiert werden. Ein entökonomisiertes Management stellt Instrumente bereit, die einer Hochschulverträglichkeitsprüfung unterzogen werden können und mit denen sich die hochschulische Organisationsentwicklung so gestalten lässt, dass es der Erreichung der Organisationsziele – gute Forschung und Lehre – optimal dienlich ist.

Realismus ist dabei aber auch hilfreich. Der amerikanische Hochschulforscher Robert Birnbaum (2000) hatte einst die „Lebenszyklen akademischer Managementmoden" untersucht, die seit den sechziger Jahren aus der Wirtschaft in den (amerikanischen) Hochschulbereich eingewandert waren – sein Ergebnis: Weder haben sie die positiven Resultate erzeugt, die von den jeweiligen Proponenten versprochen, noch sind die negativen Folgen eingetreten, die von den jeweiligen Opponenten vorausgesagt wurden. So habe sich für die meisten

Qualitätsmanagementansätze gezeigt, dass damit zwar Verbesserungen in der Hochschulverwaltung und bestimmten Dienstleistungseinheiten (z.B. Bibliothek, IT-Zentrum etc.) erreicht werden konnten, weniger aber in den Bereichen, um die es in der Ausgangsdiskussion eigentlich gegangen war: etwa Qualität der Lehre oder Öffnung der Hochschulen für externe Anforderungen und Interessen.

Das Hochschulmanagement als Struktur innerhalb der Organisation lebt weniger von der eigenen Zufriedenheit, sondern mehr noch von der seiner Adressaten. Um *beide* Zufriedenheiten zu steigern, können vier Vorgehensweisen behilflich sein: (a) die vertretenen Anliegen als unabkömmlich inszenieren, (b) aufwandsrealistische Lösungen offerieren, (c) über Transparenz die Akzeptanz erhöhen und (d) mehrheitlichen Widerstand in der Hochschule vermeiden. Das heißt:

▨ *Inszenierung der Unabkömmlichkeit:* Da niemals alle bearbeitungsbedürftigen Probleme zugleich angegangen werden können, sind ohnehin Prioritätensetzungen vonnöten. Diese sollten nicht willkürlich oder anhand individueller Vorlieben, sondern kriteriengeleitet vorgenommen werden. Als ein zentrales Kriterium kann dabei die Frage eingesetzt werden, mit welchen Anliegen es gelingen kann, die eigene Funktion in der Hochschule als unabkömmlich zu inszenieren. Dafür ist es erstens sinnvoll, an der Hochschule bzw. bei den Lehrenden vorhandenen Leidensdruck zu identifizieren und die Priorisierung der Arbeit danach vorzunehmen, mit welchen Maßnahmen dieser Leidensdruck spürbar gemindert werden kann. Zweitens kann dies damit verbunden werden, zunächst die größten Missstände zu bearbeiten, also z.B. „an den Brennpunkten von starker Behinderung der Qualität von Hochschulausbildung" zu beginnen (Winkler 1993: 30).

▨ *Aufwandsrealistische Lösungen:* Die Angebote des Hochschulmanagements sollten grundsätzlich aufwandsrealistisch sein, d.h. in Rechnung stellen, dass die Wissenschaftler.innen eine komplexe Berufsrolle auszufüllen und praktisch permanent mit Zeitproblemen zu kämpfen haben. Auch bei bestem Willen sind sie häufig nicht in der Lage, allzu ausführliche Anleitungen mit komplizierten und aufwändigen Handlungsalgorithmen für die Bewältigung bspw. von Lehr-Lern-Situationen zunächst zu studieren, sie dann mit entsprechendem Vor- und Nachbereitungsaufwand anzuwenden und anschließend auf ihre Wirksamkeit hin auszuwerten. Die Kunst der Angebote der Hochschulprofessionellen muss deshalb darin bestehen, für real gegebene – statt ideal gedachte – Bedingungen Lösungen zu offerieren. Deren Anwendung soll dem wissenschaftlichen Personal die Anzahl seiner Probleme nicht vergrößern, sondern minimieren. Angebote stoßen am ehesten dann auf Zustimmung, wenn die Transaktionskosten für die Wissenschaftler.innen nicht höher sind als die sich einstellenden Effekte – bzw. wenn die anfallenden Transaktionskosten absehbar niedriger sind als die prognostizierten, da erst in der Zukunft sich einstellenden Effekte. Positiv formuliert heißt das: Die individuelle Neigung, sich z.B. didaktische oder Lehrorganisationskompetenzen anzueignen, ist umso höher, je deutlicher die daraus resultierenden Lehr-Lern-Effekte den deshalb zu treibenden Aufwand überschreiten.

■ *Akzeptanzerhöhung durch Transparenz:* Wir konnten feststellen, dass Transparenz eine zentrale Einflussgröße für die Akzeptanzherstellung ist. Es gebe eine Fülle an Anforderungen und Verpflichtungen vonseiten der neu geschaffenen Stellen. Zugleich seien deren Aktivitäten, Ergebnisse und Informationen bei den Lehrenden nur begrenzt bekannt bzw. werden diese kaum bekannt gemacht – es fehle an Transparenz. Nötig ist daher, den Bekanntheitsgrad der offerierten Unterstützungsleistungen und ihrer intendierten Wirkung – Entlastung der Lehrenden – zu erhöhen. Bislang wurde das Hochschulmanagement eher nicht als Schnittstelle zwischen wissenschaftlicher Leistungsebene und Verwaltung wahrgenommen. Aus Sicht vieler Wissenschaftler.innen erscheinen die neuen Hochschulprofessionellen vielmehr als „Feinde der Wissenschaftler". Die Schaffung ihrer Stellen impliziere eine finanzielle Kürzung in den Kernleistungsbereichen der Wissenschaft bzw. wird als eine solche auch dann wahrgenommen, wenn die Mittel aus Sondertöpfen kommen. Mehr Transparenz könne hier aber für mehr Akzeptanz sorgen.

■ *Widerstand vermeiden:* Nötig ist eine realistische Einschätzung, welches Unterstützerpotenzial für Veränderungsprozesse zu gewinnen ist. Die individuelle Wissenschaftsfreiheit – ein hohes Gut – bewirkt, dass man sich hier wird bescheiden müssen. Veränderungsprozesse werden seitens der Wissenschaftler.innen häufig als störend für ihre inhaltliche Arbeit wahrgenommen. Entsprechend begrenzt ist die Akzeptanz für Neuerungen. Insofern Veränderungsprozesse an Hochschulen auf organisatorische Innovationen zielen, muss berücksichtigt werden, dass jegliche Innovation zunächst etwas Noch-nicht-Mehrheitsfähiges darstellt – sobald sie mehrheitsfähig ist, ist sie Mainstream (und dieser erstarrt dann irgendwann zur Orthodoxie, um damit reif zu sein für die Ablösung durch die nächste Innovation). Vor diesem Hintergrund sind kurzfristig typischerweise *keine Mehrheiten* für eine Veränderung zu erobern. Aber immer kann dafür gesorgt werden, dass die Hochschulangehörigen *nicht mehrheitlich gegen* das konkrete Veränderungsanliegen sind.

Für den letztgenannten Punkt empfiehlt sich eine Diagnose des jeweils relevanten Sozialen Systems (nach König/Volmer 1999: 12), indem folgende Leitfragen beantwortet werden:

- Welche Akteure sind für das jeweilige Anliegen relevant?
- Was sind die relevanten Ansprüche dieser Akteure in Bezug auf die Organisationsfunktion(en)?
- Welche Regeln des Akteurssystems beeinflussen den Erfolg (resp. können den Misserfolg verursachen)?
- Welche Interaktionsstrukturen beeinflussen den Erfolg (oder Misserfolg)?

Dies wird verbunden mit einer Ermittlung, Erfassung und Darstellung des Akteurssystems, in das ein beabsichtigter Prozess eingebettet ist. Beachtet werden muss, dass es sich bei dem dafür nötigen Wissen häufig um latentes Betriebswissen handelt, das nicht unmittelbar zugänglich und daher ggf. indirekt zu erschließen ist. Neben dem Gesamtsystem lässt sich das Soziale System in Primär- und Sekundärsystem sowie Peripherie gliedern:

- Das *Gesamtsystem* bezeichnet den strukturellen und funktionalen Zusammenhang, in den die Hochschule eingebunden ist.
- Zum *Primärsystem* gehören die Akteure, zu denen dauerhafte Beziehungen zu pflegen sind. Die jeweilige Beziehung ist eine Abhängigkeitsbeziehung oder ein Adressierungsverhältnis oder beides. Das Primärsystem umfasst diese Akteure einschließlich ihrer subjektiven Deutungen, sozialen Regeln und Interaktionsstrukturen, die den jeweiligen Organisationerfolg maßgeblich beeinflussen und ihn damit relevant behindern oder unterstützen können. Wurde dieses Primärsystem identifiziert, dann lässt sich z.B. abschätzen, von wo Einwände und Widerstände zu erwarten sind, und es kann dementsprechend agiert und vorgebeugt werden.
- Zum *Sekundärsystem* gehören die Akteure, zu denen anlassgebunden Beziehungen gepflegt werden müssen. Es handelt sich dabei in der Regel um Adressierungsverhältnisse.
- Zur *Peripherie* gehören die übrigen feldrelevanten Akteure, zu denen fallweise Beziehungen unterhalten werden können. Es existieren keine Abhängigkeitsbeziehungen, die Adressierung ist nur unspezifisch.

Ein Handeln auf Basis einer solchen Analyse gäbe die Chance, eine verbreitete Wahrnehmung bei den Lehrenden aufzubrechen: Schnittstellen erhöhen zunächst einmal immer den Koordinierungsbedarf und somit auch die Koordinationskosten. Nach Einschätzung der von uns befragten Wissenschaftler.innen bedürfe es eines weniger komplexen Systems von Hochschulprofessionellen. Kurze Dienstwege, bspw. der direkte Kontakt zum Dekan per eMail, Telefon oder face-to-face, werden als weniger aufwendig eingeschätzt. Dagegen verkehre sich, was beim Einsatz von Hochschulprofessionellen zunächst nach Einsparung von Koordinationskosten aussehe, ins Gegenteil – durch in der Folge verstärkte vertikale und horizontale Koordinierungsnotwendigkeiten. Es sei zwar zunächst zeitlich aufwendiger, die Dinge selbst zu erledigen, aber letztlich produktiver als über die Vermittlungsleistung Hochschulprofessioneller.

Arbeiten die Hochschulprofessionellen so an den Bedürfnissen der wissenschaftlichen Leistungsebene vorbei, bekräftigt das immer wieder die skeptische Haltung ihnen gegenüber. Die Herausforderung ist hier keineswegs gering. Denn selbst wenn Entlastungswirkungen gelingen, entstehen mindestens durch notwendige koordinative Absprachen auch neue Belastungselemente – die durch Entlastung überkompensiert werden müssten, um wirklich überzeugend zu wirken.

Prozesse im Kontext und ihre Transaktionskosten

Werden Veränderungsanliegen zunächst auf Entbürokratisierung zugespitzt, so lassen sich drei Ebenen unterscheiden:[15]

- Aufgabenebene: Umfang der wahrgenommenen Aufgaben
- Regulierungsebene: Anzahl, Dichte und Qualität von Regulierungen

---

[15] vgl. Jann/Wegrich (2008: 53), Derlien/Böhme/Heindl (2011: 230ff.), Rösener/Precht/Dankowski (2007: 25ff.)

- Organisationsebene: Einrichtungen, horizontale und vertikale Koordination, Ablauforganisation und Personal

Für Verwaltungen generell haben Rösener/Precht/Dankowski (2007: 25–27) die Veränderungsnotwendigkeiten auf diesen drei Ebenen so beschrieben:

- Die *Aufgabenebene* benötige eine Reduzierung von Aufgaben und Interventionen.
- Auf der Ebene der politischen *Regulierung* brauche es eine Reduzierung der Normenflut. Auf der Ebene der administrativen Regulierung müsse die Normenqualität verbessert werden, also deren Umfang, Dichte, Genauigkeit, Kosten, Effektivität und Verständlichkeit.
- Bezogen auf die *interne Arbeitsweise* der Verwaltung werden eine Verbesserung der Aufbau- und Ablauforganisation sowie neue Formen von Kommunikation und Interaktion (bspw. E-Government) benötigt. Bezogen auf die vielfach verzweigte, interdependente und nach außen nicht immer transparente Verantwortungsstruktur müsse die Vielfalt an Zuständigkeiten als Kernproblem wahrgenommen werden und dies dann zu einer Entflechtung führen.

Der Erfolg solcher Entbürokratisierungsvorhaben hänge immer davon ab, inwiefern es gelinge, die Faktoren des ‚magischen Vierecks' Rechtmäßigkeit, Wirtschaftlichkeit, Zweckmäßigkeit und Klientennähe zu optimieren (Leis 1982: 185). Da Entbürokratisierungsmaßnahmen in der Regel langfristig wirken, seien sie politisch unattraktiv, weshalb Bürokratieabbau institutionell gestärkt werden müsse (Jantz/Veit 2011: 134) – also an Hochschulen: ein Anliegen der Leitung sein muss.

Geht es um Neugestaltungen in einer Verwaltung selbst, so wird in der Literatur darauf verwiesen, dass sowohl Selbstanpassungen der Bürokratie möglich seien als auch Verwaltungsreformen scheiterten:

- Zielorientierte spontane Selbstanpassungen innerhalb der Bürokratie würden über die Art der professionellen Orientierung der Mitarbeiter.innen möglich, wenn die persönliche Unabhängigkeit es zulasse bzw. es vom Vorgesetzten belohnt oder anerkannt werde, und wenn sie in der Lage seien, Dysfunktionen als Störung wahrzunehmen (Mayntz 1997: 119f.).
- Das Scheitern von Verwaltungsreformen dagegen liege nicht so sehr an fehlenden Konzepten als an starken Beharrungskräften in den Organisationen. Ohne externen Druck reiche die Innovationsfähigkeit der Verwaltung nicht aus, zu strukturellen Veränderungen zu kommen. (Bogumil/Jann 2009: 259)

Mit diesen beiden Auswertungen empirischer Vorgänge sind mehrere Erfolgsbedingungen von Verwaltungsmodernisierungen formuliert: professionelle Orientierung, Fähigkeit zur Wahrnehmung von Dysfunktionen, persönliche Unabhängigkeit, Anerkennung durch Vorgesetzte, externer Druck.

Die mikropolitische Durchsetzbarkeit von Organisationsreformen kann einerseits aber durch den Umstand behindert werden, dass bei umfassenden Veränderungsprozessen immer ein vorübergehender Funktionsverlust in Kauf genommen werden müsse, da umfassende Reformprozesse dazu tendieren, die Organisation zu überfordern (Bogumil/Jann 2009: 260). Andererseits versperrt die

Optimierung einzelner Prozesse häufig den Blick auf gesamthochschulische Optimierungspotenziale – und zugleich kann eine Hochschule nur schwer Komplettumgestaltungen verarbeiten: Sollen auf der Grundlage einer Analyse eines gesamten interdependenten Problemzusammenhangs Maßnahmen aus unterschiedlichen Bereichen ausgewählt werden, die einander unterstützen und gemeinsam zur Problemlösung beitragen, so bedeutet dies, „dass in allen voneinander abhängigen Entscheidungsbereichen alle infrage kommenden Entscheidungsalternativen gemeinsam und gleichzeitig zur Disposition gestellt werden müssen" (ebd.: 144).

Daher empfiehlt es sich, zwar immer die Einzelprozesse im Kontext zu betrachten, nicht jedoch, allzu häufig komplette Organisationsumgestaltungen in Angriff zu nehmen. Es ist gewiss sinnvoll, die wissenschafts- und also auch wissenschaftlerorientierte Umgestaltung der Unterstützungsprozesse nach dem üblichen Organisationsentwicklungsschema Ist-Analyse – Soll-Konzept – Umsetzung vorzunehmen. Doch enthält dieser Dreischritt einen Bruch:

- Da die Ist-Analyse und das Soll-Konzept *Repräsentationen* des Alltags sind, können sie sich aufs Organisationsganze beziehen.
- Die Umsetzung hingegen ist die *reale* Veränderung des realen Alltags. Dieser verträgt immer nur ein begrenztes Maß an Instabilität, sollte also einzelne Prozesse adressieren (die in eine Gesamtzielvorstellung eingeordnet sind).

Wenn ernst genommen wird, was oben zum ‚schwierigen' Organisationscharakter der Hochschule herausgearbeitet wurde, dann ist aber auch hier Demut angezeigt. Im Lichte dessen betrachtet, wird man Insuffizienzen der Hochschulorganisation gemäß ihren Ursachen in drei Gruppen sortieren können: (a) unauflösliche Widersprüche, (b) Abmilderungen zugänglich, ohne zu einer finalen Lösung gelangen zu können, und (c) durch konsequente Bearbeitung erfolgreich lösbar. Wird die Gruppe (a) angegangen, ist das Scheitern programmiert. Folglich ist es angeraten, sich auf die Gruppen (b) und (c) zu konzentrieren.

Für eng definierbare Unzulänglichkeiten erscheinen hier durchaus Lösungen möglich. Um vier Beispiele zu nennen:

- Die hermetische Verwaltungssprache als Dauerärgernis im Hochschulalltag kann in Verständlichkeit transformiert werden (vgl. Fisch/Magies 2014; Herzberg 2015). Dass dafür Verwaltungsmitarbeiter.innen Angebote zur entsprechenden Schulung unterbreitet werden müssten, versteht sich von selbst. Ob das Ziel verständlicher Sprache erreicht wird, könnte durch Pretests mit wissenschaftlichem Personal geprüft werden.
- Es ließe sich die Anforderung formulieren, dass beliebige Formulare grundsätzlich nur noch eine Seite umfassen. Offensiv kommuniziert, ließe sich damit die Akzeptanz solcher Formulare deutlich steigern. Engagierte Verwaltungsmitarbeiter.innen könnten die damit verbundene Herausforderung, eine Konzentration auf das unabdingbar Nötige vorzunehmen, als sportive Aufgabe annehmen.
- Ein Verbesserungsvorschlagswesen zu etablieren, an dem sich alle Hochschulangehörigen niedrigschwellig beteiligen können, ist an sich kein revolutionärer Vorschlag und steht in jedem Handbuch zum (außerhochschulischen) Qualitätsmanagement. Dass es dieses nicht längst an allen Hoch-

schulen gibt, kann deshalb eher Anlass zu Verwunderung sein. Konkret bedeutet ein solches Vorschlagswesen nicht allein, eine eMail-Adresse dafür einzurichten, sondern im Intranet über die Eingänge und den weiteren Umgang damit zu informieren, ebenso über das Ergebnis der Auswertung bzw. Verarbeitung des jeweiligen Vorschlags – was zugleich heißt, dass eine Person damit beauftragt sein muss, sich um die Schicksale der Vorschläge zu kümmern. Diese Person könnte zur Berichterstattung regelmäßig in den Akademischen Senat oder das Konzil eingeladen werden.

- Hochschulinterne Analysen der Nutzerzufriedenheit mit den Verwaltungsprozessen könnten zu der neuen Erfahrung führen, dass erstmals ein Formular – der entsprechende Fragebogen – nicht nur von zahlreichen Hochschulangehörigen ausgefüllt wird, sondern dies auch mit intrinsischer Motivation geschieht.

Jenseits solcher eng definierbaren Anliegen ist aber – aufgrund der gegebenen Begrenzungen zeitlicher, sachlicher, kognitiver und Beziehungsressourcen – typischerweise keine wie auch immer geartete Vollständigkeit der Problembearbeitung zu erreichen. Es sind also Prioritätensetzungen nötig. Dafür bedarf es einer Zielhierarchie, in der Prioritäten und Posterioritäten festgelegt werden. Diese lassen sich dann in einen Stufenplan überführen:

- Auf Stufe 1 sind die Prioritäten im Sinne definierter Unverzichtbarkeiten umzusetzen.
- Auf Stufe 2 werden solche Initiativen eingeleitet, die zwar nicht prioritär, aber dennoch dringend wünschenswert sind, über die Einvernehmlichkeit zwischen den Partnern besteht und für die Problemlösungsressourcen vorhanden sind.
- Auf Stufe 3 lassen sich dann Maßnahmen umsetzen, die zunächst noch konfliktbehaftet waren, für die also erst ein Konsens unter den Beteiligten gefunden werden musste.

Für die Umsetzung der definierten Schritte ist zentral, dass infolge der veränderten Governancemechanismen insbesondere die Schnittstellen innerhalb der Organisationsprozesse zugenommen haben. Sind an einem Prozessdurchlauf verschiedene Organisationsebenen beteiligt, bestehen Interaktionsschnittstellen, deren Gestaltung nicht trivial ist. Zum einen ist jede Interaktionsschnittstelle mit Transaktionskosten – Informations-, Anbahnungs-, Kontroll- und Durchsetzungskosten – verbunden. Je mehr Schnittstellen und Interaktionspunkte ein Prozess besitzt, desto mehr Problem- und Fehlerpotenziale sind vorhanden. Selbst wenn diese Potenziale nicht wirksam werden, steigt mit höherer Zahl der Schnittstellen die Durchlaufzeit des Gesamtprozesses infolge vermehrter Schnittstellenkommunikation.

Zum anderen muss der Transaktionsaufwand nicht nur erbringbar sein, sondern für die Akteure auch wahrnehmbar in einem vertretbaren Verhältnis zu dem prognostizierten Nutzen stehen. Immer dann, wenn die Transaktionskosten die prognostizierten Transaktionsgewinne übersteigen, ist jede Initiative gefährdet. Um die Steigerung der Transaktionskosten durch das Anwachsen der Interaktionspunkte zu begrenzen, wird ein Schnittstellenmanagement benötigt. Dieses kann und sollte auf einem Prozessmanagement aufbauen, mithin einem nicht wirklich neuen Instrument. Zu den wesentlichen Optimierungsdimensionen der Ablauforganisation zählen Zeit, Kosten und Qualität (vgl. Stratmann 2007: 14):

- *Prozesszeit:* Lange Durchlaufzeiten sind ein möglicher Indikator für Schwachstellen im Prozess. Das Ziel kann es dann sein, neben Doppelarbeiten überflüssige Wege und nicht erforderliche Puffer zu ermitteln.
- *Prozesskosten:* Die Kosten hängen beispielsweise von Personalaufwendungen, Fehlerraten oder Auslastung ab.
- *Prozessqualität:* Qualitätsmindernde Schwachstellen können sein: hohe Fehlerraten, schlechte Ergebnisqualität, Störanfälligkeit, Ausfallrisiken des Prozesses durch häufige Unterbrechungen oder eine geringe Zufriedenheit Prozessbeteiligter bzw. von dessen Qualität betroffener Akteure.

Die Erfassung solcher Prozesscharakteristika kann dann in Prozessoptimierungen münden, die auch ein verbessertes Schnittstellenmanagement ermöglichen. Deren zentrale Anliegen sollten die Vermeidung von Ad-hoc-Management sowie ressourcenaufwendigen Improvisationen und Havariebewältigungen und damit letztlich der Verschleuderung von öffentlichen Mitteln sein.

Sind die Geschäftsprozesse einer Organisation einmal identifiziert bzw. definiert, werden diese auf verschiedenen Ebenen in detailliertere Teilprozesse – die voneinander abhängige Aktivitäten enthalten – zerlegt. In der Regel sind die Prozesse an den Hochschulen in ihrer Strukturiertheit auch bereits ausführlich definiert, d.h. es herrscht Klarheit über Prozessparameter (bspw. formale und rechtliche Anforderungen, einschlägige Dokumente) und den Prozessablauf (bspw. Aktivitätsschritte, beteiligte Personen). Dies bildet die Formalstruktur der Prozesse ab und dient der Komplexitätsreduktion. Indem das nach außen den Anschein vollständiger Rationalität vermittelt, bedient diese Formalstruktur Umwelterwartungen. Analytisch macht sie die Unterscheidung vom tatsächlichen Handlungsprogramm – der Aktivitätsstruktur – möglich.[16]

Die Aktivitätsstruktur orientiert sich an internen Interessen, Zielen und Handlungskapazitäten. Informelle Bestandteile der Prozesse – Teile der Aktivitätsstruktur – werden also formal nicht abgebildet bzw. bleiben intransparent. Dies muss nicht daran liegen, dass sich nach außen kommunizierte und hochschulinterne Interessen bzw. Ziele unterscheiden. Prozessbestandteile, deren Auswirkungen auf die Prozessstruktur nur schwer vorhersagbar und damit kaum modellierbar sind, sind ggf. für Außenstehende schlicht nicht abbildbar. In der vielschichtigen täglichen Hochschulpraxis müssen allerdings auch jene Faktoren berücksichtigt werden, die sich der Visualisierung und Messungen entziehen: informelle Kommunikationsstrukturen, ungeschriebene Regeln und Normen, informelle Machtbeziehungen und Konfliktarenen o.ä.

Zudem muss zwischen planbaren und nicht planbaren Prozessereignissen unterschieden werden. Planbare Ereignisse sind in der Regel direkt in der Prozessstruktur durch Verzweigungen und Rücksprünge vormodelliert. Nicht planbare

---

[16] Vgl. Krücken (2004: 298). Grundlegend dazu Meyer/Rowan (1977), in deutscher Übersetzung als Meyer/Rowan (2009): Die Entkopplung von Formal- und Aktivitätsstruktur erlaube es Organisationen, „standardisierte, legitimierende Formalstrukturen aufrechtzuerhalten, während die Aktivitäten in Abhängigkeit von praktischen Erwägungen variieren".

Ereignisse stellen Ad-hoc-Abweichungen von der Prozessstruktur dar und sind daher nicht vormodellierbar. Die Herausforderung besteht darin, Prozessdynamiken prinzipiell zu berücksichtigen und den Prozess so zu modellieren, dass nicht planbare Ereignisse durch flexible Eingriffe aufgefangen werden, sodass der Prozessablauf nicht scheitert. (Müller 2009: 199) Fehlt eine solche Prozesskoordination oder treten Defizite innerhalb dieser auf, sind Reibungsverluste wahrscheinlich.

Hier sind Organisationsuntersuchungen aus anderen Kontexten informativ. So geht die Normal Accident Theorie (anhand technischer Großanlagen) davon aus, dass Unfälle in komplexen Systemen unvermeidbar sind (Perrow 1992). Im Anschluss daran fragt die Theorie der High Reliability Organizations (unter Bezug auf einerseits technische Großanlagen, andererseits Wirtschaftsunternehmen), wie man Organisationen sicherer gestalten kann. Sie gelangt zu einem Konzept kollektiver Achtsamkeit in Organisationen (Roberts 1989; Weick/Sutcliffe 2010). Die Ausgangspunkte: Neben erwarteten Ereignissen gebe es immer auch unerwartete. Und während die unerwarteten Ereignisse gleichsam natürlicherweise blinde Flecken sind, gebe es auch innerhalb der erwarteten Ereignisse blinde Punkte – immer gebe es die Neigung, eigene Erwartungen als bestätigt anzusehen. Der fortwährenden Produktion und Reproduktion solcher Leerstellen der Wahrnehmung lasse sich aber entgegenwirken. Dazu müssten folgende Prinzipien zur Anwendung gelangen:

- *Konzentration auf Fehler:* auch kleine Fehler erkennen, kommunizieren und bearbeiten; dafür braucht es eine Kultur der Offenheit
- *Abneigung gegen vereinfachende Erklärungen:* Vereinfachungen vermeiden und Ereignisse möglichst präzise beschreiben
- *Sensibilität für betriebliche Abläufe:* die Organisation muss sensibel für die Arbeit selbst sein, es ist anzuerkennen, dass Fehler latent im System liegen; auch bei Routinetätigkeiten ist achtsam vorzugehen, und Routinen werden dann ggf. überarbeitet
- *Streben nach Resilienz:* mit Fehlern umgehen, deren Auswirkungen möglichst eindämmen, etwa durch Flexibilität und Widerstandsfähigkeit, und aus Fehlern lernen
- *Respekt vor fachlichem Wissen:* Probleme werden weder durch Hierarchie gelöst noch einem einzelnen Experten zugewiesen; Entscheidungen können vielmehr nach oben und unten wandern, und Fachwissen für Problembearbeitungen ist auch ein Produkt zwischenmenschlicher Prozesse (ad-hoc-Netzwerke) (Weick/Sutcliffe 2010: 73)

Eine solche kollektive Achtsamkeit könnte auch an Hochschulen eine mögliche Lösung für das Problem steigender Komplexität, die mit organisatorischen Störungen und Havarien einhergeht, sein. Sie würde es ermöglichen, Störungen als erwartbar zu akzeptieren, auch wenn die je konkreten Störungen und Havarien nicht vorhersehbar sind.

Qualität von Lehre und Forschung wird jedenfalls nicht derart hergestellt, dass lediglich ein übersichtliches Handlungsprogramm in Gang zu setzen ist, welches die Ursachen erzeugt, als deren Wirkungen dann zwangsläufig Qualität entsteht. Vielmehr *kann* Qualität dadurch entstehen, dass die *Bedingungen* so gestaltet werden, dass Qualitätserzeugung *nicht verhindert* wird. Eine Entstehensgarantie ist dies nicht, doch können immerhin qualitätsförderlich gestaltete Organisationskontexte hergestellt werden. Sie führen zumindest tendenziell zu höheren Qualitäten als solche Kontexte, die gegenüber Qualitätsfragen unsensibel sind.

Wenn also von Qualitätsmanagement an Hochschulen gesprochen wird, dann muss dies als Qualitäts*bedingungs*management verstanden werden. Es geht um ein zielgebundenes kontextgestaltendes Organisieren, das dem Gegenstand seiner Bemühungen – Lehre und Forschung – Möglichkeiten schafft, ohne ihn einer aussichtslosen Diktatur des Determinismus zu unterwerfen. Qualitätsmanagement kann dann z.B. leisten, die Lehrenden und Studierenden davon zu befreien, ihre kreativen Ressourcen in der fantasievollen Bewältigung von Alltagsärgernissen und unzulänglich organisierten, obwohl routinisierbaren Prozesse zu vergeuden:

■ Einerseits lassen sich optimale Abläufe der lehrunterstützenden Leistungen, die von Kontextstrukturen wie Zentraler Verwaltung, Fachbereichsverwaltung oder den Infrastrukturbereichen Rechenzentrum und Universitätsbibliothek erbracht werden, erzeugen. Dies verschafft, sofern gelingend, den Lehrenden und Studierenden havariefreies Arbeiten, d.h. befreit diese von der Notwendigkeit, Zeitressourcen in Havariebewältigungen investieren zu müssen.

■ Andererseits können Informationen über die Leistungsprozesse generiert werden, die sich als Feedback nutzen lassen: Es kann der Gestaltung etwa von Studiengängen und Lehrveranstaltungen durchaus dienlich sein, über Studiendauer, Absolventen- und Dropout-Quoten oder die Auslastungsquote von Hochschulräumlichkeiten informiert zu sein. Ein unzulängliches Flächenmanagement der Hochschule z.B. ist kein unaufgebbares Element der akademischen Autonomie, sondern Verschleuderung von öffentlichen Mitteln. Da Daten nicht ‚sprechen‘, bedürfen sie allerdings immer der Interpretation. Bleiben indes der Zweck und das Ergebnis von (neuen) Dokumentationsanforderungen intransparent, potenzieren sich individuelle und kollektive Belastungswahrnehmungen.

Be- und Entlastungsmonitoring

Untersuchungen kommen häufig zu dem Ergebnis, dass erfolgreiche Entwicklungen aus dem Zusammenspiel (a) günstiger Umstände, die gezielt herbeigeführt wurden, mit (b) glücklichen Zufällen, die sich ungeplant ergeben haben, resultieren. Die günstigen Umstände können beschrieben und unter Umstanden auch reproduziert werden. Die Zufälle dagegen erscheinen immer situativ einmalig. Wenn aber nur beides zusammen den Erfolg bringt, wird auch beides benötigt, das heißt: Es müssen Bedingungen geschaffen werden, die dem Entstehen glücklicher Zufälle Raum schaffen.

Dafür haben die Hochschulen selbst nur beschränkte Möglichkeiten, aber eine davon ist: das Unsichtbarmachen von Bürokratie durch Befreiung des wissenschaftlichen Personals von rollenfremden Tätigkeiten. Denn organisationsbedingte Mehrbelastungen gehen typischerweise zu Lasten jener Zeitanteile, die in Lehre und Forschung investiert werden (könnten), also zu Lasten der zentralen Ressource für das Entstehen glücklicher Zufälle: Zeit. Ebenso müssen, wenn es nicht unablässig zu Mehrbelastungen des wissenschaftlichen Personals kommen soll, alle unabweisbaren Belastungen, die sich durch neue Anforderungen ergeben, an anderer Stelle wieder ausgeglichen werden.

Um zu wissen, was genau diesbezüglich zu ändern ist, muss man sich eine systematisierte Kenntnis über die bestehenden Belastungen verschaffen und diese – da der Bürokratisierung eine Tendenz zur schleichenden Wiederkehr eignet – fortwährend aktualisieren. Weil sich dies nicht allein durch Ad-hoc-Aktivitäten sichern lässt, führt kaum etwas daran vorbei, ein systematisches Be- und Entlastungsmonitoring zu etablieren. Ein solcher kann jedenfalls dann ein zielführendes Instrument sein, wenn es nicht sebst zum zusätzlichen Bürokratieelement, sondern als Handlungsgrundlage der Entbürokratisierung eingesetzt wird.

Sichten wir aber zunächst unser erhobenes Material daraufhin, welche diesbezüglichen Veränderungsvorschläge die Befragten und Probanden aus ihrer Alltagserfahrung schöpfen, so ergibt sich folgende Liste:[17]

- Die erste Frage, die zu stellen wäre, sei: *„was können wir weglassen oder was können wir einfacher machen. Das wäre Qualitätsmanagement"* (HSL4).

- Das Problembewusstsein der Verwaltung für die Probleme der Wissenschaftsebene müsse gestärkt und die Überbetonung von Formalisierung und Regelhaftigkeit der Aufgabenerfüllung geschwächt werden. Dies würde zu weniger Verwaltungsaufwand und Fehlerminimierung auf beiden Seiten führen.

- Der Dienstleistungsgedanke müsse gestärkt werden: *„Die wollen natürlich keine Fehler machen und dann sagen sie immer eher Nein als Ja, und das ist ... oft kontraproduktiv"* (HSL5).

- Es müssten kürzere Dienstwege und flexiblere Strukturen geschaffen werden; auch die Verschlankung der Verwaltung fand sich öfter genannt.

- Papierformate müssten zugunsten der Nutzung elektronischer Systeme eingeschränkt werden, insbesondere für Banalitäten wie Rechnungen, Anträge etc. Andererseits dürfe die IT-Basierung von Prozessen nicht zu einer Arbeitsverschiebung von der Verwaltungs- auf die Wissenschaftsebene führen.

- Sinnvoll sei die Einführung eines Verbesserungsvorschlagswesens, ggf. in Verbindung mit einer Art „Kummerkasten".

- Zur Vermeidung belastungssteigernder Vorgänge bei Hochschullehrenden müssten analog-digitale Doppelarbeiten konsequent eliminiert werden, und Aufgaben, die keine Aufgaben für Professor.innen sind, benötigten klare Zuständigkeiten.

Der Ertrag an konkreten Vorschlägen ist, wie zu sehen, eher schmal. Dies korrespondiert damit, dass wir auch Beispiele dafür hatten finden können, dass Wissenschaftler.innen, sobald sie in ein Hochschulamt gelangen, sich den büro-

---

[17] nicht berücksichtigt: allgemeine Forderungen nach einer Gesamtlösung, nach mehr Grundausstattung und damit mehr verfügbarem Personal (Sekretariate, WMA etc.) sowie nach einer Reform der Studienstruktur- und Governance-Reform

kratisch geprägten Rollenerwartungen, die mit dem Amt verbunden sind, überraschend geschmeidig anverwandeln. Wenn aber weder die Reflexion der eigenen Situation als bürokratiegeplagter Wissenschaftler zu einer Fülle an Veränderungsideen führt, noch das wissenschaftliche Professionsmuster so hinreichend stabil ist, dass es den Übergang in ein Amt überlebt, dann erscheint es um so wichtiger, andere Informationsgrundlagen zu erschließen. Denn hier wird dann offenbar nicht nur der übliche Widerspruch wirksam, dass Entscheidungsbeteiligte auf Basis *diffuser* Informationslagen zu *präzisen* Entscheidungen kommen sollen. Vielmehr wird eine objektivierte Form des Informiertwerdens benötigt, um die subjektiven Einschränkungen des Reflektierens über die eigene Organisation zu kontern.

Ein Be- und Entlastungsmonitoring bedeutet, dass im Zuge (ohnehin) stattfindender Änderungen bzw. Neuerungen systematisch geprüft wird, welche Aufgaben für die Hochschullehrenden hinzukommen und welche entfallen. Kommt es zur Mehrbelastung an einer Stelle, ist zu fragen, an welcher anderen Stelle entlastet werden kann. Im Idealfall würde für jede neue administrative Aufgabe eine andere Aufgabe mit vergleichbarem Aufwand wegfallen.[18]

Methodisch könnte für ein Be- und Entlastungsmonitoring auf dem Ermittlungsschema des Erfüllungsaufwandes für Regelungsvorhaben der Bundesregierung aufgebaut werden (vgl. StatBA 2017). Dieses wäre einerseits hochschulspezifisch anzupassen und andererseits auf organisatorische Aufwandssteigerungen zu erweitern, die sich ohne explizite Normensetzung in den Hochschulalltag ‚einschleichen'.

Soweit (dennoch) zusätzliche organisatorische Tätigkeiten auf der Wissenschaftsebene anfallen, muss dafür gesorgt werden, dass dadurch Motivation und Engagement des wissenschaftlichen Personals nicht untergraben werden. Um dies zu realisieren, müssen zusätzliche Belastungen mindestens dreierlei Voraussetzungen erfüllen:

- hinsichtlich ihrer Funktionen nachvollziehbar sein,
- einen erkennbaren Nutzen für die Wissenschaftler.innen generieren und
- mit Entlastungen an anderer Stelle verbunden sein.

Bestandteil des Be- und Entlastungsmonitorings müssten nicht zuletzt nichtintendierte Effekte sein. Geht man (mit Brühlmeier 2003: 46f.) davon aus, dass die Parameter des Kontextes von NPM „explodieren" und die gestiegene Komplexität der Systeme die Vorhersagbarkeit von Auswirkungen beeinträchtigt, dann steht vor allem eine Aufgabe: Anders als im klassischen Bürokratiemodell müssen unerwartete Nebeneffekte betont werden, da diese zwar unbekannt

---

[18] Die Bundesregierung (2015) versucht seit 2015 z.B., dieses Prinzip im Rahmen einer Entlastung der mittelständischen Wirtschaft anzuwenden. Die dort sogenannte One-in-One-out-Regel gilt grundsätzlich für alle Normierungsvorhaben der Bundesregierung, die sich auf den laufenden Erfüllungsaufwand für die Wirtschaft auswirken. Kern dieses Ansatzes ist es, dass in gleichem Maße Belastungen abgebaut werden, wie durch neue Regelungsvorhaben zusätzliche Belastungen entstehen. Die Bilanz für den Zeitraum von 2015 bis 2017 zeigt laut Bundesregierung (2017) einen positiven Effekt: Der laufende Erfüllungsaufwand für die Wirtschaft habe sich in dem Zeitraum erheblich verringert. Der Normenkontrollrat wählte für seine Bewertung des Fortschrittsberichts 2017 (Bundeskanzleramt 2018) die Formulierung, die Entwicklung der Folgekosten von Gesetzen gestalte sich „zu Teilen sehr erfreulich" (NKR 2018).

sind, aber auf jeden Fall eintreten. Neben dem Erwarteten muss das Unerwartete in den Status des Normalen gerückt werden. Dies reduziert zum einen Überraschungseffekte, z.B. hinsichtlich dessen, warum auch die besten Reformpläne scheitern. Es erleichtert zum anderen die systematische Vorausschau, um solche Nebeneffekte erahnen oder voraussehen zu können. Damit steigen die Chancen, dass sich diese Effekte umpolen bzw. neutralisieren lassen.

Für ein Be- und Entlastungsmonitoring können zudem vorhandene Ressourcen genutzt werden: Die Hochschullehrenden nehmen unentwegt Belastungen, Suboptimales, Fehlzuordnungen, Konflikte etc. wahr und sammeln dadurch (unbewusst) organisationsrelevantes Wissen. Insofern können sie als lebendige Monitoring-Akteure verstanden werden, deren Wissen für die Organisationsentwicklung abschöpfbar ist. Dafür sind niedrigschwellige Kommunikationskanäle vonnöten.

Optimierungen der organisatorischen Kontexte, die derart angeleitet sind, können

- die Chance eröffnen, dass zusätzliche Belastungen des wissenschaftlichen Personals durch Entlastung an anderer Stelle kompensiert oder sogar überkompensiert werden, was die positive Wahrnehmung z.B. des Hochschulmanagements förderte,
- breitere Akzeptanz für Neuerungen erzeugen, da deren je individueller Nutzen über den je individuellen Kosten liegt, und
- im Idealfalle bei den Lehrenden zu freien Zeitressourcen führen, die wissenschaftlichen Tätigkeiten und damit auch der Qualität von Lehre und Forschung zugutekommen.

Standards für die Gestaltungsprozesse

Für Organisationsgestaltungen an Hochschulen empfiehlt es sich, einvernehmlich Standards zu definieren, denen dann fortwährend Geltung verschafft werden soll. Diese Standards wären gebietende Regeln, die für die Handelnden Handlungsgründe darstellen (Gil 2001: 55). Damit die Beteiligten nicht überfordert werden und prozessimmanente Umsteuerungen, wo diese nötig sind, möglich bleiben, sollten *Mindest*standards definiert werden, d.h. nicht jedes wünschbare Ziel, sondern nur wichtige Ziele wären in Gestalt von Standards zu fixieren. Unsere Untersuchung auswertend lässt sich dabei an die folgenden denken:

- Es werden hinreichend stringente und damit nachvollziehbare *Zusammenhänge zwischen Problem und Problemlösung* hergestellt, um Akzeptanzchancen zu schaffen und die Zielerreichung nicht von vornherein allein glücklichen Zufällen zu überlassen.
- Der aktuelle *Stand des Wissens* über Wirkungszusammenhänge an Hochschulen wird zugrunde gelegt, um unrealistische Ziele und Umsetzungswege auszuschließen.
- Es wird in Rechnung gestellt, dass jedes Handlungsprogramm unter Bedingungen begrenzter Rationalität formuliert wird. Daher werden *Rückholmög-*

lichkeiten für Einzelmaßnahmen eingebaut. Das Handlungsprogramm ist insofern ein Leitfaden, von dem auch kontrolliert abgewichen werden kann.

- *Übermäßig viele Interessenkollisionen* werden vermieden. Zwar sind Interessenkollisionen kaum auszuschließen. Doch ihr Übermaß kann immer dann unterstellt werden, wenn die Interessen einer Mehrheit derjenigen, deren Mitwirkung entscheidend ist, dem jeweiligen Veränderungsanliegen zuwiderlaufen.

- Veränderungsimmanente *Zielkonflikte* werden ausgeschlossen, da solche notgedrungen zur teilweisen Zielverfehlung führen müssten. Statt undifferenzierter Zielbündel, in denen allerlei Wünschbarkeiten formuliert werden, werden klare *Zielhierarchien* bestimmt: Was soll vordringlich umgesetzt werden, und was ist ggf. nachrangig?

- Der *Aufwand* wird mit dem erwartbaren *Nutzen* in ein vertretbares Verhältnis gebracht, um die Vergeudung öffentlicher Ressourcen zu vermeiden.

- Im Rahmen der Vorbereitung einer Maßnahme wird geklärt, wie eine angemessene *Ressourcenausstattung* erfolgen soll. Ersatzweise werden die Ressourcenquellen durch konkret benannte Umschichtungen festgelegt. Denn Veränderungen ohne Angabe, woher etwaige Mehrkosten kommen sollen, erzeugen zwangsläufig Umsetzungsprobleme.

- Neue Anliegen und ihre Umsetzungsinstrumente werden regelhaft einer *Hochschulverträglichkeitsprüfung* unterzogen. Dabei ist die Frage zu beantworten, ob durch die anvisierten Reformziele und die Umsetzungsinstrumente bzw. durch die Art und Weise ihrer Anwendung die Erfüllung der hochschulischen Organisationszwecke gefördert würde, ob Wirkungsneutralität zu prognostizieren wäre oder aber ob zu erwarten stünde, dass die Erfüllung der Organisationszwecke behindert wird.

- Vermieden wird ein „Overkill durch Parallelaktionen" (Pellert 2002: 25f.), da dieser immer auf dieselben Hochschulen und Fachbereiche trifft und sie in ihrer Handlungsfähigkeit paralysiert. Die Überforderung der Organisation wird durch *Priorisierungen* vermieden: In *sämtlichen* Hochschulprozessen sind grobe Suboptimalitäten zu beheben, und in jeweils *einigen* Hochschulprozessen wird an der Herstellung feingliedrig optimaler Abläufe gearbeitet.

- Jede Maßnahme wird auf ihre *Bürokratisierungswirkungen* geprüft. Wo zusätzliche Bürokratisierungen erkennbar werden, findet eine sofortige Umsteuerung statt, um das übergreifende Ziel des Bürokratieabbaus nicht zu unterlaufen.

- *Effizienz steht im Dienste der Effektivität*, nicht umgekehrt. Effektivität bezeichnet den Grad der Zielerreichung, d.h. das Soll-Ist-Verhältnis. Effizienz hingegen ist ein ökonomischer Maßbegriff, mit dem ein Prozess hinsichtlich seines Input-Output-Verhältnisses quantifizierend bewertet wird. Hochschulzwecke zielen zuerst auf Effektivitätssteigerungen, nicht auf Effizienzerhöhungen um ihrer selbst willen.

- Die Hybris, Qualität von Lehre und Forschung an Hochschulen derart zu steigern, dass ein übersichtliches Handlungsprogramm in Gang gesetzt wird, welches die Ursachen erzeugt, als deren Wirkungen dann zwangsläufig Qualität entstünde, wird vermieden. Stattdessen folgen alle Aktivitäten der Ein-

sicht, dass Qualität an Hochschulen dadurch entstehen kann, dass die Bedingungen so gestaltet werden, dass *Qualitätserzeugung nicht verhindert*
wird.

- *Nicht Kontroll-, sondern Organisationsentwicklungsinstrumente* werden implementiert. Autonomie wird nach unten weitergegeben. Dazu werden Ziele
vereinbart, die dem Tauschprinzip „(gratifizierte) Zielerreichung gegen Ent-
scheidungsautonomie" folgen.

- Evaluationen von Maßnahmenumsetzungen werden mit einem *klaren Be-
wertungsauftrag*, einer präzisen Evaluationszieldefinition und einer Benennung ihres methodischen Ansatzes – nicht: der Methoden im Detail – versehen: Vorher-Nachher-Vergleich, Ziel-Zielerreichungs-Abgleich oder Kosten-
Wirksamkeits-Analyse. So wird vermieden, dass bereits methodisch unklar
bleibt, worauf die Evaluation eigentlich zielt. Ermöglicht wird derart, dass
ebenso Vor- wie auch Nachteile der Reformergebnisse und sowohl erreichte
als auch verfehlte Ziele sichtbar werden.

11.2.2. *Mehr Kräfte freisetzen als binden: Digitalisierung in der Hochschulorganisation*

Um eine Problemsituation produktiv bearbeiten zu können, die durch mangelnde Niedrigschwelligkeit digitaler Systeme und erhöhten Aufwand durch diese
gekennzeichnet ist, wird ein Wechsel im organisationalen Handeln benötigt:
von der vorrangig angebots- zu einer strikt nutzerorientierten Systemgestaltung
und -bereitstellung. Gleichzeitig muss das Gesamtsystem einer Hochschule flexibel und reaktionsbereit hinsichtlich künftiger – heute und fortdauernd unab-
schätzbarer – Veränderungen im Digitalisierungszeitalter bleiben. Mit anderen
Worten, Flexibilität benötigt intelligente Systeme: Solche müssen anpassungsfähig an qualitativ veränderte Situationen sein, die zum Zeitpunkt der Systementwicklung noch nicht vorhersehbar sein konnten. Darin besteht das Wesen
intelligenter Systeme im Unterschied zu nichtintelligenten.

Systemeinheitlichkeit vs. Systemdifferenziertheit

Grundsätzlich gibt es zwei strategische Optionen für die Gestaltung von digitalen Assistenzstrukturen: den Einsatz eines „monolithischen" Systems (Kleinschmidt 2015) oder mehrerer auf Einzelaufgaben spezialisierter Systeme. Was
am effektivsten ist, wird sowohl in Hochschulpraxis als auch wissenschaftlicher
Debatte kontrovers diskutiert. Die Hochschulen selbst sind sich zunehmend der
Schwächen ihrer digitalen (Des-)Integration bewusst.

Als wünschenswertes Ziel einer Neugestaltung der digitalen Assistenzsysteme
wird häufig formuliert, alle Funktionalbereiche und alle Integrationsebenen abzudecken, d.h. die jeweilige Hochschule als zwar in sich differenziertes, aber
doch als Einheit auftretendes Ganzes digital abzubilden. Im Erfolgsfalle kann es
dadurch gar gelingen, nicht nur von außen, sondern auch nach innen die Wahrnehmung einer organisationalen Einheit zu erzeugen, die sich im analogen Le-

ben aufgrund der dort gegebenen institutionellen Differenzen nie aufbauen lässt (auch nicht über Corporate Design).

Der Vorteil von Komplettsystemen liegt auf der Hand: zentral zusammengeführte bzw. verknüpfte und strukturierte Informationen, d.h. keine redundanten Daten. Die Nachteile werden aber auch immer schnell erkennbar:

- Überforderung der Akteure und Nutzer zeigt sich in überfrachteten Lastenheften, Projektausschreibungen mit illusorischen Anforderungen und Workshops, die zu „Wünsch dir was"-Veranstaltungen werden.
- Eine zu starke Bindung an einzelne Anbieter oder Produkte birgt das Risiko kritischer Abhängigkeiten. Beispielsweise sind die Folgen der Insolvenz einer ausstattenden und/oder dienstleistenden Firma kaum abzuschätzen.

Sowohl Überfrachtung als auch Nicht- bzw. unzureichende Integriertheit sind mit Folgekosten verbunden, die einzelfallsensibel abzuschätzen und gegeneinander abzuwägen sind. Dazu gehört die Betrachtung auch der Vor- und Nachteile von mehreren auf Einzelaufgaben spezialisierten und parallel betriebenen Systemen:

- Ein natürlicher Vorteil liegt hier darin, dass die Implementierung oder Umstellung schrittweise erfolgen kann (Radenbach 2009: 504).
- Es können knappe Ressourcen für das Change Management in den jeweils aktuell zu bearbeitenden Teilprojekten gebündelt werden.
- Die Teilsysteme müssen dann allerdings zu einem integrierten Gesamtsystem verknüpft werden. Indem dies schrittweise geschehe, kann es effizienter und langfristig finanziell günstiger sein, als sämtliche Anforderungen im Rahmen eines hochintegrierten Systems neu umzusetzen.

Bei der Frage nach Alternativen zu monolithischen Anwendungen erlangen Konzepte wie Enterprise Application Integration (EAI) oder Service-Oriented Architecture (SOA) zunehmende Aufmerksamkeit. Deren Ansätze sind von dem Verständnis getragen, dass Integration weder mit der Verschmelzung noch mit der Vereinheitlichung einzelner Teilsysteme einhergehen muss. Integration bedeutet dann die Verknüpfung unterschiedlicher Teilsysteme zu einer Gesamtstruktur, ohne die Teile zu vereinheitlichen; stattdessen sind die Beziehungen zwischen den Teilsystemen explizit zu definieren und zu koppeln. Gegenüber bisherigen Ansätzen spielt dabei die Fokussierung auf Web-Services eine besondere Rolle, und auch das Vorantreiben von Eigenentwicklungen, die Schaffung von Open-Source-Gemeinschaften und die gezielte Liberalisierung des CaMS-Marktes werden in diesem Kontext verstärkt diskutiert. (Vgl. Hansen/Neumann 2009: 267f.; Streibich 2008: 73; Kleinschmidt 2015: 709).

Ein nichtmonolithisches CaMS setzt also auf Integration der Teilsysteme bei gleichzeitigem Zulassen interner Differenzierung, wobei die Integration über eine Metastruktur erfolgt. Diese ist (idealerweise) gekennzeichnet durch

- Einheitliche teilsystemübergreifende Suchfunktion,
- intuitive Nutzerführung,
- Wahloptionen für die Arbeitsoberfläche und weitere Personalisierungsmöglichkeiten,

- schließlich optimierte Schnittstellenprogrammierung und automatisierte Export/Importroutinen, um die Datenverfügbarkeiten unter verschiedenen Oberflächen zu sichern.

Wenn es unwahrscheinlich ist, alle Datenbanken unter ein zentrales Dach bringen zu können, so lassen sich aber immerhin „Stichkanäle zwischen den Datenseen"[19] schaffen, um Verbindungen herzustellen. Campus-Management-Systeme können dann die Knoten(punkte) im elektronischen Hochschulökosystem darstellen – als eine Art Konnektor.

Ein nichtmonolithisches CaMS kann auch den technischen Teil eines Ausweges aus einem nichttechnischen Dilemma darstellen: ‚Eigentlich' müssten an den meisten Hochschulen Gesamtumbauten der digitalen Hochschulökosysteme vorgenommen werden, doch praktisch lassen sich immer nur Einzelprozesse gestalten, die wiederum aus Ressourcengründen niemals alle gleichzeitig angegangen werden können. Der organisatorische Teil des Ausweges wäre, das Dilemma pragmatisch durch strukturierte statt intuitive Bearbeitung aufzulösen.

Diese müsste berücksichtigen, dass heute dort, wo erfolgreich digitalisiert wird, *selektive* Optimierungen stattfinden. Sie lassen – im Erfolgsfall – die Schwächen benachbarter Systeme um so deutlicher hervortreten. Alternativ dazu muss der soziale Gesamtzusammenhang, in den sich die technischen Systeme einordnen, den Horizont aller Neuerungen bilden. Das heißt vor allem: die Nutzerorientierung, denn den Nutzern soll die digitale Assistenz helfen. Dazu braucht es

- eine systematische, moderierte und auch fortwährend zu wiederholende Erfassung der Nutzerwünsche,
- daraus abgeleitet eine Definition des digitalen Soll-Zustands an der jeweiligen Hochschule,
- dann einen Ist-Soll-Abgleich, mit dem Lücken identifiziert werden,
- schließlich Prioritätensetzungen, für die wir oben bereits ein Muster vorgeschlagen hatten: Stufe 1 als Umsetzung der definierten Unverzichtbarkeiten, Stufe 2 als Einleitung solcher Initiativen, die zwar nicht absolut unverzichtbar, aber dringend wünschenswert sind, und Stufe 3 für solche Maßnahmen, für die noch ein Konsens unter den Beteiligten gefunden werden muss.

Für einen solchen sequenziellen Prozess kann, wie erwähnt, die nichtmonolithische Orientierung hinsichtlich der Gestaltung von CaMS die Richtung weisen. So ließen sich die soziale Dimension des Ganzen einfangen, die bisherigen Erfahrungen mit heterogenen Systemen incl. Insel- und Bastellösungen produktiv verarbeiten und die nötige zukunftsoffene Flexibilität herstellen. Denn: „Nach der Umstellung ist vor der Weiterentwicklung" (Pietzonka 2017: 30).

Es gibt Ansätze dafür, die meist als „Digitalisierungsstrategien" firmieren. Diese indes produzieren häufig – neben gelegentlichen Teillösungen – eigene Probleme.

---

[19] Sabina Jeschke, die bei der Deutschen Bahn vergleichbare Probleme bearbeitet, zit. in Schwenn (2018)

Digitalisierungsstrategien? – Digitalisierungspolicies

Als Querschnittsthema berührt Digitalisierung zahlreiche Problemstellungen, die nur zum Teil durch die Hochschulen selbst bearbeitet werden können. Die Digitalisierung bleibt – trotz der gewachsenen Autonomie der Hochschulen – etwa von rechtlichen Rahmensetzungen oder von hochschulpolitischen Erwartungshaltungen und Schwerpunktsetzungen abhängig. Hochschulintern hat die Digitalisierung eine organisationsbezogene und eine technische Seite. Deren Heterogenität wird nochmals durch die unterschiedlichen Logiken von Forschung, Lehre, Verwaltung und Hochschulmanagement gesteigert.

Wenn etwas so komplex ist, dann wird in der Regel eine Strategie als nötig erachtet. Das gilt auch im Kontext der Digitalisierung von Hochschulen und Wissenschaft. Zwar steht die Anrufung der Notwendigkeit von Strategien in einem gewissen Kontrast dazu, dass eine Definition von Strategie regelmäßig unterbleibt. Doch lässt sich hier vermuten, dass es als allgemein klar gilt, was darunter zu verstehen sei, und daher eine Definition überflüssig erscheint. Würde definiert werden, dürfte in etwa folgendes herauskommen: Eine Digitalisierungsstrategie beschreibt die Herausforderungen der Digitalisierung, leitet daraus Ziele ab, formuliert für das Erreichen der Ziele Handlungsmaximen und -routinen, systematisiert Entscheidungssituationen und stellt für das Bewältigen der Entscheidungssituationen Kriterien bereit. Digitalisierungsstrategien gibt es auf zwei Ebenen:

- zum einen als politische Programmatiken, so bei EU, Bund und Ländern,[20] aber auch seitens Interessenvertretungen und Forschungsförderern;[21]
- zum anderen als organisationale Handlungsprogramme der Hochschulen (wobei IT-Konzepte unzutreffenderweise häufig als Digitalisierungsstrategien gelten).

Strategien sind zunächst im Planungsdenken verankert, was Stärke und Schwäche ist. Die Stärken liegen in der Systematisierung und darin, dass sich so ungerichtetes oder allein intuitiv geleitetes Handeln vermeiden lässt. Planungen erleichtern die Reflexivität des Handelns: Der prozessbegleitende Abgleich lässt feststellen, wo man stehen wollte, wo man – in der Regel: im Unterschied zu ersterem – steht und welche Umfeldbedingungen sich ggf. verändert haben.

---

[20] vgl. Digital Agenda for Europe (https://ec.europa.eu/digital-agenda/en, 18.9.2015), „Digitale Agenda 2014-2017" der Bundesregierung (http://www.digitale-agenda.de/ bzw. http://www.digitale-agenda.de/Webs/DA/DE/Handlungsfelder/5_BildungForschung/bildung-forschung_no de.html, 12.11.2015), BMBF (2016) oder BStMWi (2015)

[21] etwa BLK (2006), HRK (2013, 2015), RFII (2016), DFG (2016). Aperçu am Rande: Das letztgenannte Dokument veröffentlichte die DFG-Kommission für IT-Infrastruktur als PDF-Datei, in der inhaltlich zwar ein „integriertes Informationsmanagement" gefordert, aber formal zugleich sämtliche Bearbeitungsfunktionen wie Markieren, Kommentieren etc. unterbunden werden – was einerseits eine gewisse Inhalt-Form-Inkonsistenz darstellt, sich andererseits selbstredend mit einigen Handgriffen umgehen lässt, also durch beide Aspekte und auch sonst in jeder denkbaren Hinsicht überflüssig ist. Sollte dies aber gar keine Absicht gewesen sein, macht es die Sache nicht unbedingt besser: Es wäre dann ein wenig so, als unterliefe dem DFG-Ausschuss zur Untersuchung von Vorwürfen wissenschaftlichen Fehlverhaltens in einer seiner Entscheidungsbegründungen versehentlich ein Plagiat.

Zugleich aber stehen Digitalisierungsstrategien in der Gefahr, als gleichsam planökonomische Bewirtschaftungsinstrumente missverstanden zu werden. Dieser Fall wird erkennbar, wenn sie einer Systematik so folgen, dass die permanenten Änderungen von Bedingungen und Möglichkeiten – wie sie für die Digitalisierung typisch sind – nicht integriert werden können. Dann gelingt es ihnen nicht, ihre Zielsetzungen dauerhaft mit sich ändernden Umsetzungsbedingungen zu verkoppeln.

Die bereits vorhandenen Digitalisierungsstrategien weisen häufig solche Mängle auf: Sie integrieren zum einen meist nicht die gesamte Breite der Digitalisierungsherausforderungen. Zum anderen sind sie nicht immer auch an zielgerichtete Aktivitäten gekoppelt. Häufig sind sie auf technische Aspekte fokussiert und ignorieren organisatorische und inhaltliche Anpassungen, sind nicht situationssensibel und selten Entscheidungsprogramme. Typische Hemmnisse einer erfolgreichen Digitalisierung bleiben so unberücksichtigt, und durch allein planerisches Vorgehen lassen sich die Fehlfunktionen der heute üblichen Vorgehensweisen bei der Hochschuldigitalisierung nicht angemessen bearbeiten.

Doch auch, wenn eine Digitalisierungsstrategie solche Defizite vermeidet, gilt: Strategische Pläne sollten niemals als sklavisch bindendes Handlungskorsett missverstanden werden, sondern sind vor allem dann sinnvoll, wenn sie es ermöglichen, von ihnen kontrolliert abweichen zu können – die Betonung liegt dabei auf *kontrolliert*. Hat eine Hochschule keine (Digitalisierungs-)Strategie, fehlt selbst die Grundlage für die kontrollierte Abweichung. Gibt es hingegen einen Plan, von dem fallweise abgewichen wird, dann besteht die Chance, auch auf anderen als den geplanten Wegen zum Ziel zu gelangen – soweit wenigstens das jeweilige Ziel über die Zeit hin seine Geltung verteidigen kann.

Daneben können strategische Pläne auch die zugrundeliegenden Problemwahrnehmungen stabilisieren. Ebenso fördern sie die institutionelle Außendarstellung, indem diese systematisiert ist und Anknüpfungspunkte für externe Akteure geschaffen werden. Schließlich schaffen Planungen eine Rationalitätsfassade, die extern Legitimität generieren und intern insofern funktional sein kann, als sie die Hochschulakteure zum Handeln nötigt.

Dennoch ist die Digitalisierung der Hochschule ein so gestaltungsoffener und dynamischer Prozess, dass er nur bedingt über strategische Programme steuerbar ist. Die Anwendungsbreite und die Fülle zur Verfügung stehender Optionen lassen gleichwohl rahmenbedingungssensible, ressourcenberücksichtigende und zielrichtungsadäquate Strukturierungen als unbedingt nötig erscheinen. Digitalisierung ist insofern ein Prozess, der extrem veränderungstolerante, also gleichsam bewusst instabile Strategien benötigt – und dies an Hochschulen, die als organisierte Anarchien tagtäglich eine Neigung zum erratischen Entscheiden und viel öfter Nichtentscheiden ausleben. Da können Digitalisierungspolicies helfen.

Das legt jedenfalls der auffällige Umstand nahe, dass die Digitalisierungsstrategien hinsichtlich der Umsetzungen zumeist im vagen verbleiben. Nur gelegentlich werden Implementierungsaspekte vertieft, etwa unter dem Begriff der Governance. Ansonsten aber findet sich meist eine Aneinanderreihung von Empfehlungen präsentiert, die jedoch nicht unter einen einheitlichen Begriff gefasst werden. Eine solche Systematisierung kann der Policy-Begriff leisten, gerade wenn er durch die Abgrenzung von Strategie profiliert wird. Der Begriff kann dann einen Perspektivwechsel auf die Digitalisierungsprozesse ermöglichen: weg von der Bewirtschaftung programmatischer Fassaden hin zur Betrachtung der Hochschuldigitalisierung als nicht nur technischer, sondern vor allem sozialer Prozess.

Policies generell stellen inhaltliche Anliegen in den Mittelpunkt und gestalten von diesen her die Prozeduren und Interaktionen, die zur Umsetzung nötig sind. Sie beginnen mit der Identifizierung und exakten Formulierung der lösungsbedürftigen Probleme, überführen diese in Zieldefinitionen, also anzustrebende problemlösende Absichten, und sodann in die Formulierung eines Handlungsprogramms incl. der Beantwortung von Ressourcenfragen. Im Anschluss werden die Absichten umgesetzt – Implementation – und können schließlich die damit erzeugten Wirkungen beobachtet und bewertet werden (Wirkungsprüfung oder Evaluation). Daran schließt sich eine Reprogrammierung an. Dieser Handlungskreis ist permanent zu vollziehen – und er stellt zugleich eine idealisierende Modellierung dar.

Reale Prozesse fügen sich typischerweise nicht linearen Modellierungen. Vielmehr kommen Phasenüberlappungen und Feedback-Schleifen vor, werden prozessbegleitend Interessendifferenzen wirksam und müssen verhandelt werden, können durch Veränderungen in benachbarten Handlungsfeldern korrigierte Schwerpunktsetzungen nötig sein, mögen sich im Vollzug einzelne Aspekte als nicht umsetzbar erweisen oder sich die Präferenzen maßgeblicher Akteure verändern. Deshalb integrieren Policies Rückkopplungen – im Digitalisierungskontext etwa Rückmeldungsoptionen seitens der Nutzer – und die Erwartung von Veränderungen der Rahmenbedingungen. Hierfür schließt die Implementation des Handlungsprogramms die Möglichkeit von Zielkorrekturen und Programmrevisionen ein. Die Gestaltung einer Policy rechnet also mit Abweichungen.

Gerade Digitalisierungspolicies müssen auch mit Abweichungen rechnen, denn Digitalisierung ist, wie erwähnt, extrem dynamisch und in ihrer Dynamik nur sehr bedingt vorhersehbar. Hochschulische Digitalisierungspolicies sind ein verändertes Grenzmanagement zwischen Wissenschaft und Gesellschaft sowie zwischen Lehre, Forschung und Verwaltung. Sie müssen so gestaltet sein, dass sie sowohl für das Außenverhältnis als auch die Binnenverhältnisse der Wissenschaft verträglich sind, sollten also Wissenschaftsverträglichkeitsprüfungen einschließen, und sie müssen Instrumente der inhaltlich begründeten Kopplung der Außen- und Binnenverhältnisse sein.

Am Beginn muss in jedem Fall eine Analyse der Rahmenbedingungen stehen:

- *finanzielle und wirtschaftliche*, d.h. Förderung, Finanzierung, Vermarktung und Wirtschaftskooperationen: Höhe der Beträge in Relation zu Hochschulhaushalten oder Hochschulgröße, Ertragspotenziale in Relation zu Hochschulhaushalten, Marktanteile;
- *rechtliche*, d.h. Gesetze, Verordnungen, Verträge und Vereinbarungen: z.B. LHG, LVVO, KapVO, Datenschutz-, Urheber- oder Patentrecht, Verbindlichkeit vertraglicher Regelungen, Gratifikations- bzw. Sanktionsmöglichkeiten;

- *technologische und infrastrukturelle*, d.h. IT-Infrastruktur: Offenheit der eingesetzten Applikationen (Open Source, Schnittstellen/APIs), Einsatzbereitschaft/Reifegrad, Integration in das digitale Ökosystem von Hochschulen;

- *soziale*, d.h. die Bedarfe, Nutzung und Akzeptanz bei Mitarbeitern, Studierenden, gesellschaftlichen Gruppen: Anpassung an Nutzerbedarfe und -gewohnheiten, an Fachkräftebedarfe, Einbindung von Anspruchsgruppen, Sicherstellung von Akzeptanz, Fähigkeit zur Herstellung gleichen Zugangs zu Bildung.

Auf dieser Basis können die Strukturierungen der Prozesse in Handlungsprogrammen festgehalten werden – durchaus in Gestalt der oben verhandelten Digitalisierungsstrategien, wenn diese abweichungssensibel sind. Ebenso technische wie organisatorische und inhaltliche Ausgestaltungen müssen gleichermaßen auf die gegebene aktuelle Situation passen, wie es nötig ist, dass sie auch künftige, heute noch nicht wissbare Digitalisierungsentwicklungen integrieren können.

Die Inhalte der Handlungsprogramme müssen vor allem konkret sein, da sie nur dann tatsächliche Handlungen veranlassen, nicht unverbindlich wirken und nur so im Zeitverlauf (Teil-)Erledigungen bzw. ausstehende Schritte nachvollziehbar oder aber nötige Programmänderungen sichtbar werden (Übersicht 68).

Übersicht 68: Maßnahmenbeschreibung in einem Handlungsprogramm zur Steigerung der Verbindlichkeit

Kategorie	Benennung	Kategorie	Benennung/ Erläuterung
Handlungsfeld	...	Beitrag zum Ziel	...
Maßnahme	...	Maßnahmenerläuterung	...
Verantwortlich	...	Mitwirkende	...
Ressourcenvolumen	...	Ressourcenquelle	...
Prioritätsstufe	...	Zeitliches Umsetzungsziel	...

Da die Handlungsprogramme auch heute noch unbekannte Digitalisierungsentwicklungen integrieren müssen, ist es nötig, dass sie auch Entscheidungsprogramme für die Digitalisierung beinhalten. Solche legen die Einzelschritte für Entscheidungsabläufe vorab fest, indem sie relevante Informationen und Entscheidungskriterien definieren:

- Die Einzelschritte machen Alternativen sichtbar, etwa hinsichtlich der Angemessenheit digitaler Formen für nichtdigitale Inhalte.

- Sie sind risikosensibel, bspw. im Blick auf die Berücksichtigung von Fachspezifika.

- Sie ermöglichen es, unscharfe Formulierungen lösungsbedürftiger Probleme in wohlstrukturierte Probleme zu überführen, indem eindeutig formulierte Ziele und Informationen über deren Konsequenzen erzeugt werden.

- Hierfür sind insbesondere Entscheidungsregeln zu definieren, mit deren Hilfe sich der Ablauf eines Entscheidungsprozesses zur Lösung eines Entscheidungsproblems sinnvoll steuern lässt.

Die Entscheidungsprogramme zielen auf die fortwährende Abstimmung von Digitalisierung und Organisationsentwicklungen.

Zusammengefasst: Digitalisierungsstrategien sind noch keine Digitalisierung, aber sie können Handlungsprogramme dafür sein. Damit sie auch *wirksame* Handlungsprogramme werden, lassen sie sich in Digitalisierungspolicies einbauen, deren Programmierung sie dann bilden. Als Planungsinstrumente dürfen sie dabei nur unter einer Bedingung verstanden werden: Es ist immer mit Abweichungen zu rechnen.

Soweit heute zu beobachten, kommen Digitalisierungspolicies an den Hochschulen überwiegend nur implizit, situativ und plausibilitätsgestützt vor. Dabei ist zudem eines in Rechnung zu stellen: Die Bearbeitung und öffentliche Diskussion des Themas Digitalisierung fördert Dynamiken – wie die Etablierung von MOOCs an Hochschulen –, die sich in der Summe zwar wie Digitalisierungspolicies lesen lassen, tatsächlich aber darauf fußen, dass einzelne Einrichtungen nicht diejenigen sein wollen, die einen Trend verschlafen haben.

Soll der reale Entwicklungsstand an den Hochschulen widergespiegelt werden, muss hinter die Kommunikationsschablonen geschaut werden. Dann geraten mikropolitische Auseinandersetzungen und die zumeist unhinterfragte Praxis in den Blick. Sie auch in den Hochschulen zur Kenntnis zu nehmen und in die Policyentwicklung einzubeziehen, kann es erleichtern, erfolgversprechende Mechanismen der Diffusion, der Durchsetzung, der Akzeptanzherstellung sowie der Verarbeitung von Scheiternserfahrungen zu entwickeln.

Digitalisierungspolicies vermögen insofern, anders als Strategien allein, eine hohe Responsibilität zu sichern, mit denen sich die Veränderungsgeschwindigkeiten im Digitalisierungsgeschehen einfangen lassen. Die Verantwortung dafür wiederum lässt sich bei einer oder einem CIO bündeln, welche.r die Gesamtverantwortung für den IuK-Einsatz trägt, hauptamtliches Mitglied der Hochschulleitung ist, um in alle notwendigen Entscheidungsstrukturen eingebunden zu sein, und möglichst auch die strategische und operative Verantwortung zusammen wahrnimmt, indem sie oder er zugleich die Leitung des innerhochschulischen IT-Dienstleisters, also des Rechenzentrums, innehat.

Standards der Nutzerorientierung

Innerhalb des Handlungsprogramms zur Hochschuldigitalisierung empfiehlt es sich, einvernehmlich Standards zu definieren, denen mit der umzusetzenden Policy fortwährend Geltung verschafft werden soll. Sie zielen darauf, den Wechsel von der bislang dominierenden vorrangig angebots- zu einer strikt nutzerorientierter Gestaltung des digitalen Hochschulökosystems anzuleiten. Es geht darum, immer von den Bedürfnissen, Fertigkeiten, Funktionserfordernissen und Gewohnheiten der Nutzer.innen her zu denken.

Zunächst ließen sich zwei *Orientierungsstandards* formulieren:

- Im Grundsatz einigungsfähig dürfte der Gedanke sein, dass digitale Instrumente für Wissenschaftler.innen und Studierende *nicht Zwecke, sondern Mittel* (für anderes) sind. Dies explizit als Standard für jegliche Systemgestaltungen zu formulieren, ist dennoch sinnvoll: Es erinnert alle Beteiligten unablässig daran, dass nicht die Digitalisierung selbst das eigentliche Ziel ist, sondern deren Nutzung – und also auch deren möglichst komfortable Nutzbarkeit.

- Jegliche digitalen Neuerungen sollen *mehr Kräfte freisetzen als binden.* Auch darüber dürfte als allgemeine Handlungsmaxime unaufwendig Einvernehmen zu erzielen sein. Bei den konkreten Umsetzungen digitaler Neuerungen wird sie dennoch vermutlich schnell konfliktbehaftet sein. Dann erweist sich der Wert, es explizit formuliert zu haben: Es eröffnet im Zeitverlauf die Möglichkeit, permanent Aufwand und Nutzen gegenüberstellen und eine Abschätzung der Kräftebindungen und der Kräftefreisetzungen einfordern zu können.

Abgeleitet von diesen beiden Orientierungsstandards ließen sich einerseits *Standards für die technischen Umsetzungen* fixieren:

- Realisiert wird immer eine intuitive Nutzerführung: niedrigschwellig im Einstieg, komfortabel in Usability.

- Es wird eine plattformübergreifende Suchfunktion programmiert.

- Es gibt keine Einführung eines neuen Systems oder Tools ohne Schnittstellenprogrammierung und automatisierte Export/Importroutinen, um die Datenverfügbarkeiten unter verschiedenen Oberflächen zu sichern.

- Sichergestellt wird die Flexibilität der Angebote: Personalisierungs- und Individualisierungsoptionen sowie die von vornherein mitgedachte Möglichkeit der Integration neu auftretender, heute noch unbekannter Ansprüche.

- Es wird eine IT-Landkarte der Hochschule bereitgestellt und permanent aktualisiert, so dass es kein elektronisches Angebot an der Hochschule gibt, dass über diese Landkarte nicht auffindbar ist.

Andererseits könnten *organisatorische Standards* der Hochschuldigitalisierung festgelegt werden:

- Bevor ein System in Anwendung geht, werden grundsätzlich Pretests unter Einbeziehung künftiger Nutzer durchgeführt.

- Anzustreben sind aufwandsrealistische Lösungen, welche die Probleme der Nutzer nicht vergrößern, sondern minimieren. Es werden spürbare Entlastungswirkungen erzeugt, d.h. der von den Adressaten und Nutzern jeweils prognostizierbare (zeitliche) Nutzen übersteigt grundsätzlich die (zeitlichen) Kosten.

- Es finden keine Unter-der-Hand-Verschiebungen klassischer Verwaltungsaufgaben hin zur wissenschaftlichen Leistungsebene statt.

- Anleitungen zeichnen sich durch Kürze, Verständlichkeit und Rezipierbarkeit aus.

- Gegenüber Bedenkenträgern wird eine offene und wertschätzende Kommunikation gepflegt, denn diese wirken auch als Risikoanzeiger.

- Bedienungsfehler werden immer zuerst als Systemproblem betrachtet und erst nach Prüfung ggf. als nutzerverursachtes Problem.

11.3. Schluss: Die verwaltete Hochschule im Zeitalter des Frühdigitalismus

Während politisch die Idee verfolgt wird, die Hochschulen zu Organisationen umzugestalten, besteht einstweilen das größere Problem darin, dass die Organisation der Hochschule nicht optimal funktioniert. Dabei sind sämtliche Erklärungen als problematisch empfundener Organisationsentwicklungen vom Topos der ‚Zunahme' getragen: Die äußere Komplexität nehme zu, also auch die innere Komplexität des Verwaltens, die organisatorische Aufgabenlast, Regelungsdichte, Spezialisierung und Arbeitsteilung, die Interdependenzen und Koordinationserfordernisse. Die wissenschaftsunterstützenden Einheiten

- müssen sich intensiv mit sich selbst befassen, um die Folgen zunehmender interner Ausdifferenzierung abzufangen,
- überbetonen die Regelhaftigkeit in der Aufgabenerfüllung,
- haben dabei Vorsprünge gegenüber der wissenschaftlichen Leistungsebene durch ihr administratives Dienstwissen,
- erfasssen Probleme und Anforderungen in regelgebundenen Schemata, wodurch außerhalb der Schemata Liegendes nicht regelmäßig, ggf. nur zufällig wahrgenommen wird,
- verselbstständigen sich durch ihre Verfügung über Fachwissen, Sachinformationen, Sachmittel und Handlungsspielräume,
- müssen stets mit Verzögerung, also Zeitverzug, reagieren, da sie vorrangig auf Stabilisierung und nicht auf Dynamisierung angelegt sind.

Insbesondere die Gestaltung von Kommunikationen – ihre sprachliche Verständlichkeit und Niedrigschwelligkeit, stilistische Angemessenheit, kurz: ihre Rezipierbarkeit, die kommunikative Anschlüsse ermöglicht – wird als zentrales Element eines funktionierenden Hochschulbetriebs systematisch unterschätzt.

Organisation soll zielgebundenes Handeln ermöglichen, doch die Wissenschaft bekommt von außen auch sachwidrige Zwecke verordnet, die sich nur schwer in institutionell kompatible Ziele übersetzen lassen. Da aber die Akzeptanz der Politik und Gesellschaft benötigt wird, werden die sachwidrigen Zwecke in Schaufensterziele transformiert und durch die optische Inszenierung voller Zielerreichung bei faktischer interner (Teil-)Obstruktion verarbeitet (womit auch die Funktionsfähigkeit der Hochschulen gesichert wird). Unzufrieden scheinen dabei alle zu sein:

- Das wissenschaftliche Personal sieht sich immer mehr der Anforderung ausgesetzt, organisierende und als solche in der Regel rollenfremde Tätigkeiten wahrzunehmen.
- Das Verwaltungspersonal beklagt, durch Verfahrenserschwerungen herausgefordert zu sein. Es moniert, für das Wachstum des Normenbestandes ver-

antwortlich gemacht zu werden, während es tatsächlich nur umsetze, was den Hochschulen von außen vorgegeben wird.

- Das neu eingerichtete Hochschulmanagement ist zwischen Wissenschafts- und Verwaltungsebene platziert und dort bisher überwiegend noch nicht glücklich geworden. Es schlägt sich damit herum, vom wissenschaftlichen Personal im Alltag eher als belastend denn unterstützend wahrgenommen zu werden.

- Hochschulleitungen und Dekane leiden an den Unterlaufensstrategien der Wissenschaftler.innen, die jedes Veränderungsansinnen zu einem vermeintlichen Kampf um Untergang oder Fortbestand des Abendlandes werden lassen.

Veränderungen binden dann häufig mehr Kräfte, als sie freisetzen. Sie erzeugen Konflikte und absorbieren derart Kapazitäten, die damit für anderes nicht zur Verfügung stehen.

All diese Probleme sind nicht hochschulexklusiv. Organisatorische Lasten, Verrechtlichung, unbewältigte Digitalisierung, die Transformation von Entlastungsbemühungen in Mehrbelastungen und Defizite in der Klientenorientierung finden sich auch in der öffentlichen Verwaltung, Krankenhäusern, Schulen oder Großunternehmen. Sie lassen sich daher auch nicht (allein) auf das Wirksamwerden einer gleichsam öffentlich-rechtlichen Gemütlichkeit an den Hochschulen zurückführen. Für die Digitalisierungsprobleme immerhin ist das vergleichsweise einfach zu begründen: Die Gegenwartsgesellschaft befindet sich, innerhalb wie außerhalb der Hochschulen, im Zeitalter des Frühdigitalismus.

Um sich zu vergegenwärtigen, was das heißt, kann man probeweise eine Situation in 200 Jahren – also einem Zeitraum, der die heutige Gegenwart von der Aufklärung trennt – imaginieren: Man stelle sich vor, Digitalisierungshistoriker.innen blickten um 2200 auf das frühe 21. Jahrhundert zurück. Dann lässt sich leicht die Belustigung ausmalen, von der die Betrachter befallen werden, wenn sie unsere unbeholfenen Bemühungen rekonstruieren, diese Medienrevolution im Alltag in den Griff zu bekommen.

Womöglich aber wird der Blick aus der Zukunft darüber hinaus auch entdecken, dass sich zeitgleich ein erstaunlicher Einbruch bei der Leistungsfähigkeit der Hochschulen ergeben hat – erstaunlich, weil zwar eine historisch bis dahin einmalige Expansion des wissenschaftlichen Personals, des dokumentierten Forschungsoutputs in Gestalt etwa von Publikationen oder Doktorarbeiten und der quantitativen Verbreiterung akademischer Bildung stattgefunden hat, damit aber keine gleichlaufenden Steigerungen an wissenschaftlicher Erklärungskraft und an Komplexitätsbewältigungsfertigkeiten der akademisierten Beschäftigten in der nichthochschulischen Arbeitswelt einhergingen.

Denkbar wäre dann gegebenenfalls, dass eine Hauptursache dessen identifiziert wird: Die Verbindung der seit dem 19. Jahrhundert vollbrachten Rationalitätssteigerungen im Verwalten der Kreativität, nun gesteigert zum Managen des Nichtmanagebaren, einerseits und der idiosynkratischen Digitalisierung des frühen 21. Jahrhunderts andererseits hat die Qualitätssteigerungspotenziale in Forschung und Bildung absorbiert, die in den quantitativen Expansionen des Hochschulsystems im Grundsatz angelegt waren.

Prognosen bergen das Potenzial, dem Eintreten des Prognostizierten durch verändertes Handeln entgegenzuwirken, um die Kontinuitätsannahmen, die den Prognosen zugrundeliegen, zu unterlaufen bzw. in ihrer praktischen Wirksamkeit außer Kraft zu setzen. Diese Chance besteht auch innerhalb der verwalteten Hochschulwelt.

Online-Anhang

Der Anhang steht zur Verfügung unter:

https://www.hof.uni-halle.de/publikation/die-verwaltete-hochschulwelt/

Inhalt

Verzeichnis der Übersichten

Literatur

Abele-Brehm, Andrea (2015): Der Gutmütigkeitskreis. Gutachtentätigkeit – zwischen Ehre und Zeitverschwendung, in: Forschung und Lehre 8/2015, S. 624–625; auch unter http://www.forschung-und-lehre.de/wordpress/Archiv/2015/ful_08-2015.pdf (2.11.2016).

Abraham, Martin/Günter Büschges (2009): Einführung in die Organisationssoziologie, VS Verlag für Sozialwissenschaften, Wiesbaden.

Ahlemeyer, Heinrich W./Roswita Königswieser (1998): Vorwort, in: dies. (Hg.), Komplexität managen. Strategien, Konzepte und Fallbeispiele, Gabler, Wiesbaden, S. 5–13.

Akkreditierungsrat (2013): Regeln für die Akkreditierung von Studiengängen und für die Systemakkreditierung. Beschluss des Akkreditierungsrates vom 8.12.2009, zuletzt geändert am 20.2.2013; URL http://www.akkreditierungsrat.de/fileadmin/Seiteninhalte/AR/Beschl uesse/AR_Regeln_Studiengaenge_aktuell.pdf (21.11.2016).

Albert-Ludwigs-Universität Freiburg (2014): Rundschreiben Nr. 18/2014. Veränderungen des Reisekostenprozesses im Rahmen der Einführung der kaufmännischen Buchführung/SAP; URL https://www.zuv.uni-freiburg.de/aktuelles/rundschreiben/rs-2014-18.pdf/at_down load/file (6.7.2018).

Albert-Ludwigs-Universität Freiburg (2017): Prüfungsordnung für den Studiengang Bachelor of Science (B.Sc.) vom 31. August 2010 i.d.F. vom 31. März 2017; URL https://www.jsl.uni-freiburg.de/informationen_fuer_studierende_web/pruefungsordnungen/bachelor_of_sci ence/b_sc__pruefungsordnung_aktuell_rahmenordnung.pdf (28.5.2017).

Allmendinger, Jutta (2011): Gut Ding will Weile haben, in: WZB-Mitteilungen 134/Dezember 2011, S. 5.

Alt, Rainer/Gunnar Auth (2010): Campus-Management-System, in: Wirtschaftsinformatik 3/2010, S. 185–188.

Altvater, Peter/Martin Hamschmidt/Ilka Sehl (2010): Prozessorientierte Hochschule. Neue Perspektiven für die Organisationsentwicklung, in: Wissenschaftsmanagement 4/2010, S. 42–52.

APA, American Psychological Association (2006): Multitasking: Switching costs, URL http://www.apa.org/research/action/multitask.aspx (5.10.2017).

Atteslander, Peter (1991): Methoden der empirischen Sozialforschung, de Gruyter, Berlin/New York.

Auth, Gunnar (2014): Zur Rolle des Stakeholder-Managements in IT-Projekten an Hochschulen – Erfahrungen aus der Einführung eines integrierten Campus-Management-Systems, in: Martin Engstler et al. (Hg.), Tagungsband Projektmanagement und Vorgehensmodelle, Stuttgart/Bonn, S. 83–97.

Auth, Gunnar (2015): Prozessorientierte Anforderungsanalyse für die Einführung integrierter Campus-Management-Systeme, in: Uwe Aßmann/Birgit Demuth/Thorsten Spitta/Georg Püschel/Ronny Kaiser (Hg.), Tagungsband Multikonferenz Software Engineering & Management 2015, LNI Band P-239, Köllen, Bonn, S. 446–461.

Auth, Gunnar (2016): Die Rolle von Campus-Management-Systemen für die Digitalisierung der Hochschulen, in: Die Neue Hochschule 4/2016, S. 114–117.

Auth, Gunnar (2017): Campus-Management-Systeme. Prozessorientierte Anwendungssoftware für die Organisation von Studium und Lehre, in: Daniel Hechler/Peer Pasternack (Hg.), Einszweivierpunktnull. Digitalisierung von Hochschule als Organisationsproblem (=die hochschule 1/2017), Institut für Hochschulforschung (HoF), Halle-Wittenberg, S. 40–58.

Auth, Gunnar/Steffen Künstler (2016): Erfolgsfaktoren für die Einführung integrativer Campus-Management-Systeme – eine vergleichende Literaturanalyse mit praxisbezogener Evaluation, in: Heinrich C. Mayr/Martin Pinzger (Hg.), Informatik 2016, Lecture Notes in Informatics (LNI), Gesellschaft für Informatik, Bonn, S. 915–931.

Baecker, Dirk (1999): Organisation als System, Suhrkamp, Frankfurt a.M.

Baecker, Dirk (2007): Die nächste Universität, in: ders., Studien zur nächsten Gesellschaft, Frankfurt a.M., S. 98–115.

Banscherus, Ulf (2018): Wissenschaft und Verwaltung an Hochschulen: Ein spannungsreicher Antagonismus im Wandel, in: die hochschule 1–2/2018, S. 87–100.

Banscherus, Ulf/Alena Baumgärtner/Uta Böhm/Olga Golubchykova/Susanne Schmitt/Andrä Wolter (2017): Wandel der Arbeit in Wissenschaftsunterstützenden Bereichen an Hochschulen. Hochschulreformen und Verwaltungsmodernisierung aus Sicht der Beschäftigten, Hans-Böckler-Stiftung, Düsseldorf.

Barz, Andreas/Doris Carstensen/Reiner Reissert (1997): Lehr- und Evaluationsberichte als Instrumente zur Qualitätsförderung: Bestandsaufnahme der aktuellen Praxis, Centrum für Hochschulentwicklung (CHE), Gütersloh, URL http://langer.soziologie.uni-halle.de/pdf/me th5/hislehrb.pdf (10.4.2017)

BAuA, Bundesanstalt für Arbeitsschutz und Arbeitsmedizin (2017): Bitte nicht stören! Tipps zum Umgang mit Arbeitsunterbrechungen und Multitasking, Druck & Verlag Kettler GmbH, Bönen.

BAuA, Bundesanstalt für Arbeitsschutz und Arbeitsmedizin (2013): Grundauswertung der BIBB/ BAuA Erwerbstätigenbefragung 2012, Dortmund/Berlin/Dresden; URL https://www.baua. de/DE/Angebote/Publikationen/Berichte/Gd73.pdf?__blob=publicationFile&v=1 (5.9. 2017).

Bauer, Alfred/Christian Niemeijer (2014): Ergebnisse der Umfrage des Hochschullehrerbundes zum Workload der Professorenschaft, in: Die Neue Hochschule 2/2014, S. 42–56.

Baumgarth, Benjamin/Justus Henke/Peer Pasternack (2016): Inventur der Finanzierung des Hochschulsystems. Mittelflüsse, Kontroversen und Entwicklungen im letzten Jahrzehnt, Hans-Böckler-Stiftung, Düsseldorf; auch unter URL www.boeckler.de/pdf/p_studfoe_wp_1 _2016.pdf (5.4.2018).

Bericht aus dem Innenleben der Exzellenz, in: F.A.Z., 25.1.2012, S. N5.

Bayer, Klaus (2013): Immer bessere Noten? Über die Zerstörung der geisteswissenschaftlichen Prüfungskultur, in: Forschung und Lehre 1/2013, S. 36–38.

BBSR, Bundesinstitut für Bau-, Stadt- und Raumforschung im Bundesamt für Bauwesen und Raumordnung (BBR) (2013): Indikatoren und Karten zur Raum- und Stadtentwicklung (INKAR), Bonn.

Beck, Dieter/Rudolf Fisch (2003): Komplexes Entscheiden und Entscheidungshilfen, in: Rainer Schweizer/Claude Jeanrenaud/Stephan Kux/Beat Sitter-Liver (Hg.), Verwaltung im 21. Jahrhundert. Herausforderungen, Probleme, Lösungswege: 20. Kolloquium (2001) der Schweizerischen Akademie der Geistes- und Sozialwissenschaften, Universitätsverlag Freiburg, Freiburg, S. 331–341.

Beck, Dieter/Rudolf Fisch (2005): Entscheidungsunterstützende Verfahren für politisch-administrative Aufgaben, Speyer, URL http://www.foev-speyer.de/files/de/fbpdf/FB-235.pdf (12. 6.2017)

Becker, Fred G./Wögen Tadsen/Elke Wild/Ralf Stegemüller (2012): Zur Professionalität von Hochschulleitungen im Hochschulmanagement: Organisationstheoretische Erklärungsversuche zu einer Interviewserie, in: Uwe Wilkesmann/Christian J. Schmid (Hg.), Hochschule als Organisation, Springer VS, Wiesbaden, S. 191–205.

Becker, Torsten (2005): Prozesse in Produktion und Supply Chain optimieren, Springer-Verlag, Berlin/Heidelberg.

Bensberg, Frank (2009): TCO-Analyse von Campus Management-Systemen – Methodischer Bezugsrahmen und Softwareun-terstützung, in: Hans Robert Hansen/Dimitris Karagiannis /Hans-Georg Fill (Hg.), Business Services: Konzepte, Technologien, Anwendungen. Bd. 2, 9. Internationale Tagung Wirtschaftsinformatik 2009, Österreichische Computer Gesellschaft, Wien, S. 493–502, auch unter http://ec-wu.at/spiekermann/publications/inprocee dings/skillMap.pdf (20.10.2015).

Benz, Arthur (2006): Politik im Mehrebensystem, VS Verlag für Sozialwissenschaften, Wiesbaden.

Benz, Arthur (2007): Governance in Connected Areas. Political Science Analysis of Coordination and Control in Complex Rule Systems, in: Dorothea Jansen (Hg.), New Forms of Governance in Research Organizations. Disciplinary Approaches, Interfaces and Integration, Springer VS, Dordrecht, S. 3–22.

Berbuir, Ute (2010): Organisation der Prüfungsverwaltung im Spannungsfeld von Bürokratisierung und Serviceorientierung, in: Lars Degenhardt /Birga Stender (Hg.), Forum Prüfungsverwaltung 2009, HIS: Forum Hochschule 15/2010, S. 77–82.

Bergsmann, Stefan (2012): End-to-End-Geschäftsprozessmanagement. Organisationselement – Integrationsinstrument – Managementansatz, Springer-Verlag, Wien.

Berthold, Christian (2011): „Als ob es einen Sinn machen würde...". Strategisches Management an Hochschulen, CHE Centrum für Hochschulentwicklung, Gütersloh.

Beuscher-Mackay, Sabine/Tim Jeske/Peter Steiger/Sven Hinrichsen/Christopher M. Schlick (2009): Tätigkeitsanalyse und Personalentwicklungskonzepte, in: Michael Schenk/Christopher M. Schlick (Hg.), Industrielle Dienstleistungen und Internationalisierung – One-Stop Services als erfolgreiches Konzept, Gabler, Wiesbaden, S. 219–266.

Bick, Markus/Thomas Grechenig/Thorsten Spitta (2010): Campus-Management-Systeme. Vom Projekt zum Produkt, in: Wolfram Pietsch (Hg.), Vom Projekt zum Produkt, Fachtagung des GI-Fachausschuss Management der Anwendungsentwicklung und -wartung im Fachbereich Wirtschaftsinformatik (WI-MAW) 2010, GI-Edition, Bonn, S. 61–78.

Birnbaum, Robert (2000): The Lifecycle of Academic Management Fads, in: The Journal of Higher Education 1/2000, S. 1–16.

Birnbaum, Christian (2011): Die schlimmsten rechtlichen Fallen im Prüfungswesen, in: Lars Degenhardt/Birga Stender (Hg.), Forum Prüfungsverwaltung, Prüfungsverwaltung im Spannungsfeld zwischen Serviceorientierung und Rechtsvorschriften, S. 7–16.

Blass, Wolf (1980): Zeitbudgetforschung. Eine kritische Einführung in Grundlagen und Methoden, Campus, Frankfurt a.M./New York.

BLK, Bund-Länder-Kommission für Bildungsplanung und Forschungsförderung (2006): Neuausrichtung der öffentlich geförderten Informationseinrichtungen, Bonn.

Bloch, Roland/Monique Lathan/Alexander Mitterle/Doreen Trümpler/Carsten Würmann (2014): Wer lehrt warum? Strukturen und Akteure der akademischen Lehre an deutschen Hochschulen, AVA – Akademische Verlagsanstalt, Leipzig.

Blümel, Albrecht/Otto Hüther (2015): Verwaltungsleitung an deutschen Hochschulen. Deskriptive Zusammenfassung der 2015 stattgefundenen Befragung der Kanzlerinnen und Kanzler an deutschen Hochschulen, INCHER Kassel, Kassel.

Blüthmann, Irmela/Markus Ficzko/Felicitas Thiel (2006): FELZ – ein Instrument zur Erfassung der studienbezogenen Arbeitsbelastung, in: Brigitte Berendt/Johannes Wild/Hans-Peter Voss (Hg.), Neues Handbuch Hochschullehre, Raabe Verlag, Stuttgart, S. 1–30.

BMBF, Bundesministeriums für Bildung und Forschung (2016): Bildungsoffensive für die digitale Wissensgesellschaft. Strategie des Bundesministeriums für Bildung und Forschung, Berlin.

Bogumil, Jörg/Rolf G. Heinze/Stephan Grohs/Sascha Gerber (2007): Hochschulräte als neues Steuerungsinstrument? Eine empirische Analyse der Mitglieder und Aufgabenbereiche. Abschlussbericht der Kurzstudie; URL http://homepage.rub.de/Joerg.Bogumil/Downloads/hr_bericht_druck.pdf (21.4.2017).

Bogumil, Jörg/Werner Jann (2009): Verwaltung und Verwaltungswissenschaft in Deutschland. Einführung in die Verwaltungswissenschaft, VS Verlag für Sozialwissenschaften, Wiesbaden.

Bogumil, Jörg/Martin Burgi/Rolf G. Heinze/Sascha Gerber/Ilse-Dore Gräf, Linda Jochheim/Maren Kohrsmeyer (2011): Formwandel der Staatlichkeit im deutschen Hochschulsystem – Umsetzungsstand und Evaluation neuer Steuerungsinstrumente, Bochum, URL http://www.sowi.rub.de/mam/content/regionalpolitik/formwandel_der_staatlichkeit_im_deutschen_hochschulsystem.pdf (5.4.2017).

Bogumil, Jörg/Martin Burgi/Rolf G. Heinze/Sascha Gerber/Ilse-Dore Gräf/Linda Jochheim/Maren Schickentanz/Manfred Wannöffel (2013): Modernisierung der Universitäten. Umsetzungsstand und Wirkungen neuer Steuerungsinstrumente, Ed. Sigma, Berlin.

Borgwardt, Angela (2015): Hochschulgovernance in Deutschland II, Friedrich-Ebert-Stiftung, Berlin; auch unter http://library.fes.de/pdf-files/studienfoerderung/12109.pdf (13.7.2018).

Brand, Frank (2015): Vom Sinn und Unsinn der Lehrevaluation an deutschen Hochschulen. Über den Missbrauch von Statistik, in: Die Neue Hochschule 1/2015, S. 36–39.

Brenner, Peter J. (2009): Bologna-Prozess als Organisationsform der Ineffizienz, in: Christian Scholz/Volker Stein (Hg.), Bologna-Schwarzbuch, Deutscher Hochschulverband, Bonn, S. 89–105.

Brennicke, Axel (2013): Moderne Reiseplanung, in: Laborjournal 1–2/2013, S. 28f.

Brennicke, Axel (2013a): Kontierungsobjekte und Anordnungsbefugnisse, in: Laborjournal 11/2013, S. 24f.

Brennicke, Axel (2014): Über den Umgang mit Elefantenfüßen, in: Laborjournal 1–2/2014, S. 24f.

Bretschneider, Falk/Pasternack, Peer (2005): Handwörterbuch der Hochschulreform, Universitätsverlag Webler, Bielefeld.

Briedis, Kolja (2007): Übergänge und Erfahrungen nach dem Hochschulabschluss. Ergebnisse der HIS-Absolventenbefragung des Jahrgangs 2005, Hochschul-Informations-System (HIS), Hannover.

Brint, Steven/Allison Cantwell (2008): Undergraduate Time Use and Academic Outcomes. Results From UCUES 2006, University of California, Berkeley.

Brodkorb, Mathias (Interview) (2015): „Alles ein starres Korsett", in: Süddeutsche Zeitung, 17.5.2015; URL http://www.sueddeutsche.de/bildung/mathias-brodkorb-alles-ein-starres-korsett-1.2479514 (20.5.2015).

Brune, Henning/Maik Jablonski/Volker Möhle/Thorsten Spitta/Meik Teßmer (2009): Ein Campus-Management-System als evolutionäre Entwicklung. Ein Erfahrungsbericht, in: Hans-Robert Hansen/Dimitris Karagiannis/Hans-Georg Fill (Hg.), Business Services: Konzepte, Technologien, Anwendungen (Bd. 2), 9. Int. Tagung Wirtschaftsinformatik 2009, Österreichische Computer Gesellschaft, Wien, S. 483–492; auch unter http://ec-wu.at/spieker mann/publications/inpro ceedings/skillMap.pdf (20.10.2015).

Brune, Henning/Marco Carolla/Thomas Grechenig/Thorsten Spitta/Stefan Strobl (2014): Campus-Management-Systeme als Administrative Systeme, Working Papers in Economics and Management 6/2014, Bielefeld.

Brunsson, Nils (1992): The Organization of Hypocrisy. Talk, Decisions and Actions in Organizations, Chichester.

Brühlmeier, Daniel (2003): Auf dem Weg zu einer vernetzten, lernenden und geführt-führenden Verwaltung, in: Rainer Schweizer/Claude Jeanrenaud/Stephan Kux/Beat Sitter-Liver (Hg.), Verwaltung im 21. Jahrhundert. Herausforderungen, Probleme, Lösungswege: 20. Kolloquium (2001) der Schweizerischen Akademie der Geistes- und Sozialwissenschaften, Universitätsverlag Freiburg, Freiburg, S. 45–57.

BStMWi, Bayerisches Staatsministerium für Wirtschaft und Medien, Energie und Technologie (Hg.) (2015): Zukunftsstrategie Bayern Digital, München; URL http://www.stmwi.bayern. de/fileadmin/user_upload/stmwivt/Themen/Medien/Dokumente/2015-07-27-Zukunftsstr ategie-BAYERN-DIGITAL.pdf (18.10.2015).

Bultmann, Torsten (2012): Förderranking 2012 der DFG. Noch mehr Drittmittel, noch mehr ‚Wettbewerb', noch mehr Ungleichheit!, in: Forum Wissenschaft 3/2012, S. 33–37.

Bund-Länder-Koordinierungsstelle für den Deutschen Qualifikationsrahmen für lebenslanges Lernen (2013): Handbuch zum Deutschen Qualifikationsrahmen. Struktur – Zuordnungen – Verfahren – Zuständigkeiten, o.O.; URL http://www.kmk.org/fileadmin/pdf/PresseUnd Aktuelles/2013/131202_DQR-Handbuch__M3_.pdf (28.2.2014).

Bundeskanzleramt (2018): Bessere Rechtsetzung 2017: Die Bürokratiebremse wirkt. Bericht der Bundesregierung 2017 nach § 7 des Gesetzes zur Einsetzung eines Nationalen Normenkontrollrates, o.O. [Berlin]; URL https://www.bundesregierung.de/Content/DE/Arti kel/Buerokratieabbau/Anlagen/2018-05-15-jahresbericht%202017.pdf?__blob=publicati onFile&v=2 (15.9.2018).

Bundesregierung (2015): Bürokratiebremse. Konzeption einer One in, one out-Regel, Berlin; URL https://www.bundesregierung.de/Content/DE/Artikel/Buerokratieabbau/Anlagen/15 -03-25-one-in-one-out.pdf;jsessionid=4FDD64133A7E8740A521B0A5C4781B5B.s4t2?__bl ob=publicationFile&v=6 (13.9.2018).

Bundesregierung (2017): Die Bürokratiebremse „One in, one out-Regel". Bilanz für den Zeitraum von Januar 2015 bis August 2017, Berlin; URL https://www.bundesregierung.de/Con

tent/DE/Artikel/Buerokratieabbau/Anlagen/2017-09-27-sonderbilanz-oioo.pdf;jsessionid=4FDD64133A7E8740A521B0A5C4781B5B.s4t2?__blob=publicationFile&v=6 (13.9.2018).

BVerfG, Bundesverfassungsgericht (2016): Pressemitteilung Nr. 15/2016. Wesentliche Entscheidungen zur Akkreditierung von Studiengängen muss der Gesetzgeber selbst treffen; URL https://www.bundesverfassungsgericht.de/SharedDocs/Pressemitteilungen/DE/2016/bvg16-015.html (21.11.2016).

BVerfG, Bundesverfassungsgericht (2016a): Beschluss des Ersten Senats vom 17. Februar 2016 – 1 BvL 8/10 – Rn. (1–88); URL http://www.bverfg.de/e/ls20160217_1bvl000810.html (28.12.2016).

Carolla, Marco (2015): Ein Referenz-Datenmodell für Campus-Management-Systeme in deutschsprachigen Hochschulen, Springer VS, Wiesbaden.

Ceylan, Firat/Janina Fiehn/Nadja-Verena Paetz/Silke Schworm/Christian Harteis (2011): Die Auswirkungen des Bologna-Prozesses – Eine Expertise der Hochschuldidaktik, in: Sigrun Nickel (Hg.), Der Bologna-Prozess aus Sicht der Hochschulforschung. Analysen und Impulse für die Praxis, CHE Arbeitspapier, 148, Gütersloh, S. 106–122, auch unter http://www.che.de/downloads/CHE_AP_148_Bologna_Prozess_aus_Sicht_der_Hochschulforschung.pdf (21.1.2016)

Cohen, Michael D./James G. March/Johan P. Olsen (1972): A Garbage Can Model of Organizational Choice, in: Administrative Science Quarterly 1/1972, S. 1–25.

Christen, Markus/Ruedi Stopp (2003): Verwaltung als komplex-adaptives System. Anmerkungen aus Sicht der Komplexitätsforschung, in: Rainer Schweizer/Claude Jeanrenaud/Stephan Kux/Beat Sitter-Liver (Hg.), Verwaltung im 21. Jahrhundert. Herausforderungen, Probleme, Lösungswege: 20. Kolloquium (2001) der Schweizerischen Akademie der Geistes- und Sozialwissenschaften, Universitätsverlag Freiburg, Freiburg, S. 235–254.

Degenhardt, Lars/Harald Gilch/Birga Stender/Klaus Wannemacher (2009): Campus-Management-Systeme erfolgreich einführen, in: Hans Robert Hansen/Dimitris Karagiannis/Hans-Georg Fill (Hg.), Business Services: Konzepte, Technologien, Anwendungen (Bd. 2), 9. Internationale Tagung Wirtschaftsinformatik 2009, Österreichische Computer Gesellschaft, Wien, S. 463–472, auch unter http://ec-wu.at/spiekermann/publications/inproceedings/skillMap.pdf (20.10.2015).

Degenhardt, Lars (2010): Bundesweite Befragung zur Prüfungsverwaltung, in: Lars Degenhardt/Birga Stender (Hg.), Forum Prüfungsverwaltung 2009, HIS, Hannover, S. 83–96.

Derlien, Hans-Ulrich/Doris Böhme/Markus Heindl (2011): Bürokratietheorie. Einführung in eine Theorie der Verwaltung, Springer VS, Wiesbaden.

Detmer, Hubert/Johanna Böcker (2016): Akkreditierung: Rechtswidrig, zu teuer, fraglicher Nutzen. Ergebnisse einer Umfrage, in: Forschung & Lehre 12/2016, S. 1070–1072.

Deutscher Bundestag (2016): Antwort der Bundesregierung auf die Kleine Anfrage „Zwischenbilanz des Qualitätspakts Lehre", Drs. 18/9012 und 18/9245, Berlin, URL http://dipbt.bundestag.de/dip21/btd/18/092/1809245.pdf (7.6.2017).

DFG, Deutsche Forschungsgemeinschaft (2016): Informationsverarbeitung an Hochschulen. Organisation, Dienste und Systeme. Stellungnahme der Kommission für IT-Infrastruktur für 2016–2020, Bonn; URL http://www.dfg.de/download/pdf/foerderung/programme/wgi/kfr_stellungnahme_2016_2020.pdf (5.9.2017).

DHV, Deutscher Hochschulverband (2017): Kempen: „Akkreditierungsirrsinn muss aufhören". Pressemitteilung, 3.11.2017; URL https://www.hochschulverband.de/pressemitteilung.html?&no_cache=1&tx_ttnews%5Btt_news%5D=272#_ (18.11.2017).

Diamond, Stanley/Wolf-Dieter Narr (1985): Bürokratisierung als Schicksal? Epilog, in: Stanley Diamond/Wolf-Dieter Narr/Rolf Homann (Hg.), Bürokratie als Schicksal?, Westdeutscher Verlag, Opladen, S. 216–244.

DiMaggio, Paul J./Walter W. Powell (1983): The Iron Cage Revisited. Institutional Isomorphism and Collective Rationality in Organizational Fields, in: American Sociological Review 2/1983, S. 147–160.

Donk, André (2012): Ambivalenzen der Digitalisierung. Neue Kommunikations- und Medientechnologien in der Wissenschaft, Monsenstein und Vannerdat, Münster.

Dorenkamp, Isabelle/Tobias Jost/Marcel de Schrevel/Ewald Scherm (2012): Neue Managementaufgaben und alte Probleme. Ergebnisse explorativer Interviews mit Universitätsmanagern, Hagen; URL http://www.fernuni-hgen.de/imperia/md/content/fakultaetfuerwirt schaftswissenschaft/lehrstuhlscherm/arbeitsbericht_nr._21_dorenkamp_jost_deschrevel_ scherm.pdf (13.2.2015).

ECDL Foundation (2018): Wahrnehmung und Realität – Messung von Kompetenzlücken in Europa, Indien und Singapur, o.O.; URL https://gi.de/fileadmin/GI/Hauptseite/Aktuelles/ Meldungen/2018/Perception___Reality_-_Europe_2018_-_DE.PDF (2.4.2018)

Ehrmann, Thomas/Brinja Meiseberg (2013): Autonomie in Halbtrauer, in: F.A.Z., 17.7.2013, S. N5.

Ehrmann, Thomas (2015): Der entfesselte Professor. Über die Folgen von studentischen Lehr-evaluationen, in: Forschung und Lehre 9/2015, S. 724–725.

Ellwein, Thomas (1990): Koordination ohne Ende. Von den Grenzen der Zusammenarbeit in komplexen Organisationen, in: Rudolf Fisch/Margarete Boos (Hg.), Vom Umgang mit Komplexität in Organisationen. Konzepte – Fallbeispiele – Strategien, UVK, Konstanz, S. 165–197.

Ellwein, Thomas (1994): Das Dilemma der Verwaltung. Verwaltungsstruktur und Verwaltungs-reformen in Deutschland, B.I.-Taschenbuchverlag, Mannheim u.a.

Enders, Jürgen/Ulrich Teichler (1995): Berufsbild der Lehrenden und Forschenden an Hoch-schulen. Ergebnisse einer Befragung des wissenschaftlichen Personals an westdeutschen Hochschulen, BMBF, Bonn.

Erichsen, Hans-Uwe (2007): Institutionelle Verankerung und Rechtsrahmen der Akkreditierung, in: Falk Bretschneider/Johannes Wildt (Hg.), Handbuch Akkreditierung von Studiengängen. Eine Einführung für Hochschule, Politik und Berufspraxis, W. Bertelsmann Verlag, Biele-feld, S. 122–137.

Europäische Gemeinschaften (Hg.) (2009): ECTS-Leitfaden, Amt für Veröffentlichungen der Eu-ropäischen Union, Luxemburg, auch unter http://ec.europa.eu/dgs/education_culture/ repository/education/tools/docs/ects-guide_de.pdf (19.10.2016).

European Union (Hg.) (2015): ECTS User's Guide, Publications Office of the European Union, Luxembourg, auch unter http://ec.europa.eu/education/ects/users-guide/docs/ects-users-guide_en.pdf (19.10.2016).

E&Y, Ernst & Young GmbH Wirtschaftsprüfungsgesellschaft (2012): Campus-Management-Studie. Campus-Management zwischen Hochschulautonomie und Bologna-Reform, Ham-burg.

FH Fulda, Fachhochschule Fulda (2005): Bedienungsanleitung für QISPOS (Notenverbuchung und Leistungsverbuchung für Prüfer); URL http://www2.hs-fulda.de/zv/QIS/Bedienungs anleitung_QISPOS_Pruefer.pdf (11.8.2016).

Fisch, Rudolf/Burkhard Margies (Hg.) (2014): Bessere Verwaltungssprache. Grundlagen, Empi-rie, Handlungsmöglichkeiten, Dunckcer & Humblodt, Berlin.

Flick, Uwe (1995): Qualitative Forschung. Theorie, Methoden, Anwendung in Psychologie und Sozialwissenschaften, Rowohlt Tb., Reinbeck bei Hamburg.

Freiburghaus, Dieter (2013): Im Gehäuse der Hörigkeit, in: NZZ, 17.9.2013; URL https://www. nzz.ch/meinung/im-gehaeuse-der-hoerigkeit-1.18151503 (27.3.2018).

Freiburghaus, Dieter (2013a): Im Gehäuse der Hörigkeit. Ein Kommentar zur Bürokratie, in: Forschung & Lehre 11/2013, S. 912–913.

Füssinger, Anna (2015): Leitbilder an bayrischen Hochschulen, in: Hochschulmanagement 1+2/ 2015, S. 24–29.

Franz, Thorsten (2013): Einführung in die Verwaltungswissenschaft, Springer VS, Wiesbaden.

Frey, Hartmut (1999): E-Mail: Revolution im Unternehmen. Wie sich Motivation, Kommuni-kation und Innovationsgeist der Mitarbeiter wandeln, Luchterhand, Neuwied.

Friedrichsmeier, Andres (2012): Die unterstellten Wirkungen der Universitäten Steuerungs-instrumente. Zur hochschulischen Dauerreform und den Möglichkeiten ihrer Entschleu-nigung, Lit Verlag, Berlin.

Friedrichsmeier, Andres (2012a): Varianten der Messung von Organisationsführung. Das Bei-spiel des Effekts von Anreizsteuerung auf den Formalitätenaufwand der Hochschullehrer, in: Uwe Wilkesmann/Christian J. Schmid (Hg.), Hochschule als Organisation, Springer VS, Wiesbaden, S. 165–190.

Friedrichsmeier, Andres/Matthias Geils/Matthias Kohring/Esther Laukötter/Frank Marcinkowski (2013): Organisation und Öffentlichkeit von Hochschulen, Münster.

Gamillscheg, Marie (2015): Bürokratie an Universitäten. Re: Papierstau, in: Zeit Campus online, URL http://www.zeit.de/campus/2015/04/buerokratie-universitaeten-probleme/komplettansicht (10.6.2015).

Gehmlich, Volker (2004): European Credit Transfer System (ECTS): Praktische Anleitungen zu einer Umsetzung, in: Winfried Benz/Jürgen Kohler/Klaus Landfried (Hg.), Handbuch Qualität in Studium und Lehre, Raabe Verlag, Stuttgart, S. 1–33, E 5.2.

Gemünden, Hans Georg (1981): Innovationsmarketing. Interaktionsbeziehungen zwischen Hersteller und Verwender innovativer Investitionsgüter, Mohr, Tübingen.

Gesellschaft für Informatik (2014): Wissenschaftsbürokratie bedroht Informatikforschung. Pressemitteilung 14.8.2014; URL http://idw-online.de/pages/de/news?print=1&id=599599 (21.8.2014).

Gierhake, Olaf (2001): Integriertes Geschäftsprozessmanagement; Gestaltungsrahmen, Vorgehensmodelle, Integrationsansätze zum effizienten Einsatz von Prozessunterstützungstechnologien, Friedr. Vieweg & Sohn Verlagsgesellschaft mbH, Braunschweig/Wiesbaden.

Gil, Thomas (2001): Bewertungen, Berlin Verlag Arno Spitz/Nomos Verlag, Berlin.

Globert, Yvonne (2011): Klagenflut um Hochschulplatz – Noch jede Menge frei, in: Frankfurter Rundschau online; URL http://www.fr.de/wissen/wissenschaft/studium/ klagenflut-um-hochschulplatz-noch-jede-menge-frei-a-954272 (25.6.2018).

Grieger, Marvin/Baris Güldali/Stefan Sauer (2013): Sichern der Zukunftsfähigkeit bei der Migration von Legacy-Systemen durch modellgetriebene Softwareentwicklung, Paderborn; URL https://www.researchgate.net/publication/265939318_Sichern_der_Zukunftsfahigkeit_bei_der_Migration_von_Legacy-_Systemen_durch_modellgetriebene_Softwareentwicklung (7.4.2017).

Griesberger, Philipp/Andreas Brummer/Wolfgang Lichtenegger (2011): Vergleich von Campus-Management-Systemen im Bereich Studium und Lehre, in: Wirtschaftsinformatik Proceedings, Paper 84, S. 561–569.

Grigat, Felix (2010): Die Nacht, in der alle Kühe schwarz sind. Zur Kritik des Kompetenz-Begriffs und des Deutschen Qualifikationsrahmens, in: Forschung & Lehre 4/2010, S. 250–252.

Groening, Yvonne/Ann Katrin Schad (2011): Ableitung von Handlungskompetenzen eines erfolgreichen Prozessmanagers, in: Andreas Degwitz/Frank Klapper (Hg.), Prozessorientierte Hochschule. Allgemeine Aspekte und Praxisbeispiele, Bock & Herchen Verlag, Bad Honnef, S. 24–38.

Grossmann, Ralph/Ada Pellert/Victor Gotwald (1997): Krankenhaus, Schule, Universität: Charakteristika und Optimierungspotentiale, in: Ralph Grossmann (Hg.), Besser Billiger Mehr. Zur Reform der Expertenorganisationen Krankenhaus, Schule, Universität, Springer Verlag, Wien/New York, S. 24–35.

Hahn, Axel (2012): Integration von Informationssystemen, in: Norbert Gronau/Jörg Becker/Karl Kurbel/Elmar Sinz/Leena Suhl (Hg.), Enzyklopädie der Wirtschaftsinformatik; URL http://www.enzyklopaedie-der-wirtschaftsinformatik.de/lexikon/daten-wissen/Informationsmanagement/Informationsmanagement--Aufgaben-des/Informationssystem--Integration-von- (17.10.2016).

Hanel, Alexandra/Anne Töpfer (2011): Prozessgestaltung und Qualitätsmanagement. Erläuterung des Zusammenhangs von Prozessabbildung und Qualitätssicherung, in: Andreas Degwitz/Frank Klapper (Hg.), Prozessorientierte Hochschule. Allgemeine Aspekte und Praxisbeispiele, Bock & Herchen Verlag, Bad Honnef, S. 199–210.

Hansen, Hans Robert/Gustaf Neumann (2009): Wirtschaftsinformatik 1. Grundlagen und Anwendungen, Lucius & Lucius Verlagsgesellschaft mbH, Stuttgart.

Hartmer, Michael (2008): Hochschullehrer wollen forschen und lehren, nicht verwalten. Ergebnisse einer Umfrage zur Arbeitszeit, in: Forschung und Lehre 2/2008, S. 92–93.

Haude, Oliver/Markus Toschläger (2017): Digitalisierung allein löst keine Organisationsprobleme. Warum Einführungsprojekte von Campus-Management-Systemen mehr als nur IT-Projekte sind, in: Daniel Hechler/Peer Pasternack (Hg.), Einszweivierpunktnull. Digitalisierung von Hochschule als Organisationsproblem (=die hochschule 1/2017), Institut für Hochschulforschung (HoF), Halle-Wittenberg, S. 59–69.

347

Hauschildt, Jürgen/Hans Georg Gmünden/Silvia Grotz-Martin/Ulf Haidler (1983): Entscheidungen der Geschäftsführung. Typologie, Informationsverhalten, Effizienz, Mohr, Tübingen.

Hauschildt, Jürgen (1990): Komplexität, Zielbildung und Effizienz von Entscheidungen in Organisationen, in: Rudolf Fisch/Margarete Boos (Hg.), Vom Umgang mit Komplexität in Organisationen. Konzepte – Fallbeispiele – Strategien, UVK, Konstanz, S. 131–147.

Hechler, Daniel/Peer Pasternack (Hg.) (2009): Bologna: Zentral- und Sonderaspekte. Zur anstehenden Reparaturphase der Studienstrukturreform (=die hochschule 2/2009), Institut für Hochschulforschung, Halle-Wittenberg.

Hechler, Daniel/Peer Pasternack (Hg.) (2017): Einszweivierpunktnull. Digitalisierung von Hochschule als Organisationsproblem (=die hochschule 1/2017), Institut für Hochschulforschung (HoF), Halle-Wittenberg.

Hechler, Daniel/Peer Pasternack (Hg.) (2017a): Einszweivierpunktnull. Digitalisierung von Hochschule als Organisationsproblem – Folge 2 (=die hochschule 2/2017), Institut für Hochschulforschung (HoF), Halle-Wittenberg.

Heinrich, Peter (Interview) (2007): „Bis zum Rande der Legalität", in: duzMagazin 9/2007, S. 29.

Hellemacher, Leo (2015): Zur Lage der Fachhochschulen in Nordrhein-Westfalen. Ergebnisse der hlb-Frühjahrsstudie 2015, in: Ali Samanpour/Thomas Stelzer-Rohte (Hg.), Die Fachhochschule 4.0. Tagungsband zum Workshop des hlbNRW am 17. April 2015 in Siegburg, Hochschullehrerbund NRW, Bonn, S. 13–34; http://hlb-nrw.de/fileadmin/hlb-nrw/down loads/informationen/2015-12-Tagungsband-Workshop_FH_4.0_April_2015.pdf (4.8.2018).

Henke, Justus/Peer Pasternack/Sarah Schmid (2017): Mission, die dritte. Gesellschaftliche Leistungen der Hochschulen neben Forschung und Lehre: Konzept und Kommunikation der Third Mission, BWV – Berliner Wissenschafts-Verlag, Berlin.

Hering, Thomas (2009): Bologna als akademische Illusion, in: Christian Scholz/Volker Stein (Hg.), Bologna-Schwarzbuch, Deutscher Hochschulverband, Bonn, S. 195–200.

Herzberg, Kurt (Hg.) (2015): Gute Verwaltung durch besseres Verstehen. Chancen und Grenzen einer bürgerfreundlichen Behördensprache, Kommunal- und Schul-Verlag, Wiesbaden.

Hettlage, Robert (2015): Beitrag über Max Webers „Wirtschaft und Gesellschaft. Grundriss der verstehenden Soziologie", in: Stefan Kühl (Hg.), Schlüsselwerke der Organisationsforschung, Springer VS, Wiesbaden, S. 718–723.

Heueis, Rainer (2008): Digitale Kommunikation. Der Einfluss intramedialer Kontextinformationen auf den Aufwand im E-Mail-Management: Mit Formularen die E-Mail-Flut beherrschen, Grin Publishing, München.

HFD, Hochschulforum Digitalisierung (2016): Zur nachhaltigen Implementierung von Lerninnovationen mit digitalen Medien, Berlin, URL https://hochschulforumdigitalisierung.de/sites/default/files/dateien/HFD%20AP%20Nr%2016_Grundlagentext%20Change%20Manageme nt.pdf (12.4.2018).

HFT Stuttgart, Hochschule für Technik Stuttgart (2009): Gleichstellungskonzept, Professorinnenprogramm 2009, Stuttgart.

Hilbert, Martin/Priscila López (2011): The World's Technological Capacity to Store, Communicate, and Compute Information, in: Science 60/2011; URL https://www.uvm.edu/pdod ds/files/papers/others/2011/hilbert2011a.pdf (6.9.2017)

Hill, Hermann (1998): Komplexität und Komplexitätsmanagement im öffentlichen Sektor, in: Heinrich W. Ahlemeyer/Roswita Königswieser (Hg.), Komplexität managen. Strategien, Konzepte und Fallbeispiele, Gabler, Wiesbaden, S. 329–345.

Hinrichsen, Sven/Tim Jeske/Christopher Schlick/Peter Steiger (2009): Personal- und Organisationsentwicklung in internationalen Fabrikplanungsprojekten, in: Klaus Zink (Hg.), Personal- und Organisationsentwicklung bei der Internationalisierung von industriellen Dienstleistungen, Springer, Heidelberg u. a. 2009, S.133–160.

Hitzler, Ronald (2007): Ethnographie, in: Renate Buber/Hartmut H. Holzmüller (Hg.), Qualitative Marktforschung, Gabler, Wiesbaden, S. 207–218.

Hofmann, Stefanie (2004): Inhaltliche Qualitätskriterien und Rahmenstandards operationalisieren. Die Modularisierung: Modularisierung als prozessorientierte Gestaltung des Curricula, in: Winfried Benz/Jürgen Kohler/Klaus Landfried (Hg.), Handbuch Qualität in Studium und Lehre, Raabe Verlag, Stuttgart, S. 1–19, E 5.1.

Hofmann, Stefanie (2005): Elemetaraspekte der Curricularentwicklung. Neue Studienangebote an den essentiellen Schritten des Qualitätsregelkreises orientiert konzipieren, in: Winfried Benz/Jürgen Kohler/Klaus Landfried (Hg.), Handbuch Qualität in Studium und Lehre, Raabe Verlag, Stuttgart, S. 1–8, E 1.2

Holzhauser, Marion (2015): Strategisches Controlling. Instrument der Hochschulsteuerung zur Qualitätssicherung und Qualitätssteigerung der universitären Leistungen, in: Winfried Benz/Jürgen Kohler/Klaus Landfried (Hg.), Handbuch Qualität in Studium und Lehre, Raabe Verlag, Stuttgart, S. 55–74, C 3.12.

Honer, Anne (1989): Einige Probleme lebensweltlicher Ethnographie. Zur Methodologie und Methodik einer interpretativen Sozialforschung, in: Zeitschrift für Soziologie 4/1989, S. 297–312.

Horn, Hans-Detlef (2014): Autonomie und Steuerung. Die Universitäten zwischen Deregulierung und Re-Regulierung, in: Forschung und Lehre 9/2014, S. 722–725.

Höhne, Ronald (2001): Hochschulgesetzliche Regelungen zur Qualitätssicherung. Hochschulrahmengesetz und Hochschulgesetze der Länder, Bonn, URL https://www.hrk.de/filead min/redaktion/hrk/02-Dokumente/02-10-Publikationsdatenbank/Beitr-2001-07_Hochsch ulgesetze.pdf (10.4.2017).

Höhne, Thomas (2007): Der Leitbegriff ‚Kompetenz' als Mantra neoliberaler Bildungsreformer. Zur Kritik seiner semantischen Weitläufigkeit und inhaltlichen Kurzatmigkeit, in: Ludwig A. Pongratz/Roland Reichenbach/Michael Wimmer (Hg.), Bildung – Wissen – Kompetenz, Janus Presse, Bielefeld, S. 30–43.

HRK, Hochschulrektorenkonferenz (2003): Qualitätssicherung an Hochschulen. Wegweiser 2003. Sachstandsbericht und Ergebnisse einer Umfrage des Projektes Qualitätssicherung, Bonn.

HRK, Hochschulrektorenkonferenz, Service-Stelle Bologna (2004): Bologna-Reader. Texte und Hilfestellungen zur Umsetzung der Ziele des Bologna-Prozesses an deutschen Hochschulen, Bonn.

HRK, Hochschulrektorenkonferenz, Service-Stelle Bologna (2004a): Zehn Schritte nach „Bologna". Leitfaden zur Studienreform, in: Dies. (Hg.), Bologna-Reader. Texte und Hilfestellungen zur Umsetzung der Ziele des Bologna-Prozesses an deutschen Hochschulen, Bonn, S. 9–17.

HRK, Hochschulrektorenkonferenz, Service-Stelle Bologna (Hg.) (2007): Bologna-Reader II. Neue Texte und Hilfestellungen zur Umsetzung der Ziele des Bologna-Prozesses an deutschen Hochschulen, Bonn.

HRK, Hochschulrektorenkonferenz (Hg.) (2007a): Wegweiser 2006. Positionspapier und Ergebnisse einer Umfrage des Projekts Qualitätssicherung, Bonn.

HRK, Hochschulrektorenkonferenz, Bologna-Zentrum (Hg.) (2008): Bologna-Reader III. FAQs – Häufig gestellte Fragen zum Bologna-Prozess an deutschen Hochschulen, Bonn.

HRK, Hochschulrektorenkonferenz (Hg.) (2008a): Wegweiser 2008, Projekt Qualitätsmanagement, Bonn.

HRK, Hochschulrektorenkonferenz (2010): Kreative Vielfalt. Wie deutsche Hochschulen den Bologna-Prozess nutzen, HRK, Bonn.

HRK, Hochschulrektorenkonferenz (Hg.) (2010a): Wegweiser 2010, Projekt Qualitätsmanagement, Bonn.

HRK, Hochschulrektorenkonferenz (2013): Hochschule im digitalen Zeitalter: Informationskompetenz neu begreifen – Prozesse anders steuern. Entschließung der 13. Mitgliederversammlung der HRK am 20. November 2012 in Göttingen, Bonn, URL http://www.hrk. de/uploads/media/Entschliessung_Informationskompetenz_20112012_01.pdf (5.9.2017).

HRK, Hochschulrektorenkonferenz (2015): Wie Hochschulleitungen die Entwicklung des Forschungsdatenmanagements steuern können. Orientierungspfade, Handlungsoptionen, Szenarien. Empfehlung der 19. Mitgliederversammlung der HRK am 10. November 2015 in Kiel, Bonn; URL http://www.hrk.de/uploads/tx_szconv vention/Empfehlung_Forschungsdatenmanagement_10112015_01.pdf (5.9.2017).

HS Niederrhein, Hochschule Niederrhein (2008): Online-Service für Lehrende. Bedienungsanleitung, URL https://studinfo.hsnr.de/qispos/pub/Benutzerhandbuch-QISPOS-Pr%C3% BCferfunktion_Version _3.pdf (11.8.2016).

HS Regensburg, Hochschule Regensburg (2007): HIS-QIS. Hinweise für Prüfer; URL https://www.hs-regensburg.de/qis/doc/QIS_anl_pruefer.pdf (11.8.2016).

HTW Berlin, Hochschule für Technik und Wirtschaft Berlin (2016): Anleitung zur Notenverwaltung, URL https://portal.rz.htw-berlin.de/anleitungen/cm/lehrende/allgemein/notenverbuchung (11.8.2016).

HU, Humboldt-Universität zu Berlin (2011): Bildung durch Wissenschaft: Persönlichkeit – Offenheit – Orientierung. Zukunftskonzept zum projektbezogenen Ausbau der universitären Spitzenforschung, Berlin; URL https://www.exzellenz.hu-berlin.de/de/zukunftskonzept/zukunftskonzept_de (3.4.2018).

Huber, Michael (2005): Reform in Deutschland. Organisationssoziologische Anmerkungen zur Universitätsreform, in: Soziologie 34 (4), S. 391–403.

Huth, Dieter/Alain Michel Keller/Stefan Spehr (2017): Prüfungen digitalisieren. Die Einführung von E-Prüfungen an der Bergischen Universität Wuppertal. Ein Fallbeispiel, in: Daniel Hechler/Peer Pasternack (Hg.), Einszweivierpunktnull. Digitalisierung von Hochschule als Organisationsproblem – Folge 2 (=die hochschule 2/2017), Institut für Hochschulforschung (HoF), Halle-Wittenberg, S. 59–69.

Hüther, Otto (2009): Hochschulräte als Steuerungsakteure?, in: Beiträge zur Hochschulforschung 2/2009, S. 50–73.

Hüther, Otto/Georg Krücken (2011): Wissenschaftliche Karriere und Beschäftigungsbedingungen. Organisationssoziologische Überlegungen zu den Grenzen neuer Steuerungsmodelle an deutschen Hochschulen, in: Soziale Welt 3/2011, S. 305–325.

IfD, Institut für Demoskopie Allensbach (2016): Die Lage von Forschung und Lehre an deutschen Universitäten 2016. Ausgewählte Ergebnisse einer Online-Befragung von Hochschullehrern, Allensbach, unveröffentlicht.

Jacob, Anna Katharina/Ulrich Teichler (2011): Der Wandel des Hochschullehrerberufs im internationalen Vergleich. Ergebnisse einer Befragung in den Jahren 2007/08, Bundesministerium für Bildung und Forschung, Berlin/Bonn.

Jann, Werner/Kai Wegrich/Julia Fleischer/Thurid Husted/Jan Tiessen (2005): Bürokratieabbau Ost, Bundesamt für Bauwesen und Raumordnung, Bonn, URL http://www.bbsr.bund.de/BBSR/DE/Veroeffentlichungen/BBSROnline/2002_2006/DL_BuerokratieabbauOst.pdf?__blob=publicationFile&v=3 (26.4.2016).

Jann, Werner/Kai Wegrich (2008): Wie bürokratisch ist Deutschland? Und warum? Generalisten und Spezialisten im Entbürokratisierungsspiel, in: Zeitschrift für Public Policy, Recht und Management (dms) 1/2008, S. 49–72.

Janneck, Monique/Cyrill Adelberger/Sabine Fiammingo/Ruth Luka (2009): Von Eisbergen und Supertankern: Topologie eines Campus-Management-Einführungsprozesses, in: Hans Robert Hansen/Dimitris Karagiannis/Hans-Georg Fill (Hg.), Business Services: Konzepte, Technologien, Anwendungen. Bd. 2, 9. Internationale Tagung Wirtschaftsinformatik 2009, Österreichische Computer Gesellschaft, Wien, S. 453–462, auch unter http://ec-wu.at/spiekermann/publications/inproceedings/skillMap.pdf (16.11.2017)

Jantz, Bastian/Sylvia Veit (2011): Entbürokratisierung und bessere Rechtsetzung, in: Bernhard Blanke/Christoph Reichard/Frank Nullmeier/Göttrik Wewer (Hg.), Handbuch zur Verwaltungsreform, Springer VS, Wiesbaden, S. 126–135.

Kaube, Jürgen (2013): Tipps und Tricks für Akkredteure, in: F.A.Z., 12.6.2013, S. N5.

kau [Jürgen Kaube]: Teurer Blödsinn, in: F.A.Z., 22.3.2016, S. 9.

Kehm, Barbara M. (2011): Reform der internen Hochschulstrukturen, in: Die Neue Hochschule 1/2011, S. 16–21.

Keil, Johannes/Peer Pasternack (2011): Frühpädagogisch kompetent. Kompetenzorientierung in Qualifikationsrahmen und Ausbildungsprogrammen der Frühpädagogik, Institut für Hochschulforschung (HoF), Halle-Wittenberg, auch unter http://www.hof.uni-halle.de/dateien/ab_2_2011.pdf (9.3.2016).

Klapper, Frank (2011): Geschäftsprozessmanagement unter dem Fokus des IT-Managements, in: Peter Altvater/Martin Hamschmidt/Friedrich Stratmann (Hg.), Prozessorientierung in Hochschulen – mehr als Tools und Referenzmodelle, HIS: Forum Hochschule 12/2011, S. 57–67.

Klein, Helmut (2008): Fallstudie: „Pathologie der Organisation". Fehlentwicklungen in Organisationen, ihre Bedeutung und Ansätze zur Vermeidung, Hochschule für Angewandte Wissenschaften Amberg-Weiden, Weiden.

Kleinschmidt, Andre (2015): Strategisches zu Campusmanagementsoftware, in: Douglas Cunningham (Hg.), Informatik 2015, Lecture Notes in Informatics (LNI), Gesellschaft für Informatik, Bonn, 701–712.

Kloke, Katharina/Georg Krücken (2012): Sind Universitäten noch lose gekoppelte Organisationen? Wahrnehmungen und Umgang mit Zielkonflikten an deutschen Hochschulen aus der Organisationsperspektive unter besonderer Berücksichtigung der akademischen Lehre, in: Fred G. Becker/Georg Krücken/Elke Wild (Hg.), Gute Lehre in der Hochschule. Wirkungen von Anreizen, Kontextbedingungen und Reformen, Bertelsmann, Gütersloh, S. 13–29.

Kloke, Katharina (2014): Qualitätsentwicklung an deutschen Hochschulen. Professionstheoretische Untersuchung eines neuen Tätigkeitsfeldes, Springer VS, Wiesbaden.

KMK, Sekretariat der Ständigen Konferenz der Kultusminister der Länder in der Bundesrepublik Deutschland (2014): Das Bildungswesen in der Bundesrepublik Deutschland 2012/2013. Darstellung der Kompetenzen, Strukturen und bildungspolitischen Entwicklungen für den Informationsaustausch in Europa; URL http://www.istp2016.org/fileadmin/Redaktion/Dokumente/documentation/dossier_de_ebook.pdf (1.11.2016).

Knoke, Mareike (2008): Autonomie soll die Wissenschaftler nicht belasten, in: duzNachrichten 10.10.2008, S. 7.

Kottmann, Andrea/Jürgen Enders (2013): Ausdifferenzierung und Integration von Berufsrollen Hochschulprofessioneller in Österreich, den Niederlanden und Großbritannien, in: Christian Schneijdeberg/Nadine Merkator/Ulrich Teichler/Barbara Kehm (Hg.), Verwaltung war gestern? Neue Hochschulprofessionen und die Gestaltung von Studium und Lehre, Campus, Frankfurt a.M./New York, S. 335–368.

Kortendiek, Beate/Schlüter, Anne (2012): Geschlechtergerechte Akkreditierung und Qualitätssicherung. Eine Handreichung, Koordinations- und Forschungsstelle Netzwerk Frauen- und Geschlechterforschung NRW, Essen; auch unter http://www.netzwerk-fgf.nrw.de/filead min/media/media-fgf/download/publikationen/Studie-14_Geschlechtergerechte_Akkredi tierung.pdf (20.5.2016).

König, Eckard/Gerda Volmer (1999): Was ist Systemisches Projektmanagement?, in: dies. (Hg.), Praxis der systemischen Organisationsberatung, Deutscher Studien Verlag, Weinheim, S. 11–25.

König, Karsten (2009): Hierarchie und Kooperation. Die zwei Seelen einer Zielvereinbarung zwischen Staat und Hochschule, in: Jörg Bogumil/Rolf G. Heinze (Hg.), Neue Steuerung von Hochschulen. Eine Zwischenbilanz, Sigma-Verlag, Berlin, S. 29–44.

Krücken, Georg (2006): Innovationsmythen in Politik und Gesellschaft, in: Arno Scherzberg (Hg.), Kluges Entscheiden. Disziplinäre Grundlagen und interdisziplinäre Verknüpfungen, Mohr Siebeck, Tübingen, S. 257–273.

Krücken, Georg (2004): Hochschulen im Wettbewerb. Eine organisationstheoretische Perspektive, in: Wolfgang Böttcher/Ewald Terhardt (Hg.), Organisationstheorie in pädagogischen Feldern – Analye und Gestaltung, VS Verlag für Sozialwissenschaften, Wiesbaden, S. 286–301.

Krücken, Georg/Heinke Röbken (2009): Neo-institutionalistische Hochschulforschung, in: Sascha Koch/Michael Schemmann (Hg.), Neo-Institutionalismus in der Erziehungswissenschaft. Grundlegende Texte und empirische Studien, VS Verlag für Sozialwissenschaften, Wiesbaden, S. 326–346.

Krücken, Georg/Elke Wild (2010): Zielkonflikte – Herausforderungen für Hochschulforschung und Hochschulmanagement, in: Hochschulmanagement 2/2010, S. 58–62.

Krücken, Georg/Albrecht Blümel/Katharina Kloke (2010): Hochschulmanagement – auf dem Weg zu einer neuen Profession?, in: WSI-Mitteilungen 5/2010, S. 234–241.

Kuper, Harm (2004): Das Thema ‚Organisation' in den Arbeiten Luhmanns über das Erziehungssystem, in: Dieter Lenzen (Hg.), Irritationen des Erziehungssystems. Pädagogische Resonanzen auf Niklas Luhmann, Frankfurt a.M., S. 122–151.

351

Kühl, Stefan (2010): Die Fassade der Organisation. Überlegungen zur Trennung von Schauseite und formaler Seite von Organisationen, URL http://www.uni-bielefeld.de/soz/forschung/ orgsoz/Stefan_Kuehl/pdf/Schauseite-Working-Paper-1_19 052010.pdf (3.11.2011).

Kühl, Stefan (2011): Der Sudoku-Effekt der Bologna-Reform... und mögliche Wege zu seiner Minimierung. Überlegungen zur Gestaltung von Studiengängen im Rahmen der Bologna-Reform anhand der Konzeption für einen Master Soziologie der Universität Bielefeld, Bielefeld, URL http://www.uni-bielefeld.de/soz/forschung/orgsoz/Stefan_Kuehl/pdf/Working-Paper-1a_2011-Sudoku-Effekt-der-Bologna-Reform-mit-Maximen-110111-Endfassung.pdf (30.11.2015).

Kühl, Stefan (2011a): Verschulung wider Willen. Die ungewollten Nebenfolgen einer Hochschulreform, Bielefeld; URL http://www.uni-bielefeld.de/soz/forschung/orgsoz/Stefan_ Kuehl/pdf/Working-Paper-5_2011-Verschulung-wider-Willen-110415.pdf (30.11.2015).

Kühl, Stefan (2011b): Der bürokratische Teufelskreis à la Bologna. Sich verstärkende Bürokratisierungseffekte in der Hochschulreform, Bielefeld; URL http://www.uni-bielefeld.de/soz/ forschung/orgsoz/Stefan_Kuehl/pdf/Working-Paper-8-2011-Kuehl-Buerokratischer-Teu felskreis-Informalitaet-110417.pdf (30.11.2015).

Kühl, Stefan (2011c): Organisationen. Eine sehr kurze Einführung, VS Verlag, Wiesbaden.

Kühl, Stefan (2012): Der Sudoku-Effekt. Die Komplexitätsexplosion an den Hochschulen, in: Forschung und Lehre 4/2012, S. 290–293.

Kühl, Stefan (2015): Bologna auf einem Bierdeckel, in: Forschung & Lehre 5/2015, S. 345.

Kuhlen, Rainer 2004: Informationsethik. Umgang mit Wissen und Informationen in elektronischen Räumen, UVK, Konstanz.

Landwehrmann, Friedrich (1965): Organisationsstrukturen industrieller Grossbetriebe, Westdeutscher Verlag, Köln/Opladen.

Lange, Stefan (2008): New Public Management und die Governance der Universitäten, in: Der moderne Staat 1/2008, S. 237–248, auch unter http://www.der-moderne-staat.de/texte/ dms1_08_lange.pdf (22.3.2016).

Lange, Stefan (2009): Die neue Governance der Hochschulen. Bilanz nach einer Reform-Dekade, in: Hochschulmanagement 4/2009, S. 87–97.

Lazarus, Richard S. (1999): Stress and Emotion: A New Synthesis, Free Association Books, London.

Lehle, Carola/Marco Steinhauser/Ronald Hübner (2009): Serial or parallel processing in dual tasks: What is more effortful?, in: Psychophysiology 3/2009, S. 502–509.

Leis, Günther (1982): Die Bürokratisierungsdebatte. Der Stand der Auseinandersetzung, in: Joachim Jens Hesse (Hg.), Politikwissenschaft und Verwaltungswissenschaft, Westdeutscher Verlag, Opladen, S. 168–189.

Leischner, Franziska/Julia Rüthemann (2015): Schaffung eines förderlichen Arbeitsumfeldes an Hochschulen, URL http://www.gew.de/Binaries/Binary124915/Forschungsprojekt_Bologn a.pdf (19.8.2016).

Ley, Thomas/Marlen Jurisch/Petra Wolf/Helmut Krcmar (2012): Kriterien zur Leistungsbeurteilung von Prozessen: Ein State-of-the-Art, in: Dirk Christian Mattfeld/Susanne Robra-Bissantz (Hg.), Multikonferenz Wirtschaftsinformatik 2012 Tagungsband, GITO mbH Verlag, Berlin, S. 1037–1048.

Leyh, Christian/Christian Hennig (2012): ERP- und Campus-Managementsysteme in der Hochschulverwaltung. Ergebnisse einer Befragung deutscher Universitäten und Fachhochschulen, Dresden.

LHG M-V, Gesetz über die Hochschulen des Landes Mecklenburg-Vorpommern. In der Fassung der Bekanntmachung vom 25. Januar 2011, letzte berücksichtigte Änderung durch Artikel 3 des Gesetzes vom 11. Juli 2016; URL http://www.landesrecht-mv.de/jportal/portal/page /bsmvprod.psml?nid=0&showdoccase=1&doc.id=jlr-HSchulGMV2011rahmen&st=null (2.4. 2018).

LNHF, Landeskonferenz Niedersächsischer Hochschulfrauenbeauftragter (2017): Professorinnen entscheiden mit. Professorinnen und Professoren in der Selbstverwaltung an niedersächsischen Hochschulen – Zugänge, Motivationen und Beteiligungen, Hannover; auch unter https://www.chancenvielfalt.uni-hannover.de/fileadmin/chancenvielfalt/pdf/Professo rinnen_entscheiden_mit.pdf (9.8.2018).

LRH-Thüringen (2015): Jahresbericht des Thüringer Rechnungshofes, Rudolstadt; URL http://th ueringer-rechnungshof.de/files/1584E7F5EC3/2015_02_2015_jahresbericht.pdf (3.4.2018)

LRH-Thüringen (2016): Jahresbericht des Thüringer Rechnungshofes, Rudolstadt; URL http://th ueringer-rechnungshof.de/files/1584E7F6754/2016_02_2016_jahresbericht.pdf (3.4.2018)

Luhmann, Niklas (1964): Funktionen und Folgen formaler Organisation, Duncker & Humblot, Berlin.

Luhmann, Niklas (1987): Zwischen Gesellschaft und Organisation. Zur Situation der Universitäten, in: ders., Soziologische Aufklärung 4. Beiträge zur funktionalen Differenzierung der Gesellschaft, Westdeutscher Verlag, Opladen, S. 202–211.

Luhmann, Niklas (1992): Zwei Quellen der Bürokratisierung in Hochschulen, in: ders., Universität als Milieu, Haux, Bielefeld, S. 74–79.

Luhmann, Niklas (1992a): Die Universität als organisierte Institution, in: ders., Universität als Milieu, Haux, Bielefeld, S. 90–99.

Luhmann, Niklas (1997): Die Gesellschaft der Gesellschaft, Suhrkamp Verlag, Frankfurt a.M.

Luhmann, Niklas (2002): Das Erziehungssystem der Gesellschaft, Suhrkamp Verlag, Frankfurt a.M.

Luhmann, Niklas (2010): Politische Soziologie, Suhrkamp Verlag, Berlin.

Mastronardi, Philippe (2003): Die Verwaltung im 21. Jahrhundert – eine Skizze, in: Rainer Schweizer/Claude Jeanrenaud/Stephan Kux/Beat Sitter-Liver (Hg.), Verwaltung im 21. Jahrhundert. Herausforderungen, Probleme, Lösungswege: 20. Kolloquium (2001) der Schweizerischen Akademie der Geistes- und Sozialwissenschaften, Universitätsverlag Freiburg, Freiburg, S. 369–400.

Mayntz, Renate (1997): Soziologie der öffentlichen Verwaltung, C. F. Müller Verlag, Heidelberg.

Mayntz, Renate (2003): Governance im modernen Staat, in: Arthur Benz/Nicolai Dose (Hg.), Governance. Regieren in komplexen Regelsystemen. Eine Einführung, Springer VS, S. 71–83.

Meier, Frank/Georg Krücken (2011): Wissens- und Technologietransfer als neues Leitbild? Universitäts-Wirtschafts-Beziehungen in Deutschland, in: Barbara Hölscher/Justine Suchanek (Hg.), Wissenschaft und Hochschulbildung im Kontext von Wirtschaft und Medien, VS Verlag für Sozialwissenschaften/Springer Fachmedien, Wiesbaden, S. 91–110.

Merkator, Nadine/Christian Schneijderberg/Ulrich Teichler (2013): Wer sind diese Hochschulprofessionellen und was tun sie eigentlich?, in: Christian Schneijdeberg/Nadine Merkator/Ulrich Teichler/Barbara Kehm (Hg.), Verwaltung war gestern? Neue Hochschulprofessionen und die Gestaltung von Studium und Lehre, Campus, Frankfurt a.M./New York, S. 91–119.

Metz-Göckel, Sigrid (2002): Über den Charme eines kreativen Verwaltungsbeamten, in: Walter Grünzweig/Matthias Kleiner/ Werner Weber (Hg.), Bürokratie und Subversion: Die Universität in der permanenten Reform auf dem Weg zu sich selbst. Eine Streitschrift zum 65. Geburtstag von Dietrich Groh, LIT, Münster, S. 139–152.

Meyer, John W./Brian Rowan (1977): Institutionalized Organizations. Formal Structure as Myth and Ceremony, in: American Journal of Sociology 2/1977, S. 340–363.

Meyer, John W./Brian Rowan (2009 [1977]): Institutionalisierte Organisationen. Formale Struktur als Mythos und Zeremonie, in: Sascha Koch/Michael Schemmann (Hg.), Neo-Institutionalismus in der Erziehungswissenschaft. Grundlegende Texte und empirische Studien, VS Verlag für Sozialwissenschaften, Wiesbaden, S. 28–56.

Meyer-Guckel, Volker/ Mathias Winde/Frank Ziegele (2010): Zusammenfassung – Hochschulräte in der Praxis, in: ders. (Hg.), Handbuch Hochschulräte. Denkanstöße und Erfolgsfaktoren für die Praxis, Stifterverband für die deutsche Wissenschaft, Essen, S. 6–14.

Mintzberg, Henry (1973): The Nature of Managerial Work, Harper & Row, New York.

Mintzberg, Henry (1998): Structured Observation as a Method to Study Managerial Work, in: Rosemary Stewart (Hg.), Managerial Work. History of Management Thought, Ashgate Publishing, Aldershot, S. 209–226.

MLU, Martin-Luther-Universität Halle-Wittenberg (2009): Prüferfunktion. Dokumentation und Bedienungsleitfaden, Halle.

Moes, Johannes/Birga Stender (2010): Bologna Bürokratie – oder neue Professionen für neue Aufgaben? Die Perspektive der Hochschulberatung, in: Zeitschrift für Hochschulentwicklung (ZFHE) 4/2010, S. 70–81; URL http://www.zfhe.at/index.php/zfhe/article/download/22/265 (26.4.2016).

Mormann, Hannah/Kristina Willjes (2013): Organisationsprojekt und Projektorganisation. Softwareeinführungsprojekte in Hochschulen aus einer organisationssoziologischen Perspektive, in: Friedrich Stratmann (Hg.), IT und Organisation in Hochschulen. Ausgewählte Beiträge einer HIS-Fachtagung, Hannover, S. 23–41, auch unter http://www.his-he.de/pdf/pub_f h/fh-201304.pdf (27.10.2015).

Muriel, Reichl (2014): Verliebt, versagt und zwangsexmatrikuliert, in: ZEIT Campus online; URL: https://www.zeit.de/studium/hochschule/2014-06/bologna-bachelor-master/komplettan sicht (25.6.2018).

Muschter, Sebastian (1999): IS-gestütztes Prozessmanagement, Springer Fachmedien, Wiesbaden.

Musselin, Christine (2007): Are Universities Specific Organisations?, in: Georg Krücken/Anna Kosmützky/Marc Torka (Hg.), Towards a Multiversity? Universities between Global Trends and National Traditions, Transcript Verlag, Bielefeld, S. 63–84.

Müller-Böling, Detlef/Ulrich Schreiterer (1999): Hochschulmanagement durch Zielvereinbarungen. Perspektiven eines neuen Steuerungsinstruments, in: Jutta Fedrowitz/Erhard Krasny/Frank Ziegele (Hg.), Hochschulen und Zielvereinbarungen. Neue Perspektiven der Autonomie, Centrum für Hochschulentwicklung (CHE), Gütersloh.

Müller, Dominic (2009): Management datengetriebener Prozessstrukturen, Verlag Dr. Hut GmbH, München.

Müller, Ulrich (2013): Aufgaben des Hochschulrates im Bereich der Lehre, in: Forum Hochschulräte – update 2/2013, S. 9–10.

Müller, Ulrich (2014): Gesetzliche Aufgaben und faktische Aufgabenwahrnehmung von Hochschulratsvorsitzenden, in: Forum Hochschulräte – update 1/2014, S. 3–5.

Müller, Ulrich (2014a): Wie Hochschulratsvorsitzende ihre Rolle wahrnehmen. Ergebnisse einer Umfrage, CHE, Gütersloh, URL http://www.che.de/downloads/Im_Blickpunkt_Umfrage_Hochschulratsvorsitzende_2014.pdf (13.4.2017).

Müller, Ulrich/Frank Ziegele (2015): Politischer Überblick. Aktuelle Diskussionen in den Bundesländern, in: Forum Hochschulräte – update 1/2015, S. 3–6.

Münch, Richard (2009): Unternehmen Universität, in: Aus Politik und Zeitgeschichte (APuZ) 45/2009, S. 10–16.

MWFK-BW, Ministerium für Wissenschaft, Forschung und Kunst Baden-Württemberg (2012): Bericht zum Staatshaushaltsplan für 2013/2014, Referat 11, Stuttgart.

MWFK-BW, Ministerium für Wissenschaft, Forschung und Kunst Baden-Württemberg (2014): Bericht zum Staatshaushaltsplan für 2015/2016, Referat 11, Stuttgart.

Neave, Guy (1998): The Evaluative State Reconsidered, in: European Journal of Education 3/1998, S. 265–284.

Nentwich, Michael (1999): Cyberscience. Die Zukunft der Wissenschaft im Zeitalter der Informations- und Kommunikationstechnologie, Köln; URL http://www.mpifg-koeln.mpg.de/pu/workpap/wp99-6/wp99-6.html (30.10.2015).

Nickel, Sigrun (2012): Engere Kopplung von Wissenschaft und Verwaltung und ihre Folgen für die Ausübung professioneller Rollen in Hochschulen, in: Uwe Wilkesmann/Christian J. Schmid (Hg.), Hochschule als Organisation, Springer VS, Wiesbaden, S. 279–291.

Nickel, Sigrun/Frank Ziegele (2010): Karriereförderung im Wissenschaftsmanagement – Nationale und internationale Modelle. Eine empirische Vergleichsstudie im Auftrag des BMBF, CHE Centrum für Hochschulentwicklung, Gütersloh.

NKR, Nationaler Normenkontrollrat (2018): NKR nimmt Stellung zum Jahresbericht der Bundesregierung „Bessere Rechtsetzung 2017", o.O., 15. Mai 2018; URL https://www.normenkon trollrat.bund.de/Webs/NKR/Content/DE/Pressemitteilungen/2018-05-15-nkr-stellungnah me-jb-bundesregierung.html;jsessionid=2051349D69612EB2029344854D83DC6B.s1t1 (15. 9.2018).

Nöbauer, Herta (2012): Respondence to Celia Whitchurch's contribution „Reconstructing Identities in Higher Education: The Rise of Third Space Professionals", in: Brigitte Kossek/Charlotte Zwiauer (Hg.), Universität in Zeiten von Bologna. Zur Theorie und Praxis von Lehr- und Lernkulturen, V&R unipress, Göttingen, S. 341–344.

Nohl, Arnd-Michael (2006): Interview und dokumentarische Methode. Anleitung für die Forschungspraxis, VS Verlag für Sozialwissenschaften, Wiesbaden.

Nullmeier, Frank (2001): Professionalisierung, in: Anke Hanft (Hg.), Grundbegriffe des Hochschulmanagements, Luchterhand Verlag, Neuwied/Kriftel, S. 363–368.

OECD, Organisation for Economic Co-operation and Development (2005): Education at a glance, Paris.

Oelkers, Jürgen (2005): Evaluationen in der Lehrerbildung. Erste Erfahrungen und Schlussfolgerungen; URL http://www. kmk.org/fileadmin/Dateien/pdf/PresseUndAktuelles/05-02-17Vortrag_Oelkers.pdf (15.10.2016).

Papst, Josephine (2015): Dozenten unter Druck – Durch die Klausur gefallen? Beschwer dich doch!, in: Frankfurter Allgemeine Zeitung online; URL http://www.faz.net/aktuell/beruf-chance/campus/dozenten-unter-druck-durch-die-klausur-gefallen-beschwer-dich-doch-1374 9149.html (25.6.2018).

Pasternack, Peer (2001): Bachelor und Master – auch ein bildungstheoretisches Problem, in: Zeitschrift für Erziehungswissenschaft 2/2001, S. 263–281.

Pasternack, Peer (2004): Qualitätsorientierung an Hochschulen. Verfahren und Instrumente, Institut für Hochschulforschung, Wittenberg; auch unter http://www.hof.uni-halle.de/da teien/ab_5_2004.pdf (5.9.2016).

Pasternack, Peer (2006): Internetgestützte Fachinformationssysteme aus dem 18. Jahrhundert? Problemanzeigen aus der Nutzerperspektive, in: Information – Wissenschaft & Praxis 4/2006, S. 223–225.

Pasternack, Peer (2014): Qualitätsstandards für Hochschulreformen. Eine Auswertung der deutschen Hochschulreformqualitäten in den letzten zwei Jahrzehnten, UniversitätsVerlagWebler, Bielefeld.

Pasternack, Peer/Isabell Maue (2016): Die BFI-Policy-Arena in der Schweiz. Akteurskonstellation in der Bildungs-, Forschungs- und Innovationspolitik, unt. Mitarb. v. Daniel Hechler, Tobias Kolasinski und Henning Schulze, BWV Berliner Wissenschafts-Verlag, Berlin.

Pasternack, Peer/Sebastian Schneider/Peggy Trautwein/Steffen Zierold (2017): Ausleuchtung einer Blackbox. Die organisatorischen Kontexte der Lehrqualität an Hochschulen, Halle-Wittenberg; auch unter http://www.hof.uni-halle.de/web/dateien/pdf/ab_103.pdf (18.8. 2017).

Pellert, Ada (1999): Die Universität als Organisation. Die Kunst, Experten zu managen, Böhlau, Wien.

Pellert, Ada (2002): Hochschule und Qualität, in: Thomas Reil/Martin Winter (Hg.), Qualitätssicherung an Hochschulen: Theorie und Praxis, W. Bertelsmann Verlag, Bielefeld, S. 21–29.

Perrow, Charles (1992): Normale Katastrophen. Die unvermeidlichen Risiken der Grosstechnik, Campus, Frankfurt a.M./New York.

Petersen, Thomas (2017): Bürokratie an den Universitäten schadet der Lehre, Hochschullehrerumfrage zeigt große Unzufriedenheit mit Reformen, in: Forschung und Lehre 1/2017, S. 974–976.

Pfadenhauer, Michaela (2010): Kompetenz als Qualität sozialen Handelns, in: Thomas Kurtz/ Michaela Pfadenhauer (Hg.), Soziologie der Kompetenz, VS Verlag für Sozialwissenschaften, Wiesbaden, S. 149–172.

Pietzonka, Manuel (2014): Hochschulinterne Qualitätssicherung in Studium und Lehre aus Sicht von Hochschulangehörigen und Akkreditierungsagenturen, in: Winfried Benz/Jürgen Kohler (Hg.), Handbuch Qualität in Studium und Lehre [Loseblattsammlung], Raabe Verlag, Berlin, Signatur E 7.14.

Pietzonka, Manuel (2017): Digitalisierung von Hochschulen als Change-Management-Projekt. Organisationspsychologische Praxisempfehlungen, in: Daniel Hechler/Peer Pasternack (Hg.), Einszweivierpunktnull. Digitalisierung von Hochschule als Organisationsproblem – Folge 2 (=die hochschule 2/2017), Institut für Hochschulforschung (HoF), Halle-Wittenberg, S. 20–31.

Pietzonka, Manuel (2018): Hochschuldigitalisierung als Veränderungsmanagement. Organisationspsychologische Empfehlungen und Good Practice, in: Michaela Fuhrmann/Jürgen Güdler/Jürgen Kohler/Philipp Pohlenz/Uwe Schmidt (Hg.), Handbuch Qualität in Studium, Lehre und Forschung, Raabe Verlag, Berlin, E 6.5, HQSL 3 65 18 08, 17 S.

Pirr, Uwe (2017): Die räumliche Komponente digitaler Lehre. Ein Erfahrungsbericht, in: Daniel Hechler/Peer Pasternack (Hg.), Einszweivierpunktnull. Digitalisierung von Hochschule als Organisationsproblem – Folge 2 (=die hochschule 2/2017), Institut für Hochschulforschung (HoF), Halle-Wittenberg, S. 51–58.

Pirsig, Robert M. (1998 [1974]): Zen und die Kunst ein Motorrad zu warten. Ein Versuch über Werte, Fischer Taschenbuch Verlag, Frankfurt a.M.

Porter, Michael Eugene (1985): The Competitive Advantage: Creating and Sustaining Superior Performance, Free Press, New York.

Provantis IT Solutions GmbH (2016): Trendstudie – Projekt-Controlling 2016, Ditzingen; URL http://www.zep.de/zep/downloads/trendstudie/trendstudie-projekt-controlling-2016.pdf (22.6.2018).

Radenbach, Wolfgang (2009): Integriertes Campus Management durch Verknüpfung spezialisierter Standardsoftware, Association for Information Systems; URL http://aisel.aisnet.org/cgi/viewcontent.cgi?article=1128&context=wi2009 (4.10.2015).

Reuke, Hermann (2007): Das Akkreditierungsverfahren, in: Falk Bretschneider/Johannes Wildt (Hg.), Handbuch Akkreditierung von Studiengängen. Eine Einführung für Hochschule, Politik und Berufspraxis, W. Bertelsmann Verlag, Bielefeld, S. 164–169.

RfII, Rat für Informationsinfrastrukturen (2016): Leistung aus Vielfalt. Empfehlungen zu Strukturen, Prozessen und Finanzierung des Forschungsdatenmanagements in Deutschland, Göttingen 2016; URL http://www.rfii.de/?wpdmdl=1998 (5.9.2017).

Rindermann, Heiner (2003): Lehrevaluation an Hochschulen. Schlussfolgerungen aus Forschung und Anwendung für Hochschulunterricht und seine Evaluation; URL http://www.zfev.de/fruehereAusgabe/ausgabe2003-2/artikel/ZfEv2-2003_5-Rindermann.pdf (15.10.2016).

Roberts, Karlene (1989): New Challenges to Organizational Research. High Reliability Organizations, in: Industrial Crisis Quarterly 3/1989, S. 111-125.

Rosner, Ulf (2006): Regionalökonomische Effekte von Hochschulen. Theorie, Messkonzepte und Wirkungsweisen am Beispiel der Otto-von-Guericke-Universität Magdeburg und der Hochschule Magdeburg-Stendal (FH), Docupoint-Verlag, Magdeburg.

Rösener, Anke/Claus Precht/Wulf Damkowski (2007): Bürokratiekosten messen – aber wie? Methoden, Intentionen und Optionen, edition sigma, Berlin.

Rubinstein, Joshua/David E. Meyer/ Jeffrey E. Evans (2001): Executive Control of Cognitive Processes in Task Switching, in: Journal of Experimental Psychology: Human Perception and Performance 4/2001, S. 763–797.

Sachfuchs, Gabriele/Gerdi Stewart (2002): Lehrberichte an bayerischen Universitäten, IHF, München; URL http://www.ihf.bayern.de/uploads/media/ihf_studien_hochschulforschung-60.pdf (10.4.2017).

Schröter, Frank (2014): Sage Travel – Modernes Reisemanagement und Reiskostenabrechnung, Vortrag zur „Roadshow Lohn & Gehalt" am 16.4.2014 in Chemnitz, veranstaltet vom Systemhaus Zwickau; URL http://www.systemhaus-zwickau.de/fileadmin/user/Veranstaltungen/PW201404/Vortrag/Reisekosten.pdf (18.11.2017).

Scharpf, Fritz W. (1973): Komplexität als Schranke der politischen Planung, in: ders. (Hg.), Planung als politischer Prozess, Suhrkamp, Frankfurt a.M., S. 73–113.

Scharpf, Fritz W. (1991): Die Handlungsfähigkeit des Staates am Ende des zwanzigsten Jahrhunderts, in: Politische Vierteljahresschrift 4/1991, S. 621–634.

Schilbach, Henry/Karoline Schönbrunn/Susanne Strahringer (2009): Off-the-Shelf Applications in Higher Education. A Survey on Systems Deployed in Germany, in: Witold Abramowicz/Flejter Dominik (Hg.), Business Information Systems Workshops, BIS 2009 International Workshops, Springer VS, Heidelberg, S. 242–253.

Schimank, Uwe (1992): Forschungsbedingungen der Professoren an den westdeutschen Hochschulen. Daten aus einer Befragung im Wintersemester 1990/91; auch unter http://www.mpi-fg-koeln.mpg.de/pu/mpifg_dp/dp92-2.pdf (19.8. 2016).

Schimank, Uwe (1995): Hochschulforschung im Schatten der Lehre, Campus Verlag, Frankfurt a.M.

Schimank, Uwe (2005): Die akademische Profession und die Universität. „New Public Management" und eine drohende Entprofessionalisierung, in: Thomas Klatetzki/Veronika Tacke (Hg.), Organisation und Profession, Wiesbaden, S. 143–163.

Schimank, Uwe (2007): Die Governance-Perspektive. Analytisches Potenzial und anstehende konzeptionelle Fragen, in: Herbert Altrichter/Thomas Brüsemeier/Jochen Wissinger (Hg.), Educational Governance. Handlungskoordination und Steuerung im Bildungssystem, VS Verlag für Sozialwissenschaften, Wiesbaden, S. 231–260.

Schimank, Uwe (2007a): Organisationstheorien, in: Arthur Benz/Susanne Lütz/Uwe Schimank/ Georg Simonis (Hg.), Handbuch Governance. Theoretische Grundlagen und empirische Anwendungsfelder, VS Verlag für Sozialwissenschaften, Wiesbaden, S. 200–211.

Schimank, Uwe (2017): Universitätsreformen als Balanceakt. Warum und wie die Universitätsleitungen Double Talk praktizieren müssen, in: Beiträge zur Hochschulforschung 1/2017, S. 50–60; auch unter http://www.bzh.bayern.de/uploads/media/1-2017-Schimank.pdf (12. 12.2017).

Schmid, Ulrich/Lutz Goertz/Sabine Radomski/Sabrina Thom/Julia Behrens (2017): Monitor Digitale Bildung. Die Hochschulen im digitalen Zeitalter, Centrum für Hochschulentwicklung/Bertelsmann Stiftung, Gütersloh.

Schmoll, Heike (2016): Auf der Suche nach dem Labor. Warum die Genehmigungsverfahren für Studiengänge verändert werden sollen, in: F.A.Z., 21.3.2016, S. 4.

Schneider, Gerhard (2017): Campus 4.0: Neuer Stress fürs Rechenzentrum, in: Daniel Hechler/ Peer Pasternack (Hg.), Einszweivierpunktnull. Digitalisierung von Hochschule als Organisationsproblem – Folge 2 (=die hochschule 2/2017), Institut für Hochschulforschung (HoF), Halle-Wittenberg, S. 7–19.

Schneider, Sebastian (2017): (Aus)Bildungsvoraussetzungen digitalisierter Arbeit, in: Daniel Hechler/Peer Pasternack (Hg.), Einszweivierpunktnull. Digitalisierung von Hochschule als Organisationsproblem (=die hochschule 1/2017), Institut für Hochschulforschung (HoF), Halle-Wittenberg, S. 120–234.

Schneijderberg, Christian/Ulrich Teichler (2013): Hochschulprofessionelle als Prototyp der veränderten Verwaltung an Universitäten, in: Christian Schneijdeberg/Nadine Merkator/Ulrich Teichler/Barbara Kehm (Hg.), Verwaltung war gestern? Neue Hochschulprofessionen und die Gestaltung von Studium und Lehre, Campus, Frankfurt a.M./New York, S. 389–413.

Schneijderberg, Christian/Natalia Schneider/Ulrich Teichler (2014): Die Berufssituation von Hochschulprofessionellen. Aufgaben, Tätigkeiten, Kompetenzen, Rollen und berufliche Identität, Internationales Zentrum für Hochschulforschung Kassel (INCHER), Kassel.

Scholz, Christian (2009): Matrjoschka-Bolognese als Massenvernichtungswaffe, in: Christian Scholz/Volker Stein (Hg.), Bologna-Schwarzbuch, Deutscher Hochschulverband, Bonn, S. 31–34.

Schomburg, Harald/Flöther, Choni/Wolf, Vera (2012): Wandel von Lehre und Studium an deutschen Hochschulen. Erfahrungen und Sichtweisen der Lehrenden, Internationales Zentrum für Hochschulforschung Kassel (INCHER), Kassel; auch unter http://www.hrk-nexus.de/upl oads/media/H RK_nexus_LESSI.pdf (24.10.2015).

Schöne, Helmar (2003): Die teilnehmende Beobachtung als Datenerhebungsmethode in der Politikwissenschaft. Methodologische Reflexion und Werkstattbericht, in: Forum Qualitative Social Research (FQS), 4/2003; auch unter http://nbn-resolving.de/urn:nbn:de:0114-fqs 0302202 (15.11.2015)

Schreiter, Jan/ Rainer Alt (2013): Modellierungswerkzeuge zur Abbildung der Standardisierung und Individualisierung bei Hochschulprozessen, in: Jahrestagung der Gesellschaft für Informatik, Proceedings 43, Koblenz, S. 320–333.

Schubert, Magnus (2017): Deutsche Hochschulwebseiten und die Standards der Online-Kommunikation, in: Daniel Hechler/Peer Pasternack (Hg.), Einszweivierpunktnull. Digitalisierung von Hochschule als Organisationsproblem – Folge 2 (=die hochschule 2/2017), Institut für Hochschulforschung (HoF), Halle-Wittenberg, S. 42–50.

Schuh, Günther (2006): Change Management – Prozesse strategiekonform gestalten, Springer-Verlag, Berlin/Heidelberg.

Schuppan, Tino (2011): Informatisierung der Verwaltung, in: Bernhard Blanke/Christoph Reichard/Frank Nullmeier/Göttrik Wewer (Hg.), Handbuch zur Verwaltungsreform, Springer VS, Wiesbaden.

Schuppert, Gunnar Folke (2000): Verwaltungswissenschaft. Verwaltung, Verwaltungsrecht, Verwaltungslehre, Nomos, Baden-Baden.

Schütte, Martin (2007): Zur Güte retrospektiver Belastungsdauereinschätzungen, in: Ellen Schäfer/Markus Buch/Ingrid Pahls/ Jürgen Pfitzmann (Hg.), Arbeitsleben! Arbeitsanalyse, Arbeitsgestaltung, Kompetenzentwicklung, Kassel Univerity Press, Kassel, S. 40–58.

Schütz, Marcel (2014): Erneuerung der ‚Neuen Steuerung'? Zu neuen (und alten) Funktionen der Hochschulaufsicht in den Ländern: Gestaltung der Hochschulräte, in: Hochschulmanagement 3+4/2014, S. 109–111.

Schwenn, Kerstin (2018): Hardcore-Physikerin im Pünktlichkeitstest, in: F.A.Z., 1.3.2018, S. 24.

Seibel, Wolfgang (2016): Verwaltung verstehen. Eine theoriegeschichtliche Einführung, Suhrkamp Verlag, Berlin.

Smeddinck, Ulrich (2007): Die deregulierte Hochschule. Ein Überblick, in: ders. (Hg.), Aspekte der deregulierten Hochschule. Ein Beispiel für Lehrforschung, Deutsche Hochschule für Verwaltungswissenschaften Speyer, Speyer.

Spoun, Sascha (2007): Ein Studium für's Leben. Reflexion und Zukunft der Bologna-Reform deutscher Hochschulen: eine Alternative, in: Das Hochschulwesen 2/2007, S. 46–53.

Sprenger, Jon/Mac Klages/Michael H. Breitner (2010): Wirtschaftlichkeitsanalyse für die Auswahl, die Migration und den Betrieb eines Campus-Management-Systems, in: Wirtschaftsinformatik 4/2010, S. 211–223, auch unter http://www.wiwi.uni-hannover.de/fileadmin/ wirtschaftsinformatik/Publikationen/wirtschaftlichkeitsanalyse_-_wi_artikel_-_deutsch__j s_mk_mhb.pdf (4.10.2015).

Stahr, Ingeborg (2009): Academic Staff Development. Entwicklung von Lehrkompetenz, in: Ralf Schneider (Hg.), Wandel der Lehr-Lernkulturen an Hochschulen, W. Bertelsmann Verlag, Bielefeld, S. 70–87.

Starck, J. Matthias (2018): Peer Review für wissenschaftliche Fachjournale. Strukturierung eines informativen Reviews, Springer Spektrum, Wiesbaden.

StatBA, Statistisches Bundesamt (2003): Nichtmonetäre hochschulstatistische Kennzahlen 1980–2002, Wiesbaden, auch unter https://www.destatis.de/GPStatistik/servlets/MCRFile NodeServlet/DEHeft_derivate_00006863/2110431027004.pdf (12.7.2018).

StatBA, Statistisches Bundesamt (2012): Hochschulen auf einen Blick, Wiesbaden, https:// www.destatis.de/DE/Publikationen/Thematisch/BildungForschungKultur/Hochschulen/Br oschuereHochschulenBlick0110010127004.pdf?__blob=publicationFile (12.7.2018).

StatBA, Statistisches Bundesamt (2013): Bildung und Kultur. Erfolgsquoten. Berechnung für die Studienanfängerjahrgänge 1999 bis 2003, Wiesbaden, auch unter https://www.destatis. de/GPStatistik/servlets/MCRFileNodeServlet/DEHeft_derivate_00011416/5213001117004 .pdf (12.7.2018).

StatBA, Statistisches Bundesamt (Hg.) (2014): Personal an Hochschulen, Fachserie 11, Reihe 4.4, Wiesbaden; URL https://www.destatis.de/DE/Publikationen/Thematisch/BildungFor schungKultur/Hochschulen/PersonalHochschulen.html (30.10.2015).

StatBA, Statistisches Bundesamt (2014a): Fachserie 11, Reihe 4.1 – Studierende an Hochschulen, Wiesbaden.

StatBA, Statistisches Bundesamt (2015): Interaktiver Werteabruf „Verbraucherpreisindex: Bundesländer, Jahre" am 10.9.2015.

StatBA, Statistisches Bundesamt (2017): Leitfaden zur Ermittlung und Darstellung des Erfüllungsaufwands in Regelungsvorhaben der Bundesregierung, im Auftrag der Bundesregierung und des Nationalen Normenkontrollrates, Wiesbaden; URL https://www.destatis.de/ DE/ZahlenFakten/Indikatoren/Buerokratiekosten/Download/ErfuellungsaufwandHandbuc h.pdf;jsessionid=9625EFA711D81AAD89762EDB8AF982BD.InternetLive2?__blob=publicati onFile (15.9.2018).

StatBA, Statistisches Bundesamt (2018): Bildung und Kultur. Nichtmonetäre hochschulstatistische Kennzahlen 1980–2016, Wiesbaden, auch unter https://www.destatis.de/DE/Publi kationen/Thematisch/BildungForschungKultur/Hochschulen/KennzahlenNichtmonetaer21 10431167004.pdf?__blob=publicationFile (12.7.2018).

StatBA, Statistisches Bundesamt (2018a): Bildung und Kultur. Erfolgsquoten. Berechnung für die Studienanfängerjahrgänge 2004 bis 2008, Wiesbaden, auch unter https://www.desta tis.de/DE/Publikationen/Thematisch/BildungForschungKultur/Hochschulen/Erfolgsquoten 5213001167004.pdf?__blob=publicationFile (12.7.2018).

StatBA, Statistisches Bundesamt (2018b): Hochschulen auf einen Blick, Wiesbaden; auch unter https://www.destatis.de/DE/Publikationen/Thematisch/BildungForschungKultur/Hochsch ulen/BroschuereHochschulenBlick0110010187004.pdf?__blob=publicationFile (12.7.2018).

Stender, Birga/Maik Jablonski/Henning Brune/Volker Möhle (2007): Campus Management von der Hochschule aus gedacht. Werkstattbericht aus der Universität Bielefeld, in: Wissenschaftsmanagement 6/2007, S. 19–26.

Stender, Birga (2010): Prüfungsverwaltung. Ein Tätigkeitsfeld im Wandel, in: Lars Degenhardt/ Birga Stender (Hg.), Forum Prüfungsverwaltung 2009, Hannover, S. 97–106.

Stichweh, Rudolf (2002): Wissen und die Professionen in einer Organisationsgesellschaft; URL http://www.unilu.ch/files/19stwprofessionen.pdf (17.9.2011).

Stichweh, Rudolf (2005): Neue Steuerungsformen der Universität und die akademische Selbstverwaltung. Die Universität als Organisation, in: Ulrich Sieg/Dietrich Korsch (Hg.), Die Idee der Universität heute, Saur, München, S. 123–134.

Stock, Manfred/Andreas Wernet (2005): Hochschulforschung und Theorie der Professionen, in: die hochschule 1/2005, S. 7–14.

Stock, Manfred (2006): Zwischen Organisation und Profession. Das neue Modell der Hochschulsteuerung in soziologischer Perspektive, in: die hochschule 2/2006, S. 67–79.

Stratmann, Friedrich (2005): Benchmarking von Hochschulverwaltungen. Einführung und Überblick, in: HIS Kurzinformation 5/2005, S.1–12.

Stratmann, Friedrich (2007): Supportprozesse in Hochschulen, in: Friedrich Stratmann/Peter Altvater/Carsten Bartels/Yvonne Bauer (Hg.), Benchmarking von Supportprozessen in Hochschulen, HIS: Forum Hochschule 6/2007, S. 7–30.

Streibich, Karl-Heinz (2008): Der Paradigmenwechsel ist in vollem Gange, in: Wirtschaftsinformatik 1/2008, S. 73–74.

Studis Online (2016): Akkreditierung von Studiengängen; URL http://www.studis-online.de/ StudInfo/akkreditierung.php (5.9.2016).

Taubert, Niels (2017): Kommunitaristische und kommerzielle Trägerschaft digitaler Informationsinfrastruktur in der Wissenschaft, in: Daniel Hechler/Peer Pasternack (Hg.), Einszweivierpunktnull. Digitalisierung von Hochschule als Organisationsproblem (=die hochschule 1/2017), Institut für Hochschulforschung (HoF), Halle-Wittenberg, S. 29–39.

Technconsult GmbH (2015): Studie: Geschäftsreiseprozesse 2015 – Automatisierte und manuelle Abrechnung im direkten Vergleich, Kassel; URL https://www.vdr-service.de/fileadmin/d er-verband/fachthemen/studien/concur_geschaeftsreiseprozesse2015_teil2.pdf (22.6. 2018).

Teichler, Ulrich (1999): Profilierungspfade der Hochschulen im internationalen Vergleich, in: Jan-Hendrik Olbertz/Peer Pasternack (Hg.), Profilierung – Standards – Selbststeuerung. Ein Dialog zwischen Hochschulforschung und Reformpraxis, Beltz, Weinheim, S. 27–38.

Teichler, Ulrich (2000): Zum Wandel der Beziehungen von Hochschulen und Beruf. In: Das Hochschulwesen 6/2000, S. 181–184.

Teichler, Ulrich (2005): Was ist Qualität?, in: Das Hochschulwesen 4/2005, S. 130–136.

Teichler, Ulrich (2014): Hochschulsysteme und quantitativ-strukturelle Hochschulpolitik. Differenzierung, Bologna-Prozess, Exzellenzinitiative und die Folgen, Waxmann, Münster.

Trute, Hans Heinrich (2000): Die Rechtsqualität von Zielvereinbarungen und Leistungsverträgen im Hochschulbereich, in: Wissenschaftsrecht 2/2000, S. 134–160.

Türk, Klaus (1976): Grundlagen einer Pathologie der Organisation, Enke Verlag, Stuttgart.

UG, Bundesgesetz über die Organisation der Universitäten und ihre Studien (Universitätsgesetz 2002) sowie Änderung des Bundesgesetzes über die Organisation der Universitäten und des Bundesgesetzes über die Organisation der Universitäten der Künste, in: Bundesgesetzblatt für die Republik Österreich Teil 1, 9. August 2002, Wien.

Universität Ulm (2012): Rundschreiben Nr. 25/2012. Az: 41.10:0002 Ma/Fun. Dienstreisen/ Neues Vertragsreisebüro, Ulm, 19.11.2012; URL https://www.uni-ulm.de/fileadmin/web

site_uni_ulm/zuv/zuv.dezIII.abt2u3/verw_org.intern/rundschreiben/rundschreiben_2012/
rundschreiben_25-2012.pdf (6.4.2018).

Viebahn, Peter (2004): Hochschullehrerpsychologie, Universitätsverlag Webler, Wiesbaden.

von der Heyde, Markus/Gunnar Auth/Adreas Hartman/Christian Erfurth (2017): Hochschulentwicklung im Kontext der Digitalisierung – Bestandsaufnahme, Perspektiven, Thesen, in: Maximilian Eibl/Martin Gaedke (Hg.), Informatik 2017, Lecture Notes in Informatics (LNI), Gesellschaft für Informatik, Bonn, S. 1757–1772.

Vogler, Petra (2006): Prozess- und Systemintegration. Evolutionäre Weiterentwicklung bestehender Informationssysteme mit Hilfe von Enterprise Application Integration, Springer-Verlag, Wiesbaden.

Wannemacher, Klaus (2017): Digitalisiertes Lehren und Lernen als organisationales Problem in den deutschen Hochschulen, in: Daniel Hechler/Peer Pasternack (Hg.), Einszweivierpunktnull. Digitalisierung von Hochschule als Organisationsproblem (=die hochschule 1/2017), Institut für Hochschulforschung (HoF), Halle-Wittenberg, S. 99–110.

Weber, Max (1980 [1921/22]): Wirtschaft und Gesellschaft. Grundriss der verstehenden Soziologie, Mohr, Tübingen.

Webler, Wolff-Dietrich (2000): Weiterbildung der Hochschullehrer als Mittel der Qualitätssicherung, in: Andreas Helmke/Walter Hornstein/Ewald Terhart (Hg.), Qualität und Qualitätssicherung im Bildungsbereich. Schule, Sozialpädagogik, Hochschule, Zeitschrift für Pädagogik, 41. Beiheft, Beltz Verlag, Weinheim und Basel.

Webler, Wolff-Dietrich (2003): Lehrkompetenz. Über eine komplexe Kombination aus Wissen, Ethik, Handlungsfähigkeit und Praxisentwicklung, in: Ulrich Welbers (Hg.), Hochschuldidaktische Aus- und Weiterbildung. Grundlagen – Handlungsformen – Kooperationen, W. Bertelsmann Verlag, Bielefeld, S. 53–82.

Webler, Wolff-Dietrich (2009): Prüfungsdichte? Überregulierung? Verschulung? Eine einzige Misstrauenserklärung an die heutige Generation von Studierenden!, in: Das Hochschulwesen 6/2009, S. 182.

Weder, Hans (2014): Checks, Balances and More. Tätigkeiten eines Hochschulratsvorsitzenden jenseits der gesetzlichen Regelungen, in: Forum Hochschulräte – update 1/2014, S. 6–8.

Weick, Karl E. (1976): Educational Organizations as Loosely Coupled Systems, in: Administrative Science Quarterly 1/1976, S. 1–19.

Weick, Karl E. (2009 [1976]): Bildungsorganisationen als lose gekoppelte Systeme, in: Sascha Koch/Michael Schemmann (Hg.), Neo-Institutionalismus in der Erziehungswissenschaft. Grundlegende Texte und empirische Studien, Verlag für Sozialwissenschaften, Wiesbaden, S. 85–109.

Weick, Karl E./Sutcliffe, Kathleen M. (2010): Das Unerwartete managen. Wie Unternehmen aus Extremsituationen lernen, Schäffer-Poeschel, Stuttgart.

Welbers, Ulrich (2007): Studienreform und Qualitätsentwicklung, in: Falk Bretschneider/Johannes Wildt (Hg.), Handbuch Akkreditierung von Studiengängen. Eine Einführung für Hochschule, Politik und Berufspraxis, W. Bertelsmann Verlag, Bielefeld, S. 75–86.

Weingart, Peter (1995): Prospektion und strategische Planung. Konzepte einer neuen gesellschaftsorientierten Wissenschaftspolitik, in: Wirtschaft & Wissenschaft 3/1995, S. 44–51.

Weingart, Peter/Justus Lentsch (2008): Wissen Beraten Entscheiden. Form und Funktion wissenschaftlicher Politikberatung in Deutschland, Velbrück Wissenschaft, Weilerswist.

Wex, Peter (2007): Aktuelle Rechtsfragen zum Bologna-Prozess, in: Neues Handbuch Hochschullehre, Entwicklung von Rahmenbedingungen und Studiensystemen (K 2.6), S. 1–24.

Whitchurch, Celia (2012): Reconstructing Identities in Higher Education. The Rise of Third Space Professionals, in: Brigitte Kossek/Charlotte Zwiauer (Hg.), Universität in Zeiten von Bologna. Zur Theorie und Praxis von Lehr- und Lernkulturen, V&R unipress, Göttingen, S. 317–339.

Willke, Helmut (1987): Systemtheorie. Eine Einführung in die Grundprobleme, Gustav Fischer Verlag, Stuttgart/ New York.

Willke, Helmut (1996): Ironie des Staates. Grundlinien einer Staatstheorie polyzentrischer Gesellschaft, Suhrkamp, Frankfurt a.M.

Wimmer, Rudolf (1998): Das Team als besonderer Leistungsträger in komplexen Organisationen, in: Heinrich W. Ahlemeyer/Roswita Königswieser (Hg.), Komplexität managen. Strategien, Konzepte und Fallbeispiele, Gabler Verlag, Wiesbaden, S. 105–130.

Wimmer, Martin (2017): IT-Governance an Hochschulen. Notwendigkeit, Stand und Wege zum Erfolg, in: Daniel Hechler/Peer Pasternack (Hg.), Einszweivierpunktnull. Digitalisierung von Hochschule als Organisationsproblem (=die hochschule 1/2017), Institut für Hochschulforschung (HoF), Halle-Wittenberg, S. 70–82.

Winde, Mathias (2017): Hochschulbildung 4.0 als Herausforderung für die Organisation des Studiums und die Institution Hochschule, in: Daniel Hechler/Peer Pasternack (Hg.), Einszweivierpunktnull. Digitalisierung von Hochschule als Organisationsproblem (=die hochschule 1/2017), Institut für Hochschulforschung (HoF), Halle-Wittenberg, S. 111–119.

Winkler, Helmut (1993): Qualität der Hochschulausbildung – was ist das?, in: ders. (Hg.), Qualität der Hochschulausbildung. Verlauf und Ergebnisse eines Kolloquiums an der Gesamthochschule Kassel, Verlag Jenior & Preßler, Kassel, S. 27–30.

Winter, Martin (Hg.) (2007): Reform des Studiensystems. Analysen zum Bologna-Prozess (=die hochschule 2/2007), Institut für Hochschulforschung, Wittenberg; auch unter http://www.hof.uni-halle.de/journal/texte/07_2/dhs_2007_2.pdf (13.9.2016).

Winter, Martin (2008): Programm-, Prozess-, Problem-Akkreditierung. Die Akkreditierung von Studiengängen und ihre Alternativen, in: Forschung und Lehre 2/2008, S. 98–101.

Winter, Martin (2009): Das neue Studieren. Chancen, Risiken, Nebenwirkungen der Studienstrukturreform: Zwischenbilanz zum Bologna-Prozess in Deutschland, Institut für Hochschulforschung, Halle-Wittenberg, auch unter http://www.hof.uni-halle.de/dateien/ab_1_2009.pdf (23.10.2015).

Wissenschaftsrat (2012): Wissenschaftsrat empfiehlt Weiterentwicklung des Akkreditierungssystems. Pressemitteilung vom 29.5.2012; URL http://www.wissenschaftsrat.de/download/archiv/2259-12.pdf (29.5.2012).

Witte, Eberhard (1980): Entscheidungsprozesse, in: Erwin Grochla (Hg.), Handwörterbuch der Organisation, Poeschel, Stuttgart, Sp. 633–641.

Würtenberger, Thomas (2003): Forschung nur noch in der „Freizeit"? Eine Studie zur Arbeitsbelastung der Professoren, in: Forschung und Lehre 9/2010, S. 478–480; auch unter http://www.forschung-und-lehre.de/wordpress/Archiv/ 2003/09-2003.pdf (21.10.2015).

Würtenberger, Thomas (2007): Humankapital Hochschullehrer. Das Zeitbudget für Wissenschaft und Forschung, in: Forschung und Lehre 7/2007, S. 398–400; auch unter http://www.forschung-und-lehre.de/wordpress/Archiv/2007/07-2007.pdf (21.10.2015).

Zaugg, Rolf (2011): Die Operationalisierung von Kompetenzkonzepten in der Studiengangsgestaltung. Von abstrakten Kompetenz-Deskriptoren zum konkreten Studiengangsprofil, in: Winfried Benz/Jürgen Kohler/Klaus Landfried (Hg.), Handbuch Qualität in Studium und Lehre, Raabe Verlag, Stuttgart, S. 1–32, E 5.3.

Zellweger Moser, Franziska/Bachmann, Gudrun (2010): Editorial: Zwischen Administration und Akademie. Neue Rollen in der Hochschullehre, in: ZFHE – Zeitschrift für Hochschulentwicklung 4/2010, S. 1–8, URL https://www.zfhe.at/index.php/zfhe/article/view/9/252 (12.6.2017).

Ziegele, Frank (2013): Was sollte, was muss der Staat planen?, in: Forum Hochschulräte – update 1/2013, S. 12–14.

Zierold, Steffen/Peggy Trautwein (2017): Digitalisierung und Ent-/Bürokratisierung, in: Daniel Hechler/Peer Pasternack (Hg.), Einszweivierpunktnull. Digitalisierung von Hochschule als Organisationsproblem (=die hochschule 1/2017), Institut für Hochschulforschung (HoF), Halle-Wittenberg, S. 83–98.

ZKI, Zentren für Kommunikation und Informationsverarbeitung (2016): Die Prozesslandkarte für den Bereich Studium und Lehre des ZKI AK Campus Management, Heilbronn; auch unter http://www.zki.de/fileadmin/zki/Publikationen/ZKI_ProzesslandkarteVersion1__Mai_2016.pdf (11.8.2017).

Autor.innen

Peer Pasternack, Prof. Dr., Politikwissenschaftsstudium an der Universität Leipzig, Promotion in Oldenburg, Habiliation in Kassel. Seit 1996 am Institut für Hochschulforschung Halle-Wittenberg (HoF), seit 2004 dessen Forschungsdirektor bzw. Direktor. Seit 2006 Lehrveranstaltungen am Institut für Soziologie der Universität Halle-Wittenberg. Arbeitsschwerpunkte: Bildung und Wissenschaft in demografisch herausgeforderten Regionen, Hochschulpolitik, Hochschulorganisation, Wissenschaftszeitgeschichte. eMail: peer.pasternack@hof.uni-halle.de

Sebastian Schneider, M.A., Soziologiestudium an der Technischen Universität Chemnitz, seit 2012 wissenschaftlicher Mitarbeiter am Institut für Hochschulforschung Halle-Wittenberg (HoF). Arbeitsschwerpunkte: Bildung und Wissenschaft in demografisch herausgeforderten Regionen, Digitalisierung an Hochschulen, Hochschulorganisation. eMail: sebastian.schneider@hof.uni-halle.de

Peggy Trautwein, Dipl.-Soz., 2004–2009 studentische und 2010–2017 wissenschaftliche Mitarbeiterin am Institut für Hochschulforschung Halle-Wittenberg (HoF).

Steffen Zierold, Dipl.-Soz., Soziologiestudium an der Universität Halle-Wittenberg, seit 2011 wissenschaftlicher Mitarbeiter bzw. Forschungsreferent am Institut für Hochschulforschung Halle-Wittenberg (HoF). Arbeitsschwerpunkte: Kopplungen von Hochschul- und Regionalentwicklung in Schrumpfungsregionen, kultur- und kreativwirtschaftliche Entwicklungen im Kontext der Stadtentwicklung, Hochschulorganisation. eMail: steffen.zierold@hof.uni-halle.de

Schriftenreihe „Hochschul- und Wissenschaftsforschung Halle-Wittenberg"

Daniel Hechler / Peer Pasternack: *Hochschulen und Stadtentwicklung in Sachsen-Anhalt*, unter Mitwirkung von Jens Gillessen, Uwe Grelak, Justus Henke, Sebastian Schneider, Peggy Trautwein und Steffen Zierold, BWV – Berliner Wissenschafts-Verlag, Berlin 2018, 347 S.

Peer Pasternack (Hg.): *Kurz vor der Gegenwart. 20 Jahre zeitgeschichtliche Aktivitäten am Institut für Hochschulforschung Halle-Wittenberg (HoF) 1996–2016*, BWV – Berliner Wissenschafts-Verlag, Berlin 2017, 291 S.

Justus Henke / Peer Pasternack / Sarah Schmid: *Mission, die dritte. Die Vielfalt jenseits hochschulischer Forschung und Lehre: Konzept und Kommunikation der Third Mission*, BWV – Berliner Wissenschafts-Verlag, Berlin 2017, 274 S.

Uwe Grelak / Peer Pasternack: *Theologie im Sozialismus. Konfessionell gebundene Institutionen akademischer Bildung und Forschung in der DDR. Eine Gesamtübersicht*, BWV – Berliner Wissenschafts-Verlag, Berlin 2016, 341 S.

Peer Pasternack: *20 Jahre HoF. Das Institut für Hochschulforschung Halle-Wittenberg 1996–2016: Vorgeschichte – Entwicklung – Resultate*, BWV – Berliner Wissenschafts-Verlag, Berlin 2016, 273 S.

Peer Pasternack / Isabell Maue: *Die BFI-Policy-Arena in der Schweiz. Akteurskonstellation in der Bildungs-, Forschungs- und Innovationspolitik*, unt. Mitarb. v. Daniel Hechler, Tobias Kolasinski und Henning Schulze, BWV Berliner Wissenschafts-Verlag, Berlin 2016, 327 S.

Peer Pasternack: *Die DDR-Gesellschaftswissenschaften post mortem: Ein Vierteljahrhundert Nachleben (1990–2015). Zwischenfazit und bibliografische Dokumentation*, unt. Mitarb. v. Daniel Hechler, BWV Berliner Wissenschafts-Verlag, Berlin 2016, 613 S.

Peer Pasternack: *Die Teilakademisierung der Frühpädagogik. Eine Zehnjahresbeobachtung*, unter Mitwirkung von Jens Gillessen, Daniel Hechler, Johannes Keil, Karsten König, Arne Schildberg, Christoph Schubert, Viola Strittmatter und Nurdin Thielemann, Akademische Verlagsanstalt, Leipzig 2015, 393 S.

Daniel Hechler / Peer Pasternack: *Künstlerische Hochschulen in der DDR. 25 Jahre zeithistorische Aufklärung 1990–2015: Eine Auswertung mit bibliografischer Dokumentation*, Akademische Verlagsanstalt, Leipzig 2015, 146 S.

Justus Henke / Peer Pasternack / Steffen Zierold (Hg.): *Schaltzentralen der Regionalentwicklung: Hochschulen in Schrumpfungsregionen*, Akademische Verlagsanstalt, Leipzig 2015, 330 S.

Peer Pasternack: *Akademische Medizin in der DDR. 25 Jahre Aufarbeitung 1990–2014*, Akademische Verlagsanstalt, Leipzig 2015, 274 S.

Roland Bloch / Monique Lathan / Alexander Mitterle / Doreen Trümpler / Carsten Würmann: *Wer lehrt warum? Strukturen und Akteure der akademischen Lehre an deutschen Hochschulen*, Akademische Verlagsanstalt, Leipzig 2014, 274 S.

Peer Pasternack (Hg.): *Wissensregion Sachsen-Anhalt. Hochschule, Bildung und Wissenschaft: Die Expertisen aus Wittenberg*, Akademische Verlagsanstalt, Leipzig 2014, 225 S.

Johannes Keil: *Und der Zukunft zugewandt? Die Weiterbildung an der Humboldt-Universität zu Berlin 1945-1989*, Akademische Verlagsanstalt, Leipzig 2014, 358 S.

Uwe Grelak / Peer Pasternack: *Die Bildungs-IBA. Bildung als Ressource im demografischen Wandel: Die Internationale Bauausstellung „Stadtumbau Sachsen-Anhalt 2010"*, Akademische Verlagsanstalt, Leipzig 2014, 504 S.

Romy Hilbrich / Karin Hildebrandt / Robert Schuster (Hg.): *Aufwertung von Lehre oder Abwertung der Professur? Die Lehrprofessur im Spannungsfeld von Lehre, Forschung und Geschlecht*, Akademische Verlagsanstalt, Leipzig 2014, 330 S.

Reinhard Kreckel / Karin Zimmermann: *Hasard oder Laufbahn. Akademische Karrierestrukturen im internationalen Vergleich*, Akademische Verlagsanstalt, Leipzig 2014, 277 S.

Peer Pasternack (Hg.): *Jenseits der Metropolen. Hochschulen in demografisch herausgeforderten Regionen,* Akademische Verlagsanstalt, Leipzig 2013, 571 S.

Daniel Hechler / Peer Pasternack: *Traditionsbildung, Forschung und Arbeit am Image. Die ostdeutschen Hochschulen im Umgang mit ihrer Zeitgeschichte,* Akademische Verlagsveranstalt, Leipzig 2013, 505 S.

Peer Pasternack (Hg.): *Hochschulen nach der Föderalismusreform,* Akademische Verlagsanstalt, Leipzig 2011, 368 S.

Peer Pasternack (Hg.): *Relativ prosperierend. Sachsen, Sachsen-Anhalt und Thüringen: Die mitteldeutsche Region und ihre Hochschulen,* Akademische Verlagsanstalt, Leipzig 2010, 547 S.

Eva Bosbach: *Von Bologna nach Boston? Perspektiven und Reformansätze in der Doktorandenausbildung anhand eines Vergleichs zwischen Deutschland und den USA,* Akademische Verlagsanstalt, Leipzig 2009, 182 S.

Roland Bloch: *Flexible Studierende? Studienreform und studentische Praxis,* Akademische Verlagsanstalt, Leipzig 2009, 336 S.

Reinhard Kreckel (Hg.): *Zwischen Promotion und Professur. Das wissenschaftliche Personal in Deutschland im Vergleich mit Frankreich, Großbritannien, USA, Schweden, den Niederlanden, Österreich und der Schweiz,* Akademische Verlagsanstalt, Leipzig 2008, 400 S.

Anke Burkhardt (Hg.): *Wagnis Wissenschaft. Akademische Karrierewege und das Fördersystem in Deutschland,* Akademische Verlagsanstalt, Leipzig 2008, 691 S.

Peer Pasternack (Hg.): *Stabilisierungsfaktoren und Innovationsagenturen. Die ostdeutschen Hochschulen und die zweite Phase des Aufbau Ost,* Akademische Verlagsanstalt, Leipzig 2007, 471 S.

Robert D. Reisz / Manfred Stock: *Inklusion in Hochschulen. Beteiligung an der Hochschulbildung und gesellschaftlichen Entwicklung in Europa und in den USA (1950-2000).* Lemmens Verlag, Bonn 2007, 148 S.

Peer Pasternack: *Qualität als Hochschulpolitik? Leistungsfähigkeit und Grenzen eines Policy-Ansatzes.* Lemmens Verlag, Bonn 2006, 558 S.

Anke Burkhardt / Karsten König (Hg.): *Zweckbündnis statt Zwangsehe: Gender Mainstreaming und Hochschulreform.* Lemmens Verlag, Bonn 2005, 264 S.

Reinhard Kreckel: *Vielfalt als Stärke. Anstöße zur Hochschulpolitik und Hochschulforschung.* Lemmens Verlag, Bonn 2004, 203 S.

Irene Lischka / Andrä Wolter (Hg.): *Hochschulzugang im Wandel? Entwicklungen, Reformperspektiven und Alternativen.* Beltz Verlag, Weinheim/Basel 2001, 302 S.

Jan-Hendrik Olbertz / Peer Pasternack / Reinhard Kreckel (Hg.): *Qualität – Schlüsselfrage der Hochschulreform.* Beltz Verlag, Weinheim/Basel 2001, 341 S.

Barbara M. Kehm / Peer Pasternack: *Hochschulentwicklung als Komplexitätsproblem. Fallstudien des Wandels,* Deutscher Studien Verlag, Weinheim 2001, 254 S.

Peer Pasternack (Hg.): *DDR-bezogene Hochschulforschung. Eine thematische Eröffnungsbilanz aus dem HoF Wittenberg.* Deutscher Studien Verlag, Weinheim 2001, 315 S.

Peter Altmiks (Hg.): *Gleichstellung im Spannungsfeld der Hochschulfinanzierung.* Deutscher Studien Verlag, Weinheim 2000, 107 S.

Peer Pasternack: *Hochschule & Wissenschaft in SBZ / DDR / Ostdeutschland 1945-1995. Annotierte Bibliographie für den Erscheinungszeitraum 1990-1998.* Deutscher Studien Verlag, Weinheim 1999, 567 S.

Jan-Hendrik Olbertz / Peer Pasternack (Hg.): *Profilbildung – Standards – Selbststeuerung. Ein Dialog zwischen Hochschulforschung und Reformpraxis,* hrsg. unt. Mitarb. v. Gertraude Buck-Bechler und Heidrun Jahn. Deutscher Studien Verlag, Weinheim 1999, 291 S.

Peer Pasternack: *Demokratische Erneuerung. Eine universitätsgeschichtliche Untersuchung des ostdeutschen Hochschulumbaus 1989-1995. Mit zwei Fallstudien: Universität Leipzig und Humboldt-Universität zu Berlin.* Deutscher Studien Verlag, Weinheim 1999, 427 S.

Heidrun Jahn / Jan-Hendrik Olbertz (Hg.): *Neue Stufen – alte Hürden? Flexible Hochschulabschlüsse in der Studienreformdebatte.* Deutscher Studien Verlag, Weinheim 1998, 120 S.

Weitere Buchveröffentlichungen
aus dem Institut für Hochschulforschung (HoF) 2012–2018

Reinhard Kreckel: *On Academic Freedom and Elite Education in Historical Perspective Medieval Christian Universities and Islamic Madrasas, Ottoman Palace Schools, French Grandes Écoles and „Modern World Class Research Universities"* (Der Hallesche Graureiher 1/2018), Institut für Soziologie der Martin-Luther-Universität Halle-Wittenberg, Halle 2018, 51 S.

Peer Pasternack / Daniel Hechler / Justus Henke: *Die Ideen der Universität. Hochschulkonzepte und hochschulrelevante Wissenschaftskonzepte*, UniversitätsVerlag-Webler, Bielefeld 2018, 212 S.

Peer Pasternack / Benjamin Baumgarth / Anke Burkhardt / Sabine Paschke / Nurdin Thielemann: *Drei Phasen. Die Debatte zur Qualitätsentwicklung in der Lehrer_innenbildung*, W. Bertelsmann Verlag, Bielefeld 2017, 399 S.

Verbundprojekt Heterogenität als Qualitätsherausforderung für Studium und Lehre (Hg.): *Damit das Studium für alle passt. Konzepte und Beispiele guter Praxis aus Studium und Lehre in Sachsen-Anhalt*, Magdeburg 2017, 149 S.

Benjamin Baumgarth / Justus Henke / Peer Pasternack: *Inventur der Finanzierung des Hochschulsystems. Mittelvolumina und Mittelflüsse im deutschen Hochschulsystem*, Hans-Böckler-Stiftung, Düsseldorf 2016, 134 S.

Anke Burkhardt: *Professorinnen, Professoren, Promovierte und Promovierende an Universitäten. Leistungsbezogene Vorausberechnung des Personalbedarfs und Abschätzung der Kosten für Tenure-Track-Professuren*, GEW, Frankfurt a.M. 2016, 67 S.

Peer Pasternack / Isabell Maue: *Die Akteurskonstellationen im Schweizer Bildungs-, Forschungs- und Innovationssystem*, unt. Mitarb. v. Tobias Kolasinski, Schweizerischer Wissenschafts- und Innovationsrat (SWIR), Bern 2015, 71 S.

Anke Burkhardt / Sigrun Nickel (Hg.): *Die Juniorprofessur. Neue und alte Qualifizierungswege im Vergleich*, edition sigma, Baden-Baden 2015, 456 S.

Michael Fritsch / Peer Pasternack / Mirko Titze (Hg.): *Schrumpfende Regionen – dynamische Hochschulen. Hochschulstrategien im demografischen Wandel*, Springer VS-Verlag, Wiesbaden 2015, 302 S.

Verbundprojekt Heterogenität als Qualitätsherausforderung für Studium und Lehre (Hg.): *Damit das Studium für alle passt. Konzepte und Beispiele guter Praxis aus Studium und Lehre in Sachsen-Anhalt*, Magdeburg 2015, 144 S.

Peer Pasternack: *Qualitätsstandards für Hochschulreformen. Eine Auswertung der deutschen Hochschulreformqualitäten in den letzten zwei Jahrzehnten*, Bielefeld 2014, 224 S.

Benjamin Köhler / Isabell Maue / Peer Pasternack: *Sachsen-Anhalt-Forschungslandkarte Demografie*, Institut für Hochschulforschung (HoF), Halle-Wittenberg 2014, 84 S.

Peer Pasternack u.a.: *50 Jahre Streitfall Halle-Neustadt. Idee und Experiment. Lebensort und Provokation*, Mitteldeutscher Verlag, Halle (Saale) 2014, 608 + XXXII S.

Peer Pasternack / Isabell Maue (Hg.): *Lebensqualität entwickeln in schrumpfenden Regionen. Die Demographie-Expertisen der Wissenschaft in Sachsen-Anhalt*, WZW Wissenschaftszentrum Sachsen-Anhalt, Wittenberg 2013, 166 S.

Peer Pasternack / Reinhold Sackmann (Hg.): *Vier Anläufe: Soziologie an der Universität Halle-Wittenberg. Bausteine zur lokalen Biografie des Fachs vom Ende des 19. bis zum Beginn des 21. Jahrhunderts*, Mitteldeutscher Verlag, Halle (Saale) 2013, 256 S.

Sebastian Bonk / Florian Key / Peer Pasternack (Hg.): *Rebellion im Plattenbau. Die Offene Arbeit in Halle-Neustadt 1977–1983. Katalog zur Ausstellung,* Institut für Hochschulforschung (HoF), Halle-Wittenberg 2013, 48 S.

Klaus Friedrich / Peer Pasternack (Hg.): *Demographischer Wandel als Querschnittsaufgabe. Fallstudien der Expertenplattform „Demographischer Wandel" beim Wissenschaftszentrum Sachsen-Anhalt,* Universitätsverlag Halle, Halle (Saale) 2012, 312 S.

Peer Pasternack: *Zwischen Halle-Novgorod und Halle-New Town. Der Ideenhaushalt Halle-Neustadts* (Der Hallesche Graureiher 2/12), Institut für Soziologie der Martin-Luther-Universität Halle-Wittenberg, Halle (Saale) 2012, 112 S.

HoF-Handreichungen

Online unter http://www.hof.uni-halle.de/journal/handreichungen.htm

Justus Henke / Peer Pasternack: *Hochschulsystemfinanzierung. Wegweiser durch die Mittelströme,* Halle-Wittenberg 2017, 93 S.

Justus Henke / Peer Pasternack / Sarah Schmid: *Third Mission bilanzieren. Die dritte Aufgabe der Hochschulen und ihre öffentliche Kommunikation,* Halle-Wittenberg 2016, 109 S.

Martina Dömling / Peer Pasternack: *Studieren und bleiben. Berufseinstieg internationaler HochschulabsolventInnen in Deutschland,* Halle-Wittenberg 2015, 98 S.

Justus Henke / Romy Höhne / Peer Pasternack / Sebastian Schneider: *Mission possible – Gesellschaftliche Verantwortung ostdeutscher Hochschulen: Entwicklungschance im demografischen Wandel,* Halle-Wittenberg 2014, 118 S.

Jens Gillessen / Isabell Maue (Hg.): *Knowledge Europe – EU-Strukturfondsfinanzierung für wissenschaftliche Einrichtungen,* Halle-Wittenberg 2014, 127 S.

Peer Pasternack / Steffen Zierold: *Überregional basierte Regionalität. Hochschulbeiträge zur Entwicklung demografisch herausgeforderter Regionen. Kommentierte Thesen,* unt. Mitarb. v. Thomas Erdmenger, Jens Gillessen, Daniel Hechler, Justus Henke und Romy Höhne, Halle-Wittenberg 2014, 120 S.

Peer Pasternack / Johannes Keil: *Vom ‚mütterlichen' Beruf zur differenzierten Professionalisierung. Ausbildungen für die frühkindliche Pädagogik,* Halle-Wittenberg 2013, 107 S.

Peer Pasternack (Hg.): *Regional gekoppelte Hochschulen. Die Potenziale von Forschung und Lehre für demografisch herausgeforderte Regionen,* Halle-Wittenberg 2013, 99 S.

Peer Pasternack / Daniel Hechler: *Hochschulzeitgeschichte. Handlungsoptionen für einen souveränen Umgang,* Halle-Wittenberg 2013, 99 S.

Daniel Hechler / Peer Pasternack: *Hochschulorganisationsanalyse zwischen Forschung und Beratung,* Halle-Wittenberg 2012, 99 S.

die hochschule. journal für wissenschaft und bildung

Herausgegeben für das Institut für Hochschulforschung (HoF) von
Peer Pasternack. Redaktion: Daniel Hechler

Ältere Hefte online unter http://www.hof.uni-halle.de/journal/archiv.htm

Themenhefte (2006–2018):

Daniel Hechler / Peer Pasternack (Hg.): *Arbeit an den Grenzen. Internes und externes Schnittstellenmanagement an Hochschulen* (2018, 279 S.; € 35,-)

Daniel Hechler / Peer Pasternack (Hg.): *Einszweivierpunktnull. Digitalisierung von Hochschule als Organisationsproblem. Folge 2* (2017, 176 S.; € 17,50)

Daniel Hechler / Peer Pasternack (Hg.): *Einszweivierpunktnull. Digitalisierung von Hochschule als Organisationsproblem* (2017, 193 S.; € 17,50)

Peter Tremp / Sarah Tresch (Hg.): *Akademische Freiheit. ‚Core Value' in Forschung, Lehre und Studium* (2016, 181 S.; € 17,50)

Cort-Denis Hachmeister / Justus Henke / Isabel Roessler / Sarah Schmid (Hg.): *Gestaltende Hochschulen. Beiträge und Entwicklungen der Third Mission* (2016, 170 S.; € 17,50)

Marion Kamphans / Sigrid Metz-Göckel / Margret Bülow-Schramm (Hg.): *Tabus und Tabuverletzungen an Hochschulen* (2015, 214 S.; € 17,50)

Daniel Hechler / Peer Pasternack (Hrsg.): *Ein Vierteljahrhundert später. Zur politischen Geschichte der DDR-Wissenschaft* (2015, 185 S.; € 17,50)

Susen Seidel / Franziska Wielepp (Hg.): *Diverses. Heterogenität an der Hochschule* (2014, 216 S.; € 17,50)

Peer Pasternack (Hg.): *Hochschulforschung von innen und seitwärts. Sichtachsen durch ein Forschungsfeld* (2014, 226 S.; € 17,50)

Jens Gillessen / Johannes Keil / Peer Pasternack (Hg.): *Berufsfelder im Professionalisierungsprozess. Geschlechtsspezifische Chancen und Risiken* (2013, 198 S.; € 17,50)

Martin Winter / Carsten Würmann (Hg.): *Wettbewerb und Hochschulen. 6. Jahrestagung der Gesellschaft für Hochschulforschung in Wittenberg* (2012, 328 S.; € 17,50).

Karsten König / Rico Rokitte: *Weltoffen von innen? Wissenschaft mit Migrationshintergrund* (2012, 210 S.; € 17,50)

Edith Braun / Katharina Kloke / Christian Schneijderberg (Hg.): *Disziplinäre Zugänge zur Hochschulforschung* (2011, 212 S.; € 17,50)

Peer Pasternack (Hg.): *Hochschulföderalismus* (2011, 217 S.; € 17,50)

Carsten Würmann / Karin Zimmermann (Hg.): *Hochschulkapazitäten – historisch, juristisch, praktisch* (2010, 216 S.; € 17,50)

Georg Krücken / Gerd Grözinger (Hg.): *Innovation und Kreativität an Hochschulen* (2010, 211 S.; € 17,50)

Daniel Hechler / Peer Pasternack (Hg.): *Zwischen Intervention und Eigensinn. Sonderaspekte der Bologna-Reform* (2009, 215 S.; € 17,50)

Peer Pasternack (Hg.): *Hochschulen in kritischen Kontexten. Forschung und Lehre in den ostdeutschen Regionen* (2009, 203 S.; € 17,50)

Robert D. Reisz / Manfred Stock (Hg.): *Private Hochschulen – Private Higher Education* (2008, 166 S.; € 17,50)

Martin Winter: *Reform des Studiensystems. Analysen zum Bologna-Prozess* (2007, 218 S.; € 17,50)

Peer Pasternack: *Forschungslandkarte Ostdeutschland*, unt. Mitarb. v. Daniel Hechler (Sonderband 2007, 299 S., € 17,50)

Reinhard Kreckel / Peer Pasternack (Hg.): *10 Jahre HoF* (2007, 197 S., € 17,50)

Karsten König (Hg.): *Verwandlung durch Verhandlung? Kontraktsteuerung im Hochschulsektor* (2006, 201 S.; € 17,50)

Georg Krücken (Hg.): *Universitäre Forschung im Wandel* (2006, 224 S.; € 17,50)

HoF-Arbeitsberichte 2013–2018

Online unter http://www.hof.uni-halle.de/publikationen/hof_arbeitsberichte.htm

107: Anke Burkhardt / Florian Harrlandt: *Dem Kulturwandel auf der Spur. Gleichstellung an Hochschulen in Sachsen. Im Auftrag des Sächsischen Staatsministeriums für Wissenschaft und Kunst*, unter Mitarbeit von Zozan Dikkat und Charlotte Hansen, 2018, 124 S.

106: Uwe Grelak / Peer Pasternack: *Konfessionelle Fort- und Weiterbildungen für Beruf und nebenberufliche Tätigkeiten in der DDR. Dokumentation der Einrichtungen und Bildungsformen*, 2018, 107 S.

105: Uwe Grelak / Peer Pasternack: *Das kirchliche Berufsbildungswesen in der DDR*, 2018, 176 S.

104: Uwe Grelak / Peer Pasternack: *Konfessionelles Bildungswesen in der DDR: Elementarbereich, schulische und nebenschulische Bildung*, 2017, 104 S.

103: Peer Pasternack / Sebastian Schneider / Peggy Trautwein / Steffen Zierold: *Ausleuchtung einer Blackbox. Die organisatorischen Kontexte der Lehrqualität an Hochschulen*, 2017, 103 S.

102: Anke Burkhardt / Gunter Quaißer / Barbara Schnalzger / Christoph Schubert: *Förderlandschaft und Promotionsformen (B3). Studie im Rahmen des Bundesberichts Wissenschaftlicher Nachwuchs (BuWiN) 2017*, 2016, 103 S.

101: Peer Pasternack: *25 Jahre Wissenschaftspolitik in Sachsen-Anhalt: 1990–2015*, 2016, 92 S.

100: Justus Henke / Peer Pasternack / Sarah Schmid / Sebastian Schneider: *Third Mission Sachsen-Anhalt. Fallbeispiele OVGU Magdeburg und Hochschule Merseburg*, 2016, 92 S.

1'16: Peer Pasternack: *Konsolidierte Neuaufstellung. Forschung, Wissenstransfer und Nachwuchsförderung am Institut für Hochschulforschung Halle-Wittenberg (HoF) 2011–2015*, 124 S.

3'15: Peggy Trautwein: *Lehrpersonal und Lehrqualität. Personalstruktur und Weiterbildungschancen an den Hochschulen Sachsen-Anhalts*, unter Mitarbeit von Thomas Berg, Sabine Gabriel, Peer Pasternack, Annika Rathmann und Claudia Wendt, 44 S.

2'15: Justus Henke / Peer Pasternack / Sarah Schmid: *Viele Stimmen, kein Kanon. Konzept und Kommunikation der Third Mission von Hochschulen*, 107 S.

1'15: Peggy Trautwein: *Heterogenität als Qualitätsherausforderung für Studium und Lehre. Ergebnisse der Studierendenbefragung 2013 an den Hochschulen Sachsen-Anhalts*, unter Mitarbeit von Jens Gillessen, Christoph Schubert, Peer Pasternack und Sebastian Bonk, 116 S.

5'13: Christin Fischer / Peer Pasternack / Henning Schulze / Steffen Zierold: *Soziologie an der Martin-Luther-Universität Halle-Wittenberg. Dokumentation zum Zeitraum 1945 – 1991*, 56 S.

4'13: Gunter Quaißer / Anke Burkhardt: *Beschäftigungsbedingungen als Gegenstand von Hochschulsteuerung. Studie im Auftrag der Hamburger Behörde für Wissenschaft und Forschung*, 89 S.

3'13: Jens Gillessen / Peer Pasternack: *Zweckfrei nützlich: Wie die Geistes- und Sozialwissenschaften regional wirksam werden. Fallstudie Sachsen-Anhalt*, 127 S.

2'13: Thomas Erdmenger / Peer Pasternack: *Eingänge und Ausgänge. Die Schnittstellen der Hochschulbildung in Sachsen-Anhalt*, 99 S.

1'13: Sarah Schmid / Justus Henke / Peer Pasternack: *Studieren mit und ohne Abschluss. Studienerfolg und Studienabbruch in Sachsen-Anhalt*, 75 S.

Daniel Hechler / Peer Pasternack / Steffen Zierold

Wissenschancen der Nichtmetropolen

Wissenschaft und Stadtentwicklung in mittelgroßen Städen

Berliner Wissenschafts-Verlag, Berlin 2018, 355 S.
ISBN 978-3-8305-3883-7. € 27,-

Ein Großteil der einschlägigen Debatte zum Zusammenhang von Hochschulen und ihren Sitzorten widmet sich großstädtischen bzw. metropolitanen Existenzbedingungen und Wirkungen von Hochschulen. Hochschulen in mittelgroßen Städten schließen in ihren Selbstbeschreibungen häufig daran an, ohne den fehlenden großstädtischen Kontext angemessen zu berücksichtigen. Dahinter steckt die allgemeine Auffassung, dass sich die Zukunftsfähigkeit einer Stadt mit ihrer Ankopplung an wissensgesellschaftliche Entwicklungen entscheide. Untersucht werden daher die Potenziale und Potenzialentfaltungen, die Defizite und Defizitbearbeitungen, die in mittelgroßen Hochschulstädten anzutreffen sind, wenn wissensgesellschaftliche Resonanzbedingungen erzeugt werden sollen.

Peer Pasternack

Kurz vor der Gegenwart

20 Jahre zeitgeschichtliche Aktivitäten am Institut für
Hochschulforschung Halle-Wittenberg (HoF) 1996–2016

Berliner Wissenschafts-Verlag, Berlin 2017, 291 S.
ISBN 978-3-8305-3796-0. € 20,-

Das Institut für Hochschulforschung Halle-
Wittenberg widmet sich seit seiner Gründung vor 20 Jahren zwar vorrangig der forschenden Aufklärung gegenwartsbezogener
Entwicklungen. Daneben aber hat es kontinuierlich auch zeithistorische Themen bearbeitet. Insgesamt wurden 52 Projekte zur
Bildungs-, Hochschul- und Wissenschaftszeitgeschichte durchgeführt, deren Ergebnisse in 41 Büchern, 20 Forschungsberichten
und 166 Artikeln dokumentiert sind. Der vorliegende Band fasst diese für jedes Projekt
auf jeweils fünf Seiten zusammen.

Die Themen reichen von den programmatischen Konzepten der Hochschulentwicklung
in Deutschland seit 1945, dem Phänomen
akademischer Rituale oder der Entwicklung
der Hochschulbildungsbeteiligung in West und Ost seit 1950 über das Verhältnis
von Politik und Wissenschaft in der DDR, den Hochschulbau in der DDR, die dor-
tige wissenschaftliche Zeitschriftenlandschaft, den (Nicht-)Zusammenhang von
Bildungs- und Beschäftigungssystem in der DDR, das dort existierende konfessionelle Bildungswesen, die DDR-Gesellschaftswissenschaften, Weiterbildung an
DDR-Universitäten, den Spezialsektor der Militär- und Polizeihochschulen in der
DDR, die künstlerischen Hochschulen in der DDR und die Aufarbeitung der ostdeutschen akademischen Medizin nach 1989, desweiteren die Entwicklung privater Hochschulen seit 1950 im internationalen Vergleich, die 50jährige Geschichte
des Schweizerischen Wissenschaftsrats oder die westdeutsche DDR-Forschung
vor und die gesamtdeutsche DDR-Forschung nach 1989 bis hin zur ostdeutschen
Wissenschaftstransformation ab 1990 und den Umgang der ostdeutschen Hochschulen mit ihrer Zeitgeschichte.